DOMINANDO 3DS MAX 6

Ted Boardman

Tradução
Savannah Hartman

Revisão técnica
Fabiana Amaral

CB051401

EDITORA
CIÊNCIA MODERNA

Editor: Paulo André P. Marques

Supervisão Editorial: Carlos Augusto L. Almeida

Capa: Marcia Lips

Diagramação e Digitalização de Imagens: Patricia Seabra

Tradução: Savannah Hartman

Revisão: Daniela Marrocos

Revisão técnica: Fabiana Amaral

Assistente Editorial: Daniele M. Oliveira

FICHA CATALOGRÁFICA

Boardman, Ted

Dominando 3ds max 6

Rio de Janeiro: Editora Ciência Moderna Ltda., 2004.

Computação gráfica; animação em 3D
I — Título

ISBN: 85-7393-353-4   CDD 001642

Editora Ciência Moderna Ltda.
Rua Alice Figueiredo, 46
CEP: 20950-150, Riachuelo – Rio de Janeiro – Brasil
Tel: (21) 2201-6662/2201-6492/2201-6511/2201-6998
Fax: (21) 2201-6896/2281-5778
E-mail: lcm@lcm.com.br

Eu gostaria de dedicar este livro a Sally Turner, minha companheira e amiga há muito tempo, que me ajuda a seguir minha trilha.

SUMÁRIO

O AUTOR

 Atualmente, **Ted Boardman** viaja como consultor de treinamento em Discreet 3ds max 6 e Autodesk 3D Studio VIZ. Ted é um dos Authorized Discreet Training Specialists (especialistas autorizados de treinamento em Discreet). As aulas de treinamento são personalizadas, destinadas a aumentar a produtividade em modelagem e animação em 3D para uma ampla gama de clientes, da arquitetura à aeroespacial, à televisão e a jogos em computador.

Uma parte integrante do processo de treinamento de Ted é a autoria e co-autoria de livros para a New Riders Publishing em aspectos de produção encontrados no uso de 3ds max, incluindo *3ds max 4 Fundamentals*, diversos livros da série *Inside 3D Studio MAX* e *Inside 3D Studio VIZ*. Ted colaborou em vários outros livros sobre o assunto, assim como em módulos avançados do Discreet, e atualmente tem uma coluna mensal que cobre tópicos relacionados a 3ds max no web site http://www.cgarchitect.com.

Ted é um palestrante premiado no simpósio anual da Autodesk University abrangendo CAD e tópicos de visualização, e é o fundador do Boston Area 3D Studio User Group (grupo de usuários de 3D Studio da região de Boston).

Fora do mundo 3D, Ted viajou, viveu e trabalhou na Europa por muitos anos, e por quase 18 anos dirigiu uma pequena empresa de projeto/construção arquitetônico, que se especializou em estruturas de Post e Beam talhados à mão. Viagens de longa distância de bicicleta e 28.000 milhas (aprox. 52.000 km náuticos) em iates em águas azuis para entregas serviram como uma diversão do trabalho por muitos anos. Fotografia, pintura e ópera são outros de seus interesses.

Ted mora em Portsmouth, New Hampshire.

Os REVISORES TÉCNICOS

Estes revisores contribuíram com o seu considerável trabalho de especialistas para todo o processo de desenvolvimento de *Dominando 3ds max 6*. À medida que o livro estava sendo escrito, estes dedicados profissionais revisaram todo o material, quanto a conteúdo técnico, organização e fluxo. O apoio deles foi importante para garantir que *Dominando 3ds max 6* se ajustasse às necessidades de nossos leitores quanto a informações técnicas da mais alta qualidade.

Jon McFarland é gerente do departamento de design de um complexo nacional desenvolvedor/proprietário/gerente de varejo, escritório, residência e entretenimento com base em Cleveland, Ohio. As responsabilidades do seu departamento incluem a criação de computação gráfica, estática e animada, demonstrando as facilidades propostas e a incorporação de modelos 3D em fotografias e vídeos.

Além de seu trabalho principal, ele dá aulas de animação em computador para alunos de artes gráficas no The Virginia Marti College of Fashion and Art, uma pequena universidade autorizada em Lakewood, Ohio, um subúrbio de Cleveland.

Jon passou sete anos "explodindo coisas", como pára-quedista nas Forças Armadas dos Estados Unidos. Naturalmente, isto o levou a uma carreira em gráficos e animação em computador, que começou no início de 1990. Ele é formado em engenharia de tecnologia mecânica, mas focaliza a sua energia nos campos de visualização arquitetônica e animação.

Jon vive em Sheffield Lake, Ohio, é técnico de baseball, futebol e luta livre de seus filhos, Zachary e Jacob.

Tim Wilbers tem dado aulas na University of Dayton, em Ohio, desde 1983. Ele começou a trabalhar com imagem digital em 1986 e com modelagem e animação em computador profissionalmente em 1988. Ele começou a dar aulas em cursos de imagem digital/fotografia em 1988; começou a oferecer cursos em 3D e a desenvolver um programa para artistas digitais em 1992. Suas atividades atuais incluem ministrar três cursos seqüenciais em 3D e dois em fotografia digital. Ele também é um Forum Assistant (assistente de fórum) em grupos de discussão de usuários de 3ds max da Discreet pela web e está comprometido com a criação de modelagem e animação 3d em computador acessíveis ao maior número de estudantes e profissionais. Vivendo no sul de Dayton com sua esposa e filho, ele é conhecido por alimentar demais a vida selvagem nativa, inclusive uma pequena manada de cervos (seis) de rabo branco em seu jardim.

AGRADECIMENTOS

Sem uma boa equipe de edição e produção, o trabalho de um autor seria inconsistente e ilegível.

Eu gostaria de agradecer aos meus editores técnicos, Jon McFarland e Tim Wilbers, por me manterem na linha durante todo o processo de redação e me ajudar a esclarecer os objetivos de aprendizado apresentados nos exercícios.

Obrigado ao pessoal de edição de Sarah Kearns e Keith Cline e ao extenso pessoal de produção da New Riders Publishing por unir tudo em um livro atraente e legível.

Obrigado a Elise Walter da New Riders, por ficar de olho em todos nós.

INTRODUÇÃO

Vamos supor que você resolva aprender a tocar violino. As suas aulas começam esta semana e aí, no final do mês, quer dar um concerto no Carnegie Hall em Nova York. É isto o que acontece? Não, mas ilustra a questão de aprender 3ds max 6. Como com qualquer tipo de arte, você precisa começar com os fundamentos. Depois, usando o que aprendeu nas aulas, precisa montar aquela base sólida e praticar, praticar, praticar, até ter desenvolvido um estilo próprio. Eventualmente, você estará pronto para os Carnegie Halls de visualização e animação.

O 3ds max 6 tem alguns novos recursos poderosos que permitem aos usuários aumentar a produtividade (através de edição mais rápida e funcionalidade expandida). Este livro aborda alguns fundamentos de 3ds max 6, não necessariamente tópicos que são apenas para usuários de primeira viagem no 3ds max 6, mas para todos aqueles que desejam ser expostos a métodos e técnicas de trabalho fundamentais para criar uma cena de maneira adequada.

Cada nível de usuário, dos iniciantes aos avançados, pode encontrar neste livro informações que ajudarão a acelerar o fluxo de trabalho do dia-a-dia.

Os conceitos

Na primeira parte deste livro, caminho através de alguns conceitos tradicionais que têm sido usados através dos tempos para criar arte que leva o espectador a fazer uma conexão emocional com o trabalho, conduzindo assim os objetivos de sua história ou apresentação.

Este livro também aborda os conceitos básicos relevantes à maneira com que o 3ds max 6 funciona, para ajudá-lo a entender o motivo pelo qual determinada abordagem de modelagem, materiais, iluminação ou animação ajuda a conseguir o máximo do software.

Os fundamentos

As discussões e exercícios contidos neste livro encaminham através de conceitos e métodos de trabalho que, ainda que fundamentais, são essenciais para um entendimento de como o 3ds max 6 funciona. Você também aprende a aplicar o conhecimento básico em um fluxo de trabalho que aumenta a sua produtividade.

Neste livro você aprende fundamentos importantes, como os seguintes:

- Os sistemas de coordenadas de referência que lhe permitem manipular com eficiência objetos no espaço em 3D.

- Alguns conceitos de trabalho em 2D para criar cenas complexas em 3D que podem ser rápida e facilmente editadas.
- Reduzir excesso de cenas para conseguir o máximo do hardware disponível (uma das lições mais importantes apresentadas neste livro).
- Como tornar materiais mais eficientes para simular geometria complexa, para aumentar a velocidade de apresentação e tornar as suas cenas únicas.
- Aplicar iluminação às cenas usando as novas iluminações de resplandecência e global (métodos que são eficazes quanto ao custo e convincentes para o espectador).
- Técnicas fundamentais de animação, onde você pode montar as suas próprias técnicas e estilos.

Como os usuários novos ou ansiosos para se aprofundarem nos novos recursos oferecidos pelo 3ds max 6, você vai querer imediatamente resultados surpreendentes de sua nova aquisição.

Tome um tempo para conseguir uma boa base nesses aspectos fundamentais e, depois, o trabalho elegante virá muito mais naturalmente à medida que você se aprofundar mais no software.

Os exercícios

Os exercícios neste livro o encaminham, passo a passo, através de um processo semelhante ao que seria possível encontrar em um projeto real. Os processos e métodos são destinados a ajudá-lo a formar hábitos de trabalho que serão relevantes se você for um jogador aficcionando, artista de apoio, designer de palco ou de cenário, ou engenheiro.

Use as lições aprendidas em cada exercício aplicando em suas próprias cenas, incorporando as técnicas e métodos até entender o processo. Comece com cenas simples, que lhe permitam focalizar na compreensão dos conceitos, e rapidamente os fundamentos se tornarão parte de sua rotina diária.

Enquanto estiver completando os exercícios, pense em como você poderia aplicar os métodos e técnicas abordadas em sua própria linha de trabalho. Um exercício pode levá-lo através da criação de uma construção, por exemplo, mas você pode estar planejando usar o mesmo processo para criar a forma bruta de um automóvel.

Espero que, quando você trabalhar em seus próprios projetos, não pense: "Eu aprendi isto ou aquilo com Ted Boardman." Ao invés disso, com sorte as lições aprendidas aqui se tornarão uma reação automática a desafios que você enfrentará em seus programas de produção.

Os arquivos e o conteúdo

CD-ROM que acompanha este livro inclui os arquivos necessários para os exercícios, mas também há outros na pasta ExtraFiles (arquivos extras) que são versões mais completas dos arquivos de exercício básico (tal como o *USS Agamenticus*) ou cenas completamente não-relacionadas, tais como um par de holofotes ou uma cervejaria em um prédio antigo de tijolos. Também são apresentadas animações do *Agamenticus* e sua sala de máquinas.

Abra todos os arquivos deste livro e analise como os objetos são modelados, como as luzes foram colocadas e como os materiais e a animação foram criados. Jogue com essas cenas e alcance outras abordagens para aperfeiçoá-las. Tente aprender algo novo a cada dia que trabalhar com 3ds max 6. Permita que essas lições se tornem a base para a sua arte.

Os novos recursos

Eu criei algumas abordagens diferentes para desenvolver as cenas dos exercícios usando tantos quanto podia dos novos recursos do 3ds max 6 na prática, enquanto permanecia fiel aos fundamentos do programa.

Os recursos de edição de polígonos editáveis são apresentados e usados extensamente na montagem de objetos em cenas.

A iluminação é um novo conceito em 3ds max 6 e você aprende a trabalhar tanto com iluminação global quanto com apresentadores de resplandecência. Eu dividi os exercícios em três partes: a montagem de um barco de ferro fundido de 1860 chamado *USS Agamenticus*, uma cena externa de um estaleiro onde o barco foi construído originalmente e um centro de controle interno imaginário para o barco. Com esta abordagem, a minha intenção é apresentá-lo aos fundamentos de três tipos bem específicos de apresentação de luz em cenários: a luz do sol, fixação de luz e iluminação global.

A animação também foi aperfeiçoada em 3ds max 6 e os exercícios de animação neste livro encaminham através dos aperfeiçoamentos e aspectos fundamentais de novos recursos de animação.

A fonte

Os exercícios e métodos de trabalho originam-se de situações que surgem em minhas aulas de max e durante consultorias. Tento tornar os exercícios os mais reais possíveis, enquanto permanecem verdadeiros quanto à minha estratégia de ensino.

Seja aonde for que o 3ds max 6 o leve, boa sorte e divirta-se.

PARTE I

Introdução

Fluxo de trabalho: como manter o processo executando suavemente

Neste capítulo

Criar cenas em 3D pode ser uma tarefa complexa, conseguida com muito mais eficiência com um pouco de previsão e planejamento.

Neste capítulo, você aprende alguns fatores importantes sobre os quais deve estar ciente antes de iniciar um projeto de 3D e algumas dicas a lembrar, durante a execução do projeto.

Alguns dos tópicos abordados nesta seção incluem os seguintes:

- **A cadeia de comando** – Definir claramente as responsabilidades dos membros da equipe.
- **Necessidade de avaliação** – Determinar o escopo do projeto e as necessidades do público.
- **Apresentação da história** – Criar um esboço visual do projeto.
- **Escolha da equipe** – Selecionar os talentos e capacidades certas para o projeto específico.
- **Ajustar um ambiente de trabalho produtivo** – Tanto o equipamento quanto o treinamento são importantes à produtividade.
- **Saber quando parar** – Evitar a tentação de "torcer" o projeto para perda financeira.

- **Desenvolver padrões de escritório** – Procedimentos e padrões escritos apressam o trabalho.
- **Trabalhar em camadas** – Camadas, neste caso, são ferramentas de composição.
- **Técnicas de animação cinemática** – Ver filmes e TV quanto a sucesso com o uso de câmera e métodos de edição.
- **Capacidades de saída** – Planejar a produção para incluir uma variedade de possibilidades de tipo de saída.

Termo-chave

- **Storyboard** (apresentação da história) – Storyboard é um esboço gráfico que informa à equipe o escopo do projeto.

Preparação e planejamento

Antes de criar o primeiro elemento em 3D de um projeto você deve ter ajustados alguns detalhes básicos de organização. Isto garante que todos aqueles envolvidos estão cientes de suas responsabilidades e têm uma boa idéia do escopo do projeto e um prazo, no qual os elementos devem ser completados.

Até os menores projetos, com uma equipe de apenas um ou dois membros, se beneficia de um bom plano de produção. Quando o projeto tiver mais do que alguns colaboradores, os estágios de planejamento se tornam importantes para desenvolver um esboço sólido, que cada membro da equipe pode consultar à medida que o trabalho progride.

É irreal pensar que depois de desenvolver um bom plano de ataque nada mudará. Com freqüência, projetos em 3D parecem estar em um estágio constante de mudança, por diversos motivos. Entretanto, as mudanças serão muito menos perturbadoras para com o objetivo geral se estes objetivos forem explicados a todos os envolvidos.

Não pule esta etapa no processo de criação para poupar tempo; fazer isto será um exercício falso de economia.

A cadeia de comando

Os caminhos críticos de comunicação entre aqueles que organizam o trabalho, aqueles que criam o conteúdo e aqueles que o apresentam ao cliente precisam ser estabelecidos, com cada um tendo o conhecimento do talento e recursos disponíveis.

As comunicações entre o cliente e o pessoal de produção, sejam estes designers internos ou do próprio cliente, será algo desenvolvido com o tempo e evoluirá constantemente, à medida que todo o processo de visualização amadurecer. Entretanto, orientar o cliente sobre o processo geral envolvido na criação de visualizações pode suavizar estas comunicações. O cliente não precisa saber, especificamente, como as cenas são criadas, mas deve saber quais tipos de solicitações demorarão e quais podem ser atendidas rapidamente.

Permitir que o cliente interno fique por meio dia em uma sessão de treino manual com o software de 3D pode ajudá-lo a entender que não existe botão mágico "fazer arte" no computador e pode dar a ele uma perspectiva melhor quanto a algumas dificuldades que o pessoal de produção enfrenta.

Reuniões rápidas regulares entre o pessoal de produção e os "clientes" internos podem manter cada equipe atualizada sobre processos que aumentam ou atrasam a produtividade, em qualquer dos lados.

Necessidade de avaliação

Uma etapa importante em produtividade é determinar o escopo e a qualidade de trabalho necessários para satisfazer as expectativas do cliente, dentro dos confins de tempo e orçamento.

Nem todo trabalho que atravessa a porta exige imagens de qualidade foto realistas para mostrar ao cliente as mensagens importantes. Certamente que apresentar filmes exigirá tudo o que a tecnologia de refinamento de cortes de ponta tem a oferecer, mas anúncios de serviço público a serem exibidos nos canais regionais de televisão podem não ter as mesmas considerações de orçamento e você terá que determinar onde pode aparar os custos de produção, com menos efeito na qualidade.

Estágios flexíveis de produção podem ajudá-lo a evitar mudanças caras, que exijam que você comece do nada. Se a modelagem e os detalhes forem muito grandes cedo no design de desenvolvimento, ou se materiais completos, com mapas de alta resolução forem aplicados a modelos, por exemplo, isto pode focalizar atenção desnecessária em decisões que são melhor se deixadas para mais tarde.

Uma abordagem melhor seria esboçar os modelos, assim como um escultor de pedra faria, e depois voltar para acrescentar detalhes, à medida que eles se tornarem necessários.

Por exemplo, você poderia usar mapas altamente compactados, que estão à parte, enquanto desenvolve as cenas, para permitir rápida apresentação de teste, e depois substitui-los por mapas de qualidade, quando o fim do projeto estiver próximo.

Apresentação de história

Storyboarding é o processo de criar um esboço gráfico que ilustra a história e oferece dicas para aspectos de produção, antes de qualquer trabalho começar no projeto.

As apresentações de história podem variar de simples esboços a painéis pintados com pincéis ou à mão, que poderiam ser classificados como trabalhos de arte por si próprios (veja a Figura 1.1).

Para apresentar imagens imóveis, como uma visualização arquitetônica artística poderia exigir, os painéis de apresentação de história podem conter os ângulos de câmera, direção e anotações, descrevendo cores ou materiais específicos. A iluminação de cenários e anotações sobre a qualidade de iluminação também podem se mostrar úteis em apresentações de história.

Apresentações de história de animação podem conter as mesmas informações, acrescidas de mais anotações e rascunhos referentes à ação na cena. Um painel de apresentação de história por ação principal de mudança no movimento de animação seria um bom lugar para começar.

Você pode até incluir informações adicionais pertencentes a códigos de temporização e diálogos e efeitos sonoros nas margens dos painéis.

Figura 1.1 – Painéis de apresentação de história de alta qualidade, por Andrew Paquette.

Se uma apresentação de história for curta e objetiva, você pode usar apenas folhas de papel com vários painéis. Entretanto, para projetos mais complexos, um grande painel de cortiça com folhas de painel individuais espetadas no lugar, dá uma rápida visão geral e é fácil de alterar. Evite a tentação de usar blocos de papel – você pode voltar do almoço e descobrir que uma mudança na temperatura ou um vento espalhou a sua apresentação de história pela sala, como tantas folhas caídas em uma tempestade.

A importância não está tanto na qualidade do trabalho de arte de apresentações de história, mas em quão claramente ela explica o escopo e programação do projeto.

Execução

Um outro componente importante de alta produtividade é planejar o uso de talentos e ferramentas disponíveis. Reuna-se com os membros da equipe e gerentes para discutir alguns dos seguintes tópicos, antes de, de fato, entrar em produção.

Escolha uma equipe com as duas coisas, desejo e talento

Familiarize todo o pessoal com o processo de criação e cultive um grupo de artistas, com um forte desejo de aplicar o esforço extra requerido para se tornar hábil.

Forçar o pessoal a ficar envolvido diretamente no processo em que não está confortável – seja ele modelagem, iluminação, materiais ou animação – leva a más políticas no escritório e tira bom talento de áreas onde podem mais produtivos.

Ajuste um ambiente produtivo de trabalho

Ofereça e mantenha sistemas de computador atuais e poderosos. Hardware é um item de custo fixo e pode ser compartilhado no escritório, primeiro como estações de apresentação e depois como máquinas de funcionários de escritório nos próximos anos.

No entanto, não compre hardware novo como a única maneira de aumentar a produtividade, até ter administrado a arte de otimização de cena. Usar hardware novo como uma correção para práticas de produção pobres é uma perda de recursos e de tempo.

Em um escritório de produção preste atenção às cadeiras, iluminação e dispositivos de entrada. Por exemplo, um mouse e uma prancheta em cada estação de trabalho podem diminuir o cansaço e as dores durante longas sessões de trabalho.

Um sistema limpo e estável de rede para apresentação em rede pode aumentar a produção (enquanto exige muito pouco custo e manutenção).

Assegure-se de que os membros da equipe tenham um entendimento de todas as ferramentas disponíveis a eles antes de se decidir quanto a um processo de produção. Com um pouco de prática, se tornará um hábito escolher a ferramenta certa para o trabalho certo e você evitará muitas das ciladas que surgem ao forçar uma ferramenta a fazer um trabalho para o qual ela não é adequada.

Saber quando parar

Fique atento aos elementos de produção em 3D que causarão mais impacto na saída e deixe o resto de lado. Por exemplo, a apresentação de resplandecência pode não acrescentar o suficiente à linha de sua história para justificar tempo extra perdido em configurar ou apresentar (veja a Figura 1.2).

Não use a tecnologia só pela tecnologia.

Ao atingir determinado nível de qualidade ou valor de comunicação, é importante ser capaz de parar e mover-se para a próxima tarefa. A perfeição não é um objetivo inatingível – é sempre válido lutar por ela, mas só até o ponto onde ela se torna um aborrecimento na produção.

Figura 1.2 – *A imagem à esquerda, do autor, é de baixa qualidade e foi feita a partir do rascunho em cerca de 4 horas. A imagem à direita, de Frances Gainer Davey, é de qualidade muito alta e exigiu cerca de 16 horas para modelar o interior com móveis e acessórios misturados a partir de outros arquivos.*

Integração e saída

Você pode ser chamado para criar simultaneamente conteúdo para múltiplos usos. Por exemplo, pode estar criando um jogo de computador, mas precisará de cenas de qualidade mais alta para inserções comerciais, e pode precisar até de imagens imóveis de qualidade mais alta.

Não se esqueça de que mais de um pacote de software pode ser usado para gerar conteúdo. Portanto, você precisa de conversores apropriados e métodos de fluxo de trabalho para permanecer compatível durante todo o projeto.

Desenvolva padrões de escritório

Convenções de nomeação de objeto, bibliotecas de materiais e mapas e bibliotecas de objetos em 3D são algumas das áreas padronizadas que podem aumentar muito a produtividade.

Porém, a nomeação de objeto não pode ser forçada. O bom controle de nomeação pode oferecer um enorme retorno em produtividade por um custo mínimo.

Os padrões de nomeação de material e a organização de biblioteca de materiais também podem ajudar a evitar a duplicação de esforços. Desenvolva depósitos centrais para mapas e materiais básicos que sejam organizados por categoria, de modo que todos os usuários tenham acesso fácil a um ponto de partida fundamental, para criar materiais personalizados em projetos.

Trabalhe em camadas

Neste sentido, camadas são elementos como paredes de fundo, móveis em lugares centrais ou detalhes de frente, que são baseados na distância da câmera ou do espectador.

As camadas permitem que você deixe de fora detalhes, para apressar a apresentação, mas também permitem que você inclua detalhes conforme necessário, para comunicar informações ao cliente. Por exemplo, você pode simular geometria, que não mudará com as imagens pré-apresentadas, aos objetos de fundo enquanto modela e manipula os objetos da frente.

Investigue a composição, a combinação de informações de 2D em camadas, com programas como combustão de Discreet ou Adobe After Effects. A composição pode se mostrar especialmente importante em escritórios que usam múltiplos pacotes de software para gerar conteúdo.

As camadas também lhe permitem trabalhar discretamente. Por exemplo, usando camadas é possível manipular elementos especiais de imagem para modificar sombras, reflexos ou cor de objeto, sem precisar refazer a apresentação de toda a cena em 3D.

Técnicas de animação cinemática

Aprenda técnicas tradicionais de filme e de movimento de televisão, de modo a poder desenvolver e editar animações de curta duração em uma apresentação coesa.

Estas técnicas de movimento lhe permitirão desenvolver cenas muito menores com mínimo movimento de câmera – cenas que são fáceis de administrar e que os clientes acharão excitantes e informativas. Todo mundo ganha!

Capacidades de saída

Determine antecipadamente tipos de arquivo e resoluções de imagem que lhe permitirão reutilizar conteúdo em uma ampla gama de tipos de saída (por exemplo, fita de vídeo e DVD, mídia de seqüenciamento e web sites, e grandes imagens imóveis impressas). Apresente todas as cenas em seqüências de imagem imóvel individual e converta-as a arquivos de animação compactados, conforme necessário.

Resumo

Sem dúvida, mais processos podem se tornar contínuos em um escritório típico, para apressar a criação de conteúdo; se você puder fazer uso das várias sugestões neste capítulo, entretanto, será um bom começo.

Inicie com um esquema de nomeação e organização de materiais que abranja todo o escritório e, depois, focalize-se na otimização de cena (modelando apenas o que verá e fazendo isto tão eficientemente quanto possível). Durante todo o tempo, fique atento a um novo sentido de comunicação entre aqueles que solicitam o trabalho e aqueles que fazem o trabalho, para diminuir a necessidade de mudanças posteriores no processo de produção.

Finalmente, considere os benefícios que oferecem a composição e a apresentação de elementos de cena, para apressar o fluxo de trabalho. Não é incomum em trabalho de filme e vídeo combinar 30 ou mais camadas que vêm de uma variedade de fontes de produção em uma única saída de imagem ou animação. Estes métodos funcionarão igualmente bem em campos de arquitetura, jogos de computador, filme e televisão e engenharia.

CAPÍTULO 2

Conceitos fundamentais importantes em 3ds max 6

Neste capítulo

Neste capítulo, você aprende alguns dos conceitos básicos importantes que precisa conhecer para entender totalmente as ferramentas e processos de 3ds max 6.

Leia rapidamente todo o capítulo para uma visão geral dos processos e depois, leia-o todo, mais lentamente, experimentando com as suas próprias cenas simples, para testar os conceitos em sua forma básica. Depois de um pouco de prática, verá que incorporou estes conceitos em sua rotina diária de trabalho e a sua produtividade será ampliada, sem que você ao menos pense no que está fazendo.

Este capítulo cobre os seguintes tópicos:

- **Sistemas de coordenadas** – As diversas maneiras de descrever os três eixos (X, Y e Z) no espaço em 3D.
- **Camadas** – Um método de organizar objetos em grupos comuns e designar propriedades àqueles objetos.
- **Configuração e inicialização de arquivos** – Arquivos que armazenam parâmetros que você deseja ativar ao criar novos arquivos.
- **Inclinação** – Uma poderosa técnica de modelagem, que requer um conhecimento de conceitos básicos para um entendimento de como trabalhar com eficiência.

Termos-chave

- **Sistema de coordenadas** – Em 3ds max 6 os sistemas de coordenadas definem as direções dos eixos X, Y e Z, como eles se relacionam ao espaço de trabalho em 3D.

- **Camadas** – Camadas são entidades de organização usadas para selecionar ou ajustar propriedades de conjuntos de objetos na camada ativa.

- **Inclinação** – Inclinação é a técnica de modelagem que cria objetos em 3D, salientando uma ou mais formas de seção cruzada em 2D ao longo de um caminho em 2D.

Sistemas de coordenadas em 3ds max 6

Os usuários podem identificar facilmente o sistema de coordenadas de referência mundial em 3ds max 6, pois ele é definido por planos de grade padrão que aparecem em viewports (portas de visão), quando você inicia max. Entretanto, o sistema de coordenadas de referência mundial é apenas o ponto de partida para as possibilidades de manobrar e manipular objetos em espaço em 3D.

Dica

Os eixos de coordenadas mundiais em 3ds max 6 acompanham a prática matemática comum. Se você estiver grafando em papel, X deve ser o eixo horizontal e Y o eixo vertical do papel. O espaço em 3D é definido pelo eixo Z, que projeta do papel em sua direção.

Eu dou ênfase a sistemas de coordenadas, porque um aspecto em 3ds max que vejo como um obstáculo fundamental à produção para muitos usuários, tanto iniciantes quanto experientes, é a falta de entendimento de todo o sistema de coordenadas.

Para usar vários comandos importantes (sendo os mais notáveis os comandos Align [alinhar] e Transform Type-In [transformar tipo em]), os usuários de 3ds max 6 precisam entender os diversos sistemas de coordenadas no software. Em ambos, Align e Transform Type-In, você é solicitado a fornecer dados numéricos ou array (arranjo) de objetos ao longo do eixo X, Y ou Z. No entanto, a direção de X, Y ou Z depende do sistema de coordenadas ativo e da viewport ativa.

Sistema de coordenadas de referência

No menu principal de barra de ferramentas, à direita dos botões de Transform, você verá um campo com View (vista) ativado por padrão. Este é o sistema de coordenadas de referência que está ativo no momento. Clique o campo View e verá um menu pop-up (instantâneo) dos diferentes sistemas de coordenadas de referência disponíveis (veja a Figura 2.1).

Atenção

Também há uma janela de apresentação View na extrema direita da barra de ferramentas principal, que você não deve querer alterar.

É oferecida aqui uma simples apresentação, para ilustrar algumas das diferenças entre os vários sistemas de coordenadas de referência. Você pode experimentar os exercícios em seu computador ou, melhor ainda, apenas ler, para ter a idéia e depois ir para o computador e fazer os exercícios. Em qualquer caso, em certo ponto você deve sentar e apenas brincar com objetos bem simples, para sentir como o sistema funciona. Como com muitas ferramentas de 3ds max 6, não tente aprender isto durante um prazo apertado em um grande projeto. Com um pouco de prática, os sistemas de coordenadas de referência se tornarão uma segunda essência, e a sua produtividade aumentará de acordo. Ao final desta seção você pode ler um resumo dos atributos de cada sistema.

Nota

Executar apenas um conjunto de etapas orquestradas não conduz ao aprendizado de um programa complexo como 3ds max 6. É muito mais importante usar exercícios como um guia para investigar um processo (e imediatamente depois dos exercícios você deve tentar a sua própria versão do processo).

Ainda que as etapas numeradas sejam necessárias para muitos exercícios deste livro, é melhor que você se concentre em aprender os conceitos subjacentes e os processos apresentados.

Figura 2.1 – Menu exibindo sistemas de coordenadas de referência disponíveis a 3ds max 6.

Como acertar a mão

Inicie com uma nova sessão de 3ds max 6. A exibição deve estar ajustada para quatro viewports: Top (superior), Front (frente), Left (esquerda) e Perspective (perspectiva). Na viewport Top, crie um cilindro no meio da exibição (veja a Figura 2.2) e clique o botão Zoom Extents All (dar um zoom em todas as extensões), o botão superior direito no canto inferior direito da exibição (veja a Figura 2.3).

As subseções seguintes oferecem descrições e alguns exercícios que destacam os sistemas individuais de coordenadas de referência, que aparecem na Figura 2.1.

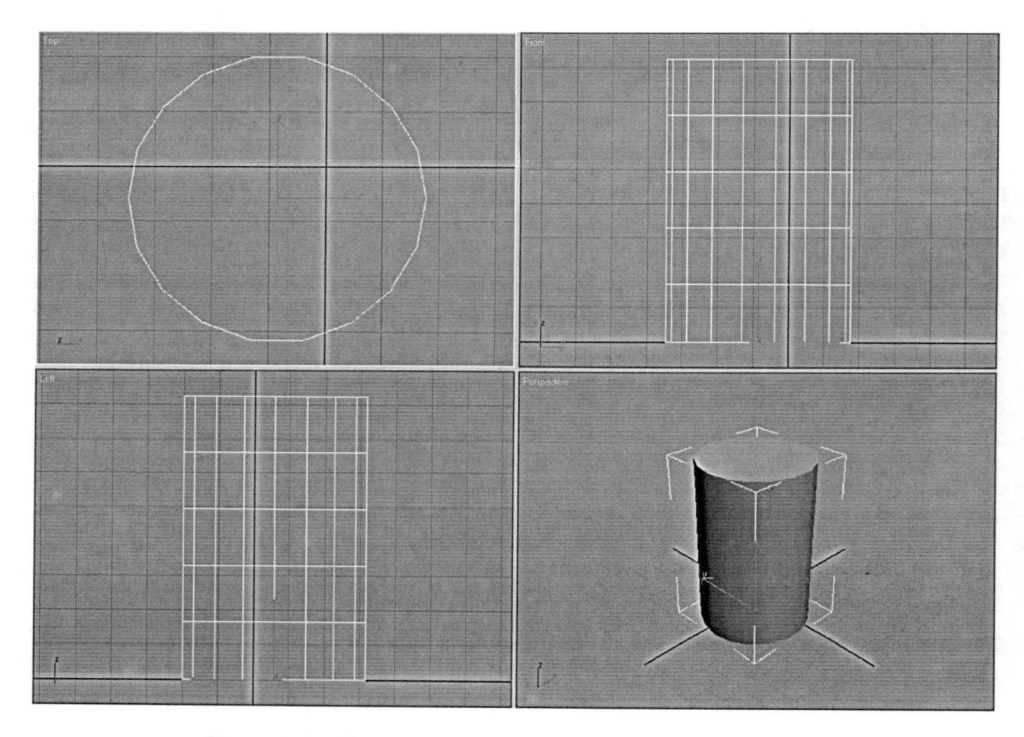

Figura 2.2 – *Todas as viewports preenchidas com um cilindro.*

Figura 2.3 – *Clique o botão Zoom Extents All, o botão superior direito dos oito botões de navegação no canto inferior direito da exibição.*

Vista de sistema de coordenadas de referência

Na viewport Top, observe que o tripé de eixo vermelho e cinza, na parte de baixo, ao centro do cilindro, exibe X positivo à direita, Y positivo acima e Z positivo para fora, na direção do espectador e que o sistema atual ativo de coordenadas de referência está ajustado para View na principal barra de ferramentas (veja a Figura 2.4).

*Figura 2.4 – View do sistema de coordenadas de referência
é a configuração padrão encontrada na barra de ferramentas principal.*

Clique com o botão direito na viewport Front para ativar aquela viewport sem desfazer a seleção do cilindro. Observe que o tripé de eixo se ajusta, para apontar o eixo positivo na mesma direção relativa em que estava na viewport Top quando ele estava ativo. Clique com o botão direito na viewport Left para ver uma mudança semelhante. O tripé de eixo se adapta às viewports ortográficas enquanto em View no sistema de coordenadas de referência, de modo que o X positivo esteja sempre à direita, o Y positivo esteja sempre para cima e o Z positivo esteja sempre para fora, na direção do espectador.

Agora, clique com o botão direito na viewport Perspective e observe que o tripé de eixo corresponde ao sistema de coordenadas de referência mundial, e se alinha à grade Home. Você pode verificar isto de acordo com o pequeno tripé tricolor no canto inferior esquerdo de cada viewport, que sempre indica o sistema de coordenadas de referência mundial. Isto se aplica a todas as viewports não ortográficas, enquanto em View do sistema de coordenadas de referência – viewports Perspective, User (usuário), Camera (câmera) e Light (luz).

Tela de sistema de coordenadas de referência

Clique com o botão direito na viewport Top para ativá-la, e depois, clique View na barra de ferramentas principal e, da lista, escolha Screen (tela) de sistema de coordenadas de referência. Clique com o botão direito as outras viewports e observe que o tripé de eixo se porta da mesma forma no modo View.

A Screen de sistema de coordenadas de referência é exatamente igual a View em portas ortográficas – eixo X positivo à direita, Y para cima e Z para fora. Porém, em viewports não ortográficas, o eixo Z positivo indica para fora da tela, na direção do espectador. Use o comando Arc Rotate (girar arco), no canto inferior direito da exibição, na viewport Perspective, e observe o tripé de eixo se mover nas outras viewports.

A Screen de sistema de coordenadas de referência lhe permite mover objetos no espaço, com base em sua linha de visão em viewports não ortográficas e se mostra útil, por exemplo, para mover logotipos pairando através da cena.

Sistema de coordenadas de referência mundial

Clique com o botão direito a viewport Top e troque para o sistema de coordenadas de referência mundial. Clique com o botão direito em outras viewports, e é possível ver que o sistema de coordenadas de referência mundial está sempre ativo, para todos os tipos de viewports.

Nota

A vinculação hierárquica está além do escopo deste exercício fundamental, mas a opção ficará óbvia a você, quando usar a vinculação.

Sistema de coordenadas de referência Parent

O seguinte sistema de coordenadas de referência na lista é o Parent (pai), que exige que um objeto seja hierarquicamente vinculado a um outro objeto no relacionamento pai/filho. No sistema de coordenadas de referência pai, o filho sempre usa o sistema de coordenadas de referência Local do pai (discutido a seguir).

Sistema de coordenadas de referência Local

Clique com o botão direito a viewport Top e escolha Local na lista de sistema de coordenadas de referência. Clicar com o botão direito nas outras viewports e o eixo tripé é igual como para o sistema de coordenadas de referência mundial. Isto é uma coincidência, pois você criou o cilindro na viewport Top. Clique com o botão direito na viewport Perspective, clique o botão Select and Rotate (selecionar e girar) na barra de ferramentas principal e gire o cilindro cerca de 45 graus em ambos os eixos, X e Y, pegando e arrastando no círculo vermelho ou verde do gizmo Rotate (girar), na viewport (veja a Figura 2.5).

Neste ponto, observe que ainda que você tenha o sistema de coordenadas de referência ajustado para Local, automaticamente ele trocou para View quando você escolheu o botão Select and Rotate. O sistema de coordenadas de referência atual se prende a cada transformação: Move (mover), Rotate e Scale (escalonar). Depois que você ajustar o sistema de coordenadas de referência, ele é retido naquela transformação até que você o mude novamente. O tripé de eixo também muda para o gizmo Transform quando os botões de transformação são escolhidos.

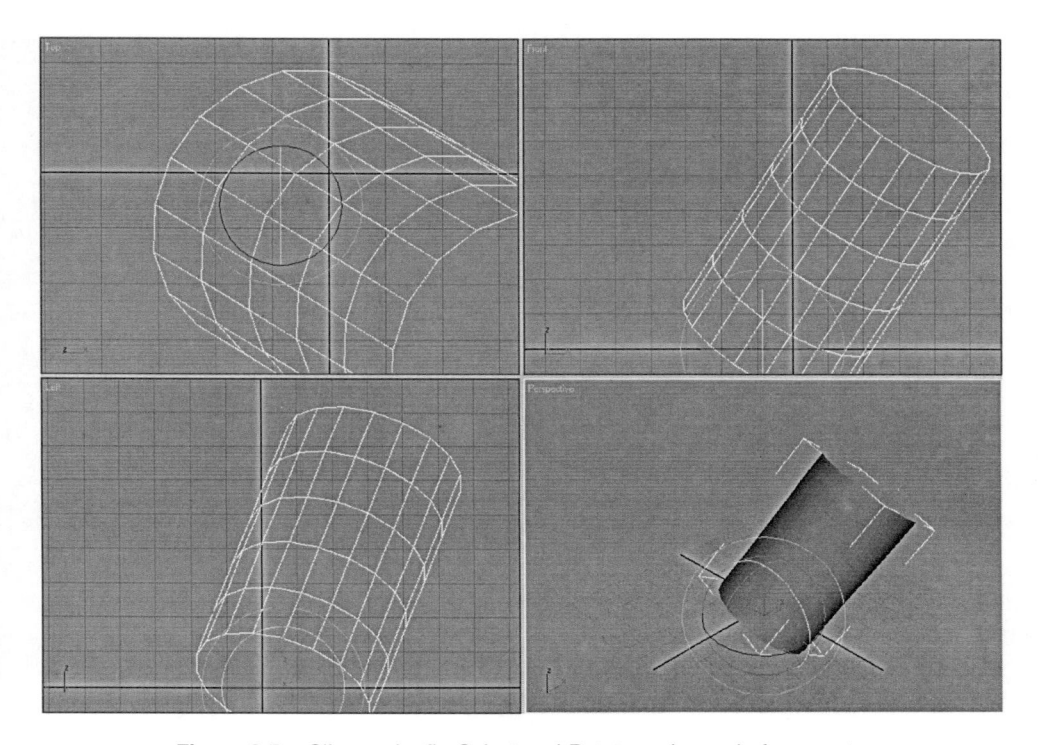

Figura 2.5 – *Clique o botão Select and Rotate na barra de ferramentas principal e gire o cilindro cerca de 45 graus nos eixos X e Y.*

Dica

Habitue-se a monitorar constantemente a configuração de coordenadas de referência, e logo isto se tornará uma reação automática, sobre a qual você não precisará pensar.

Clique com o botão direito na viewport Top, clique o botão de transformação Select and Move (selecionar e mover) e ajuste o sistema de coordenadas de referência para Local. Clique com o botão direito nas outras viewports e você pode ver que o gizmo Move Transform (mover transformação) se orienta com o objeto, como ele foi criado (veja a Figura 2.6). Familiarize-se com o sistema de coordenadas de referência Local, pois é uma ferramenta especialmente poderosa de produção.

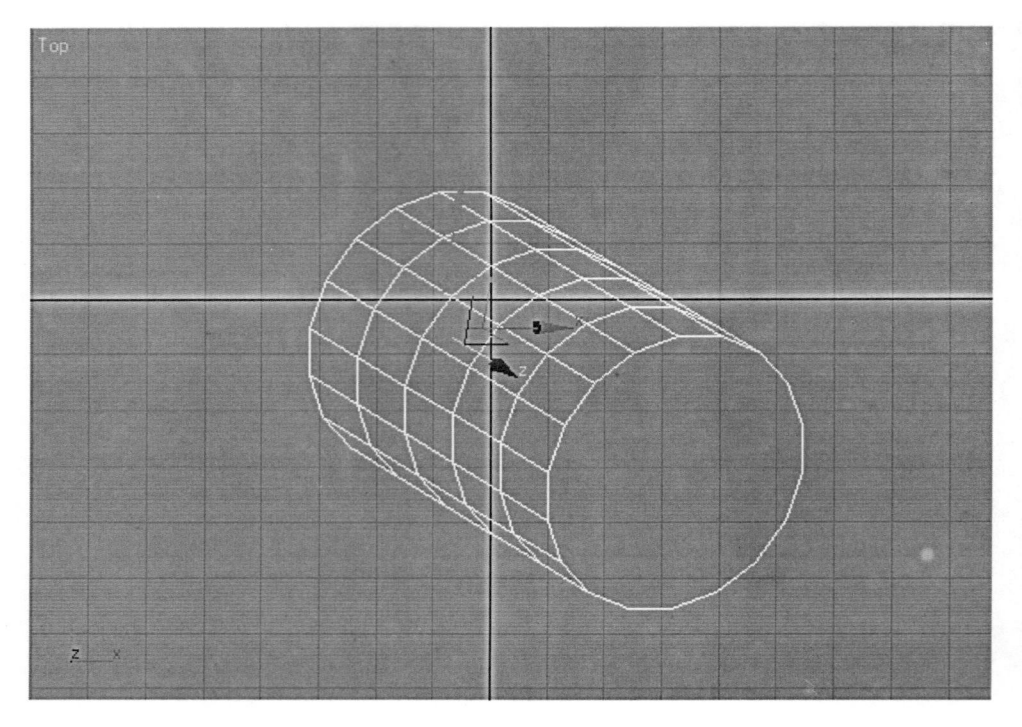

Figura 2.6 – *No modo de coordenadas de referência Local, o tripé de eixo e o gizmo Transform ficam alinhados com os eixos de criação do objeto.*

Sistema de coordenadas de referência Grid

O sistema de coordenadas de referência Grid (grade) exige que você crie um novo objeto Grid Helper (auxiliar de grade) como o plano de trabalho ativo. Clique com o botão direito na viewport Top para ativá-lo.

No painel Create (criar), rolagem Geometry (geometria), clique o botão Box (caixa) e marque a opção AutoGrid (grade automática), bem acima do botão Box, para ativar o recurso. À medida que você mover o cursor sobre o cilindro, observe uma trilha tricolor de cursor na face normal da face sob o cursor. Mantenha pressionada a tecla Alt e escolha e arraste uma Box primitiva na extremidade superior do cilindro. Clique o botão Select Object (selecionar objeto) na barra de ferramentas principal e selecione a nova grade de objeto, no alto do cilindro (veja a Figura 2.7).

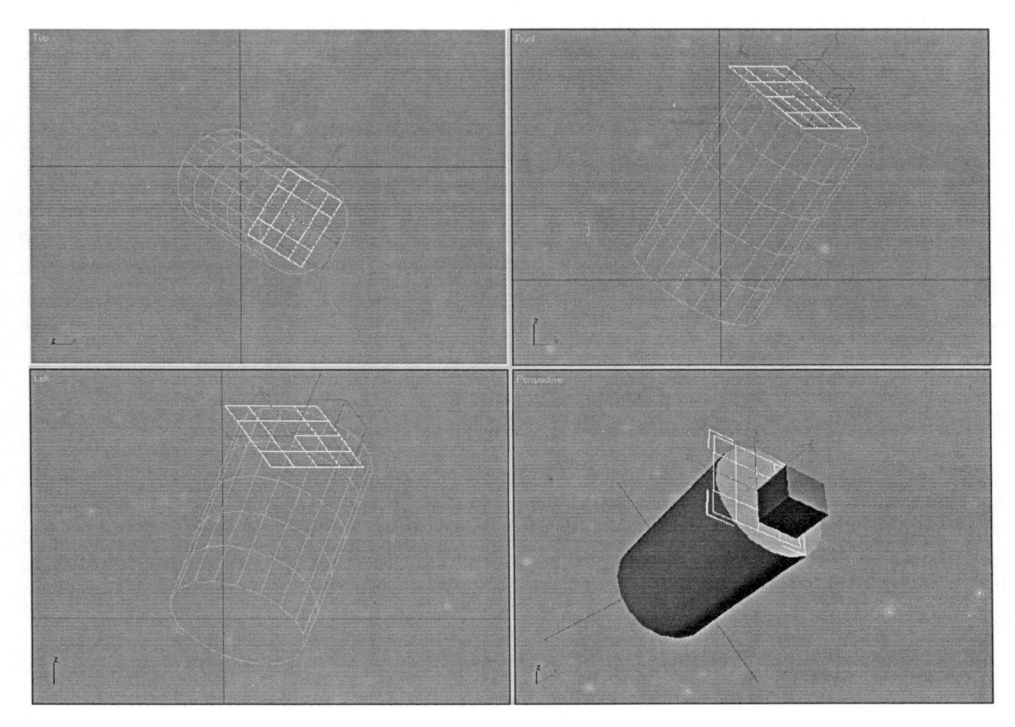

Figura 2.7 – *É possível criar objetos diretamente em qualquer superfície com o recurso AutoGrid. Pressionar Alt enquanto faz isto cria uma grade de objeto permanente naquele plano.*

Manter a tecla Alt pressionada enquanto cria um objeto no modo AutoGrid, consecutivamente, faz a nova grade na cena e a torna a grade ativa.

Clique o botão Select and Move e troque para o sistema de coordenadas de referência grade e os eixos X, Y e Z da grade são usados para a transformação atual.

Com a nova grade de objeto selecionada na viewport ativa, clique com o botão direito a grade e, no menu pop-up, escolha Activate HomeGrid (ativar ponto inicial de grade), para voltar ao sistema de grade padrão. Você pode ter tantos destes auxiliares de grade de objetos quantos quiser, mas só um pode estar ativo de cada vez. É possível reativar a nova grande em qualquer ocasião.

Nota

Faces normais em 3ds max são vetores invisíveis que indicam perpendicular a partir de qualquer face. Elas são usadas como auxiliares de ferramenta de alinhamento e para visibilidade de face, por exemplo.

Sistema de coordenadas de referência Pick

No sistema de coordenadas de referência Pick (escolher; pegar), é possível usar o sistema de coordenadas de um outro objeto na cena como o sistema atual.

Clique com o botão direito na viewport Top para ativá-la e crie uma pequena esfera de um lado do cilindro. Clique o botão de transformação Select and Rotate, mude o sistema de coordenadas de referência para Pick e escolha o cilindro na viewport Top. Agora a esfera está usando as direções de eixo do sistema de coordenadas de referência Local. Da mesma forma, Cylinder01 é acrescentado à lista de sistemas de coordenadas de referências disponíveis.

Opções de ponto pivô

Uma outra ajuda à produção que segue de perto os sistemas de coordenadas de referência é o tipo ativo Pivot Point (ponto pivô; central). Bem à direita da janela de sistema de coordenadas de referência está um menu flutuante, com três escolhas de tipos de Pivot Point. Escolher a opção de baixo, chamada Use Transform Coordinate Center (usar centro de transformação de coordenada) muda a rotação central para ficar na base do cilindro (veja a Figura 2.8).

Nota

Observe como o sistema de coordenadas de referência Rotate não está alinhado à espera, ainda que o Transform Gizmo da esfera esteja centralizado em seu ponto pivô ativo.

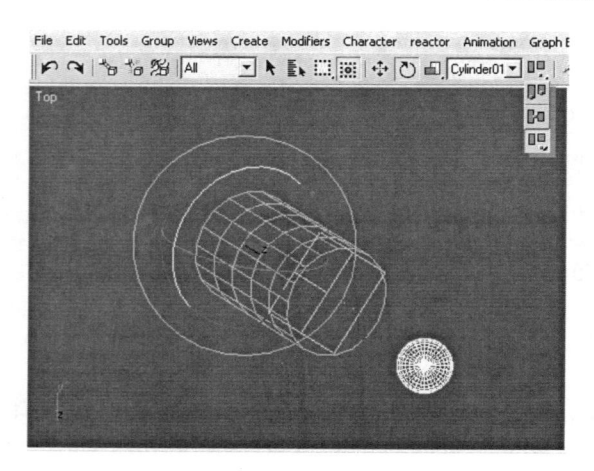

Figura 2.8 – Use o ponto pivô Use Transform Coordinate Center para girar a esfera em torno do ponto pivô do eixo Local do cilindro.

Use o centro de ponto pivô

Na viewport Top, selecione todos os objetos na cena. Com a opção de conjunto Use Pivot Point Center (usar o centro de ponto pivô) (o botão flutuante superior), observe que à medida que você seleciona o conjunto, cada objeto é transformado com base em seu sistema de coordenadas de referência ativo, em torno de seu próprio ponto pivô individual, ao invés do centro da seleção de conjunto. Isto é especialmente interessante quando você está no modo Rotate.

Use o centro de seleção

Escolha Use Selection Center (usar centro de seleção) (botão flutuante do meio) e você vê que todo o conjunto de seleção de objetos usa um único ponto pivô no centro geométrico da caixa de limite dos objetos selecionados. Isto também é mais apropriado para rotações.

Use centro de transformação de coordenadas

Use Transform Coordinate Center (usar centro de transformação de coordenadas) (botão flutuante de baixo) usa o ponto de coordenadas mundial 0,0,0 Absolute (absoluto), exceto quando o sistema de coordenadas de referência Pick está ativo. Então, o objeto selecionado usa por ele próprio o ponto pivô Pick do objeto.

Resumo

A seguinte lista resume os atributos dos diversos sistemas de coordenadas de referência:

- **View** (vista) – O tripé de eixo se adapta a cada viewport ortográfica, de modo que o eixo positivo X fique à direita, o eixo positivo Y para cima e o eixo positivo Z seja perpendicular para fora da exibição. Viewports não ortográficas recorrem com freqüência ao uso do sistema de coordenadas de referência mundial.
- **Screen** (tela) – Igual a View em viewports ortográficas. Em viewports não ortográficas, o eixo positivo Z sempre indica para o espectador.
- **World** (mundo; mundial) – Este sistema de coordenadas corresponde às coordenadas Absolute World (mundial absoluta).
- **Parent** (pai) – O objeto filho usa o sistema de coordenadas Local do pai em um relacionamento pai/filho hierarquicamente vinculado.
- **Local** – As coordenadas sempre ficam com o objeto com o qual foram criadas, independente do ângulo de rotação do objeto.
- **Grid** (grade) – Usa o sistema de coordenadas do sistema de grade ativo.
- **Pick** (escolher) – Usa o sistema de coordenadas Local de um outro objeto que é escolhido na cena.

Para os comandos Align, Array e Mirror (espelho; espelhar) em VIZ e max, sempre marque o sistema de coordenadas de referência ativo no momento para qual eixo, X, Y e Z, está sendo usado pelo comando. O modo está marcado na caixa de diálogo Align ou Array (veja a Figura 2.9).

Nota

O sistema de coordenadas de referência View nunca é listado nos comandos Array, Align ou Mirror. Você sempre verá Screen, que é o mesmo para todas as viewports ortográficas.

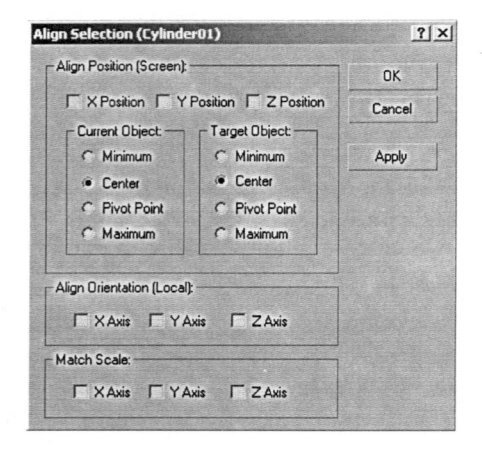

Figura 2.9 – O sistema de coordenadas de referência ativo no momento é mostrado entre parênteses, no alto à esquerda da caixa de diálogo Align Selection (alinha seleção).

Camadas

Trabalhar em camadas em 3ds max 6 trata-se de uma ferramenta importante em um ambiente de produção. Ainda que as camadas tenham estado disponíveis em versões anteriores de 3ds max, a versão 6 oferece aperfeiçoamentos em fluxo de trabalho, o que as torna mais úteis e cordiais para com o usuário.

Layers (camadas) são elementos de organização que contêm objetos, que você coloca na camada. Depois é possível usar as camadas apenas como ferramentas de seleção, que lhe permitem selecionar rapidamente objetos específicos, para transformá-los ou mudar a visibilidade dos objetos da camada nas viewports ou no apresentador. Você também pode usar camadas para ajustar as propriedades do objeto ou a iluminação de resplandecência de propriedades em todos os objetos atualmente naquela camada, por exemplo.

Eu não quero rescrever as informações de camada do manual User Reference (referência de usuário) de 3ds max 6 neste livro, mas quero torná-lo ciente do conceito por trás desta ferramenta de produção para mostrar que principalmente dois lugares afetam como as camadas são gerenciadas: a caixa de diálogo Layers Manager (gerenciador de camadas) e a Object Properties (propriedades de objeto).

Layers Manager

A Figura 2.10 mostra o Layers Manager aberto. A cena contém quatro camadas, três com bules de chá e a camada padrão sem nada nela.

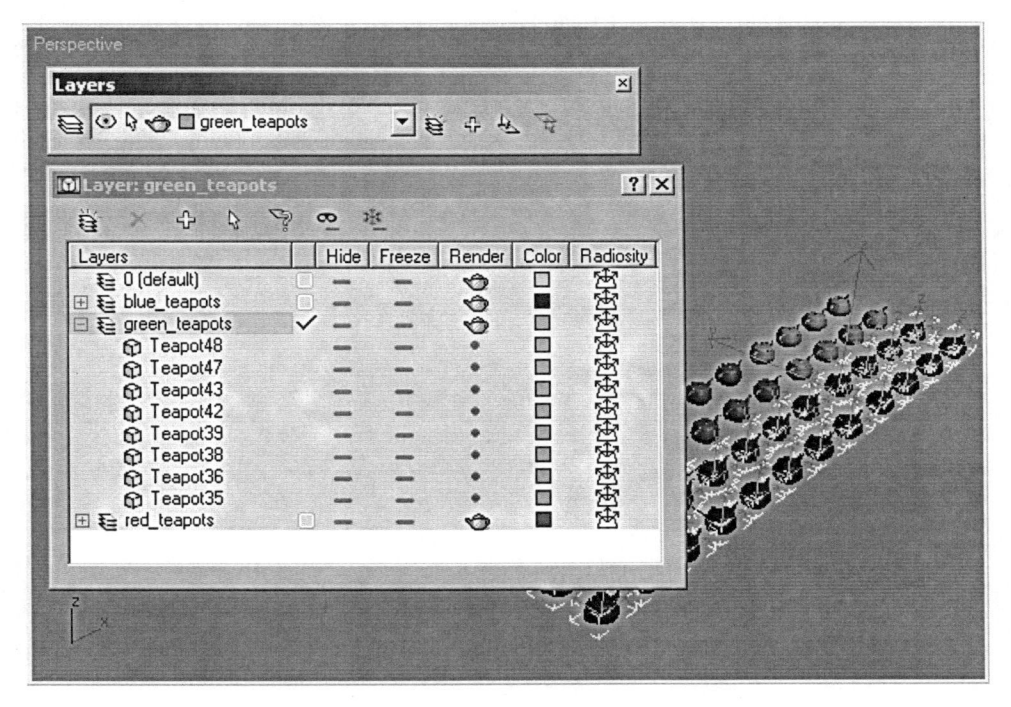

*Figura 2.10 – O menu Layer e a caixa de diálogo
Layers Manager abertos para mostrar algumas das opções
disponíveis para criar e manipular camadas.*

Este menu e caixa de diálogo lhe permitem criar e manipular camadas e alterar propriedades, como as configurações de rentabilidade, visibilidade e resplandecência de objetos ativados ou desativados em Layers.

Eu o encorajo a usar os arquivos Help (de ajuda) de 3ds max 6 para investigar mais as camadas e sua funcionalidade. Trabalhe com um arquivo simples, semelhante a este exemplo de bule de chá, de modo a aprender os fundamentos de como o conceito pode ser aplicado ao fluxo de trabalho de sua produção.

Caixa de diálogo
Object Properties

Um aspecto que pode ser um pouco confuso ao usar pela primeira vez camadas em 3ds max 6 é que, por padrão, os objetos criados em max têm as suas propriedades determinadas pelas configurações de objeto, não por configurações de qualquer camada. Isto significa que nenhuma quantidade de manipulação de camada terá qualquer significado nas propriedades dos objetos naquela camada, até que você capacite a opção By Layer (pela camada) para as propriedades do objeto.

A Figura 2.11 mostra a tab (tecla de tabulação) Object Properties General (propriedades gerais de objeto) e a tab Advanced Lighting (iluminação avançada). Na tab General, Display Properties (exibir propriedades) e Rendering Control (controle de apresentação) dos objetos selecionados foram ajustadas para o controle By Layer (por camada), enquanto Motion Blur (desfoque de movimento) na tab General e Geometric Object Properties (propriedades de objeto geométrico) na tab Advanced Lighting ainda estão ajustadas para o controle padrão, By Object (por objeto).

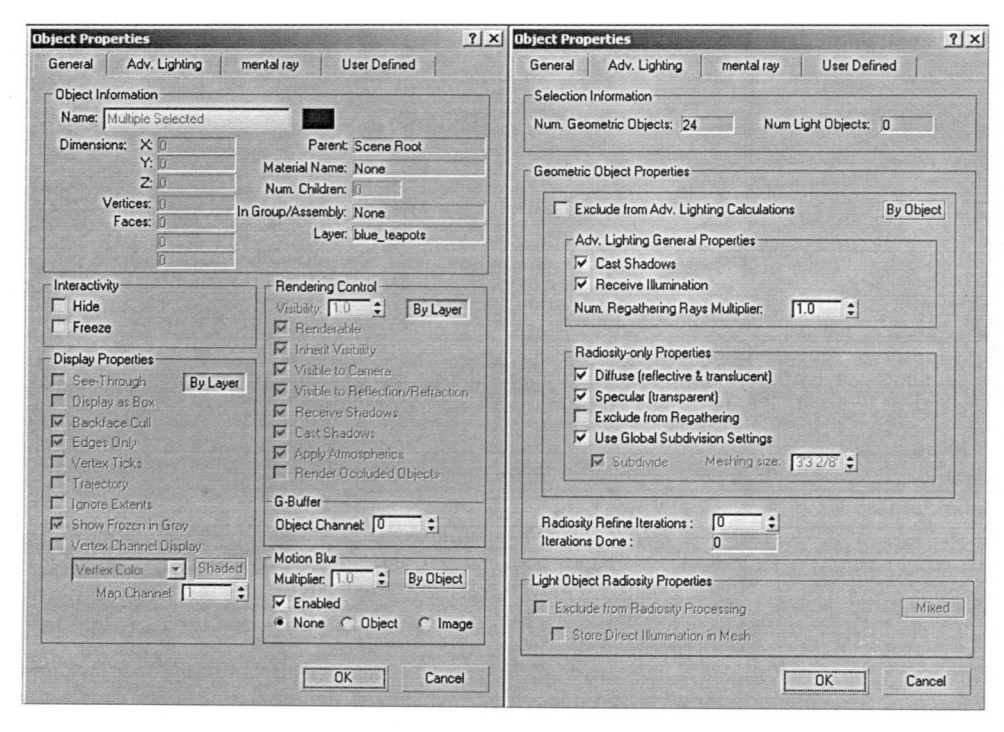

Figura 2.11 *– Para as configurações de camada afetarem objetos,*
as propriedades precisam ser mudadas do padrão By Object para By Layer.

Novamente, busque nos arquivos Help de 3ds max 6 por "usando camadas para organizar uma cena", para uma visão geral mais completa e mais detalhes sobre camadas.

Configurações e inicializações de configuração

É possível usar diversos arquivos em 3ds max 6 para aumentar a produtividade (por exemplo, 3dsmax.ini, maxstart.max, plugin.ini e MaxStartUI.cui). Você pode usar estes arquivos para armazenar configurações como as unidades que são usadas (por exemplo, unidades métricas ou padrão norte-americano) e layouts de menu e de viewport, com que max inicia quando você abre uma nova cena ou reajusta a cena atual.

Destes arquivos, maxstart.max é a ferramenta mais importante de poupar tempo. Diferente dos outros arquivos de configuração que têm valores padrão pré-ajustados, ela não existe até que você a crie.

O arquivo maxstart.mx lhe permite salvar a posição do espaço de trabalho, de modo que vem com as mesmas configurações cada vez que você inicia um novo arquivo ou reajusta a cena.

Embora seja possível salvar um arquivo maxstart.max que contém objetos ou iluminação para carregar com cada novo arquivo ou reajustar ação, geralmente você só deseja mudar as configurações de viewport para os seus favoritos.

O arquivo maxstart.max deve ser salvo no subdiretório /3dsmax6/scenes, por padrão, mas você pode salvá-lo em qualquer lugar em seu disco rígido e usar a caixa de diálogo Configure Paths (configurar caminhos) para indicar ao local.

No Capítulo 3, "Técnicas fundamentais de modelagem: os blocos de construção", você salva um arquivo maxstart.max que deve ser usado através deste livro.

Nota

O termo *lofting* (inclinar, inclinação) vem das antigas práticas de construção naval, onde os padrões para as vigas de um navio eram todos colocados no sótão superior da loja do construtor de navio. Longas tiras de metal fino, ou splines (tiras em curva), eram ajustadas na borda e curvadas para a curvatura do casco em pontos determinados, ao longo da quilha. Para prender as tiras em curva no lugar, de modo que as linhas pudessem ser traçadas nos padrões, o designer de navio colocava pesados "mergulhões" de aço ou chumbo nos pontos de tangência. Para criar o casco, as vigas (formas inclinadas) eram então anexadas ao longo da quilha (caminho inclinado) e o pranchão era anexado, para formar a viga (trama de objeto).

Conceitos básicos de inclinação

Em minha visão, lofting (inclinação) é a ferramenta de modelagem mais poderosa em 3ds max, mas que com freqüência é subutilizada, devido a algum comportamento que parece ser "estranho" ao usá-la. Na verdade, o comportamento não é estranho, mas a inclinação é diferente de qualquer método de criação que você usa em outro software, assim, exige que você conheça alguns conceitos simples dela, para fazer sentido.

Mas eu não falo a linguagem

Para entender totalmente a inclinação de max, é preciso conhecer alguns termos:

- **Shape** (forma) – Uma forma é um objeto em 2D em max. Ela pode ocupar espaço em 3D, como faz uma forma de hélice, mas não tem quaisquer informações de superfície. Uma forma tem um nome e uma cor.

- **Spline** (tira em curva) – Uma forma precisa conter pelo menos uma tira em curva a nível de sub objeto, mas uma forma é uma forma composta se tiver mais do que uma tira em curva. Por exemplo, o Donut (rosca) primitivo é uma forma composta feita de duas tiras em curva (isto é, círculos concêntricos).

- **Loft path** (caminho inclinado) – A forma que define o comprimento da saliência do objeto inclinado.

- **Loft shape** (forma inclinada) – A forma que define as seções cruzadas do objeto inclinado.

  Um objeto inclinado só pode ter uma tira em curva fechada ou aberta como um caminho. Ele pode ter uma quantidade ilimitada de formas abertas ou fechadas como seções cruzadas.

  Cada forma ou caminho pode ter um número ilimitado de vértices, e cada uma das formas diferentes pode ter quantidades diferentes de vértices.

  Cada forma em um caminho precisa ter a mesma quantidade de tiras em curva. Por exemplo, não é possível inclinar um Circle (círculo) e um Donut primitivo no mesmo caminho inclinado.

- **Sistema de coordenadas de referência Local** – 3ds max 6 tem vários sistemas de coordenadas de referência, como você viu anteriormente neste capítulo, mas o sistema Local é mais importante em inclinação. Essencialmente, o sistema Local é o sistema de coordenadas da forma, como ela é criada. Quando você cria uma forma em qualquer viewport, a regra é que o eixo positivo X local seja à direita, o eixo positivo Y local seja para cima e o eixo positivo Z local seja para fora, na direção do usuário. Este sistema de coordenadas de referência Local permanece relativo à forma, à medida que a forma é girada.

- **Pivot Point** (ponto pivô) – O ponto pivô de uma forma geralmente é posicionado no centro geométrico da caixa de limite da forma. Ele pode ser reposicionado, através do painel Hierarchy (hierarquia). O ponto pivô define o ápice dos eixos X, Y e Z de uma forma.

- **First vertex** (primeiro vértice) – Cada tira em curva tem um primeiro vértice indicado por uma caixa branca, quando no modo Vertex (vértice) de sub objeto (veja a Figura 2.12). Tiras em curva abertas podem ter vértices de extremidade como o primeiro vértice, e tiras em curva fechadas podem ter qualquer vértice como o primeiro vértice.

O ponto pivô e o primeiro vértice são muito importantes no processo de inclinação, e a falta de entendimento sobre eles é, provavelmente, o motivo principal de frustração enquanto inclinando.

O ponto pivô da forma anexa ao primeiro vértice do caminho.

Dica

O primeiro vértice de uma forma sempre pode ser visto no modo de edição Vertex de sub objeto. Entretanto, é possível ver o primeiro vértice em qualquer ocasião, selecionando a(s) forma(s), clicando com o botão direito e escolhendo Properties, e marcando Vertex Ticks in Display Properties (assinalar vértice em exibição de propriedades). Você também precisa estar no modo padrão By Object.

A orientação da forma no caminho é um pouco mais complexa. Eu o encaminharei aqui e mostrarei um exemplo e mais tarde discutirei em mais detalhes. O eixo Z local da forma se alinha "para baixo" no caminho, e o eixo Y local da forma se alinha com o eixo Z local do caminho (veja a Figura 2.13).

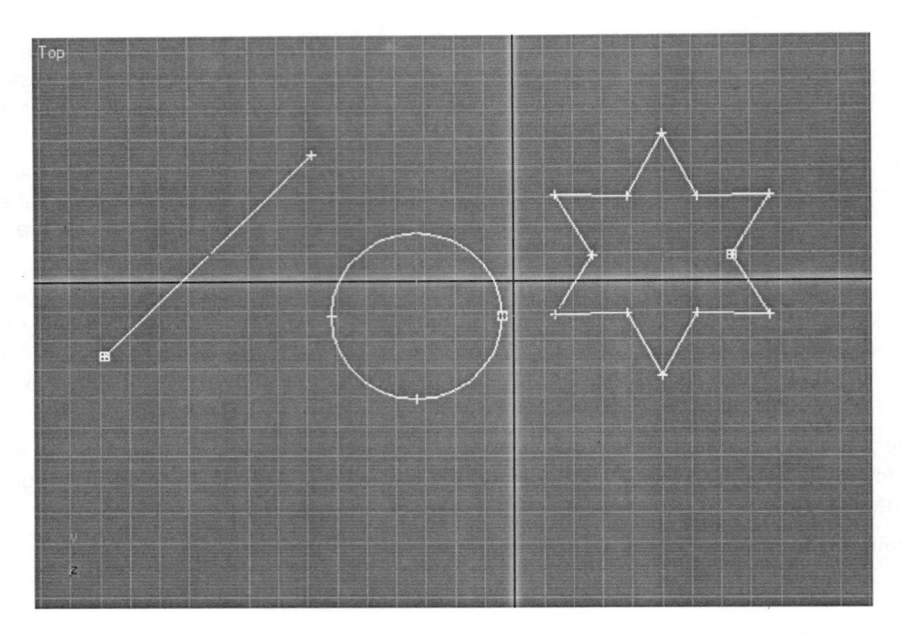

Figura 2.12 – *Viewport mostra a caixa branca, indicando o primeiro vértice de diversas formas e o tripé de eixos vermelhos X e Y no ponto pivô do círculo.*

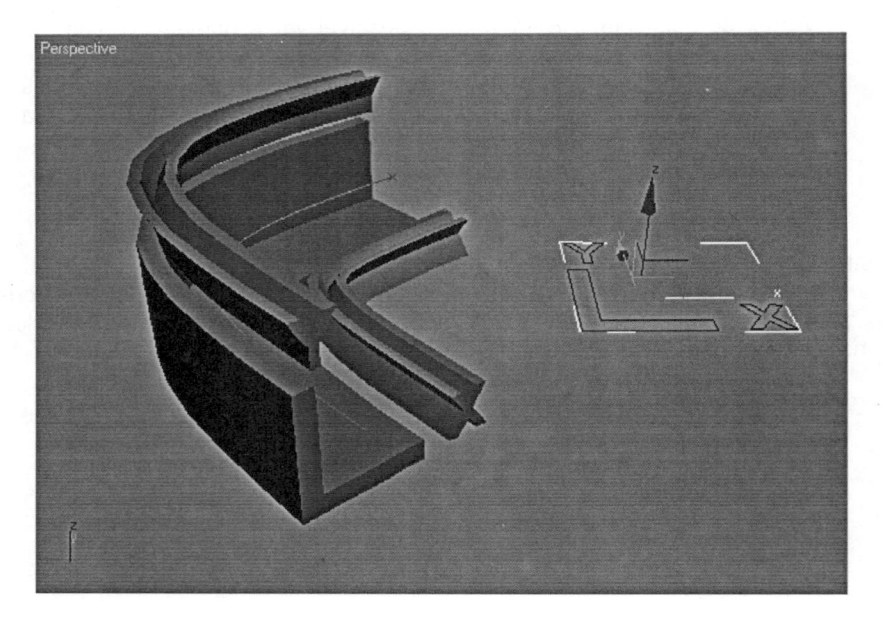

Figura 2.13 – *Caminho curvado e forma em L criados na viewport Top. O objeto inclinado mostra a orientação da forma no caminho. Você também pode ver as direções do eixo ocal das formas em 2D, como indicadas pelas setas de gizmo Move Transform.*

Opções de inclinação

O próprio processo de inclinação é bem simples, mas é válido mencionar um par de opções. Você pode acessar a inclinação a partir do menu drop-down Compound Objects (objetos compostos) (através do painel Create, Geometry, Compound Objects) (veja a Figura 2.14). É necessário ter uma forma em 2D selecionada ou o botão Loft ficará acinzentado na rolagem Object Type (tipo de objeto).

A rolagem Creation Method contém duas opções: Get Path (obter caminho) e Get Shape (obter forma). O fluxo de trabalho normal é ter o caminho selecionado e usar a opção Get Shape. Entretanto, você pode selecionar a forma e usar Get Path. O fator determinante é que qualquer objeto que é selecionado permanece no lugar e o outro, forma ou caminho, se redireciona e move para a forma selecionada. Geralmente, eu prefiro selecionar o caminho e usar Get Shape.

Bem embaixo de Get Path e Get Shape há algumas opções muito importantes: Move (mover), Copy (copiar) e Instance (exemplo; cópia). O padrão é Instance. Isto significa que um clone da forma pula no caminho, não a própria forma original. A vantagem desta opção é que você pode modificar a forma original em 2D e mudar as tramas de 3D inclinada, de acordo.

A opção Move, na verdade, move a forma original para o caminho e Copy coloca um clone da forma, sem conexão com a original (tornando qualquer escolha muito menos editável). Eu nunca senti necessidade de usar Move ou Copy.

Na Figura 2.15, a maioria das paredes, vitrificação e assentos é inclinada a partir de formas em 2D, capacitando edição rápida e fácil.

Conforme mencionado anteriormente, o processo fundamental é simples o bastante, mas é preciso conhecer mais opções para fazer uma escolha eficaz de modelagem de inclinação.

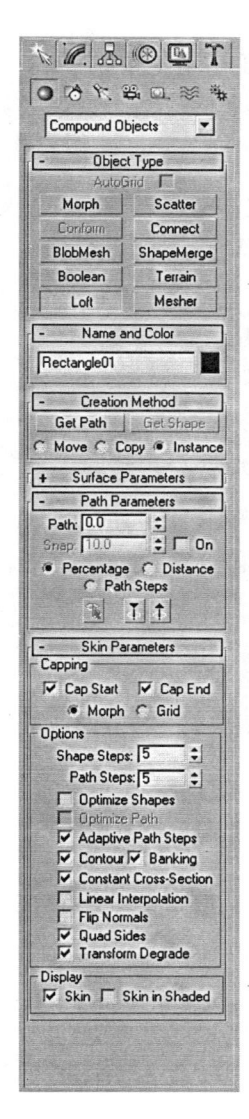

Figura 2.14 – O painel Loft com as rolagens Name and Color (nome e cor), Creation Method (método de criação), Path Parameters (parâmetros de caminho) e Skin Parameters (parâmetros de pele) expandidas.

Figura 2.15 – Este simples exemplo de interior usa a inclinação para criar as paredes e o vitrificado à esquerda e direita, e os elementos dos assentos. Isto possibilita rápida edição a nível de forma em 2D, para realizar mudanças maiores nos objetos em 3D.

A importância do primeiro vértice em inclinação

3ds max 6 monta a trama de objetos inclinados, inicialmente conectando o primeiro vértice em cada forma, ao longo do caminho e depois, montando uma trama de superfície com as etapas de forma e as etapas de caminho. Portanto, a posição relativa do primeiro vértice da forma determina o giro do objeto ao longo do caminho.

Para remover (ou aplicar mais) giro, você precisa modificar o próprio objeto inclinado a nível de sub objeto, para girar qualquer das formas no caminho inclinado – não as formas originais, mas o clone da forma que se anexou ao caminho inclinado. A Figura 2.16 mostra um círculo e um retângulo inclinados ao longo de um caminho em linha reta, que ilustra o giro que pode ocorrer.

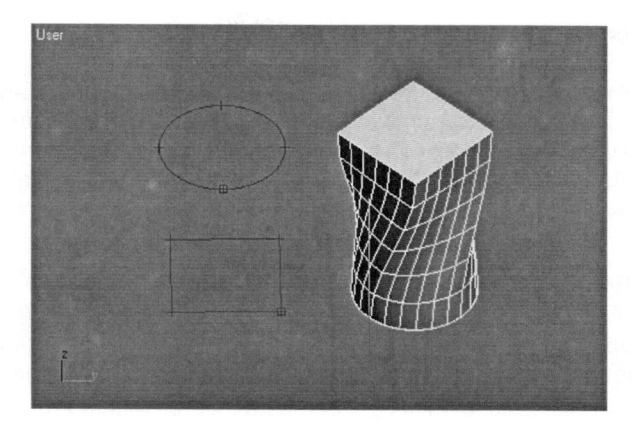

Figura 2.16 – *Formas de círculo e retângulo inclinadas
ao longo de uma linha reta produzem um objeto girado, devido
às posições relativas do primeiro vértice de cada forma.*

Modificando o objeto inclinado ao nível Shape de sub objeto e girando o círculo no caminho inclinado por 45 graus em torno do seu eixo Z local, você pode remover o giro (veja a Figura 2.17).

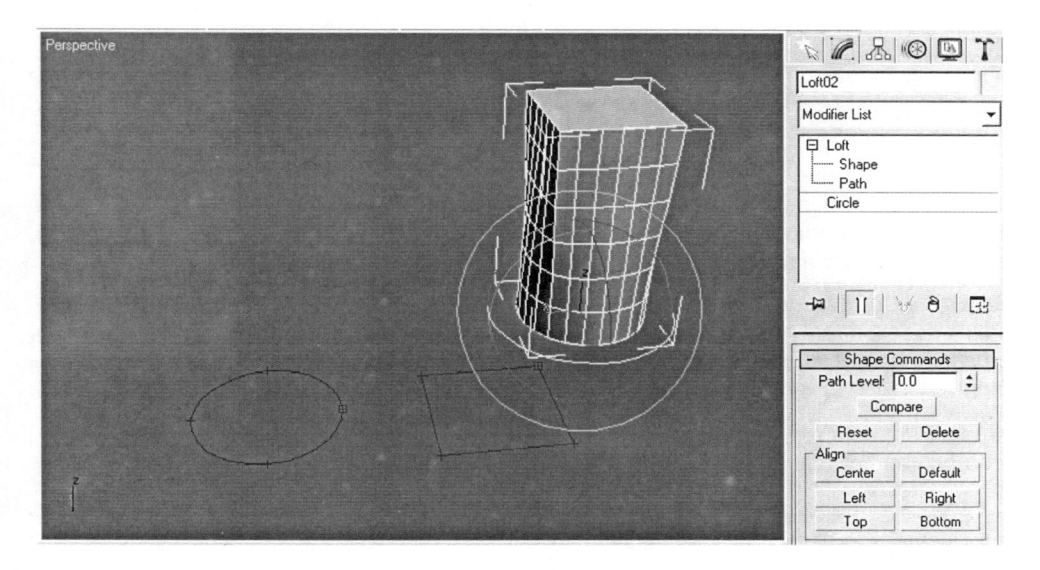

Figura 2.17 – *Girando a forma de círculo na base
do objeto inclinado em torno de seu eixo Z local, você pode,
facilmente, remover ou aumentar o giro.*

Eficiência de inclinação

Se quiser que 3ds max 6 seja uma ferramenta que valha o seu preço em seu escritório, você *precisa* de modelos os mais simples possíveis. (A modelagem com código extra é o principal obstáculo à produção que encontrei em minhas sessões de treinamento.) Cada vértice e face em um modelo usa código extra valioso de computador, e rapidamente, você pode esmagar os sistemas mais poderosos e torná-los ineficientes em um cenário de produção.

A inclinação oferece controles para ajustar a densidade de trama de modelos, enquanto retém os detalhes necessários. Primeiro, você precisa aprender dois novos termos:

- **Shape steps** (etapas de forma) – As etapas de forma são pontos intermediários entre vértices da forma que definem a curvatura no segmento de conectar forma.

- **Path steps** (etapas de caminho) – Etapas de caminho têm a mesma função entre vértices no caminho.

Quando uma forma é inclinada ao longo de um caminho, segmentos são criados na trama inclinada para cada etapa de vértice e caminho/forma. Estes segmentos podem ser vistos claramente no exemplo de inclinação anterior, onde as Edged Faces (faces de borda) estavam alternadas.

Clicar com o botão direito o objeto inclinado selecionado e ir para a caixa de diálogo Object Properties (propriedades de objeto) mostra que o objeto tem 332 faces. No painel Modify, rolagem Skin Parameters, há dois campos numéricos: Shape Steps e Path Steps. Cada um é ajustado para 5, por padrão, em 3ds max 6.

Ajustar as etapas de caminho para 0 reduz as informações que mostram a curvatura entre os vértices do caminho. O objeto mostra menos definição na transição da base circular para a parte superior retangular (veja a Figura 2.18).

Aumentar as etapas de caminho para 3 pode dar um nível aceitável de detalhes, dependendo da distância da câmera ou do fundo, e deixa toda a contagem de face em 236. Você é quem precisa julgar quanto detalhe é suficiente, mas tem a opção de mudar em qualquer ocasião, para otimizar o objeto para qualquer ocasião.

Reduzir as etapas de forma para 0 deste objeto inclinado arruína a integridade do objeto, pois a base é alterada para uma forma retangular. Um círculo tem quatro vértices e remover qualquer das etapas intermediárias que definem a curvatura, o torna retangular (veja a Figura 2.19).

Aumentar as etapas de forma para 3 pode resultar em uma trama de objeto aceitável, com uma contagem total de face de 156, menos da metade das 332 faces originais.

O fato importante é que você pode ajustar facilmente a densidade de seus objetos inclinados em qualquer ocasião, para conseguir um equilíbrio ótimo entre o detalhe do objeto e a eficiência dele, que é tão crítico à produção.

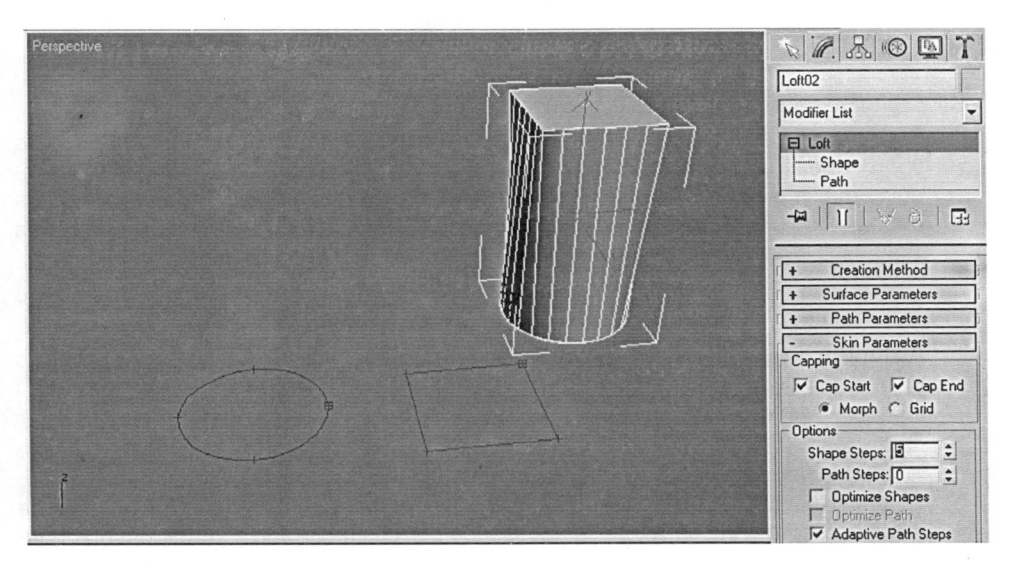

Figura 2.18 – *Reduzir as etapas de caminho de 5 para 0 reduz a definição da transição de circular para retangular ao longo do comprimento do objeto. Isto reduz o número de fazer de 332 para 92, com perda correspondente de detalhe visual.*

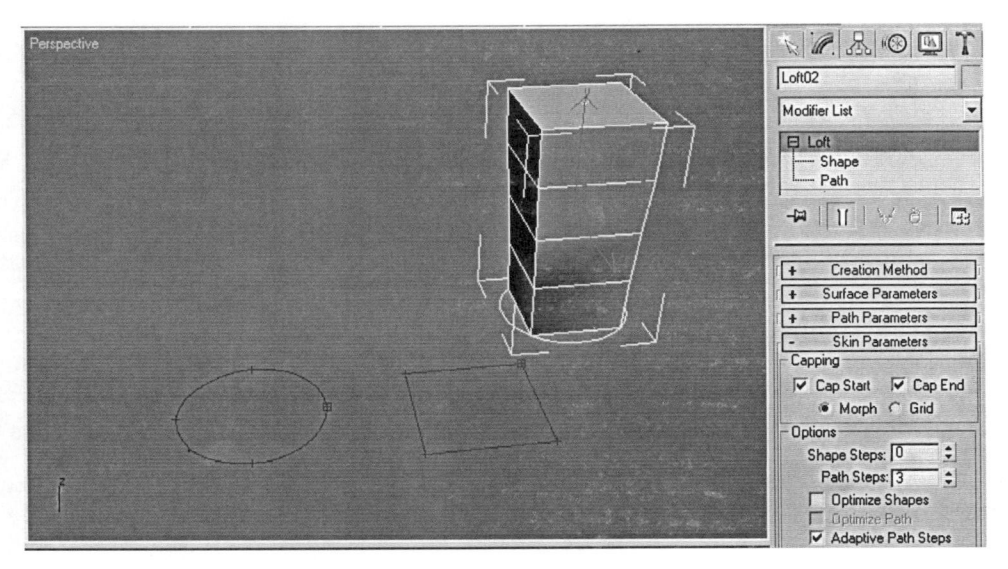

Figura 2.19 – *Ajustar as etapas de forma para 0 arruína completamente a integridade da trama pretendida, removendo toda a curvatura da forma circular.*

Resumo

Neste capítulo, você aprendeu estes conceitos fundamentais:

- **Sistemas de coordenadas de referência** – Um bom entendimento de sistemas de coordenadas de referência em 3ds max 6 é absolutamente necessário para conseguir o máximo do software. Ele é, essencialmente, um sistema fácil de aprender, mas pode ser um pouco confuso aos novos usuários. Perca tempo para praticar em cenas simples e logo você o tornará parte integrante de seu fluxo de trabalho diário.

- **Camadas** – 3ds max 6 tem um sistema de camada atualizado e aperfeiçoado que lhe oferece maior controle para gerenciar objetos em suas cenas.

- **Arquivos de inicialização** – Você aprendeu os princípios de como usar os arquivos maxstart.max para padronizar a configuração do layout de exibição de 3ds max 6. Isto oferecerá um fluxo de trabalho mais suave quando iniciar novas cenas.

- **Inclinação** – Este capítulo tocou nos aspectos fundamentais de inclinação, que são responsáveis pela maior parte da confusão ao aprender inicialmente a inclinar. Conhecer a importância do primeiro vértice e da funcionalidade de etapas de caminho e forma lhe dará a base necessária para usufruir toda a vantagem do poder de inclinar.

PARTE II

Cena externa com navio

Capítulo 3

Técnicas fundamentais de modelagem: os blocos de construção

Neste capítulo

Neste capítulo, você aprende as técnicas e processos de modelagem que estão dentre os mais largamente usados, e os tópicos fundamentais mais importantes no uso de 3ds max 6:

- **Inicialização de arquivos** – Configurando um espaço de exibição padronizado você aprende a suavizar o seu fluxo de trabalho.

- **Formas em 2D** – Criar formas em 2D e convertê-las para objetos em 3D pode ser um método flexível e eficiente de trabalhar. Você aprende sobre formas compostas e métodos de edição de subobjeto em 2D.

- **Modificadores e a pilha** – Você também aprende o importante conceito de como a pilha de modificador de 3ds max 6 funciona para capacitar a edição flexível através da história da criação de um objeto.

- **Alinhamento de ferramentas e grade de objetos** – Você faz exercícios que ilustram algumas maneiras valiosas de alinhar objetos a objetos e montar em planos específicos, em espaço 3D.

Como com os outros capítulos deste livro, caminhe através dos exercícios oferecidos para criar, aplicar materiais e iluminar cenas. Porém, mais importante, continue focalizado nas lições e conceitos sendo apresentados, de modo a poder usá-los em seu trabalho.

Simplesmente fazer os exercícios só resultará na compreensão da leitura da lição se você não parar para pensar sobre o próprio processo e imaginar maneiras em que tal processo pode funcionar para você.

Termos-chave

- **System units** (unidades de sistema) – As unidades matemáticas internas usadas para cálculos matemáticos. As opções são as unidades U.S. Standard (padrão norte-americano) e Metric (métrica).

- **Display units** (unidades de exibição) – A maneira em que as unidades de sistema são convertidas e exibidas em campos numéricos na tela.

Como padronizar o seu espaço de exibição

Os exercícios deste livro serão muito mais fáceis de acompanhar se padronizarmos as unidades de medida na exibição, assim, a primeira coisa que você aprende é ajustar um arquivo que leva 3ds max 6 a abrir, em cada ocasião, com configurações específicas.

O arquivo é chamado maxstart.max e não existe em seu sistema até que, na verdade, você o crie. Depois de salvar o arquivo com as configurações desejadas, ele será visto por max na inicialização, ou quando você der um comando Reset (reiniciar) a partir do menu pull-down (puxar) File. Só existe um arquivo maxstart.max e, cada vez que você abri-lo, editá-lo ou salvá-lo, as mudanças estarão em efeito a partir daquele ponto.

A primeira etapa no Exercício 3.1 é verificar se as unidades padrão de sistema estão ajustadas. Para todas as cópias de 3ds max 6 norte-americanas, as unidades de sistema são ajustadas para 1 unidade = 1 polegada (2,54 cm por polegada). Novamente, as unidades de sistema são usadas internamente para todos os cálculos matemáticos e devem ser esquecidas, a menos que você tenha motivos específicos para mudar esta configuração (por exemplo, se trabalhar sempre em unidades métricas).

Nota

As configurações de unidades em ambos, unidades de sistema e de exibição, são armazenadas em um arquivo chamado 3dsmax.ini, que está no diretório root (raiz) \3dsmax6\. As informações são automaticamente atualizadas neste arquivo quando você o altera.

Também é possível mudar as configurações Grid Spacing (espaçamento de grade) e de viewport com objetivos de inicialização.

Exercício 3.1
Criação de configurações de um arquivo de inicialização

1. Abra uma nova sessão de 3ds max 6. A exibição padrão deve mostrar quatro viewports com a viewport Perspective ativa, conforme indicado por uma borda amarela em torno dela. O Grid Spacing padrão deve estar ajustado em 10.0 unidades genéricas. Se a sua exibição não mostrar quatro viewports, você pode usar o botão Min/Max Toggle (alteração mínima/máxima) (Alt+W) (veja a Figura 3.1).

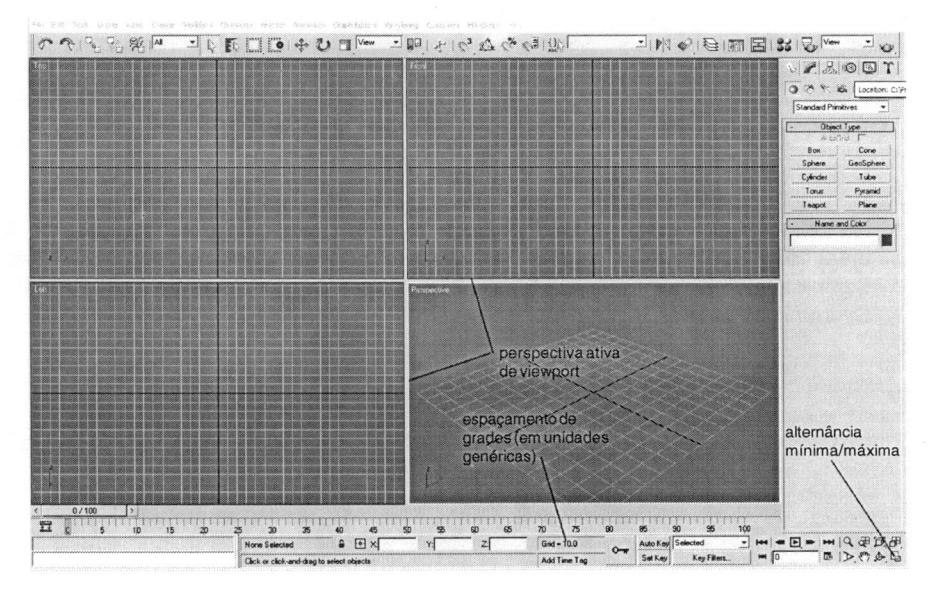

Figura 3.1 – A exibição padrão deve mostrar o espaçamento de grade de 10.0 unidades genéricas e quatro viewports com uma viewport Perspective ativa. O botão Min/Max Toggle troca de uma única para múltiplas exibições de viewport.

2. Para mudar as configurações de System Units, clique o menu pull-down Customize (personalizar) e escolha Units Setup (configurar unidades) a partir do menu opções (veja a Figura 3.2).

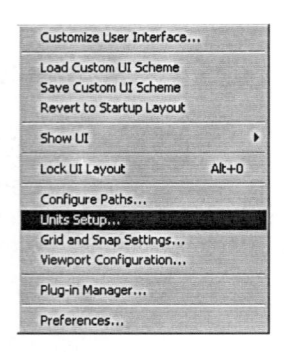

*Figura 3.2 – Para mudar a configuração
de System Units, clique o menu pull-down
Customize e escolha Units Setup.*

3. Na caixa de diálogo Units Setup, clique System Unit Setup e assegure-se de que esteja ajustada para 1 Unidade = 1.0 polegada, na área System Unit Scale (escala de unidade de sistema) (veja a Figura 3.3). Clique OK para fechar a caixa de diálogo System Unit Scale.

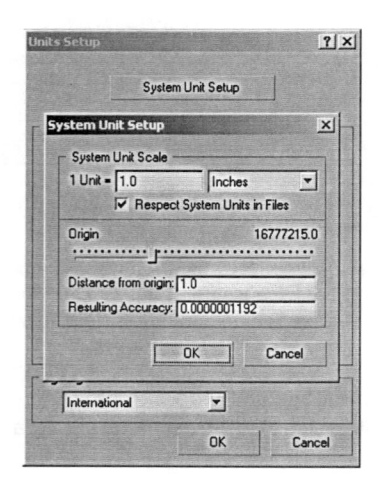

*Figura 3.3 – Assegure-se de que a System Unit Scale esteja
ajustada para 1 Unidade = 1.0 polegada e clique OK
para fechar esta caixa de diálogo.*

4. Na caixa de diálogo Units Setup, escolha o botão de rádio U.S. Standard e ajuste-o, para usar Feet w/Fractional Inches (pés, com polegadas fracionadas – 1 pé = 30,48 cm). O valor arredondado de mais próximo a 1/8 de polegada está ótimo (veja a Figura 3.4). Clique OK.

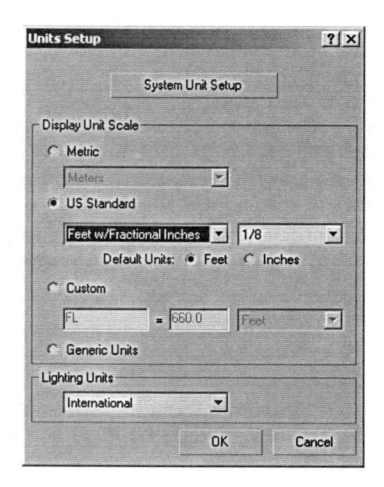

Figura 3.4 - *Ajuste a Display Unit Scale para U.S. Standard e Feet w/Fractional Inches para os 1/8 mais próximos.*

Nota

Os botões de rádio Default Units (unidades padrão) na caixa de diálogo Units Setup são apenas para a entrada de dados numéricos. Se você digitar um número sem sinal depois dele, 3ds max 6 o trata como pés. Se você quiser entrar com polegadas ou pés e polegadas, é preciso usar a aspa única ou sinais de aspas duplas apropriada, respectivamente. É possível ajustar o padrão para o que fizer mais sentido em sua produção.

5. Agora, você ajusta o espaçamento de grade de coordenada mundial que está visível nas quatro viewports. Esta grade pode ser usada como um ponto de referência ao criar objetos ou alinhar, quanto à exatidão, ao criar ou mover objetos. A partir do menu drop-down Customize, escolha Grid and Snap Settings (configurações de grade e alinhamento). Na caixa de diálogo Grid and Snap Settings, clique a tab Home Grid. Entre com o seguinte, conforme mostrado na Figura 3.5:

- Grid Spacing (espaçamento de grade) = 1"
- *Major Lines Every Nth Grid Line (principais linhas a cada* n *grade de linha) = 12*
- Perspective View Grid Extent (extensão de grade em vista perspectiva) = 120

Nota

A Grid Spacing é o tamanho mínimo possível da grade, a Major Lines Every Nth Grid Line ajusta a quantidade de linhas de grade antes de uma linha mais escura e é o fator de zoom que a própria grade redimensionará quando você fizer zoom para trazer para a frente e afastar uma viewport. A Perspective View Grid Extend é o tamanho da grade física na viewport Perspective – neste caso, 120 polegadas (não é necessário sinal). Entretanto, a grade que pode ser usada de fato se estende ao infinito.

6. Feche a caixa de diálogo Grid and Snap Settings. A partir do menu drop-down File, escolha Save As (salvar como) (veja a Figura 3.6) e nomeie o arquivo maxstart.max. O subdiretório \3dsmax6\scener\ está ótimo. Agora, sempre que você abrir 3ds max 6 ou der um File, Reset a partir do menu drop-down, estas configurações serão automaticamente carregadas. Saia de 3ds max 6.

Nota

É possível colocá-lo em qualquer subdiretório, desde que indique para o subdiretório na tab General do menu Customize, Configure Paths (personalizar, configurar caminhos). Em um local maior de produção, isto pode estar no servidor principal (para que, por exemplo, todos possam iniciar com as mesmas configurações).

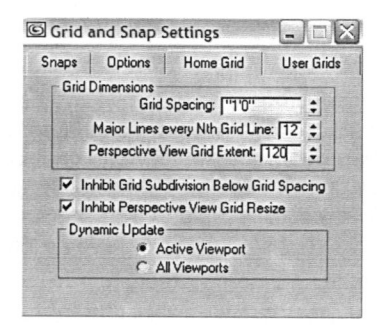

Figura 3.5 – *Ajuste Grid Spacing para 1", Major Lines Every Nth Grid Line para 12 e Perspective View Grid Extent para 120.*

Figura 3.6 *– A partir do menu File, Save As, nomeie*
o arquivo como maxstart.max e salve-o no
subdiretório padrão \3dsmax6\scenes.

Formas em 2D – uma base para modelagem eficiente

Nesta seção, você aprende alguns princípios importantes ao trabalhar com formas em 2D que serão usadas como a base para modelar objetos mais complexos em 3D. Um entendimento dos dois princípios – formas compostas e edição de subobjeto – tornarão rápido o trabalho de muitas tarefas que seriam difíceis sem o conhecimento fundamental de como os processos funcionam. No Exercício 3.2 você cria formas que não têm função, a não ser ilustrar os princípios que depois você aplicará em modelos verdadeiros, na próxima seção deste capítulo:

- **Compound shape** (forma composta) – Uma forma composta é uma forma feita de duas ou mais tiras em curva. É possível usar este princípio para criar objetos bem complexos em 3D, que têm vazios e ilhas dentro do limite externo fechado da forma.

- **Sub-object editing** (edição de subobjeto) – Cada forma é compreendida de três sub-objetos: vértice, segmento e tira em curva. Um vértice é um ponto não dimensional no espaço, um segmento é uma linha que se conecta a dois vértices e uma tira em curva é uma entidade compreendida de vértices e segmentos. Uma forma sempre tem uma tira em curva, mas pode ter uma quantidade ilimitada.

Os princípios de formas compostas

Formas compostas são apenas formas com múltiplos sub objetos de tira em curva. Ainda que o princípio subjacente seja simples o bastante, o poder inerente no conceito é o mais produtivo que você aprenderá.

Exercício 3.2

Criação de formas compostas

1. Abra uma nova sessão de 3ds max 6 ou vá para o menu pull-down File e escolha Reset.

2. Se você for solicitado a salvar quaisquer mudanças no arquivo existente, escolha Yes (sim) e coloque o arquivo em um subdiretório apropriado, se ele contiver quaisquer informações que deseja salvar. Se você não tiver nada para salvar ou se a solicitação for "Do You Really Want to Reset" (você realmente deseja reiniciar), escolha Yes.

3. Clique com o botão direito a viewport Top para ativá-la. Ainda que você possa clicar com o botão esquerdo na mesma viewport para ativá-la, não é inteligente fazer isto. Você poderia estar em uma função de transformação e, inadvertidamente, mover ou girar um objeto. Use sempre o clique com o botão direito para ativar novas viewports.

4. No painel Create, panel Shapes (veja a Figura 3.7), clique o botão Rectangle. Na viewport Top, arraste um grande retângulo. Automaticamente ele é nomeado Rectangle01 e recebe uma cor.

5. Crie um outro retângulo, menor, dentro do primeiro, semelhante à Figura 3.8. O novo retângulo é nomeado Rectangle02 e tem uma nova cor designada a ele. Você pode escolher a amostra de cor de objeto no painel Create ou Modify, para abrir a caixa de diálogo de cor de Object. Lá, você pode limpar a caixa de verificação Assign Random Colors (designar cores aleatórias) para usar uma cor constante para todos os novos objetos.

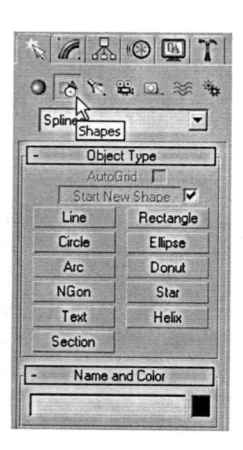

Figura 3.7 – Formas em 2D são criadas a partir do painel Create, painel Shapes. Clique o botão Rectangle para criar um retângulo na viewport Top.

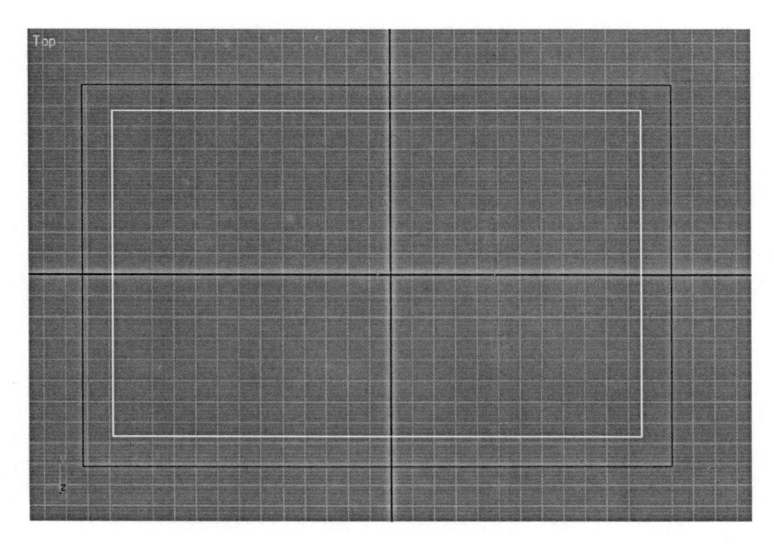

Figura 3.8 – Crie um outro retângulo bem dentro do primeiro retângulo, na viewport Top.

6. Na barra de ferramentas principal, clique o botão Select by Name (selecionar por nome) (atalho de teclado H), e você vê Rectangle01 e Rectangle02 listados como objetos na cena. Destaque os dois retângulos, na caixa de diálogo Select Objects (selecionar objetos) (veja a Figura 3.9) e clique o botão Select, na caixa de diálogo. Os dois retângulos serão brancos na moldura de arame de viewports e coloridos com chaves brancas na viewport sombreada, para indicar que estão selecionados.

Nota

As cores são automática e aleatoriamente designadas e simplesmente para visualização mais fácil nas viewports.

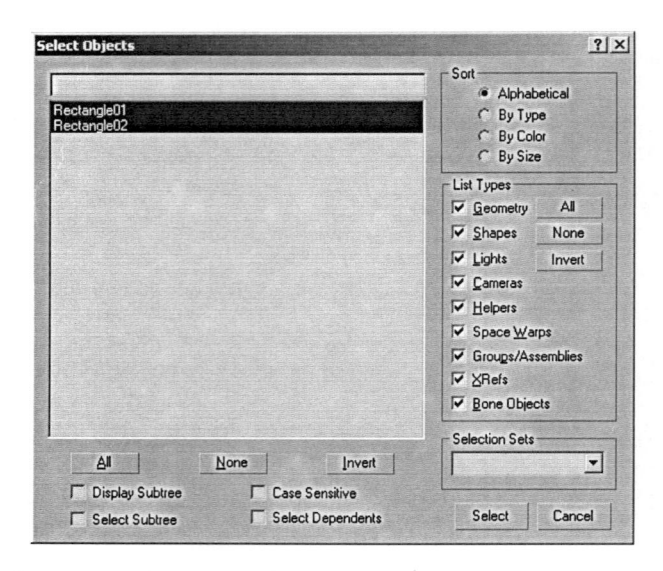

Figura 3.9 – Use o botão Select by Name na barra de ferramentas principal para destacar os dois nomes na caixa de diálogo Select Objects, e clique Select para selecionar os dois retângulos na cena.

7. No painel Modify, Modifier List (lista de modificador), escolha Extrude (salientar) (veja a Figura 3.10). Isto transforma as duas formas em dois objetos em 3D, sem espessura.

8. No painel Modify, rolagem Parameters, entre com 2' no campo Amount (quantidade) e pressione Enter. Isto torna salientes os dois objetos nas caixas, com uma altura de 2 pés (veja a Figura 3.11).

Dica

Você também pode usar o botão Select Object (seta na barra de ferramentas principal) para escolher objetos na cena. Manter pressionada a tecla Ctrl enquanto escolhe, acrescenta a ou desfaz a seleção do conjunto de seleção, enquanto manter pressionada a tecla Alt enquanto escolhe, desfaz apenas a seleção de objetos.

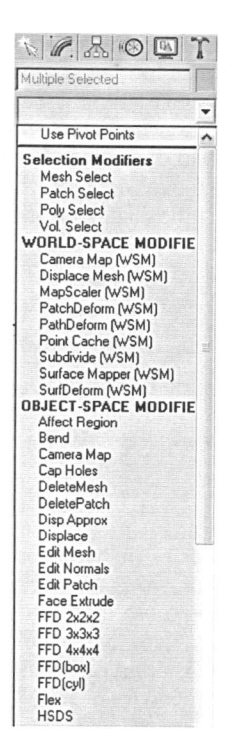

Figura 3.10 – *Com os dois retângulos selecionados, vá para o painel Modify, Modifier List e escolha Extrude. Isto aplica um modificador Extrude sem quantidade de espessura.*

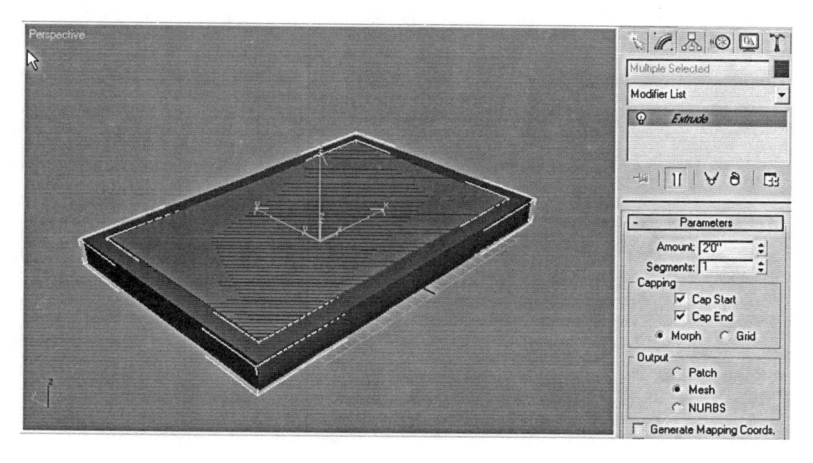

Figura 3.11 – *No painel Modifier, rolagem Parameters, entre com 2 no campo Amount e pressione Enter. Agora você tem duas caixas, cada uma com 2 pés de altura.*

9. Esta não é uma boa situação de modelagem, mas ilustra um ponto na importância de entender como funcionam as formas compostas. O que você tem aqui são duas formas simples, retangulares, salientadas à mesma altura e, na viewport Perspective, é possível ver claramente que o software está tendo problemas para mostrar as superfícies coincidentes no alto das caixas. Bem abaixo do modificador Extrude, na vista Stack (pilha), clique Remove Modifier (remover modificador) a partir do botão Stack, que se parece com uma lixeira. Agora, você tem duas formas de novo: Rectangle01 e Rectangle02.

Nota

Aqui é bom observar que cada retângulo é uma forma feita de uma tira em curva, quatro segmentos e quatro vértices. Cada uma tem associada a ela um nome e uma cor.

10. Clique o botão Select Object e, na viewport Top, escolha o retângulo externo, chamado Rectangle01. Agora, você converte esta forma a partir de uma forma primitiva paramétrica Rectangle em uma tira em curva editável, para permitir que você trabalhe a nível de sub objeto. Na viewport Top, clique com o botão direito e, no menu Convert To (converter a), do menu Quad (quadrangular; quadrado), escolha Convert to Editable Spline (converter a tira em curva editável) (veja a Figura 3.12). O painel Modify muda de um menu paramétrico de retângulo para um menu tira em curva editável.

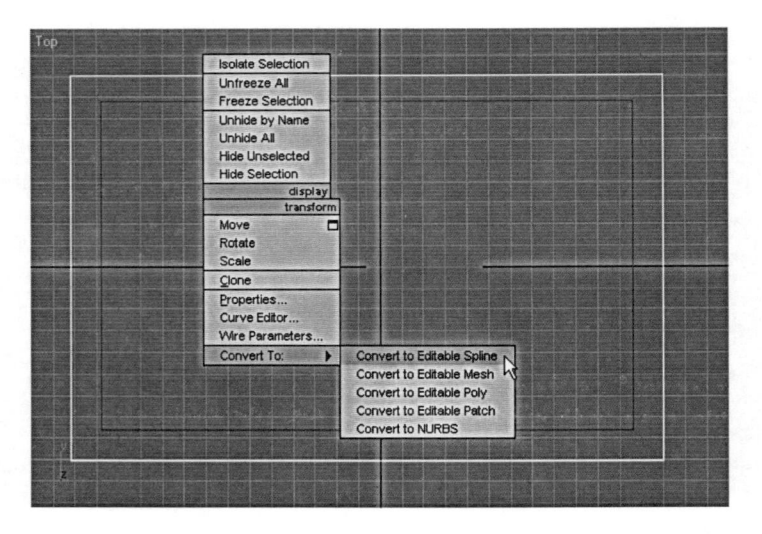

Figura 3.12 – Convertendo esta forma de uma forma primitiva paramétrica Rectangle a uma tira em curva editável, você pode trabalhar a nível de sub objeto.

11. No painel Modify, rolagem Geometry, clique o botão Attach (anexar) (veja a Figura 3.13). Na viewport Top, mova o cursor sobre o menor retângulo e escolha-o quando vir o cursor Attach (uma cruz com quatro círculos e uma seta). Clique o botão Attach para incapacitá-lo quando tiver terminado.

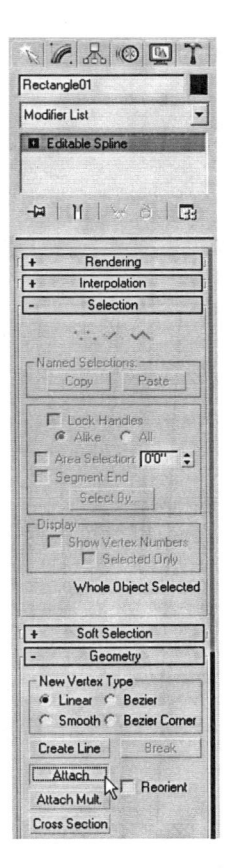

Figura 3.13 – No painel Modify, rolagem Geometry, clique o botão Attach. Isto lhe permite escolher outras formas na cena, para anexá-las e formar uma forma composta.

12. Na barra de ferramentas principal, clique o botão Select by Name. Você só tem uma forma, chamada Rectangle01. A nova forma composta é uma forma feita de duas tiras em curva e tomou o nome do objeto ao qual a forma foi anexada. Clique Cancel (cancelar) para fechar a caixa de diálogo Select Objects.

13. No painel Modify, Modifier List, escolha Extrude, 2'0" permanece no campo Amount, da etapa n° 8 no campo Amount, e pressione Enter. Ao invés de duas caixas que você tinha, saliente duas formas, agora você tem uma única caixa, com um furo nela (veja a Figura 3.14).

Figura 3.14 – *Uma forma composta salientada,
uma forma feita de mais de uma tira em curva, se transforma
em uma caixa com um furo dentro.*

Este processo é simples, ainda que poderoso. Você aprendeu apenas um simples exemplo, mas pode usá-lo em situações muito mais complexas.

As tiras em curva podem ser aninhadas dentro uma da outra em quantos níveis você quiser. O objeto é sólido, a partir da forma externa, até encontrar uma ilha, em cujo ponto ele se torna um vazio. Então, se houver uma outra ilha dentro do vazio, ele se torna um sólido e assim por diante. A Figura 3.15 mostra um exemplo complexo do conceito.

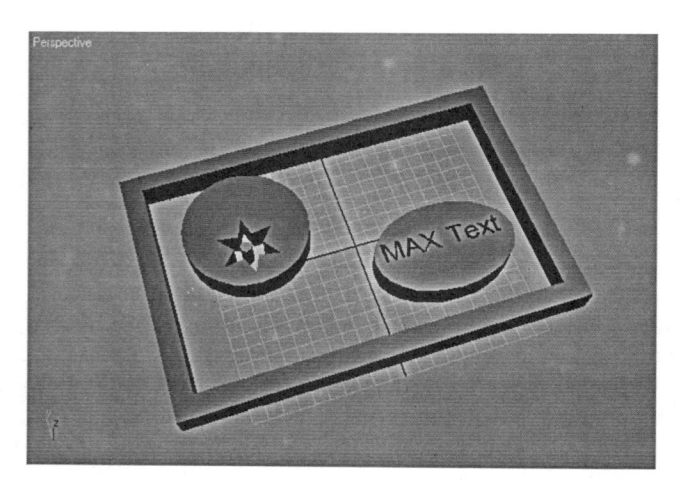

Figura 3.15 – *Formas compostas podem ser aninhadas
tão profundamente quanto você quiser, possibilitando
criar objetos complexos com um princípio simples.*

De novo, pratique primeiro com estes exemplos simples, trabalhando na direção de formas aninhadas mais complexas, para aprender como o processo funciona. Logo, ele se tornará uma parte importante de seu fluxo de trabalho diário.

Os princípios de editar subobjeto

Como as formas compostas, o próprio princípio de editar subobjeto é bem simples. Você aprende o básico de alguma edição de subobjeto, disponível com formas em 2D no Exercício 3.3, mas lembre-se de que a edição de subobjeto pode ser encontrada através de 3ds max 6. Por exemplo, objetos em 3D podem ser editados em nível de subobjeto e muitos modificadores podem ser manipulados em nível de subobjeto. Exercícios posteriores e capítulos neste livro oferecem a experiência prática de editar em vários níveis de subobjeto.

Exercício 3.3
O básico de editar subobjeto

1. A partir do menu pull-down File, escolha Open (abrir) (veja a Figura 3.16), clique o botão No (não) quando perguntado "Do You Want to Save Your Changes?" (você deseja salvar as suas alterações?) e abra o arquivo do CD-ROM, chamado Ch03_Compound_shape01.max. A partir do menu pull-down File, escolha Save As e, na caixa de diálogo Save File As (salvar arquivo como), escolha um subdiretório apropriado em seu computador e clique o botão de sinal de adição, bem à esquerda do botão Save (veja a Figura 3.17). Esta etapa salva um novo arquivo com o nome aumentado (isto é, Ch03_Compound_shape02.max).

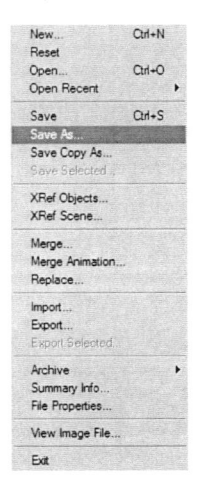

Figura 3.16 – A partir do menu pull-down File, escolha Save As. Isto lhe permite salvar um arquivo com um novo nome.

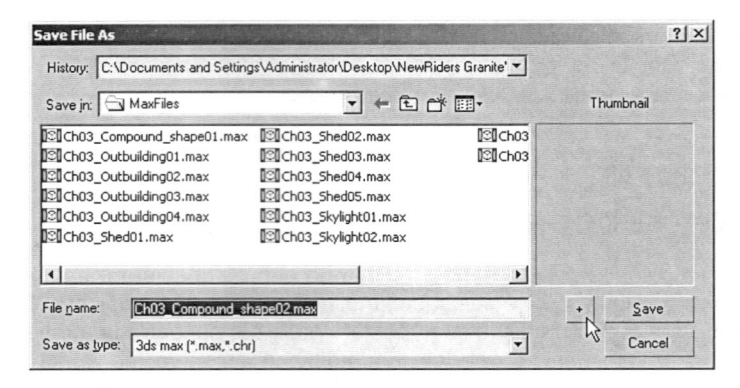

Figura 3.17 – *Na caixa de diálogo Save File As, você indica para um subdiretório em seu computador e clica o botão de sinal de adição, para aumentar o nome de arquivo à medida que ele salva o novo arquivo.*

Dica

Clicar o menu pull-down Customize, Preferences, a tab Files lhe permite escolher Increment on Save (aumentar ao salvar). Isto significa que salvar um arquivo sempre cria um novo arquivo com um nome aumentado, independente do comando usado para salvar. Esta pode ser uma ótima ferramenta em produção, onde você pode precisar voltar para uma posição anterior em sua edição. Você pode limpar o disco rígido para se livrar de arquivos desnecessários quando o projeto estiver terminado.

2. Na viewport Top, selecione o objeto Rectangle01. Esta é uma forma composta saliente que você pode editar facilmente a nível de subobjeto. No painel Modify, vista Stack, clique o sinal de adição próximo a Editable Spline (tira em curva editável) para expandir os níveis. Destaque Spline na lista (veja a Figura 3.18).

Aviso

Não clique a caixa com o sinal de subtração à esquerda da tira de curva editável, pois ele só diminui a vista de níveis de subobjeto. Você precisa escolher Editable Spline para sair do modo de subobjeto. O texto muda de amarelo para cinza e o símbolo de subobjeto, à direita de Editable Spline, desaparece, para indicar que você está fora do modo de subobjeto.

Se ficar no modo de subobjeto, você não é capaz de selecionar outros bjetos em sua exibição. Este é um erro comum com novos usuários.

3. Na viewport Top, selecione o pequeno círculo de tira em curva no centro da estrela de tira em curva. Ele se torna vermelho na exibição, quando selecionado. Na barra de ferramentas principal, clique o botão Select and Move e mova a tira em curva para o espaço acima da tira em curva em elipse (veja a Figura 3.19). Agora, você editou a forma em nível de tira em curva de subobjeto.

4. Para sair do modo de subobjeto, clique Editable Spline na pilha, e depois, escolha Extrude na pilha, para voltar para o nível de edição superior. O cilindro em 3D criado salientando o círculo agora está sobre a elipse.

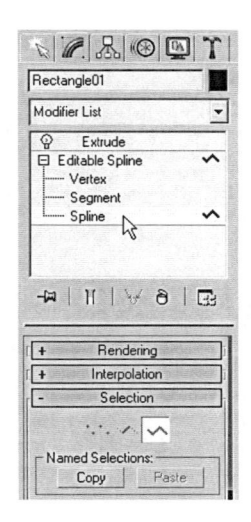

Figura 3.18 – *Selecione Rectangle01 na viewport Top e, no painel Modify, vista Stack, expanda a pilha e destaque Spline.*

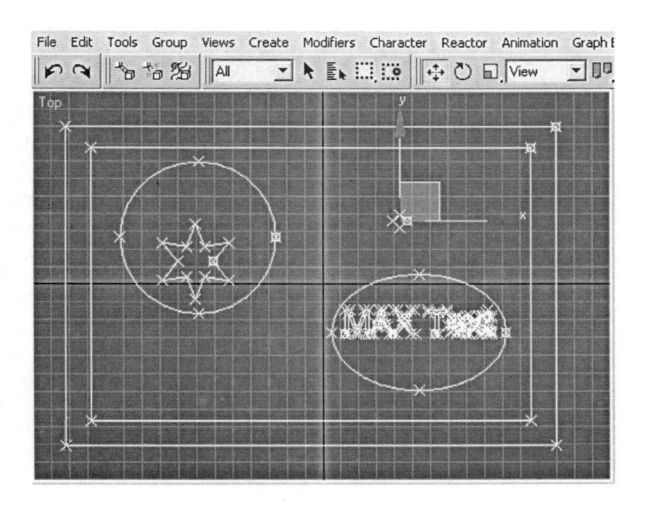

Figura 3.19 - *Na viewport top, selecione o círculo de tira em curva dentro da estrela de tira em curva. Clique Select and Move na barra de ferramentas principal e mova-o sobre a elipse de tira em curva.*

5. Agora, é possível mudar o nível de aninhamento do círculo. No painel Modify, vista Stack, destaque novamente o subobjeto Spline. Mova o círculo de tira em curva dentro do grande círculo e bem acima da estrela. Saia do modo de subobjeto, clicando Editable Spline e depois, clique em Extrude, para voltar ao alto da pilha. Agora o objeto em 3D tem um furo circular sobre a estrela, ao invés de um cilindro, porque você mudou o nível de aninhamento do círculo (veja a Figura 3.20).

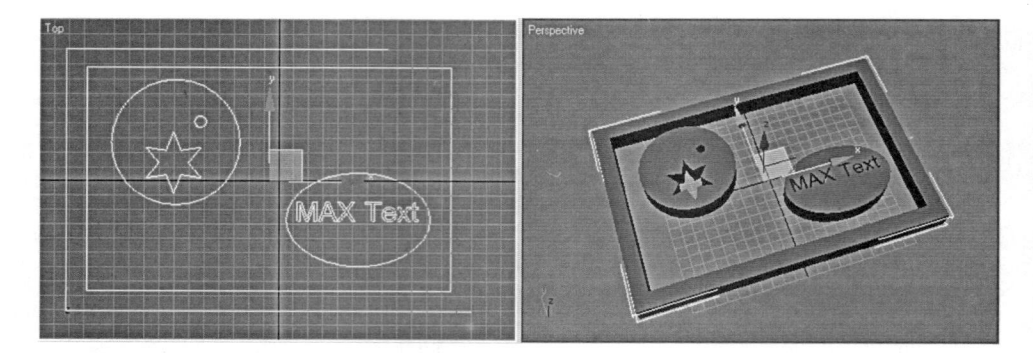

Figura 3.20 – *Movendo a tira em curva do pequeno círculo para o grande círculo de tira em curva, você muda o nível de aninhamento e agora, a tira em curva é um furo, ao invés de um cilindro. O processo inicia como um sólido, a partir da tira em curva externa, e trabalha para dentro, para uma ilha, onde se torna um vazio para a próxima ilha, que de novo, se torna um sólido.*

6. Perca tempo experimentando este exemplo, editando os três níveis de subobjeto. Tente selecionar um vértice, por exemplo, clicando com o botão direito, com o cursor sobre o vértice e tente os diferentes tipos de cantos encontrados no menu Quad (veja a Figura 3.21) – Bézier Corner (canto Bézier), Bézier, Corner e Smooth (suave) – para mudar a tangência nos níveis selecionados.

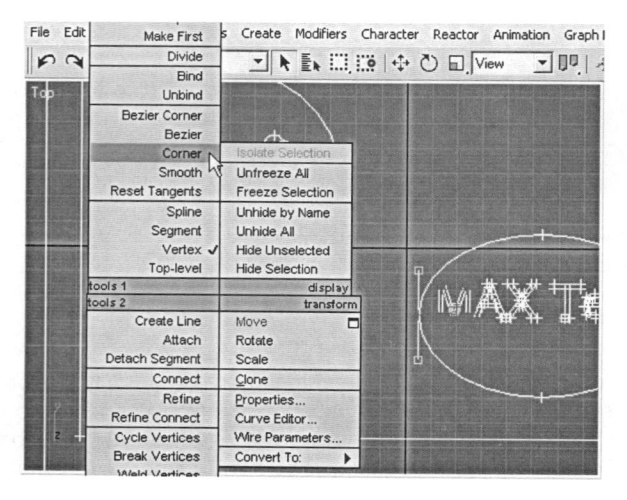

Figura 3.21 – *No modo Vertex de subobjeto, você pode selecionar um ou mais vértices, clicar com o botão direito um vértice e mudar a tangência, para afetar a curvatura para dentro e para fora do vértice.*

Edição de subobjeto de forma em 2D – aplicações práticas

Agora você aprende aplicação mais prática de edição de forma de subobjeto e como usar modificadores para transformar formas em objetos em 3D, assim como construções de um estaleiro de meados de 1800.

Neste ponto, concentre-se no processo de trabalhar com 2D para criar 3D, ao invés de exatamente o que você está criando como um objeto final. É importante ter um sentido para o fluxo de trabalho e as capacidades de edição. Os objetos que você criar farão um abrigo para um grande barco, que será usado na cena de estaleiro.

Ao longo da prática de criação e edição de forma em 2D, você ganhará alguma prática na aplicação de algumas das ferramentas de alinhamento e informações de sistema de coordenadas de referência que aprendeu no Capítulo 2, "Conceitos fundamentais importantes em 3ds max 6."

Como editar uma forma composta para a frente de um abrigo de barco

No Exercício 3.4, você edita uma forma de retângulo paramétrico para formar o contorno das paredes frontal e de trás de um grande abrigo de barco (veja a Figura 3.22).

Figura 3.22 – Você usará a edição e os modificadores de sub objeto para criar e editar um abrigo de barco.

A beleza de trabalhar com uma forma composta em 2D é que é muito fácil fazer mudanças em nível de 2D para afetar o objeto mais complexo em 3D, especialmente quando se trata de acrescentar aberturas no objeto, tal como aberturas de porta e janela.

Nota

Observe que a parede da frente é simétrica à esquerda e à direita – o seu contorno é feito de linhas retas e tem menos pontos de canto. Começar com uma forma de retângulo, acrescentar e mover pontos em seu contorno resulta em um modelo econômico, que é fácil de construir.

Lembre-se de que, embora esteja construindo paredes nestes exemplos, você poderia usar os mesmos princípios e métodos para criar a placa de trás de uma caixa de computador, ou talvez o painel de instrumentos de uma aeronave, ou modelar uma cerca de correntes. Aprenda as ferramentas e use a sua imaginação.

Exercício 3.4
Edição de subobjeto em 2D

1. Abra o arquivo chamado Ch03_Shed01.max do CD-ROM. A partir do menu pull-down File, escolha Save As, indique para um subdiretório adequado em seu disco rígido e use o botão de sinal de adição para salvar um novo arquivo, com o nome aumentado para Ch03_Shed02.max.

2. Clique com o botão direito na viewport Front (frente) para ativá-la. Na barra de ferramentas principal, clique o botão Select Object e escolha shed_shape, a forma Rectangle azul, na viewport. Agora, você aprenderá um novo método de acessar a edição de nível de subobjeto em formas 2D. No painel Modify, Modifier List, escolha o modificador Edit Spline (editar tira em curva) (veja a Figura 3.23).

Nota

Assim como selecionar o objeto, clicar com o botão direito e converter a uma tira em curva editável, o modificador Edit Pline lhe dá acesso à edição de subobjeto. Entretanto, ainda é possível soltar a nível de Rectangle na vista Stack para mudar os parâmetros do retângulo.

Se o modificador Edit Spline for usado para mudar a topologia do retângulo – para acrescentar um vértice, por exemplo, você não pode mais fazer mudanças abaixo daquele ponto na história de edição sem afetar a integridade do objeto.

O modificador Edit Spline também toma mais espaço de memória, o que o torna menos eficiente. Com experiência, você saberá quando é prudente converter para uma tira em curva editável ou usar o modificador Edit Spline. Não há regras difíceis e rápidas.

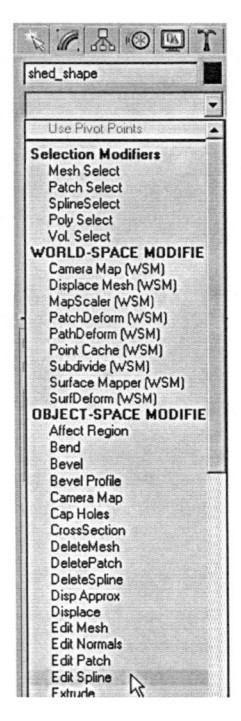

Figura 3.23 – Selecione o retângulo na viewport Front e, no painel Modify, Modifier List, escolha o modificador Edit Spline.

3. Agora, você edita o retângulo para a forma da aresta final do abrigo. Primeiro, acrescente vértices ao segmento horizontal superior e aos dois lados verticais, com a opção Divide (dividir). No painel Modify, vista Stack, clique o sinal de adição esquerdo de Edit Spline, para expandi-la. Destaque Segment (segmento) na lista. Na viewport Front, escolha o segmento superior horizontal. Ele se torna vermelho quando selecionado. No painel Modify, rolagem Geometry, posicione o cursor no espaço vazio entre as opções e use o cursor de mão para rolar o painel para cima, até encontrar Divide (veja a Figura 3.24). O número de Divide está ajustado para 1. Clique o botão Divide (apenas uma vez) e você pode ver aparecer um novo vértice, no meio do segmento selecionado.

4. Na viewport Front, selecione um dos segmentos verticais, mantenha pressionada a tecla Ctrl e escolha o outro segmento vertical para acrescentar ao conjunto de seleção. Só os dois segmentos verticais devem ser vermelhos. No painel Modify, rolagem Geometry, ajusta o número de Divide para 3 e clique o botão Divide. Três novos vértices devem ser igualmente espaçados ao longo de cada segmento vertical (veja a Figura 3.25).

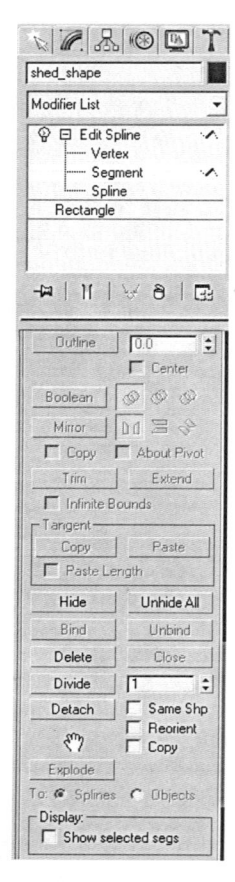

Figura 3.24 – No modo Segment de subobjeto, selecione o segmento superior horizontal na viewport Front e, no painel Modify, rolagem Geometry, clique o botão Divide para acrescentar um novo vértice no meio do segmento.

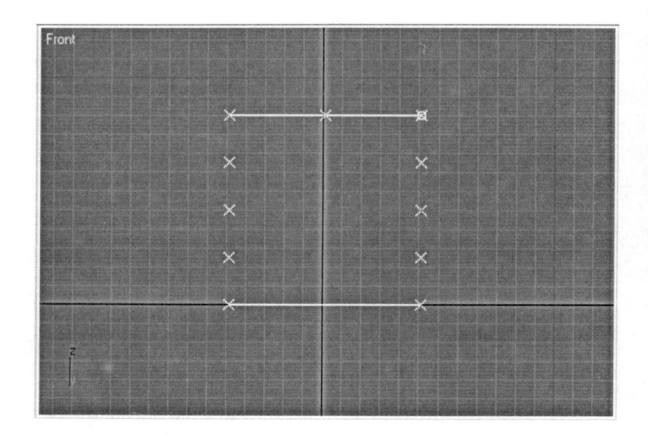

Figura 3.25 – Selecione os dois segmentos verticais, ajuste o número de Divide para 3 e clique o botão Divide. Isto acrescenta três vértices igualmente espaçados àqueles segmentos.

Atenção

Primeiro você precisa ter os segmentos certos, depois, ajustar o número de Divide e então clicar o botão Divide. A ordem é importante para conseguir os resultados certos.

Se cometer um erro, use o botão Undo (desfazer) na barra de ferramentas principal para voltar para a etapa 3 deste exercício e tente de novo.

5. No painel Modify, vista Stack, destaque Vertex para entrar no modo Vertex de sub objeto. Na viewport Front, selecione um dos vértices de canto superior, mantenha pressionada a tecla Ctrl e selecione o outro vértice de canto superior (veja a Figura 3.26).

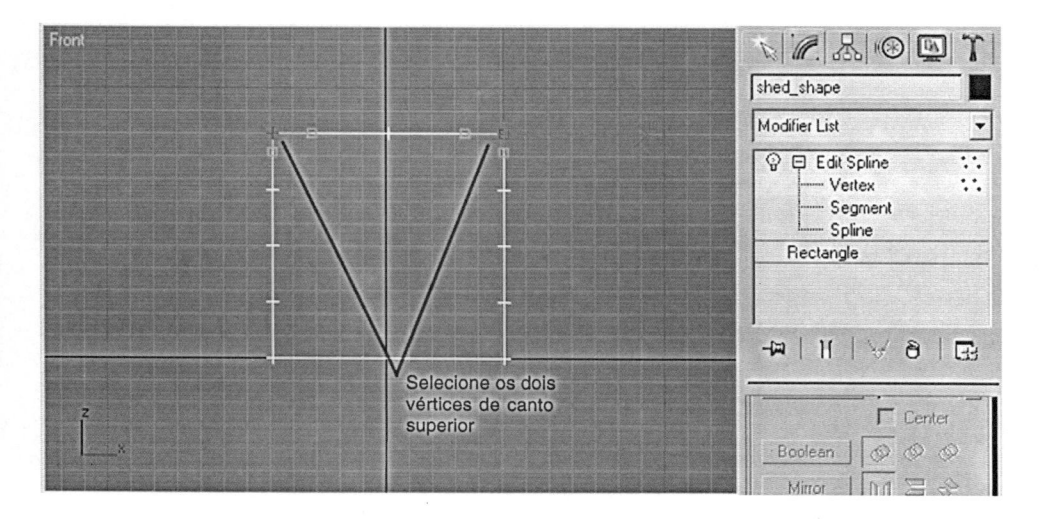

Figura 3.26 – *No modo Vertex de sub objeto, selecione os dois vértices de canto superior do retângulo, na viewport Front.*

6. Agora você usa a ferramenta Select and Move, junto com Transform Type-In para mover os vértices para baixo, em exatamente 24 pés. Na barra de ferramentas principal, clique o botão Select and Move. Na barra de status (posição; situação), no centro da parte de baixo da exibição, alterne o Absolute Mode Transform Type-In para Offset Mode Transform Type-in (veja a Figura 3.27). Destaque o campo numérico Y, à direita da articulação, entre com –24 e pressione Enter para finalizar o comando. O campo numérico mostra 0'0", para não exibir espaço a partir da posição atual, mas os vértices devem se parecer como a Figura 3.28.

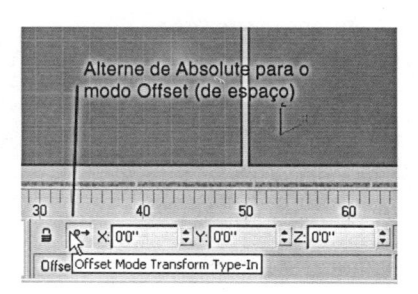

Figura 3.27 – *Alterne o botão Absolute Mode Transform Type-In para Offset Mode Transform Type-In.*

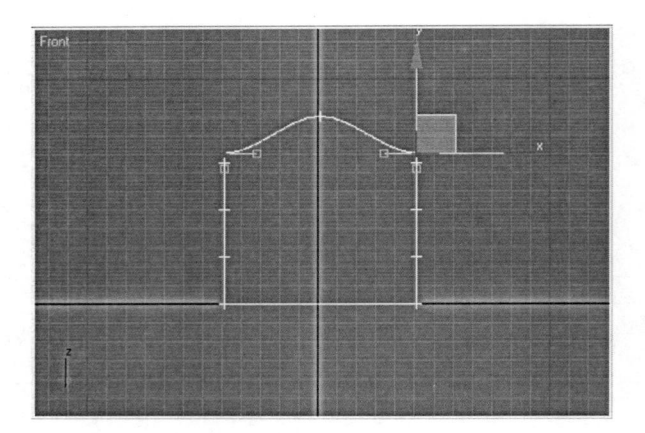

Figura 3.28 – *No campo numérico de Transform Type-In para o eixo Y, entre com –24 e pressione Enter. Os dois vértices de canto moverão exatamente 24 pés no eixo negativo Y da viewport Front.*

7. Observe que os segmentos em declive são curvados, o que é algo que você não deseja para o seu telhado. O motivo é que os vértices da forma têm tangência ajustada para o tipo Bézier Corner. Na viewport Front, escolha uma das alças verdes do vértice de canto esquerdo e mova-o à volta. Você pode ajustar a curvatura dos segmentos. Não se preocupe se distorcer a forma. Na barra de ferramentas principal, clique o botão Select Object e, na viewport Front, clique e arraste uma janela de seleção por toda a forma, para selecionar todos os vértices. Clique com o botão direito na viewport e escolha Corner, a partir de tools1 no menu Quad. Toda a curvatura é removida de todos os vértices (veja a Figura 3.29).

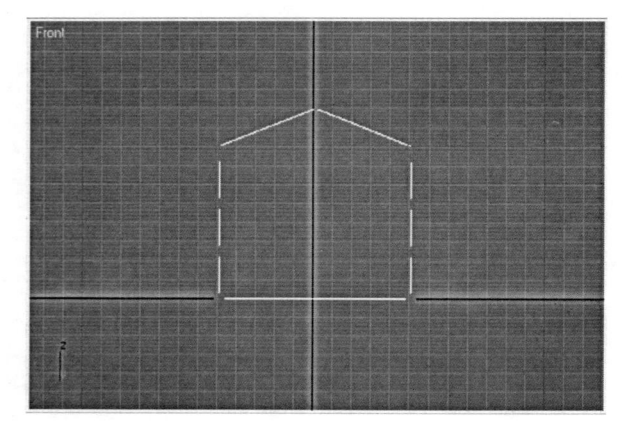

Figura 3.29 – *Selecione todos os vértices da forma, clique com o botão direito na viewport e escolha Corner a partir de tools1 do menu Quad. Isto remove todas as curvaturas da forma.*

8. Agora, mova os vértices para criar paredes em decline, calhas e um curto segmento vertical de parede, perto da base. Na viewport Front, selecione o terceiro vértice a partir da parte de baixo, do lado vertical esquerdo (veja a Figura 3.30). Na barra de ferramentas principal, clique o botão Select and Move. Na barra de status, o campo numérico Transform Type-In de eixo X, destaque 0'0" e entre com 12. Destaque o campo de eixo Y, entre com 34 e pressione Enter. Isto move o vértice para cima e abaixo da linha de telhado, para formar uma parede em declive e a calha (veja a Figura 3.31).

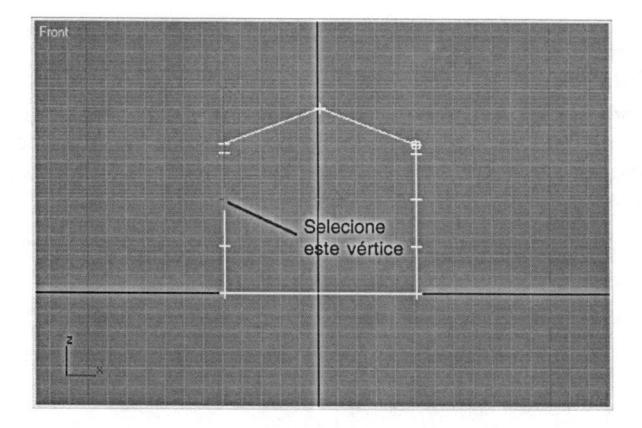

Figura 3.30 – *Na viewport Front, selecione o terceiro vértice da parte debaixo, no lado vertical esquerdo.*

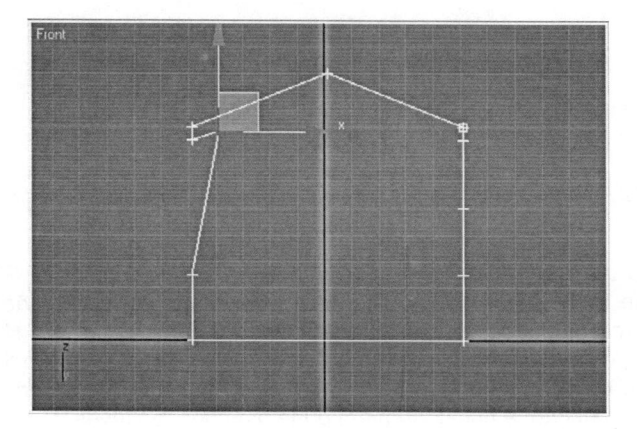

Figura 3.31 – *Mova o vértice selecionado Offset Mode Transform Type-In, usando 12 pés no eixo positivo X e 34 pés no eixo positivo Y da viewport Front.*

9. Na barra de ferramentas principal, clique o botão Select Object e selecione o terceiro vértice da parte de baixo, no lado direito. Clique o botão Select and Move na barra de ferramentas principal. Entre com −12 no eixo X de campo numérico Transform Type-In e 34 no campo de eixo Y e pressione Enter para mover o vértice para a esquerda e para cima.

10. Arraste uma janela de seleção em torno dos dois vértices, segundo da parte de baixo, entre com −20 no campo numérico do eixo Y e pressione Enter. Isto forma a aresta final de seu abrigo de barco (veja a Figura 3.32).

Atenção

É importante mover os vértices na viewport Front para este exercício. Devido a View ativa de sistema de coordenadas de referência (veja o Capítulo 2), cada viewport pode ter os eixos X, Y e Z apontando em diferentes direções.

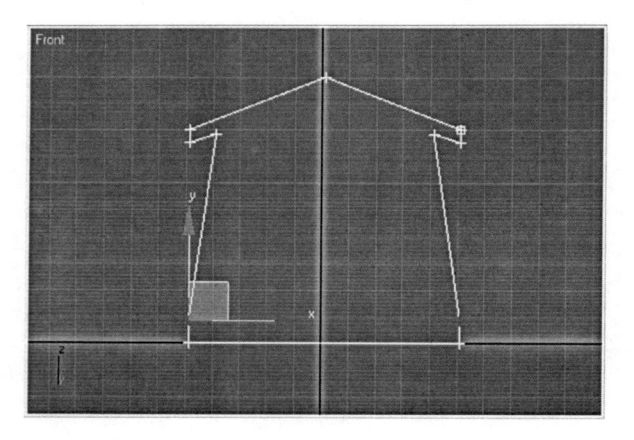

Figura 3.32 – Mova os dois vértices, segundo da parte de baixo, -20 pés no eixo Y.

11. O abrigo deve ser mais estreito no alto do que é no momento. Para corrigir isto, selecione todos os vértices do telhado e escalone-os na direção do centro. Isto requer uma mudança de tipo Scale de Uniform (uniforme) para Non-uniform (não-uniforme) e da opção Pivot para Use Selection Center (usar centro de seleção); caso contrário, os vértices tentam escalonar, cada um em seu próprio centro, não no centro da seleção, e escalonam em duas direções, ao invés de apenas horizontal-mente (eixo X). Clique o botão Select Object na barra de ferramentas principal e, na viewport Front, arraste uma janela de seleção em torno de sete vértices de telhado. Clique e mantenha pressionado o botão Select and Uniform Scale (selecionar e escalonar uniforme) a partir dos menus flutuantes (veja a Figura 3.33). Isto lhe permite escalonar apenas o eixo X.

Nota

Observe que você selecionou vértices com o botão Select Object, enquanto estava no comando Select and Move. Não é necessário selecionar primeiro e depois mover, mas tenha cuidado para não mover acidentalmente algo enquanto tenta selecionar, ao usar Select and Move.

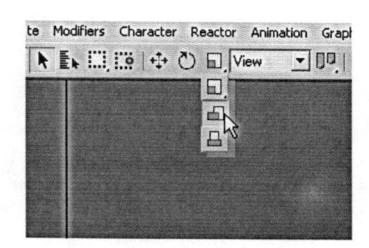

Figura 3.33 – Clique e mantenha pressionado o botão Select and Uniform Scale e escolha o botão Select and Non-Uniform Scale (selecionar e escalonar não-uniforme) a partir dos menus flutuantes.

12. Na barra de ferramentas principal, clique e mantenha pressionado o botão Use Pivot Point Center (usar ponto pivô central) e escolha o botão Use Selection Center (usar centro de seleção). O centro do gizmo Scale Transform (escalonar transformação) se centraliza no centro geométrico do conjunto de seleção de vértices (veja a Figura 3.34).

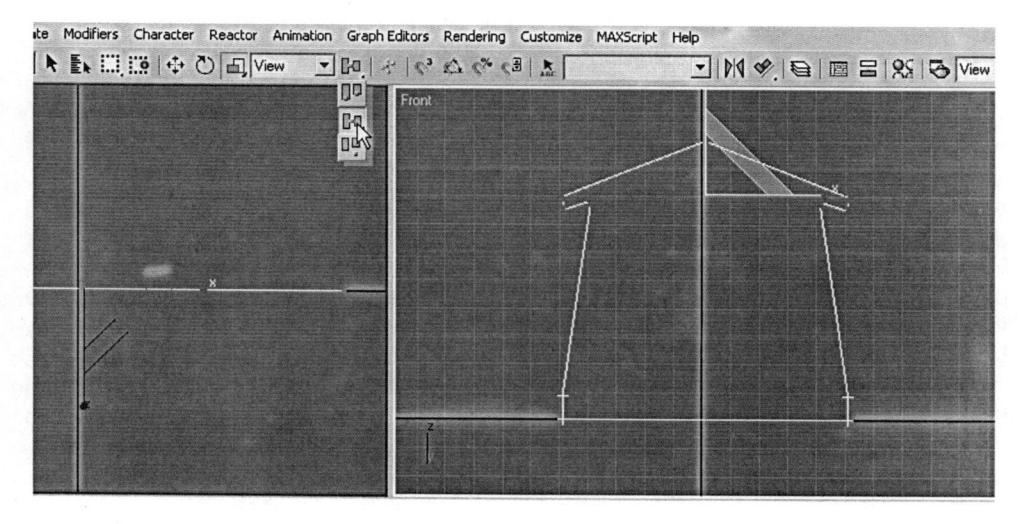

Figura 3.34 – Troque de Use Pivot Point Center para Use Selection Center para capacitar o escalonamento do centro geométrico dos vértices selecionados.

13. Na viewport Front, mova o cursor sobre a perna de eixo X do gizmo Transform, de modo que ele se torne amarelo. Clique e arraste o mouse para a esquerda, para escalonar os vértices apenas no eixo X. À medida que estiver escalonando, você pode ler a quantidade de escalonamento de eixo X no campo numérico do eixo X, na barra de status. Escalone para 75 por cento e libere o botão do mouse. A forma deve se parecer semelhante com a da Figura 3.35.

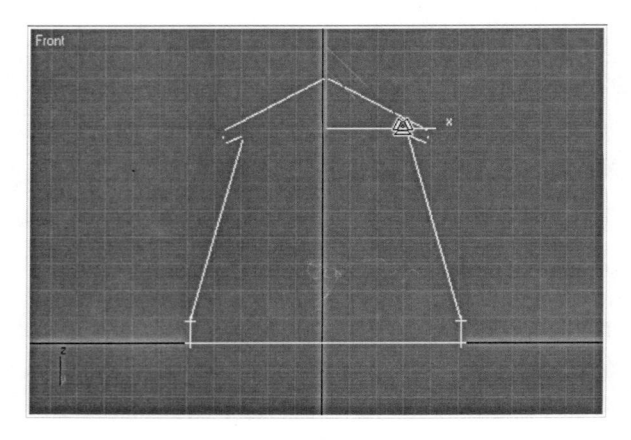

Figura 3.35 – Escalona não uniformemente os vértices de telhado a 75 por cento de seu tamanho original, apenas no eixo X. À medida que estiver escalonando, você pode ler a quantidade no campo numérico do eixo X, na barra de status.

14. No painel Modify, vista Stack, clique Edit Spline para destacá-la em cinza. Isto sai do modo de subobjeto e é uma etapa importante para se acostumar com o desempenho, depois de editar subobjeto. Na barra de ferramentas principal, clique o botão Select Object para sair do modo Non-Uniform Scale. No menu drop-down File, escolha Save (Ctrl+S) para salvar o arquivo. Ele já deve estar nomeado Ch03_Shed02.max.

Você aprendeu a edição de subobjeto e transformou vértices para criar a forma de altura final de um abrigo de barco. É importante observar que todas as transformações foram feitas na viewport Front para direcionamentos consistentes dos eixos X, Y e Z, que são controlados pelo sistema de coordenadas de referência da View atual. O escalonamento de vértices é feito com a opção Use Selection Center, para evitar escalonar em seus centros individuais. Usar o Use Pivot Point Center não causaria efeito, pois um vértice é um ponto no espaço, sem dimensões. Você também usou o gizmo Scale Transform para ter certeza que só escalou um eixo.

Reutilização de geometria existente

No Exercício 3.5 você aprende a usar a geometria existente na forma da altura final para montar as paredes do abrigo. Recriar as tiras em curva necessárias, para combinar a altura final seria demorado e passível de erro em potencial, assim, você extrai dados da forma existente para reutilizar.

O ponto chave é extrair o que você precisa, sem afetar a forma subjacente, que se tornará a altura final. Isto é feito com uma opção Detach (destacar) a nível de subobjeto. No Capítulo 2, você aprendeu que podia anexar facilmente formas, e destacar, como o nome deve supor, é apenas o oposto. As entidades de subobjeto destacado tornam-se novas formas, com um nome e cor diferentes.

É possível destacar entidades e removê-las do original, ou destacar cópias, deixando o original intacto.

Exercício 3.5
Como usar Detach para extrair dados de formas

1. Abra o arquivo chamado Ch03_Shed02,max do CD-ROM ou do exercício anterior. A partir do menu drop-down File, escolha Save As, indique para um subdiretório adequado em seu disco rígido e use o botão de sinal de adição para salvar um novo arquivo com o nome aumentado para Ch03_Shed03.max.

2. Clique com o botão direito na viewport Front, para ativá-la. Clique o botão Select Object na barra de ferramentas principal e escolha o objeto shed_shape na viewport Front. No painel Modify, vista Stack, destaque o nível Segment de subobjeto. Na viewport Front, clique e arraste uma janela de seleção que inclua ou toque todos os segmentos, exceto o segmento horizontal de baixo (veja a Figura 3.36).

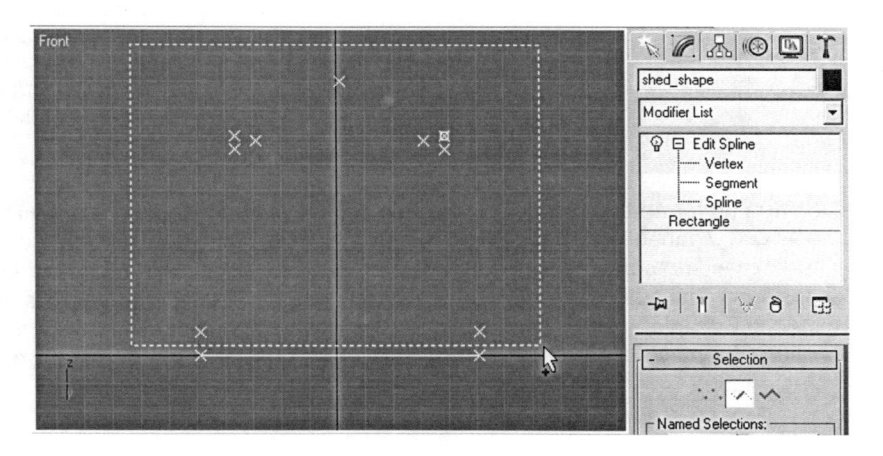

Figura 3.36 – *Na vista Stack, entre o nível Segment de subobjeto e, na viewport Front, clique e arraste uma janela que inclua ou toque todos, exceto o segmento horizontal de baixo.*

3. No painel Modify, próximo à parte de baixo da rolagem Geometry, você vê um botão Detach com três caixas opcionais de marcação à direita. Marque a opção Copy (veja a Figura 3.37). Clique o botão Detach, para trazer para a frente a caixa de diálogo Detach. Entre com wall_shape01 no campo Detach As (destacar como) e clique OK (veja a Figura 3.38). Na vista Stack, clique Edit Spline, para sair do modo de subobjeto. Edit Spline se torna cinza.

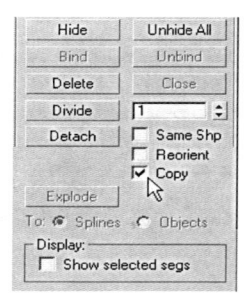

Figura 3.37 – Assegure-se de marcar a opção Copy embaixo do botão Detach, antes de clicar Detach.

Dica

Na barra de ferramentas principal, um botão de alternância está três botões acima do botão Select Object. Por padrão, é uma caixa pontilhada com uma meia esfera nela. Este é o modo Crossing (cruzado) de janelas de seleção; qualquer objeto dentro ou tocando a janela de seleção é selecionado. Se você alternar o botão para o modo Window (janela), só os objetos inteiramente dentro da janela são selecionados.

Atenção

É importante marcar a opção Copy antes de clicar Detach, para deixar os dados subjacentes intactos.

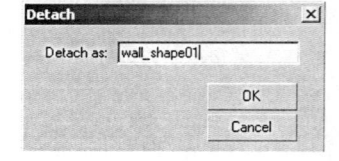

Figura 3.38 – Depois de marcar a opção Copy, clique o botão Detach e nomeie a nova forma como wall_shape01 e clique OK. Isto destaca os segmentos selecionados em uma nova forma independente do original.

4. Na barra de ferramentas principal, clique o botão Select by Name (H) e clique duas vezes wall_shape01 na lista, para selecioná-la (veja a Figura 3.39). A forma é aberta e, se expandida para um objeto em 3D, não deve ter espessura. Você muda para uma forma fechada, para criar paredes de 2 pés de espessura. Na vista Stack, expanda Editable Spline e destaque o nível Spline de subobjeto. Na viewport Front, clique a forma. Ela só tem uma tira em curva, que se torna vermelha quando selecionada.

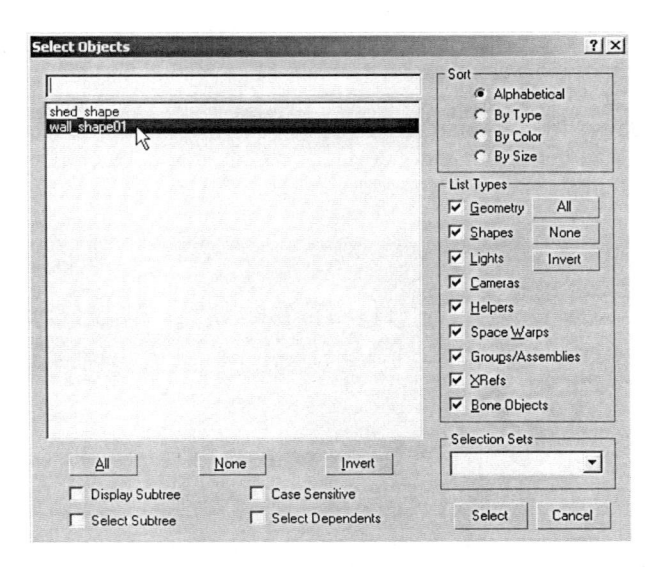

Figura 3.39 – Selecione a nova forma na caixa de diálogo Select Object.

5. No painel Modify, rolagem Geometry, entre com 2 no campo numérico Outline e pressione Enter. A forma se transforma em uma forma fechada, com uma largura de 2 pés (veja a Figura 3.40). Na vista Stack, clique Editable Spline para sair do modo de subobjeto.

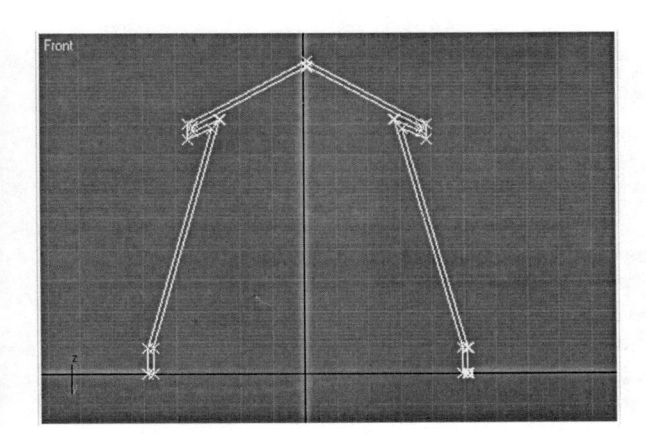

Figura 3.40 – No painel Modify, rolagem Geometry, entre com 2 no campo numérico Outline e pressione Enter para criar uma tira em curva fechada, com uma largura de 2 pés.

Atenção

Para este exercício, não escolha o próprio botão Outline. Para usar o botão Outline, clique-o e depois clique a tira em curva e arraste, para ajustar manualmente a largura.

6. Agora, converta esta forma para paredes em 3D. Assegure-se de estar fora do modo de subobjeto. No painel Modify, Modifier List, clique Extrude. No painel Modify, rolagem Parameters, entre com 300 no campo Amount e pressione Enter. As paredes laterais e o telhado de um abrigo de 300 pés foram criados. Clique no botão Zoom Extents All (zoom estende tudo) no canto inferior direito da exibição, para afastar em todas as viewports (veja a Figura 3.41).

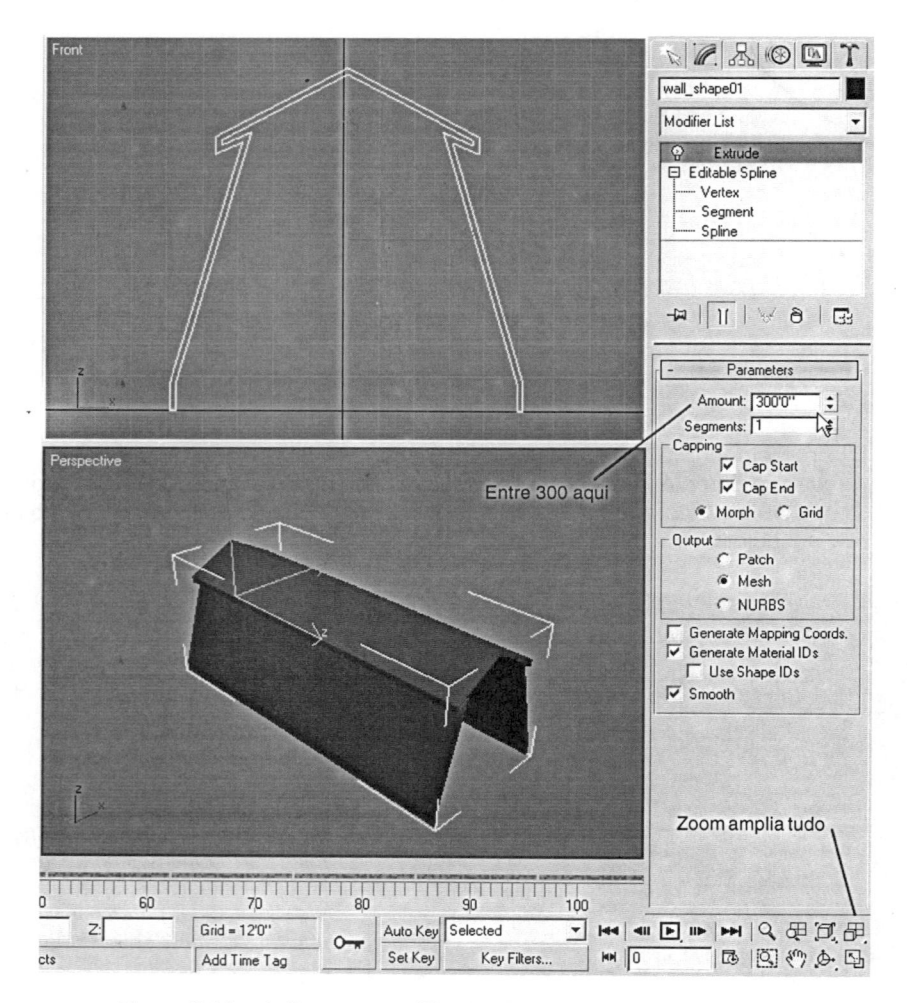

Figura 3.41 – Aplique um modificador Extrude à forma wall_shape01 e entre com 300 no campo Amount. Use Zoom Extents All para ver o novo objeto em 3D nas viewports.

7. Salve o arquivo; ele já deve estar nomeado Ch03_Shed03.max.

Você extraiu dados de uma forma existente para reter a integridade e o dimensionamento e depois o modificou com Outline quanto à largura, e o salientou para um conjunto de paredes e telhado em 3D. Saber como usar a opção Detach com Copy pode tornar mais fácil a criação de novos objetos e aumentar a sua confiança quanto ao tamanho e localização dos novos dados.

Clonagem e alinhamento

O Exercício 3.6 o apresenta ao processo de clonar objetos em 3ds max 6. Quando você destacou os segmentos no Exercício 3.4 como uma cópia foi uma espécie de clonagem, a única disponível em nível de subobjeto. No entanto, os objetos podem ser clonados de três maneiras:

- **Copy** (cópia) – Não tem conexão com o original.

- **Instance** (cópia; exemplo) – Tem uma conexão de duas mãos com o original. Edita qualquer um e o outro também se altera.

- **Reference** (referência) – Mudanças feitas no original passam ao clone de referência, mas edições no clone não são passadas de volta; ou seja, é uma conexão de uma só via.

No caso de suas paredes altas finais, você quer que tanto elas tenham uma porta grande quanto uma janela, que sempre terá o mesmo tamanho em cada parede. Um clone instance lhe permite fazer isto acontecer.

Clones instance e reference também têm marcas de memória menores do que o original e, portanto, podem poupar recursos de computador.

Você também aprende a usar a ferramenta Align em 3ds max 6, que é uma ferramenta incrivelmente produtiva. O seu uso exige que você esteja familiarizado com os sistemas de coordenadas de referência, explicados no Capítulo 2, assim, pode ser aconselhável rever aquele capítulo antes de prosseguir.

Exercício 3.7
Clonagem, alinhamento e mais sobre edição subobjeto

1. Abra o arquivo chamado Ch03_Shed03.max do CD-ROM ou do exercício anterior. A partir do menu pull-down File, escolha Save As, indique para um subdiretório apropriado em seu disco rígido e use o botão de sinal de adição para salvar um novo arquivo, com o nome aumentado para Ch03_Shed04.max.

2. Primeiro você faz uma sólida parede alta para o abrigo e depois edita a porta e a janela. Isto ilustra o poder de clonagem e edição de subobjeto em um ambiente de produção com mudanças freqüentes. Na barra de ferramentas principal, clique no botão Select by Name e clique duas vezes shed_shape na lista, para selecioná-la. No painel Modify, Modifier List, escolha Extrude e, na rolagem Parameters, entre com 2 no campo Amount e pressione Enter. Agora a forma é uma sólida parede alta, com 2 pés de espessura. Renomeie este objeto no alto do painel Modify como **Gable01**.

Dica

A nomeação de objetos é muito importante, especialmente ao trabalhar com outros. Sempre nomeie os objetos logo depois da criação, com um nome que seja único e que faça algum sentido no contexto da cena ou tipo de objeto que é.

Usar letras maiúsculas para objetos em 3D e minúsculas para objetos em 2D é uma boa maneira de separar os objetos em listas de seleção. Você precisa marcar a opção de classificação Case Sensitive (estilo de letra) na lista, para capacitar a função.

Encontre o seu próprio esquema de nomeação e fique com ele, para aumentar a produtividade.

3. Uma maneira de clonar este objeto é escolher Clone a partir do menu pull-down Edit. Isto exibe a caixa de diálogo Clone Options (opções de clonagem). Assegure-se de que o botão de rádio Instance esteja marcado e que o nome tenha sido automaticamente aumentado para Gable02 (veja a Figura 3.42). Clique OK e você tem duas paredes altas exatamente na mesma posição na cena. Observe que, no painel Modify, o novo Gable02 é o objeto selecionado.

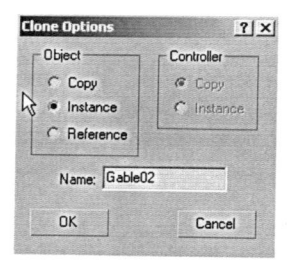

Figura 3.42 – É possível clonar objetos a partir do menu pull-down Edit. A opção Instance cria uma conexão entre o clone e o original. Editar qualquer uma afeta a outra e o clone usa menos recursos de memória do computador.

4. Selecione o objeto wall_shape01 e renomeie-o como Wall01. Agora, você alinha Gable02 com a outra extremidade do longo objeto de parede. Selecione Gable02. Clique com o botão direito na viewport Perspective, para tornar aquela viewport ativa enquanto mantém o objeto Gable02 selecionado. Na barra de ferramentas principal, clique o botão Align e, na viewport Perspective, escolha o objeto Wall01 para chamar a caixa de diálogo Align Selection (alinhar seleção) (Wall01). Por você estar na vista Perspective e o sistema de coordenadas de referência estar ajustado para View, a ferramenta Align está usando as coordenadas mundiais para definir os eixos X, Y

e Z. Se for preciso, reveja o Capítulo 2. O Gable02 precisa se mover no eixo negativo Y para se alinhar com a outra extremidade do Wall01. Marque a caixa de verificação Y Position (posição de Y) na caixa de diálogo Align Selection. Marque os botões de rádio Minimum para ambos, o objeto atual e o objeto alvo (veja a Figura 3.43). Isto alinha o ponto mais distante da caixa de limite de Gable02 com o ponto mais distante da caixa de limite de Wall01, no eixo negativo Y, para o alinhamento perfeito. Clique OK para fechar o comando.

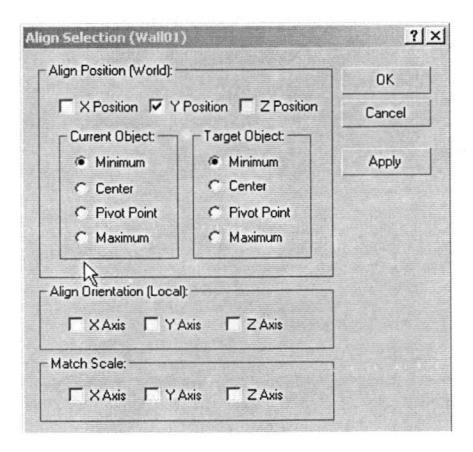

Figura 3.43 – *Com a ferramenta Align é possível alinhar rapidamente objetos pelas suas caixas de limite. O objeto atual é o objeto que você selecionou; o objeto alvo é o objeto escolhido com o qual alinhar. Você precisa conhecer o sistema de coordenadas de referência para fazer sentido de direcionamentos dos três eixos em cada viewport e sistema de coordenadas.*

5. Agora você descobre que precisa de uma janela nas duas paredes altas. Isto é conseguido editando a nível de subobjeto e anexando um retângulo, para criar uma forma composta. Na viewport Front, selecione Gable01. Você pode selecioná-lo escolhendo o mesmo ponto na borda da extremidade de altura e circulando através de três objetos ou usando Select by Name. Você edita esta parede, porque ela está no plano de grade definido pelas linhas pretas que passam através da coordenada mundial 0,0,0. É importante que para este exemplo a forma composta tenha todas as suas tiras em curva no mesmo plano. No painel Create, painel Shape, clique o botão Rectangle e arraste qualquer retângulo na viewport Front. No painel Modify, rolagem Parameters, entre com 16 nos campos Lenght (comprimento) e Width (largura) de Rectangle01.

6. Clique o botão Align na barra de ferramentas principal e escolha os objetos de parede na viewport Front. É preciso clicar a linha visível para escolher o objeto. Na caixa de diálogo Align Selection, marque ambas as opções X Position e Y Position e marque Center nas colunas Current (atual) e Target Object (objeto alvo; de destino) para alinhar o retângulo, conforme mostrado na Figura 3.44. Clique OK. Não importa a qual objeto em 3D você alinha nos eixos X e Y da viewport Front, pois todos eles têm um centro comum.

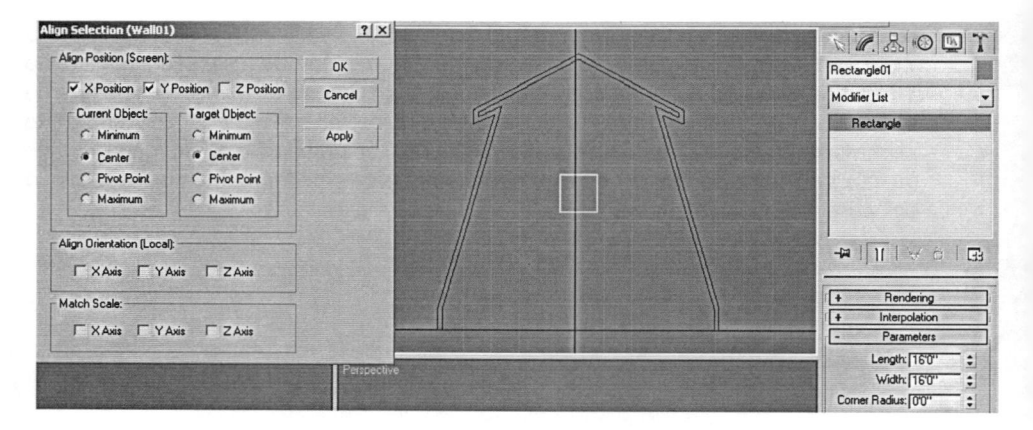

Figura 3.44 – *Usando a ferramenta Align na viewport Front, alinhe o retângulo para qualquer dos três objetos em 3D para ser centralizado nos eixos X e Y.*

7. Na viewport Front, selecione Gable01. Você pode precisar usar o botão Select by Name. No painel Modify, vista Stack, destaque Edit Spline. As suas paredes altas desaparecem. Na rolagem Geometry, clique o botão Attach e, na viewport Front, escolha a borda do novo retângulo. No painel Modify, vista Stack, destaque Extrude para voltar para o alto da pilha; você vê que tem uma janela em cada uma das paredes altas (veja a Figura 3.45).

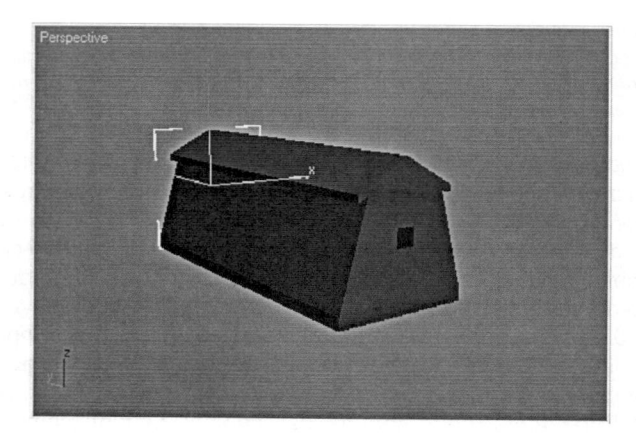

Figura 3.45 – *Anexar uma nova forma para criar uma forma composta para uma parede cria uma abertura de janela naquela parede e, em qualquer cópia, clones daquela parede. O poder deste processo não pode ser subestimado.*

8. A próxima etapa é criar uma grande abertura de porta nas duas extremidades, de modo que o barco possa entrar e sair. Este é um processo semelhante a acrescentar a janela, exceto que você não quer que a porta tenha um limiar. Você cria o retângulo para a abertura, anexa-o e subtrai Booleano dele, a partir da forma externa do prédio. Na viewport Front, crie um retângulo com o comprimento de 50 pés e uma largura de 70 pés. Use Align para alinhá-lo a um dos centros de objetos em 3D, para centralizar apenas no eixo X. Reveja as etapas 5 e 6 deste exercício se tiver problemas.

9. Na barra de ferramentas principal, clique o botão Select and Move e mova o retângulo no eixo Y da viewport Front, de modo que ele fique próximo da janela, mas sobrepondo a parte de baixo das paredes (veja a Figura 3.46).

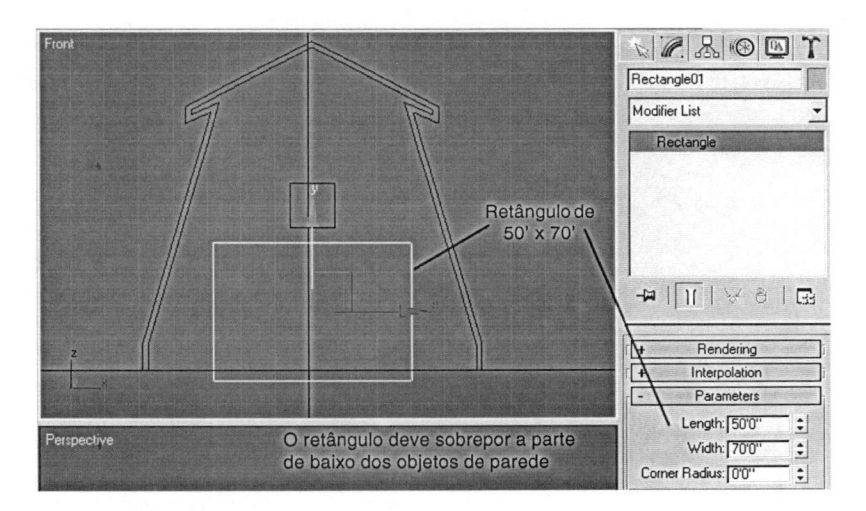

Figura 3.46 – Crie um retângulo com 50 pés de comprimento por 70 pés de largura, centralize-o às paredes, no eixo X da viewport Front e mova-o no eixo Y para sobrepor as paredes, na parte de baixo.

10. Na viewport Front, selecione Gable01. No painel Modify, vista Stack, destaque Edit Spline. Na rolagem Geometry, clique o botão Attach e escolha a borda do retângulo, na viewport Front. Clique Attach de novo para sair do modo.

11. Na vista Stack, destaque Spline a nível de subobjeto. Na viewport Front, escolha a tira em curva externa da forma; ela define as paredes laterais e o telhado. Você não a vê se tornar vermelha na viewport Front, pois outros objetos estão no caminho, mas deve vê-la em outras viewports de moldura de arame. Perto do centro da rolagem Geometry, troque o botão Subtraction (subtração) da operação Booleana. Clique o botão Booleano para destacá-lo em amarelo e mova o cursor sobre a tira em curva retangular na viewport Front. Quando o cursor Subtraction aparecer (veja a Figura 3.47), clique o retângulo para tirá-lo da tira em curva externa.

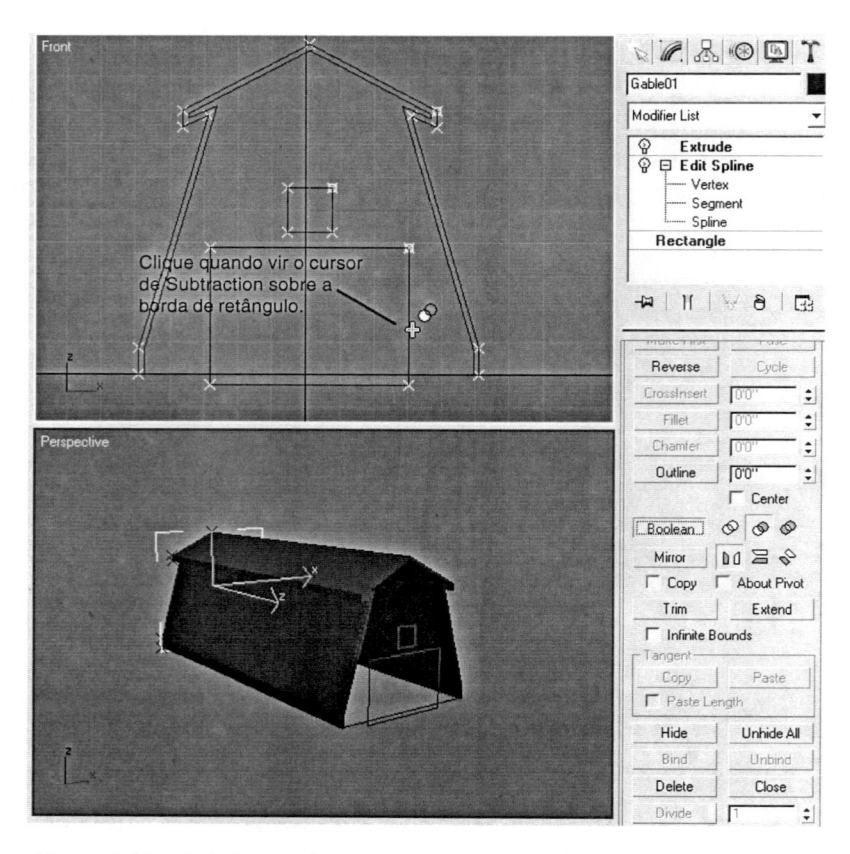

Figura 3.47 – *Selecione a tira em curva externa de Gable01. No painel Modify, rolagem Geometry, troque o botão Subtraction para operações Booleanas. Clique o botão Boolean e escolha o retângulo na viewport Front quando vir o cursor de Subtraction.*

12. Clique o botão Select Object para sair do modo Boolean. Na vista Stack, destaque Edit Spline, para sair do modo de subobjeto e clique Extrude para voltar para o alto da pilha. Agora, você tem uma grande abertura de porta, sem limiar (veja a Figura 3.48).

13. Salve o arquivo; ele já deve estar nomeado como Ch03_Shed04.max. Então, você tem um abrigo com duas extremidades altas, com aberturas.

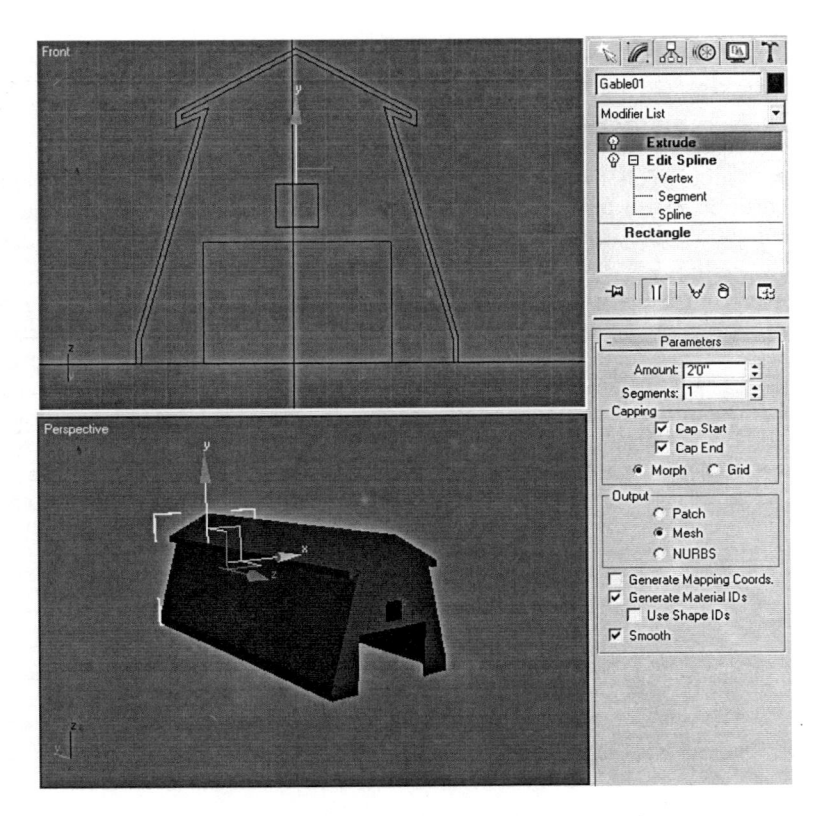

Figura 3.48 – *Saia do modo Boolean e volte para o nível de modificador Extrude da vista Stack. Cada parede alta terá uma grande abertura de porta, sem limiar.*

Usando o poder de edição de formas em 2D a nível de subobjeto na pilha Modifier e combinando tal poder com o conceito de clonagem de cópia, você tem um fluxo de trabalho extremamente produtivo, que tanto é eficiente quanto flexível. Estes exemplos são simples, mas você pode aplicar o mesmo processo para fazer cenários mais complexos.

Extraia dados de 2D a partir de trama de objetos em 3D

O Exercício 3.7 é um pouco mais complexo do que necessário, para criar uma simples caixa objeto que atuará como o chão do abrigo. O motivo de fazer desta maneira é apresentá-lo a comandos de edição de subobjeto mais importantes, tanto em objetos em 2D quanto em 3D.

Você aprende a extrair entidades em 2D de trama em 3D e limpá-las, para transformá-las em um objeto de chão em 3D. Um outro tópico abordado é a moldagem de vértice, algo que você precisará usar com freqüência na modelagem em 3ds max 6.

Exercício 3.7
Extração de dados de objetos em 3D e mais ferramentas de edição em 2D

1. Abra o arquivo chamado Ch03_Shed04.max do CD-ROM ou do exercício anterior. A partir do menu pull-down File, escolha Save As, indique para um subdiretório apropriado em seu disco rígido e use o botão de sinal de adição para salvar um novo arquivo, com o nome aumentado para Ch03_Shed05.max.

2. Clique com o botão direito na viewport Perspective para ativá-la. Na barra de ferramentas principal, clique o botão Select Object e selecione Wall01, o objeto de parede longa e telhado. No menu pull-down Tools, escolha Isolate Selection (isolar seleção((Alt+Q). Isto oculta todos os outros objetos na cena, de modo que você pode se concentrar em trabalhar apenas com o(s) objeto(s) selecionado(s). Mova a caixa de diálogo Warning: Isolated Selection (aviso: seleção isolada) para o canto superior direito da exibição. Clique o botão Min/Max Toggle no canto inferior direito da exibição, para encher a exibição com a vista Perspective. Clique com o botão direito a etiqueta Perspectiva, à esquerda, no alto da viewport e escolha Wireframe (moldura de arame) (veja a Figura 3.49).

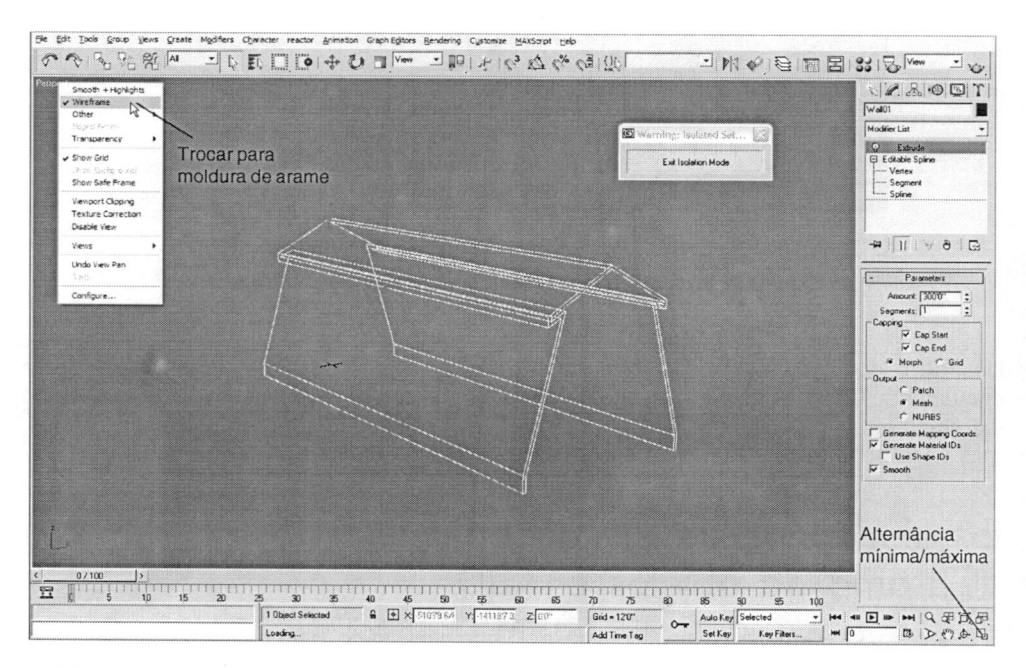

Figura 3.49 – *Selecione Wall01 e use Isolate Selection para ocultar todos os outros objetos. Clique o botão Min/Max Toggle para uma única viewport e troque para a vista Wireframe.*

3. Agora, acrescente um modificador ao objeto em 3D, que possibilita a edição de sub-objeto. Assegure-se de que Wall01 esteja selecionado e, no painel Modify, Modifier List, escolha o modificador Edit Mesh (editar trama). Na vista Stack, expanda Edit Mesh e destaque o nível Edge (borda) de subobjeto. Dê um zoom para afastar para o canto da frente esquerda de Wall01 e selecione as bordas longa e curta externas. Use Ctrl para acrescentar a um conjunto de seleção. Pressione a barra de espaço para bloquear a seleção. Um botão de cadeado se torna amarelo na barra de status (veja a Figura 3.50). Bloquear uma seleção evita que você selecione, acidentalmente, uma outra coisa na próxima etapa.

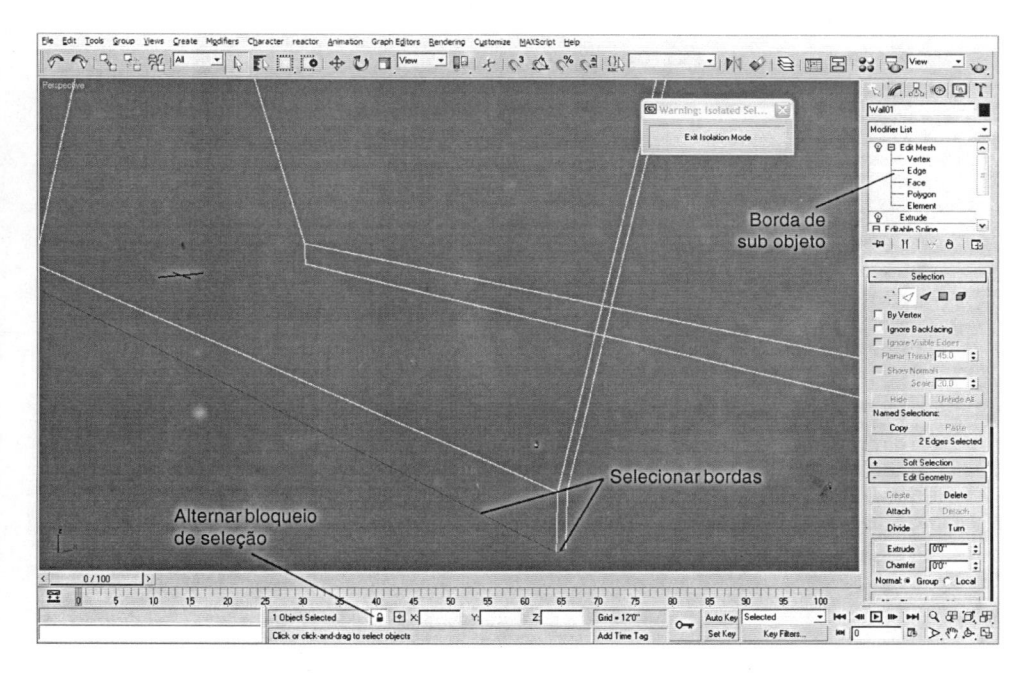

Figura 3.50 – Dê um zoom para afastar para a frente, à esquerda de Wall01. Aplique um modificador Edit Mesh a Wall01 e vá para o nível Edge de subobjeto, na vista Stack. Usando Ctrl para acrescentar a um conjunto de seleção, selecione as bordas longa e curta do lado esquerdo da parede.

4. Use o botão Arc Rotate (Alt+ roda do mouse) para ver Wall01 a partir do ângulo oposto. Pressione a barra de espaço para desbloquear a seleção. Mantenha a tecla Ctrl pressionada e selecione as bordas longa e curta deste lado. Você deve ver que 4 Edges Selected (4 bordas selecionadas) aparecem na parte de baixo da rolagem Selection. No painel Modify, rolagem Edit Geometry, clique Create Shape (criar forma) a partir do botão Edges (veja a Figura 3.51).

5. Na caixa de diálogo Create Shape, mude o nome para **Floor** (chão) e marque o botão de rádio Linear, para eliminar qualquer curvatura na nova forma (veja a Figura 3.52).

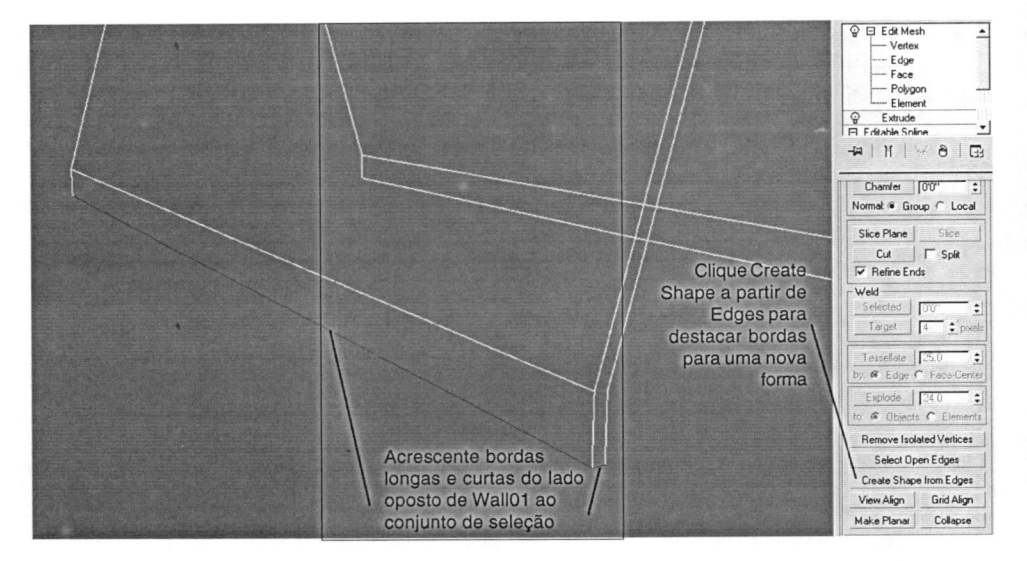

Figura 3.51 – *Use Arc Rotate para ver Wall01 do canto oposto, e pressione a barra de espaço para desbloquear a seleção. Com a tecla Ctrl pressionada, selecione as bordas externas longa e curta deste lado de Wall01 e clique Create Shape do botão Edges, na rolagem Edit Geometry.*

6. No painel Modify, vista Stack, destaque Edit Mesh para sair do modo de subobjeto. Clique Remove Modifier (remover modificador) do botão Stack, bem abaixo da vista Stack. Você não precisa mais do modificador, depois da forma ter sido destacada (e além do mais, ela exige recursos extras de memória).

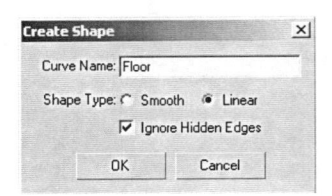

Figura 3.52 – *Renomeie a nova forma como Floor, na caixa de diálogo Create Shape e marque o botão de rádio Linear, para eliminar qualquer curvatura que possa estar presente.*

7. Na caixa de diálogo Select by Name (H), clique duas vezes Floor. No menu pull-down Tools, esco-lha Isolate Selection (isolar seleção) (Alt+Q), para ter apenas a forma em 2D chamada Floor na viewport. Use Min/Max Toggle para voltar a uma exibição de quatro viewports, clique com o botão direito na viewport Top e use Min/Max Toggle para encher a exibição. Use Region Zoom (região de zoom) para encher a viewport Top com a extremi-dade superior da forma Floor.

8. Em Spline a nível de subobjeto, clique o botão Extend, na rolagem Geometry, e escolha a extremidade direita do curto segmento horizontal na parte superior esquerda da forma. Você vê o cursor de Extend (veja a Figura 3.53). Isto estende o segmento para o segmento seguinte no caminho dele. Balanceie a viewport para cima e faça o mesmo com o segmento curto horizontal, na parte de baixo da forma. Clique o botão Extend para sair do modo.

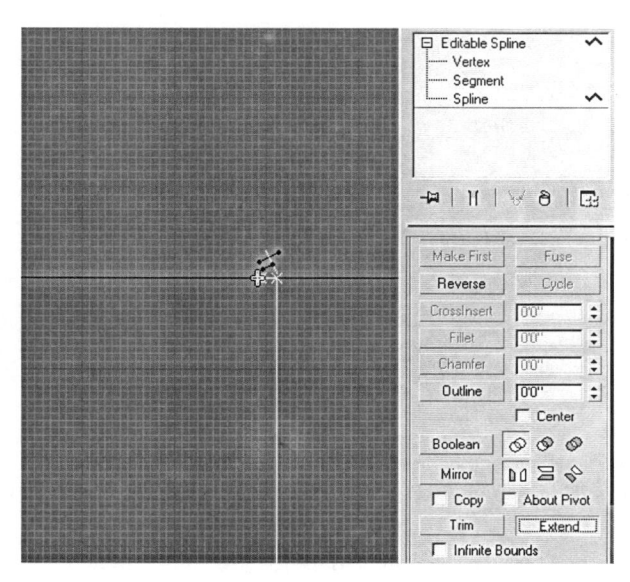

Figura 3.53 – Vá para Spline a nível de sub objeto. Na rolagem Geometry, clique o botão Extend e escolha a extremidade esquerda do segmento curto horizontal, na parte superior direita da forma.

9. A forma parece ser um retângulo fechado, mas não é. Se você fosse salientá-la agora, não teria a superfície de cima ou de baixo, pois ela é uma forma aberta. Primeiro você precisa moldar (unir) os vértices, para criar uma forma fechada. Use Zoom Extents All para poder ver toda a forma na viewport Top. Na vista Stack, vá para o modo Vertex de subobjeto. Arraste uma janela de seleção por todos os vértices e vê que tem seis vértices selecionados. Na rolagem Geometry, entre com 1 (1 polegada) no campo numérico Weld (moldar; unir; juntar; fundir) e clique o botão Weld (veja a Figura 3.54). Isto une todos os vértices na seleção, que estão à distância de 1 polegada de quaisquer outros vértices selecionados, combinando-os em um único vértice e fechando a forma.

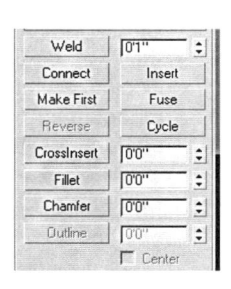

Figura 3.54 – Unir vértices combina todos os vértices selecionados dentro de uma distância limite em um único vértice. Isto fecha a forma aberta, de modo que ela pode ser salientada como uma caixa sólida.

10. Na vista Stack, destaque Editable Spline, para sair do modo de subobjeto. No painel Modify, Modifier List, escolha o modificador Extrude. Se usar Min/Max Toggle para ver todas as viewports e depois Zoom Extents All, você vê que a forma não salientou para dar espessura, mas deslizou ao longo de seu comprimento (veja a Figura 3.55). Isto é ocasionado pelo eixo local derivando da forma criada na viewport Front. Este é um acontecimento comum, que evita que novos usuários usem Create Shape a partir de Edges, mas é fácil de corrigir.

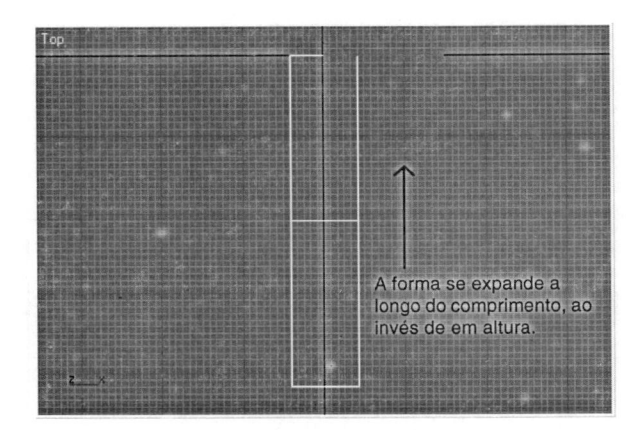

A forma se expande a longo do comprimento, ao invés de em altura.

Figura 3.55 – *Aplicar um modificador Extrude a esta forma a desliza, ao invés de dar a ela espessura, devido ao eixo Z local do objeto a partir do qual ela originou.*

11. Clique Remove Modifier a partir do botão Stack, para remover o modificador Extrude. Na viewport Top, do painel Create, painel Shapes, crie uma linha em qualquer lugar dentro do retângulo (o seu eixo Z local indicando em sua direção). No painel Modify, rolagem Geometry, clique o botão Attach e escolha o retângulo na viewport Top. Clique novamente o botão Attach para sair daquele modo. Isto cria uma forma composta, com o seu eixo Z local determinado pela linha. No painel Modify, vista Stack, expanda a linha e destaque Spline a nível de subobjeto. Na viewport Top, escolha a linha para torná-la vermelha e pressione Delete no teclado. Agora o retângulo tem um novo eixo Z local, indicando em sua direção na viewport Top. Ele também aceitou o nome Line01, portanto, mude de volta para Floor. Saia do modo de subobjeto.

12. Em Modify List, escolha Extrude e você terá uma caixa de 300 pés de altura. Na rolagem Parameters, mude Amount para –2 e o chão fica com 2 pés de espessura, o eixo negativo Z. Clique o botão Exit Isolation Mode (sair do modo de isolamento) na caixa de diálogo, para ver os outros objetos na cena. Agora o abrigo está em um chão plano (veja a Figura 3.56).

13. Salve o arquivo. Ele já deve ser nomeado como Ch03_Shed05.max e consistir em um abrigo em um chão plano, que pode ser facilmente editado em qualquer ocasião. Na verdade, você não criou quaisquer objetos em 3D para este exercício, mas converteu formas em 2D para objetos em 3D com modificadores.

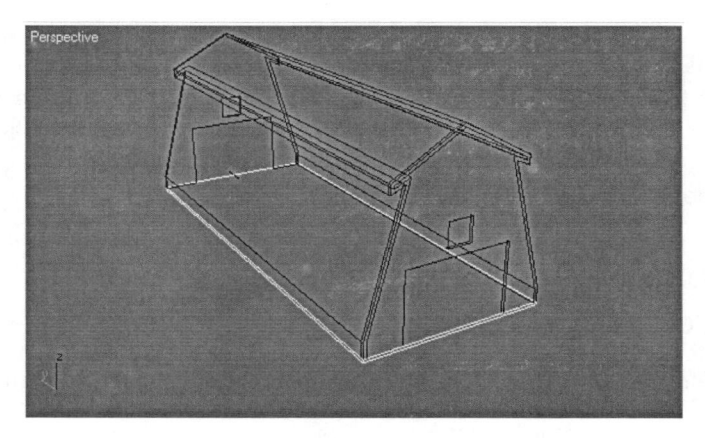

Figura 3.56 – *Estendendo o chão no eixo negativo Z e saindo do modo de isolamento mostra um abrigo em um chão plano.*

Sim, foi um exercício de rodeio, mas você aprendeu algumas lições valiosas, tal como criar formas em 2D a partir de trama de objetos em 3D existentes e alguns importantes comandos de edição de subobjeto, como a união de vértice. Você aprendeu a bloquear e desbloquear conjuntos de seleção com a Spacebar (barra de espaço), que lhe permite navegar por viewports sem perder, acidentalmente, o conjunto de seleção.

Também aprendeu que é possível criar formas com uma direção de eixo Z, que oferece resultados inesperados quando convertidas a trama em 3D. Isto também pode acontecer com formas importadas de outros pacotes de software vetor, mas é fácil corrigir quando você reconhece o problema.

Modificadores e o Modify Stack

Nesta seção, você aprende mais sobre os modificadores disponíveis em 3ds max 6 e como manipular o modifier stack (modificador de pilha) (isto é, a história de mudanças feitas em objetos na cena).

Ainda que existam métodos de modelagem em que você não usa modificadores e o modificador de pilha, é a maneira mais flexível e segura de trabalhar, se você espera possíveis mudanças futuras no design do processo.

Dica

Se você não espera que mudanças sejam feitas no design, tem um chefe ou cliente que não deseja perder nunca! Bem-vindo ao Nirvana!

Nos próximos três exercícios, você cria algumas simples construções de fundo usando apenas formas e modificadores em 2D. Depois, edita cópias dos prédios com uma série de modificadores que lhe permitem editar apenas partes específicas dos prédios e, finalmente, aprende sobre um modificador que é obrigatório conhecer ao escalonar objetos.

Como nos exercícios anteriores, os objetos montados são relativamente simples, de modo que você pode se concentrar em aprender o fluxo de trabalho e conceitos apresentados.

Como explorar o Bevel Modifier (modificador de chanfrado)

Um modificador que é extremamente simples em seu design, mas ainda uma ferramenta poderosa para modelagem geral e acrescentar detalhes importantes para tornar as cenas mais convincentes, é o modificador Bevel. Basicamente, ele é um modificador Extrude avançado, que lhe permite chanfrar os lados salientes para dentro e para fora.

Exercício 3.8
O modificador Bevel

1. Abra o arquivo chamado Ch03_Outbuilding01.max do CD-ROM. A partir do menu pull-down File, escolha Save As, indique para um subdiretório apropriado em seu disco rígido e use o botão de sinal de adição para salvar um novo arquivo com o nome aumentado para Ch03_Outbuilding02.max.

2. Na viewport Perspective, selecione o retângulo chamado out-building01. O nome é em letra minúscula, pois o objeto é uma forma em 2D. No painel Modify, Modifier List, escolha Bevel. O retângulo muda para um plano sólido, plano. Renomeie o objeto para Out-building01, a letra maiúscula indicando que agora o objeto é em 3D.

3. No painel Modify, rolagem Bevel Values (valores de chanfrado), você vê três níveis de valores Height e Outline. A configuração de Height é exatamente como do modificador Extrude: estende a forma no eixo local Z positivo ou negativo. A configuração Outline é quando aquele nível de altura é chanfrado para dentro ou para fora do centro geométrico da forma.

4. No campo numérico Level 1 Height (nível 1 de altura), entre com 10 e pressione Enter. Agora a forma tem uma altura de 10 polegadas. Clique Zoom Extents All para ver o objeto todo em todas as viewports (veja a Figura 3.57).

5. Na rolagem Bevel Values, marque Level 2 (nível 2) para ativá-la. Entre com 1 na altura para o nível 2 e pressione Enter. O objeto estende um outro pé no eixo Z a partir da parte superior da altura de nível 1. Entre com um no campo Level 2 Outline e pressione Enter. A parte superior de nível 2 agora é 1 pé maior em todas as direções, resultando em um chanfrado de 45 graus para fora (veja a Figura 3.58).

Atenção

Não escolha o modificador Bevel Profile (perfil de chanfrado) em Modifier List. Você aprenderá sobre este modificador no Capítulo 4, "Construção naval 101: como construir um barco."

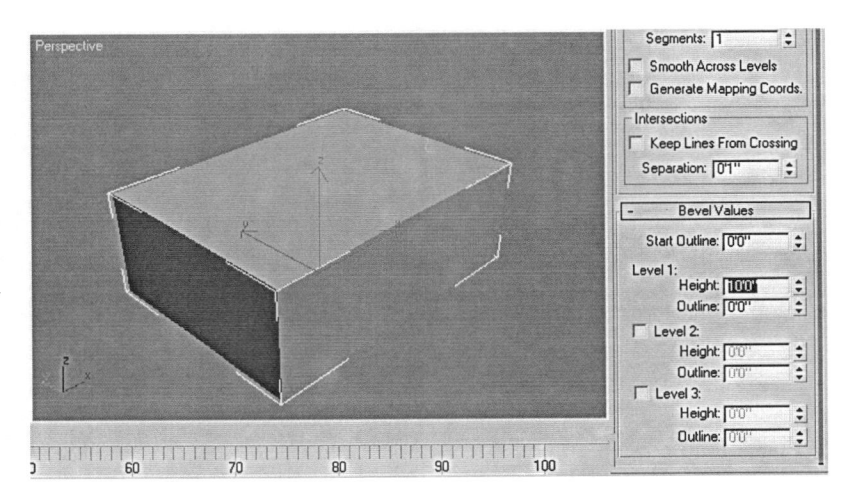

Figura 3.57 – Entrar com um valor no campo Level 1 Height é o mesmo que aplicar um modificador Extrude.

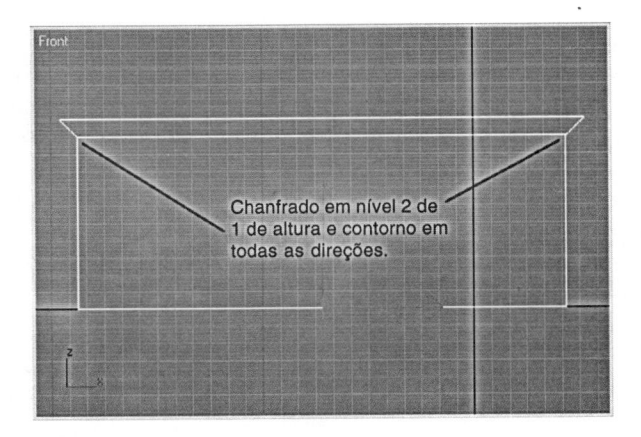

Figura 3.58 – Acrescentar Level 2 com uma quantidade de Height e Outline de 1 pé resulta em um chanfrado de 45 graus acima da caixa de 10 pés.

6. Na rolagem Bevel Values, marque Level 3 e entre com uma altura de 6 e um contorno de –11. O objeto é 6 pés mais alto, mas o chanfrado é para dentro, com a quantidade negativa no campo Outline. Isto resulta no aspecto de uma simples construção com um telhado aparado e elevado (veja a Figura 3.59). Este detalhe poderia ser suficiente para construções de fundo em sua cena. Ele é facilmente ajustável e muito eficiente.

7. Salve o arquivo; ele já deve estar nomeado como Ch03_Outbuilding02.max.

Figura 3.59 – *Um simples retângulo com um modificador Bevel pode ser feito para representar um pequeno prédio com um telhado elevado. Ele é fácil de ser editado em qualquer ocasião e é eficiente.*

Com uma altura Level 1 de 1 pé, este objeto poderia ser apenas o telhado de um prédio com um telhado com calha, apara e elevação. Use a sua imaginação. Abra uma nova cena em 3ds max e brinque com diferentes formas e diferentes configurações de chanfrado, para ver quantas possíveis variações você pode ter. Experimente com ferramentas que facilitam usar em produção.

Como editar trama em 3D no nível de subobjeto

No Exercício 3.9, você aprende a aplicar uma pilha de modificadores que lhe permitem fazer mudanças além da capacidade do modificador Bevel, enquanto retêm alguma habilidade para mover para cima e para baixo o modificador de pilha, para editar em vários pontos da história. Você também aprende a renomear modificadores na pilha, para clareza, o que pode ser especialmente importante em um ambiente de colaboração, e um novo método de clonar objetos.

Exercício 3.9
Edição de subobjeto de trama em 3D

1. Abra o arquivo chamado Ch03_Outbuilding02,max do CD-ROM ou a partir do exemplo anterior. Do menu pull-down File, escolha Save As, indique para um subdiretório apropriado em seu disco rígido e use o botão de sinal de adição para salvar um novo arquivo, com o nome aumentado para Ch03_Outbuilding03.max.

2. Selecione Out_building01 na viewport Perspective. Você deixará este edifício intacto e clonará uma cópia, que será modificada. Na barra de ferramentas principal, clique o botão Select and Move. Na viewport Perspective, mantenha pressionada a tecla Shift e mova o cursor sobre a seta de eixo X do gizmo Transform. A seta emite um destaque amarelo. Clique o feixe de luz e depois, arraste um clone do edifício na direção do eixo X positivo. Na caixa de diálogo Clone Options (opções de clonagem), assegure-se de que o botão de rádio Copy esteja selecionado e que o nome foi aumentado para Out_building02 (veja a Figura 3.60). Clique OK. Lembre-se, uma cópia clonada não tem conexão com o original.

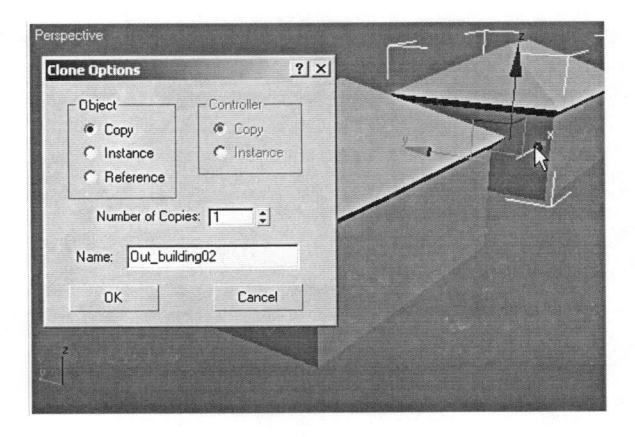

Figura 3.60 – Manter pressionada a tecla Shift enquanto transforma um objeto é uma maneira de clonar objetos. Usar o gizmo Transform permite que você clone apenas no eixo que deseja.

3. Agora, você edita o novo edifício, para acrescentar um telhado com uma claraboia, enquanto retém alguma habilidade de fazer mudanças nas edições. Para cortar o amontoado na exibição, vá para o menu pull-down Tools e escolha Isolate Selection (AltQ) e depois, clique Zoom Extents All. No painel Modify, rolagem Bevel Values, entre com –8 no campo Level 3 Outline. Isto aplaina o alto do telhado.

4. Porque o modificador Bevel só tem três níveis disponíveis e, porque ele só pode ser aplicado a formas em 2D, você precisa usar algum outro tipo de modificador para mudar este telhado existente. Primeiro, aplique um modificador Mesh Select (selecionar trama), que só lhe permite selecionar os níveis de subobjeto de uma trama de objeto. A beleza de Mesh Select é que ele usa muito pouco dos recursos

de computador, assim, é possível usar muitos, sem afetar o desempenho. No painel Modify, Modifier List, escolha Mesh Select. Na vista Stack, expanda Mesh Select e o destaque Polygon (polígono) a nível de subobjeto. Na viewport Perspective, escolha a área plana do alto do telhado. Ele se destaca em vermelho quando selecionado (veja a Figura 3.61).

Nota

Todos os objetos de trama em 3ds max 6 têm faces triangulares. A viewport é simplificada, ocultando as bordas diagonais dos triângulos, onde faz sentido. O nível poligonal de subobjeto é qualquer conjunto de faces triangulares margeadas por uma borda visível quando vistas no modo Wireframe. Por exemplo, na etapa anterior você selecionou duas faces triangulares.

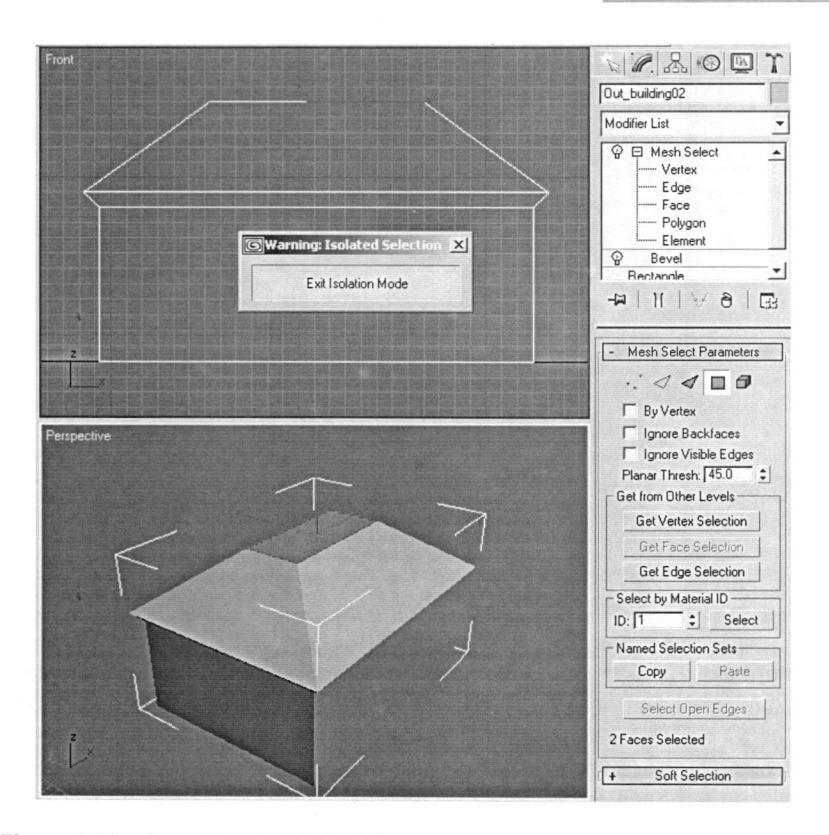

Figura 3.61 - O modificador Mesh Select pode ser usado para selecionar conjuntos de subobjetos de objetos de trama. Este modificador não tem, por si só, capacidade de edição. Use-o para selecionar o polígono horizontal no alto do telhado.

Dica

O modificador Face Extrude (salientar face) não usa as regras da unidade Display para entrada de dados. Todos os valores numéricos no campo Amount são em polegadas decimais. Entretanto, você sempre pode sobregravar as unidades de Display, digitando o sinal que quiser no campo numérico. Se quiser entrar com quantidades métricas, por exemplo, pode digitar 200mm e a quantidade seria convertida para as unidades atuais.

5. Agora, é possível aplicar um modificador à pilha, que só irá operar no conjunto de seleção abaixo dele – neste caso, o polígono no alto do telhado. Enquanto ainda no modo Polygon de subobjeto, vá para Modifier List e escolha o modificador Face Extrude. No painel Modify, rolagem Parameters, entre com 36 no campo Amount e pressione Enter. O Polygon selecionado foi expandido 36 polegadas, movendo as faces selecionadas e criando novas faces em todos os lados (veja a Figura 3.62).

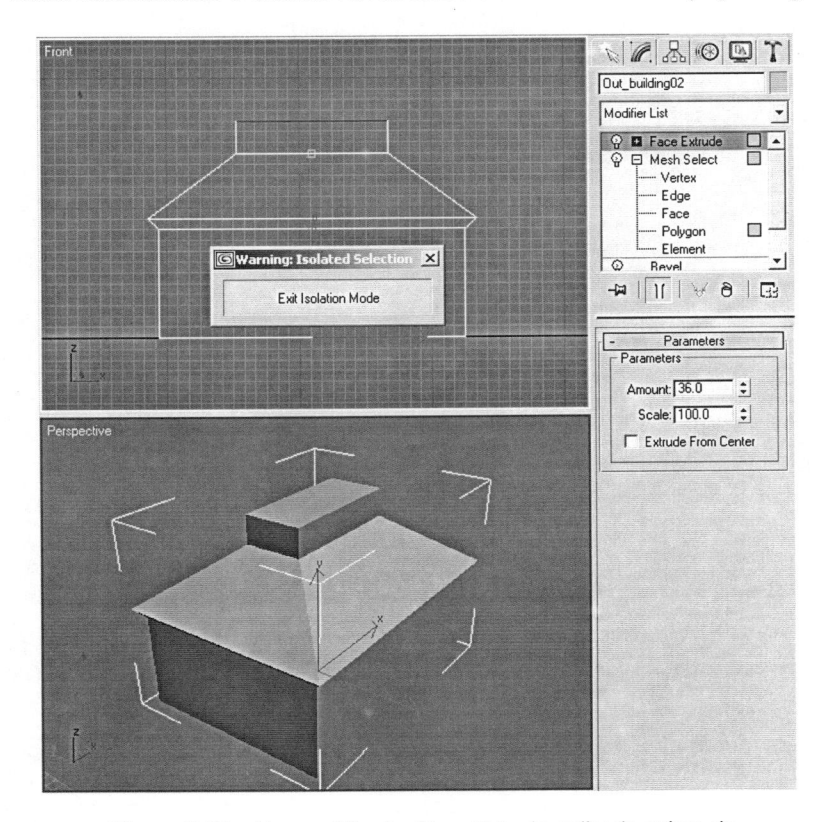

Figura 3.62 – Um modificador Face Extrude aplicado acima de um Mesh Select só atua nas faces selecionadas pelo Mesh Select.

6. Só é preciso acrescentar alguma apara e o plano de telhado à esta clarabóia de telhado. Você pode simplesmente, continuar a acrescentar modificadores Mesh Select e Face Extrudes até ter os resultados desejados. No painel Modify, Modifier List, escolha Mesh Select de novo, vá para o modo Polygon e deve ver que o polígono superior ainda está selecionado. Aplique um novo modificador Face Extrude, ajuste a Amount para 6 e Scale para 108. Isto resulta em um efeito chanfrado, semelhante ao do modificador Bevel. Aplique um outro Mesh Select e vá para o modo Polygon. Aplique um outro Face Extrude e entre com 24 em Amount e 1 em Scale. Este último Face Extruder aplica um pico no telhado (veja a Figura 3.63).

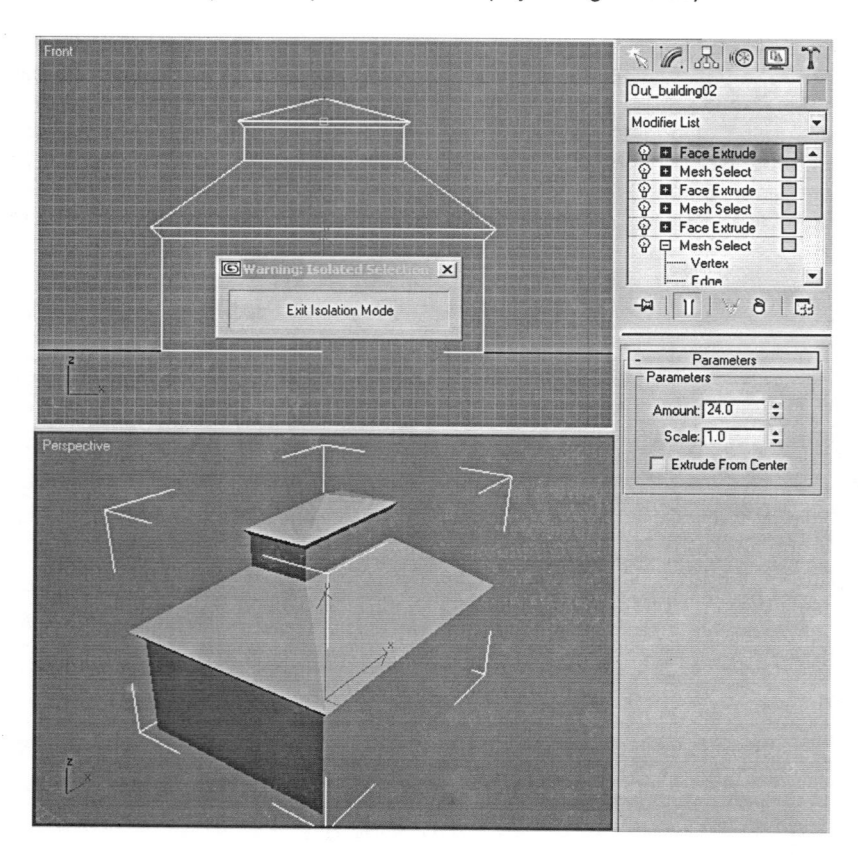

Figura 3.63 – Aplicando mais duas combinações de modificadores Mesh Select e Face Extrude você pode montar um telhado com clarabóia no alto do objeto de trama existente.

7. Para mudar a altura da clarabóia, vá para a vista Stack e destaque o Face Extrude mais baixo na pilha. Ao fazer isto, você obtém uma caixa de diálogo Warning (aviso) que informa que as suas alterações neste nível podem ocasionar resultados inesperados (veja a Figura 3.64). Isto porque é possível aplicar edições que mudam a topologia de uma maneira que qualquer modificador acima daquele ponto não

entenderá. Neste caso, você estará bem, mas deve escolher a opção Hold/Yes (manter/sim) na caixa de diálogo Warning. Isto salva todo o arquivo em um arquivo oculto no disco rígido e você pode usar o menu pull-down Edit, a opção Fetch (recuperar), para tê-lo de volta em qualquer ocasião. Clique Hold/Yes. No painel Modify, rolagem Parameters, mude Amount de 36 para 24. Na vista Stack, volte para o modificador superior Face Extrude.

Dica

No menu pull-down Edit, você pode usar a opção Hold (conter; manter) ou Fetch (recuperar) em qualquer ocasião, para salvar e recuperar arquivos a partir do arquivo mantido no buffer (área de armazenagem temporária) em disco. Cada vez que você clicar Hold, ele sobregrava quaisquer informações já no buffer; sempre que você clicar Fetch, ele só recupera o que foi armazenado da última vez no buffer. É uma ótima ferramenta quando você está experimentando alterações.

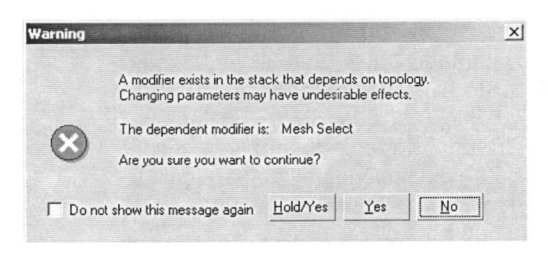

Figura 3.64 – Soltar abaixo de mudanças em níveis de topologia na pilha Modifier produz um aviso de que mais mudanças podem causar resultados inesperados. Você pode clicar o botão Hold/Yes para salvar o arquivo atual, que pode ser recuperado com o comando Fetch, se algo der errado.

8. No painel Modify, Modifier List, escolha Mesh Select mais uma vez, mas não vá para qualquer modo de subobjeto. Isto "descobre" em toda a pilha do modificador, de modo que quaisquer modificadores subseqüentes agem em todo o objeto, não apenas na última seleção na pilha.

9. Selecione o modificador Face Extrude, bem abaixo do Mesh Select superior e clique Hold/Yes na caixa de diálogo Warning. Clique com o botão direito Face Extrude e escolha Rename a partir do menu. Use a tecla de seta para a direita do teclado, para colocar o cursor na extrema direita de Face Extrude e edite-o, para ler Face Extrude-Peak (face de pico saliente) (veja a Figura 3.65). Volte para o alto da pilha.

10. Saia do modo Isolation, clicando o botão Exit Isolation Mode (sair do modo de isolamento). Clique Zoom Extents All para afastar todos os objetos em todas as viewports. Salve o arquivo; ele já deve estar nomeado Ch03_Outbuilding03.max.

Novos modificadores e escalonamento em 3ds max 6

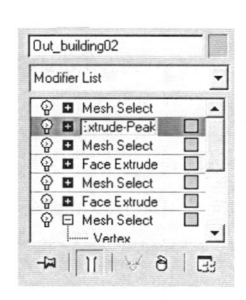

No Exercício 3.9, a clarabóia retangular do telhado se tornou um pico, o que torna a densidade do telhado desigual, algo que nunca seria montado. Ainda que você não precise ser apegado à exatidão para este arquivo, corrigirá o aspecto de telhado e aprenderá a respeito de um novo modificador, chamado XForm*, e sobre escalonamento geral em 3ds max 6.

Figura 3.65 – É possível renomear os modificadores na pilha, destacando o modificador, clicando-o com o botão direito e escolhendo Rename a partir do menu. Isto lhe permite anexar o nome com alguma dica significativa que esclareça o que o modificador faz. Evite a tentação de mudar o nome do próprio modificador; simplesmente anexe informações a ele.

Exercício 3.10
Modificador XForm
e aspectos de escalonamento

1. Abra o arquivo chamado Ch03_Outbuilding03.max do CD-ROM ou do exercício anterior. A partir do menu pull-down File, escolha Save As, indique para um subdiretório apropriado em seu disco rígido e use o botão de sinal de adição para salvar um novo arquivo com o nome aumentado para Ch03_Outbuilding04.max.

2. Na viewport Front, selecione Out-building02. Na barra de ferramentas principal, clique Select and Move. Mantenha pressionada a tecla Shift e mova Out_building02 no eixo positivo X (para a direita), usando a seta no gizmo transform para longe o bastante, de modo que ele esteja fora da tela. Libere o botão do mouse, assegure-se de que Copy esteja marcada na caixa de diálogo Clone Options e que o objeto esteja nomeado Out-building03. Clique OK.

3. No menu pull-down Tools, escolha Isolate Selection (Alt+Q) e clique Zoom Extents All. O modificador de pilha tem um modificador Mesh Select no alto, que você usou para dar um remate nas seleções de subobjeto para fazer voltar o controle a todo o objeto. Você pode usar este modificador Mesh Select para a próxima etapa. Expanda o modificador Mesh Select superior e destaque o modo Vertex de subobjeto. Na viewport Front, arraste uma janela de seleção em torno de cada pico do telhado, para selecionar os quatro vértices (veja a Figura 3.66) que você escalonou para 1 por cento no exercício anterior. Você os escalonará não uniformemente no eixo X, para igualar as densidades do telhado.

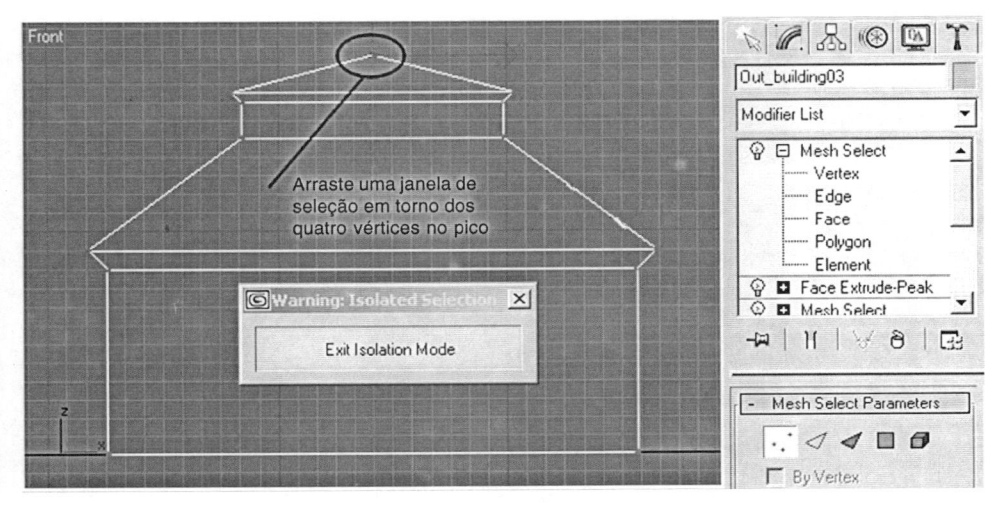

Figura 3.66 – *Usando o modificador Mesh Select existente no alto da pilha, vá para o modo Vertex de sub objeto e arraste uma janela de seleção em torno dos quatro vértices no pico do telhado.*

4. Se tentar escolher o botão Select and Uniform Scale (selecionar e escalonar uniformemente) na barra de ferramentas principal, você percebe que todos os botões Transform estão acinzentados. Um modificador Mesh Select só pode ser usado para selecionar entidades de subobjeto e não contém comandos de edição. Para solucionar isto, é preciso acrescentar um modificador XForm aos vértices. XForm significa "transform" (transformar). Em Modifier List escolha XForm.

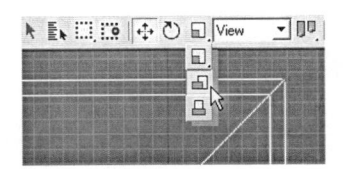

5. Na barra de ferramentas principal, clique e mantenha pressionado o botão Uniform Scale and Scale (escalonamento uniforme e escalonamento) e escolha Select and Non-Uniform Scale (selecionar e escalonar não-uniformemente) a partir dos menus flutuantes (veja a Figura 3.67).

Figura 3.67 – *Selecione o botão Non-Uniform Scale, mantendo pressionada Select and Uniform Scale e escolhendo-a nos botões de menu flutuante.*

6. Na barra de ferramentas principal, ajuste a opção de transformar centro para Use Selection Center, de modo que os vértices não escalonem em seus próprios eixos (veja a Figura 3.68). Na viewport Front, clique a seta de restrição de eixo X do gizmo Transform e arraste para a direita, até que a densidade do telhado seja de aproximadamente 45 graus. Veja a Figura 3.69. Novamente, a exatidão não é importante aqui. À medida que você arraste o cursor para a direita, ele desaparece da tela e, automaticamente, passa para o outro lado, assim, você continua a escalonar sem liberar o mouse.

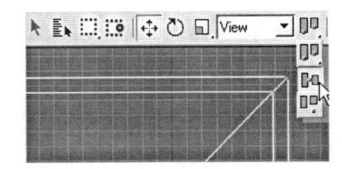

Figura 3.68 – *Ajuste a opção de transformar centro para Use Selection Center, de modo que os vértices não escalonem em seus próprios eixos.*

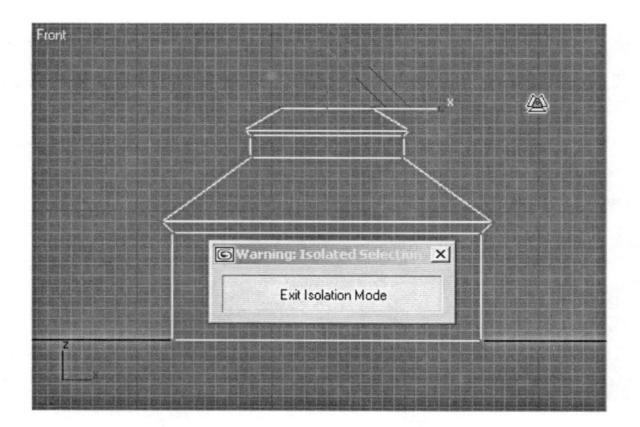

Figura 3.69 – *Na viewport Front, clique a seta de restrição de eixo X do gizmo Transform e arraste para a direita, até que a densidade do telhado seja de aproximadamente 45 graus.*

7. Em Modifier List, escolha Mesh Select, para aplicar um modificador de remate à seleção de subobjeto. Saia do modo Isolation e clique Zoom Extents All.
8. Salve o arquivo; ele já deve estar nomeado Ch03_Outbuilding04.max.

Você usou o modificador XForm para transformar – neste caso, escalonar – seleções de subobjeto feitas com um modificador Mesh Select.

Aviso

Nunca escalone objetos em 3ds max! Você deve usar sempre o modificador XForm quando escalonar objetos inteiros em 3ds max 6. É uma opção quando a nível de sub objeto, pois as transformações a nível de subobjeto ocorrem no modificador de pilha na ocasião apropriada.

Da forma com que 3ds max é projetado, ele avalia o modificador de pilha de baixo para cima. O objeto de base é avaliado primeiro, os modificadores são avaliados em ordem e, finalmente, as transformações são avaliadas.

Mover e girar transformações não muda a topologia de objetos, assim, sempre avalia corretamente. Escalonar, especialmente escalonamento não-uniforme, muda a topologia de objetos. Usar um modificador XForm e escaloná-lo, força os valores de escalonamento a serem avaliados no ponto certo de história e esta é uma maneira segura de escalonar objetos.

Você pode não ver os resultados deste aspecto até muito depois de ter feito o escalonamento diretamente em um objeto, portanto, por segurança, use sempre este método.

Ferramentas e grades de alinhamento

Nesta seção, você aprende novas opções de alinhamento e como os sistemas de coordenadas de referência podem ser colocados em uso prático durante o alinhamento.

Também aprende sobre objetos auxiliares de grade em 3ds max 6. Estes planos físicos de grade podem ser tratados como outros objetos em uma cena max, mas são visíveis apenas nas viewports e nunca são apresentados em suas imagens finais. Aprender como usar estas grades e ter a experiência de como elas se relacionam com os sistemas de coordenadas de referência pode apressar significativamente a sua modelagem e edição.

O alinhamento e as grades também são outras ferramentas ardilosas em max, que simplesmente, não fazem muito sentido sem um conhecimento fundamental dos sistemas de coordenadas de referência.

Depois de fazer estes exercícios básicos que o introduzem à funcionalidade de ferramentas e grades de alinhamento, eu o encorajo, como sempre, a experimentar com cenas extremamente simples, até que você tenha um sentido das ferramentas e elas se tornem parte de seu fluxo de trabalho, sem precisar pensar sobre elas.

Como usar faces normais como uma ferramenta de alinhamento

As faces normais são vetores invisíveis, indicando perpendicularmente a partir de qualquer face em 3ds max 6. Basicamente, se um vetor indica na direção do espectador em uma viewport ou imagem apresentada, a face é visível. Se o vetor de face normal indica para fora, a face é invisível. No entanto, você pode usufruir a vantagem destas faces normais como uma ferramenta de alinhamento. No Exercício 3.11, você aprende a usar a face normal de uma luz do firmamento para alinhá-la à superfície do telhado do seu abrigo. Você também aprende a usar os controles Snap (alinhar) e o sistema de coordenadas de referência Local para fazer ajustes na posição para colocação exata da luz do firmamento na superfície.

Exercício 3.11
Alinhamento normal e comandos Snap

1. Abra o arquivo chamado Ch03_Skylight01.max do CD-ROM. A partir do menu pull-down File, escolha Save As, indique para um subdiretório apropriado em seu disco rígido e use o botão de sinal de adição para salvar um novo arquivo com o nome aumentado para Ch03_Skylight02.max.

2. Este arquivo é uma cópia do abrigo dos exercícios anteriores e há uma luz de firmamento na grade de sistema de coordenadas mundial no canto do abrigo. Você colocará aquela luz do firmamento na superfície de telhado. Na viewport Perspective, selecione o objeto Skylight01 no canto da frente do abrigo. Na barra de ferramentas principal, clique o botão Select and Rotate e mova o cursor sobre o círculo restrito

(vermelho) do eixo X, no gizmo Transform. Quando ele ficar amarelo, clique e mantenha pressionado e depois mova o mouse para girar Skylight01, de modo que você possa ver claramente a parte de baixo, cerca de –110 graus (veja a Figura 3.70). Você pode querer maximizar a viewport Perspective para ver melhor o que está fazendo.

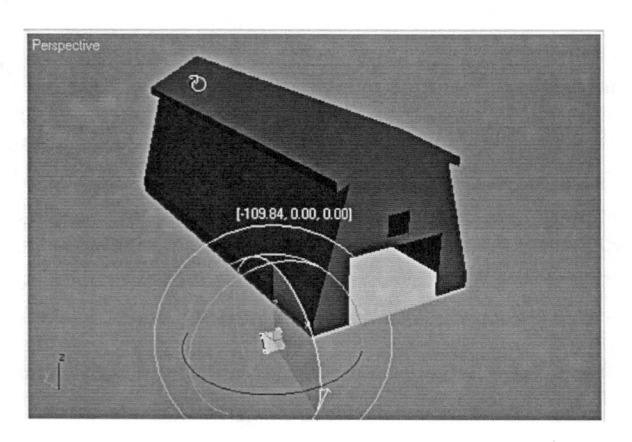

Figura 3.70 – gire o Skylight01 cerca de –110 graus no eixo X para ver claramente a parte de baixo. Esta é a superfície que você alinhará com a superfície de telha mais próxima de você na viewport Perspective.

3. Todos os objetos em sua cena têm faces normais indicando para fora do centro do objeto ou, no caso das paredes laterais terem espessura, para fora do espaço aberto entre a superfície externa e interna. Caso contrário, você não deve ser capaz de ver os objetos. Use as faces normais na parte de baixo de skylight (luz de firmamento) para alinhar as faces normais da superfície de telhado. Este é um processo de múltiplas etapas, que requer um pouco de coordenação entre mão e olhar, mas é simples o bastante para ser controlado rapidamente. Na barra de ferramentas principal, clique e mantenha pressionado o botão Align e escolha Normal Align (alinhar normal) dos menus flutuantes (veja a Figura 3.71).

Figura 3.71 – Na barra de ferramentas principal, clique e mantenha pressionado o botão Align e escolha Normal Align dos menus flutuantes.

4. Na viewport Perspective, mova o cursor Normal Align sobre o Skylight01 seleciona-do, até ver a exibição de cruzamento de fio de cabelo e depois, clique e mantenha pressionado Skylight01. Enquanto mantém pressionado o botão esquerdo do mouse e movendo ligeiramente o cursor, você deve ver um vetor azul indicando as faces normais (veja a Figura 3.72).

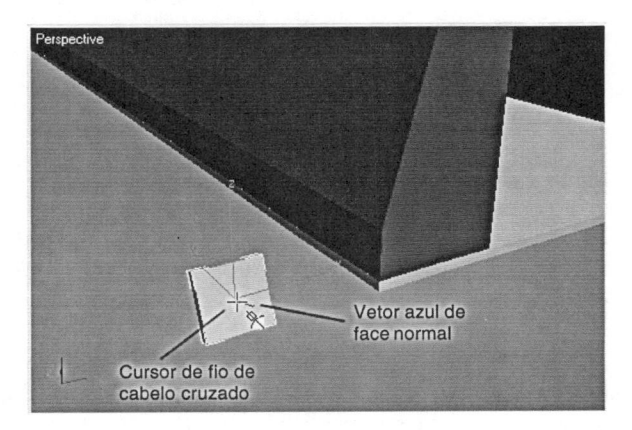

Figura 3.72 – *Enquanto mantém pressionado o botão esquerdo do mouse e move o cursor, posicione o vetor azul de face normal próximo ao centro da parte de baixo de Skylight01.*

5. Libere o botão esquerdo do mouse e mova o cursor para a superfície de telhado. Clique e mantenha pressionado na superfície de telhado e mova o novo vetor verde próximo à frente central do plano de telhado (veja a Figura 3.73).

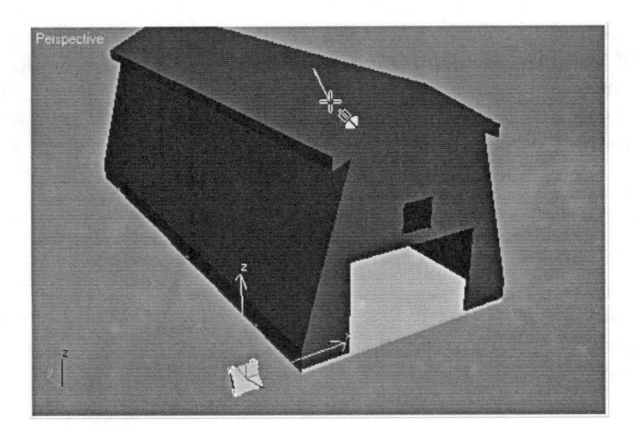

Figura 3.73 – *Libere o botão esquerdo do mouse e depois clique e mantenha pressionado na superfície de telhado, para posicionar um vetor verde na parte central da frente do plano de telhado.*

6. Libere o botão esquerdo do mouse e Skylight01 combina a sua superfície de baixo com a superfície de telhado, e aparece uma caixa de diálogo Normal Align (veja a Figura 3.74). Clique OK para aceitar a posição atual.

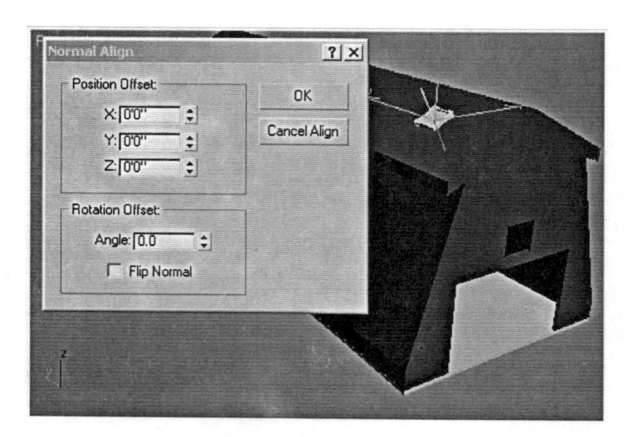

Figura 3.74 – Liberar o botão esquerdo do mouse leva Skylight01 a alinhar a sua superfície de baixo com a superfície de telhado. Clicar OK na caixa de diálogo Normal Align aceita a posição atual.

7. Agora, a skylight está colocada plana na superfície de telhado, mas então, você ajusta a sua posição para um ponto conhecido, de modo a poder movê-la mais exatamente para uma posição final. Para este processo são usadas as ferramentas Snap. O ponto pivô de Skylight01 é o centro das faces de baixo. Você a move para o pico frontal do telhado usando ambas as opções, Pivot Point e Vertex Snap (alinhar vértice). O ponto pivô da skylight é alinhado ao vértice do telhado. Então, ela está em uma posição conhecida e pode ser movida com exatidão de lá. Na barra de ferramentas principal, clique com o botão direito o botão Snap Toggle (alternar alinhamento) (imã com um 3). Na caixa de diálogo Grid and Snap Settings (configurações de grade e alinhamento), clique o botão Clear All (limpar tudo) e depois marque as opções Pivot e Vertex (veja a Figura 3.75). Feche a caixa de diálogo.

Dica

Para exatidão, é importante escolher as duas opções, Pivot e Vertex, para este exercício em especial, pois você escolherá o objeto pelo seu pivô e o colocará em um vértice.

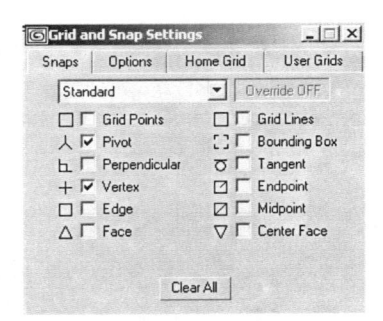

*Figura 3.75 – Clicar com o botão direito o botão Snap Toggle e,
na caixa de diálogo Snap and Grid Settings, ajuste
o alinhamento apenas para Pivot e Vertex.*

8. Será mais fácil ver o que você está fazendo se trocar para o modo de viewport Wireframe. Clique com o botão direito a etiqueta de Perspective, na parte superior esquerda da viewport e escolha Wireframe da lista. Você também precisa clicar o botão Snap Toggle, para ativá-lo. Apenas configurar as opções não as ativa automaticamente. Na viewport Perspective, dê um zoom para aproximar de skylight e do pico. Na barra de ferramentas principal, clique o botão Select and Move para trocá-lo. À medida que move o cursor sobre a luz de firmamento, você vê um claro sinal azul de vértice ou um indicador de pivô ciano maior, dependendo de qual cursor estiver mais próximo. Você deseja o indicador de pivô ciano maior visível em sua viewport (veja a Figura 3.76).

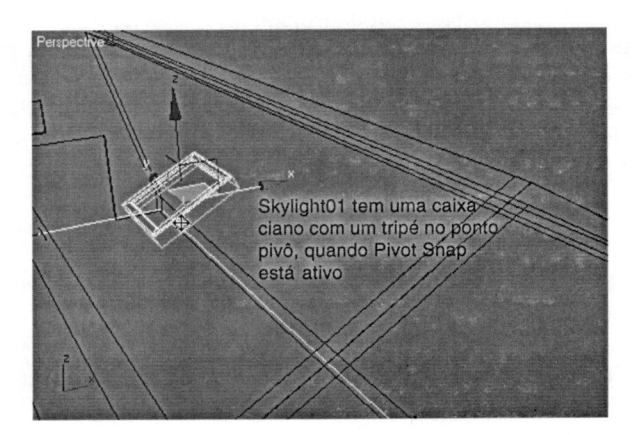

*Figura 3.76 – Enquanto no modo Select and Move, você pode
agarrar Skylight01 pelo seu ponto pivô quando estiver no modo Pivot
Snap e o cursor estiver mais próximo do pivô, e a caixa de
ciano deve aparecer na viewport.*

9. Com o indicador de pivô ciano grande visível, mantenha o botão esquerdo do mouse pressionado e arraste o cursor próximo do vértice, na frente do pico de telhado. Ele se alinha ao vértice quando vir o sinal ciano (veja a Figura 3.77). Libere o botão do mouse e o objeto é posicionado com o centro de sua parte de baixo no vértice. A orientação permanece alinhada com o plano de telhado.

Figura 3.77 – Arrastar o cursor para o vértice na frente do pico de telhado exibe um sinal ciano quando o alinhamento está ativo. Libere o botão do mouse e skylight estará na posição.

10. Agora você usa Offset Mode Transform Type-In para mover skylight para uma distância exata do pico. Na viewport Perspective, com o sistema de coordenadas de referência mundial ativo, os eixos X e Z não são alinhados ao plano de telhado, portanto, Transform Type-In não permite que skylight se mova paralela à superfície de telhado. Na barra de ferramentas principal, escolha a janela View e escolha Local, a partir do menu (veja a Figura 3.78). Desative Snap Toggle na barra de ferramentas principal.

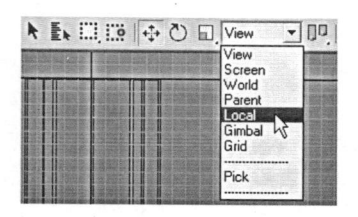

Figura 3.78 – Ajustar o sistema atual de coordenadas de referência para Local para Skylight01 faz com que os eixos X, Y e Z sejam alinhados ao plano de telhado. X positivo volta ao longo do cume e Y positivo corre para baixo, na calha.

11. Na barra de status, clique o botão Absolute Mode Transform Type-In para trocar para o modo Offset (veja a Figura 3.79). Entre com 20 no campo numérico do eixo X, 20 no campo numérico do eixo Y e pressione Enter. Clique com o botão direito a etiqueta de Perspective na viewport e troque de volta para o sombreado Smooth+Highlights (suavizar e destacar). Agora, Skylight01 está na posição no telhado (veja a Figura 3.80).

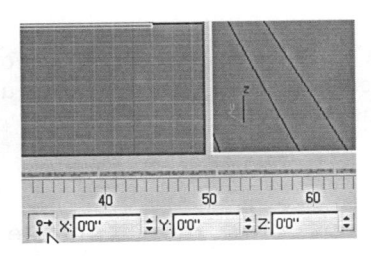

Figura 3.79 – *Alterne Absolute Mode Transform Type-In para Offset Mode Transform Type-In, e depois, mova Skylight01 20 pés nos eixos positivos X e Y.*

Figura 3.80 – *Skylight01 agora está posicionado exatamente onde você deseja e flui com a superfície de telhado.*

12. Salve o arquivo; ele já deve ser chamado de Ch03_Skylight02.max.

O comando Normal Align usa os vetores de face normal de cada face em 3D para lhe permitir combinar normal com normal, para colocar objetos em outros objetos. Neste caso, ele deu a orientação adequada de skylight ao telhado, mas você aprendeu a usar as opções Snap para colocar, especificamente, objetos baseados em atributos de geometria. Isto posicionou a luz de firmamento em um ponto conhecido no abrigo. Depois, você foi capaz de mover skylight uma quantidade exata em um plano desejado, usando o Transform Type-In e o sistema de coordenadas de referência local.

Entender os conceitos deste exercício permite que você trabalhe mais depressa e com mais exatidão, aumentando assim a sua produção.

Recurso AutoGrid e auxiliares de grade

Conforme mencionado anteriormente neste capítulo, os objetos auxiliares de grade podem ser tratados assim como qualquer objeto na cena, exceto que eles nunca apresentarão na imagem final.

Ainda que vá para o painel Create, o painel Helpers (auxiliares) e crie um objeto grade em sua cena, você aprenderá uma maneira mais automática de modelar diretamente em superfícies com a opção de criar ou não um objeto grade.

AutoGrid em 3ds max 6 é um recurso que usa, de novo, as faces normais de superfícies para definir o plano atual de trabalho. Até agora, todos os objetos que você criou nos exercícios foram criados nos planos no espaço definido pelas linhas pretas que correm através da coordenada 0,0,0 do espaço de coordenadas mundial.

No Exercício 3.12, você aprende a criar e modificar uma grade em uma superfície, usar o sistema de coordenadas de referência Grid para posicionar objetos e depois, aprende a voltar para as grades padrão de sistema de coordenadas mundial.

Exercício 3.12
Como usar AutoGrid e auxiliares de grade para mais controle

1. Abra o arquivo chamado Ch03_Skylight02.max do CD-ROM ou do exercício anterior. A partir do menu pull-down File, escolha Save As, indique para um subdiretório apropriado em seu disco rígido e use o botão de sinal de adição para salvar um novo arquivo com o nome aumentado para Ch03_Skylight03.max.

2. Esta é a cena com a skylight do Exercício 3.11. Neste exercício, você aprende como AutoGrid funciona, mas você só está experimentando neste ponto e pode não querer se comprometer com mudanças. É possível que se lembre do comando Hold, de quando navega a vista Stack e solta abaixo de um modificador que mudou a topologia. Você respondeu Hold/Yes a uma caixa de diálogo Warning, para salvar a cena em um arquivo de buffer no disco rígido. No menu pull-down Edit, escolheu Hold.

3. Na viewport Perspective, faça um zoom, para poder ver a maior parte do plano de telhado e skylight. No painel Create, clique o botão Box primitivo e marque AutoGrid na rolagem Object Type (veja a Figura 3.81).

4. Na viewport Perspective, à medida que mover o cursor sobre o abrigo e skylight, você vê que o tripé está se adaptando à face normal da face sobre a qual ele está. Quando o cursor estiver sobre o plano de telhado em que skylight cai, clique e arraste um novo objeto de caixa; você vê uma grade aparecer na superfície de telhado (veja a Figura 3.82). Quando clicar para finalizar a altura da caixa, a grade desaparece; agora a caixa foi criada diretamente na superfície de telhado.

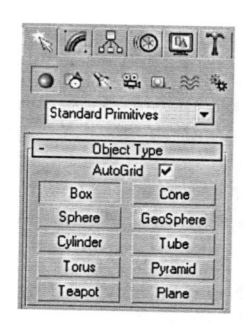

Figura 3.81 – Primeiro clique o botão Box e depois marque AutoGrid no painel Create, rolagem Object Type.

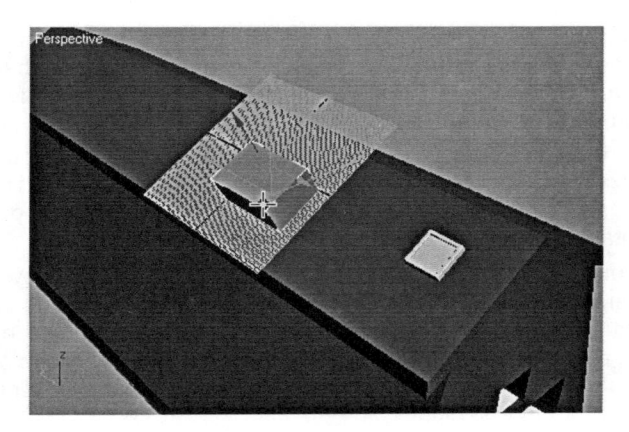

Figura 3.82 – Com AutoGrid ativado, você pode clicar e arrastar uma nova caixa na superfície de telhado.

5. Você não precisa de uma caixa na superfície de telhado, só o objeto grade é usado. Para se livrar da caixa e voltar a cena para a posição de antes de começar esta experiência, vá para o menu pull-down Edit e escolha Fetch. Clique Yes quando uma caixa de diálogo aparecer, perguntando se está OK recuperar o arquivo do buffer de contenção. Então, você está de volta aonde estava quando clicou Hold.

6. Crie a caixa novamente no plano de telhado com AutoGrid, mas desta vez, mantenha pressionada a tecla Alt enquanto arrasta a caixa no telhado. O objeto grade permanece, e a opção AutoGrid é desmarcada na rolagem Object Type. Pressione a tecla Delete para remover a caixa; ela só é usada para criar a grade em uma superfície.

7. Na barra de ferramentas principal, clique o botão Select Object e escolha a grade na viewport Perspective. Ela se destaca em branco, como outros objetos. No painel Modify, rolagem Parameters, ajusta Grid Spacing (espaçamento de grade) para 4 e pressione Enter. A nova grade tem um espaçamento de 4 pés, que você pode alinhar se ajustar o seu alinhamento para pontos de grade ou linhas de grade. O tamanho do objeto grade não é tão importante. É apenas uma ajuda visual, mas a grade se estende no plano ao infinito. Qualquer coisa que você criar está nos planos de trabalho, definidos pela localização de 0,0,0 deste objeto.

Dica

As informações ainda estão no buffer de contenção e permanecem lá, a menos que você escolha Hold de novo. Seria possível iniciar uma nova experiência e recuperar de volta as antigas informações em qualquer ocasião.

É uma boa idéia usar o atalho de teclado File, Save (Ctrl+S), porque então você tem as informações armazenadas em dois lugares, para o caso de algo dar errado.

8. Agora, você usa esta grade para arrumar skylight através do telhado, em intervalos específicos. Na viewport Perspective, selecione Skylight01. Na barra de ferramentas principal, clique o botão Select and Move e mude o sistema de coordenadas de referência de Local para Grid.

9. Na barra de ferramentas principal, clique com o botão direito o botão Snap Toggle e, na caixa de diálogo Grid and Snap Settings, clique Clear All e depois marque apenas Grid Points (pontos de grade). Feche a caixa de diálogo e, na barra de ferramentas principal, ative Snap.

10. Para ver melhor o que está fazendo, vá para o menu pull-down Views e escolha Save Active Perspective View (salvar vista em perspectiva ativa). Isto lhe permite voltar para esta vista. Na viewport Perspective, clique com o botão direito a etiqueta Viewport, escolha Views, Grid, Top (veja a Figura 3.83) do menu em cascata, para exibir a vista Grid na viewport. Dê um zoom para aproximar a viewport Grid (Top) para poder ver a grade e skylight.

11. Na viewport Grid, selecione Skylight01, mantenha pressionada a tecla Shift, clique no canto inferior esquerdo de skylight, para poder ver o indicador Snap ciano e mova 20 pés para a esquerda. Você pode ler na barra de status quando o campo numérico do eixo X estiver em –20'0". A operação Move é alinhada para 4 pés de pontos de grade, mas você precisa manter skylight horizontalmente alinhada, pois, por padrão, o gizmo Transform é sobregravado pelas configurações de Snap.

12. Na caixa de diálogo Clone Options, marque Instance e entre com 10 no campo Number of Copies (número de cópias). Quando clicar OK, você recebe um arranjo de 11 skylights, cada qual espaçado 20 pés do outro (veja a Figura 3.84).

13. Para voltar à vista Perspective, clique com o botão direito na viewport Grid, se ela ainda não estiver ativa, pressione P e, no menu pull-down Views, escolha Restore Active Perspective View (recuperar vista em perspectiva ativa).

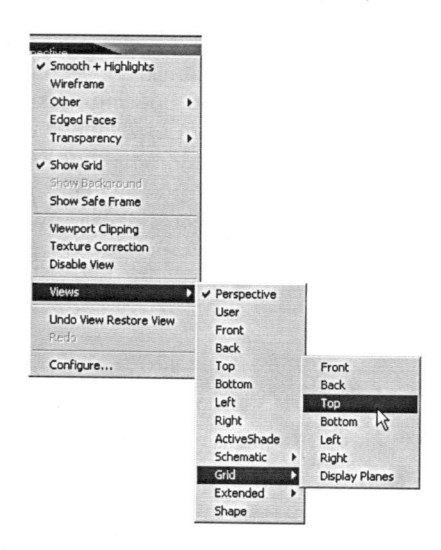

Figura 3.83 – *Clicando com o botão direito a etiqueta de viewport Perspective, você pode escolher Views, Grid, Top para olhar diretamente para baixo na nova grade.*

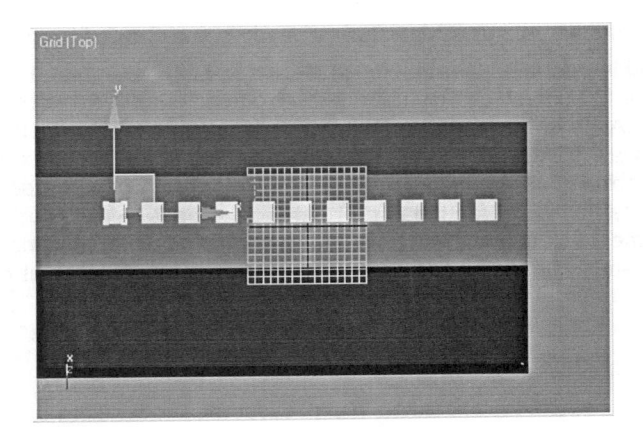

Figura 3.84 – Usar um objeto grade com espaçamento de 4 pés e mover skylight enquanto alinha a pontos de grade lhe permite criar um array de skylights copiados através do telhado.

14. Para voltar ao sistema de coordenadas mundial de grade, clique o botão Select Object na barra de ferramentas principal e escolha o objeto grade no telhado. Clique com o botão direito e escolha Activate HomeGrid a partir do menu Quad (veja a Figura 3.85). O objeto grade ainda está no plano de telhado, mas permanece inativo até você selecioná-lo e clicar com o botão direito para ativá-lo novamente. Clique o botão Snap Toggle para desativá-lo.

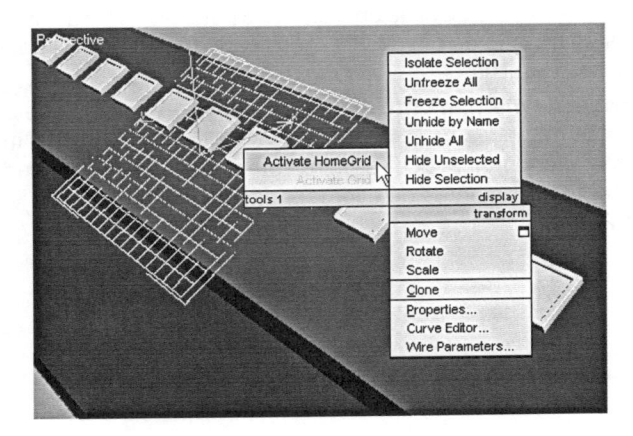

Figura 3.85 - É possível trocar de volta para a grade de coordenadas mundial padrão, selecionando o objeto grade atual, clicando com o botão direito e escolhendo Activate HomeGrid a partir do menu Quad.

15. Salve o arquivo; ele já deve estar nomeado como Ch03_Skylight03.max.

AutoGrid lhe permite criar objetos primitivos em 3D ou formas em 2D em qualquer superfície, com base na face normal sob o cursor, quando você inicia o processo de criação. A grade temporária desaparece quando a criação está completa. Uma alternativa é manter pressionada a tecla Alt ao usar AutoGrid; em cujo caso um objeto grade permanente é criado com o objeto ou forma. A nova grade pode definir um novo sistema de coordenadas de referência e pode ser ajustada em tamanho e espaçamento para mais controle. Você pode trocar de volta para o sistema de coordenadas mundial grade padrão, desativando a grade atual ou apagando-a.

Resumo

Neste capítulo, você aprendeu técnicas e processos de modelagem que, ainda que não sejam os recursos mais fascinantes e brilhantes, são muito importantes para um fluxo de trabalho suave em 3ds max 6. Alguns dos conceitos e métodos aprendidos incluem os seguintes:

- **Inicialização de arquivos** – Configurando um espaço de exibição padronizado, você aprendeu a suavizar o seu fluxo de trabalho. Isto pode ser especialmente verdade em um ambiente de trabalho em colaboração.

- **Formas em 2D** – Criar formas em 2D e convertê-las a objetos em 3D pode ser uma maneira flexível e eficiente de trabalhar. Você aprendeu sobre formas compostas e métodos de edição de sub objeto em 2D. Com formas compostas, é possível criar objetos complexos que, de outra maneira, seriam difíceis de montar.

- **Os modificadores e a pilha** – Você aprendeu o importante conceito de como funciona o modificador de pilha de 3ds max 6 para capacitar a edição flexível através da história da criação de um objeto. Modificadores individuais podem ser ajustador ou removidos da pilha.

- **Ferramentas de alinhamento e objetos grade** – Você fez exercícios que ilustraram algumas maneiras valiosas de alinhar objetos a objetos e montar em planos específicos em espaço 3D. O alinhamento se baseia pesadamente no seu conhecimento de sistemas de coordenadas de referência, que você aprendeu no Capítulo 2.

CAPÍTULO 4

Construção naval 101: como construir um barco

Neste capítulo

Neste capítulo, você aprende mais técnicas de modelagem, que lhe permitem usar uma imagem de fundo como um guia para edição. Também aprende alguns novos modificadores e algumas novas técnicas de alinhamento para colocar objetos ao longo de caminhos complexos. Neste capítulo, você cria várias cenas e depois aprende a uni-las em um único arquivo. Alguns dos tópicos cobertos neste capítulo incluem os seguintes:

- **Imagens de fundo** – Você pode usar mapas ou imagens em viewports como um fundo, para usar como um guia ao modelar.
- **Polígonos editáveis** – Converter objetos de trama em 3D para polígonos editáveis resulta em faces de quatro lados, onde possível, ao invés das faces triangulares de objetos de trama, e apresenta novas ferramentas para editar.
- **Modificador de simetria** – Este modificador permite que você crie metade de um objeto e, em uma operação, espelhe, apare e una as duas metades.
- **Ferramenta de espaçamento** – Esta ferramenta possibilita colocar clones igualmente espaçados entre dois pontos ou ao longo de um caminho complexo.
- **Mais modificadores** – Você aprende a usar os modificadores Bevel Profile e Lathe (torno; torno mecânico) para criar facilmente objetos editáveis a partir de formas em 2D.
- **União de arquivos** – Um eficiente fluxo de trabalho, especialmente em um ambiente de colaboração, pode resultar da criação de pequenos arquivos gerenciáveis e depois uni-los em uma única cena.

Este capítulo exige que você faça uma boa quantidade de edição à mão nos exercícios. Leia primeiro os exercícios, para ver a direção que o processo tomará, e depois volte e realize as etapas, vagarosa e cuidadosamente. Com um pouco de prática, se tornará uma segunda natureza buscar e editar usando imagens de fundo.

Termos-chave

- **Imagem de fundo** – Uma cena ou mapa que pode ser visto como um pano de fundo para qualquer viewport. Ela não faz parte da apresentação, mas é apenas um gabarito para ser usado como um guia de modelagem.

- **Polígono editável** – Um polígono editável tem faces com quatro lados, comparado às faces triangulares de um objeto de trama. Também estão disponíveis novas ferramentas ao modificar objetos poligonais editáveis.

- **Modelagem de caixa** – Um termo usado para descrever uma técnica de modelagem em que você começa com um objeto primitivo, tal como uma caixa, e acrescenta bordas e polígonos, para criar objetos mais complexos.

- **Tira em curva que pode ser apresentada** – Formas em 2D podem ter atributos ajustados, que lhes dão espessura de 3D na cena.

Objetos primitivos e polígonos editáveis: um ponto de partida

No Capítulo 3, "Técnicas fundamentais de modelagem: os blocos de construção," você trabalhou com formas em 2D e objetos de trama em 3D. Enquanto editava os objetos de trama em 3D, você aplicou modificadores que lhe permitiram selecionar a nível de entidades de sub objeto, Vertex, Edge, Face, Polygon e Element (elemento). Um polígono dentro de uma trama em 3D é definido como qualquer conjunto de faces triangulares margeadas por uma borda visível.

Polígono editável, ou *editable poly* como também é conhecido, é um tipo diferente de edição de objeto. Ao invés de faces triangulares, ele monta a superfície com quadrados sempre que possível. É destinado principalmente para máquinas de jogos por computador, para manter com mais facilidade informações armazenadas em vértices de uma maneira mais controlada. Entretanto, objetos de polígono editável têm níveis de sub objeto de Vertex, Edge, Border, Polygon e Element, e têm disponível um conjunto muito diferente de ferramentas de edição; estas ferramentas podem se mostrar muito eficientes e rápidas de trabalhar.

A desvantagem de trabalhar com polígono editável é que não há história para navegar ao tentar fazer alterações. Depois de você comprometer uma mudança e ir para outras edições, pode ser muito difícil modificar tais alterações.

A Figura 4.1 mostra dois objetos no modo de moldura de arame, com todas as bordas visíveis. O objeto de trás, à esquerda, foi convertido para um polígono editável e o objeto da frente, é uma trama editável. Você pode ver que as únicas faces triangulares no polígono editável estão na extremidade arredondada, onde elas são absolutamente necessárias para descrever a superfície curva.

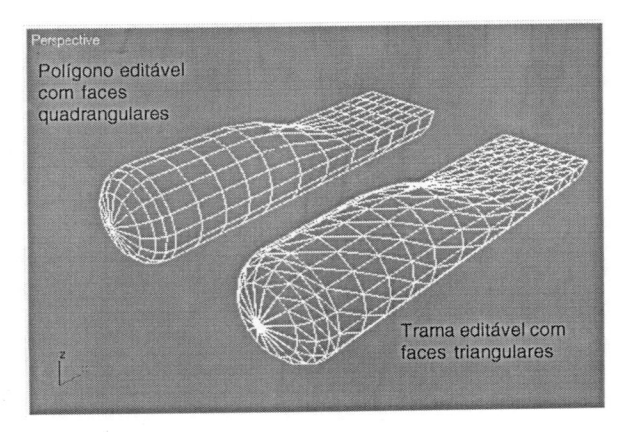

Figura 4.1 – *É possível ver o polígono editável à esquerda e a trama editável à direita. O polígono editável usa, sempre que possível, faces quadradas, enquanto a trama editável sempre usa faces triangulares.*

Conforme mencionado, as ferramentas de edição também são diferentes para os dois tipos de objeto, tanto nas ferramentas disponíveis quando na forma em que elas são aplicadas. A Figura 4.2 exibe uma visão geral dos painéis Modify para cada tipo de objeto.

Nota

Há um modificador Edit Mesh (editar trama) que pode ser aplicado a qualquer objeto em 3D, para permitir a mesma funcionalidade que a trama editável. Ele pode ser removido ou incapacitado do objeto, se necessário, retornando-o a um ponto na história de edição anterior ao modificador.

Não existe modificador Edit Poly (editar polígono); depois de converter um objeto a polígono editável e fazer as mudanças, você está comprometido com tais mudanças.

Neste capítulo, você irá trabalhar principalmente com objetos poligonais editáveis, porque as ferramentas se prestam bem a modificar um objeto de fundo, para criar um objeto limpo, eficiente, que demonstra exatamente a forma do objeto que está traçando.

Os exercícios neste capítulo o encaminham através de várias repetições de edição de polígono editável, enquanto cria o casco do barco, começando com um simples objeto primitivo Box (caixa).

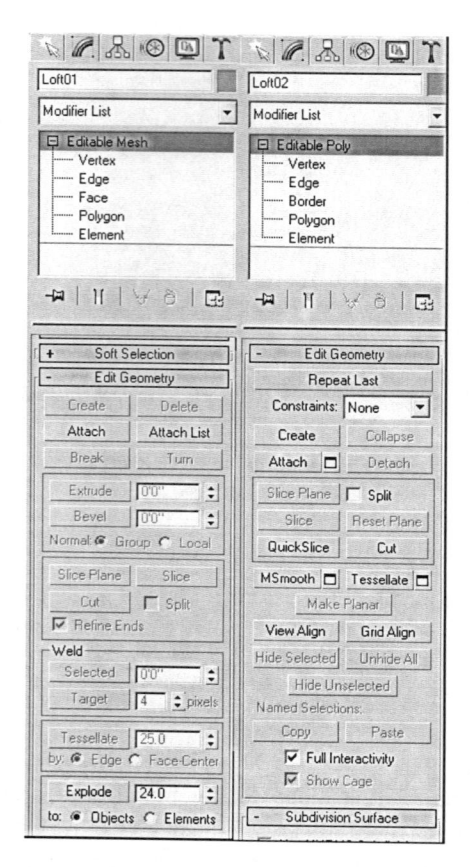

Figura 4.2 – Painel Modify para trama editável à esquerda e para polígono editável à direita. Diferentes ferramentas estão disponíveis para cada tipo de objeto.

Modelagem Box a partir de uma imagem de fundo

O barco que você recriará é o *USS Agamenticus*, um navio de guerra de ferro fundido, construído em Portsmouth, New Hampshire, em 1865. Você pode ver fotos, mais informações e links sobre o *Agamenticus* e navios semelhantes em http://www.history.navy.mil/photos/sh-usn/usnsh-a/agament.htm, um web site público do Departamento da Marinha. A Figura 4.3 mostra o modelo 3ds max 6 completo.

Este barco não será histórica ou fisicamente exato, mas você aprenderá um processo de modelagem que pode ser aplicado em muitos objetos diferentes, de barcos, aviões ou móveis, a objetos mais orgânicos, como personagens.

Figura 4.3 – *Um exemplo do modelo do USS Agamenticus, que você montará neste capítulo.*

A imagem de fundo que você usa como guia para a modelagem é um conjunto de planos de casco de uma classe semelhante de barco, ainda que não do próprio USS *Agamenticus*. O barco é longo o bastante, de modo que os planos são divididos nas linhas de proa e popa, com a seção de conexão de casco a ser interpolada como uma linha reta.

Nota

A proa é a frente do barco, a popa é a parte de trás, e a quilha é o principal elemento estrutural que corre no comprimento do fundo do barco.

Os planos do barco são planos típicos de casco, consistindo em linhas verticais de estação e linhas de água horizontais. Você editará uma caixa para combinar com a curvatura definida pelas interseções destas linhas, reais ou interpoladas, para fazer a forma do casco. Se não estiver familiarizado com o design de casco, trabalhe vagarosamente a princípio, tendo certeza de entender porque você está movendo entidades da caixa, não apenas movendo-as porque está escrito nas etapas.

Eu criei cascos de barco através de diversas técnicas de modelagem, tais como técnicas de inclinação, tira em curva e remendo e modelagem NURBS (Non-Uniform Rational Belzier Splines – tiras em curva Belzier racionais não uniformes), e nenhuma se mostrou tão rápida e eficiente quanto a modelagem Box (como será para você, depois de aprender a ler os planos de design de casco).

Este capítulo é bom no que se refere à prática de usar os comandos Hold e Fetch encontrados no menu pull-down Edit, assim como o atalho de teclado Ctrl+S para Save. Estas opções permitem que você volte, caso se confunda durante o processo.

Imagens de fundo
e técnicas de modelagem Box

Primeiro você aprende a configurar uma cena com imagens de fundo nas diversas viewports e a traçar tais imagens, editando um objeto poligonal editável aos níveis de sub objeto. As seções de proa e popa são montadas separadamente na cena, e depois são anexadas, mais adiante neste capítulo.

Exercício 4.1
Configuração de imagens de fundo em viewports

1. Abra o arquivo chamado Ch04_BoatHull01.max do CD-ROM. Do menu pull-down File, escolha Save As, indique para um subdiretório apropriado em seu disco rígido e use o botão de sinal de adição para salvar um novo arquivo com o nome aumentado para Ch04_BoatHull02.max. Não há nada na cena, mas ela garante que você está usando as configurações certas de unidades e de viewport.

2. No menu pull-down Views, escolha Viewport Background (fundo de viewport) (Alt+B). Na caixa de diálogo de Viewport Background, clique o botão Files e, a partir do CD-ROM, abra Hull_plan.jpg. Na área Aspect Ratio (relação entre eixos), marque o botão de rádio Match Bitmap (combinar bitmap) e assegure-se de que Lock Zoom/ Pan (bloquear zoom/equilíbrio) esteja marcada. Na área Apply Source and Display To (aplicar fonte e exibir a), marque o botão de rádio All Views (veja a Figura 4.4). É importante combinar o bitmap e a relação entre eixos, para evitar que a imagem distorça quando tentar se ajustar a diferentes layouts de viewport. Lock Zoom/Pan lhe permite fazer zoom e balancear, enquanto a imagem mantém o seu tamanho relativo. Aplicar All View leva a imagem e aparecer em cada viewport. Clique OK.

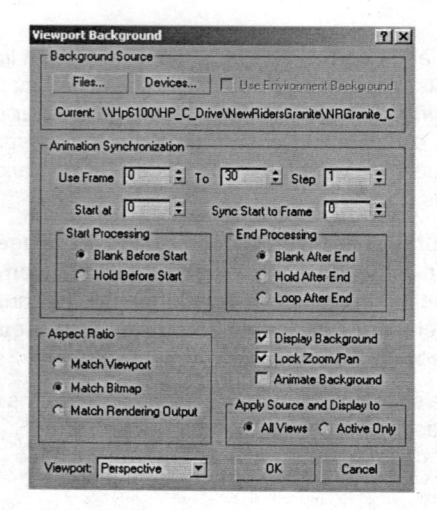

Figura 4.4 – Na caixa de diálogo Viewport Background, marque as opções Match Bitmap, Lock Zoom/Pan e All Views para este exercício.

3. Clique com o botão direito a etiqueta de viewport de cada viewport ortográfica, Top, Front, Left e limpe a opção Show Grid (exibir grade). Depois, clique com o botão direito a viewport Perspective e limpe ambas, Show Grid e Show Background. Você usará uma viewport Perspective limpa para controlar o progresso de modelagem. Então, ajuste cada viewport para usar o sombreado Smooth + Hightlights (veja a Figura 4.5). O menu fecha a cada vez que você mudar uma opção, assim, é preciso clicar com o botão direito a etiqueta de viewport a cada vez.

Dica

Este é um bom ponto em que você usa o atalho de teclado Ctrl+S para salvar o arquivo com o nome atual (e usar o menu pull-down Edit, opção Hold, para acréscimos com segurança).

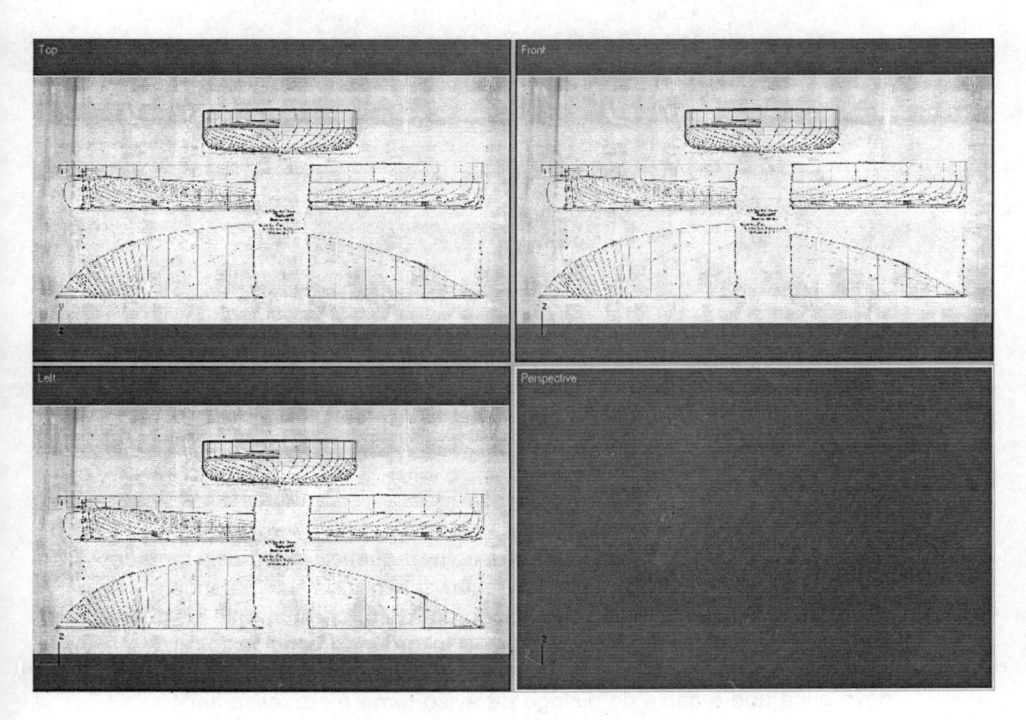

Figura 4.5 *– Clique com o botão direito as etiquetas de viewport das viewports ortográficas Top, Front e Left e limpe as opções Show Grid. Clique com o botão direito a etiqueta de viewport Perspective e limpe Show Grid e Show Background.*

4. Clique com o botão direito a etiqueta Perspective e escolha Configure no menu. Na caixa de diálogo Viewport Configuration (configuração da porta de visão), marque o recurso de Rendering Options (opções de apresentação) chamado Display Selected with Edged Faces (exibição selecionada com faces margeadas) (veja a Figura 4.6). Clique OK. Esta ação leva os objetos selecionados em viewports sombreadas a exibir automaticamente tanto as faces sombreadas quanto as bordas em moldura de arame, facilitando muito a edição de sub objeto.

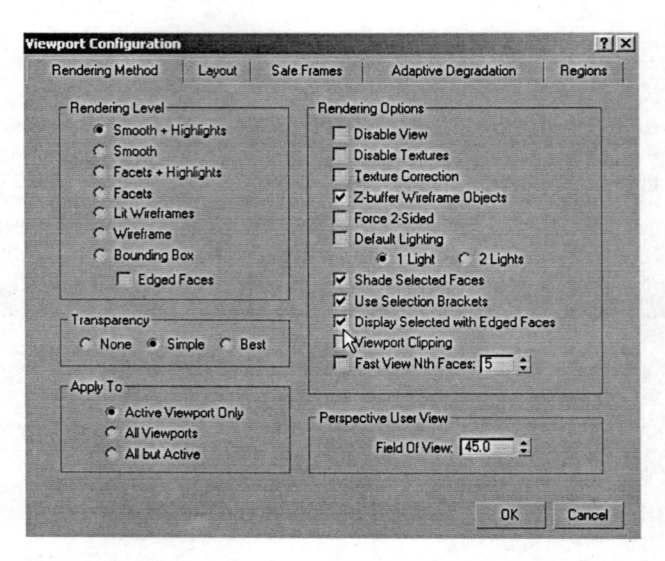

Figura 4.6 – *Clique com o botão direito a etiqueta de viewport Perspective e escolha Configure (configurar). Na caixa de diálogo, marque a opção chamada Display Selected with Edged Faces para vistas simultâneas sombreadas e de moldura de arame apenas dos objetos selecionados.*

Atenção

Usar imagens de fundo em viewports com freqüência pode usar grandes quantidades de memória, quando tentar fazer zoom ou balancear nas viewports. Você verá caixas de diálogo de aviso, perguntando se deseja continuar. Desativar a viewport Show Background Image (exibir imagem de fundo) para a operação de zoom ou de balancear e depois ativá-la de novo evita que a caixa de diálogo de aviso torne o processo lento.

5. Ative a viewport Top e use Zoom e Pan para centralizar o plano de proa na viewport (veja a Figura 4.7).

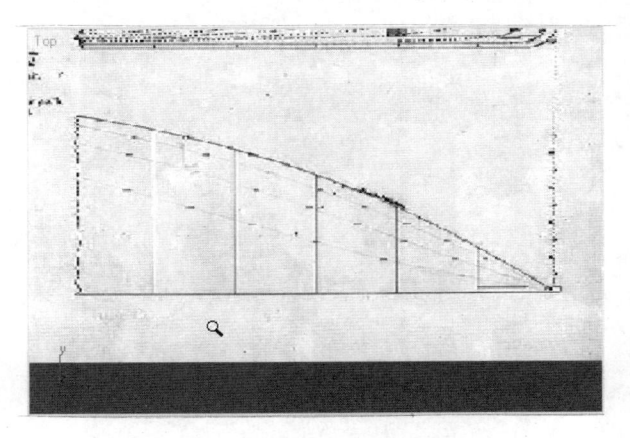

Figura 4.7 – Na viewport Top, use Zoom e Pan para centralizar aproximadamente o plano de proa na viewport.

Dica

As opções que você ajusta na caixa de diálogo Viewport Configuration pertencem a todas as viewports, ou todas, exceto a viewport ativa, dependendo da opção marcada na área Apply To (aplicar a) da caixa de diálogo Viewport Configuration.

6. No painel Create, painel Geometry, clique o botão Box na rolagem Object Type e arraste uma caixa para cobrir o desenho de plano de proa. No painel Modify, rolagem Parameters, ajuste o Length (comprimento) para 4'8", a Width (largura) para 12'4" e a Height (altura) para 3'0". Renomeie o objeto como Bow01.

7. Não é possível ver o plano abaixo da caixa para ter certeza de que o alinhamento está fechado. Clique com o botão direito a caixa e escolha Properties no menu Quad. Na caixa de diálogo Object Properties, área Display Properties (exibir propriedades), marque a opção See Through (ver através; transparente) (veja a Figura 4.8). Clique OK.

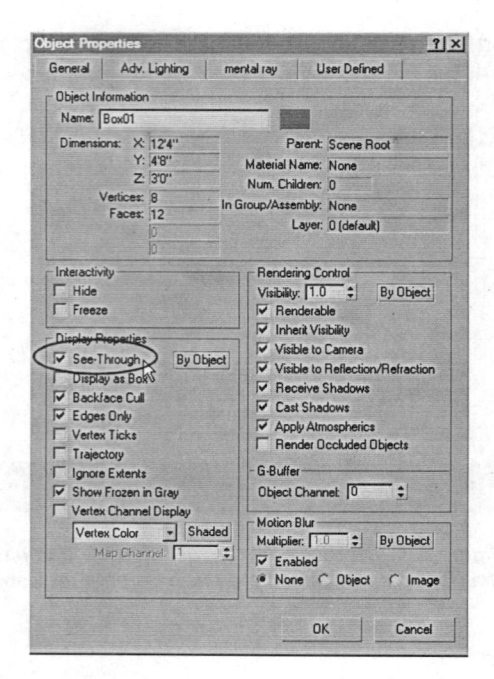

Figura 4.8 – *Clique com o botão direito a caixa na viewport Top e escolha Properties no menu Quad. Marque a opção See Through na área Display Properties.*

8. Na barra de ferramentas principal, clique o botão Select and Move e, na viewport Top, mova a caixa para alinhá-la ao plano de proa, o melhor que você puder, lembrando que a exatidão não é tão importante neste exercício (veja a Figura 4.9).

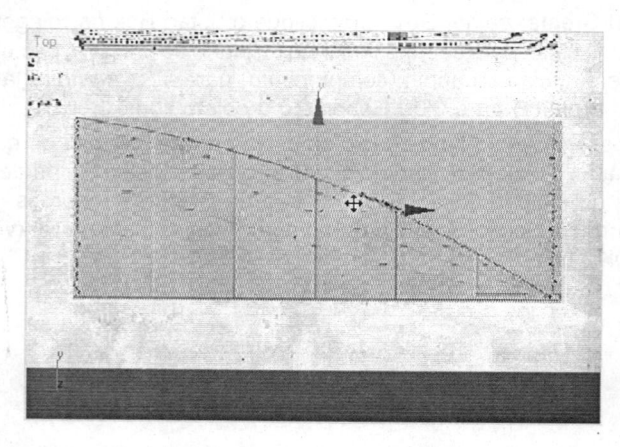

Figura 4.9 – *Usando a ferramenta Select and Move da barra de ferramentas principal, você pode posicionar facilmente a caixa semitransparente na viewport Top sobre o plano de proa.*

9. Clique com o botão direito novamente a caixa e escolha Convert To (converter a) e Convert to Editable Poly (converter a polígono editável) a partir do menu de cascata (veja a Figura 4.10). No painel Modify, renomeie a caixa como Bow01.

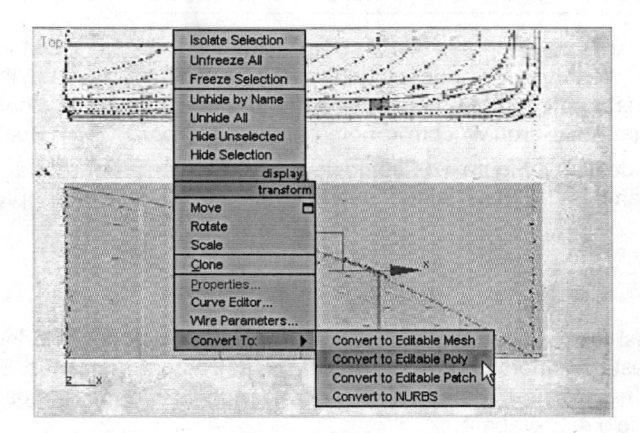

Figura 4.10 – Clique com o botão direito a caixa para Convert to Editable Poly, a partir do menu de cascata.

10. Salve o arquivo; ele já deve estar nomeado Ch04_BoatHull02.max.

Carregando uma imagem de fundo em cada uma das viewports ortográficas e configurando-a com respeito à relação entre eixos original da imagem, você pode posicionar objetos com bastante exatidão sobre o fundo, com facilidade. A habilidade de mudar as propriedades de um objeto para See Through ajuda este processo.

Como fatiar linhas de estação

No Exercício 4.2 você fatia a caixa Bow01 em cada linha de estação, linhas que correm verticalmente através do casco, na viewport Top. Uma ferramenta chamada Quick Slice (fatiar rapidamente) lhe permite fatiar rapidamente o objeto, para criar novos vértices e bordas, que definirão novos polígonos no objeto. Estes podem então ser mais editados, para formar a proa do casco.

Nota

Sem dúvida, a imagem de fundo é digitalizada a partir de antigos desenhos em papel, deixando algo a desejar em qualidade. Siga cuidadosamente as etapas e interpole onde parecer que uma linha poderia estar, mesmo que você não possa vê-la claramente.

Você também deve usar Edit, Hold depois de cada fatia, no caso de algo sair errado e precisar voltar ao ponto em que você sabe que o modelo está certo.

Exercício 4.2
Como modificar um polígono
editável para fatiar em linhas de estação

1. Abra o arquivo chamado Ch04_BoatHull02.max do CD-ROM ou do exercício anterior. A partir do menu pull-down File, escolha Save As, indique para um subdiretório apropriado em seu disco rígido e use o botão de sinal de adição para salvar um novo arquivo com o nome aumentado para Ch04_BoatHull03.max.

2. Você pode usar a Figura 4.11 como uma referência para onde serão levadas as sete fatias; também há duas fatias do lado direito para a quilha e popa do barco.

Nota

É possível que você tenha que ativar Display Selected with Edged Faces para esta viewport, para ver os resultados das etapas seguintes. Ela já está ativa na viewport Perspective, dependendo das opções ajustadas no Exercício 4.1, etapa 4.

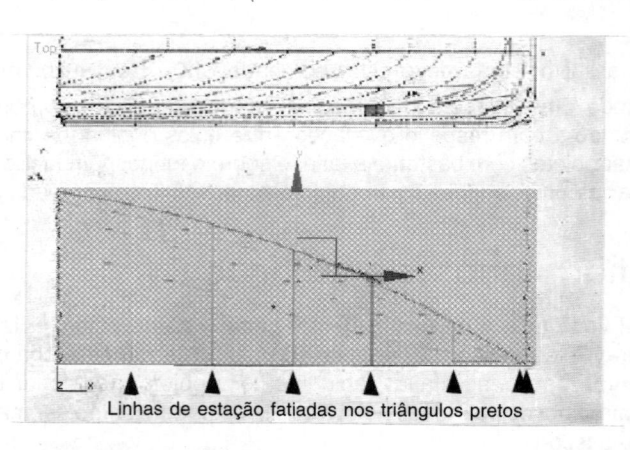

Linhas de estação fatiadas nos triângulos pretos

Figura 4.11 – Os triângulos pretos indicam onde as linhas de estação estão no plano. Observe que há dois triângulos do ado direito, para criar uma fatia de popa e quilha.

3. Clique com o botão direito na viewport Top para ativá-la e clique a Min/Max Toggle (Alt+W) na parte inferior direita da exibição, para maximizar a viewport Top. Assegure-se de que Bow01 esteja selecionado. No painel Modify, Stack View, expanda Editable Poly e destaque Edge a nível de sub objeto. Na rolagem Edit Geometry, clique o botão QuickSlice (veja a Figura 4.12).

4. Na viewport Top, escolha Bow01 na borda inferior, onde ela cruza com a primeira linha de estação. Mova o mouse e você vê uma linha vermelha fatiada na caixa. Mova o cursor sobre a linha de estação, perto do alto, para garantir uma fatia vertical e clique para finalizar a etapa (veja a Figura 4.13). Se a fatia for bem-sucedida, clique a opção Hold no menu pull-down Edit.

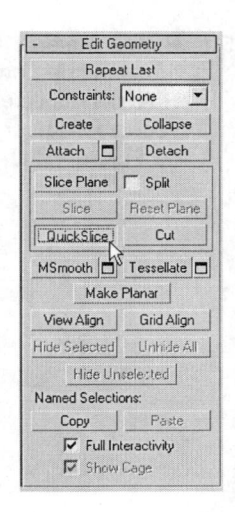

Figura 4.12 – Quando no modo Edge de sub objeto, clique QuickSlice no painel Modify, rolagem Edit Geometry.

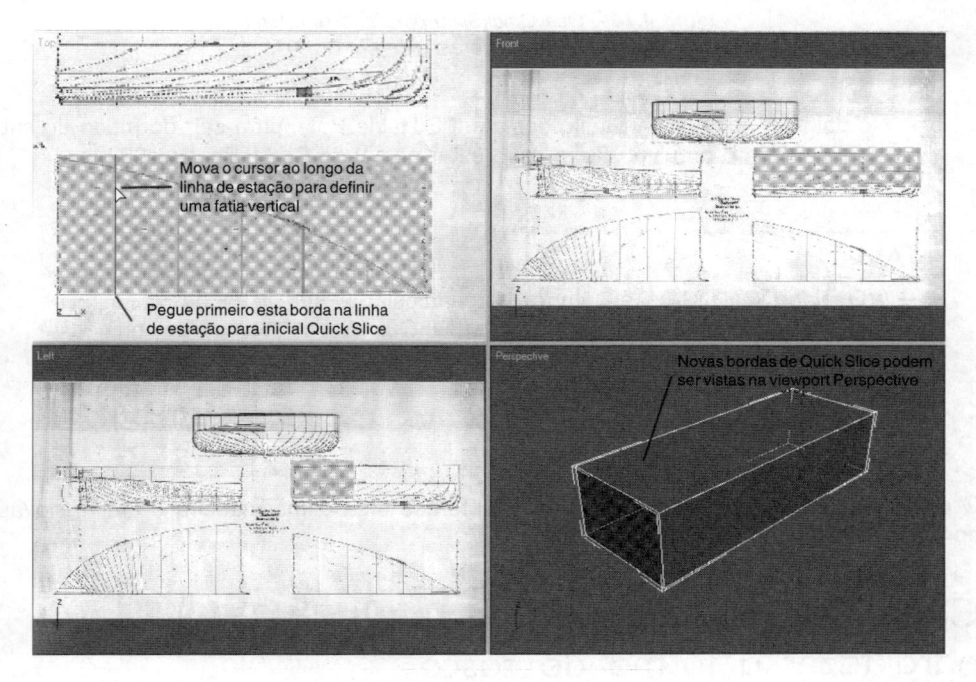

Figura 4.13 – Use o comando QuickSlice para fatiar a partir da borda de baixo da caixa na viewport Top, onde ela encontra a primeira linha de estação. Depois, mova o cursor ao longo da linha de estação e clique quando a nova linha vermelha fatiada for vertical.

5. Repita a etapa 4 para cada uma das outras seis linhas de estação, criando duas próximas da borda direita, para formar a popa e a quilha. Lembre-se de usar Edit, Hold depois de cada Quick Slice no caso de alguma coisa sair errada, de modo que você possa usar Fetch para voltar à última boa ação. A caixa deve se parecer como na Figura 4.14.

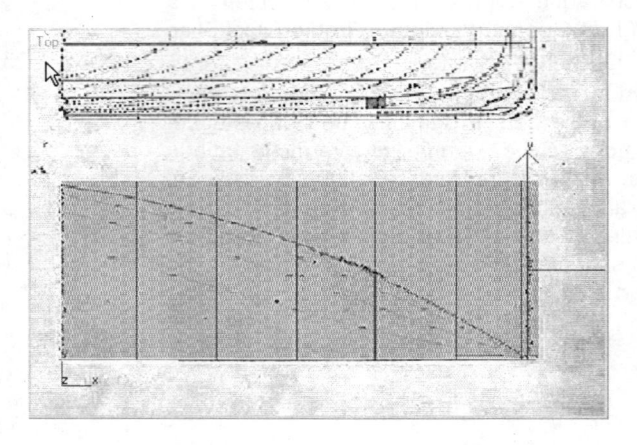

Figura 4.14 – Use QuickSlice para criar um total de sete novas linhas de estação em Bow01.

6. No painel Modify, vista Stack, destaque Editable Poly, para sair do modo de sub objeto. Salve o arquivo. Ele já deve estar nomeado Ch04_BoatHull03.max.

Aviso

O plano QuickSlice é sempre perpendicular à sua linha de visão na viewport. Por este motivo, é perigoso usar QuickSlice em uma viewport não ortográfica, a menos que você esteja absolutamente seguro do que está fazendo.

O comando QuickSlice de polígono editável oferece uma ótima maneira de fatiar novas bordas e vértices em um objeto em 3D.

Como mover vértices para fazer a forma de casco

No Exercício 4.3 você aprende a mover conjuntos de seleção de vértices para fazer Bow01 combinar a curva do plano de casco, como visto de cima. Você aprende a respeito de Ignore Backfacing (ignorar vista de trás), um comando que é útil nos seguintes exercícios.

Exercício 4.3
Ignore Backfacing e edição de vértice

1. Abra o arquivo chamado Ch04_BoatHull03.max do CD-ROM ou do exercício anterior. A partir do menu pull-down File, escolha Save As, indique para um subdiretório apropriado em seu disco rígido e use o botão de sinal de adição para salvar um novo arquivo com o nome aumentado para Ch04_BoatHull04.max.

Figura 4.15 – Assegure-se de que a caixa de verificação de Ignore Backfacing esteja limpa, para ser possível selecionar vértices na parte de trás da caixa, como visto na viewport Top.

2. Selecione Bow01 na viewport Top. No painel Modify, vista Stack, destaque o nível de sub objeto Vertex. Os vértices das bordas da nova fatia destacam em vermelho nas viewports. Assegure-se de que Select Object esteja destacado na barra de ferramentas principal e clique em qualquer lugar na viewport Top, para desfazer a seleção de todos os vértices. Agora os vértices estão azuis. No painel Modify, rolagem Selection, assegure-se de que a caixa de verificação de opção Ignore Backfacing esteja limpa (veja a Figura 4.15). Como visto na viewport Top, cada sinal azul representa dois vértices, um na borda superior e outro na inferior. Se Ignore Backfacing estiver marcada, é impossível selecionar o vértice inferior e a edição não será certa. Você precisará marcar a opção em exercícios posteriores.

3. Na barra de ferramentas principal, clique o botão Select and Move. Na viewport Top, arraste uma janela de seleção nos vértices a partir do segundo da esquerda, borda superior (veja a Figura 4.16).

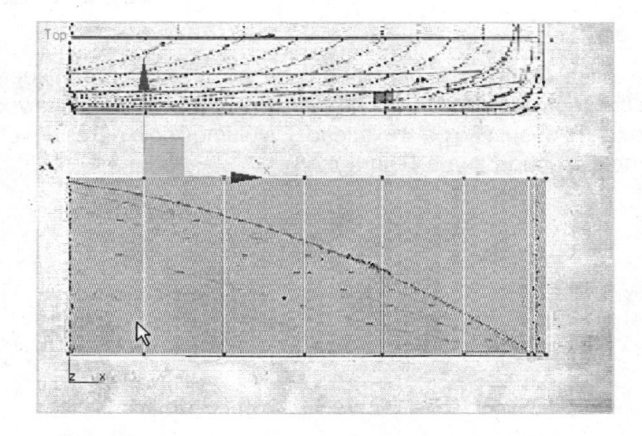

Figura 4.16 – Enquanto estiver no modo Select and Move, arraste uma janela de seleção para selecionar os dois vértices nesta área.

4. Mova o cursor sobre a seta de restrição de eixo Y do gizmo Transform e mova os dois vértices para baixo, até encontrar a borda curvada do desenho (veja a Figura 4.17).

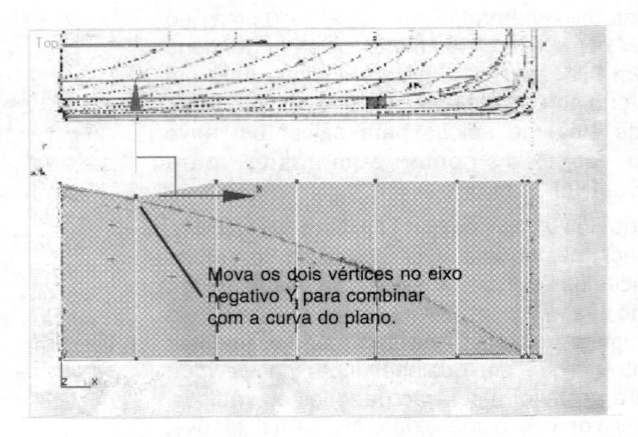

Figura 4.17 – *Mova o par de vértices no eixo negativo Y para encontrar a curva do plano.*

Atenção

Simplesmente escolher dois vértices será impossível, pois um está diretamente sobre o outro. Você precisa usar uma área de janela de seleção com Ignore Backfacing desativada para selecioná-los.

5. Repita a etapa 4 para cada par de vértices, ao longo da borda superior na viewport Top. Dê um zoom para aproximar na viewport Top, para ver o que você está fazendo, mas não tenha obsessão pela exatidão. Os últimos dois pares devem combinar com a popa no desenho (veja a Figura 4.18).

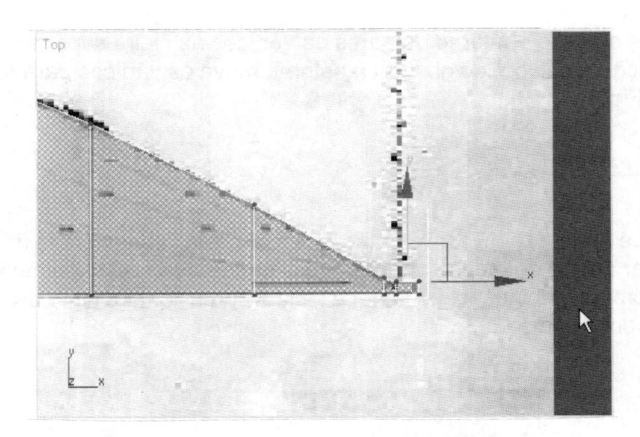

Figura 4.18 - *Mova cada par de vértices para combinar com*
a curva do plano de casco. Veja que você combina a popa à direita.

6. No painel Modify, vista Stack, destaque Editable Poly para sair do modo de sub objeto. Salve o arquivo; ele já deve estar nomeado como Ch04_BoatHull04.max.

Como fatiar
as linhas de água

O Exercício 4.4 é semelhante ao Exercício 4.2 e lhe dá mais prática com QuickSlice. No entanto, você aprende a alternar viewports e alinhar o modelo com uma outra visão dos planos. Lembre-se de que este é um modelo em 3D, portanto, trabalhar em uma vista é altamente impraticável. Você deve trabalhar sempre na viewport, que lhe oferece mais controle sobre a sua modelagem. Este é um outro motivo pelo qual você também aprende sistemas de coordenadas de referência, pois as direções dos eixos X, Y e Z podem mudar em cada viewport e combinação de sistema de coordenadas.

Exercício 4.4
Como fatiar as linhas horizontais de água

1. Abra o arquivo chamado Ch04_BoatHull04.max do CD-ROM ou do exercício anterior. A partir do menu pull-down File, escolha Save As, indique para um subdiretório apropriado em seu disco rígido e use o botão de sinal de adição para salvar um novo arquivo, com o nome aumentado para Ch04_BoatHull05.max.

2. Ative a viewport Front, clicando-a com o botão direito e depois dê zoom e balanço, para ver o lado do desenho da seção de proa do barco. Primeiro você alinha e redimensiona Bow01 para se ajustar ao plano.

3. Na viewport Front, selecione Bow01 e, na barra de ferramentas principal, clique Select and Move. Mova Bow01 nos eixos X e Y, para alinhar as bordas direita e de baixo ao desenho. No painel Modify, vista Stack, destaque o nível. Arraste uma

janela de seleção em torno de pares de vértices na fileira superior e, usando a seta de restrição de eixo Y do gizmo Transform, mova os vértices para cima do desenho (veja a Figura 4.19).

Dica

Se você der um zoom com o botão Zoom na parte inferior direita da exibição ou usar a roda do mouse, manter pressionada a tecla Ctrl aumenta o fator de zoom e a velocidade, e manter a tecla Alt pressionada diminui os efeitos, oferecendo mais controle.

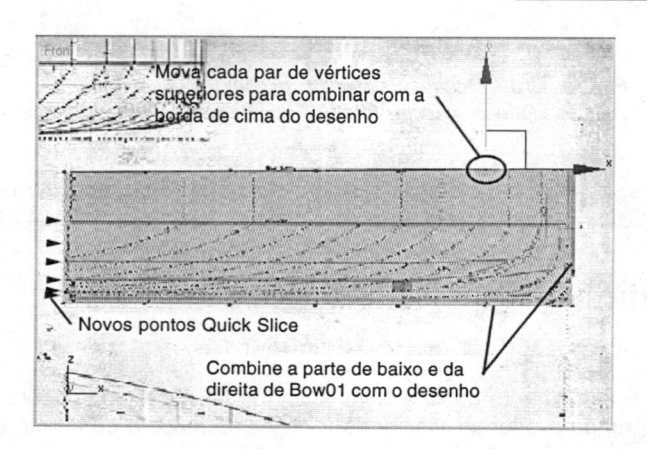

Figura 4.19 – Combine as bordas de baixo e da direita de Bow01 com o plano e, a nível Vertex de sub objeto, mova pares de vértices na fileira do alto, para combinar com o plano.

4. Clique com o botão direito a etiqueta de viewport Front e assegure-se de que a opção Edged Faces esteja marcada no menu. Isto lhe permite ver as bordas e objeto sombreado, simultaneamente. No painel Modify, vista Stack, destaque Edge a nível de sub objeto. Na rolagem Edit Geometry, clique o botão QuickSlice. Na viewport Front, use QuickSlice para cortar seis linhas de água horizontais, conforme indicado pelas setas pretas na Figura 4.19. Clique primeiro a borda esquerda de Bow01 e depois, mova o cursor para a direita, ao longo da linha de desenho, para criar uma fatia horizontal ao longo de cada linha de água, ou paralela a elas. Use Edit, Hold depois de cada fatia, para poder ter uma maneira de voltar, ao invés de Undo, se cometer um erro. Escolha o botão QuickSlice para incapacitá-lo, quando terminar todas as seis fatias. O padrão da fatia final de linhas de estação e de linhas de água deve se parecer como as mostradas na Figura 4.20.

Nota

A segunda nova fatia do alto não cai em uma linha de água no desenho. É perfeitamente aceitável interpolar entre linhas de água, para dar mais pontos para descrever um casco suave, se você acreditar que é necessário. Mas tenha em mente que e eficiência é a maior importância em modelagem, e o detalhe precisa justificar o código extra.

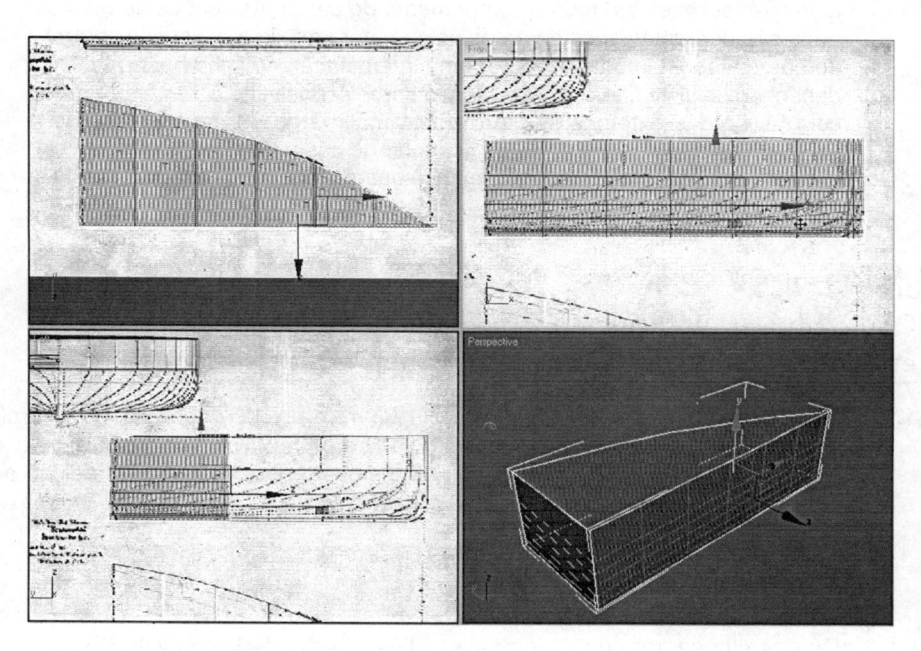

Figura 4.20 – Agora você usou QuickSlice para criar linhas de estação verticais e linhas de água horizontais em Bow01.

5. No painel Modify, vista Stack, destaque Editable Poly para sair do modo de sub objeto. Salve o arquivo; ele já deve estar nomeado Ch04_BoatHull05.max.

Como formar a curvatura do casco

No Exercício 4.5 você aprende a editar a nível de Vertex, para mover os vértices no cruzamento de linhas de estação e linhas de água, para combinar a curvatura do casco, conforme descrito nos desenhos finais do barco. Primeiro, você gira Bow01 na viewport Top e depois, na viewport Front, o alinha com o desenho, como visto a partir da proa. Depois, você aprende a selecionar vértices únicos e a movê-los no lugar, sem afetar vértices no fundo, que precisam ficar no lugar. Assegure-se de rever primeiro as etapas, para ter um entendimento claro do que isto conseguirá e porque você precisa escolher cuidadosamente os vértices. Depois, você move pares de vértices para formar a curva da proa.

Nota

Conforme mencionado no início deste capítulo, os planos de barco usados aqui não representam todo o comprimento do barco. As seções de proa e popa são demonstrações de áreas de curvatura máxima e a seção central do barco, supostamente deve ser uma interpolação de linha bem reta. Os desenhos de vista finais representam o barco sendo visto à frente e depois com as bordas externas sendo o ponto mais largo do casco. Portanto, Bow01 não combina a largura do desenho do casco como visto da frente, e assim, será a linha de centro que você usará como a borda combinando.

Exercício 4.5
Como mover vértices no cruzamento de linha de estação e linha de água para caber na curvatura de casco

1. Abra o arquivo chamado Ch04_BoatHull05.max do CD-ROM ou do exercício anterior. A partir do menu pull-down File, escolha Save As, indique para um subdiretório apropriado em seu disco rígido e use o botão de sinal de adição para salvar um novo arquivo, com o nome aumentado para Ch04_BoatHull06.max.

Nota

De novo, pode ser que você precise ativar Display Selected with Edged Faces para esta viewport, para ver os resultados das seguintes etapas. Ela já está ativa na viewport Perspective, dependendo das opções ajustadas no Exercício 4.1, etapa 4.

2. Clique o botão Select Object na barra de ferramentas principal e, na viewport Top, selecione Bow01. Primeiro você precisa girá-lo, para que ele combine com a vista final do casco na viewport Front. Na barra de ferramentas principal, clique Angle Snap Toggle e depois clique com o botão direito Angle Snap, para ver se está ajustada para 5 graus. Clique o botão de Select and Rotate (selecionar e rotacionar), na barra de ferramentas principal (veja a Figura 4.21). Feche a caixa de diálogo Grid and Snap Settings.
3. Na viewport Top, gire Bow01 −90 graus no eixo X. Girar alinhará em aumentos de 5 graus, e você pode ler o ângulo nos campos Transform Type-In, no centro da parte de baixo da exibição. O ponto da proa fica de frente para baixo, como mostrado na Figura 4.22.

Nota

Você pode querer clicar com o botão direito na etiqueta de viewport Top e limpar Show Background para tornar isto mais rápido.

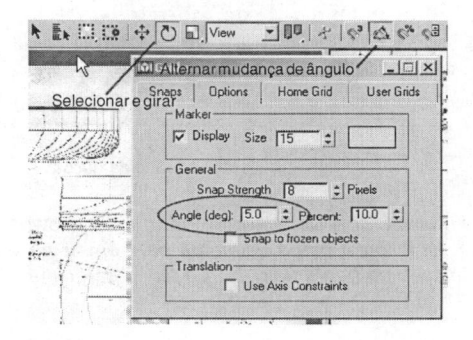

Figura 4.21 – *Clique e depois clique com o botão direito a troca de Angle Snap na barra de ferramentas principal. Você vê que o ângulo padrão é de 5 graus. Feche a caixa de diálogo Grid and Snap Settings e clique o botão Select and Rotate na barra de ferramentas principal.*

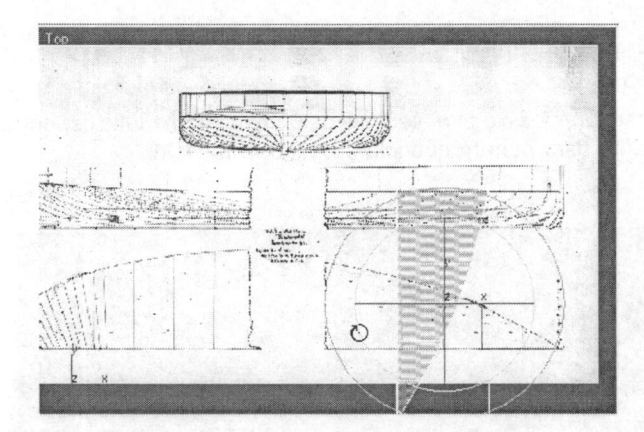

Figura 4.22 – *Usando Angle Snap, é possível girar Bow01 na viewport Top em aumentos de 5 graus. Leia o ângulo nos campos Transform Type-In até que ele esteja girado –90 graus. A proa apontará para baixo.*

4. Clique com o botão direito na viewport Front, para ativá-la. Na barra de ferramentas principal, clique Select and Move e mova Bow01 para combinar com o centro do desenho final. O lado direito do desenho está virado da proa em direção à popa. O lado esquerdo está virado da popa para a frente. Combine a parte de baixo de Bow01 com a parte bem de baixo da projeção da quilha (veja a Figura 4.23).

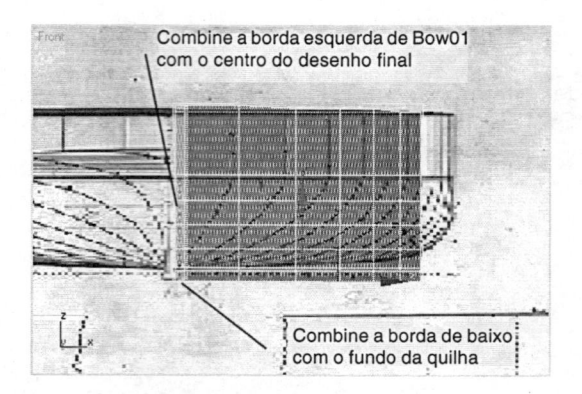

Figura 4.23 – *Na viewport Front, mova Bow01 para combinar a borda esquerda para entrar na vista final e na borda de baixo do fundo da quilha.*

5. Agora, mova pares de vértices na viewport Front para formar a quilha do barco. Faça um zoom na área de proa, nas viewports Top e Perspective, para ver o lado curvado do barco, e para se aproximar da viewport Front, para ver todo o Bow01 (veja a Figura 4.24). Neste ponto, use Edit, Hold.

Atenção

Você está prestes a mover vértices de uma maneira muito específica. Seria inteligente usar com freqüência a opção Edit, Hold.

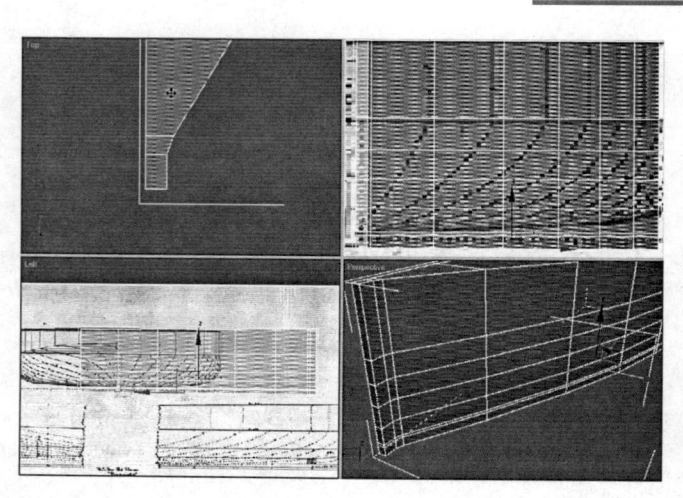

Figura 4.24 – *Na viewport Top, dê zoom para se aproximar da proa; na viewport Front, dê zoom para ver Bow01; na viewport Perspective, Arc Rotate e Zoom, para ver o lado curvado do barco.*

6. No painel Modify, vista Stack, destaque o modo Vertex de sub objeto. Assegure-se de que a caixa de verificação Ignore Backfacing esteja desmarcada na rolagem Selection. Na viewport Front, clique cuidadosamente um espaço vazio para desfazer a seleção de todos os vértices, e depois arraste uma janela em torno do terceiro par de vértices, a partir do fundo à esquerda de Bow01. Você deve ver dois vértices selecionados na parte de baixo da rolagem Selection do painel Modify (veja a Figura 4.25).

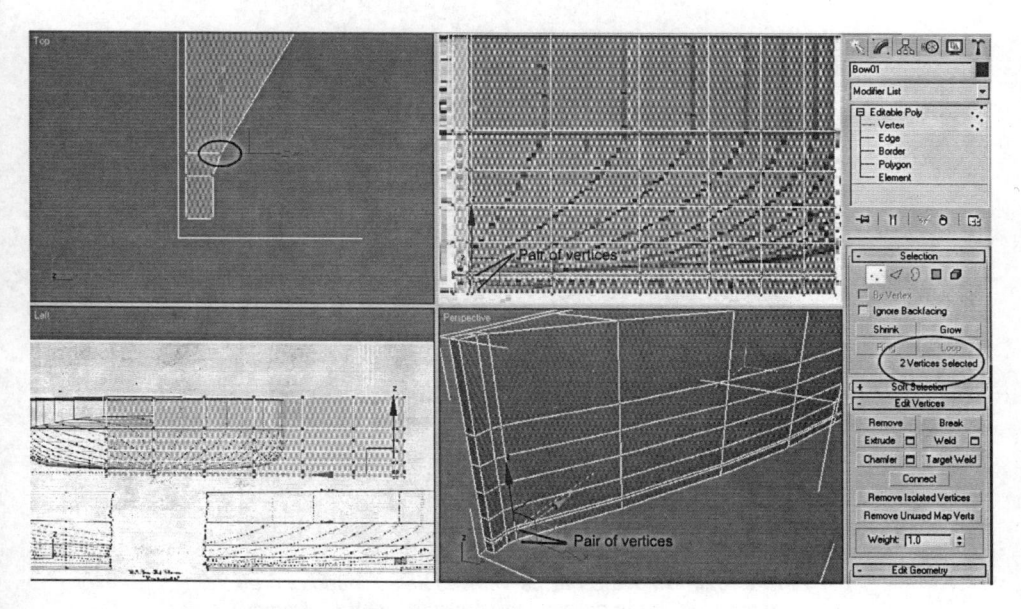

Figura 4.25 – Arraste uma janela de seleção em torno do terceiro par de vértices, a partir do fundo à esquerda, na viewport Front.

7. Na viewport Front, mova o par de vértices selecionados à esquerda (eixo negativo X; use o gizmo Transform) até que eles estejam atrás do segundo par, da esquerda. Isto define a largura da quilha. Continue, da esquerda para a direita, até ter movido todos os pares, para montar uma quilha reta (veja a Figura 4.26). Você pode usar Arc Rotate na viewport Perspective, para ver claramente a quilha.

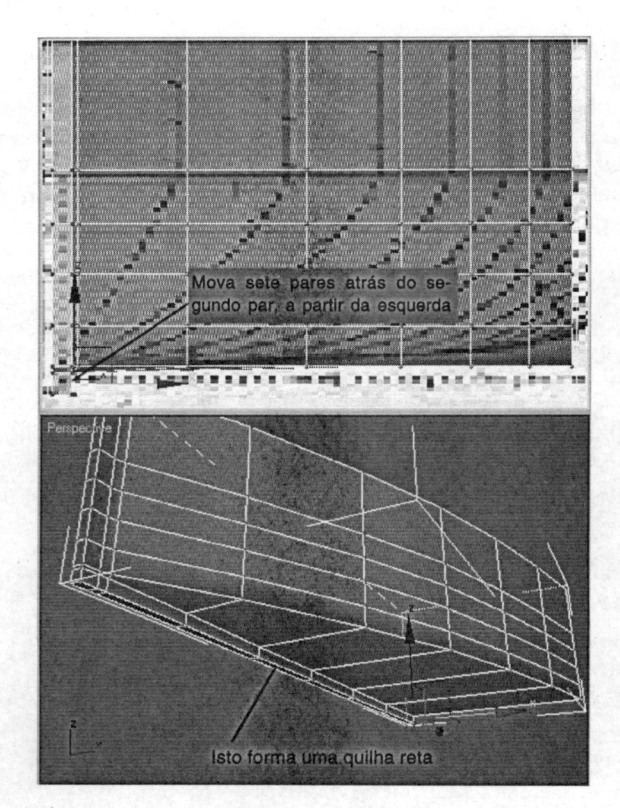

Figura 4.26 – *Mova o par de vértices selecionados no eixo negativo X, atrás do segundo par da esquerda. Repita isto para cada par à direita, para formar uma quilha.*

8.   Agora, mova vértices individuais para que eles acompanhem as linhas de curvatura do desenho, na viewport Front. Eles não precisam estar nas linhas curvas, mas você as usa como um guia. As duas fileiras superiores de vértices e as duas colunas esquerdas de vértices não são movidas, pois elas formam as aberturas de canhão e a quilha do barco. Para evitar vértices que possam estar atrás do modelo, como você o vê na viewport Front, marque a caixa de verificação Ignora Backfacing na rolagem Selection do painel Modify. Comece com a quarta coluna da esquerda e mova os quatro vértices de baixo, um de cada vez, no eixo negativo X, para combinar com a curva mais próxima àquela coluna (veja a Figura 4.27).

9.   Trabalhando da esquerda para a direita, mova os vértices subseqüentes no eixo negativo X para combinar com as suas curvas mais próximas no desenho. Bow01 deve tomar a forma do casco, conforme mostrado na Figura 4.28. Use Edit, Hold com freqüência, de modo a poder usar Edit, Fetch para se recuperar de quaisquer erros. Na primeira vez que você fizer isto, pode parecer complexo, mas quando entender o processo será capaz de realizá-lo rapidamente.

Figura 4.27 – *Mova os quatro vértices de baixo, da quarta coluna a partir da esquerda, para combinar com o desenho de curva mais próximo dela. Não é preciso estar na curva; apenas manter a linha paralela.*

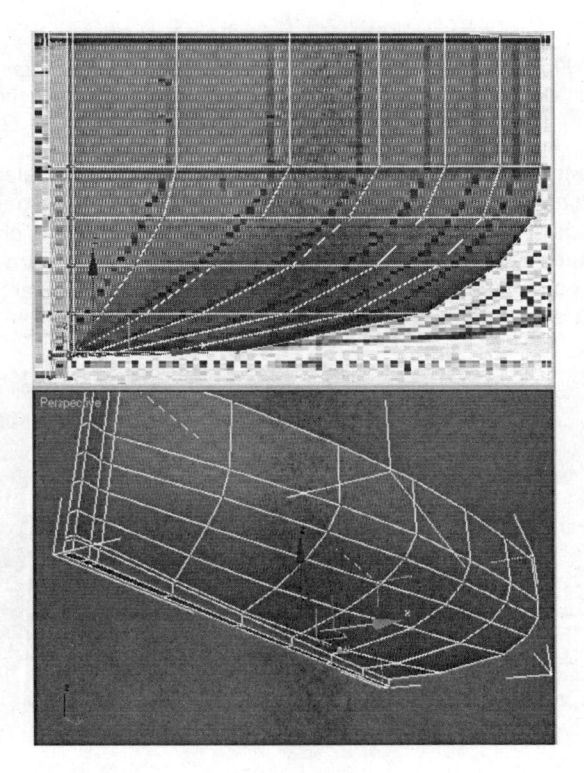

Figura 4.28 – *Mova os quatro vértices de baixo das outras colunas para combinar com a curvatura de suas curvas correspondentes no desenho.*

10. Agora, limpe a curvatura da proa, a partir da vista lateral. Clique Editable Poly na vista Stack, para sair do modo de sub objeto e, na viewport Left, mova Bow01 para combinar a margem direita e a parte de baixo do desenho lateral e faça um zoom no canto inferior direito (veja a Figura 4.29).

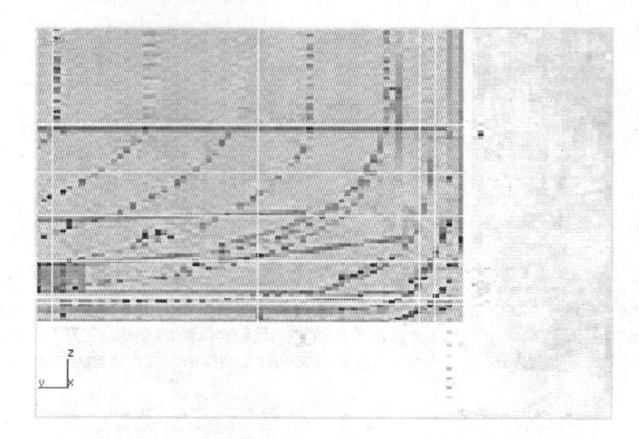

Figura 4.29 – Na viewport Left, mova Bow01 para alinhar as bordas da direita e de baixo com o desenho e dê um zoom.

11. No painel Modify, vista Stack, destaque Vertex. Na rolagem Selection, limpe a caixa de verificação Ignore Backfacing. Na viewport Left, selecione pares de vértices nos cruzamentos próximos do fundo à direita da proa e mova-os no eixo negativo X, para acompanhar a curvatura do desenho. É preciso selecionar, através da janela, para conseguir os dois vértices, da frente e de trás, em cada cruzamento. Você tem 14 pares para movimentar (veja a Figura 4.30).

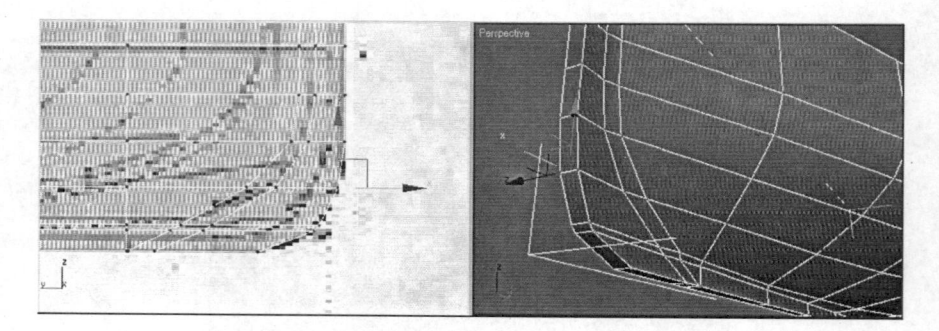

Figura 4.30 – Mova 14 pares de vértices no eixo negativo X para combinar a curvatura do desenho na parte inferior direita da proa, na viewport Left.

12. Destaque Editable Poly na vista Stack para sair do modo de sub objeto. Salve o arquivo; ele já deve estar nomeado como Ch04_BoatHull06.max.

Como redimensionar e posicionar para escala completa a proa e a popa

No Exercício 4.6 você abre um novo arquivo, que tem a seção de popa modelada da mesma maneira que Bow01 e ambas foram giradas e alinhadas para combinar as bordas centrais e de baixo e para juntar as extremidades delas. Ainda que o desenho tenha sido bem combinado para a criação dos dois objetos, nenhuma escala relaciona as partes ao desenho. A determinação foi feita de modo que escalonar os dois objetos em 500 por cento representa o tamanho real aproximado do barco.

Dica

Você não precisa fazer tudo em tamanho do mundo real em 3ds max, mas é prudente fazê-lo, especialmente com trabalho em colaboração. Se o seu barco for apenas algumas polegadas mais comprido, ele ainda parecerá certo, até você combiná-lo com a cena de uma outra pessoa que seja em unidades reais.

Exercício 4.6
Como escalonar e posicionar as seções de barco

1. Abra Ch04_Boat01.max do CD-ROM. Este arquivo tem a seção de popa, portanto, você *não* usa o arquivo do exemplo anterior. Salve o arquivo em seu disco rígido, com o nome Ch04_Boat02.max. Este arquivo tem uma seção de proa e uma de popa e a imagem de fundo foi desativada (veja a Figura 4.31).

2. Agora, você escalona as seções de proa e popa em 500 por cento, para torná-las próximas de tamanhos verdadeiros. No capítulo anterior, você aprendeu que *nunca* deve escalonar objetos em 3ds max, devido à ordem de avaliação do modificador de pilha. Sempre aplique um modificador XForm ao objeto e escalone o modificador. Na viewport Perspective, selecione Bow01. No painel Modify, Modifier List, escolha XForm. Na barra de ferramentas principal, clique o botão Select and Uniform Scale. Na barra de status, alterne de Absolute Mode Transform Type-In para Offset Mode Transform Type-In e entre com 500 no campo numérico de X: - o único disponível em Uniform Scale, ele escalona todos os eixos (veja a Figura 4.32). Pressione Enter. Bow01 enche as viewports. No painel Modify, vista Stack, destaque XForm para sair do modo gizmo de sub objeto.

Atenção

O modificador XForm é o único modificador que troca automaticamente para o modo de sub objeto. Você precisa lembrar de sair do modo de sub objeto antes de prosseguir, depois de fazer ajustes.

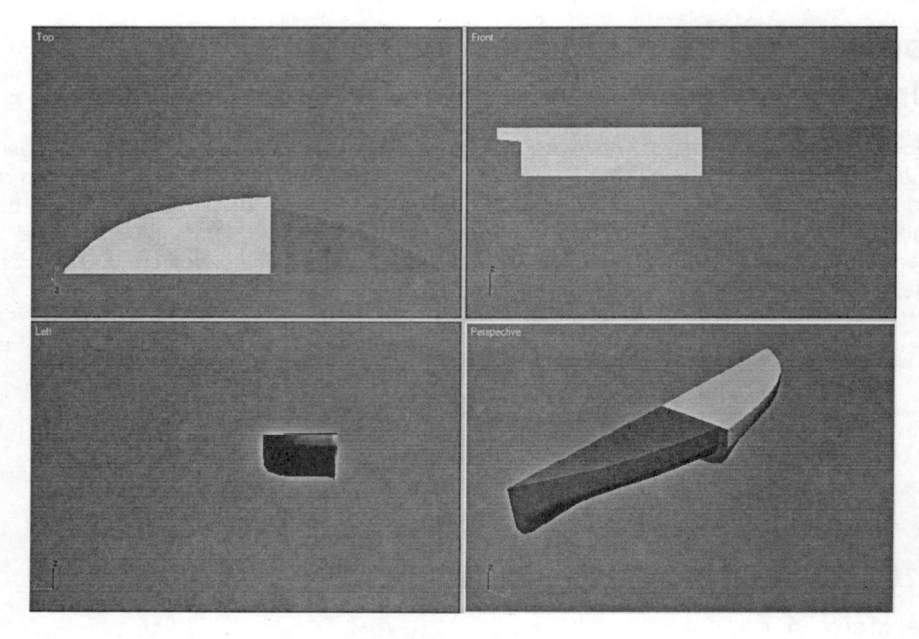

*Figura 4.31 – As seções de proa e popa
do barco, com Show Background desativada.*

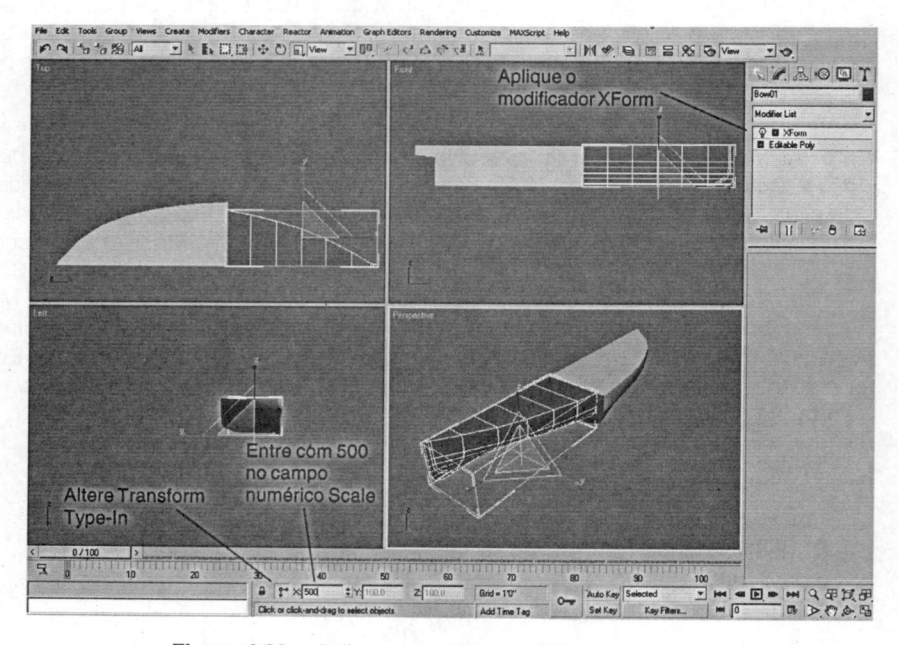

*Figura 4.32 – Aplique o modificador XForm e escalone-o
a 500 por cento uniformemente em todos os três eixos.*

3. Na viewport Perspective, selecione Stern01 e repita a Etapa 2 para redimensioná-lo em 500 por cento. Clique Zoom Extents All para encher as viewports com os objetos e você vê que eles estão fora de alinhamento, pois têm diferentes centros de escalonamento.

4. Use a ferramenta Align para realinhá-los. Na viewport Perspective, assegure-se de que Stern01 esteja selecionado. Na barra de ferramentas principal, clique o botão Align e, na viewport Perspective, clique Bow01. Align está usando o sistema de coordenada mundial para determinar os eixos. Na caixa de diálogo Align Selection (alinhar seleção), marque a caixa de verificação X Position. Na coluna Current Object (objeto atual), marque Maximum e marque Minimum na coluna Target Object (objeto alvo). Isto alinha as extremidades. Clique o botão Apply para ajustar o alinhamento e reajuste as caixas de verificação, mas permaneça em Align. Marque Y Position e Z Position e marque Minimum nas duas colunas, Current e Target Object (veja a Figura 4.33). Clique OK.

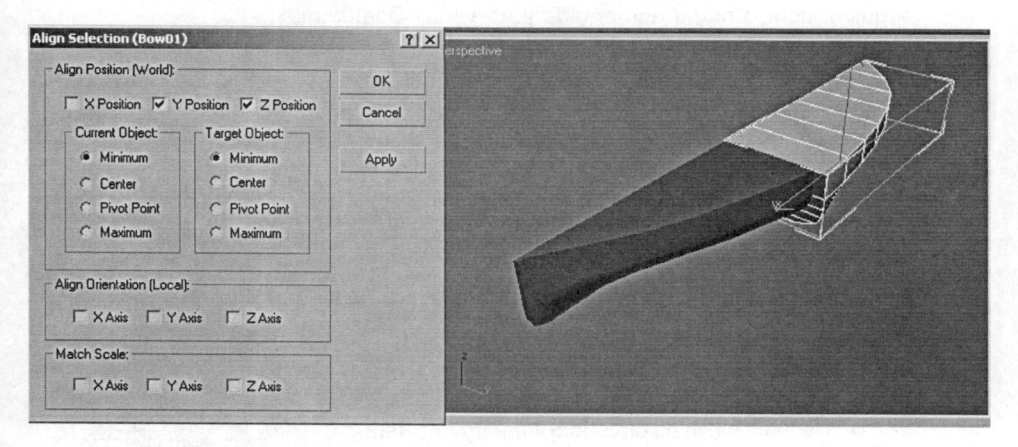

Figura 4.33 – Use o comando Align para alinhar Stern01 a Bow01.

5. Selecione os dois objetos na viewport Perspective, clique com o botão direito e escolha Convert To e Convert To Editable Poly no menu Quad. Isto oculta o modificador de pilha para "assar" o escalonamento do modificador XForm.

6. Selecione apenas Bow01 e, no painel Modify, rolagem Edit Geometry, clique o botão Attach e escolha Stern01 na viewport Perspective. Isto anexa os dois objetos a um único polígono editável. Clique o botão Attach para desativá-lo e renomeie o objeto Hull01.

7. Salve o arquivo; ele já deve estar nomeado Ch04_Boat02.max.

Configuração do comprimento do barco

Você anexou os dois objetos Editable Poly em um único objeto poligonal editável, mas nota que o barco não está no comprimento certo. No Exercício 4.7 você aprende sobre a edição de Element de subobjeto e limpa Hull01, para preparar para torná-lo um objeto contínuo.

Exercício 4.7
Edição de elemento de subobjeto

1. Abra o arquivo chamado Ch04_Boat02.max do CD-ROM ou do exemplo anterior. A partir do menu pull-down File, escolha Save As, indique para um subdiretório apropriado em seu disco rígido e use o botão de sinal de adição para salvar um novo arquivo, com o nome aumentado para Ch04_Boat03.max.

2. Você tem um objeto na cena. Se selecionar Hull01 na viewport Top, vá para o painel Utilities (utilidades; utilitários) e clique Measure (medida); você vê que as dimensões de caixa de limite – isto é, as dimensões externas – são declaradas embaixo e que o comprimento é de 131 pés (arredondando para o pé mais próximo; veja a Figura 4.34).

3. Se clicar o menu pull-down File e escolher Summary Info (resumo de informações) a partir do menu, você vê anotações que foram acrescentadas na área Description (descrição) sobre os tamanhos do barco (veja a Figura 4.35). O comprimento atual é 131' e o comprimento comissionado das anotações é 258'6". Fecha a caixa de diálogo Summary Info. Isto significa que a seção de proa precisa ser movida 125'6" para, no eixo positivo X da viewport Top, ter o comprimento total certo.

4. No painel Modify, vista Stack, destaque Element a nível de subobjeto. Na viewport Top, escolha a extremidade da proa (direita) e todo elemento que foi definido por anexar os dois objetos se torna vermelho. Clique o botão Select and Move, para ativá-lo, assegure-se de que Offset Mode Transform Type-In esteja alternado e entre com 125.5 no campo numérico do eixo X, na barra de status. Pressione Enter e a proa se move para a direita. Clique Zoom Extents All. Saia do modo de subobjeto e abra o painel Utilities. O comprimento total de Hull01, no painel Measure é agora de 256'6", quando arredondado.

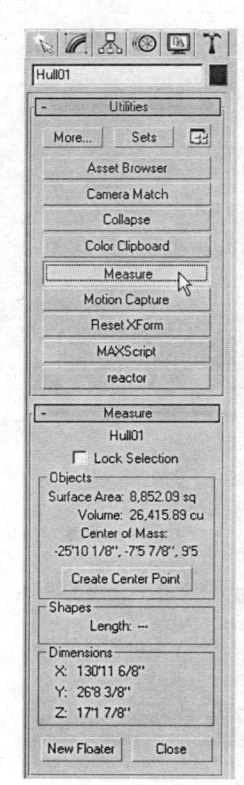

Figura 4.34 – Use o painel Utilities, a ferramenta Measure, para encontrar informações sobre o objeto selecionado.

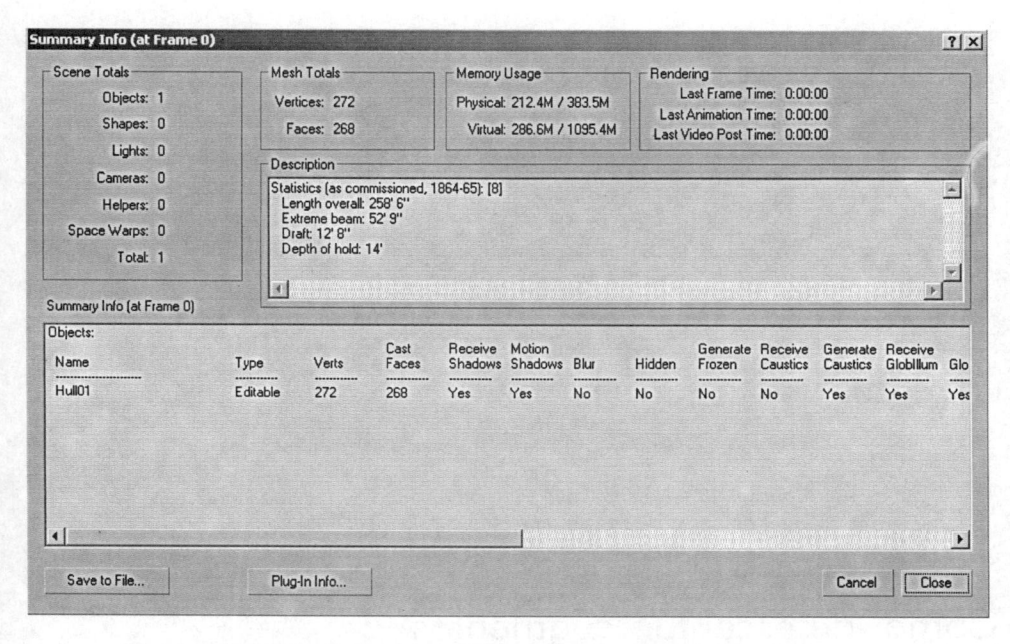

Figura 4.35 – A partir do menu pull-down File, escolha Summary Info para ver anotações que tenham sido fornecidas para descrever o tamanho do barco original.

5. Agora, remova faces das áreas planas para abrir o casco, para conectar e moldar no próximo exercício, para fechar o espaço entre a proa e a popa. No painel Modify, vista Stack, destaque o modo Polygon de sub objeto. Na barra de ferramentas principal, clique o botão Select Object, clique em uma área em branco na viewport Top, para desfazer a seleção de tudo e alterne do modo de seleção cruzada para o modo de janela de seleção. Arraste uma janela de seleção, que inclua apenas as extremidades internas planas de cada elemento (veja a Figura 4.36). Pressione a tecla Delete, para apagar os remates finais das seções. Saia do modo de sub objeto.

6. Salve o arquivo. Ele já deve estar nomeado como Ch04_Boat03.max.

Nota

Olhando para a seção de popa à direita na viewport Perspective, observe que a parte de trás do barco parece ter desaparecido. Isto não aconteceu. Você está vendo o efeito de faces normais. Faces normais que indicam na direção do espectador são visíveis; as que indicam para fora são invisíveis.

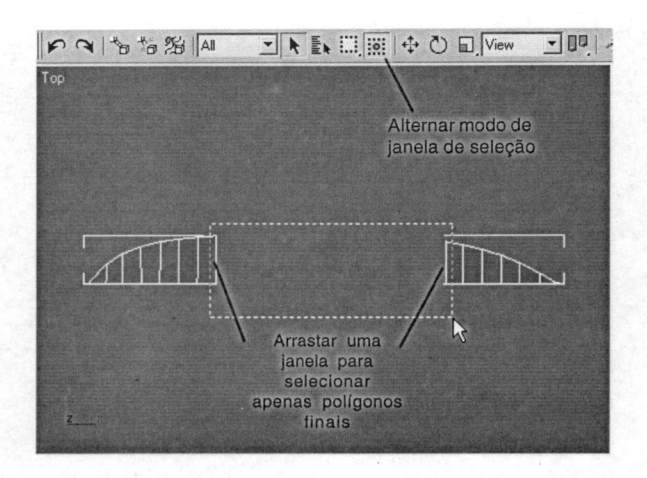

Figura 4.36 – *No subobjeto Polygon, usando o modo de janela de seleção, arraste uma janela para incluir apenas os remates finais de cada seção de casco.*

Como acrescentar segmentos ao casco e fechar o espaço

No Exercício 4.8 você aprende a acrescentar segmentos ao casco, clonando bordas. Depois, você une os vértices, da popa para a proa, para fechar o espaço e tornar o casco um objeto em 3D fechado. Você já aprendeu sobre a união de conjuntos de seleção de vértices em um vértice comum que está no centro geométrico dos vértices de forma selecionada, no Capítulo 3, Exercício 3.7. Neste exercício, você une vértices de trama individual a vértices alvo. Isto garante que um dos vértices, o vértice-alvo, permanece no lugar, o que oferece um outro nível de controle.

Exercício 4.8
Clonagem de borda e união de vértices-alvo

1. Abra o arquivo chamado Ch04_Boat03.max do CD-ROM ou do exercício anterior. A partir do menu pull-down File, escolha Save As, indique para um subdiretório apropriado em seu disco rígido e use o botão de sinal de adição para salvar um novo arquivo, com o nome aumentado para Ch04_Boat-4.max.

2. Selecione Hull01 e, no painel Modify, vista Stack, destaque Edge a nível de sub-objeto. Na viewport Top, arraste uma janela de seleção em torno das bordas da extremidade direita da seção de popa (veja a Figura 4.37).

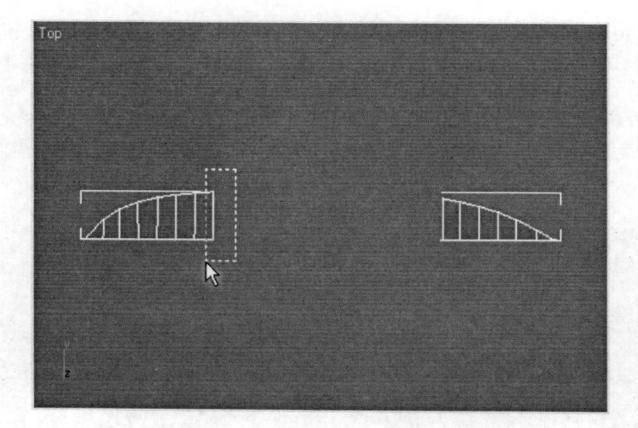

Figura 4.37 – *Em Edge, a nível de sub objeto, arraste uma janela de seleção em torno das bordas à direita da seção de popa, como visto a partir da viewport Top.*

3. Na barra de ferramentas principal, clique o botão Select and Move. Mantenha pressionada a tecla Shift e mova as bordas selecionadas no eixo positivo X cerca de ?, através do espaço. Isto clona as bordas e cria novas faces. Repita isto mais três vezes, cada uma a cerca da mesma distância, até que o espaço esteja quase fechado (veja a Figura 4.38).

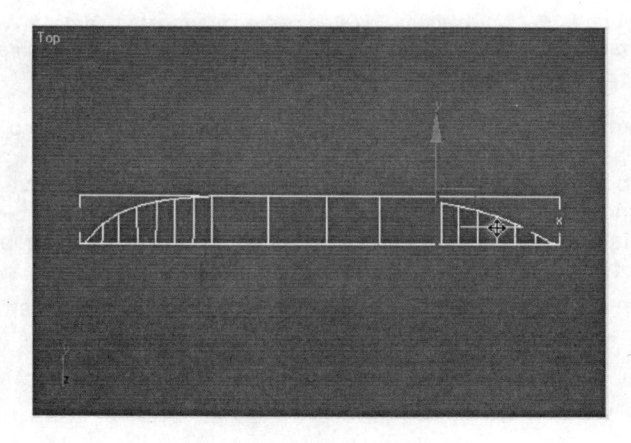

Figura 4.38 – *Clone as bordas quatro vezes, para fazer quatro novos segmentos, que quase fecham o espaço.*

4. Ative a viewport Perspective e dê um zoom no espaço entre as seções de proa e de popa. Destaque Vertex no modo de subobjeto, na vista Stack. Na rolagem Edit Vertices, clique o botão Target Weld (união-alvo). Na viewport Perspective, clique e arraste do vértice superior de trás, na popa, para o vértice correspondente na proa. Quando estiver arrastando, você vê uma linha pontilhada (veja a Figura 4.39). Libere o botão do mouse e os vértices são unidos.

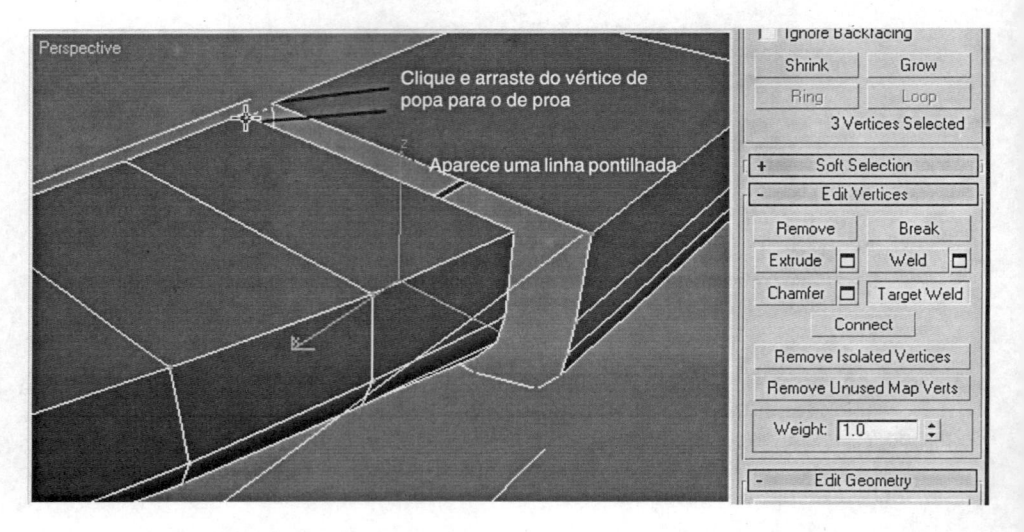

Figura 4.39 – *Na rolagem Edit Vertices, clique o botão Target Weld. Arraste do vértice de popa para o vértice de proa correspondente.*

5. Repita a etapa 4 para unir todos os vértices em torno do espaço de casco. Você precisa usar Arc Rotate para vê-los, e é mais fácil maximizar a viewport Perspective. Clique o botão Target Weld quando terminar, para incapacitá-lo. Vá para Select and Move e mova cuidadosamente os vértices no eixo Y da viewport Perspective para uma "justa" ou suave curvatura das novas seções de casco na popa e proa (veja a Figura 4.40).

6. Saia do modo de subobjeto e salve o arquivo. Ele já deve estar nomeado como Ch04_Boat04.max.

Dica

Não se preocupe. Há metade de um casco acabado à sua espera, se você fizer bagunça com este. Às vezes é preciso praticar um pouco, trabalhando na viewport Perspective, antes dele parecer natural.

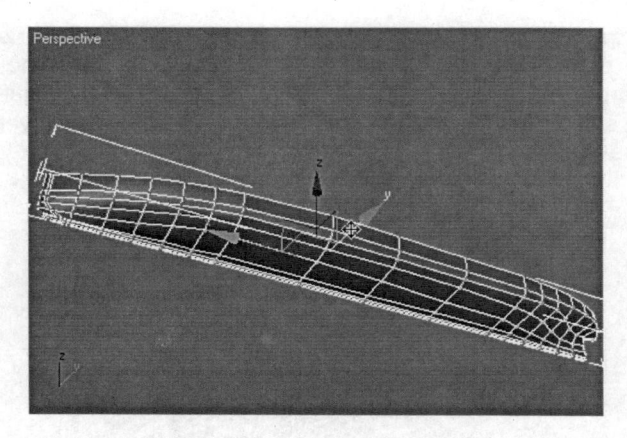

Figura 4.40 – *Use Target Weld nos vértices da popa para os vértices correspondentes da proa, por todo o espaço. Depois, mova os novos vértices no eixo Y da viewport Perspective para "ajustar" as linhas e suavizar a transição.*

Suavização de grupos

No Exercício 4.9 você aprende a respeito de um importante conceito, chamado suavização. *A exibição de viewports e as apresentações têm a capacidade de tornar a borda entre duas faces adjacentes, uma borda dura ou uma borda suave, misturada.*

Tudo isto é controlado pela suavização de grupos. É simples: se duas faces adjacentes compartilham um grupo de números de suavização comum, a borda é suavizada. Caso contrário, a borda é vista como uma linha áspera, facetada.

A suavização de grupo de números pode ser designada a faces selecionadas em nível de subobjeto ou aplicando um modificador Smooth. A suavização de grupo de números também pode ser automaticamente aplicada com base no ângulo da borda compartilhada.

Objetos também são automaticamente destinados à suavização de grupo de números, por ocasião da criação, com base em diversas regras.

No Exercício 4.9 você seleciona conjuntos de polígonos e designa a suavização a grupo de números em nível de subobjeto para formar bordas duras no casco onde as deseja.

Exercício 4.9
Aplicação de suavização a grupo de números a nível de polígono

1. Abra o arquivo chamado Ch04_Boat04.max do CD-ROM ou do exemplo anterior. A partir do menu pull-down File, escolha Save As, indique para um subdiretório apropriado em seu disco rígido e use o botão de sinal de adição para salvar um novo arquivo, com o nome aumentado para Ch04_Boat05.max.

2. Clique com o botão direito as etiquetas de viewports Top, Front e Left, e ajuste a viewport para o modo de moldura de arame. Ative a viewport Perspective e assegure-se de que nada esteja selecionado na cena. Observe que a proa e a popa parecem suaves, enquanto a seleção do meio parece facetada (veja a Figura 4.41). Selecione Hull01.

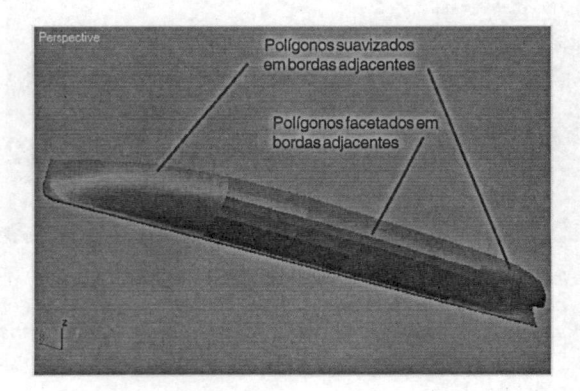

Figura 4.41 – A proa e a popa parecem suaves, mas a seção do meio do casco está facetada. Isto é causado pelas designações dos polígonos de suavização de grupo.

3. Clique com o botão direito na viewport Left para ativá-la. No painel Modify, vista Stack, destaque Polygon. Assegure-se de que Ignore Backfacing não esteja marcada na rolagem Selection. Na barra de ferramentas principal, clique o botão Select Object e assegure-se de estar no modo de janela de seleção. Na viewport Left, arraste uma janela de seleção para incluir todos os polígonos do convés superior (veja a Figura 4.42). O convés superior se torna vermelho e você deve ver 19 polígonos selecionados na rolagem Selection.

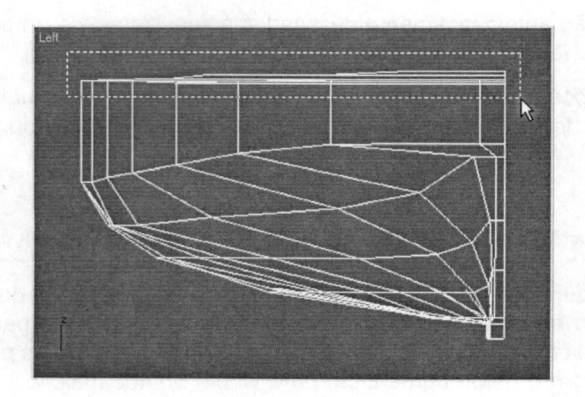

Figura 4.42 – No modo de janela de seleção, arraste uma janela para selecionar todos os /polígonos do convés superior na viewport Left.

4. No painel Modify, rolagem Polygon Properties, clique o botão Clear All (limpar tudo) e depois escolha o botão 1 na matriz Smoothing Groups (suavização de grupos) (veja a Figura 4.43). O botão 1 se torna destacado em amarelo. Todos os polígonos selecionados são designados à suavização de grupo 1, e suas bordas suavizam entre si.

5. Na barra de ferramentas principal, troque o modo de seleção para cruzar. Na viewport Left, arraste uma janela de cruzamento através dos polígonos de abertura de canhão (veja a Figura 4.44). Lembre-se de que cruzar seleciona todas as entidades dentro ou tocando a janela. O modo de janela seleciona todas as entidades totalmente dentro das janelas. Na rolagem Polygon Properties, clique Clear All e depois destaque o botão 2 na matriz.

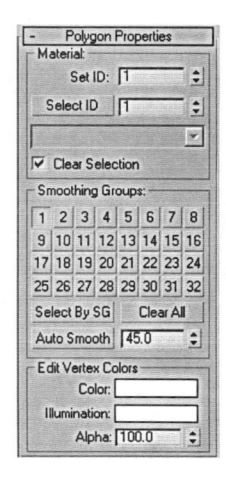

Figura 4.43 - *Na rolagem Polygon Properties, clique o botão Clear All e depois destaque 1 na matriz de Smoothing Groups, para designar Smoothing Group 1 a cada polígono selecionado.*

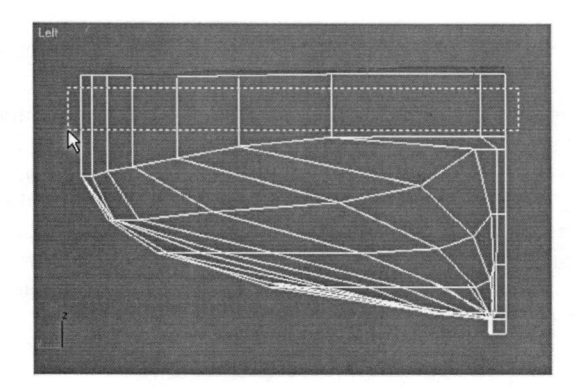

Figura 4.44 – *Na barra de ferramentas principal, troque para o modo de seleção cruzada e arraste uma janela através dos polígonos de abertura de canhão.*

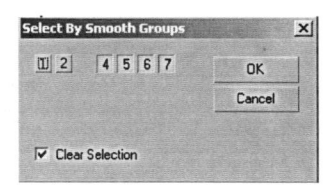

Figura 4.45 – *Na caixa de diálogo Select by Smooth Groups, destaque 4, 5, 6, 7.*

Nota

Os próprios números não têm significado. Você poderia muito bem ter designado 21 ou 4 a estes polígonos.

6. Para tornar mais fácil a próxima seleção, selecione faces pelos grupos de números suavizados anteriormente designados e depois acrescente ao conjunto de seleção. Na rolagem Polygon Properties, clique o botão Select by SG (selecionar por grupo suavizado). Na caixa de diálogo Select by Smooth Groups, destaque 4, 5, 6, 7 (veja a Figura 4.45). Clique OK. Isto seleciona todos os outros polígonos que tiveram estes grupos designados automaticamente na criação. Na viewport Front, mantenha a tecla Ctrl pressionada e arraste uma janela de cruzamento através dos polígonos debaixo da nova seção do meio (veja a Figura 4.46).

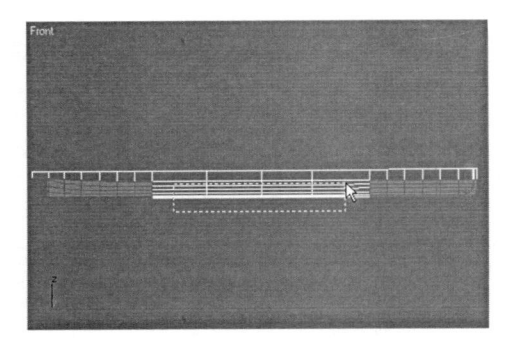

Figura 4.46 – *Mantenha a tecla Ctrl pressionada e arraste uma janela de cruzamento através dos polígonos debaixo da nova seção do meio.*

Nota

Provavelmente, você achará mais fácil usar todas as viewports e dar zoom para aproximar e afastar, conforme necessário, para selecionar todas as faces. Perca o seu tempo; se cometer erros, clique em uma área vazia e comece de novo. Criar conjuntos de seleção é algo que você fará o tempo todo em 3ds max 6 e, depois de alguma prática, se torna um processo natural.

7. Na rolagem Polygon Properties, clique o botão Clear All e destaque 3 na matriz Smoothing Group.

8. Na viewport Left, clique um espaço vazio para desfazer toda a seleção e use a janela de cruzamento com a tecla Ctrl para selecionar todos os polígonos da quilha, inclusive os polígonos verticais na proa (veja a Figura 4.47). Isto também seleciona a maioria das faces planas que fazem o remate do centro de Hull01. Isto está bem. Em Polygons Parameters, clique Clear All e designe 4 à seleção. Clique Editable Poly em vista Stack para sair do modo de subobjeto e clique em espaço vazio na viewport Perspective. Você vê bordas limpas na vista sombreada, no ponto de transição de suavização de grupos (veja a Figura 4.48).

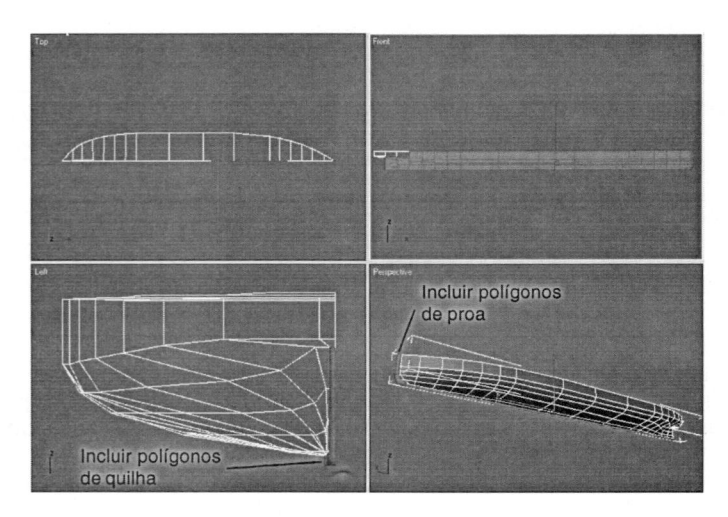

Figura 4.47 – *Usando uma janela de seleção de cruzamento e a tecla Ctrl, crie um conjunto de seleção para o suporte de quilha e de proa.*

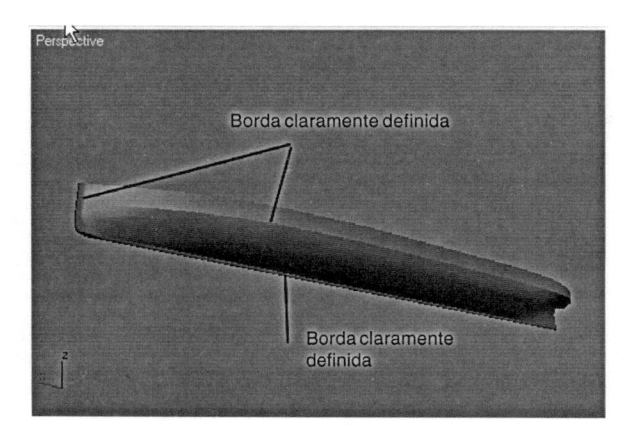

Figura 4.48 – *Saia do modo de subobjeto e limpe as seleções, para ver bordas claramente definidas na transição de suavização de grupos.*

9. Salve o arquivo. Ele já está nomeado Ch04_Boat05.max.

Como tornar o casco inteiro

Até agora, você criou com sucesso uma bela metade de casco de seu barco, bem facilmente. Então, é hora de criar a outra metade, certo? Não .. não é preciso fazer isto. Você pode copiar esta metade com o comando Mirror (espelhar) e depois, percorrer o processo de aparar e unir, mas há uma maneira melhor: o modificador Symmetry (simetria).

No Exercício 4.10 você aplica o modificador Symmetry para espelhar, aparar e unir em uma operação. Ele também lhe permite ajustar o ponto de apara exatamente onde você deseja, em qualquer ocasião.

Exercício 4.10
Como aplicar um modificador
Symmetry para criar um casco inteiro

1. Abra o arquivo chamado Ch04_Boat-5.max do CD-ROM ou do exercício anterior. A partir do menu pull-down, escolha Save As, indique para um subdiretório apropriado em seu disco rígido e use o botão de sinal de adição para salvar um novo arquivo, com o nome aumentado para Ch04_Boat06.max.

2. Na viewport Top, selecione Hull01. No painel Modify, Modifier List, escolha Symmetry. Você vê que o casco se espelha ao longo do eixo X, mas o novo objeto tem duas proas e a popa se foi. Esta é a ação de aparar e unir (veja a Figura 4.49).

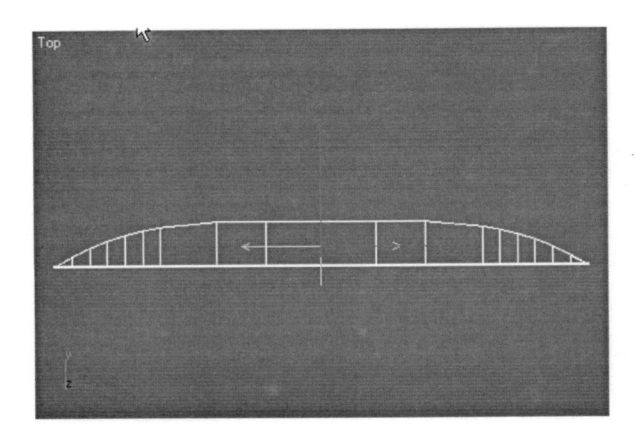

*Figura 4.49 – Aplicar o modificador Symmetry
ao casco o espelha no eixo X e apara a popa.*

3. No painel Modify, rolagem Parameters, marque o botão de rádio Mirror Axis Y (espelhar eixo Y). Agora o casco espelha para o centro, ao longo do eixo de quilha. Mas na viewport Left é possível ver que está faltando a quilha (veja a Figura 4.50).

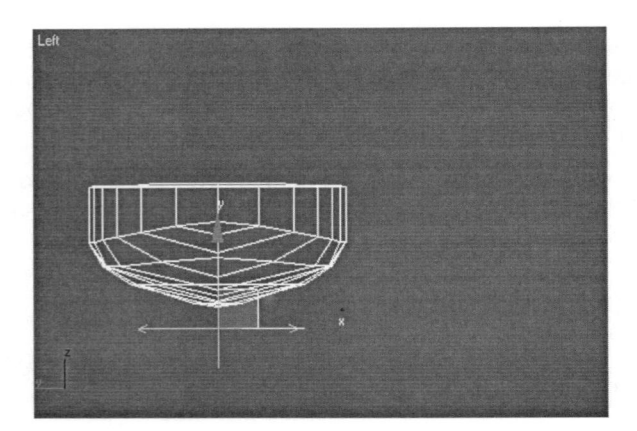

*Figura 4.50 – Espelhar o eixo Y completa
o casco corretamente, mas corta a quilha.*

4. No painel Modify, vista Stack, expanda o modificador Symmetry e destaque o nível Mirror de subobjeto. Isto o coloca no modo de mover e o plano de espelhar se torna amarelo na viewport. Na viewport Left, clique e arraste a seta de gizmo Transform de eixo X e mova a metade do casco para a direita, até que você separe as duas metades (veja a Figura 4.51).

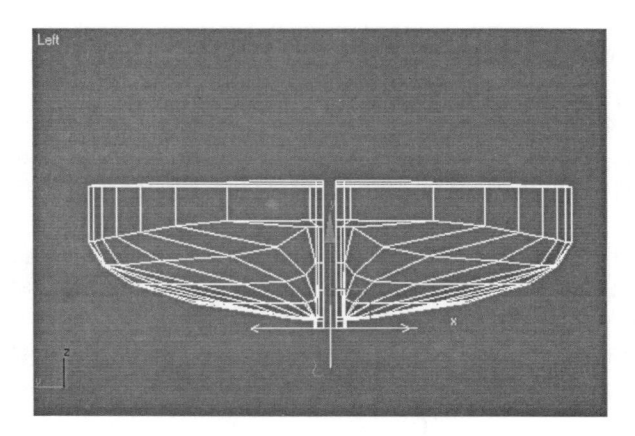

Figura 4.51 – Mover o plano de espelhar em Mirror de subobjeto para longe o bastante no eixo positivo X da viewport separa as duas metades do casco.

5. Mova o plano de espelhar de volta, simplesmente longe o bastante para as metades se sobreporem ligeiramente, e você terá um casco completo, com a apara e a união gerenciada pelo modificador. Na vista Stack, saia do modo Mirror de sub objeto clicando Symmetry. O resultado é um casco de barco bem definido, conforme mostrado na Figura 4.52.

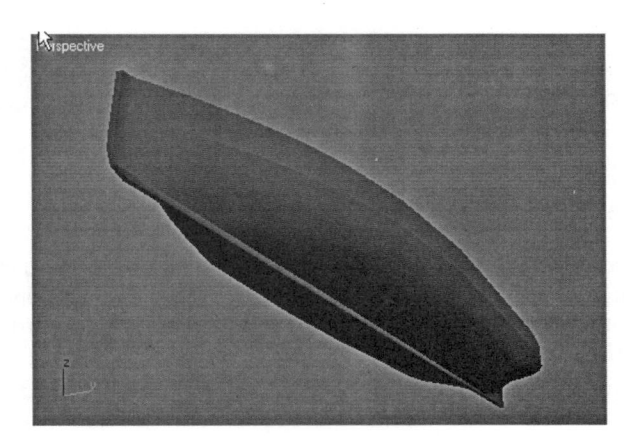

Figura 4.52 – Saia do modo de subobjeto do modificador Symmetry e você tem um objeto de casco completo.

6. Salve o arquivo. Ele já deve estar nomeado como Ch04_Boat06.max.

Como montar superestrutura com novos modificadores

Nesta seção, você aprende a trabalhar com novos modificadores, para montar os elementos que formam a superestrutura do barco – torres, chaminés, balaustradas e espeques, por exemplo.

Você também aprende a respeito de uma ferramenta de alinhamento, chamada *Spacing tool* (ferramenta de espaçamento) que lhe permite colocar clones de objetos ao longo de formas complexas em 2D.

Finalmente, você une as partes em um único arquivo, para terminar o barco.

Modificador Bevel Profile

O primeiro modificador nesta seção do livro sobre o qual você aprenderá é o modificador Bevel Profile (perfil chanfrado). No Capítulo 3, você usou um modificador chamado Bevel, que lhe permitiu salientar e contornar uma forma em 2D em até três níveis. Ainda que o modificador Bevel tenha uma opção para aplicar áreas de contorno curvado, ele é um pouco difícil de controlar. O modificador Bevel Profile vem em socorro. Ele requer duas formas em 2D – a forma base e uma forma de perfil – o modificador é sempre aplicado à forma base. Você pensa na forma de perfil como uma saliência complexa e caminho de contorno, que definirão a altura da nova trama em 3D.

No Exercício 4.11 você cria uma torre de canhão, que fica no convés do barco. As formas em 2D já foram criadas para você. A própria torre tem um diâmetro de 23 pés de dimensão interna, tem 10 polegadas de espessura e uma base de 3 polegadas embaixo.

Exercício 4.11
Criação de uma torre com Bevel Profile

1. Abra o arquivo chamado Ch04_Turret01.max do CD-ROM. A partir do menu pull-down File, escolha Save As, indique para um subdiretório apropriado em seu disco rígido e use o botão de sinal de adição para salvar um novo arquivo com o nome aumentado para Ch04_Turret02.max.

2. No arquivo estão três formas em 2D: turret_inside_radius, turret_profile e bracket_shape. O modificador Bevel Profile será aplicado a turret_inside_radius (raio interno de torre) e turret_profile (perfil de torre) como o perfil. Na viewport Perspective, selecione o círculo grande chamado turret_inside_radius. No painel Modify, Modifier List, escolha Bevel Profile. O círculo se torna uma superfície plana sombreada na viewport Perspective. No painel Modify, rolagem Parameters, clique no botão Pick Profile (veja a Figura 4.53).

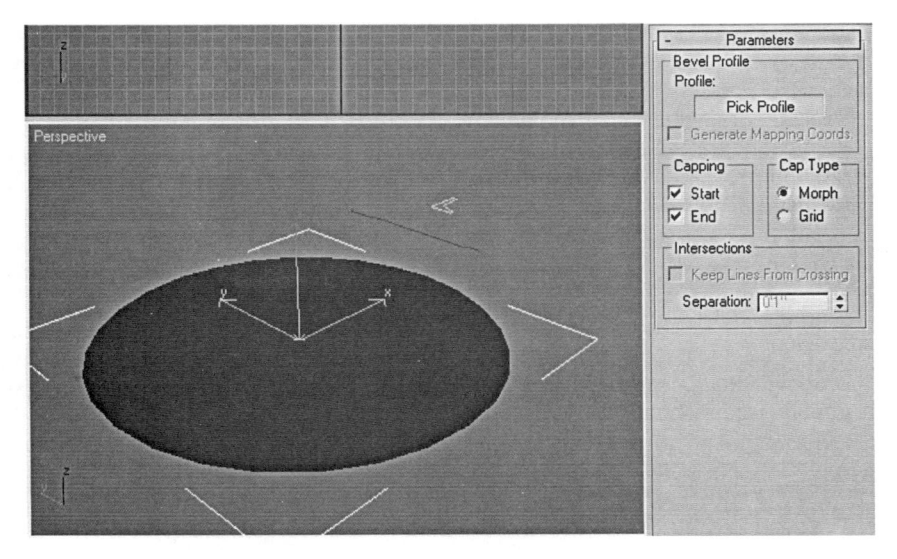

Figura 4.53 – Aplique um modificador Bevel Profile ao círculo e ele se torna um plano de sombreado chato, na viewport Perspective. Não é mais um objeto em 2D.

3. Na viewport Perspective, escolha a linha turret_profile e a torre em 3D cresce a partir do plano de grade (veja a Figura 4.54). No painel Utilities, clique o botão Measure. As dimensões são mostradas em 23' nos eixos X e Y e 12' no eixo Z. Isto significa que o diâmetro externo tem 23 pés. Isto porque o primeiro vértice do perfil se anexa à forma base. Não se preocupe – devido à funcionalidade do modificador de pilha, é fácil acrescentar a espessura extra para torná-lo maior.

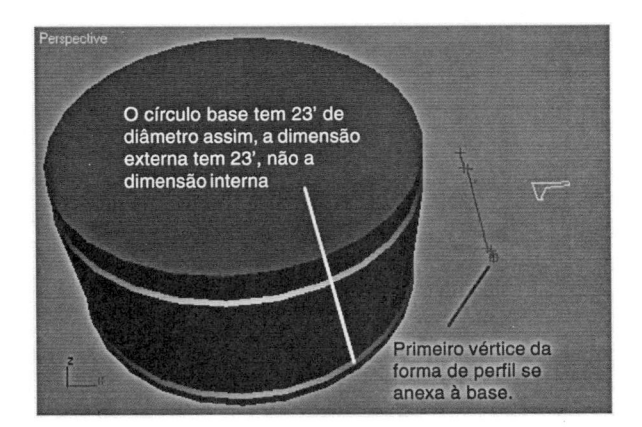

Figura 4.54 – O primeiro vértice do perfil se anexa à forma base. Neste objeto, o diâmetro externo tem 23 pés. Você precisa aumentar o tamanho.

4. Na viewport Perspective, selecione a trama de torre em 3D. No painel Modify, vista Stack, destaque o Circle (círculo) na parte de baixo da pilha. Na rolagem Parameters, mude o Radius (raio) para 12'7" (10" + 3" extra). Na vista Stack, destaque Bevel Profile, para voltar ao início da pilha. Na rolagem Parameters, esvazie as caixas de verificação para Capping (remate), tanto Start (início) quanto End (fim). Isto reduz o número de faces de 332 para 280. Renomeie o objeto para Turret01 no modificador de pilha.

5. Agora você cria um remate superior para a torre, otimiza-o e alinha os dois. Ative a viewport Top. No painel Create, painel Geometry, clique Cylinder (cilindro) na rolagem Object Type. Escolha e arraste qualquer tamanho de cilindro na viewport Top. No painel Modify, rolagem Parameters, ajuste Radius para 15' e Height para 3". Na viewport Perspective, observe que o novo cilindro tem um segmento mais proeminente para fora da borda e tem a altura de segmentos que acrescentam detalhes desnecessários (veja a Figura 4.55).

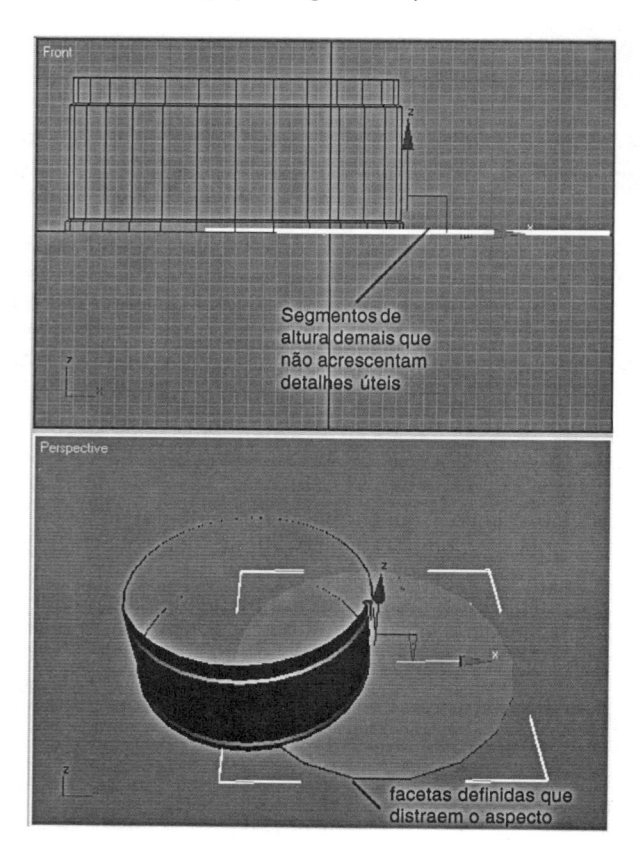

Figura 4.55 – Este cilindro tem detalhes demais onde não ajudam, e de menos onde é perceptível.

6. No painel Modify, rolagem Parameters, entre com 1 em Height Segments (segmentos de altura) e 28 nos campos numéricos Sides (lados). Agora o cilindro parece muito melhor e tem cerca de metade das faces (112 contra 216). Tente sempre estar atento a quaisquer otimizações que você pode usar enquanto modela.

7. Agora, alinhe o remate para a parte de cima do centro da torre. Assegure-se de que Cylinder01 esteja selecionado e que a viewport Perspective esteja ativa. Na barra de ferramentas principal, clique o botão Align. Escolha Turret01 na viewport Perspective. Na caixa de diálogo Align Selection, marque X, Y e Z Position nas caixas de verificação e assegure-se de que Center esteja marcado em ambas as colunas, para alinhar o centro geométrico do objeto para o centro geométrico. Clique o botão Apply para ajustar o alinhamento, para esvaziar as caixas de verificação e permaneça em Align. Marque a caixa de verificação de Z Position e marque Minimum na coluna Current Object e Maximum na coluna Target Object, para colocar o cilindro centralizado no alto da torre. Clique OK.

8. Salve o arquivo; ele já deve estar nomeado Ch04_Turret02.max.

Novas ferramentas de alinhamento

No Exercício 4.12 você aprende a linhar o eito Z positivo de um objeto a uma viewport. Isto direciona a forma de suporte, para que ela possa ser facilmente alinhada sob o remate.

Exercícios 4.12
Opção de alinhar viewport

1. Abra o arquivo chamado Ch04_Turret02.max do CD-ROM ou do exercício anterior. A partir do menu pull-down File, escolha Save As, indique para um subdiretório apropriado em seu disco rígido e use o botão de sinal de adição para salvar um novo arquivo com o nome aumentado para Ch04_Turret03.max.

2. Ative a viewport Front e selecione o objeto em 2D bracket_shape. Você pode usar Select by Name na barra de ferramentas principal para tornar a seleção mais fácil. Na barra de ferramentas principal, clique e mantenha pressionado Align e escolha Align to View (alinhar a vista) a partir dos menus flutuantes (veja a Figura 4.56).

3. A forma alinha o seu eixo Z local para indicar a partir da viewport (veja a Figura 4.57). Clique OK. No painel Modify, Modifier List, escolha Extrude e entre com 3" no campo Amount, para dar espessura à forma. Renomeie o objeto para Bracket01.

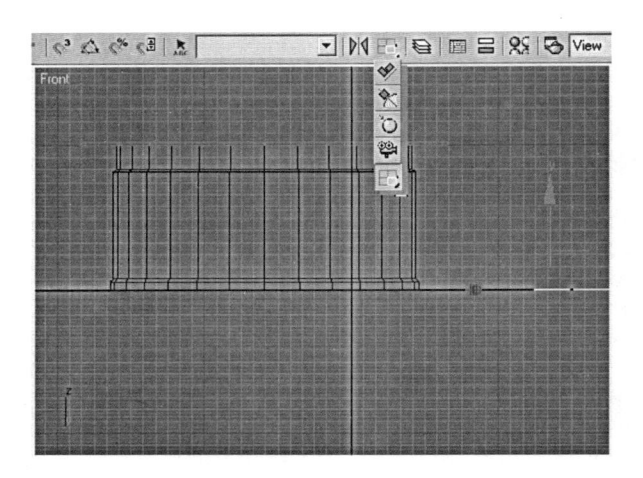

Figura 4.56 – *Na barra de ferramentas principal, escolha o botão Align to View dos menus flutuantes.*

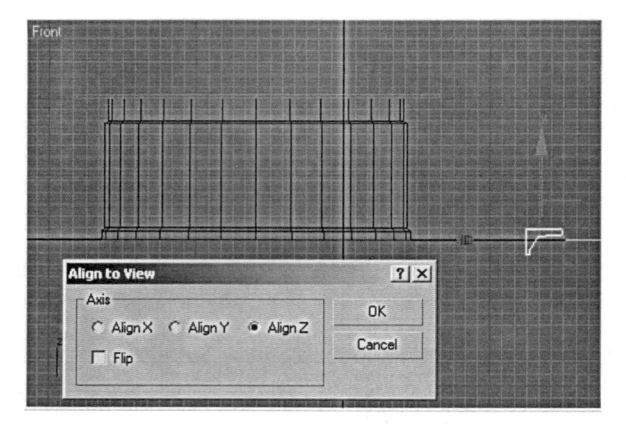

Figura 4.57 – *Clique OK na caixa de diálogo Align to View, de modo que o eixo local Z da forma indique para fora da viewport.*

4. Agora, centralize-o para Cylinder01 e alinhe-o para fluir para a borda externa. Na viewport Front, assegure-se de que Bracket01 esteja selecionado. Na barra de ferramentas principal, clique e mantenha pressionado Align to View e escolha Align a partir dos menus flutuantes. Na viewport Front, escolha Cylinder01. Na caixa de diálogo Align Selection, marque Y Position, Maximum em Current Object e Minimum em Target Object. Clique Apply. Marque Z Position e Center nas duas colunas. Clique Apply. Clique X Position e Maximum nas duas colunas. Clique OK. Agora este suporte está posicionado onde você deseja, mantendo o remate (veja a Figura 4.58).

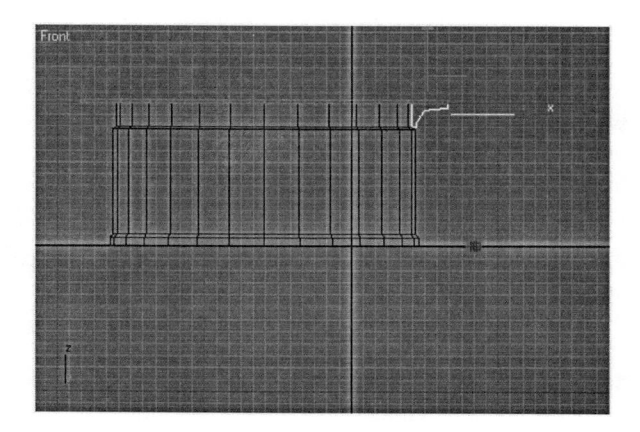

Figura 4.58 – *Com uma série de alinhamentos rápidos, o suporte é posicionado exatamente onde você o deseja e na orientação correta.*

5. Salve o arquivo. Ele já deve ser chamado Ch04_Turret03.max.

Criação de um array circular de objetos

No Exercício 4.13 você aprende a fazer um array circular de objetos clonados em torno do centro de um outro objeto e, usa Angle Snap para manter o espaçamento exato. Este é um outro exemplo do poder de sistemas de coordenadas de referência. Você ainda aprende uma dica útil sobre fazer cálculo em 3ds max 6.

Exercício 4.13
Como fazer um array de clone

1. Abra o arquivo chamado Ch04_Turret03.max do CD-ROM ou do exercício anterior. A partir do menu pull-down File, escolha Save As, indique para um subdiretório apropriado em seu disco rígido e use o botão de sinal de adição para salvar um novo arquivo, com o nome aumentado para Ch04_Turret04.max.

2. Ative a viewport Top e selecione Bracket01. Na barra de ferramentas principal, clique e mantenha pressionado na View de sistema de coordenadas de referência e escolha Pick a partir do menu (veja a Figura 4.59). Na viewport Top, escolha Cylinder01 ou Turret01. O nome do objeto aparece na janela, e ambos compartilham um centro comum a partir desta vista.

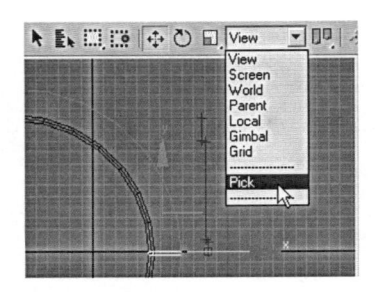

Figura 4.59 – Mude o sistema de coordenadas de referência de View para Pick e escolha Turret01 ou Cylinder01 na viewport Top.

3. Na barra de ferramentas principal, clique e mantenha pressionado o botão Use Pivot Point Center, que está localizado à direita da janela de sistema de coordenadas de referência, e escolha Use Transform Coordinate Center, o menu flutuante de baixo. Clique no botão Select and Move (se ele ainda não estiver) e você vê o gizmo Transform no centro da torre. Este agora é o centro de rotação de Bracket01.

4. Na barra de ferramentas principal, clique o botão Select and Rotate. Ele ajusta o sistema de coordenadas de referência de volta para View. Escolha View e Turret01, que agora é uma entrada no menu. Ajuste novamente para Use Transform Coordinate Center, para usar o centro de torre.

5. Ajuste a opção Angle Snap para conseguir 14 suportes igualmente espaçados. Na barra de ferramentas principal, clique e depois clique com o botão direito o botão Angle Snap Toggle. Na caixa de diálogo Grid and Snap Settings, você vê que Angle está ajustado para 5.0 graus. Você tem 14 objetos em um círculo de 360 graus. Destaque o campo numérico de Angle. Pressione Ctrl+N, para chamar o Numerical Expression Evaluator (avaliador de expressão numérica). Entre com 360/14 no campo e o resultado é relatado na linha abaixo (veja a Figura 4.60). Clique o botão Paste (colar) e o resultado é fornecido no campo numérico. Feche a caixa de diálogo Grid and Snap Settings.

6. Assegure-se de que Select and Rotate ainda esteja trocada, mantenha a tecla Shift pressionada para a clonagem e gire o suporte uma indentação, no eixo Z, 27,71 graus (veja a Figura 4.61). Na caixa de diálogo Clone Options (opções de clonagem), marque o botão de rádio Instance, entre com 13 no campo Number of Copies (número de cópias) e clique OK. Agora você tem 14 suportes igualmente espaçados e corretamente orientados, apoiando o remate (veja a Figura 4.62).

7. Salve o arquivo; ele já deve estar nomeado como Ch04_Turret04.max.

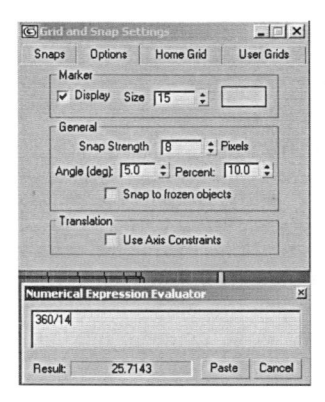

Figura 4.60 – *Destaque qualquer campo numérico e pressione Ctrl+N para chamar Numerical Expression Evaluator, para realizar funções numéricas em 3ds max 6.*

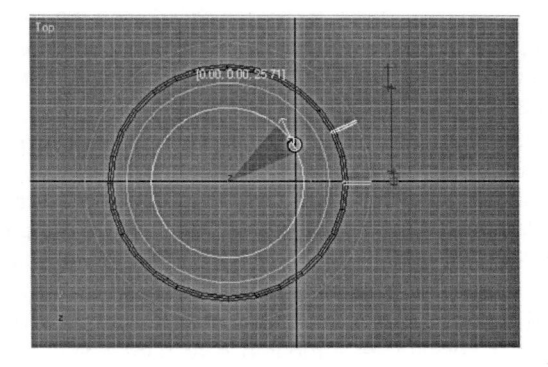

Figura 4.61 – *Mantenha pressionada a tecla Shift e gire o suporte no eixo Z uma indentação de Angle Snap.*

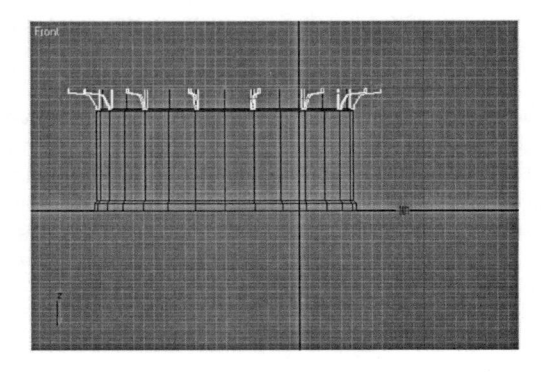

Figura 4.62 – *Os suportes clonados estão corretamente espaçados e orientados.*

Os modificadores
Lathe e Shell

O seu barco precisa de uma chaminé, assim, no Exercício 4.14, você cria uma a partir de uma única forma em 2D e um par de modificadores: Lathe (torno) e Shell (envoltório).

O modificador Late "gira" uma forma em 2D cerca de um centro ajustável, para criar uma trama em 3D. Quando criada, você cometerá um "erro" e converterá o objeto de uma forma com o modificador para uma trama editável. Ao aprender que a chaminé deve ter nela uma espessura, algo que teria sido facilmente conseguido editando a forma em 2D com o modificador Lathe, você aplica o modificador Shell para criar um efeito semelhante.

Exercício 4.14
Criação de uma chaminé com espessura

1. Abra o arquivo chamado Ch04_SmokeStk01.max do CD-ROM. A partir do menu pull-down File, escolha Save As, indique para um subdiretório apropriado em seu disco rígido e use o botão de sinal de adição para salvar um novo arquivo, com o nome modificado para Ch04_SmokeStk02.max.

2. O arquivo contém uma única forma, chamada smokestack_profile. Você usa esta forma em conjunto com um círculo, para criar uma pilha semelhante à maneira que criou a torre, no Exercício 4.13. Mas, ao invés disso, você usa o modificador Lathe. Na viewport Perspective, selecione smokestack_profile. No painel Modify, Modifier List, escolha Lathe. O resultado é um objeto que é fino demais para o barco, pois o centro de Lathe é o centro geométrico da forma.

3. No painel Modify, vista Stack, expanda o modificador Lathe e destaque Axis. Isto lhe permite mudar a posição de tornear o eixo para editar o objeto. Na barra de ferramentas principal, clique Select and Move e, na barra de status, você vê que Offset Mode Transform Type-In está desativada. Clique o botão para trocar do modo Absolute para Offset. No campo X de Transform Type-In, entre com –4 e pressione Enter. Agora, você tem uma pilha de 8 pés de diâmetro, sem espessura ou arremates finais (veja a Figura 4.63). Na vista Stack, clique Lathe, para sair do modo de sub-objeto.

4. Clique com o botão direito, duas vezes, na viewport Perspective, uma vez para ativá-la e de novo para chamar o menu Quad. No menu Quad, escolha Convert To e depois, escolha Convert to Editable Mesh (converter para trama editável) a partir do menu em cascata. O modificador Lathe foi embora e o objeto é uma simples trama editável. Porém, o seu cliente pensa que ele deve ter alguma espessura.

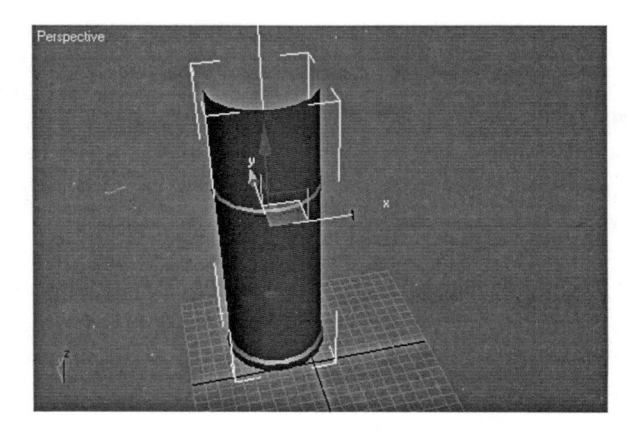

Figura 4.63 – *Aplicar um modificador Lathe a uma forma e ajustar*
a posição do eixo a nível de subobjeto resulta em um tubo sem espessura.

5. Em Modifier List, escolha Shell. As configurações padrão tornam smokestack 1 mais espessa para fora. Na rolagem Parameters, entre com 3 em Inner Amount (quantidade interna) e 0 em Outer Amount (quantidade externa) (veja a Figura 4.64). Agora, a espessura extra é direcionada para dentro. O modificador Shell pode aumentar significativamente a contagem de objetos de face, portanto, use-o com cautela.

6. Renomeie o objeto Smokestack01 e salve o arquivo. Ele já é chamado de Ch04_SmokeStk02.mx.

Ferramenta de espaçamento e tiras em curva apresentáveis

Nesta seção você aprende a usar uma forma em 2D para distribuir objetos ao longo de uma forma em um padrão igualmente espaçado. Isto lhe permite acrescentar espeques ou postes que suportarão uma grade de segurança em torno do convés do barco, a aproximadamente 6 pés de espaçamento.

Esta é uma ótima ferramenta para colocar postes de luz ao longo de uma rua, cravos em uma coleira de cachorro ou patos em uma fileira, por exemplo.

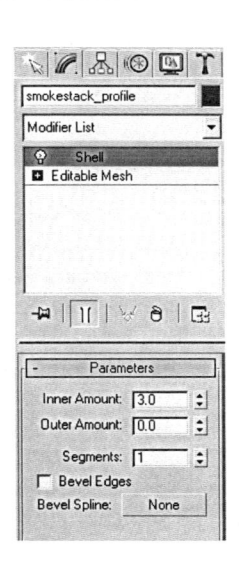

Figura 4.64 – *O modificador*
Shell oferece a objetos
de superfície única espessura
para dentro ou para fora.

Depois, para criar de fato a própria grade, você alinha uma cópia do caminho com o alto dos espeques e a torna passível de ser apresentada. Qualquer forma em 2D pode se tornar apresentável, a qual por padrão, aplica uma seção circular cruzada com o raio e os detalhes que você ajusta. Normalmente, ela só é visível por ocasião da apresentação, mas também é possível ficar visível nas viewports.

Todas as formas de cordas e arames ou teias de aranha podem ser facilmente criadas, capacitando tiras em curva apresentáveis.

Como espaçar
espeques no convés

O Exercício 4.15 o encaminha através de etapas de colocar espeques verticais em centros de aproximadamente 6 pés em torno do convés externo do barco. A forma já foi criada, extraindo dados em 2D do casco e redimensionando e movendo-a na posição. O objeto Stanchion01 é apenas um cilindro que foi editado em nível de subobjeto. O objeto original é deixado no lugar e clones são distribuídos ao longo do caminho. Você alinha o original na proa, no final do exercício, mas em geral ele deve ser apagado depois da operação de espaçamento.

Exercício 4.15
Como usar a ferramenta Spacing para distribuir objetos

1. Abra o arquivo chamado Ch_04Monitor01 do CD-ROM. A partir do menu pull-down File, escolha Save As, indique para um subdiretório apropriado em seu disco rígido e use o botão de sinal de adição para salvar um novo arquivo, com o nome aumentado para Ch04_Monitor02.max.

2. Na viewport Perspective, selecione Stanchion01. Pode ser mais fácil usar Select by Name, pois ele é um objeto relativamente pequeno e difícil de escolher. No menu pull-down Tools, escolha Spacing Tool. Na caixa de diálogo Spacing Tools, você pode ou escolher dois pontos em uma viewport, para ter uma quantidade de objetos igualmente espaçados ou pode escolher um caminho. Você deve clicar o botão Pick Path (escolher caminho) e, na viewport Perspective, escolher a forma na borda superior externa do casco (veja a Figura 4.65). Agora o botão lê rail_path.

3. Com Stanchion01 ainda selecionado, clique o botão Align na barra de ferramentas principal, Pressione H para chamar a caixa de diálogo Pick Object e clique duas vezes rail_path na lista. Na caixa de diálogo Align Selection, marque X, Y e Z Position para alinhar Center to Center (centro com centro). Clique Apply. Na caixa de diálogo Align Selection, marque Z Position, Minimum em Current Object e Maximum em Target Object. Clique Apply. Clique X Position e Stanchion01 deve se mover para a ponta da proa (veja a Figura 4.67). Clique OK.

4. Salve o arquivo. Ele já deve estar nomeado como Ch04_Monitor02.max.

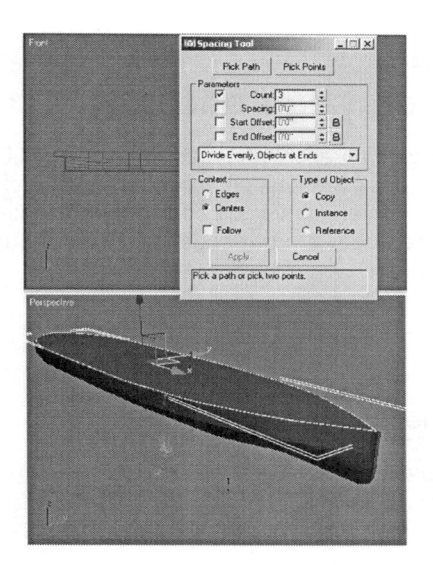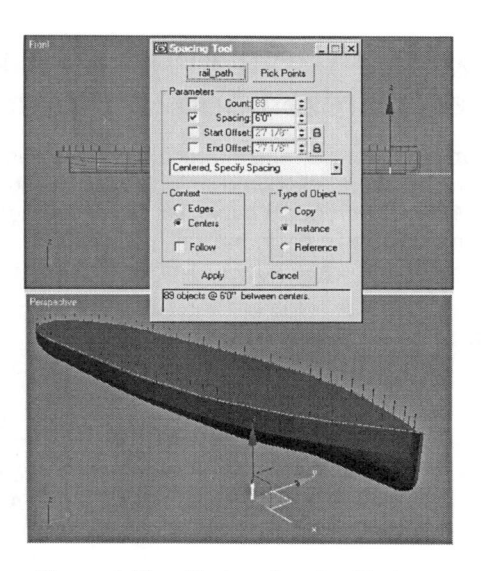

Figura 4.65 – Selecione Stanchion01 e depois, escolha Spacing Tool no menu pull-down Tools. Clique o botão Pick Path, na caixa de diálogo Spacing Tools e escolha a forma no alto do convés.

Figura 4.66 – Ajuste a Spacing Tool para usar rail_path com espaçamento de 6 pés entre cópias clones.

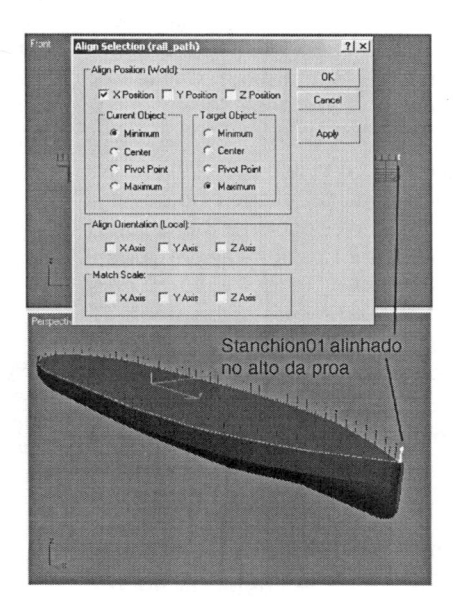

Figura 4.67 – Use a ferramenta Align para colocar Stanchion01 na ponta da proa.

Uma tira em curva que pode ser apresentada na grade de segurança

Em geral, formas não aparecem em qualquer imagem apresentada, mas às vezes, é útil ter uma forma tratada como um objeto – no caso de cordas e arames, por exemplo. No Exercício 4.16 você aprende a capacitar as configurações de tira em curva que pode ser apresentada para um clone da forma rail_path, que foi alinhada com a parte superior dos espeques. Depois, você aprende a otimizar o objeto resultante.

Exercício 4.16
Como designar espessura de forma em apresentações e viewports

1. Abra o arquivo chamado Ch04_Monitor02.max do CD-ROM ou do exercício anterior. A partir do menu pull-down File, escolha Save As, indique para um subdiretório apropriado em seu disco rígido e use o botão de sinal de adição para salvar um novo arquivo, com o nome aumentado para Ch04_Monitor03.max.

2. Na viewport Perspective, selecione rail_path, no alto do convés. No menu pull-down Edit, escolha Clone. Na caixa de diálogo Clone Options, selecione o botão de rádio Copy e renomeie o objeto como Safety_rail (veja a Figura 4.68). Clique OK. Você escolhe Copy pois Instance torna ambos apresentáveis quando você aplicar a configuração.

3. A cópia clonada se torna o objeto selecionado. Na barra de ferramentas principal, clique o botão Align e, na viewport Perspective, escolha Stanchion01 na ponta da proa. Marque Z Position e ajuste Current Object para Maximum e Target Object para Maximum. Clique OK.

4. No painel Modify, rolagem Rendering, entre com 2" no campo Thickness (espessura) e 6 no campo Sides. O padrão 12 lados para o objeto é denso demais para os detalhes que você precisa. Marque a opção Renderable (apresentável) e marque Display Render Mesh (exibir trama de apresentação) (veja a Figura 4.69). Esta última opção permite que você veja a trama em 3D nas viewports.

5. Salve o arquivo. Ele já está nomeado Ch04_Monitor03.max.

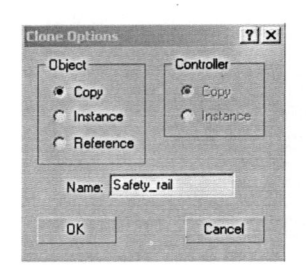

Figura 4.68 – Com Edit, Clone, faça uma cópia da forma rail_ path e chame-a de Safety_rail.

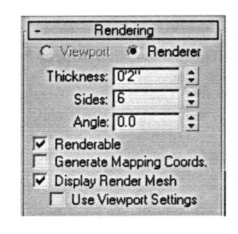

Figura 4.69 – Ajuste a forma para ser visível nas apresentações e viewports e otimize o número de lados para conter os detalhes necessários.

Dica

Se você tiver muitos objetos de tira em curva apresentáveis na cena, seria aconselhável deixar Display Render Mesh desativado. Ativá-lo poderia tornar significativamente lento o desempenho de viewport.

União de objetos a partir de outros arquivos 3ds max

Você criou objetos como torres e chaminés, que agora unirá nesta cena, e alinhará no lugar, no convés do barco. Os arquivos originais permanecem intactos e não haverá conexão com os objetos de trama. Com freqüência, a união é usada quando colaborando com outros artistas, mas também é útil para manter as cenas administráveis em qualquer escritório.

União de arquivos em grupos 3ds max

No Exercício 4.17, você une objetos a partir do arquivo de torre criado anteriormente e depois, usa o comando Hold para armazenar o arquivo em um buffer, para poder experimentar com o alinhamento da torre ao convés. Não funciona como você poderia esperar, assim, você irá recuperar o arquivo de volta e aprenderá sobre grupos em 3ds max 6.

Exercício 4.17
União e agrupamento de objetos

1. Abra o arquivo chamado Ch04_Monitor03.max do CD-ROM ou do exercício anterior. A partir do menu pull-down File, escolha Save As, indique para um subdiretório apropriado em seu disco rígido e use o botão de sinal de adição para salvar um novo arquivo, com o nome aumentado para Ch04_Monitor04.max.

2. No menu pull-down File, escolha Merge e encontre o arquivo chamado Ch04_Turret05.max no CD-ROM. Você só quer os objetos em trama em 3D desta cena, assim, na caixa de diálogo Merge, área List Types, clique o botão None, para limpar as caixas de verificação "type" (tipo) e depois, marque Geometry, para mostrar uma lista de apenas objetos de trama em 3D. Na parte de baixo da caixa de diálogo, clique o botão All, para destacar a lista (veja a Figura 4.70). Clique OK para unir os objetos.

3. Na barra de ferramentas principal, entre com Turret na janela Named Selection Sets (conjuntos de seleção nomeados) e pressione Enter. Isto lhe permite refazer a seleção de objetos unidos, usando este nome (veja a Figura 4.71).

4. No menu pull-down Edit, escolha Hold, para salvar a cena em um arquivo. Na barra de ferramentas principal, clique Align e, na viewport Perspective, escolha Hull01. Na caixa de diálogo Align Selection, marque X, Y, Z Position e Center para ambos, Current e Target Objects. Clique OK. Isto faz uma confusão de coisas, pois o centro de cada peça individual é alinhado com o centro do casco. No menu pull-down Edit, clique Fetch e depois responda Yes na caixa de diálogo.

5. Os objetos de torre não estão mais selecionados. Clique a seta drop-down à direita da janela Named Selection Sets, na barra de ferramentas principal, e escolha Turret na lista, para selecioná-los novamente. No menu pull-down Group, escolha Group. Nomeie o grupo como Turret na caixa de diálogo Group (veja a Figura 4.72). Clique OK.

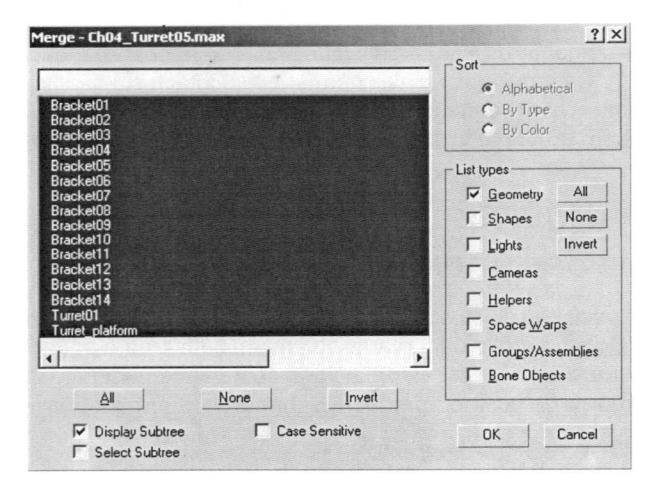

Figura 4.70 – Ajuste a lista Merge para exibir apenas geometria, destaque tudo na lista e clique OK para unir.

Figura 4.71 – Entre com Turret na janela Named Selection Sets da barra de ferramentas principal e pressione Enter. Pressionar Enter depois de digitar o nome é importante para torná-lo final.

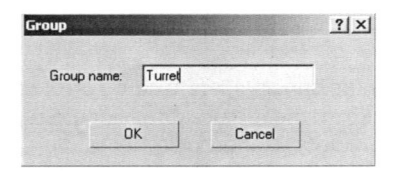

Figura 4.72 – A partir do menu pull-down Group, escolha Group e nomeie este grupo como Turret.

6. Na viewport Perspective, alinhe o grupo com o Hull01, centro com centro nos três eixos, e observe que cada objeto mantém o seu relacionamento original com os outros no grupo. Na caixa de diálogo Align Selection, clique Apply. Marque Z Position e Minimum na coluna Current e Maximum na coluna Target. Clique OK. Na barra de ferramentas principal, clique o botão Select and Move. Na barra de status, troque Offset Mode Transform Type-In e entre com –3" no campo Z. Pressione Enter. Isto move a torre para a superfície do convés, que não é igual ao ponto máximo da caixa de ligação de casco, devido a alguma curvatura no convés.

7. No campo Transform Type-In, entre com 40 e pressione Enter, para mover a torre para a frente. No menu pull-down Edit, escolha Clone. Marque a opção Instance e clique OK para clonar o grupo. No campo Transform Type-In X, entre com –80 e pressione Enter. Agora você tem duas torres no convés (veja a Figura 4.73).

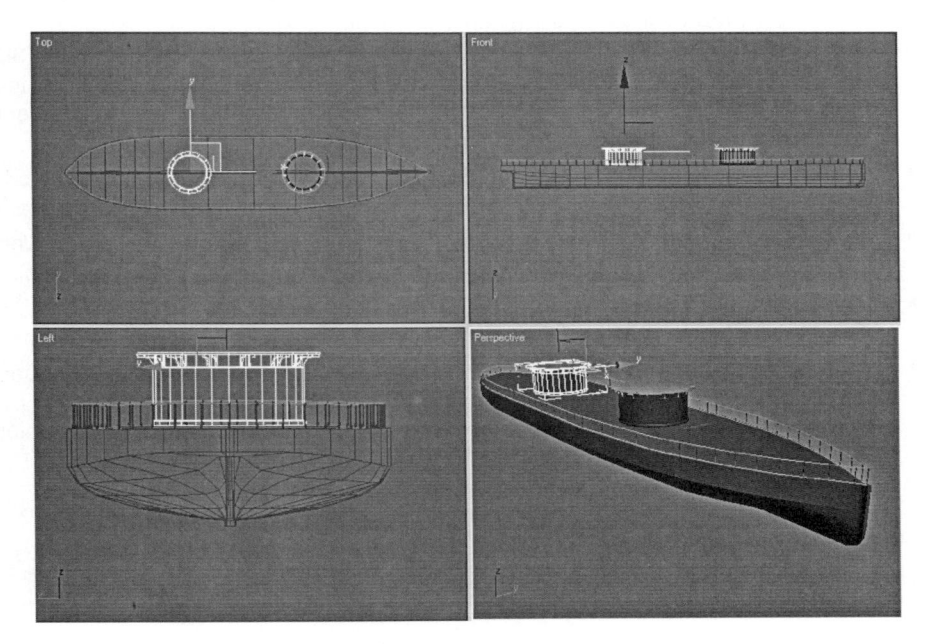

Figura 4.73 - *Mova o Turret01 para a frente e clone-o como uma cópia. Depois, mova o clone para trás no convés.*

8. No menu pull-down File, escolha Merge e encontre Ch04_SmokeStk02.max em seu disco rígido ou no CD-ROM. Na caixa de diálogo Merge, destaque Smokestack01 e clique OK.

9. Na viewport Perspective, alinhe a pilha, para ficar no convés, no centro do casco, usando o mesmo processo da etapa 6, mas ao invés de mover para baixo as 3 polegadas, você pode alinhar para um corpo de torre, usando Minimum e Maximum no eixo Z.

10. Salve o arquivo. Ele já foi denominado Ch04_Monitor04.max.

Agora você tem um casco com torres e uma chaminé, o que, se você olhar para trás e rever o processo, foi bem fácil de criar. Pode parecer muito tempo desde que começou, mas com um pouco de prática, pode fazer isto de novo, rapidamente.

O mais importante é que você conheceu ferramentas e técnicas que podem ser aplicadas em seu próprio trabalho.

Resumo

É possível aplicar os tópicos aprendidos neste capítulo, tanto ferramentas quanto métodos, através de seu próprio trabalho. Os tópicos cobertos neste capítulo incluem os seguintes:

- **Imagens de fundo** – Você aprendeu a usar mapas ou imagens em viewports como um fundo, para usar como um guia ao modelar.

- **Polígonos editáveis** – Você aprendeu a converter objetos de trama em 3D a polígonos editáveis, resultando em faces de quatro lados, onde possível, ao invés das faces triangulares de objetos de trama; também aprendeu novas ferramentas que estão disponíveis ao editar os polígonos editáveis.

- **Modificador Symmetry** – Este modificador que aprendeu permite que você crie a metade de um objeto e, em uma operação, espelhe, apare e una as duas metades.

- **Ferramenta Spacing** – Como aprendeu, esta ferramenta lhe permite colocar clones igualmente espaçados entre dois pontos, ou ao longo de um caminho complexo.

- **Novos modificadores** – Você aprendeu a usar o modificador Bevel Profile e o modificador Lathe, para criar facilmente objetos editáveis a partir de formas em 2D.

- **União de arquivos** – Uma outra lição valiosa que você aprendeu foi criar pequenos arquivos administráveis e depois, uni-los em uma única cena. Este processo pode resultar para você em um eficiente fluxo de trabalho, especialmente em um ambiente de colaboração.

CAPÍTULO 5

Criação de um terreno convincente

Neste capítulo

No Capítulo 4, "Construção naval 101: como construir um barco," você aprendeu a exibir imagens de fundo e a usar tais imagens como guia para editar um modelo existente, para acrescentar a ele detalhes e forma em um objeto reconhecível. Você não estava preocupado com o fator de escalonamento até depois da modelagem estar terminada e pode aplicar o escalonamento ao modelo, para combinar com o seu tamanho de mundo real.

Neste capítulo, você configura uma cena que lhe permite traçar as linhas de contorno de uma imagem de fundo de um mapa topológico. Você traça aproximadamente o mapa, primeiro com linhas retas e depois ajusta os detalhes e o suaviza. Finalmente, usa a ferramenta Compount Object Terrain (objeto terreno composto) para dar uma superfície plana às linhas de contorno a um objeto de paisagem exata.

Neste capítulo você também aprende a criar árvores eficientes para usar em cenas de paisagem maiores. Embora existam árvores no painel Create, AEC Extented, Foliage (criar, efeitos compostos avançados estendidos, folhagem) em 3ds max e há muitas opções de terceiros para criar "billboard" (quadro de avisos) em 2D e árvores em 3D, que nem sempre são ideais. As árvores em 3D tendem a ter geometria muito densa e podem tornar muito lenta a produção, e as árvores em 2D não podem ser vistas de um ângulo muito maior do que 30 graus acima do horizonte. Estes exercícios também ensinam algumas novas ferramentas importantes que podem ser aplicadas a outras tarefas de modelagem.

Este capítulo também apresenta os comandos XRef, que lhe permitem referenciar objetos a partir de outras cenas em sua cena atual. Isto é semelhante a File, Merge, exceto que os objetos XRef compartilham uma conexão com o arquivo original. Mude o arquivo original e o objeto que você tem terá aplicado XRef em sua cena, com alterações de acordo. Alguns dos tópicos cobertos neste capítulo incluem os seguintes:

- **Configuração de uma escala a partir de mapas de fundo** – Você aprende a traçar um mapa de fundo e reter a escala para modelagem de terreno relativamente exata.

- **Objeto terreno composto** – Exercícios mostram como converter linhas de contorno em tramas de paisagem.

- **Normalize Spline** (normalização de tira em curva) – Aprender a usar este modificador ajuda a controlar a colocação de vértice em formas em 2D.

- **Abóbada celeste** – Você aprende a criar um hemisfério que aceita mapas para simular o céu em cenas externas.

- **Composto ShapeMerge** – Você aprende a cortar novas bordas em objetos de trama com formas em 2D para definir novas modelagens e limites de material.

- **Espalhar objetos compostos** – Você aprende a fazer árvores eficientes, de polígono baixo, e a distribuí-las em cenas de paisagem de larga escala.

- **Objetos XRef** – Objetos de referência cruzada a partir de outros arquivos se unem ao objeto na cena atual com uma conexão de edição de mão única, do original para a referência.

Este capítulo revê algumas das técnicas aprendidas nos capítulos anteriores e as leva para um outro nível de produtividade mais alta.

Termos-chave

- **XRef** – A importação de objetos de outras cenas pode ser feita com objetos XRef ou XRef Scene, a partir do menu pull-down File, deixando uma conexão do original para a cópia de referência em sua cena.

- **ShapeMerge** – Isto lhe permite projetar imagens em 2D em superfícies em 3D, para cortar novas bordas e definir novas faces.

- **Modo de moldura segura** – Este atributo de viewport lhe permite combinar a aparência da viewport com o tamanho de saída apresentada. Ele é destinado a combinar a saída para dispositivos de televisão, mas pode ser usado no esboço de imagem de fundo.

- **Girar normais de face** – Isto lhe permite controlar a visibilidade de faces ou polígonos, mudando a direção dos pontos de normal de face.

Como traçar o contorno de mapas para criar terreno em 3D: o processo

Nesta seção você aprende a configurar uma imagem de fundo e traçar as linhas de contorno necessárias para criar um objeto paisagem.

É importante ajustar um fator de escalonamento no início, de modo que você tem continuidade entre os tamanhos laterais da paisagem e a altura dos contornos. O processo envolve determinar o tamanho atual de um recurso no mapa que você traçará – neste caso, uma pequena ilha no rio.

Depois, você cria uma caixa temporária e a redimensiona para as dimensões da ilha. Depois, faz zoom e balanceia, de modo que a caixa cubra a ilha na imagem de fundo. Os objetos traçados sobre a imagem de fundo agora estarão em uma escala relativamente exata.

À medida que traça sobre as linhas de contorno, você designa nomes com base na elevação do contorno. Linhas que representam o fundo do rio serão identificadas como tal, de modo que possam ser movidas para uma altura negativa, para representar a terra abaixo do nível do mar.

Você não usará o arquivo deste exercício para criar, na verdade, a paisagem nos seguintes exercícios, mas usará um que já foi traçado. Isto é apenas por consistência através do restante do capítulo, mas por favor, não pule esta parte; ela é uma etapa importante a ser aprendida no processo. Com um pouco de prática, você pode criar rapidamente paisagens exatas para quaisquer sites onde tiver mapas disponíveis como imagens de fundo.

Configuração para traçar mapas topográficos de fundo

No Exercício 5.1, você abre um mapa topográfico como uma imagem de fundo e o ajusta para as relações entre eixos adequadas nas viewports. Depois, você aprende a fazer zoom e balancear, para ajustar uma escala que combine com tamanhos de mundo real. Os contornos deste mapa são em intervalos de 20 pés.

De novo, esta configuração de arquivo ensina o processo para quando você usar os seus próprios arquivos. Nos exercícios subseqüentes deste capítulo, você usa um arquivo que já foi preparado, de modo que tudo continua a ser consistente através dos exercícios.

Nota

O motivo pelo qual a escala é mais importante neste exemplo do que nos planos de barco traçados no Capítulo 4 é que ela facilita mover as linhas de contorno que você traça, para a elevação adequada, pois você está começando em um ponto conhecido.

Exercício 5.1
Configuração de uma imagem de fundo para traçar

1. Abra o arquivo chamado Ch05_MapTrace.max do CD-ROM. A partir do menu pull-down File, escolha Save As, indique para um subdiretório apropriado em seu disco rígido e use o botão de sinal de adição para salvar um novo arquivo, com o nome aumentado para Ch05_MapTrace01.max. A cena tem um mapa topográfico exibido como a imagem de fundo na viewport Top.

Nota

Você pode receber uma mensagem de erro Missing External Files (faltando arquivos externos) se a imagem de fundo não puder ser encontrada. Use o menu pull-down Customize, opção Configure Paths (configurar caminhos) para localizar o arquivo em seu CD-ROM.

2. Coloque o seu cursor sobre o cruzamento das quatro viewports, até ver o cursor redimensionar. Clique e arraste para a direita, para redimensionar as quatro viewports. Libere o botão do mouse e as viewports redimensionam com a imagem de fundo esticando, para caber na viewport (veja a Figura 5.1). Obviamente, isto cria problemas para tracejado exato. No menu pull-down Views, escolha Viewport Background. Na caixa de diálogo Viewport Background, marque Match Bitmap (combinar bitmap) na área Aspect Ratio. Isto volta a imagem à sua relação entre eixos, para mantê-la exata (veja a Figura 5.2). As opções Display Background and Lock Zoom/Pan já devem estar marcadas.

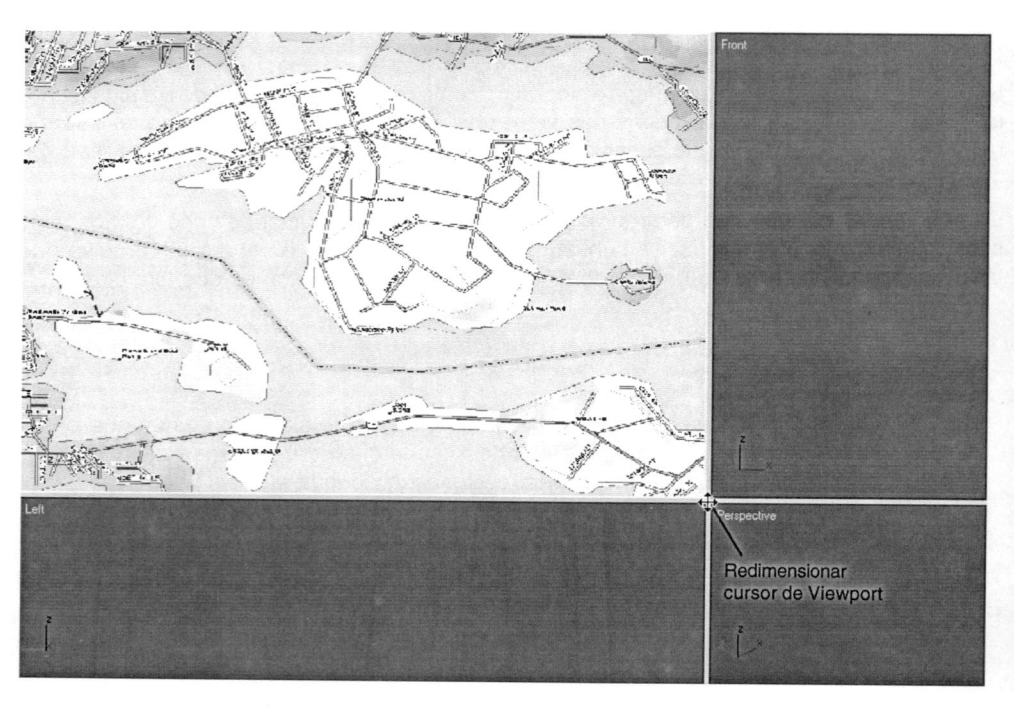

Figura 5.1 – Redimensionar a viewport permite à imagem de fundo se estender, para caber na nova relação entre eixos.

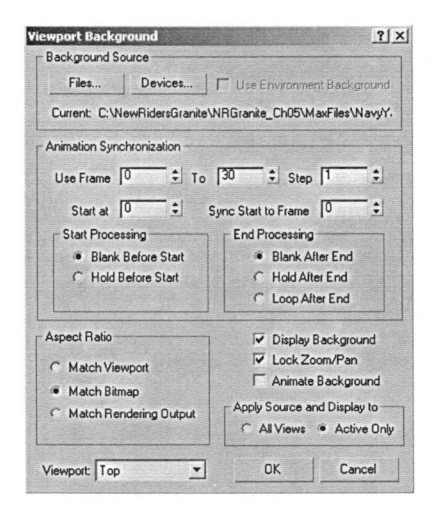

Figura 5.2 – *No menu pull-down Views, escolha Viewport Background e ajuste Aspect Ratio para Match Bitmap, para manter a imagem com a aparência adequada para tracejado exato.*

3. Clique com o botão direito na viewport Top, para ativá-la, e use a troca Min/Max, no canto inferior direito da tela ou Alt+W do teclado, para encher a exibição. Novamente, o mapa retém a sua relação adequada.

4. Usando o mapa original, o tamanho da Clarks Island (Ilha de Clark) no centro à direita do mapa, foi determinado para ser de 650 pés horizontalmente por 525 pés verticalmente. No painel Create, painel Geometry, clique Box e crie uma caixa de qualquer tamanho na viewport Top. No painel Modify, rolagem Parameters, entre com 525 no campo Length e 650 em Width. Neste exercício, a altura não é importante. A viewport será preenchida com esta caixa grande. Clique Zoom Extents All para encher a exibição com a caixa. A Background Image parece desaparecer, mas na verdade, ela se redimensionou para uma imagem bem pequena. No menu pull-down Views, escolha Reset Background Transform (reajustar transformação de fundo) para encher a exibição novamente com a imagem.

5. No menu pull-down Views, clique Viewport Background e, na caixa de diálogo Viewport Background, limpe Lock Zoom/Pan. Na viewport Top, dê um zoom para afastar e mova a caixa até que ela esteja centralizada sobre a Clarks Island. Você pode clicar com o botão direito a etiqueta de viewport e trocar para o modo de moldura de arame, para facilitar ver o que está fazendo (veja a Figura 5.3).

Dica

Para voltar as viewports para a configuração padrão, coloque o cursor sobre o cruzamento, clique com o botão direito e escolha Reset Layout (reajustar layout).

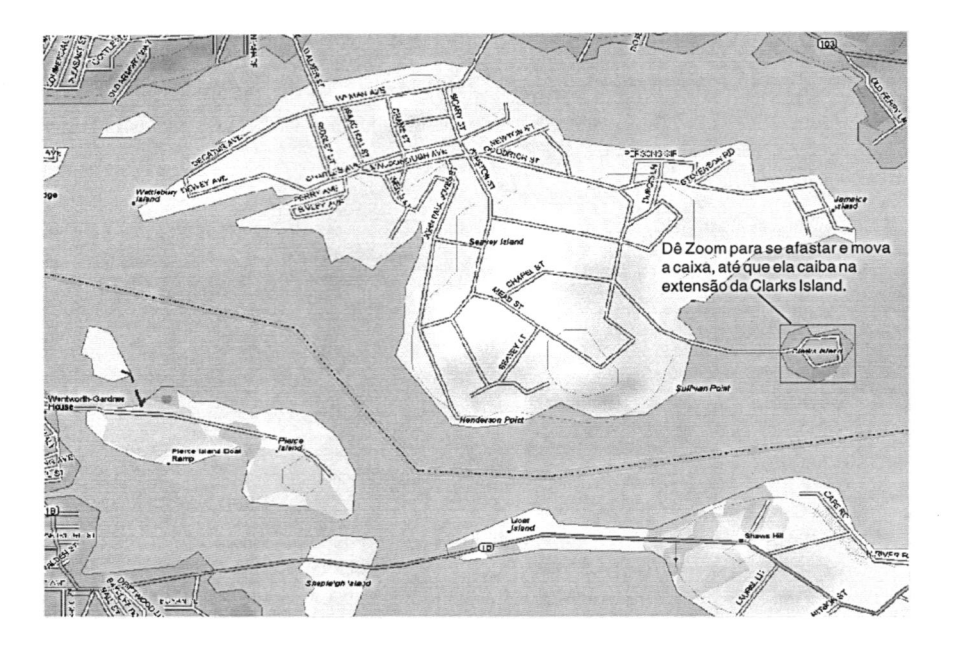

> Dê Zoom para se afastar e mova a caixa, até que ela caiba na extensão da Clarks Island.

Figura 5.3 – *Depois de desbloquear Zoom/Pan na caixa de diálogo Viewport Background, use a ferramenta Zoom e posicione a caixa, até que ela caiba na extensão da Clarks Island.*

6. Na caixa de diálogo Viewport Background, marque novamente Lock Zoom/Pan. Use Views, Reset Viewport Transform, se a vista mudar. No menu pull-down Views, escolha Save Active Top View (salvar vista ativa superior). Isto salva a vista atual em um buffer e lhe permite recuperar a vista, no caso de se embaralhar. Cada viewport pode ser armazenada desta maneira. Dê zoom e balanceie na viewport Top, para encher a exibição com a ilha grande (Seavey Island) no meio da imagem. Agora você pode ocultar ou apagar a caixa de Clarks Island.

Atenção

Dar zoom e balancear em uma viewport bloqueada pode usar grandes quantidades de memória e você pode receber uma mensagem de aviso. Se tiver recursos limitados em seu computador, mantenha o zoom e o balanceio a um mínimo absoluto.

7. No painel Create, painel Shapes, clique o botão Line na rolagem Object Type. Na rolagem Creation Method, selecione o botão de rádio Drag Type Corner (arrastar tipo de canto) (veja a Figura 5.4). Isto significa que todos os segmentos de linha serão retos, sem curvatura. Isto torna o tracejado mais rápido, eliminando a possibilidade de criar curvas por engano.

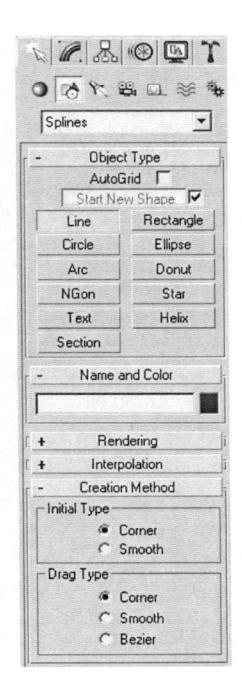

Figura 5.4 – No painel Create, painel Shapes, clique Line e troque o botão de rádio Corner, na área Drag Type.

Dica

Você conseguirá melhores resultados se for para o menu pull-down Customize, Preferences, etiqueta Viewports e tiver certeza de estar usando drivers de vídeo de software Z-Buffer.

Inicialmente, trabalhe lentamente – a imagem é um mapa típico, que você pode traçar e, porque 3ds max 6 só mostra uma imagem proxy na viewport, as linhas podem ser difíceis de ver.

Escolha tantos pontos quantos puder descrever nos contornos, o mais exatamente que você julgar necessário. Por exemplo, três pontos podem definir mais curvas, um em cada tangente da curva e um outro no ápice da curva. Avançar em curvas maiores pode exigir mais pontos, mas mantenha-as a um mínimo.

8. Na viewport Top, trace a borda externa de Seavey Island com uma linha fechada e nomeie-a seavey00_01. O nome seavey permite que você saiba onde está a linha, 00 é a elevação e 01 significa que ela é a primeira linha na elevação 00 desta ilha. Por exemplo, uma ilha com dois cumes deve ter pelo menos dois contornos em algumas elevações.

9. Trace as próximas linhas de contorno na direção do interior da ilha, nos contornos de 20 pés. Nomeie-as seavey20_01 e seavey20_02. Prossiga até que todas as linhas estejam traçadas, dando zoom e balanceando conforme necessário. Quando tiver terminado, a viewport Top se parece com a Figura 5.5 se você desativar a imagem de fundo. Os contornos do leito do rio são uma "melhor adivinhação" apenas para soltar o leito do rio embaixo das ilhas.

10. Não é preciso salvar este arquivo. No exercício onde você cria o verdadeiro terreno, são usados os contornos que já foram traçados, para garantir que todos estejam usando as mesmas informações. Na primeira vez em que você realizar estas etapas, o processo parece desajeitado. Mas com um pouco de prática ele fará sentido, permitindo-lhe criar rapidamente terrenos mais complexos.

Dica

Se estiver usando uma placa de gráficos com drivers OpenGL, você pode ser capaz de configurar 3ds max 6 no menu pull-down Customize, Preferences, etiqueta Viewports para uma imagem de fundo de melhor qualidade. Cada combinação placa/driver é diferente.

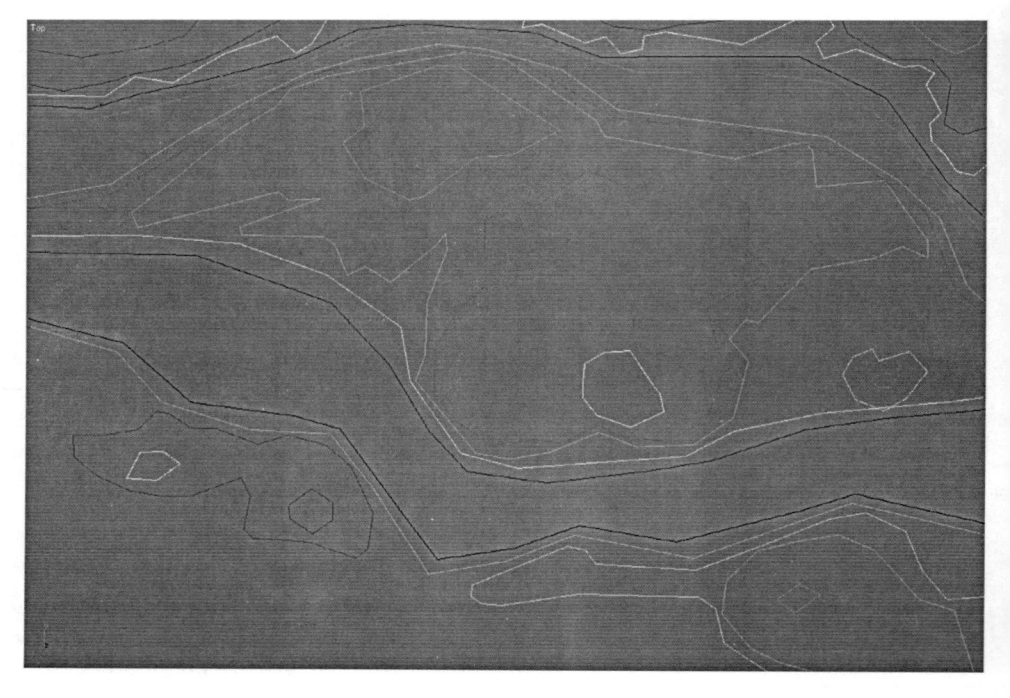

Figura 5.5 – *Trace todas as massas de terra e contornos que precisar para completar o seu terreno. Neste exemplo, os contornos são uma "melhor adivinhação" para soltar a superfície abaixo das ilhas.*

Criação de terreno, água e céu

Nesta seção, você completa diversos exercícios, que tomam o traçado de linhas de contorno, move-as nas elevações certas e coloca sobre os contornos, com uma superfície para representar o seu terreno. Você também aprende a suavizar os segmentos de linha reta, ajustando tangentes, e a ajustar vértices das formas de contorno para uma distribuição de face mais normal sobre a superfície, com um modificador Normalize Spline.

É possível criar e posicionar um primitivo Plane (plano), que se tornará a superfície de água para o rio.

Finalmente, você cria um hemisfério que age como o céu em sua cena, e coloca uma câmera olhando do rio na direção da praia, onde estará o barco de seu site inicial.

Como preparar as linhas traçadas de contorno

As linhas de contorno foram traçadas a partir da imagem de fundo e foram nomeadas de acordo com a localização e a elevação em que as linhas foram traçadas. No Exercício 5.2, você seleciona e move os contornos para suas elevações apropriadas no eixo Z mundial.

Exercício 5.2
Configuração de contornos para a elevação apropriada

1. Abra o arquivo chamado Ch05_Terrain01.max do CD-ROM. A partir do menu pull-down File, escolha Save As, indique para um diretório apropriado em seu disco rígido e use o botão de sinal de adição, para salvar um novo arquivo com o nome aumentado para Ch05_Terrain02.max. A cena tem um mapa topográfico exibido como a imagem de fundo na viewport Top, com os contornos no plano de coordenada mundial.

2. Clique com o botão direito a viewport Perspective para ativá-la e maximize a viewport para encher a exibição. Clique o botão Select by Name na barra de ferramentas principal e selecione todas as formas com 20 no nome, exceto pelas formas de rio (veja a Figura 5.6).

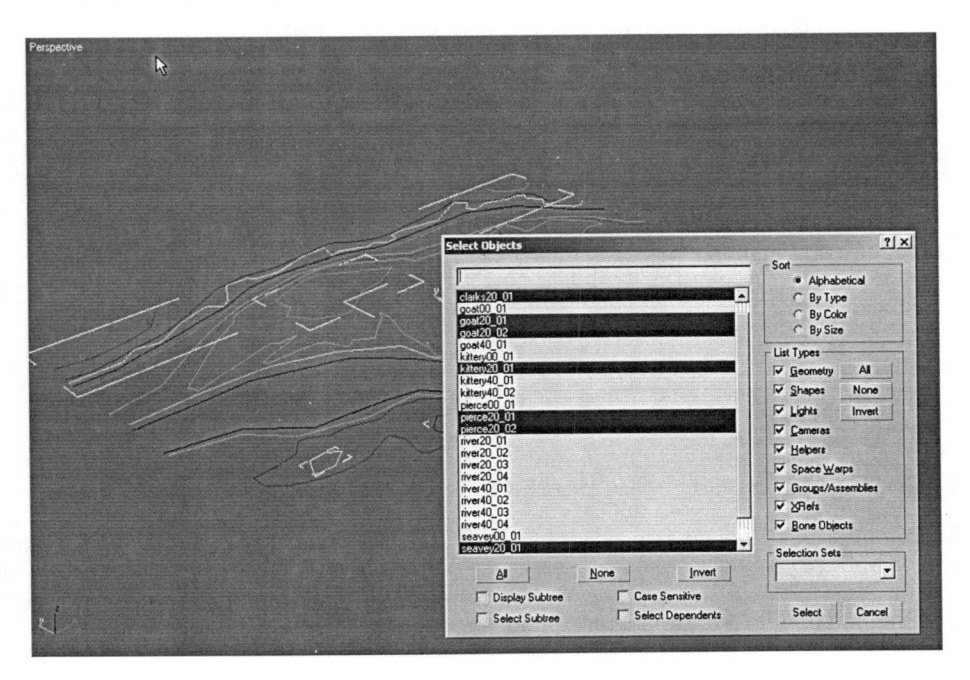

Figura 5.6 – Use Select by Name da barra de ferramentas principal para selecionar todas as formas com 20 no nome, exceto pelas formas de rio.

3. Na barra de ferramentas principal, clique o botão Select and Move. Na barra de status, entre com 20 no campo Transform Type-In de eixo Z e pressione Enter. Os contornos selecionados se movem 20 pés para cima, no eixo Z positivo.

4. Na caixa de diálogo Select by Name, selecione todas as formas com 40 no nome, exceto pelas formas de rio. Entre com 40 em Transform Type-In de eixo Z e pressione Enter.

5. Na caixa de diálogo Select by Name, selecione todas as formas para river20 e entre com –20 em Transform Type-In de eixo Z.

6. Selecione todas as formas de river40 e entre com –40 no eixo Z. Agora todos os contornos devem estar na elevação apropriada, para criar um terreno certo.

7. Salve o arquivo, ele já deve estar nomeado como Ch05_Terrain-2.max.

Dica

Não importa se Transform Type-In está ajustado para o modo Absolute ou para o modo Offset, pois as elevações são baseadas no plano de coordenada mundial, a elevação 0.

Se você iniciou na elevação 2000, por exemplo, deve ser importante usar Offset Mode Transform Type-In para mover os contornos a uma relativa distância do tracejado de plano ou para usar a elevação completa no nome, tal como 2040, e entrar com tais números no campo.

Nota

Porque este é um terreno costeiro bastante plano sobre uma grande área, as mudanças de elevação não são significativas. É prática comum em visualização de paisagem exagerar em elevações de terreno, para tornar as montanhas mais pronunciadas, e facilitar a leitura em apresentações finais. Mas, você não faz isto nestes exercícios.

Como ajustar a superfície de contornos

No Exercício 5.3 você anexa as formas individuais de contorno em uma única forma composta. Embora esta etapa não seja exigida para o objeto composto de terreno cobrir os contornos, ela facilitará ajustar a posição dos vértices, para maior controle sobre a densidade da trama de superfície e a regularidade do layout de face.

Exercício 5.3

Como ajustar os contornos e criar o terreno

1. Abra o arquivo chamado Ch05_Terrain02.max do CD-ROM ou do exercício anterior. A partir do menu pull-down, escolha Save As, indique para um subdiretório apropriado em seu disco rígido e use o botão de sinal de adição para salvar um novo arquivo, com o nome aumentado para Ch05_Terrain03.max.

2. Na viewport Perspective, selecione qualquer linha de contorno. Clique com o botão direito em Viewport e, a partir do menu Quad, escolha Convert to e Convert to Editable Spline. No painel Modify, rolagem Geometry, clique o botão Attach Multiple. Na caixa de diálogo Attach Multiple (anexar múltiplos), clique o botão All, para selecionar todas as formas na cena. Clique Attach para criar uma forma composta, uma forma com múltiplas tiras em curva. No painel Modify, renomeie o objeto Landscape (paisagem).

Aviso

É muito importante acompanhar cuidadosamente a próxima etapa. O modificador Normalize Spline tem uma configuração padrão de 20 unidades (polegadas). Se aplicado diretamente a este grande conjunto de contorno, os recursos do computador podem ser usados ao máximo, exigindo que você reinicie e comece este exercício de novo.

---

3. Na próxima etapa, você aplica um modificador Normalize Spline para distribuir os vértices da forma mais igualmente. Para conseguir uma melhor idéia do que está acontecendo, selecione e clique com o botão direito Landscape e escolha Properties no menu Quad. Na caixa de diálogo Properties, área Display Properties, marque a opção Vertex Ticks (veja a Figura 5.7). Clique OK para fechar a caixa de diálogo. Isto lhe permite ver os vértices dos objetos sem ir para o nível Vertex de sub objeto. Os vértices não estão igualmente espaçados, mas acontece pois você os escolheu durante o tracejado.

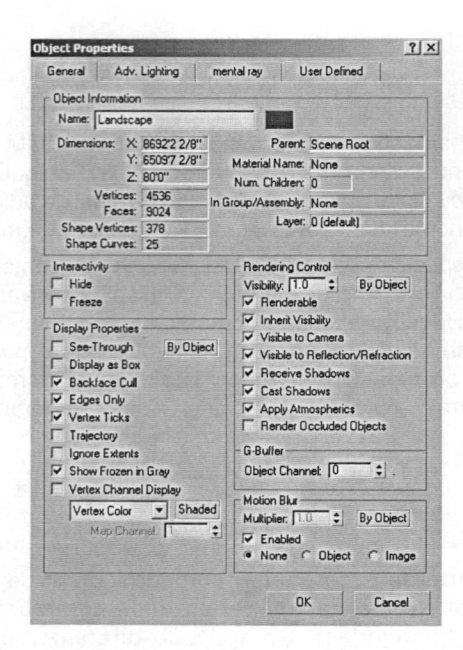

Figura 5.7 – Na caixa de diálogo Object Properties de Landscape, marque a opção Vertex Ticks para exibir os vértices nas viewports.

4. Agora aplique um modificador Normalize Spline para designar vértices em intervalos regulares ao longo de cada tira em curva. No entanto, primeiro você aplica o modificador Normalize Spline a uma única linha, para ajustar um espaço que não diminuirá o desempenho de seu computador. Na viewport Perspective, crie uma linha em qualquer área vazia da exibição. No painel Modify, Modifier List, escolha Normalize Spline. Na rolagem Parameters, entre com 1920 no campo Segment Length e pressione Enter (veja a Figura 5.8). No teclado, pressione Delete, para apagar a linha. 3ds max se lembra deste ajuste na próxima vez que você aplicar o modificador.

5. Na viewport Perspective, selecione o objeto Landscape. No painel Modify, Modifier List, escolha Normalize Spline. Agora você tem vértices regularmente espaçados nas tiras em curva, que ainda caberão nos contornos do mapa (veja a Figura 5.9). Na viewport Perspective, clique com o botão direito Landscape, escolha Properties a partir do menu Quad e limpe Vertex Ticks em Display Properties. Clique OK para fechar a caixa de diálogo.

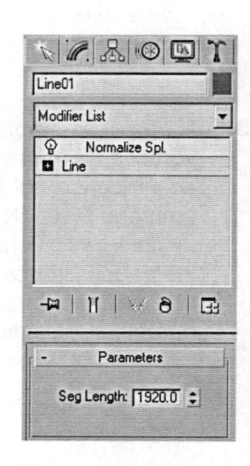

Figura 5.8 – Aplique o modificador Normalize Spline a uma linha curta e ajuste Segment Length para 1920. Este número foi determinado para ser um bom equilíbrio entre contornos exatos e detalhes de superfície através de tentativa e erro.

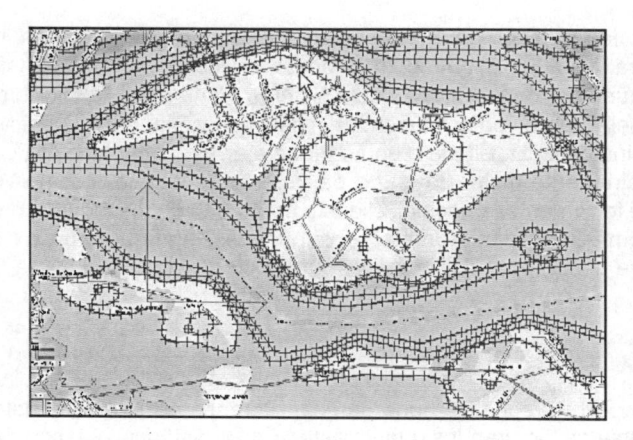

*Figura 5.9 – Com Normalize Spline em intervalos de 1920 polegadas,
os contornos têm vértices regularmente espaçados
e ainda combinam com os contornos do mapa.*

6. No painel Create, painel Geometry, clique Standard Primitives (padrão primitivos) e escolha Compound Objects da lista. Na rolagem Object Type, clique o botão Terrain e os seus contornos tornam-se cobertos com faces. Os cantos da nova trama são truncados, pois lá o objeto terreno só pode interpolar onde há linhas de contorno. Caso contrário, a borda é determinada em uma linha reta para o próximo ponto conhecido (veja a Figura 5.10).

*Figura 5.10 – Bloquear as informações de contorno leva os cantos
da trama a truncar em uma linha reta para pontos conhecidos. Trace sempre
contornos dentro de área de mapa que você considera importantes.*

7. Agora, crie um plano de água e posicione. Clique com o botão direito na viewport Top para ativá-lo. Clique com o botão direito a etiqueta de viewport e limpe Background no menu. Clique Zoom Extents All na parte inferior direita da exibição. No painel Create, painel Geometry, selecione Standard Primitives na lista, em Compound Objects. Clique o botão Plane e arraste um plano, na viewport Top, que seja ligeiramente maior do que a paisagem. Renomeie-o como Water (água). Na barra de ferramentas principal, clique o botão Select and Move e, na barra de status, entre com –3 no campo de eixo Z. Isto move a água para baixo, como se a maré estivesse baixa, para dar uma visão mais clara das ilhas (veja a Figura 5.11).

Nota

A viewport Perspective pode parecer estranha e manchada. Isto porque, com objetos tão grandes quanto este, visto à distância, a placa de gráficos tem problemas para resolver qual superfície exibir e tenta mostrar ambas simultaneamente. As imagens de apresentação final estarão boas.

---

8. Salve o arquivo; ele já deve estar nomeado Ch05_Terrain03.max.

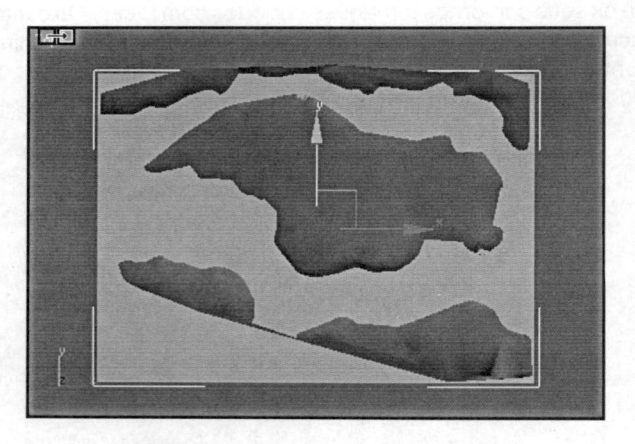

Figura 5.11 – Crie um plano de água e mova-o para baixo três pés, para uma visão mais clara das ilhas.

Criação de uma abóbada celeste

No Exercício 5.4, você aprende a colocar uma câmera em sua cena, para dar uma visão mais natural da cena. Você já tem a sua paisagem e a sua água, mas e o céu? Você aprende a virar um hemisfério ao contrário – isto é, girar os normais de face – de modo que ele fique visível quando visto do centro para fora. Depois, esta superfície serve como o seu céu, no fundo. Você também remove faces desnecessárias, para um modelo mais eficiente, mas isto é feito de maneira a permitir que você possa conseguir de volta as faces removidas, se mudar de idéia.

Exercício 5.4
Criação de uma abóbada celeste em torno da paisagem

1. Abra o arquivo chamado Ch05_Terrain03.max do CD-ROM ou do exercício anterior. A partir do menu pull-down File, escolha Save As, indique para um subdiretório apropriado em seu disco rígido e use o botão de sinal de adição para salvar um novo arquivo, com o nome aumentado para Ch05_Terrain04.max.

2. Primeiro, você coloca na cena uma câmera, que lhe dará uma visão do rio olhando na direção da Seavey Island, a maior massa de terra no meio da cena. Clique com o botão direito a viewport Top, para ativá-la. No painel Create, painel Cameras (câmeras), clique o botão Target. Na viewport Top, clique e arraste a partir do meio do rio para um ponto a meio caminho do centro do lado esquerdo da ilha (veja a Figura 5.12)

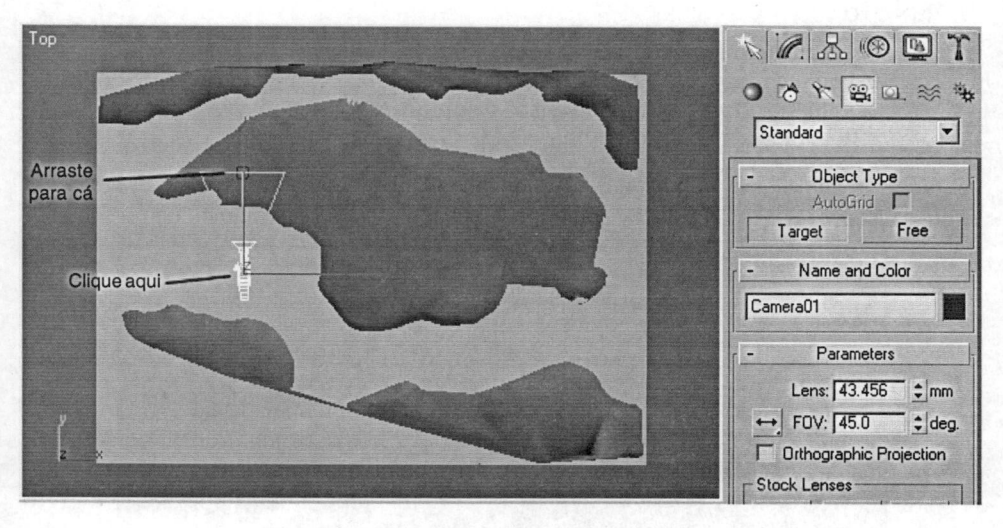

Figura 5.12 – *Clique e arraste uma câmera-alvo do meio do rio direto para o meio da ilha.*

3. Clique com o botão direito a viewport Perspective e pressione C para trocar de uma viewport Perspective para uma viewport Camera. Ambos, a câmera e o alvo, estão no plano de coordenada mundial. Assegure-se de que Camera01 ainda esteja selecionado e, na barra de ferramentas principal, clique o botão Select and Move. Na barra de status, entre com 200 no campo Absolute Transform Type-In de eixo Z e pressione Enter para mover a câmera para cima, para uma visão do tipo visão de pássaro do rio e da ilha (veja a Figura 5.13).

Dica

Falando de maneira geral, normalmente um alvo de câmera é apontado na direção de uma posição específica, com uma faixa de movimento limitada. Uma câmera livre é uma que é animada ao longo de um caminho, como uma câmera em movimento ou viewport a bordo de um veículo em movimento.

4. Ative a viewport Top. No painel Create, painel Geometry, clique o botão GeoSphere (esfera geométrica). Na viewport Top, fique com o centro do plano da água e arraste bem para a borda distante do plano de água. A esfera geométrica aparece nas viewports Front e Left, mas não toda na viewport Camera01 (veja a Figura 5.14). Este problema de visibilidade é causado pela direção dos normais de face da esfera geométrica. Eles indicam para fora do centro, tornando-a invisível quando vista de dentro para fora. Renomeie o objeto como Skydome (abóbada celeste).

Nota

A esfera geométrica é visível apenas parcialmente na viewport Top, mas este é um processo chamado de *viewport clipping* (apara de viewport), que é baseado no tamanho de objetos e distância do espectador. Não é apenas o resultado da direção de normais de face.

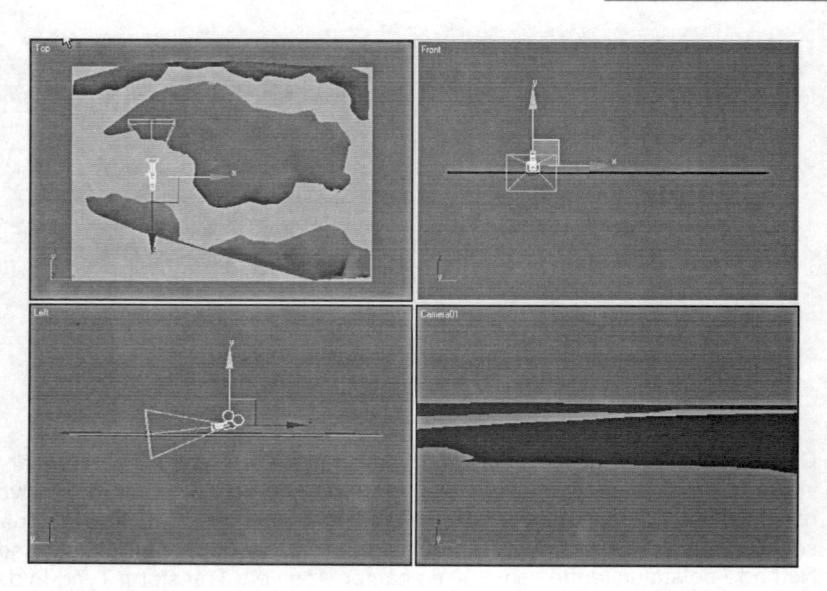

Figura 5.13 – *Usando Select and Move e Absolute Transform Type-In, mova Camera01 200 pés para cima. O alvo da câmera permanece no plano de coordenada mundial, resultando em uma visão do tipo de visão de pássaro da ilha.*

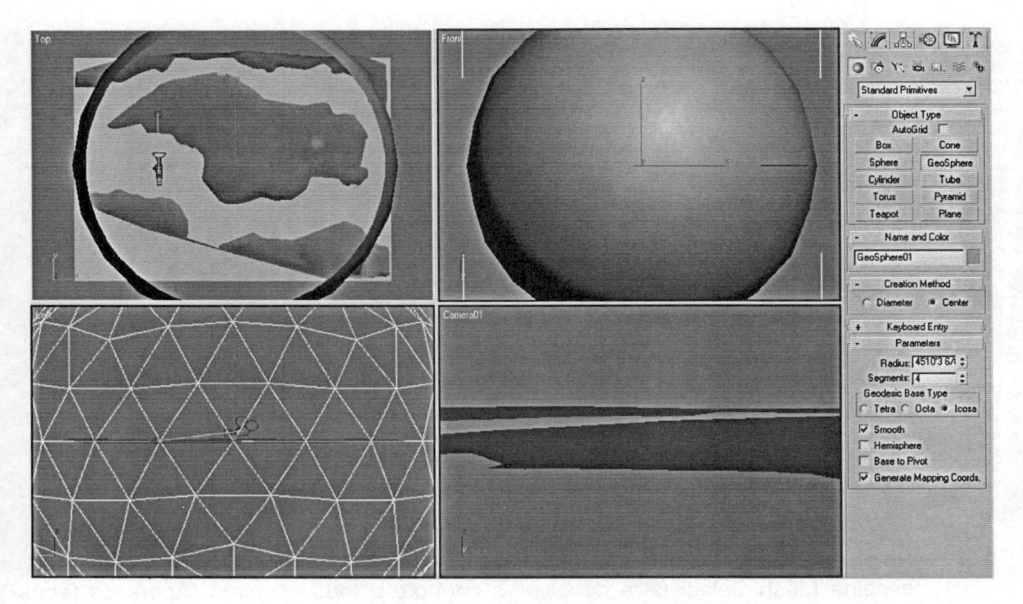

Figura 5.14 – *Escolha e arraste uma esfera geométrica a partir do centro para a borda direita externa do plano de água. Os normais de face levam a esfera geométrica a ser visível, ou parcialmente visível em algumas viewports, mas não em outras.*

5. Assegure-se de que a esfera geométrica ainda está selecionada e, no painel Modify, rolagem Parameters, clique a opção Hemisphere (hemisfério), para remover metade da esfera e arrematar a base com faces. Na barra de ferramentas principal, clique o botão Select and Move e, na viewport Left ou Front, mova Skydome para baixo, no eixo Y negativo, para ficar ligeiramente abaixo dos objetos Terrain01 e Water.

6. No painel Modify, Modifier List, escolha o modificador Normal. Isto gira os normais de face para torná-los visíveis à câmera. As faces que arrematam a parte de baixo de Skydome são excessos, desnecessários, e você as removerá. Mas o faz com um modificador, de modo a ter a opção de desfazer a remoção, se vier a precisar fazer isto. Clique com o botão direito o Skydome selecionado e escolha Convert To, Convert to Editable Mesh a partir do menu Quad. No painel Modify, vista Stack, expanda Editable Mesh e destaque Polygon a nível de sub objeto. Na barra de ferramentas principal, clique o botão Select Object e troque do modo de cruzamento para o modo de janela. Na viewport Left, arraste uma janela de seleção apenas em torno da borda de baixo do hemisfério, para selecionar os polígonos de remate de baixo (veja a Figura 5.15).

Figura 5.15 – *Use o modo de janela de seleção para selecionar os polígonos de remate de baixo do Skydome.*

7. No painel Modify, Modifier List, escolha DeleteMesh. No painel Modify, Modifier List, escolha Mesh Select para devolver o controle a todo o objeto. Agora as faces sumiram do Skydome, tornando-o mais eficiente, mas você tem a opção de remover ou incapacitar (o símbolo de lâmpada à esquerda do modificador, na vista Stack) o modificador DeleteMesh, sempre que quiser as faces de volta, deixando-o com maior flexibilidade.

8. Salve o arquivo. Ele já deve estar nomeado Ch05_Terrain04.max.

Mais adiante neste capítulo, você reabre este arquivo e referência em objetos de outras cenas, para agrupar o seu estaleiro na ilha.

Criação de árvores de baixo polígono

Conforme mencionado no início deste capítulo, 3ds max 6 lhe permite criar árvores de muitas maneiras, variando de árvore de imagens mapeadas a planos de retos a complexos, florestas botanicamente corretas. Todos os métodos têm prós e contras que você precisa avaliar em suas necessidades de produção, tendo em mente que é possível misturar tipos de árvore em uma cena, para conseguir um equilíbrio que funcione para você.

Nota

Este capítulo cobre a modelagem destas árvores, e elas parecerão bem pouco convincentes. No Capítulo 7, "Introdução a materiais e mapeamento," você acrescenta materiais que as tornam objetos muito mais agradáveis na imagem apresentada.

Nesta seção, você aprende a criar dois tipos de árvores genéricas, eficientes, que, quando vistas à distância, podem ser o suficiente para muitas cenas. Você cria uma árvore sempre verde e uma caduca, que têm uma baixa contagem de polígono, distribuem sombras decentes e podem ser vistas de qualquer ângulo.

De novo, enfatizo o tema da maior parte de modelagem neste livro: eficiência. Com muita freqüência, prazos e orçamentos não são atingidos porque as cenas têm detalhes de modelagem desnecessários. Isto é especialmente verdadeiro em grandes cenas externas, com distribuição de sombra de luz solar.

Uma eficiente árvore sempre verde usando Array

Na criação de uma árvore sempre verde eficiente, você usa a ferramenta Array para posicionar os galhos da árvore em torno do tronco. Com a contagem baixa de polígono como objetivo, a modelagem é mantida extremamente simples, começando com um Plane e um objeto primitivo Cone. O Exercício 5.5 o encaminha através das etapas.

Exercício 5.5
Criação de uma árvore sempre verde de polígono baixo

1. Abra o arquivo chamado Ch05_Evergreen91.max do CD-ROM. A partir do menu pull-down File, escolha Save As, indique para um subdiretório apropriado em seu disco rígido e use o botão de sinal de adição para salvar um novo arquivo, com o nome aumentado para Ch05_Evergreen02.mx. A cena contém um Cone e Plane primitivo. O Cone foi ajustado para o segmento de altura 1 e 5 lados no painel Modify, para uma contagem de face de 20, a partir de um padrão de 288 faces.

Atenção

Para os vértices serem unidos, você precisa liberar dentro de quatro pixels do vértice-alvo. Fazer zoom ou maximizar a viewport pode ajudar. Você pode verificar, selecionando todos os vértices e vendo se tem cinco selecionados, conforme relatado no painel Modify, rolagem Selection.

---

2. Na viewport Top, selecione Bough01, o plano chato na cena. Isto é editado em uma forma bruta de um ramo aberto ou enfeitado. Clique Bough01 com o botão direito e, a partir do menu Quad, escolha Convert To, Convert to Editable Mesh. No painel Modify, vista Stack, expanda Editable Mesh e destaque Vertex a nível de sub objeto. No painel Modify, rolagem Edit Geometry, clique o botão Target na área Weld (veja a Figura 5.16). Na viewport Top, pegue e arraste o vértice superior esquerdo e libere quando sobre o vértice do centro, à esquerda. Repita o processo para o vértice inferior esquerdo e, de novo, para os vértices do lado direito. O resultado deve se parecer com a Figura 5.17.

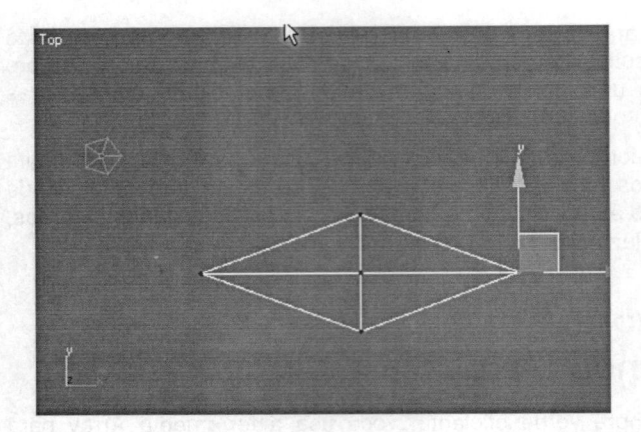

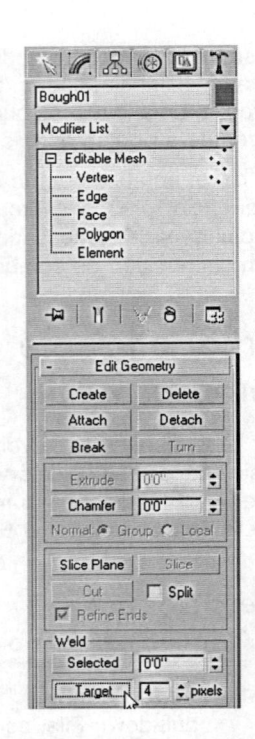

Figura 5.17 – *Pegue e arraste os vértices do canto esquerdo para unir ao vértice da parte central à esquerda e, depois, repita o processo do lado direito do Bough01. O resultado é um modo diamante, de quatro faces.*

3. Agora, mova os vértices, para criar uma forma de ramo. Na viewport Top, arraste uma janela de seleção em torno dos três vértices centrais verticais. Clique Select and Move e mova-os, usando o gizmo Transform, cerca de ¼ do caminho direto para a extremidade (veja a Figura 5.18).

4. Na viewport Front, mova o vértice à esquerda 4 pés para cima no eixo Y (use Offset Mode Transform Type-In) e mova o vértice à direita 2 pés para cima. É parecido com a Figura 5.19.

Figura 5.16 – *No modo Vertex de sub objeto, clique o botão Target, na área Edit Geometry, área Weld.*

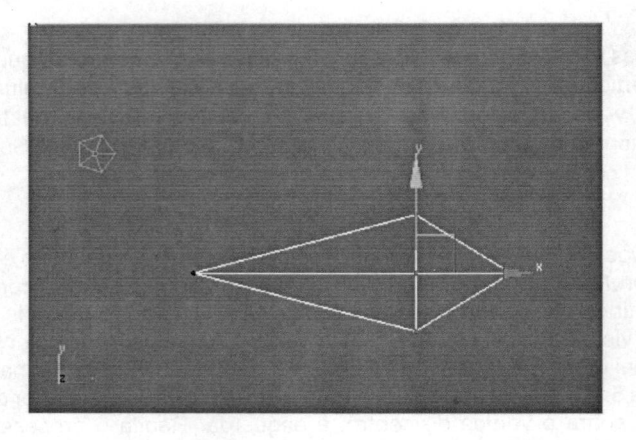

Figura 5.18 – *Mova os três vértices centrais verticais cerca de ¼ do caminho, direto para a extremidade.*

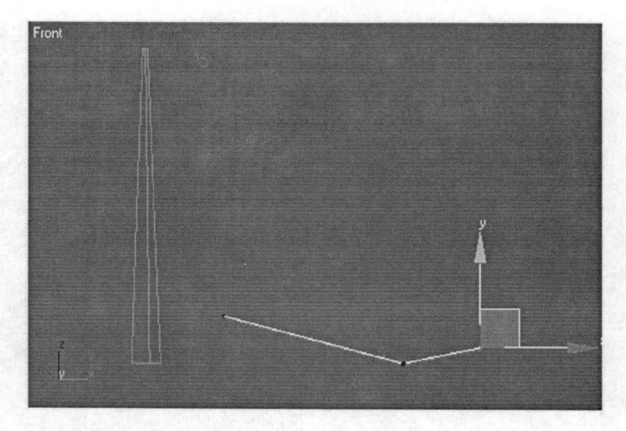

Figura 5.19 – Conforme visto na viewport Front, mova o vértice esquerdo 4 pés para cima, no eixo Y positivo e mova o vértice direito 3 pés para cima.

5. Na viewport Perspective, selecione o vértice no meio do objeto e, usando Transform Type-In, mova-o 2 pés para cima no eixo Z positivo. Agra o ramo se parece como na Figura 5.20. Na vista Stack, clique Editable Mesh para sair do modo de sub objeto.

6. Então, alinhe Bough01 a Trunk01, de modo que ele fique centralizado do lado direito, como visto a partir da viewport Top. Ative a viewport Top e assegure-se de que Bough01 esteja selecionado. Na barra de ferramentas principal, clique o botão Align e escolha Trunk01. Na caixa de diálogo Align Selection, marque Y Position e assegure-se de que Center esteja marcada para ambos, Current e Target Objects. Clique o botão Apply para ajustar o alinhamento e limpar as posições. Marque X Position e marque Minimum na coluna Current Object, e Maximum em Target Object. O alinhamento deve se parecer com a Figura 5.21. Clique OK para sair da caixa de diálogo.

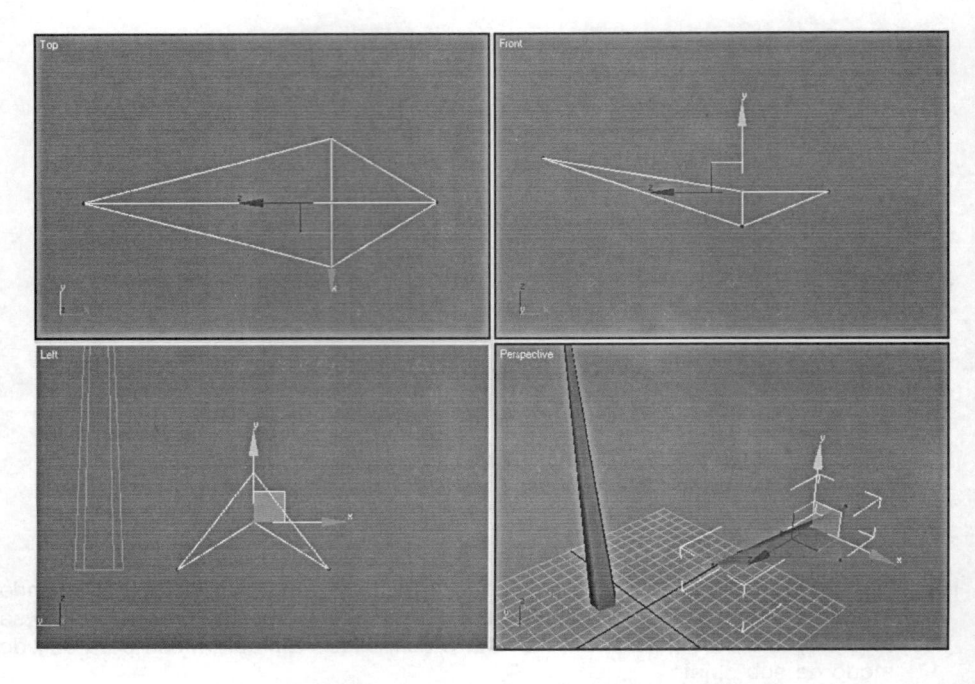

Figura 5.20 – *Na viewport Perspective, selecione o vértice no meio do plano e mova-o 3 pés no eixo positivo Z.*

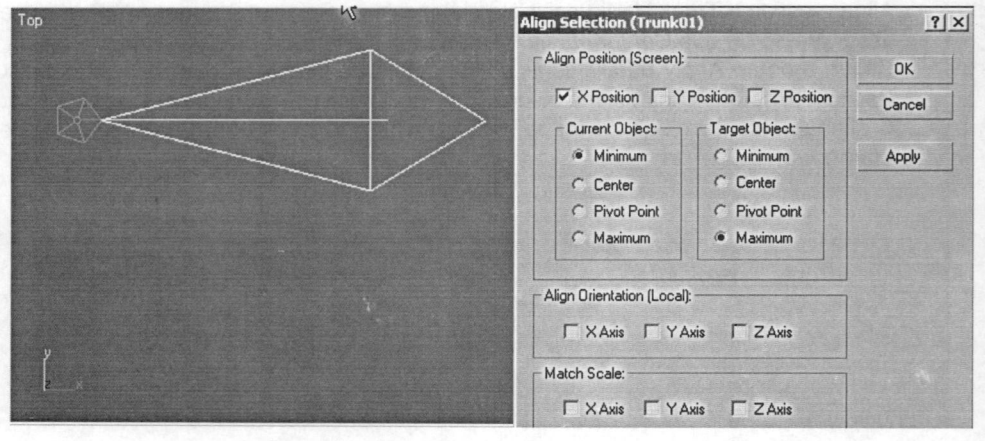

Figura 5.21 – *Em um alinhamento de duas etapas, posicione Bought01 à direita do centro de Trunk01.*

7. O comando Array é usado para fazer um array radial de ramos em torno da base do tronco. O array radial é em torno do ponto pivô do objeto, o qual, no caso de Bough01, é o centro geométrico do objeto. Você move o ponto pivô de Bough01 para o ponto pivô de Trunk01. No painel Hierarchy, rolagem Adjust Pivot, clique o botão Affect Pivot Only (afetar apenas o pivô) (veja a Figura 5.22). Você o alinha – não todo o ramo – ao tronco.

8. Na barra de ferramentas principal, clique o botão Align. Na viewport Top, escolha Trunk01. Na caixa de diálogo Align Selection, marque X Position e depois, marque Point Pivot e as colunas Current and Target. O tripé de pivô de Bough01 se move para o pivô de Trunk01 (veja a Figura 5.23). Clique OK para sair da caixa de diálogo Align Selection. No painel Hierarchy, rolagem Adjust Pivot, clique Affect Pivot Only para sair daquele modo.

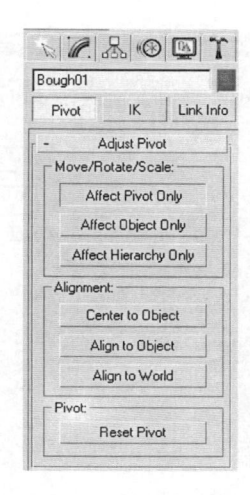

Figura 5.22 – Para alinhar o ponto pivô de um objeto, é preciso estar em Hierarchy, no modo Affect Pivot Only.

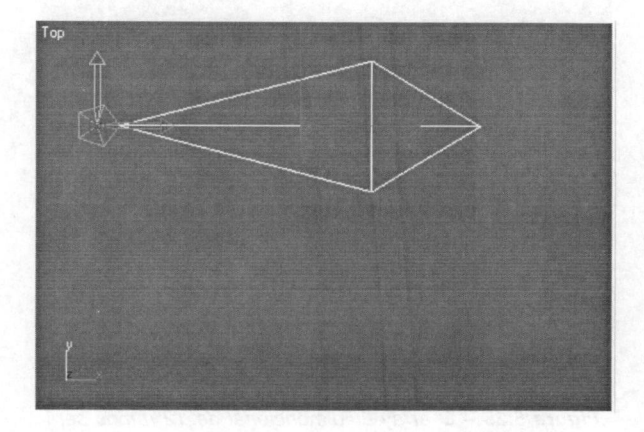

Figura 5.23 – Na caixa de diálogo Align, marque X Position e Point Pivot em ambas as colunas, para mover o pivô de Bough01 para o pivô de Trunk01.

9. No menu pull-down Tools, escolha Array. Esta pode ser uma caixa de diálogo um pouco intimidante, mas é bem simples e muito poderosa. Você cria um array radial com um total de 12 ramos, cada um 30 graus afastado do outro, no eixo Z. Na caixa de diálogo Array, entre com 30 no campo Incremental Z-axis Rotate (rotacionar aumento de eixo Z). Na área Type of Object, marque o botão de rádio Copy (mais tarde, você anexa todos os ramos a um único objeto) e, na área Array Dimensions (dimensões de array) entre com 12 no campo 1D Count (contagem em 1 dimensão) (veja a Figura 5.24). Clique OK e o resultado se parece com a Figura 5.25.

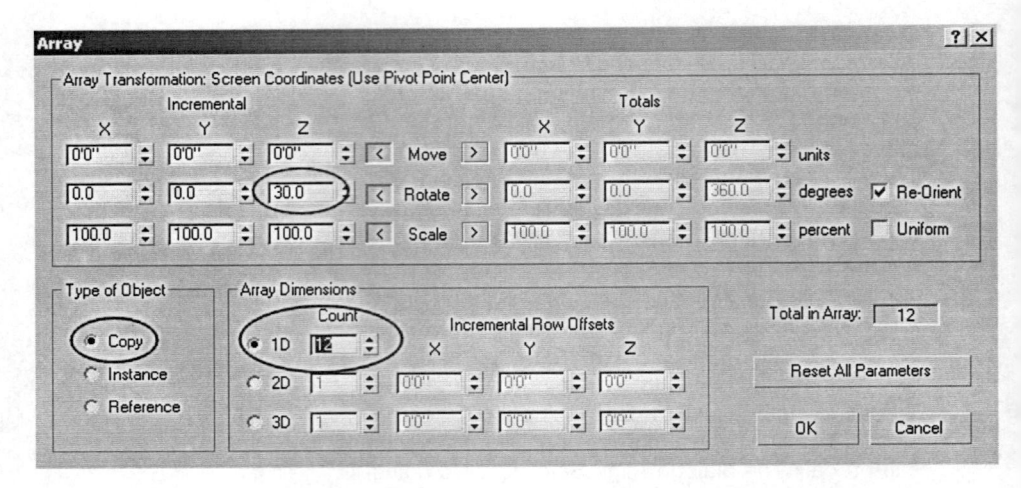

Figura 5.24 – *Na caixa de diálogo Array, entre com 30 no campo Z-axis Rotate, marque o botão de rádio Copy e entre com 12 no campo 1D Count.*

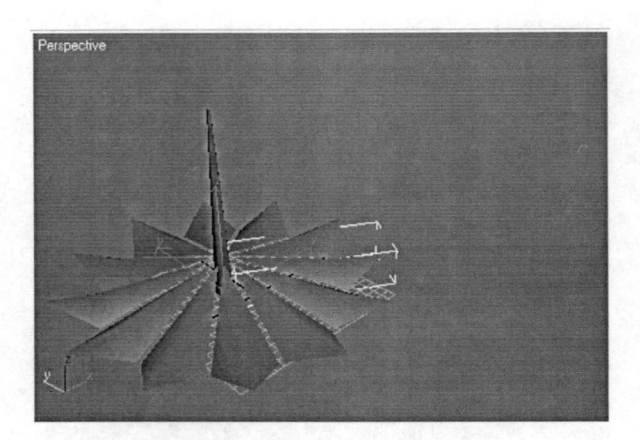

Figura 5.25 – *O array unidimensional de 12 ramos será igualmente espaçado em torno da base do tronco.*

10. No painel Modify, rolagem Edit Geometry, clique o botão Attach List. Na caixa de diálogo Attach List, destaque todos os objetos de ramo, tudo, exceto Trunk01 na lista. Clique o botão Attach, e eles se tornam um objeto, chamado Bough12.

11. Na próxima etapa, você faz um outro array, mas este incluirá configurações Rotate, Move e Scale, para criar um cone de ramos partindo do tronco, cada nível ficando menor em direção ao topo. Clique o botão Zoom Extents All para encher as viewports com todos os objetos. Clique com o botão direito na viewport Top, para ativá-la. No menu pull-down Tools, escolha Array. Na caixa de diálogo Array, entre com 1'10" no campo Incremental Z-axis Move e com 15 no campo Incremental Z-axis Rotate.

Nos campos Incremental Scale (aumento de escala), entre com 80 nos eixos X e Y, e com 95 no eixo Z. Entre com 10 no campo 1D Count (veja a Figura 5.26). Clique o botão OK. Para o resultado final, veja a Figura 5.27.

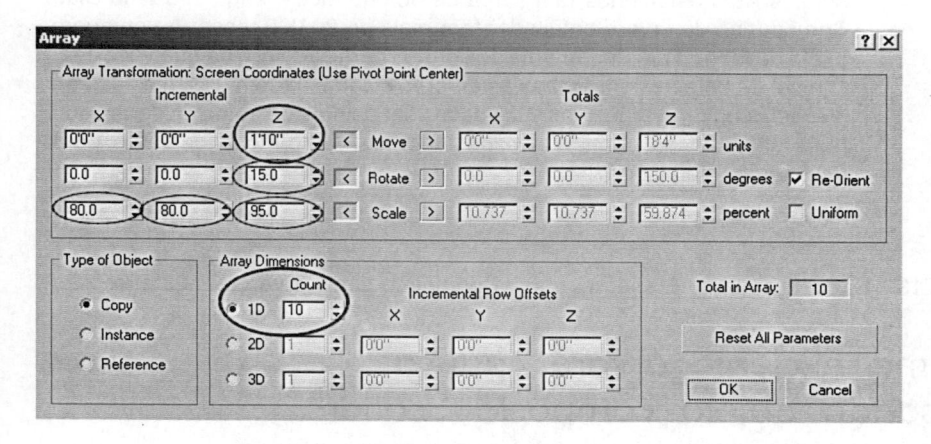

Figura 5.26 – *Este array moverá, girará e escalonará cada nível de ramos, para formar uma árvore em forma de cone.*

Figura 5.27 – *O array unidimensional resultando de ramos anexados terá 10 níveis de altura, cada nível girado em 15 graus e cada um ligeiramente menor em todos os três eixos.*

12. Com o ramo da extremidade superior ainda selecionado no painel Modify, rolagem Edit Geometry, clique Attach List, destaque todos os ramos na lista e clique Attach, para tornar todos os ramos apenas um objeto. No menu pull-down File, escolha Summary Info e você vê que a cena – isto é, a árvore sempre verde – contém apenas um total de 500 faces.

Nota

Um Scotch Pine (pinheiro escocês) criado com as ferramentas Foliage em objetos AEC estendidos tem cerca de 60.000 faces, enquanto uma Blue Spruce (tipo de árvore enfeitada) tem mais de 20.000 faces. A contagem exata de faces é aleatoriamente designada para cada árvore que você cria. O nível de detalhes em ambas as árvores é combinado muito mais alto do que esta sempre verde, mas você deve usar objetos de trama de densidade mais alta apenas quando o espectador estiver perto o bastante para precisar de detalhes.

13. Salve o arquivo. Ele já deve estar nomeado Ch05_Evergreen02.max.

Uma eficiente árvore caduca usando objeto composto Scatter

No Exercício 5.6, você cria uma árvore caduca de polígono baixo, usando uma nova ferramenta, chamada *scatter compound object* (objeto composto espalhado; distribuído) Ela permite que você crie uma única folha e a distribua aleatoriamente pela superfície de um objeto de distribuição – neste caso, a copa de uma árvore. Como no caso da árvore sempre verde, você aplica materiais a este objeto no Capítulo 7, que resulta em uma árvore mais convincente quando apresentada.

Exercício 5.6
Criação de uma árvore caduca em polígono baixo

1. Abra o arquivo chamado Ch05_Deciduous01.max do CD-ROM. A partir do menu pull-down File, escolha Save As, indique para um subdiretório apropriado em seu disco rígido e use o botão de sinal de adição para salvar um novo arquivo, com o nome aumentado para Ch05_Deciduous02.max. O arquivo contém um tronco criado por chanfrar, mover e girar os polígonos de um objeto poligonal editável e um objeto folha, que é apenas uma forma em 2D no formato de um triângulo.

2. Primeiro, você aprende sobre as ferramentas de polígono editável, que lhe permitirão suavizar Trunk01 para uma forma mais orgânica. Na viewport Perspective, selecione Trunk01. No painel Modify, rolagem Subdivision Surface (sub divisão de superfície), marque a opção Use NURMS Subdivision. Entre com 1 no campo Iterations, na área Display (veja a Figura 5.28). Clique com o botão direito Trunk01 e escolha Properties no menu Quad, para ver que o tronco suavizado tem 370 faces (mais do que você precisa para uma árvore de polígono baixo).

Dica

3ds max 6 tem um novo tipo de exibição, chamado Isoline Display, para simplificar o objeto na viewport. Você pode incapacitar isto para ver toda a trama na rolagem Subdivision Surface.

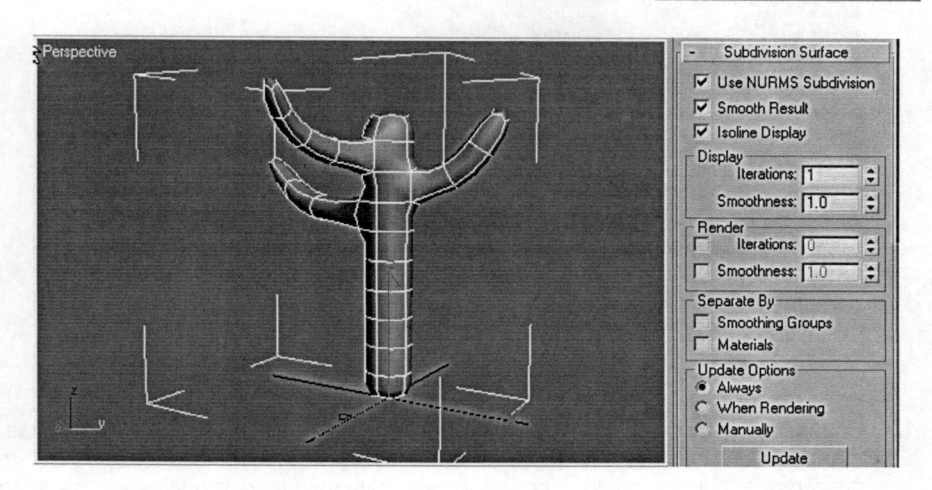

Figura 5.28 *– No painel Modify, rolagem Subdivision Surface, marque a caixa de verificação Use NURMS Subdivision e ajuste Iteration para 1.*

3. Clique com o botão direito Trunk01 e, no menu Quad, escolha Convert To, Convert to Editable Mesh. Clique com o botão direito e escolha novamente Properties e você vê que agora a trama editável tem 740 faces. A contagem de polígono de trama editável é uma que é exata ao calcular a eficiência de objetos. No painel Modify, Modifier List, escolha Optimize. A otimização reduz a contagem de face, combinando faces que têm um ângulo de 4 graus ou menos, em uma borda compartilhada. No painel Modify, rolagem Parameters, entre com 12 no campo Face Threshold (limite de face) da área Optimize. Isto reduz a contagem de face para 354, o que ainda é aceitável como um tronco de árvore (veja a Figura 5.29).

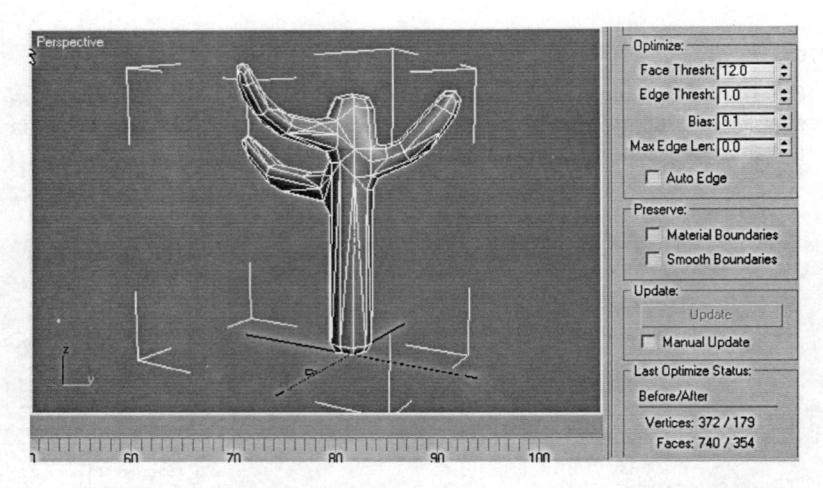

Figura 5.29 – Aplicar um modificador Optimize em Trunk01 e aumentar Face Threshold para 12 graus reduz a contagem de face para menos do que a metade, enquanto retêm um aspecto razoável.

4. Clique com o botão direito Trunk01 e converta-o a uma trama editável, através do menu Quad. Isto remove o excesso de código do modificador Optimize, mas preserva a contagem de face resultante, diminuindo o modificador de pilha e "cozinhando" os resultados (veja a Figura 5.30).

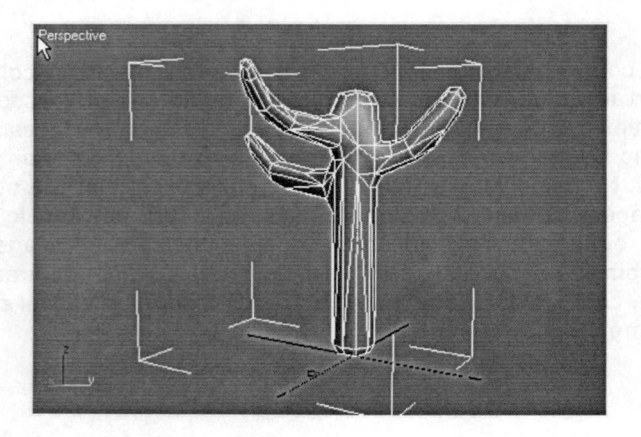

Figura 5.30 – Converter Trunk01 com o modificador Optimize a uma trama editável reduz o excesso de código matemático de otimização e cozinha o resultado, para um objeto de trama eficiente.

5. Salve o arquivo. Ele já está nomeado como Ch05_Decidious02.max.

Criação da copa de folhas

Você tem um tronco, mas ainda precisa de uma copa de folhas. No Exercício 5.7, você cria três esferas geométricas, une-as e transforma aleatoriamente a superfície, com um modificador Noise (ruído). O objeto resultante serve como um objeto de distribuição, sobre o qual você distribui folhas, no Exercício 5.8.

Exercício 5.7
Criação de um objeto de distribuição de copa para folhas

1. Abra o arquivo chamado Ch05_Deciduous02.max do CD-ROM ou do exercício anterior. A partir do menu pull-down File, escolha Save As, indique para um subdiretório apropriado em seu disco rígido e use o botão de sinal de adição para salvar um novo arquivo, com o nome aumentado para Ch05_Deciduous03.max.

2. Na viewport Top, crie três esferas geométricas e depois redimensione-as e mova-as para posicionar nas outras viewports, mais ou menos como na Figura 5.31.

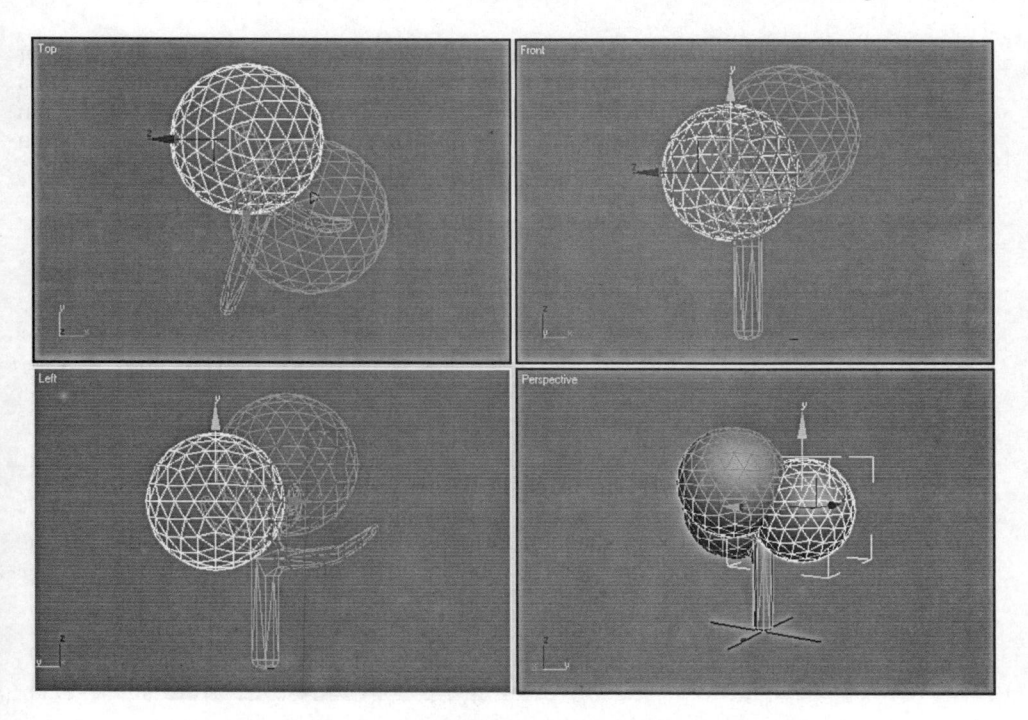

Figura 5.31 – Crie três esferas geométricas na viewport Top e depois redimensione-as e posicione-as, usando Select and Move nas outras viewports.

3. Clique com o botão direito qualquer esfera geométrica e, no menu Quad, converta-a a uma trama editável. Clique novamente com o botão direito e escolha Attach, a partir do menu Quad. Escolha cada uma das outras duas esferas geométricas para anexar a um único objeto. No painel Modify, rolagem Edit Geometry, clique o botão Atach para sair de tal modo.

Atenção

Tenha cuidado de não anexar Trunk01 às esferas geométricas. Se acidentalmente você anexá-lo, use o botão Undo, para voltar e tentar de novo anexar apenas as três esferas geométricas juntas.

Também, acostume-se a clicar o botão Attach, no painel Modify, para sair do modo Attach assim que tiver terminado de anexar objetos, para evitar acrescentar objetos indesejáveis.

4. Com o novo objeto esfera geométrica selecionado, vá para o painel Modify, Modifier List, e escolha Noise. Na rolagem Parameters, entre com 30 no campo Scale e 5 nos campos X, Y, e Z Strength. Isto tira aleatoriamente do lugar os vértices do objeto, em um máximo de 2.5 nas direções dos três eixos positivos e negativos (veja a Figura 5.32). Clique com o botão direito o objeto e converta para uma trama editável.

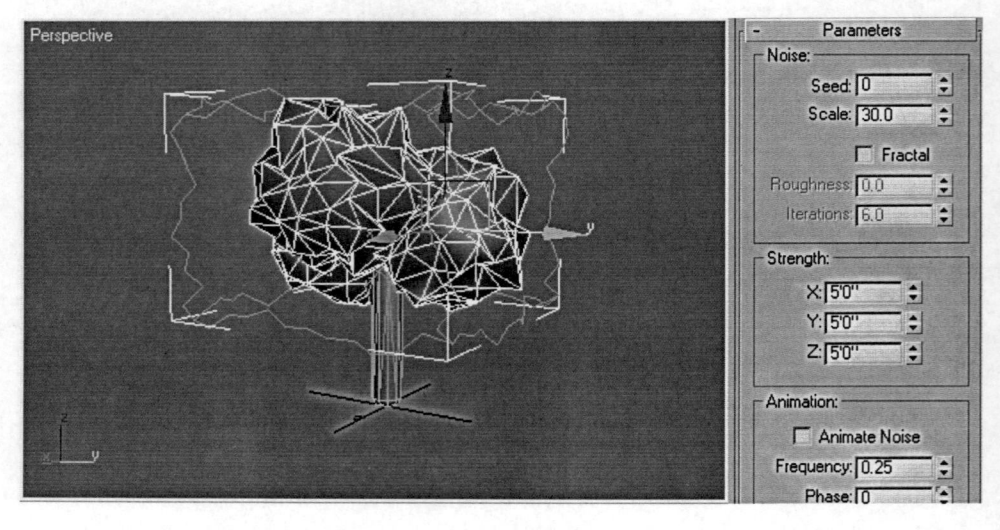

Figura 5.32 – Aplicar um modificador Noise e aumentar as quantidades de Strength aleatoriamente, desloca os vértices do objeto em um máximo de 2.5 pés em qualquer direção. O fator Scale ajusta o efeito quanto à densidade do objeto de trama.

5. Salve o arquivo; ele já deve estar nomeado como Ch05_Deciduous03.max.

Como criar
e distribuir folhas

Você tem um tronco e uma copa sólida, mas o que precisa é de folhas individuais que permitam à luz passar através e distribuir sombras convincentes.

Você tem um triângulo em 2D na cena que converterá a uma única face em 3D; não haverá espessura, mas será uma superfície visível.

Depois, você pega uma única face e a distribui pela superfície do objeto de distribuição criado no Exercício 5.7. O objeto composto de distribuição cria um novo objeto sobre o seu objeto de distribuição e espalha folhas sobre ele, como um alvo. Você oculta este novo objeto e remove o objeto de distribuição original, para ter as folhas suspensas no espaço.

Exercício 5.8
Como usar o objeto composto
de distribuição para duplicar uma folha no espaço

1. Abra o arquivo chamado Ch05_Deciduous03.max do CD-ROM ou do exercício anterior. A partir do menu File, escolha Save As, indique para um subdiretório apropriado em seu disco rígido e use o botão de sinal de adição para salvar um novo arquivo, com o nome aumentado para Ch05_Deciduous04.max.

2. Na viewport Perspective, selecione a forma primitiva 2D NGon chamada Leaf01. Clique com o botão direito e, no menu Quad, escolha Convert To, Convert to Editable Mesh.

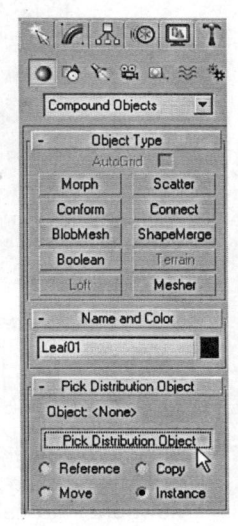

Figura 5.33 – No painel Create, painel Geometry, pressione Standard Primitives e escolha Compound Objects da lista. Clique Scatter na rolagem Object Type. Na rolagem Pick Distribution, pressione o botão Pick Distribution.

Dica

Converter formas em 2D a tramas editáveis permite que você crie todos os tipos de planos chatos, de simples a complexos.

---

3. Com Leaf01 selecionado, vá para o painel Create, painel Geometry, pegue Standard Primitives e escolha Compound Objects da lista. Clique Scatter na rolagem Object Type. Na rolagem Pick Distribution (pegar/escolher distribuição), pressione o botão Pick Distribution Object (veja a Figura 5.33).

4. Na viewport Perspective, pegue a copa de esfera geométrica destorcida. Ela parece mudar de cor, e Leaf01 se move de sua posição original. Na verda-

de, você está vendo um novo objeto, que é uma cópia do objeto de distribuição original, e Leaf01 se tornou parte deste novo objeto.

5. Na parte de baixo do painel Modify, expanda a rolagem Display e marque Hide Distribution Object (ocultar objeto de distribuição) (veja a Figura 5.34). A cópia do objeto de distribuição é ocultada e você vê a sua folha perto do alto da copa original.

6. Na barra de ferramentas principal, clique o botão Select Objects para sair do modo de criação Scatter. Na viewport Perspective, selecione o objeto copa e pressione Delete, para removê-lo. Agora você tem um tronco e uma folha no espaço (veja a Figura 5.35). A sua folha pode parecer de 2D, devido aos normais de face.

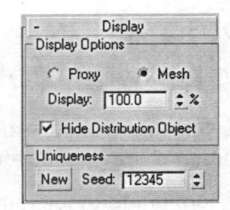

Figura 5.34 – Na parte de baixo do painel Modify, na rolagem Display, marque a opção Hide Distribution, para ocultar a nova cópia da copa.

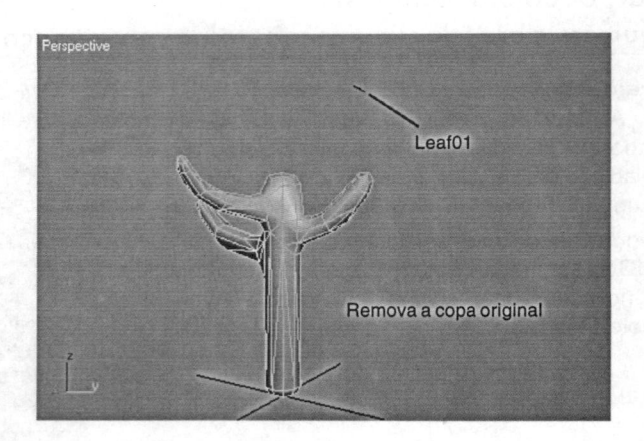

Figura 5.35 – Apague o objeto original de copa e fique com Leaf01 suspensa no espaço. Você pode não ver corretamente a sua folha, pois os normais de face estão indicando para longe de você.

7. Selecione Leaf01; você pode precisar usar Select by Name, pois objetos com normais de face indicando para longe de você não podem ser selecionados nas viewports. No painel Modify, rolagem Scatter Objects, entre com 2000 no campo Duplicates (duplicatas) da área Source Object Parameters (parâmetros de objeto fonte) e pressione Enter (veja a Figura 5.36). Agora, você tem 2.000 folhas (faces) espalhadas aleatoriamente sobre a superfície de distribuição oculta.

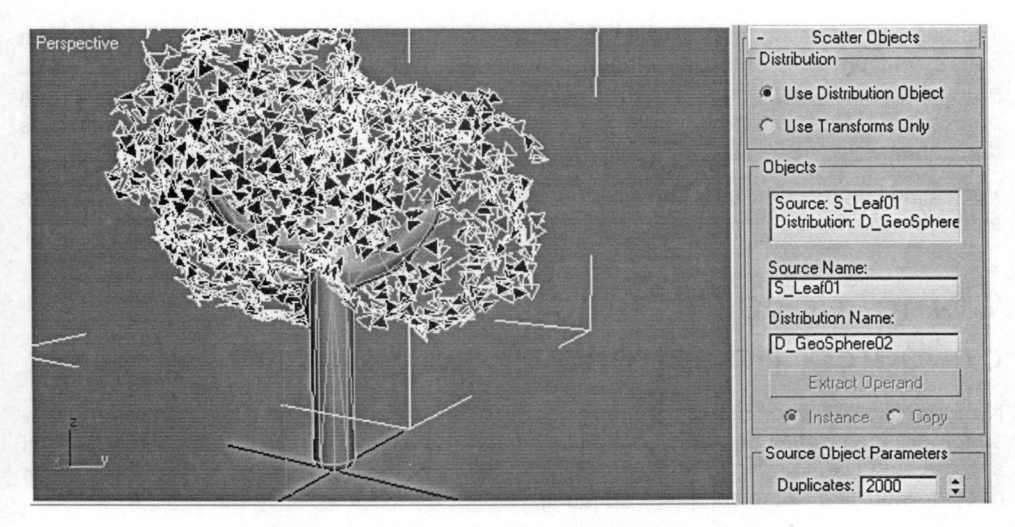

Figura 5.36 *– No painel Modify, rolagem Scatter Objects,*
entre com 2000 no campo Duplicates para uma copa de folhas.

8. Na rolagem Scatter Objects, entre com 15 no campo Vertex Chaos (caos de vértice) e pressione Enter. Isto move aleatoriamente vértices das folhas, para encher a copa e produzir folhas de tamanhos diferentes.

Nota

De novo, você não verá todas as 2.000 folhas, devido aos normais de face. Isto é corrigido no Capítulo 7, aplicando às folhas um material de dois lados.

9. Clique com o botão direito as folhas e converta-as a uma trama editável, no menu Quad. A matemática por trás de objeto distribuído editável ocupa uma quantidade grande de recursos do computador e converter, quando você tiver terminado todas as edições, reduz o código extra. Renomeie o objeto como Leaves (ele é um único objeto).
10. Salve o arquivo. Ele já está nomeado como Ch05_Deciduous04.max.

Como montar uma cena em um ambiente de colaboração

Nesta seção, você usa o objeto composto ShapeMerge (fusão/união de forma) para destacar novas bordas de uma rampa de barco no terreno criado no início do capítulo.

Também aprende algumas das opções disponíveis quando você está trabalhando com outros, em um ambiente de colaboração, onde membros diferentes ou equipes estão produzindo diferentes partes da cena que precisam ser combinadas em uma única cena para produção final. Você também aprende a respeito de novas capacidades com ferramentas de alinhamento. Você aprende a usar Merge e XRef a partir do menu pull-down File.

Você ainda aprende a usar um objeto composto de distribuição que oferece duplicatas aleatórias dentro de uma área restrita que você especifica.

Como destacar uma rampa de barco no terreno

No Exercício 5.9, você usa ShapeMerge para posicionar uma forma em 2D no terreno que se tornará uma rampa de barco para a sua cena de estaleiro. De novo, ShapeMerge projeta a forma em 2D em uma superfície em 3D para definir novas bordas e faces. As novas faces podem então ser selecionadas e editadas.

Exercício 5.9
Como usar ShapeMerge para posicionar uma rampa de barco no terreno

1. Abra o arquivo chamado Ch05_BoatRamp01.max do CD-ROM. A partir do menu pull-down File, escolha Save As, indique para um subdiretório apropriado em seu disco rígido e use o botão de sinal de adição para salvar um novo arquivo, com o nome aumentado para Ch05_BoatRamp02.max. Este arquivo é semelhante ao arquivo Ch05_Terrain04.max criado anteriormente no capítulo, e contém objetos de abóbada celeste, paisagem e água. Uma forma em 2D, chamada ramp_shape, foi acrescentada à cena, que definirá a posição de uma rampa de barco no terreno.

Dica

ShapeMerge pode se tornar mais confiável se primeiro você modificar a forma, diminuindo as configurações de interpolação a partir do padrão 6. A interpolação é o número de etapas intermediárias entre vértices de formas que definem a curvatura.

---

2. Na viewport Top, selecione Landscape. É o objeto terreno composto criado a partir de linhas de contorno. Clique-o com o botão direito e, a partir do menu Quad, escolha Convert To, Convert to Editable Mesh. Isto reduz a complexidade do objeto, tornando as seguintes etapas mais confiáveis.

3. No painel Create, painel Geometry, clique Standard Primitives (primitivos padrão) e escolha Compound Object da lista, se ainda não for o painel ativo. Na rolagem Object Type, clique o botão ShapeMerge.

4. No painel Create, rolagem Pick Operand (escolher/pegar operando), clique o botão Pick Shape. Na viewport Top, escolha o retângulo ramp_shape. A forma parece se tornar branca, mas na verdade, você está vendo novas bordas que estão sendo projetadas no objeto paisagem (veja a Figura 5.37). Na barra de ferramentas principal, clique o botão Select Object para sair do modo ShapeMerge.

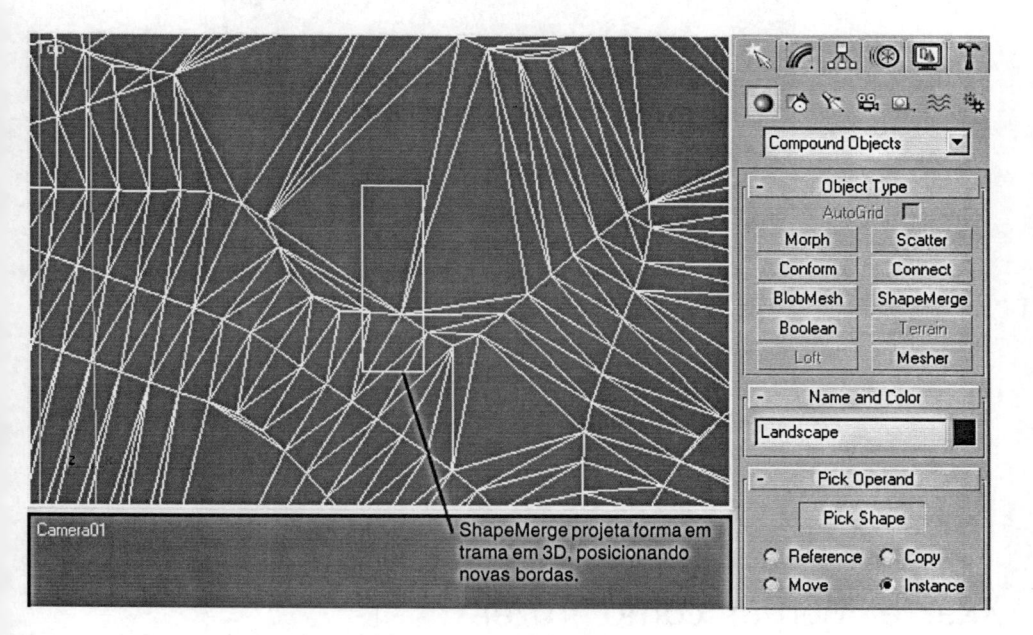

Figura 5.37 – N painel Create, Compound Objects, use ShapeMerge para projetar ramp_shape na trama de Landscape, para posicionar novas bordas e definir novas faces.

5. Clique com o botão direito Landscape e converta novamente para uma trama editável. Ela se tornou um objeto ShapeMerge na etapa 4. No painel Modify, vista Stack, expanda Editable Mesh e destaque o modo Polygon de sub objeto. Os novos polígonos criados por ShapeMerge são automaticamente selecionados. Na barra de ferramentas principal, entre com BoatRamp no campo Named Selection Sets e pressione Enter.

Dica

Criar um conjunto de seleção nomeada neste ponto é uma etapa importante, porque depois de desfazer a seleção de polígonos, pode ser difícil refazer a seleção deles.

6. No painel Modify, rolagem Edit Geometry, entre com –4 no campo numérico Extrude. Isto salienta as faces selecionadas para baixo e cria novos lados de faces para uma rampa de barco colocada na paisagem. No painel Modify, vista Stack, destaque Editable Mesh, para sair do modo de sub objeto (veja a Figura 5.38).

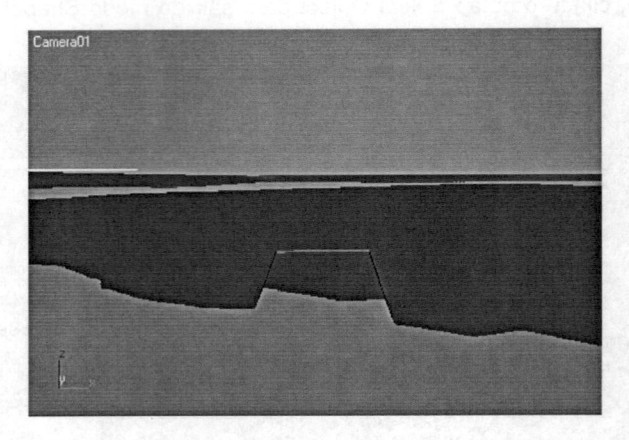

Figura 5.38 – *Salientar os polígonos recém-selecionados com uma quantidade negativa produz uma depressão de rampa de barco na paisagem.*

7. Salve o arquivo; ele já é chamado de Ch05_BoatRamp02.max.

XRef e Merge: como trazer objetos de outras cenas

Em capítulos anteriores você criou outras cenas que contêm prédios e barcos, que deseja usar em sua cena atual. Nesta seção, você aprende a usar objetos XRef para importar objetos de outras cenas, com um link de mão única com o arquivo original. Se abrir, editar e salvar os objetos originais no arquivo original, automaticamente eles se atualizam quando você abre a nova cena ou faz uma operação de recarga em um arquivo já aberto. Isto lhe permite colocar os objetos que outros possam estar construindo em sua cena, para referência, e mantê-los atualizados à medida que são alterados ou que detalhes são acrescentados à trama.

Objetos XRef têm uma marca de memória menor em sua cena do que no original, e lhe permitem exibir objetos proxy simples como contentores de lugar para objetos complexos, para mais eficiência de viewport. Porém, o objeto todo, não o proxy, sempre se apresenta, por padrão.

Atenção

Ainda que possa parecer que objetos XRef seriam sempre preferidos, existem peculiaridades, especialmente em cenas mais complexas. Se você começar a ter problemas com objetos XRef, é inteligente ligá-los na cena.

Unir objetos na cena, apenas importa os objetos como cópias do original, sem conexão com este.

Objetos XRef podem ser "ligados" para se tornar objetos unidos, quebrando assim a conexão com o original.

No Exercício 5.10, você monta alguns XRef e une outros a partir de arquivos anteriores, para aprender o processo fundamental e começar a preencher a sua cena de estaleiro.

Exercício 5.10
XRef e Merge: como trabalhar em colaboração

1. Abra o arquivo chamado Ch05_BoatRamp02.max do CD-ROM ou do exercício anterior. A partir do menu pull-down File, escolha Save As, indique para um subdiretório apropriado em seu disco rígido e use o botão de sinal de adição para salvar um novo arquivo, com o nome aumentado para Ch05_BoatRamp03.max.

2. No menu pull-down File, escolha XRef Objects. Na caixa de diálogo XRef Objects, clique o botão Add na área Add/Set (acrescentar/grupo). No CD-ROM, encontre Ch05_Skylight04.max e clique-o duas vezes na lista. Isto traz para a frente a caixa de diálogo XRef Merge, com uma lista de quaisquer objetos no arquivo. Destaque o objeto chamado Floor na lista (veja a Figura 5.39). Clique OK. O caminho e o nome de arquivo serão fornecidos no painel XRef Files (superior) e o objeto será relacionado no painel (inferior) XRef Objects. Clique o botão Close, para fechar a caixa de diálogo XRef Objects. O objeto está em sua cena, mas é possível que você não o veja, pois ele vem em seu ponto coordenado de criação, o qual pode estar longe de suas viewports.

Dica

Os objetos de XRef são selecionados como vêem no novo arquivo. Se você estiver em múltiplos objetos de XRef, é inteligente usar conjuntos de seleção nomeados para tornar a seleção posterior mais fácil. Mas com apenas um objeto, não é importante.

3.   Para posicionar o objeto próximo da rampa de barco, clique o botão Align na barra de ferramentas principal. Pressione H e clique duas vezes ramp_shape, na caixa de diálogo Pick Object. Na caixa de diálogo Align Selection, marque X, Y e Z Position, para alinhar a construção com a forma, centro com centro. Clique OK.

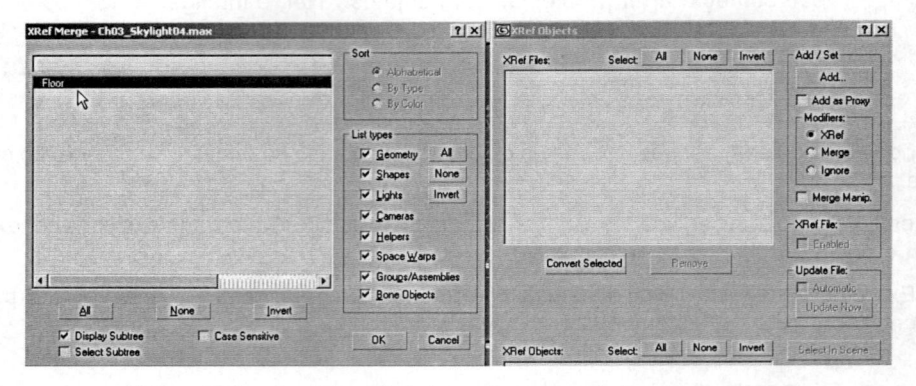

Figura 5.39 – Os objetos XRef permitem que você abra um arquivo existente e selecione objetos a partir daquele arquivo, para serem usados no arquivo atual. Um objeto XRef também retém uma conexão com o original.

4.   Clique e mantenha pressionado o botão Zoom Extents All e escolha o botão Zoom Extents All Selected a partir dos menus flutuantes. Há uma caixa branca no botão (veja a Figura 5.40) e zoom em todas as viewports para o(s) objeto(s) selecionado(s). Renomeie o objeto Big_Shed01.

Figura 5.40 – Use Zoom Extents All Selected para fazer zoom em todas as viewports no objeto ou objetos selecionado(s). Note que uma viewport Camera nunca será afetada por comandos de zoom.

5.   Mova Big_Shed01 para bem atrás da rampa de barco. Você pode precisar usar diversas viewports para consegui-la no lugar, e pode usar os cantos da caixa branca de ligação, na viewport sombreada Camera, para ter certeza que ela não está flutuante sobre a paisagem (veja a Figura 5.41).

6.   No menu pull-down File, escolha Merge. Encontre Ch03_Outbuilding04.max no CD-ROM. Na caixa de diálogo Merge, destaque todos os três objetos e clique OK. Na barra de ferramentas principal, entre com Outbuildings na janela Named Selection Sets e pressione Enter. Use Align para alinhar os novos prédios a Big_Shed01, usando um centro comum. Mova cada um dos três prédios para fora, para a esquerda do abrigo e use as caixas de ligação para garantir que eles não estejam flutuando acima da paisagem. Você pode ativar a viewport Camera01 e pressionar P para mudar para uma viewport Perspective, onde é possível dar zoom e balancear, para uma visão melhor.

Figura 5.41 – *Mova o Shed01, centralizado atrás da rampa de barco e use o canto da caixa branca de ligação para determinar quando o canto da frente à esquerda do abrigo está abaixo da superfície da paisagem.*

Nota

Este pode parecer um processo aborrecido. Requer tempo de prática para mover e alinhar objetos em diversas viewports e rapidamente se torna uma segunda natureza para você.

Dica

Ainda que você não possa mudar os parâmetros do objeto XRef nesta cena, é possível aplicar novos modificadores e editar o objeto com os modificadores. Porém, as mudanças neste arquivo nunca são passadas de volta ao original.

7. Selecione Out-building01. No painel Modify, destaque Rectangle, na vista Stack, e mude o tamanho para uma largura de 50 pés. Destaque Bevel, na vista Stack e mude Level 1: Height para 20 pés. Os objetos unidos retêm suas capacidades originais de edição. Ative a viewport Perspective, se você criou uma, e pressione C para voltar para a viewport Camera01. A cena deve se parecer com a da Figura 5.42. Os objetos unidos podem ser editados nesta cena. Para editar o objeto XRef, você precisa salvar este arquivo, abrir o arquivo original do prédio e editá-lo lá, e depois reabrir este arquivo para ver as mudanças.

8. Salve o arquivo. Ele já está nomeado Ch05_BoatRamp03.max.

Figura 5.42 – *Centralize os três novos prédios em Big_Shed01 e mova-os no lugar, ao longo da esquerda do abrigo. Troque de uma viewport Camera para Perspective e use os canos brancos da caixa de ligação para alinhar à superfície. Edite Out_building01 para mudar o tamanho.*

Dica

No menu pull-down File, também existe uma ferramenta Replace (substituir). Isto lhe permite abrir qualquer arquivo e substituir um objeto na cena atual, por um objeto que tenha exatamente o mesmo nome do arquivo aberto.

Novas ferramentas de alinhamento

Nesta seção, você une alguns novos objetos na cena e aprende um recurso da ferramenta Align, que girará objetos de modo que seus eixos estejam alinhados. Um exemplo de uso pode ser uma textura de luz que você tem em sua cena, que é girada em alguns ângulos e que precisa ser alinhada a uma luz em 3ds max. Com a ferramenta Align, você tem a opção de alinhar objetos, com base em seus sistemas de coordenas de referência locais. Depois dos eixos serem alinhados, o alinhamento, movimento ou rotação pode ser feito usando aquelas coordenadas locais.

No Exercício 5.11, primeiro você une uma rampa de barco e depois, em um barco completo. O barco tem um objeto pai chamado de dummy (fictício), o qual você alinha à rampa, de modo que o barco se encaixa corretamente.

Exercício 5.11
Alinhamento com base em eixos locais

1. Abra o arquivo chamado Ch05_BoatRamp03.max do CD-ROM ou do exemplo anterior. A partir do menu pull-down File, escolha Save As, indique para um subdiretório apropriado em seu disco rígido e use o botão de sinal de adição para salvar um novo arquivo, com o nome aumentado para Ch05_BoatRamp04.max.

2. No menu pull-down File, escolha Merge e encontre o arquivo chamado Ramp.max na pasta do Capítulo 5 no CD-ROM. Destaque Boat_ramp na caixa de diálogo e clique OK. A rampa foi pré-posicionada na frente do abrigo.

3. A partir do menu File, Merge, encontre USSArgamenticus.max, também nas pastas do Capítulo 5. Na caixa de diálogo Merge, na área de List de tipos à direita, limpe Lights e Cameras. Isto oculta estes tipos de objeto na lista. Escolha o botão All na parte de baixo da caixa de diálogo, para destacar todos os objetos na lista (veja a Figura 5.43). Clique OK.

4. Na barra de ferramentas principal, entre com Boat no campo Named Selection Sets e pressione Enter. Isto torna a seleção de objetos mais fácil da próxima vez. Você não quer alinhar os objetos selecionados à rampa, porque o centro de cada objeto ocupará a mesma posição e o barco ficará uma confusão. Todas as partes do barco foram vinculadas entre si com vínculo hierárquico, um sistema de filho, pai e ancestrais, sobre o qual você aprende mais no Capítulo 14, "Ajuste de chave de animação." Por ora, você só precisa saber que o "ancestral" do alto é um objeto auxiliar fictício, chamado Dummy_Master. Na barra de ferramentas principal, clique o botão Select by Name. Na caixa de diálogo Select Objects, marque Display Subtree (exibir sub árvore) na parte de baixo. Destaque Dummy_Master, perto do alto da lista e você vê que seus objetos "filho" estão recuados (veja a Figura 5.44). Clique o botão Select.

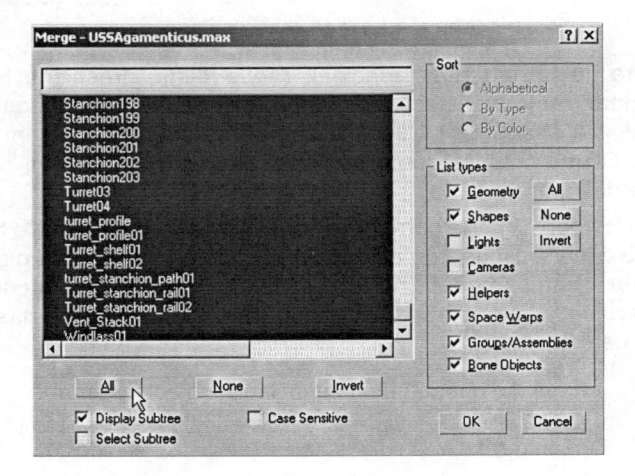

Figura 5.43 – Na caixa de diálogo Merge, é possível ocultar objetos na lista, por tipo de objeto, para facilitar as seleções. Clique OK para unir os objetos.

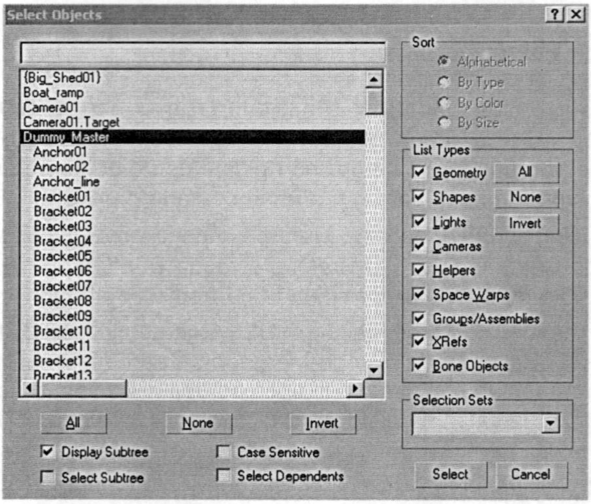

Figura 5.44 – *O vínculo hierárquico é indicado em listas de nome, quando Display Subtree é marcado. Objetos filho são recuados quanto a objetos pai.*

Nota

O conceito de vínculo filho-pai é simples: onde o pai vai o filho precisa ir junto; entretanto, o filho pode ter as suas próprias ações.

5. Na barra de ferramentas principal, clique Align, pressione H e clique duas vezes Boat_ramp na lista. Na caixa de diálogo Align Selection, marque X, Y e Z Position e assegure-se de que ambas as colunas estejam ajustadas para Center. Clique OK. Dê zoom no Boat_ramp e você vê que o barco fica nas laterais da rampa.

6. Ative a viewport Top. Na barra de ferramentas principal, clique o botão Select and Rotate e depois, clique Angle Snap Toggle, para ativá-la. Use o gizmo Transform para girar o barco 90 graus no eixo Z, de modo que a proa aponte na direção do abrigo (veja a Figura 5.45). Dê zoom para ver todo o barco nas viewports Top, Front e Left.

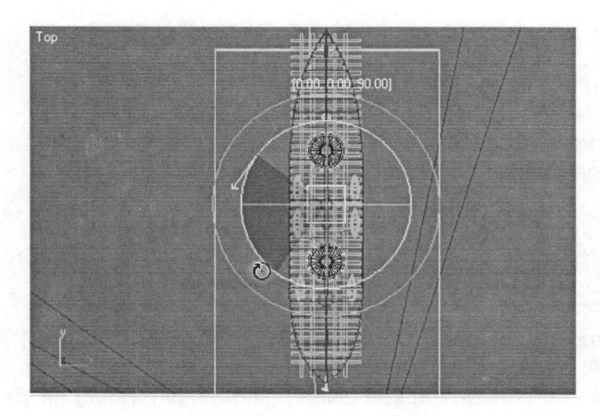

Figura 5.45 – Com Angle Snap alinhada, gire Dummy_Master 90 graus na viewport Top, para que a proa indique na direção do abrigo.

7. Agora o barco está centralizado sobre a rampa e a proa está apontada para a frente, mas a rampa se inclina para o cume enquanto o barco está horizontal. Com Dummy_Master selecionado, clique o botão Align e pegue Boat_ramp na viewport Top. Na caixa de diálogo Align Selection, marque a caixa de verificação Z-Axis, na área Align Orientation (orientação de alinhamento – local). O fictício e seus filhos tocam na viewport Left para se alinhar com o ângulo da rampa (veja a Figura 5.46). Clique OK.

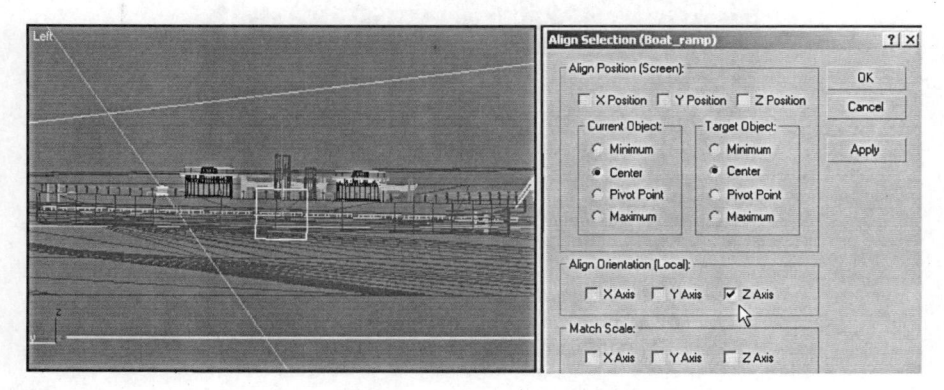

Figura 5.46 – Use as opções de Align Orientation (Local) para tocar o ângulo do barco (na verdade, o pai fictício), para combinar com a rampa. Tudo é baseado no eixo local.

8. Mova o barco para cima, na rampa, clique Select and Move e depois escolha View para a direita dos botões Transform, na barra de ferramentas principal e escolha Local, na lista. Na viewport Left, mova o Dummy_Master pelo seu eixo Z local, até que a parte de baixo do barco pareça repousar na rampa.

9. Salve o arquivo. Ele já deve estar nomeado como Ch05_BoatRamp04.max.

Distribuição: com mais controle

No Exercício 5.12 você aprende a usar a distribuição para colocar árvores aleatoriamente, dentro de áreas controladas na cena.

Exercício 5.12
Distribuição apenas em faces selecionadas

1. Abra o arquivo chamado Ch05_BoatRamp04.max do CD-ROM ou do exercício anterior. A partir do menu pull-down File, escolha Save As, indique para um subdiretório apropriado em seu disco rígido e use o botão de sinal de adição para salvar um novo arquivo, com o nome aumentado para Ch05_BoatRamp05.max.

2. Na viewport Top, selecione Landscape. No painel Modify, vista Stack, destaque o sub objeto Polygon. Na viewport Top, selecione os dois triângulos mostrados na Figura 5.47. Na vista Stack, destaque Editable Mesh, para sair do modo de sub objeto.

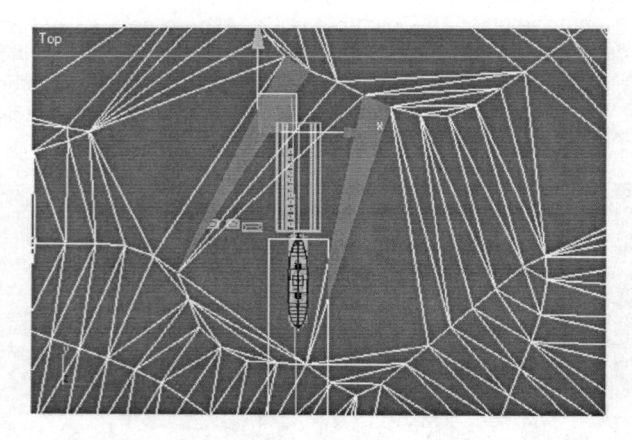

Figura 5.47 – No modo Polygon de sub objeto, selecione as duas faces mostradas em qualquer lado do abrigo. Use a tecla Ctrl para acrescentar a um conjunto de seleção.

3. No menu pull-down File, escolha Merge. Encontre o arquivo chamado Tree.max no CD-ROM. Na caixa de diálogo Merge, destaque Evergreen01 na lista e clique OK. Uma árvore sempre verde, que é um único objeto com os ramos e o tronco anexados, é unida na cena. Você pode não ser capaz de vê-la.

4. No painel Create, rolagem Object Type, clique Scatter. Na rolagem Pick Distributin Object, clique o botão Pick Distribution Object e, na viewport Top, escolha Landscape. O objeto Landscape deve parecer mudar de cor na viewport Camera sombreada. Na rolagem Display, marque Hide Distribution Object. Na rolagem Scatter Objects (distribuir objetos), entre com 50 no campo Duplicates e pressione Enter. Isto distribui 50 árvores através da paisagem, de modo que você pode ver algumas delas mostradas em suas viewports. Pode haver também alguma rotação inesperada, conforme mostrado na Figura 5.48.

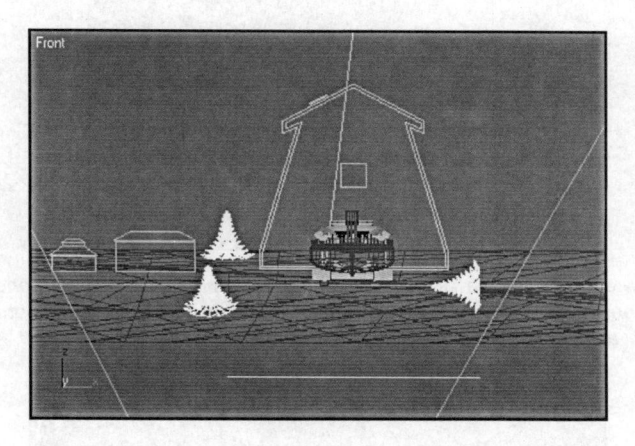

Figura 5.48 – A distribuição de 50 árvores sempre verdes através de uma grande paisagem simula uma floresta esparsa, e algumas das árvores têm rotações estranhas.

5. Na rolagem Scatter Objects, área Distribution Object Parameters, limpe a caixa de verificação Perpendicular. Isto garante que todas as árvores estão verticais e não perpendiculares quanto à face em que estão. Na área Distribution Object Parameters, marque a opção Use Selected Faces Only (veja a Figura 5.49). Isto distribui as 50 árvores através do último conjunto de seleção, ao invés de por todo o objeto.

6. Na rolagem Transforms, área Scaling, entre com 50 no campo Z e pressione Enter. Isto escalona aleatoriamente as árvores a um máximo de 25 por cento para mais altas e mais baixas (veja a Figura 5.50).

7. Clique com o botão direito as árvores e converta para uma trama editável, para reduzir o excesso de código. Só faça isto quando souber que você terminou de editar a distribuição.

8. Salve o arquivo; ele já deve estar nomeado como Ch05_BoatRamp05.max.

Figura 5.49 – *Na área Distribution Object Parameters, limpar Perpendicular endireita as árvores e marcar Use Selected Faces Only distribui as duplicatas apenas no último conjunto de seleção de faces.*

Figura 5.50 – *Entrar com 50 no campo Scaling de eixo Z aplica escalonamento aleatório entre mais de 25 por cento e menos de 25 por cento na altura original.*

Resumo

Criar terrenos relativamente exatos não precisa ser difícil. Neste capítulo, você aprendeu um método pelo qual traçou as linhas de contorno de um mapa topográfico, que foi usado em max como uma imagem de fundo. Você aprendeu a controlar a relação entre eixos do mapa, para evitar distorções nas viewports alteradas e para determinar o tamanho de um recurso de mapa, que pode ser combinado com um objeto na cena, para ajustar um fator de escalonamento.

Você aprendeu a mover as linhas de contorno para a elevação adequada, com base em um esquema de nomeação e a suavizar as formas com o modificador Normalize Spline. Usar objeto composto de terreno resulta em uma superfície que pode ser facilmente reconhecida como um mapa topográfico de terreno.

Depois, você criou e ajustou um objeto de abóbada celeste, e aprendeu a usar XRef e unir objetos a partir de outros arquivos. O comando ShapeMerge lhe permitiu posicionar áreas em superfícies que pudessem ser editadas – neste exemplo, uma rampa de barco – e aprendeu a colocar objetos no espaço com ambos, uma ferramenta Array e o objeto composto de distribuição.

O resultado é um estaleiro, completo, com o barco de ferro fundido, nos aterros da Seavey Island, no Rio Psicataqua, na costa de Maine e New Hampshire.

Alguns dos tópicos cobertos neste capítulo incluem os seguintes:

- **Configuração de uma escala a partir de mapas de fundo** - Você aprendeu a traçar um mapa de fundo e reter a escala para a modelagem de terreno relativamente exata.

- **Objeto composto de terreno** – Exercícios mostraram como converter linhas de contorno em tramas de paisagem.

- **Normalize Spline** – Você aprendeu como usar este modificador para controlar a colocação de vértice em formas em 2D.

- **Abóbada celeste** – Você aprendeu a criar um hemisfério que aceita mapas para simular o céu em cenas externas.

- **ShapeMerge** – Você aprendeu a cortar novas bordas em objetos de trama com formas em 2D para definir novos limites de modelagem ou de material.

- **Objeto composto de distribuição** – Você aprendeu a fazer árvores eficientes, de polígono baixo, e a distribui-las em cenas de paisagem de grande escala.

- **Objeto XRef** – Como foi ensinado neste capítulo, objetos de referência cruzada de outros arquivos unem o objeto em uma cena atual com uma edição de conexão de mão única, do original para a referência.

CAPÍTULO 6

Iluminação externa fundamental com luzes padrão

Neste capítulo

Neste capítulo, você aprende a iluminar a cena de estaleiro construída no Capítulo 5, "Criação de um terreno convincente," para simular o brilho da luz solar. Você usará o tipo de iluminação de luzes padrão, junto com o apresentador padrão Scanline (linha digitalizada) de 3ds max 6.

As luzes padrão são rápidas, com um mínimo de excesso de código matemático para processar. Entretanto, diferente de luzes fotométricas, sobre as quais você aprenderá no Capítulo 12, "Iluminação fotométrica: cálculo projetado de luz," não há retorno de luz da superfície de objetos, como há no mundo real.

Ao invés de abordar a iluminação com luzes padrão como um fenômeno físico, pode ser melhor pensar nela como "pintando com luz." Você é um artista, que deseja pintar as suas superfícies com luz, para conseguir os valores de luminosidade que resultam em uma imagem convincente. É assim também como um estúdio de filme é iluminado. Ao invés de se basear em luz natural, os engenheiros colocam luzes na cena – a posição, intensidade e cor nada têm a ver com o mundo real, mas evocam emoções dos espectadores, com base em princípios artísticos.

Algumas das ferramentas e processos sobre os quais você aprende neste capítulo incluem os seguintes:

- **Sunlight System** (sistema de luz solar) – Consistindo de uma bússola de rosa-dos-ventos e uma luz direcional, o Sunlight System pode ser exatamente ajustado para a data, o horário e a posição do sol em qualquer localidade na terra.

- **Exclude/Include** (excluir/incluir) – Este é um recurso de luzes 3ds max 6 que lhe permite determinar quais objetos na cena a luz afeta, para melhor controle de iluminação. Claro que isto não é possível no mundo real.

- **Luzes de preenchimento** – Você aprende a colocar luzes na cena externa, para simular o efeito de luz natural que retorna na atmosfera e das superfícies.

- **Sombras** – Você aprende a ajustar as sombras sendo distribuídas pelos objetos em outros objetos. Isto é muito importante para dar peso a objetos na cena.

- **Iluminação da abóbada celeste** – Você aprende a iluminar a abóbada celeste, independente dos outros objetos na cena, para um efeito mais convincente.

Termos-chave

- **Raytrace** (traço de raio) – Neste caso, raytrace se refere às sombras calculadas por atirar amostras de raio em objetos a partir de fontes de luz, para determinar as bordas de sombras.

- **Hotspot/beam** (área de tensão/facho) – Uma área de luz a partir de uma fonte que tem toda a iluminação baseada na intensidade na fonte.

- **Falloff/field** (recuo; diminuição/campo) – Uma área de luz, lateralmente fora da área de tensão, onde a luz diminui em força. Fora do recuo, não há luz.

- **Overshoot** (superexposição) – A habilidade de uma luz direcional (distribuição de luz dentro de um cilindro) ou spotlight (holofote; refletor) (distribuição de luz dentro de um cone) para simular o efeito de uma luz total (em todas as direções).

- **Ângulo de incidência** – O ângulo em que uma luz atinge uma superfície determina a sua intensidade na superfície. A luz atingindo perpendicularmente uma superfície é de intensidade total.

- **Graduação** – A quantidade de luz diminui em força em função da distância da fonte.

O Sunlight System

Como mencionado anteriormente, o Sunlight System consiste em uma bússola de rosa-dos-ventos para posicionar, e uma luz direcional que age como a fonte solar.

Em 3ds max 6, uma luz direcional distribui luz a partir da fonte dentro de dois cilindros: os cilindros de área de tensão e de diminuição. O cilindro interno de área de tensão tem luz de intensidade total. A luz dentro da área entre os cilindros de área de tensão e de diminuição externa diminui de uma maneira linear. Não há luz fora do cilindro de diminuição. Também não há sombras calculadas fora do cilindro de diminuição.

Entretanto, há uma opção que é marcada para luzes direcionais no sistema Sunlight, chamada *overshoot* (superexposição), que leva a luz a emanar da fonte de luz em todas as direções. Para eficiência, a superexposição se mostra útil para controlar a área que distribui sombras enquanto ainda tem alguma luz nas áreas externas.

A vantagem de iluminar cenas externas com um sistema Sunlight é apressar a apresentação. O tempo de configuração pode ser um pouco mais longo do que a alternativa (Daylight System [sistema de luz do dia] com apresentação de resplandecência), mas os tempos de apresentação tendem a ser mais rápidos.

Como colocar um sistema Sunlight em uma cena externa

No Exercício 6.1, você aprende a colocar o sistema Sunlight em sua cena e a ajustá-lo para a data, horário e localização adequados. Aprende a respeito de alguns ajustes importantes nas configurações padrão do sistema Sunlight, o que pode tornar o seu uso bem confuso para usuários iniciantes.

Exercício 6.1
O sistema Sunlight

1. Abra o arquivo chamado Ch06_Sunlight01.max do CD-ROM. A partir do menu pull-down File, escolha Save As, indique para um subdiretório apropriado em seu disco rígido e use o botão de sinal de adição para salvar um novo arquivo, com o nome aumentado para Ch06_Sunlight02.max. A cena é, basicamente, a criada no Capítulo 5 com a ilha, rio e estaleiro; o ângulo de câmera mudou para uma vista mais próxima, mais baixa; e os objetos receberam uma cor cinza. Há uma iluminação padrão nas viewports, que serão desativadas quando você acrescentar as suas próprias luzes.

Atenção

Não clique Daylight System na rolagem Object Type. Daylight usa luzes fotométricas, que não funcionam com a apresentação Scanline padrão. Você aprenderá mais sobre luzes fotométricas no Capítulo 12.

---

2. Clique com o botão direito na viewport Top para ativá-la. É possível ver o retângulo ciano na frente da câmera. No painel Create, painel Systems, rolagem Object Type, clique o botão Sunlight (veja a Figura 6.1).

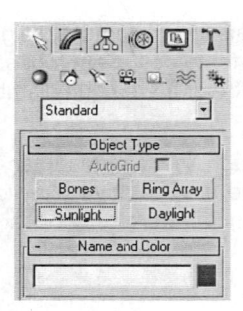

Figura 6.1 – O sistema Sunlight é encontrado no painel Create, painel Systems.

3. Na viewport Top, clique e arraste ligeiramente, a partir do grande abrigo perto da extremidade superior do retângulo, até ver aparecer uma bússola de rosa-dos-ventos. O tamanho da bússola de rosa-dos-ventos não é tão importante e, devido ao tamanho desta cena, ela pode desaparecer fora da viewport bem rapidamente. Libere o botão do mouse e empurre o mouse para a frente na almofada do mouse, para empurrar o objeto Sun01 para longe do centro de Compass01, até que ele esteja a cerca de dois terços do caminho, fora do objeto de abóbada celeste, como visto na viewport Left. Clique para ajustar a posição do objeto Sun01 (veja a Figura 6.2). O objeto Sun01 tem Ray Traced Shadows (sombras traçadas a raio) capacitada por padrão.

Aviso

O fundo padrão para 3ds max 6 é uma cor cinza médio (como são os objetos nesta cena). A bússola de rosa-dos-ventos também é cinza, o que dificulta ver. Mais importante é a posição do centro da bússola de rosa-dos-ventos, chamada Compass01; você pode selecionar Compass01 e modificar o tamanho da rosa-dos-ventos posteriormente, se quiser vê-la completamente na viewport.

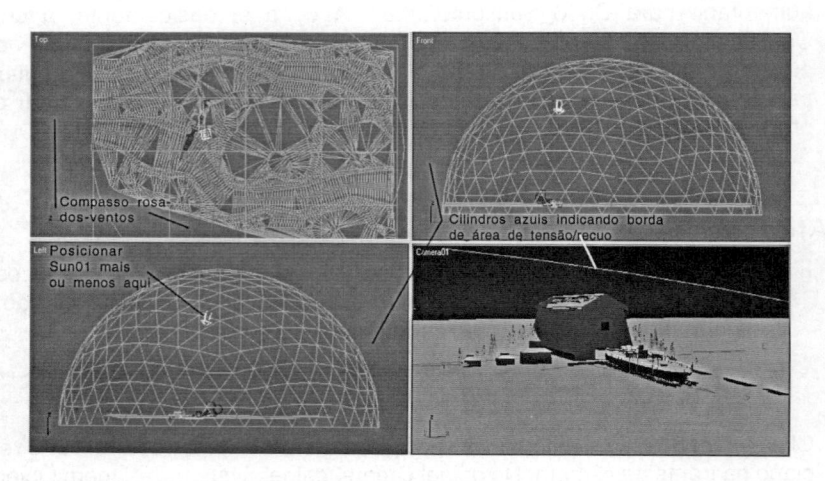

Figura 6.2 – Viewports mostrando Compass01 selecionado, aproximadamente centralizado no grande abrigo, na viewport Top e a posição de Sun01 na viewport Left.

4. Selecione Sun01 na viewport Top. Você vê um fino cilindro de luz azul a partir da fonte de luz para o centro da bússola. Na verdade, são dois cilindros, uma área de tensão de luz azul e um cilindro de diminuição azul mais escuro. No painel Modify, rolagem Directional Parameters (parâmetros direcionais), limpe a caixa de verificação Overshoot. No campo Hotspot/Beam, entre com 3000 e, no campo Falloff/Field com 3200 (veja a Figura 6.3). Isto é grande o bastante para iluminar as áreas visíveis de sua cena.

Atenção

Sombras traçadas a raio podem tomar um tempo considerável para calcular e apresentar, dependendo de coisas como a densidade da trama na cena e ajustes especiais de luz. Se você tiver uma máquina lenta, este arquivo pode demorar algum tempo para testes de apresentação. Com um P3 duplo de 650MHz com 384MB de RAM, por exemplo, a viewport Camera apresenta em pouco mais de 25 minutos.

Você pode querer evitar qualquer teste de apresentação até que tenham sido feitos alguns ajustes.

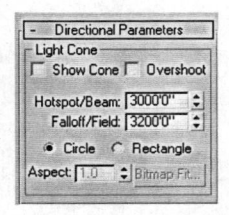

Figura 6.3 – Limpar a caixa de verificação Overshoot na rolagem Directional Parameters lhe permite ajustar os cilindros de área de tensão e de diminuição, para cobrir a área de sua cena que precisa ser iluminada pela luz solar direta.

Nota

Mudar os tamanhos de área de tensão e de diminuição para cobrir demais da cena pode causar um efeito prejudicial nos tempos de apresentação. Use apenas tamanhos que cubram as áreas necessárias de sua cena e não tenha uma área de tensão pequena com uma diminuição grande. A distância entre as duas afeta a suavidade da borda da área iluminada.

---

5. Clique com o botão direito na viewport Camera01, para ativá-la e, na barra de ferramentas principal, clique o botão Quick Render (Production) (apresentação rápida – produção) à extrema direita, para apresentar a viewport. O sol atinge o solo e distribui sombras, mas deixa muitas áreas, inclusive o céu, muito escuras, para preto. Esta é uma função do ângulo de incidência, com o qual a luz atinge a superfície (veja a Figura 6.4). Feche a Rendered Frame Window (janela de moldura apresentada).

6. Salve o arquivo. Ele já deve estar nomeado como Ch06_Sunlight02.max.

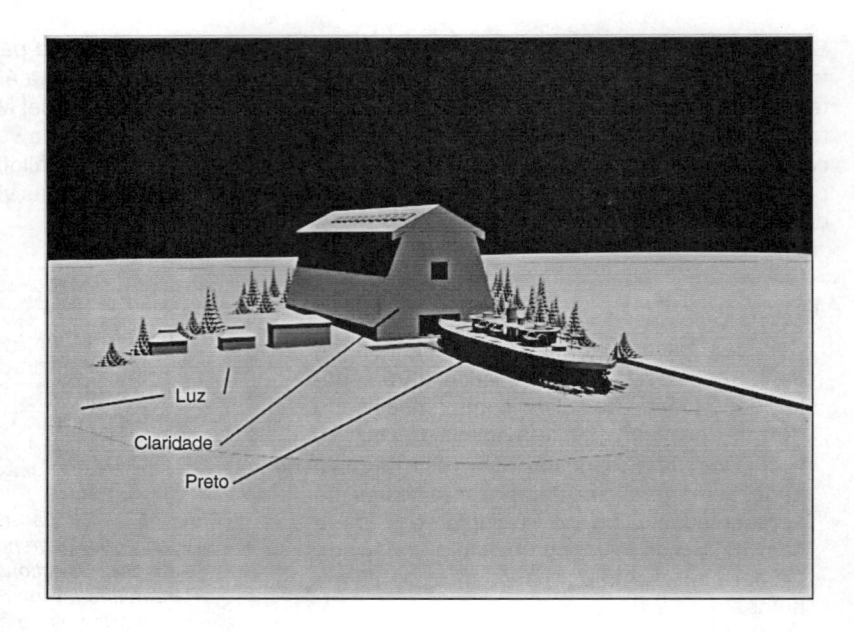

Figura 6.4 – *Um teste de apresentação mostra o solo brilhantemente iluminado, prédios escuros e um céu preto e áreas sombreadas. Isto é devido ao ângulo de incidência da luz na superfície. A superfície de solo é quase perpendicular à luz e, portanto, é a mais brilhante.*

O recurso Exclude – níveis mais altos de controle

No Exercício 6.2, você aprende a usar um recurso que lhe permite excluir objetos na cena, a partir do efeito da luz. Isto oferece um nível de controle de iluminação que vai além de qualquer coisa no mundo real.

Primeiro, pense no que você vê quando sai em um dia sem nuvens. O céu que você "vê" não é uma abóbada celeste com o sol brilhando; ao invés, é a luz solar sendo retornada na poeira e gotículas de água em nossa atmosfera. Como mencionado anteriormente, luzes padrão e apresentação de linha digitalizada não afetam o retorno de luz. Ao invés, você deseja que a abóbada celeste pareça ter a sua própria fonte de luz e não seja afetada, de modo algum, por Sun01.

Você também aprende a ajustar a posição da luz para um horário específico do dia, data e localização e depois, a excluir a abóbada celeste do sol. Se tentar selecionar o sol e movê-lo, nada acontecerá. Ele é posicionado por um controlador especial de animação que calcula a posição, usando uma entrada exata. Você mudará a posição do sol no painel Motion (movimento).

Exercício 6.2
Posição do sol e exclusão do céu

1. Abra o arquivo chamado Ch06_Sunlight02.max do CD-ROM ou do exercício anterior. A partir do menu pull-down File, escolha Save As, indique para um subdiretório apropriado em seu disco rígido e use o botão de sinal de adição para salvar um novo arquivo, com o nome aumentado para Ch06_Sunlight03.max.

Dica

Para cidades maiores, você pode escolher diretamente no mapa dos Estados Unidos para ajustar a localização. Também existem mapas de outros continentes. Para trabalho mais exato em localizações sem listagens, você pode entrar com a latitude e a longitude diretamente no painel Motion.

Também é possível usar uma configuração chamada North Direction (direção norte), a qual lhe permite ajustar a atual direção norte de sua cena.

---

2. Na viewport Left, selecione Sun01. No painel Motion, rolagem Control Parameters (parâmetros de controle), entre com 10 em Hours (horas), 0 em Mins (minutos) e 0 em Secs (segundos) nos campos numéricos para 10 horas da manhã. Ajuste a data para 2 em Month (mês), 28 em Day (dia), 2003 em Year (ano). Clique o botão Get Location (obter localização) e escolha Portsmouth NH a partir da lista (veja a Figura 6.5). Clique OK. O sol virá sobre o seu ombro direito, como visto na viewport Camera01, e é possível ver que a abóbada celeste, por trás do abrigo, agora está iluminada.

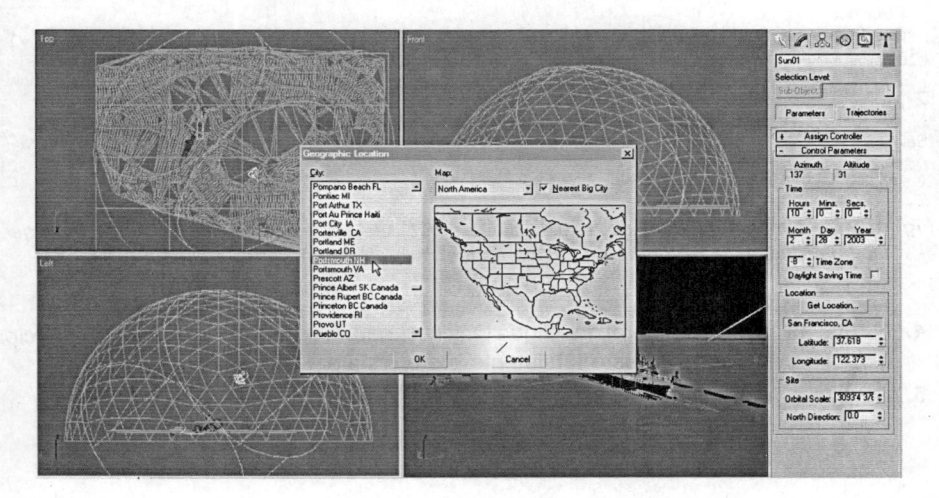

Figura 6.5 – Com Sun01 selecionado, o painel Motion ajusta o tempo para 10hs00 e a data para 28 de fevereiro de 2003. Clique o botão Get Location e escolha Portsmouth NH da lista.

3. Com Sun01 selecionado, vá para o painel Modify. Na rolagem General Parameters, clique o botão Exclude. Na caixa de diálogo Exclude/Include, destaque Skydome na coluna à esquerda e clique o botão de setas duplas direitas entre as colunas, para empurrar a abóbada celeste para a coluna do lado direito (veja a Figura 6.6). O objeto Sun01 já não afeta mais a iluminação ou as sombras do objeto de abóbada celeste. Clique OK

Dica

As viewports não respeitam configurações Exclude/Include, assim, nada mudará na exibição.

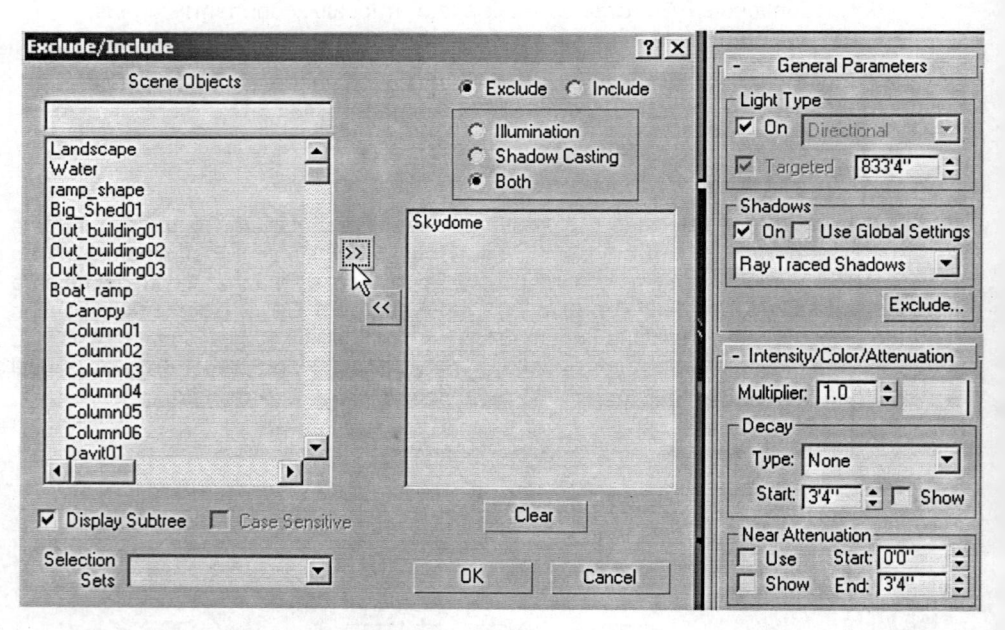

Figura 6.6 – *No painel Modify de Sun01, clique o botão Exclude. Na caixa de diálogo Exclude/Include, destaque Skydome na coluna esquerda e empurre-o para a coluna à direita.*

4. Ative a viewport Camera01 e clique Quick Render na barra de ferramentas principal. Você verá que o céu está totalmente preto (veja a Figura 6.7).

5. Salve o arquivo; ele já é chamado Ch06_Sunlight03.max.

Figura 6.7 – *Com o objeto abóbada celeste excluído de Sun01, pode não haver luz nele na imagem apresentada. Observe também as sombras maiores causadas pelo ângulo mais baixo de Sun01.*

Como acrescentar luzes de preenchimento para simular retorno de luz

Toda a luz nesta cena está vindo de uma fonte: a luz direcional Sun01. O lado sombreado de objetos é simples preto. Na verdade, a luz voltaria das superfícies à volta e elementos na atmosfera e "preencheria" a área sombreada com uma luz mais suave, mais fraca.

Em 3ds max 6, usando luzes Standard (padrão), você precisa simular aquele efeito, acrescentando luzes de preenchimento e ajustando a intensidade para valores que julgar adequados à sua visão artística.

Em filme e fotografia, luzes de preenchimento e refletores são muito usados para equilibrar as áreas claras e escuras. Pintores tradicionais com freqüência farão um "rascunho de valor", uma base de pintura em preto e branco, para ajustar os níveis de luminosidade ao equilíbrio que desejam.

Nesta seção, pequena porém importante, deste capítulo, você acrescenta luzes para equilíbrio.

Luzes de preenchimento: como ajustar os valores de luz

No Exercício 6.3 você aprende a colocar e ajustar duas luzes de preenchimento e a excluir a abóbada celeste a partir delas. Na cena mais complexa, pode haver muitas luzes de preenchimento para conseguir os níveis certos de contraste e equilíbrio, mas o que é uma decisão artística, não técnica, está além do escopo deste livro.

Exercício 6.3
Como acrescentar e ajustar luzes de preenchimento

1. Abra o arquivo chamado Ch06_Sunlight03.max do CD-ROM ou do exercício anterior. A partir do menu pull-down File, escolha Save As, indique para um subdiretório apropriado em seu disco rígido e use o botão de sinal de adição para salvar um novo arquivo, com o nome aumentado para Ch06_Sunlight04.max.

Dica

As luzes de preenchimento para uma cena externa devem ser colocadas longe do objeto que elas estão iluminando, para diminuir quaisquer efeitos do ângulo de incidência. Se as luzes estiverem muito próximas, você terá luz mais brilhante nas superfícies que são perpendiculares à fonte e isto pode causar um efeito sombreado através de sua cena.

2. Ative a viewport Top e dê um zoom para se afastar, para ver o espaço em torno de toda a sua cena. No painel Create, painel Lights, clique o botão Omni (total) na rolagem Object Type. Clique a viewport Top fora da abóbada celeste, à esquerda (a borda pode ser vista como um grande círculo cinza), cerca de 90 graus a partir do ângulo de Sun01 (veja a Figura 6.8).

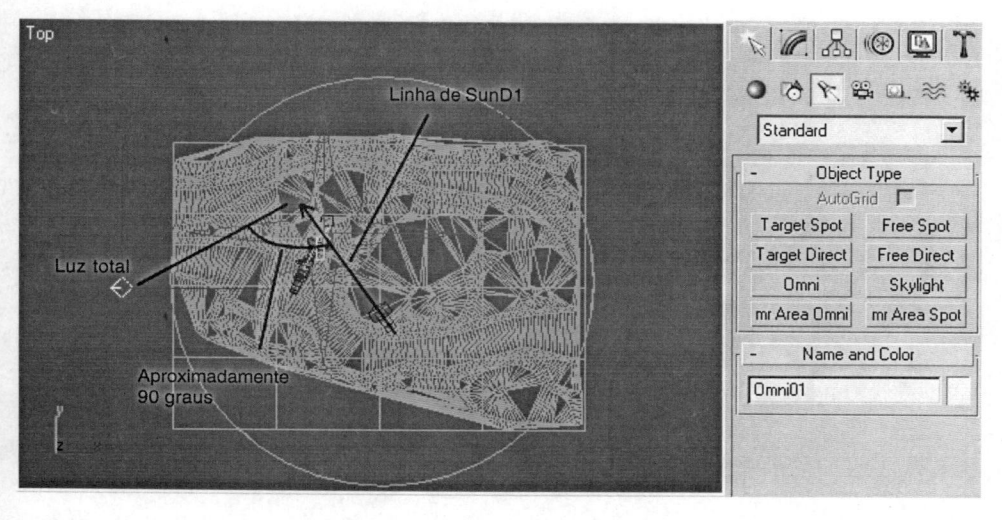

Figura 6.8 – Coloque uma luz total fora de sua cena e perpendicular à linha do objeto Sun01.

3. No painel Modify, rolagem Intensity/Color/Attenuation (intensidade, cor/suavização), entre com 0.6 no campo Multiplier (multiplicador) (veja a Figura 6.9). Isto reduz a intensidade da luz de preenchimento a 60 por cento daquela do objeto Sun01.

4. Na rolagem General Parameters, clique o botão Exclude e exclua a abóbada celeste desta luz. Também é importante que você não tenha Shadows marcada para luzes de preenchimento em cenas externas.

Dica

A distribuição de sombra de luzes totais pode ser muito cara em recursos de computador. Na verdade, uma luz total tem seis refletores com um algoritmo para limpar áreas se sobrepondo. Luzes totais demoram seis vezes mais para calcular sombras.

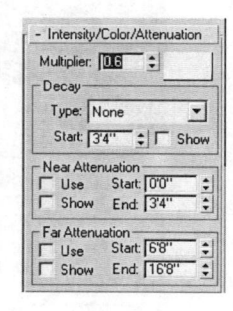

Figura 6.9 – Ajuste o valor Multiplier de Omni01 para 0.6 e a intensidade é de 60 por cento do Sun01 em superfícies, no mesmo ângulo de incidência.

5. Clique o botão Select and Move na barra de ferramentas principal, mantenha pressionada a tecla Shift e clone a luz como uma Copy, além da abóbada celeste e em alinhamento com a direção de Sun01 (veja a Figura 6.10). No painel Modify, rolagem Intensity/Color/Attenuation, ajuste Multiplier para 0.4. Às vezes, esta luz é conhecida como backlight (iluminação por trás) e o valor multiplicador pode ser aumentado para ajustar objetos fora de um fundo escuro. A abóbada celeste já está excluída no clone.

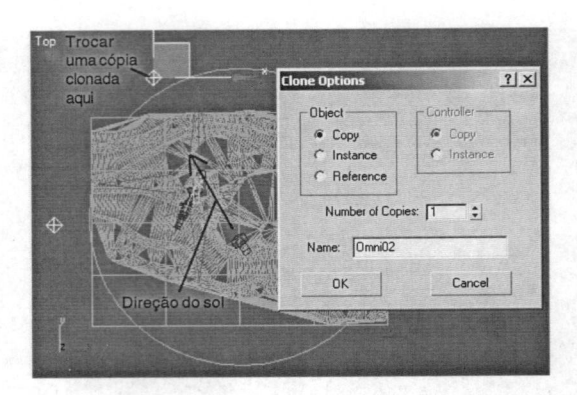

*Figura 6.10 – Mova Omni01 com a tecla Shift, para fazer um clone
Copy na linha com a direção de Sun01 e ajuste a intensidade para 0.4.
Às vezes, esta luz é conhecida como uma iluminação por trás).*

6. Ative a viewport Camera01 e clique Quick Render na barra de ferramentas principal. A cena tem uma luz mais equilibrada, que é especialmente perceptível no barco, abrigo e árvores. A paisagem e a água quase não são afetadas por estas luzes, devido ao ângulo extremamente baixo de incidência (veja a Figura 6.11).

*Figura 6.11 – Acrescentar luzes de preenchimento dá à cena um aspecto
mais equilibrado, que simula o efeito de retorno de luz de superfícies e na atmosfera.*

7. Salve o arquivo; ele já deve estar nomeado como Ch06_Sunlight04.max.

Otimização de sombra

Você modelou cuidadosamente o seu modelo quanto à eficiência, mas acrescentar luzes de distribuição de sombra aumentou consideravelmente os tempos de apresentação. Você também fez ajustes para otimizar os cálculos feitos por sombras de Sun01. O tipo padrão de sombras para o sistema Sunlight é o de sombras traçadas a raio. Um exemplo de raios é disparado da luz em superfícies, para calcular onde as bordas de sombras devem cair.

Nesta seção, você ajusta uma configuração que, praticamente com certeza, diminui a duração de apresentação consideravelmente e depois, você troca para um novo tipo de cálculo de sombra.

Max Quadtree Depth e sombras avançadas traçadas a raio

No processo de disparar raios da fonte de luz para superfícies em uma luz de sombra traçada a raio, 3ds max 6 usa uma configuração Max Quadtree Depth para determinar onde os raios devem ser disparados para serem mais efetivos. Você pode mudar esta configuração para um refinamento mais direcionado ou mais fino do processo. No Exercício 6.4, você aprende a ajustar o número para apressar a apresentação. Este nunca é um número determinado, mas varia de acordo com a densidade de objetos de trama e o tamanho total da própria cena, e você precisa experimentar, ajustando a partir do ajuste padrão de 7. A configuração máxima é 10, mas também é possível experimentar 8 e 9, para ver o que funciona melhor para qualquer determinada cena.

Nota

Pessoalmente, eu nunca encontrei, ou ouvi falar, de alguém se beneficiando de uma Max Quadtree Depth menor do que 7.

Você também aprende a mudar o tipo de sombra usado por Sun01 para mais otimização.

Exercício 6.4
Max Quadtree Depth e sombras avançadas traçadas a raio

1. Abra o arquivo chamado Ch06_Sunlight04.max do CD-ROM ou do exercício anterior. A partir do menu pull-down File, escolha Save As, indique para um subdiretório apropriado em seu disco rígido e use o botão de sinal de adição para salvar um novo arquivo, com o nome aumentado para Ch-6_Sunlight05.max.

2. Clique com o botão direito na viewport Camera01, para ativá-la, se ainda não estiver ativada, e clique o botão Quick Render na barra de ferramentas principal. Quando a cena for apresentada, observe o tempo de apresentação listado na barra de status (veja a Figura 6.12).

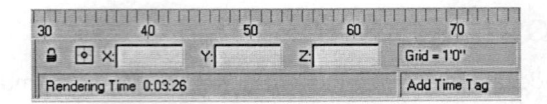

Figura 6.12 – *Depois de apresentar a viewport Camera01,*
observe o tempo de apresentação mostrado na barra de status.

3. Na viewport Left, selecione Sun01. No painel Modify, rolagem Ray Traced Shadow Params (parâmetros de sombra traçada a raio), entre com 10 no campo Max Quadtree Depth. Apresente novamente a viewport Camera01 e observe o novo tempo de apresentação. Para a minha máquina, ele caiu de 3m26s para 16s – uma assombrosa economia de tempo.

Nota

Eu fiz o teste para você e descobri que 10 é o mais rápido para esta cena em especial. Em suas próprias cenas, você também precisa comparar 8 e 9.

4. No menu pull-down Rendering, escolha RAM Player no fundo do menu. Na caixa de diálogo RAM Player, clique o botão de bule de chá à esquerda, chamado Open Last Rendered Image in Channel A (abrir a última imagem apresentada no canal A) (veja a Figura 6.13) e aceita as configurações padrão, clicando OK na caixa de diálogo RAM Player Configuration. Isto carrega a última imagem apresentada para vista. Não feche a RAM Player.

Figura 6.13 – *Carregue a última imagem apresentada*
no Channel A de RAM Player para vista.

5. Na rolagem General Parameters do painel Modify, clique Ray Traced Shadows e escolha Advanced Ray Traced a partir da lista (veja a Figura 6.14). Isto usa uma fórmula diferente para calcular o disparo de raio.

6. Ative a viewport Camera01 e clique Quick Render. O tempo de apresentação aumentou para 28s em minha máquina, mas a qualidade das sombras aumentou. Algumas bordas de sombras são perceptivelmente menos denteadas.

Figura 6.14 – No painel Modify, rolagem General Parameters, mude o tipo de sombra de Sun01 para Advanced Ray Traced.

7. Ative a caixa de diálogo RAM Player, que ainda está aberta em sua exibição, e clique o botão Open Last Rendered Image in Channel B (abrir a última imagem apresentada no canal B), do lado direito dos botões Channel A. Clique OK para aceitar a configuração padrão. Agora, você tem duas imagens, lado a lado, em RAM Player.

8. Clique e mantenha pressionado o botão do mouse em qualquer lugar em sua imagem e arraste o mouse para a frente e para trás. Setas em cima e em baixo da exibição acompanharão os movimentos do cursor. Você irá comparar as mudanças na qualidade de sombra das sombras traçadas a raio do lado esquerdo da localização do seu cursor e as sombras Advanced Ray Traced à direita, especialmente nas árvores e pequenas construções e na borda da paisagem e água.

Nota

Sombras de Ray Traced Shadows e Advanced Ray Traced geralmente são as melhores opções para cenas externas, com sombras sendo distribuídas por um sol onde as sombras terão bordas aguçadas. As sombras de Advanced Ray Traced podem ser ajustadas para uma borda mais suave, à medida que você vê em simulações de céu ligeiramente mais nublado.

9. Feche todas as caixas de diálogo e salve o arquivo. Ele já deve estar nomeado como Ch06_Sunlight05.max.

Iluminação da abóbada celeste

A cena está parecendo razoavelmente boa no que se refere à iluminação, exceto pelo céu preto nas imagens apresentadas. Lembre-se de que todas as luzes na cena estão ajustadas para excluir a abóbada celeste.

Nesta cena, você aprende a colocar uma luz que deve iluminar, especificamente, apenas a abóbada celeste. Para ser convincente, a luz precisa ser distribuída igualmente pela superfície, porque, na verdade, a luz vem do céu na forma de luz retornada; ela não ilumina de uma fonte.

Posicionamento e ajuste de uma luz para o céu

Uma luz total colocada no centro da parte de baixo do hemisfério distribuirá luz igualmente, pois o ângulo de incidência é o mesmo em todas as faces.

Entretanto, aquela luz brilhando para cima deve parecer estranha nos interiores do barco, calhas de telhado e árvores. No Exercício 6.5 você aprende a usar o recurso Include de luzes, para simplificar as operações Exclude.

Exercício 6.5
Como iluminar o céu

1. Abra o arquivo chamado Ch06_Sunlight05.max do CD-ROM ou do exercício anterior. A partir do menu pull-down file, escolha Save As, indique para um subdiretório apropriado em seu disco rígido e use o botão de sinal de adição para salvar um novo arquivo, com o nome aumentado para Ch06_Sunlight06.max.

2. No painel Create, painel Lights, clique o botão Omni, na rolagem Object Type. Na viewport Top, clique com o botão direito no centro da abóbada celeste, para colocar a luz na grade de coordenada mundial, de modo que o seu ângulo de incidência seja igual para todas as faces da abóbada celeste.

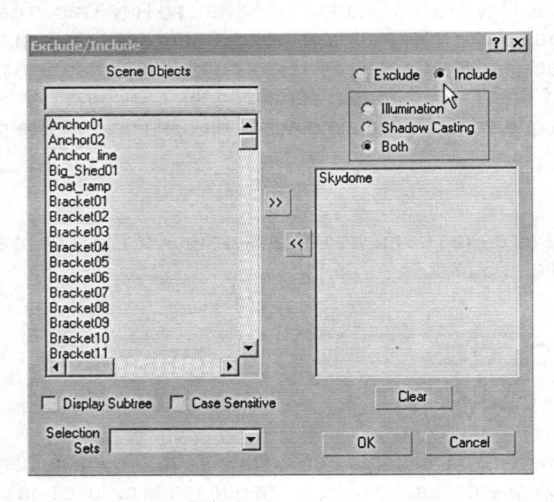

Figura 6.15 – Usar a opção Include do recurso Extrude é uma maneira mais simples de dedicar luzes a objetos específicos. Com este método, você não precisa se lembrar de excluir novos objetos na cena.

3. No painel Modify, rolagem General Parameters, clique o botão Exclude. Na caixa de diálogo Exclude/Include, destaque Skydome na coluna esquerda e empurre-o para a coluna direita, com o botão de seta dupla para a direita (veja a Figura 6.15). Clique OK. Esta luz só vai iluminar a abóbada celeste. Você poderia usar Exclude e empurrar tudo, exceto a abóbada celeste na coluna à direita, mas teria que se lembrar de excluir cada novo objeto criado ou unido na cena.

4. Na viewport Camera01, selecione a abóbada celeste. Clique-a com o botão direito e escolha Properties do menu Quad. Na caixa de diálogo Object Properties, área Rendering Control, limpe ambas, Receive Shadows (receber sombras) e Cast Shadows (distribuir sombras) (veja a Figura 6.16). Clique OK. Isto garante que você nunca distribuirá sombras com a abóbada celeste ou que os objetos nunca distribuirão sombras na abóbada celeste.

5. Apresente a viewport Camera01 e você a vê uma abóbada celeste igualmente iluminada como um suporte para a sua cena, e agora, você está pronto para aplicar alguns materiais no próximo capítulo, para começar a fazer uma imagem mais convincente (veja a Figura 6.17).

6. Feche todas as caixas de diálogo e salve o arquivo. Ele já deve estar nomeado como Ch06_Sunlight06.max.

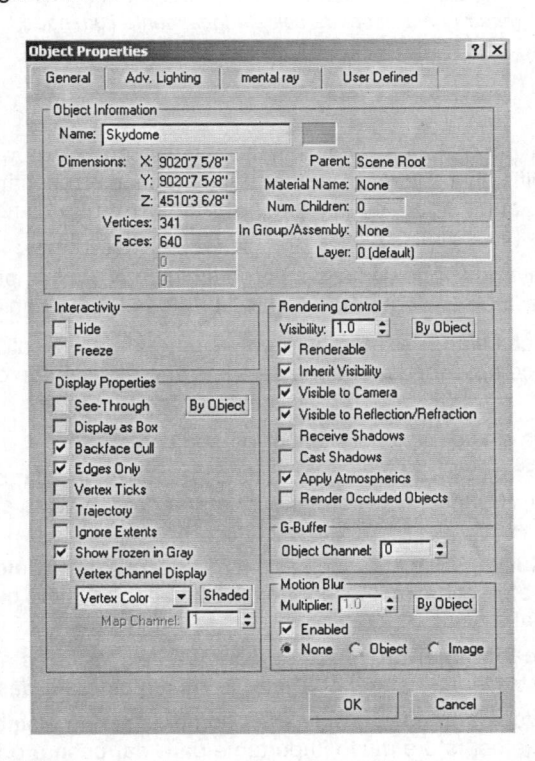

Figura 6.16 – *Na caixa de diálogo Object Properties, você pode limpar Receive Shadows e Cast Shadows, para garantir que o objeto não faz qualquer das duas coisas.*

Figura 6.17 – Apresentar a viewport Camera01 mostra uma abóbada celeste igualmente iluminada.

Resumo

Neste capítulo, você pegou uma cena com iluminação padrão que não parecia vir de qualquer direção significativa e acrescentou as suas próprias luzes, para tornar a cena mais convincente ao espectador. Agora os objetos têm sombras que os "ancora" ao grupo e dão a eles peso aparente (ao invés deles parecerem flutuar no espaço).

Você também ajustou o equilíbrio de luz com preenchimentos de luz, para simular o retorno de luz do mundo real, a partir de objetos à volta e da umidade e poeira na atmosfera.

Sombras podem ser calculadas exatamente por horário, data e localização para qualquer lugar no mundo, e você aprendeu maneiras de otimizar o excesso de código envolvido nos cálculos de sombra.

Alguns dos destaques deste capítulo incluem os seguintes:

- **Sunlight System** – Você aprendeu a colocar a bússola de rosa-dos-ventos e uma luz direcional, o Sunlight System, e a ajustar a data, horário e posição do sol para sombras exatas.

- **Exclude/Include** – Você aprendeu a usar este recurso para determinar quais objetos na cena a luz afeta, para melhor controle de iluminação. Claro que isto não é possível no mundo real.

- **Luzes de preenchimento** – Você aprendeu a colocar luzes na cena externa para simular o efeito de luz natural que retorna na atmosfera e das superfícies.

- **Sombras** – Você aprendeu a ajustar as sombras sendo distribuídas pelos objetos em outros objetos. Isto é muito importante para dar peso a objetos na cena.

- **Iluminação de abóbada celeste** – Você aprendeu a iluminar a abóbada celeste, independentemente de outros objetos na cena, para um efeito mais convincente.

CAPÍTULO 7

Introdução a materiais e mapeamento

Neste capítulo

Este capítulo o encaminha através do processo de criar e aplicar materiais a objetos em uma cena, para dar a eles um aspecto mais convincente.

Os materiais sozinhos não fazem uma boa imagem final; eles precisam ser ajustados para trabalhar em conjunto com a iluminação na cena. Este capítulo focaliza principalmente o aprendizado para criar materiais básicos e fazê-los se ajustar a objetos na cena, de modo que os padrões nos materiais façam sentido aos espectadores.

Alguns dos tópicos que você aprende neste capítulo incluem os seguintes:

- **Material Editor** (editor de material) – Você cria todos os seus materiais, combinando mapas e atributos no Material Editor, antes de designar o material a objetos na cena. Este é um espaço de criação e visualização que você aprende a navegar.

- **Aplicação de mapas em materiais** – Você aprende a aplicar mapas a vários atributos de material, para gerar padrões e efeitos.

- **Geometria simulada** – Aprender a simular geometria (por exemplo, padrões salientes em uma superfície plana ou furos através de uma superfície) é um dos aspectos mais importantes de materiais que você aprende neste capítulo.

- **Coordenadas de mapeamento** – Alguns padrões exigem informações de orientação específica para ajustar corretamente objetos. Você aprende a aplicar estas coordenadas.

- **Bibliotecas de materiais** – Você aprende a criar e salvar bibliotecas de materiais para armazenar seus materiais.

Neste capítulo, você aprende principalmente a trabalhar com o que é conhecido como *procedural maps* (mapas de procedimentos), para formar padrões em seus materiais. Geralmente, os mapas de procedimentos são padrões aleatórios matematicamente gerados por ocasião da apresentação.

Você também aprende a respeito da criação de bibliotecas de materiais para armazená-los e buscar materiais de outras cenas. O gerenciamento de bibliotecas de materiais é uma parte importante ao trabalhar com eficiência com 3ds max 6, especialmente em um ambiente de colaboração.

Nota

Eu não tenho a tendência de usar as palavras *realismo e foto realístico* ao falar sobre apresentações em computador. O que você quer conseguir é um nível de "convencimento", que evoca a resposta emotiva que pretende dos espectadores.

A realidade é complexa demais, e agrupada demais de elementos que a nossa percepção da cena ocupa. Em 3ds max 6, aqueles mesmos elementos podem aparecer como "errados." Um exemplo é o de janelas de plano triplo que vi em um aeroporto. Se eu tivesse apresentado tais reflexos complexos e distorcidos a um cliente, estaria fora do projeto em um piscar de olhos.

De novo, você precisa desenvolver o olhar de um artista e decidir o que o espectador precisa ver, e focalizar a atenção dele em tais atributos.

Termos-chave

- **Material** – Materiais são aplicados a objetos para controlar atributos como cor, brilho, opacidade e saliências, por exemplo. Vários tipos diferentes de materiais estão disponíveis em 3ds max 6.
- **Mapas** – Mapas são padrões usados dentro de atributos de materiais. Estes podem ser de procedimentos ou uma variedade de formatos de imagem. Muitos tipos diferentes de mapas estão disponíveis.
- **Biblioteca de materiais** – As bibliotecas de materiais agem como áreas de armazenagem de materiais e mapas, de modo que eles podem ser acessados a partir de qualquer cena.
- **Valor de luminosidade** – Este é o valor de brilho de pixels individuais de mapas que 3ds max 6 usa para criar ilusões, como saliências ou opacidade em um material.
- **Destaques especulares** – Os destaques especulares referem-se à luz difundida a partir de uma superfície. Este é um dos atributos mais importantes de materiais.

O Material Editor

Esta seção oferece um rápido passeio através dos importantes recursos do Material Editor, que você precisará para trabalhar neste capítulo.

O Material Editor é uma poderosa ferramenta, e você deve demorar investigando as capacidades dela com os tutoriais que vêm com 3ds max 6 e os arquivos de ajuda (Help) internos. Aqui, você aprende a navegar as áreas de que precisará para este livro, e a tomar conhecimento de algumas das opções.

Materiais são feitos de camadas de informações que interagem com a luz em suas cenas, para produzir a ilusão de materiais específicos reais ou imaginários. Por exemplo, madeira, ferro, pele e água tornam-se convincentes através de ajustes de material.

Uma analogia poderia ser uma paleta de cores tradicional de pintor, que precisa ser artisticamente misturada para satisfazer a curiosidade do espectador.

Abra 3ds max 6 e clique o botão Material Editor, na barra de ferramentas principal, ou pressione M para a tecla de atalho (veja a Figura 7.1).

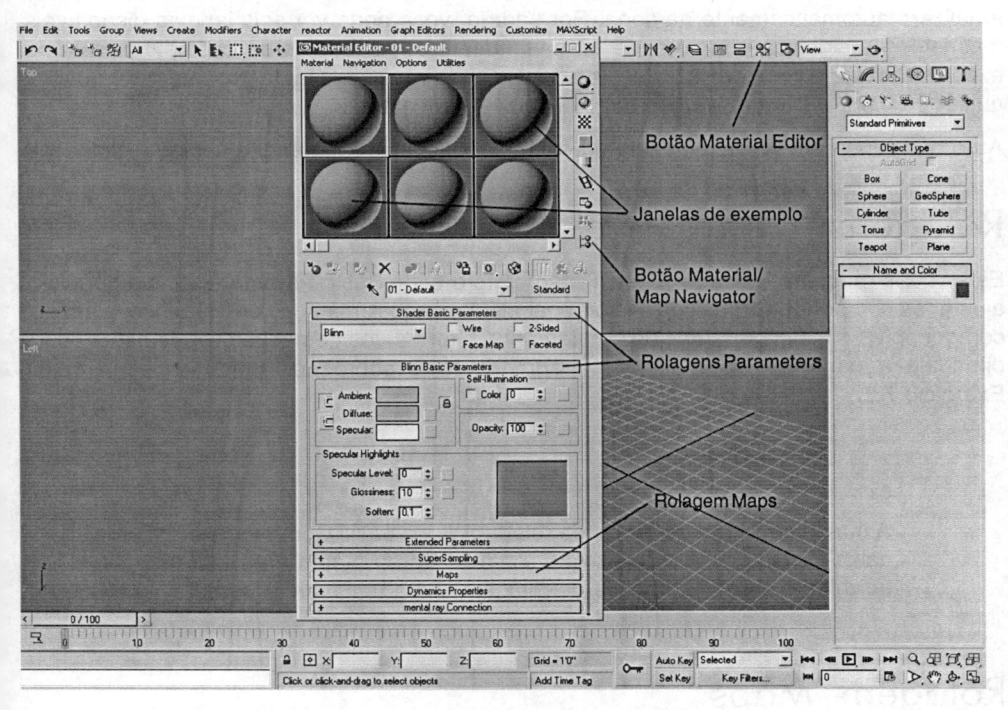

Figura 7.1 – Clique o botão Material Editor na barra de ferramentas principal para abrir o Material Editor.

As áreas importantes a serem usadas neste capítulo são as seguintes:

- **Sample windows** (janelas de exemplo) – Materiais são criados e visualizados aqui.
- **Parameters rollouts** (rolagens Parameters) – Componentes básicos de cor e brilho são controlados aqui.
- **Maps rollout** (rolagem Mapas) – Mapas ou padrões podem ser aplicados aos diversos componentes.
- **Material/Map Navigator** (navegador de material/mapa) – Uma exibição hierárquica da estrutura do material para navegação mais fácil ao editar.

Nesta seção, você aprende o essencial do que estas áreas do Material Editor controlam – de novo, para familiarizá-lo com os componentes que você usará nos exercícios do capítulo.

Janelas de exemplo

Novamente, tomando emprestado dos pintores, as janelas de exemplo lhe permitem testar componentes de materiais e visualizar os resultados antes de designar o material a objetos em sua cena. Entretanto, quando aplicadas, as mudanças feitas nas janelas de exemplo se atualizam automaticamente na cena. Por padrão, você pode ver seis janelas disponíveis, mas isto não significa que só pode ter seis materiais. As janelas de exemplo podem ser expandidas para 24 materiais vistos de uma vez, mas você pode ter tantos materiais quantos quiser na cena ou armazenados em bibliotecas de materiais.

A borda branca em torno da janela de exemplo identifica o material atualmente aberto.

Rolagens Parameters

Estas duas rolagens – Shader Basic Parameters e Blinn Basic Parameters – lhe permitem ajustar os componentes básicos de cor, opacidade e auto iluminação de materiais, além dos componentes mais importantes de cor, tamanho e forma dos destaques especulares ou luz difundida a partir de materiais. Você aprende mais sobre destaques especulares no Exercício 7.2.

Dica

A maioria dos componentes da rolagem Blinn Basic Components tem uma caixa cinza à direita deles, que é um botão de atalho de mapa. Isto lhe permite acessar as opções de rolagem Maps mais diretamente.

Rolagem Maps

Os mapas podem ser aplicados a muitos componentes de materiais, com o objetivo de criar padrões. Os mapas podem ser matematicamente gerados ou em imagens imóveis e animadas. Eles podem ser combinados e colocados em camadas, para muita complexidade e controle. A Figura 7.2 mostra a rolagem Maps de um tipo de material padrão.

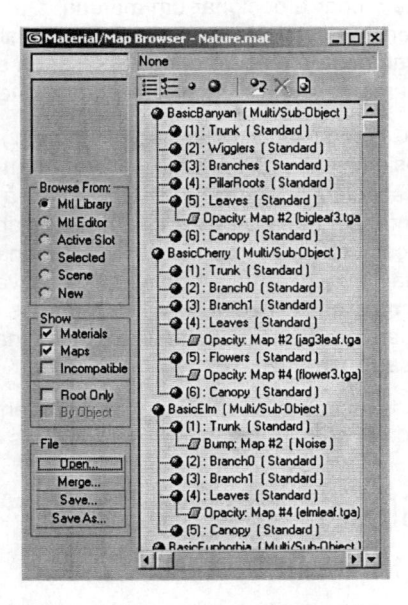

*Figura 7.2 – Você pode aplicar mapas como padrões
a vários componentes de um material padrão na rolagem Maps
e mudar a quantidade de influência dentro do material.*

Browser Material/Map

Clicando o botão à esquerda da fileira de botões abaixo das janelas de exemplo, você pode ver uma exibição hierárquica de materiais e mapas, para selecionar rapidamente e ver materiais complexos enquanto edita. A Figura 7.3 mostra uma vista da hierarquia de alguns materiais em uma biblioteca, chamada Nature.mat. As esferas indicam materiais, enquanto os paralelogramos indicam níveis de mapa.

*Figura 7.3 – O browser Material/Map é importante
para mover com eficácia a hierarquia de materiais
e mapas no Material Editor ou na cena.*

Embora este capítulo focalize principalmente nos aspectos fundamentais de materiais, a discussão ainda ficará complexa em alguns lugares. Leia primeiro todo o capítulo, para ter uma idéia da orientação e depois volte e faça os exercícios, passo a passo. Focalize nos conceitos sendo apresentados e nos processos envolvidos na criação de materiais, ao invés de nas etapas individuais, e você terá mais facilidade para desenvolver os materiais para as suas cenas.

Atenção

3ds max 6 vem com uma ampla gama de diferentes materiais e mapas, que estão incluídos nos exemplos. Use-os apenas como exemplos, para ver como é conseguido um efeito em especial. Aqui você é o artista e precisa desenvolver o seu próprio estilo e assinatura, para destacar o seu trabalho do de outros.

Os mapas e materiais padrão max podem ser identificados em imagens e você conseguirá mais respeito na indústria com todos os materiais personalizados.

Materiais com mapas de procedimentos como padrões

Nesta seção, você aprende a criar e designar um material à paisagem, objetos de água e abóbada celeste em sua cena de estaleiro. A terra será principalmente de áreas abertas de grama, com remendos aleatórios de sujeira, enquanto a água será brilhante e reflexiva, e o céu será esmaecido de uma cor forte acima para branco enevoado no horizonte.

Você aprende o importante recurso de simular geometria com materiais. Esta técnica usa o valor Luminance (luminosidade), ou brilho, de pixels em um mapa, para criar a ilusão de detalhes de geometria acrescentados. Os pixels brancos levam à ocorrência do efeito à força máxima, pixels pretos não fazem nada e pixels cinza funcionam em algum lugar nos 256 níveis intermediários. É possível avaliar os valores de Luminance dentro de mapas em escala cinza muito mais facilmente do que adivinhando os valores de luminosidade de mapas de cor. Neste exemplo em especial, você usa mapas de saliência, para fazer a paisagem parecer mais áspera em áreas. Esta técnica é muito mais eficiente do que, de fato, criar pequena geometria para aspereza.

Estes exemplos são técnicas fundamentais, não necessariamente simples à primeira vista. De novo, pense sobre o que você está fazendo nos exercícios e em qual é o resultado.

Como criar a ilusão de uma paisagem gramada

O Exercício 7.1 ensina a designar um material ao objeto de paisagem em sua cena, e a acrescentar padrões a componentes dos materiais, para mudar tanto a cor quanto o aspecto saliente da paisagem.

Exercício 7.1
Mapas de procedimentos como cor e saliências dentro de um material

1. Abra o arquivo chamado Ch-7_Intro_Mat01.max do CD-ROM. A partir do menu pull-down File, escolha Save As, indique para um subdiretório apropriado em seu disco rígido e use o botão de sinal de adição para salvar um novo arquivo, com o nome aumentado para Ch07_Intro_Mat02.max. Esta é a cena externa de estaleiro com a luz solar que você trará à vida com materiais.

Dica

Os triângulos no canto das janelas de exemplo, que indicam um "hot" material (material quente), e são brancos se um objeto com aquele material estiver selecionado na cena e cinzas se nenhum objeto com aquele material estiver selecionado.

---

2. Na barra de ferramentas principal, clique o botão Material Editor ou pressione M para trazer para a frente o Material Editor. Ele é uma caixa de diálogo flutuante que você pode redimensionar verticalmente e mover através de sua exibição. A janela de exemplo superior à esquerda está ativa, conforme indicado pela borda branca, e todas as janelas de exemplo visíveis têm o material padrão cinza, nenhuma das quais está designada a qualquer dos objetos na cena. Na viewport Camera01, escolha Landscape ou use Select by Name e escolha-o na lista. No Material Editor, clique o botão Assign Material to Selection (designar material à seleção) embaixo e à esquerda das janelas de exemplo. A paisagem deve se tornar uma tonalidade de cinza ligeiramente mais escura e a janela de exemplo terá triângulos no canto, para indicar que ele é um material "quente", designado a um objeto na cena (veja a Figura 7.4).

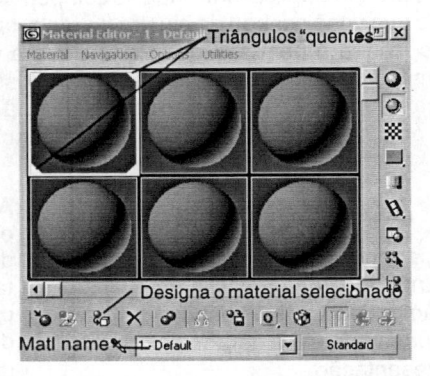

Figura 7.4 – Designar um material a um objeto selecionado na cena exibe triângulos nos cantos da janela de exemplo, para indicar um material "quente." Editar a janela de exemplo atualiza a cena.

3. Na rolagem Blinn Basic Parameters, clique a amostra de cor Diffuse (difusa), o grande retângulo cinza bem à direita de Diffuse. No Color Selector (seletor de cor), ajuste a cor difusa para um verde médio (veja a Figura 7.5). A amostra de cor Ambient (ambiente) muda, à medida que elas são bloqueadas juntas, e a paisagem na viewport Perspective sombreada também se torna verde, para combinar. Esta cor homogênea com freqüência é boa para materiais como plástico ou pintura, mas uma extensão tão grande de cor consistente não é adequada para o solo bruto de seu estaleiro. Feche a caixa de diálogo Color Selector.

Nota

A cor difusa é a cor de um material em luz direta, enquanto a cor ambiente é a cor nas áreas sombreadas. Estas devem permanecer bloqueadas juntas para consistência na apresentação com o sistema de iluminação avançado em 3ds max 6.

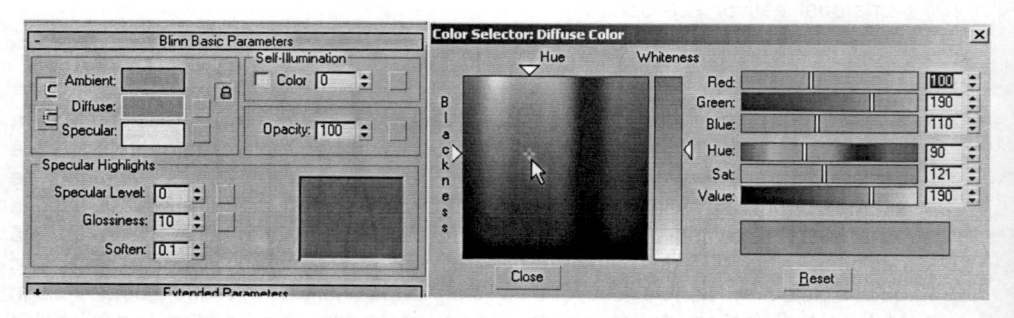

Figura 7.5 – *Clique a amostra de cor Diffuse e ajuste-a para um verde médio. Esta cor exata não é importante para este exercício.*

4. Nesta etapa, você aprende a aplicar um mapa ao componente de cor que sobregravará totalmente o verde que você acabou de ajustar na ranhura Diffuse. Na rolagem Blinn Basic Parameters, clique o pequeno quadrado cinza à direita da amostra de cor Diffuse. Este é o mapa de atalho para Diffuse. Clique duas vezes Noise, no Browser Material/Map (veja a Figura 7.6) para carregar Noise na ranhura Diffuse. A esfera na janela de exemplo se transforma em um cinza manchado.

Nota

Noise é um mapa procedimental de áreas em preto e branco aleatoriamente geradas. O mapa não pode ser visto com exatidão em viewports, pois ele é gerado por ocasião da apresentação.

5. Ative a viewport Camera01 e clique o botão Quick Render na barra de ferramentas principal. A paisagem parece ter um pequeno padrão manchado (veja a Figura 7.7). O padrão é pequeno demais, e as cores cinza, porém, não tornam a cena mais convincente.

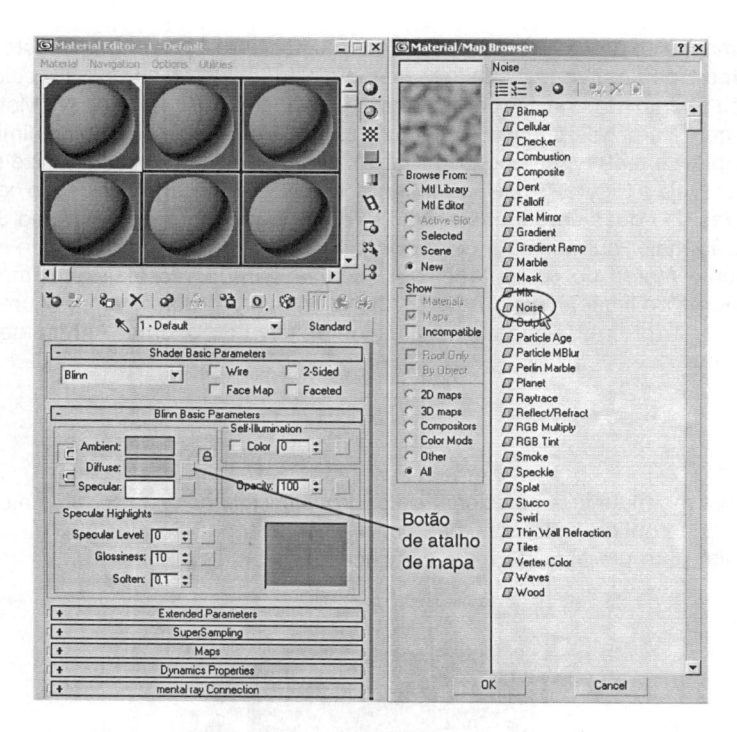

Figura 7.6 – *Clique o botão de atalho de mapa à direita da amostra de cor Diffuse e clique duas vezes Noise no browser. Agora, ele determina a cor da esfera de janela de exemplo.*

Figura 7.7 – *Na imagem apresentada da viewport Camera01, o mapa de ruído na ranhura de mapa de cor Diffuse do material faz a paisagem parecer ter um pequeno padrão manchado.*

6. Os mapas de procedimentos têm vários ajustes para tamanho, contraste e cor, entre outros atributos. Você ajusta o tamanho e o contraste de borda para colocar melhor o seu padrão na cena. De certa forma, o padrão precisa ser maior. No Material Editor, rolagem Parameters, entre com 0.5 no campo High Noise Threshold (limite de altura de ruído) e 0.49 no campo Low (baixo). Entre com 100 no campo Size e pressione Enter (veja a Figura 7.8). Nas configurações Noise Threshold, ajuste o contraste nas bordas das duas cores, neste caso, preto e branco, e a configuração Size torna o padrão maior ou menor. A esfera na janela de exemplo agora parece com a caixa de uma marca de computador bem conhecida. Quanto mais próximos forem os números de limite, mais dura a borda; quanto mais altos forem os números, maior a Color 1 (preto). O tamanho é a escala relativa do padrão. Apresente a viewport Camera01.

Dica

Eu acho mais fácil posicionar os padrões iniciais configurando os ajustes para a configuração máxima. Quando tenho o padrão ajustado na cena, volto para um aspecto mais convincente.

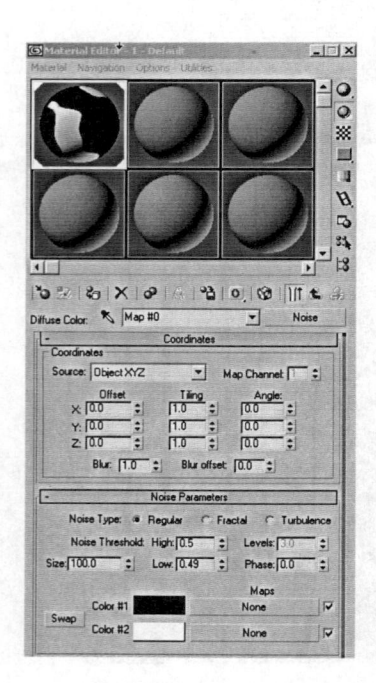

Figura 7.8 – Na rolagem Noise Parameters, ajuste High Noise Threshold para 0.5 e Low para 0.49, para uma borda bem dura entre as duas cores e um equilíbrio igual de preto e branco. Ajuste o Size para 100, para um padrão maior.

7. O padrão está em um tamanho apropriado para a cena, mas certamente as cores não são cores de paisagem. Na rolagem Noise Parameters (parâmetros de ruído), clique a amostra Color #1 (cor número 1) e, no Color Selector, ajuste Red=60 (vermelho=60), Green=100 (verde=100) e Blue=60 (azul=60) para uma cor verde acinzentada. Clique em Color #2 e ajuste para Red75, Green=60 e Blue=40, para uma cor marrom moderado. Ajuste o High Noise Threshold para 0.75, para aplicar mais de Color #1 à mistura e suavizar um pouco as bordas. Apresente a viewport Camera01 e você vê a maior parte verde com remendos marrons distribuídos igualmente, mas aleatoriamente.

8. Agora, acrescente "textura" à paisagem, na forma de mapeamento de saliência. Lembre-se, são os pixels brancos de um mapa que terão mais efeito, enquanto os pixels pretos nada fazem. Você quer que as áreas sujas marrons tenham uma textura diferente das áreas gramadas, assim, aprende a designar um mapa a cada parte. O padrão já está ajustado com este mapa de ruído, portanto, você o copia da ranhura Diffuse Color para a ranhura Bump e faz dele uma cópia. Depois, ao invés de apenas mudar Colors #1 e #2, você aplica um mapa à Color 1. É onde o Material/Map Navigator se mostra útil. No Material Editor, clique o botão Material/Map Navigator. Na lista Navigator, destaque 1 – Default, para voltar ao nível superior do material (veja a Figura 7.9).

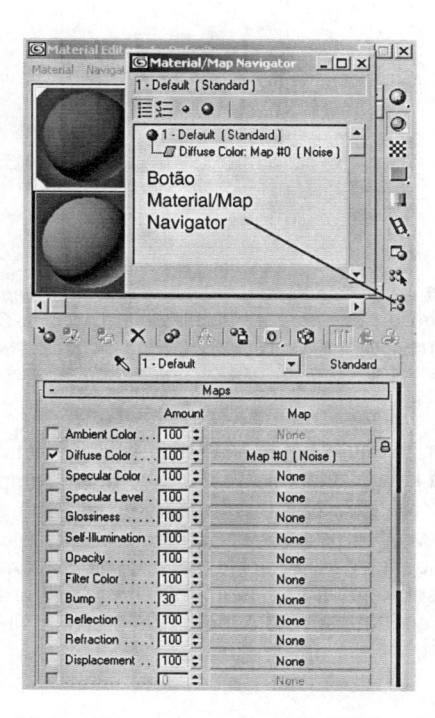

Figura 7.9 – *Clique o botão Material/Map Navigator no Material Editor e depois destaque 1 – Default, para voltar ao nível superior deste material.*

9. Enquanto estiver no nível superior deste material, renomeie-o Landscape. É sempre bom nomear materiais assim que você os cria. Na rolagem Maps, clique e mantenha pressionado o botão Map#(Noise), na coluna Map, ranhura Diffuse Color. Arraste o mapa para o botão Bump Noise e libere quando vir o cursor mudar para uma combinação seta/retângulo (veja a Figura 7.10). Na caixa de diálogo Copy(Instance)Map, assegure-se de que o botão de rádio Copy está marcado e clique OK. Agora você tem dois mapas, exatamente iguais, em ranhuras diferentes.

Nota

Cada vez que você carregar um mapa em 3ds max 6, ele é aleatoriamente designado a um número – por exemplo, Map#0(Noise). O número pode diferir em cada máquina.

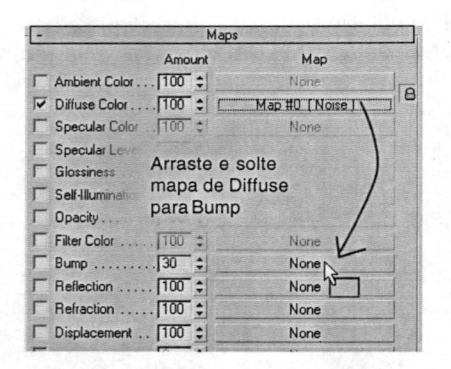

Figura 7.10 – Na rolagem Maps, arraste e solte o mapa de ruído da ranhura Diffuse Color para a ranhura Bump, escolha Copy na caixa de diálogo Copy(Instance)Map e clique OK. Para clonar o mapa, você precisa ver o cursor de seta/retângulo, não o cursor internacional NO/retângulo.

10. No Material Editor, clique o botão Material/Map Navigator se Navigator ainda não estiver aberto. Na lista Navigator, destaque o nível Bump:Map(Noise), para editar aquele mapa. Na rolagem Noise Parameters, você vê as mesmas cores verde/marrom que ajustou. Na ranhura de Color 1, coluna Maps, clique o botão None (nenhum) e clique duas vezes Speckle (salpico) na lista (veja a Figura 7.11). O mapa de salpico agora sobregrava a configuração de amostra de cor. A esfera de janela de exemplo tem nela um aspecto áspero. Você está simulando geometria com um mapa de saliência.

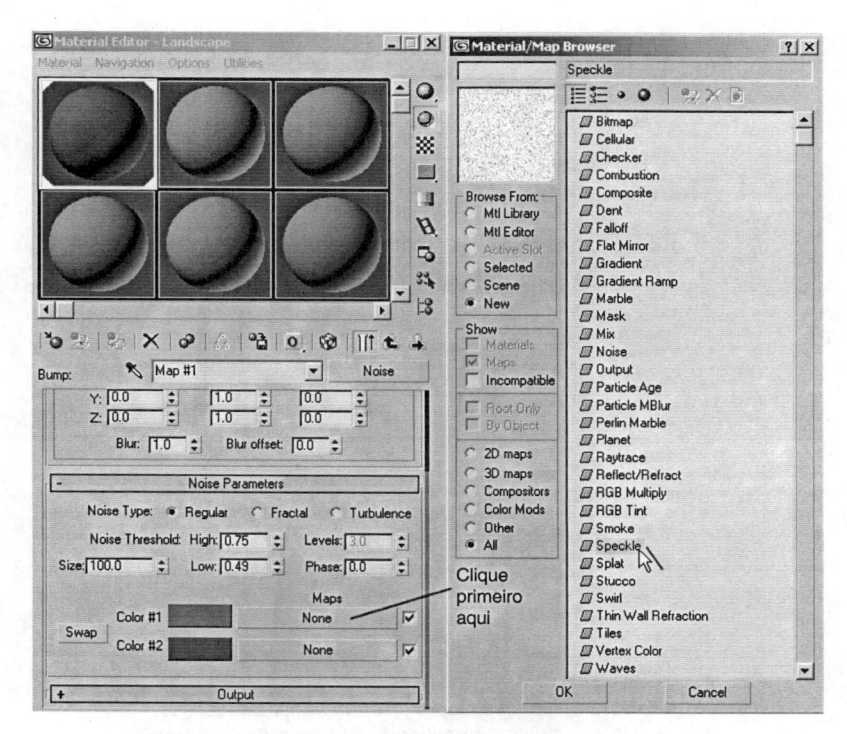

Figura 7.11 *– Clique o botão None de Color #1 na coluna Maps,*
e clique duas vezes Speckle, na lista Material/Map Browser.

11. Apresente a viewport Camera01 e a paisagem parece muito áspera. Use o Material/
Map Navigator para ir ao nível superior do material Landscape. Na rolagem Maps,
ajuste Amount para a ranhura Bump para 5 (veja a Figura 7.12). Isto diminui a
quantidade de saliência para um efeito mais convincente. A saliência só está
aparecendo nas áreas gramadas, porque a Color 2 ainda está em um valor muito
escuro (marrom) e tem pouco efeito naquelas áreas da paisagem.

Nota

Na imagem apresentada, ver distância, ângulo e iluminação pode dar uma
idéia profunda de como os mapas de saliência aparecem. Com freqüência,
você precisará fazer ajustes em cada um para os resultados finais.

---

12. Feche todas as janelas e caixas de diálogo. Salve o arquivo; ele já deve estar
nomeado como Ch07_Intro_Mat02.max.

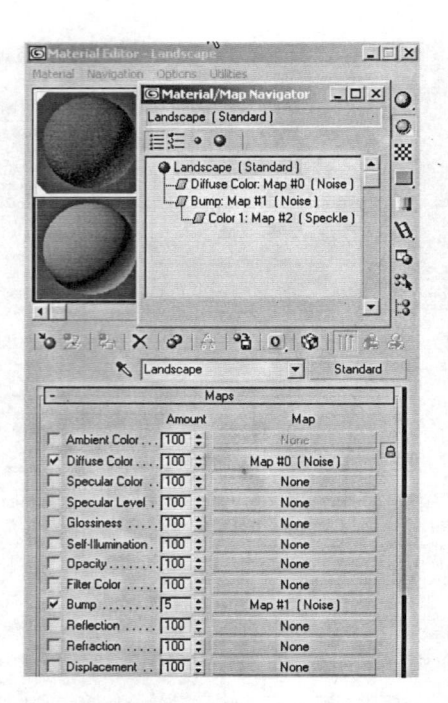

Figura 7.12 – *No nível superior do material Landscape, rolagem Maps, ajuste a quantidade de Bump de 30 para 5, para reduzir o efeito da saliência no material.*

Dica

Destaques especulares são luz difundida a partir de uma superfície. Eles são o seu principal indicador de quão "áspero" é o material. A aspereza é definida pelas moléculas mais aproximadas; os materiais mais ásperos têm moléculas densas, enquanto os materiais mais suaves têm espaçamento entre as moléculas.

Quando a luz atinge a superfície, ou ela se espalha ou é absorvida pelas moléculas. Portanto, metais têm destaques especulares brilhantes, com bordas aguçadas, enquanto borracha tem um destaque especular amplo e menos sutil.

Condições de superfície, como oleosidade ou arranhões também podem afetar a qualidade dos destaques especulares.

Tente estudar destaques especulares no mundo à sua volta. Até poder vê-los e reconhecê-los, você não será capaz de reproduzi-los em 3ds max 6.

Criação e designação de material de água

No Exercício 7.2 você cria um material de água que tem padrões de cor e saliência; você também aprende a ajustar os tão importantes destaques especulares e a acrescentar reflexos ao material, para maior profundidade quando apresentado.

Exercício 7.2
Criação de um material de água

1. Abra o arquivo chamado Ch07_Intro_Mat02.max do CD-ROM ou do exercício anterior. A partir do menu pull-down, escolha Save As, indique para um subdiretório apropriado em seu disco rígido e use o botão de sinal de adição para salvar um novo arquivo, com o nome aumentado para Ch07_Intro_Mat03.max.

2. Na barra de ferramentas principal, clique o botão Material Editor para abri-lo. Clique a segunda janela de exemplo a partir da esquerda, na fileira do alto. Mude o nome para Water. Na rolagem Blinn Basic Parameters, clique a amostra de cor Diffuse e, no Color Selector, ajuste Red=50, Green50 e Blue=80 para um azul escuro, acinzentado.

3. Desta vez, clique e arraste a janela de exemplo no Material Editor para o objeto Water, na viewport Camera01. Você vê uma etiqueta explicativa com o nome do objeto quando o seu cursor está adequadamente posicionado (veja a Figura 7.13). Solte o material no objeto Water.

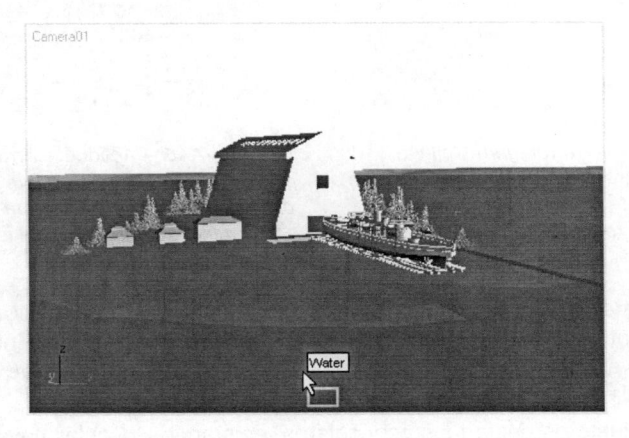

Figura 7.13 – *Você pode arrastar e soltar a partir da janela de exemplo para um objeto na cena, para designar um material a um único objeto. Uma etiqueta explicativa aparece, para mostrar a qual objeto será designado o material quando você soltá-lo.*

4. Para o mapa de saliência no material Water, você usa um mapa de célula, que se parece com células crescendo em um tubo de ensaio de laboratório, mas com alguns ajustes pode ser transformado para simular ondas de vento na água. No Material Editor, rolagem Maps, clique o botão None na ranhura Bump e clique duas vezes Cellular na lista. Na rolagem Cellular Parameters (parâmetros de celular), entre com 50 no campo Size (veja a Figura 7.14) e pressione Enter. As ligeiras saliências visíveis na esfera de exemplo e na viewport apresentada Camera01 parecem mais como concreto áspero do que como água.

5. Na rolagem Cellular Parameters, clique e arraste a amostra de cor preta, embaixo da área Division Colors (divisão de cores) para a amostra cinza acima (veja a Figura 7.15) e clique Copy, na caixa de diálogo Copy or Swap Colors (copiar ou trocar cores). De novo, você precisa ter o cursor seta/retângulo na amostra cinza antes de soltar.

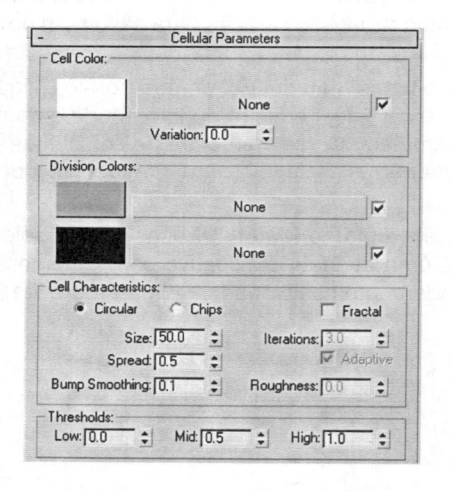

Figura 7.14 – Na rolagem Cellular Parameters, entre com 50 no campo Size e pressione Enter. A esfera na janela de exemplo parece mais como concreto áspero.

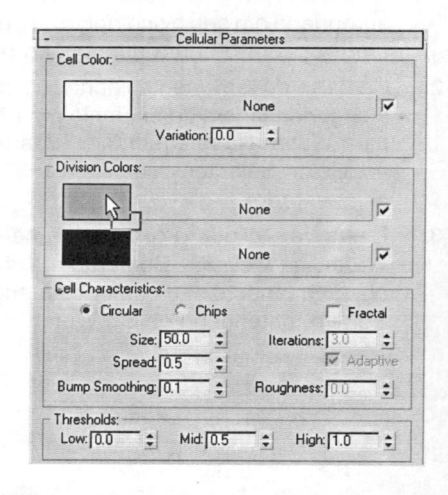

Figura 7.15 – Aplique e arraste a amostra preta na área Division Colors para a amostra cinza acima e copie-a. Agora você tem duas amostras pretas como divisão de cores.

6. Use o Material/Map Navigator para ir ao nível superior do material Water. Na rolagem Maps, entre com –30 no campo Bump Amount e pressione Enter. A janela de exemplo e a viewport Camera01 agora "encrespam", ao invés de formar "bolhas", mas ainda não se parecem com água.

7. Agora, ajuste os destaques especulares, ajustando Specular Level (nível especular) (brilho) e Glossiness (lustro) (tamanho) dos destaques. Na rolagem Blinn Basic Parameters, entre com 100 no campo Specular Level para um destaque bem brilhante. A janela de exemplo mostra o destaque especular amplo, brilhante. No

campo Glossiness, entre com 30 e pressione Enter, para tornar o destaque menor na superfície da esfera de exemplo. Apresente a viewport Camera01 e lá, não mudou muito (veja a Figura 7.16). Lembre-se de que iluminação e materiais trabalham juntos. Também, um material pode parecer muito diferente em uma superfície curvada (Sample Sphere – exemplo de esfera) do que uma superfície plana (Water).

Figura 7.16 – *Ajustar o Specular Level para 100 torna o destaque mais brilhante e ajustar Glossiness para 30 o torna menor, mas as mudanças não aparecem iguais na janela de exemplo e no objeto Water, em uma imagem apresentada.*

8. Agora, aplique um mapa de reflexo ao material Water. No nível superior de material Water, rolagem Maps, clique a ranhura Reflection (reflexo), botão None e clique duas vezes Raytrace na lista de mapas. Apresente a viewport Camera01 para ver uma superfície bem reflexiva refletindo principalmente a abóbada celeste cinza (veja a Figura 7.17). Feche as janelas e as caixas de diálogo.

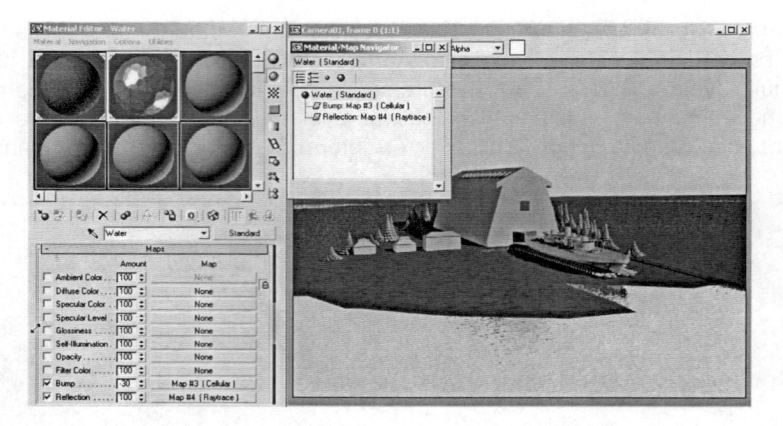

Figura 7.17 - Designe um mapa traçado a raio na ranhura Reflection para um material Water muito reflexivo na imagem apresentada.

9. Agora crie uma luz total na cena, para aumentar os destaques especulares na superfície de água, sem aumentar a iluminação geral. Na cena, crie uma nova luz total e posicione-a conforme mostrado na Figura 7.18.

Atenção

Não designe acidentalmente o mapa traçado a raio à ranhura de mapa Refraction (refração).

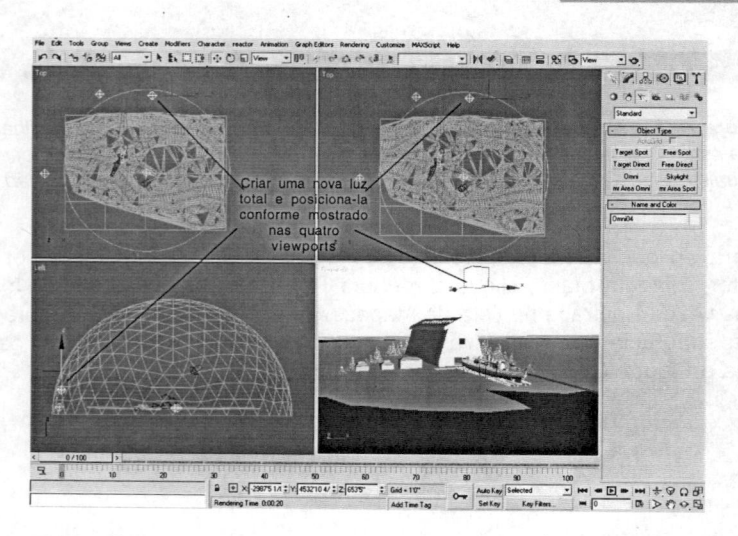

Figura 7.18 – Crie uma nova luz total e posicione-a como mostrado.

Dica

Mapas de reflexo traçados a raio demoram um pouco mais para apresentar, mas oferecem reflexos mais exatos em ambas, superfícies curvas e planas, e portanto, são uma boa escolha geral de mapa de reflexo.

10. No painel Modify, rolagem Advanced Effects, limpe a opção Diffuse (veja a Figura 7.19). A nova luz total não acrescenta qualquer luz às superfícies, a não ser destaques especulares, e é posicionada além dos objetos, em um ângulo baixo, como visto do espectador para a superfície de água.

11. No painel Modify, rolagem General Parameters, clique o botão Exclude. Na caixa de diálogo Exclude/Include, empurre Water a partir da coluna esquerda, para a coluna direita e marque o botão de rádio Include, no alto à direita da caixa de diálogo. Clique OK. Agora a luz só afeta os destaques especulares do objeto de água. No Material Editor, rolagem Maps, entre com 35 no campo Reflection Amount, para reduzir os reflexos da água. Apresente a viewport Camera01. Agora a água deve ser menos reflexiva e ter destaques especulares brilhantes para um aspecto mais convincente (veja a Figura 7.20).

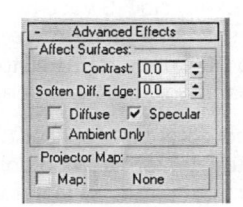

Figura 7.19 – No painel Modify, rolagem Advanced Effects da nova luz total, limpe a caixa de verificação Diffuse, de modo que a luz contribua apenas para os destaques especulares de objetos na cena.

Figura 7.20 – Modificar a nova luz total para incluir apenas o objeto de água e reduzir a quantidade de reflexo no Material Editor, rolagem Maps, dá bons destaques especulares na superfície de água e não acrescenta luz ao resto da cena.

12. Feche todas as janelas e caixas de diálogo e salve o arquivo. Ele já deve estar nomeado como Ch07_Intro_Mat03.max.

Criação de um material de árvore

No Exercício 7.3 você aprende a criar um novo tipo de material, que será aplicado às árvores em sua cena. Lembre-se de que os ramos da árvore foram criados a partir de planos chatos, que não podem ser vistos quando os normais de face estão direcionados para longa do espectador. Isto torna parte dos ramos invisíveis.

Você aprende a aplicar um tipo de material Double Sided (de dois lados) às árvores. Este material é formado de dois materiais: um que pode ser visto no lado de faces com normais; e um outro que pode ser visto do lado de trás de faces, o lado com normais apontando para longe do espectador. Os dois materiais são semelhantes, mas os materiais de trás são mais escuros, para representar o lado inferior de ramos espessos. Você também usa um mapa de quantidade de saliência extrema, para fazer os ramos parecerem mais aleatórios.

Exercício 7.3
Materiais de dois lados para árvores

1. Abra o arquivo chamado Ch07_Intro_Mat03.max do CD-ROM ou do exercício anterior. A partir do menu pull-down File, escolha Save As, indique para um subdiretório apropriado em seu disco rígido e use o botão de sinal de adição para salvar um novo arquivo, com o nome aumentado para Ch07_Intro_Mat04.max.

2. Abra o Material Editor e clique na janela de exemplo da extrema direita, na fileira superior, para ativá-la. Renomeie o material Evergreen. À direita do campo Name, clique o botão Standard. O Material/Map Browser agora só mostra tipos de materiais disponíveis (ícone de esfera azul), não tipos de mapas disponíveis (veja a Figura 7.21). Clique duas vezes Double Sided na lista. Clique OK para manter material antigo como sub material, na caixa de diálogo Replace Material (substituir material).

3. Use o Material/Map Navigator para ir para o nível Facing (de frente para) e renomeie este material para Evergreen_top. Na rolagem Blinn Basic Parameters, ajuste a amostra de cor Diffuse para Red=95, Green=145 e Blue=75 para um verde claro.

4. Na rolagem Maps, ajuste Bump Amount de 30 para 300. Isto causa um severo efeito de saliência, que faz um talho no aspecto normal da simples geometria que forma os ramos. Clique o botão None para Bump e clique duas vezes Noise, na lista Material/Map Browser. Na rolagem Noise Parameters, entre com 0.7 em High Noise Threshold, 0.4 em Low Noise Threshold e 5 no campo Size. Este é um mapa pequeno, contrastante, em escala cinza.

Dica

Para ver o efeito de trabalhar em um mapa isolado, e não no material todo, arraste o botão de tipo de mapa "Noise" e solte-o em uma Sample Slot (ranhura de exemplo). Selecione Instance da caixa de diálogo. Lembre-se de refazer a seleção na ranhura de amostra Material para continuar a trabalhar no material.

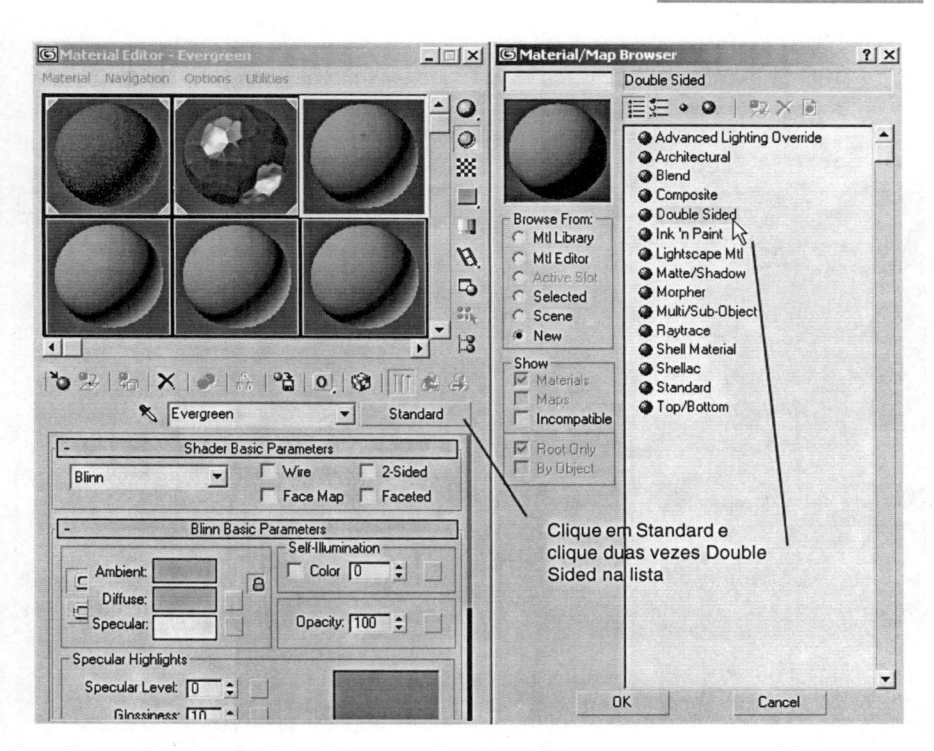

Figura 7.21 – *Clique o botão Standard e clique duas vezes Double Sided na lista. Clique OK na caixa de diálogo Replace Material, para manter o antigo material na ranhura superior, chamada Facing Material (material de visão de frente) ou material Double Sided.*

5. No Material/Map Navigator, vá para o material de nível superior. Na rolagem Double Sided Basic Parameters, arraste e solte Evergreen_top (Standard – padrão) da ranhura Facing Material para a ranhura Back Material. Escolha Copy na caixa de diálogo Instance (Copy) Material e clique OK.

6. Clique o botão Back Material para ir para aquele nível Material e mude a amostra Diffuse verde para um verde muito mais escuro. Renomeie o material naquele nível para Evergreen_bottom.

7. Clique o botão Select by Name, na barra de ferramentas principal, e selecione Evergreen01. No Material Editor, clique o botão Assign Material to Selection.

8. Clique o botão Select by Name na barra de ferramentas principal e selecione Camera01. No painel Modify, rolagem Parameters, clique o botão 135mm para fazer zoom em sua cena, na viewport Camera01 (veja a Figura 7.22). Isto lhe permite ver melhor as árvores.

Dica

A lente de uma câmera 3ds max 6 imita aquela de câmeras de filme de 35mm. Uma lente de 50mm é considerada "normal".

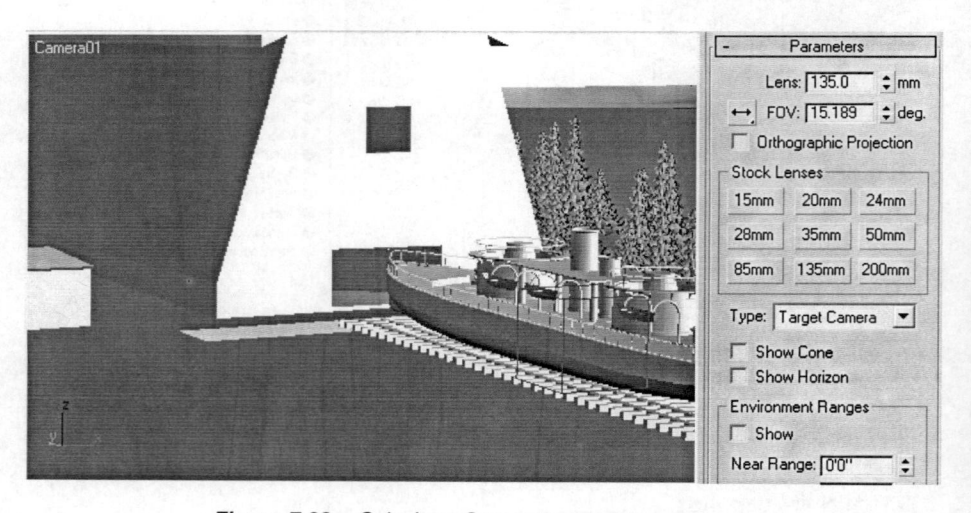

Figura 7.22 – Selecione Camera01 e mude-a para um comprimento focal de 135mm, uma lente de luz de telefoto.

9. Ative a viewport Camera01 e clique Quick Render na barra de ferramentas principal. As árvores sempre verdes atrás do barco não têm uma forma triangular claramente reconhecível para os ramos, devido ao severo mapeamento de saliência (veja a Figura 7.23).

Figura 7.23 – *O material de dois lados nos ramos sempre verdes têm um severo mapa de saliência, que reduz o padrão normal do modelo de polígono baixo.*

10. Feche todas as janelas e caixas de diálogo e salve o arquivo. Ele já deve estar nomeado Ch07_Intro_Mat04.max.

Criação e mapeamento de um material de céu

Até agora neste capítulo, você criou materiais com padrões especificamente de mapas de procedimentos, ruído e celular. Estes mapas são matematicamente gerados por ocasião da apresentação e são padrões aleatórios. Se olhar para a Figura 7.24, vê que, tipicamente, os mapas foram aplicados aos objetos com base no sistema de coordenadas de Object XYZ, como visto na rolagem Coordinates do nível Diffuse Color do material Landscape.

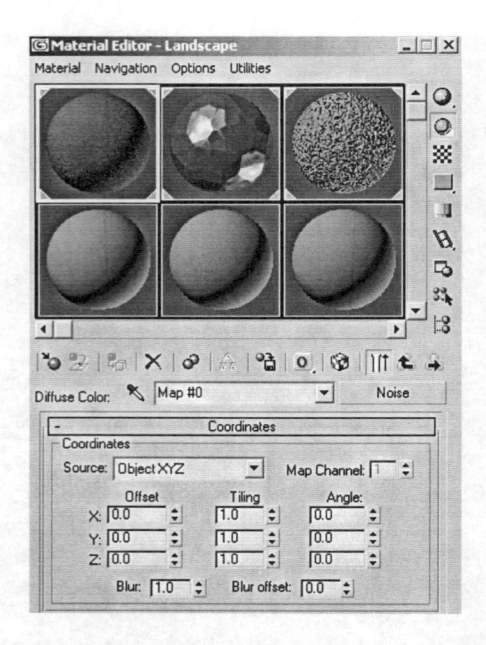

*Figura 7.24 – A rolagem Coordinates para o mapa de ruído
na ranhura Diffuse Color do material Landscape mostra que o padrão
foi ajustado ao objeto com base nas coordenadas de Object XYZ.*

Se o objeto Landscape fosse girado no espaço, a cor de material e os padrões de saliência ficariam fixos à superfície de uma maneira previsível, e girariam com o objeto. Entretanto, você limitou o controle sobre como os padrões se ajustam exatamente e de qual tamanho real eles são.

É possível aplicar um modificador chamado UVW Map a objetos, para controle mais exato sobre o ajuste e a colocação de mapas que são ajustados para usar o modificador.

Nesta seção, você aprende a aplicar e ajustar o modificador UVW para redimensionar e colocar um novo tipo de mapa de padrão, para tornar o céu mais convincente em sua cena.

Dica

Você usará com freqüência UVW com relação a materiais. Ele representa os eixos XYZ usando as três letras anteriores no alfabeto e não tem outro significado. As escolhas de letras tem mais a ver com o gerenciamento de código de programação do que qualquer outra coisa.

Uma "fórmula" útil a lembrar em 3ds max 6 é RGB+XYZ=UVW. Você pode ter percebido que os gizmos Transform são codificados à cor. Vermelho=eixo X, verde=eixo Y e azul=eixo Z no software.

No Exercício 7.4 você cria um material de céu usando um tipo de mapa, chamado gradient ramp (rampa gradiente), uma rampa em escala cinza com parâmetros que podem ser ajustados para ótimo controle. O céu será azul escuro na direção do zênite e branco no horizonte. Isto empresta à cena alguma profundidade, simulando o aumento crescente de atmosfera que você está vendo em ângulos baixos. O vapor de água e poeira no céu também é mais denso mais próximo da superfície.

Você aplica o padrão à abóbada celeste e ajusta a posição e a projeção com um modificador UVW Map. Ele é distribuído por todo o hemisfério, e sem uniões de extremidade – onde as áreas clara e escura do mapa se encontram – são visíveis na viewport Camera01.

Exercício 7.4
Criação e mapeamento de um céu

1. Abra o arquivo chamado Ch07_Intro_Mat04.max do CD-ROM ou do exercício anterior. A partir do menu pull-down, escolha Save As, indique para um subdiretório apropriado em seu disco rígido e use o botão de sinal de adição para salvar um novo arquivo, com o nome aumentado para Ch07_Intro_Map05.max.

2. Na barra de ferramentas principal, clique o botão Select by Name e clique duas vezes Camera01 na lista. No painel Modify, rolagem Parameters, clique o botão 50mm, para voltar a uma vista de ângulo mais amplo.

3. Abra o Material Editor a partir da barra de ferramentas principal e clique na janela de exemplo inferior esquerda, para ativá-la. Renomeie este material como Sky. Arraste e solte a janela de exemplo dentro da abóbada celeste, na viewport Camera01.

4. No Material Editor, rolagem Blinn Basic Parameters, clique o botão de pequeno quadrado cinza de atalho de mapa, à direita da amostra de cor Diffuse Color. Clique duas vezes Gradient Ramp na lista Material/Map Browser (veja a Figura 7.25). O mapa é um gradiente preto para branco da esquerda para a direita. Você pode ver o gradiente na esfera de janela de exemplo e na rolagem Gradient Ramp Parameters.

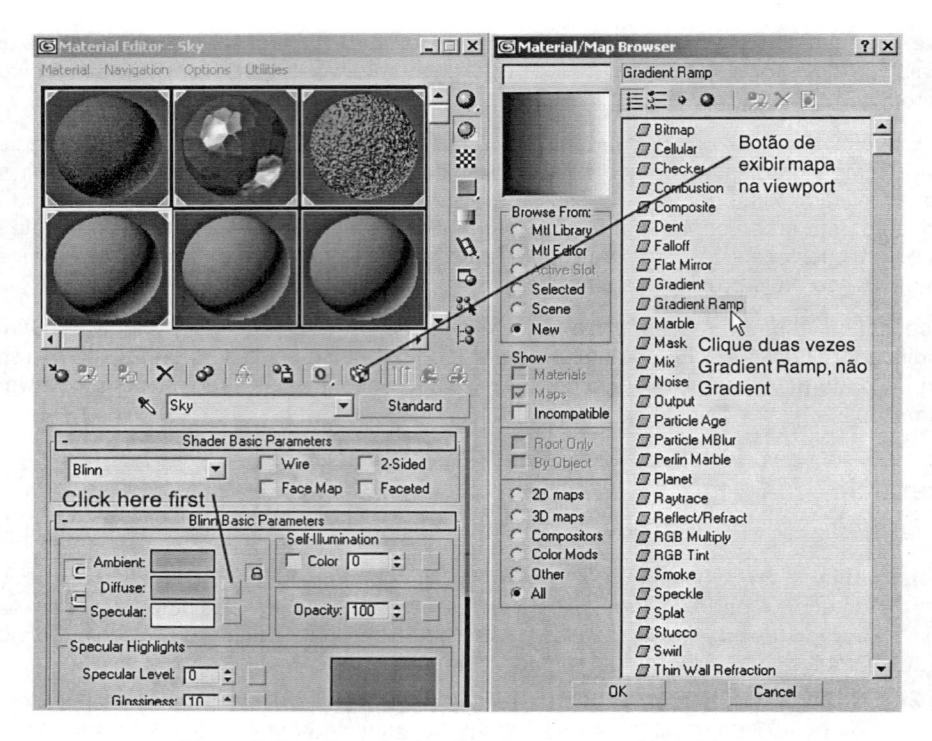

Figura 7.25 – O mapa Gradient Ramp é preto para branco
e é aplicado horizontalmente pela esfera da janela de exemplo.

5. No Material Editor, logo abaixo das janelas de exemplo, clique o botão Show Map in Viewport (exibir mapa na viewport). A abóbada celeste na viewport Camera01 se torna cinza ligeiramente mais escuro. Você está vendo uma pequena parte do meio do gradiente em sua vista, com preto estando à sua esquerda e branco à sua direita.

6. Na rolagem Gradient Ramp Parameters, clique com o botão direito a pequena sinalização (seta) verde, no canto inferior esquerdo da cor de rampa, e escolha Edit Properties no menu (veja a Figura 7.26). Na caixa de diálogo Flag Properties (propriedades de sinalização), clique a amostra de cor e ajuste-a para Red=25, Green=25 e Blue=110 para um azul saturado escuro. Esta é a cor de zênite.

7. Clique, e depois clique com o botão direito, se a caixa de diálogo Edit Properties não abrir, a sinalização central na rampa e ajuste-a para Red=100, Green=100 e Blue=230, para um azul mais claro. A sinalização direita permanece branca, e a sua abóbada celeste na viewport Camera01 deve ser de uma cor azul clara. Um problema agora é que o gradiente corre da esquerda para a direita e você deseja o azul escuro no alto de seu céu e o branco no horizonte. Feche o Color Selector e a caixa de diálogo Flag Properties.

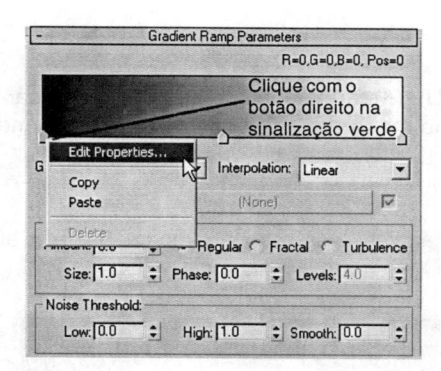

Figura 7.26 – *Clique com o botão direito a sinalização verde,*
no canto inferior esquerdo da rampa e escolha Edit Properties
no menu, para ajustar a cor para aquela sinalização.

8. Na rolagem Coordinates do mapa de rampa gradiente, você vê que as coordenadas estão usando Explicit Map Channel 1 (canal 1 explícito de mapa) e que as configurações Angle estão todas ajustadas para 0.0. No campo W, entre com 90 e pressione Enter. Agora, o céu de sua Camera01 está mais escuro e a rampa gradiente na esfera de janela de exemplo está exibindo azul escuro no alto e branco em baixo.

9. Selecione a abóbada celeste na viewport Camera01. No painel Modify, Modifier List, aplique um modificador UVW Map. Isto age como um "projetor" para o seu mapa. Por padrão, ele é um mapeamento planar no eixo Z da abóbada celeste (isto é, projetado de cima). Você vê um gizmo Mapping em torno da abóbada celeste na viewport Top (veja a Figura 7.27).

10. No painel Modify, rolagem Parameters, selecione o botão de rádio Spherical Mapping (mapeamento esférico). Isto projeta, a partir do centro de uma esfera para fora, em todas as direções. O gizmo UVW Map nas viewports, agora parece esférico. No painel Modify, vista Stack, expanda UVW Mapping e destaque Gizmo a nível de sub objeto. O gizmo na viewport se torna amarelo e verde. A linha verde representa onde estão as extremidades de bordas – neste caso, azul escuro e branco do mapa Gradient Ramp, o que ficaria óbvio na imagem apresentada. Você não quer que esta emenda apareça na viewport Camera01. Na viewport Front, mova o gizmo para baixo, no eixo Y negativo, de modo que o horizonte fique no horizonte da abóbada celeste e, na viewport Top, gire o gizmo no eixo Z para colocar a linha verde atrás da câmera (veja a Figura 7.28), No painel Modify, vista Stack, clique UVW Mapping para sair do modo de sub objeto.

Dica

O modificador UVW Map também é ajustado para usar Map Channel 1, o mesmo canal de mapa que o próprio mapa está usando.

11. Feche todas as janelas e caixas de diálogo. Salve o arquivo; ele já deve estar nomeado como Ch07_Intro_Mat05.max.

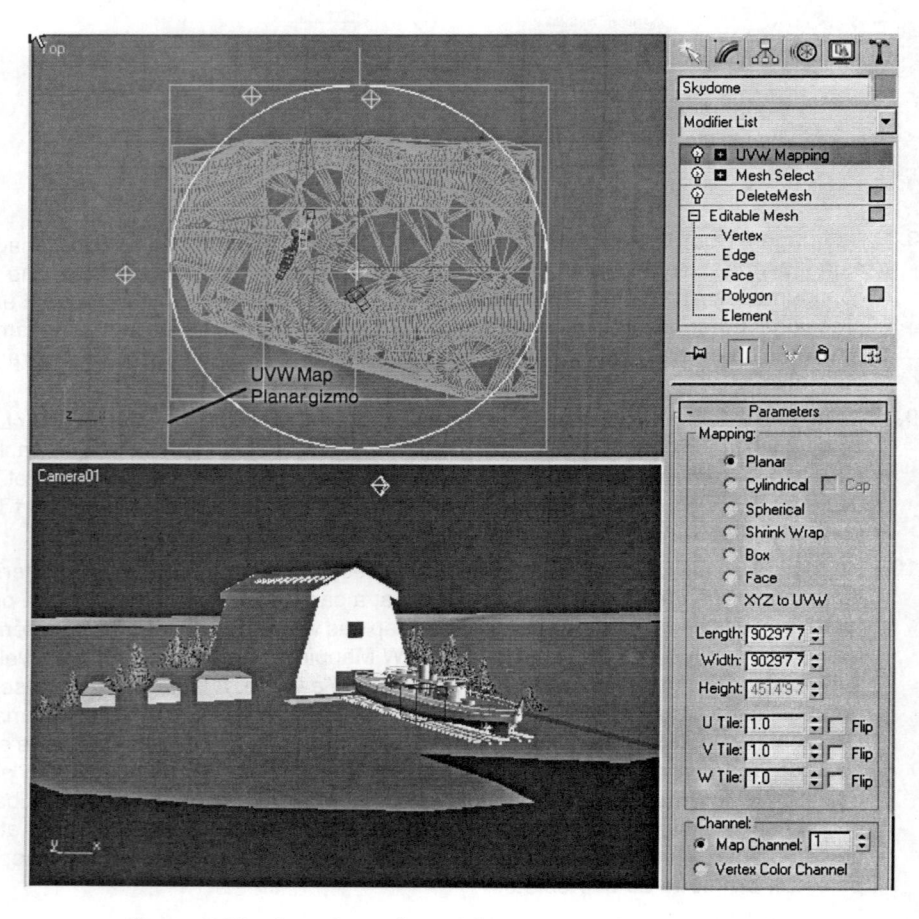

Figura 7.27 – *A configuração padrão para o modificador UVW Map usa mapeamento planar para projetar o mapa no eixo Z da abóbada celeste.*

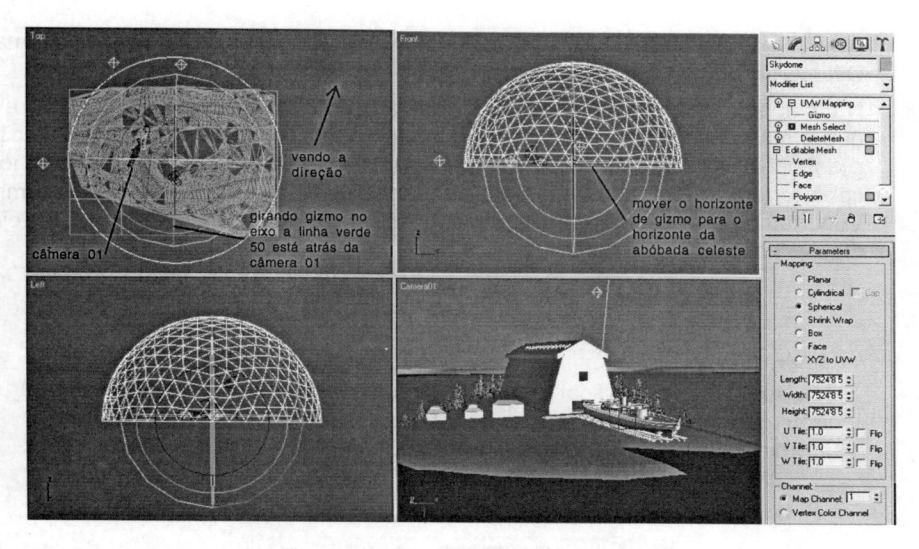

Figura 7.28 – *No gizmo de modo de sub objeto, mova e gire o gizmo esférico Mapping, para que o mapa seja centralizado verticalmente na abóbada celeste e a borda do mapa fique atrás da câmera (assim a união de extremidade não será visível na viewport Camera01).*

Como ajustar a rampa gradiente à vista

O mapa gradiente agora está sendo projetado do centro de um gizmo Mapping esférico em todas as direções. No entanto, você está vendo uma pequena parte de um hemisfério e apenas uma pequena parte do gradiente. No Exercício 7.5, você aprende a fazer ajustes nas coordenadas do mapa de rampa de gradiente, de modo que todo o gradiente preencha a área da viewport Camera01. Isto é conseguido por ajustes de parâmetros, chamados Tiling (azulejando) e Offset (recuo; espaço) no mapa. Estas configurações são usadas para compactar e alternar a posição da rampa de gradiente.

Exercício 7.5
Como usar Tiling para compactar e alternar a rampa gradiente para caber na viewport

1. Abra o arquivo chamado Ch07_Intro_Mat05.max do CD-ROM ou do exercício anterior. A partir do menu pull-down File, escolha Save As, indique para um subdiretório apropriado em seu disco rígido e use o botão de sinal de adição para salvar um novo arquivo, com o nome aumentado para Ch07_Intro_Mat06.max.

2. Abra o Material Editor e use Material/Map Navigator para chegar ao nível do mapa Diffuse Color, rolagem Coordinates, do material Sky (veja a Figura 7.29).

3. Na rolagem Coordinates, limpe as caixas de verificação da opção U: Tile. Isto evita que o mapa se repita verticalmente quando você ajustar o tamanho, para facilitar a visão. No campo U: Tiling, entre com 8 e pressione Enter. Isto reduz o tamanho da cobertura da rampa gradiente para cerca de 1/8 da esfera na janela de exemplo. Você também deve ver a borda superior do mapa na viewport Camera01 (veja a Figura 7.30).

Atenção

Os eixos U e V podem ficar um pouco confusos neste exemplo, porque você girou o próprio mapa gradiente 90 graus em W: Angle da rolagem Coordinates, assim, vertical e horizontal estão trocados.

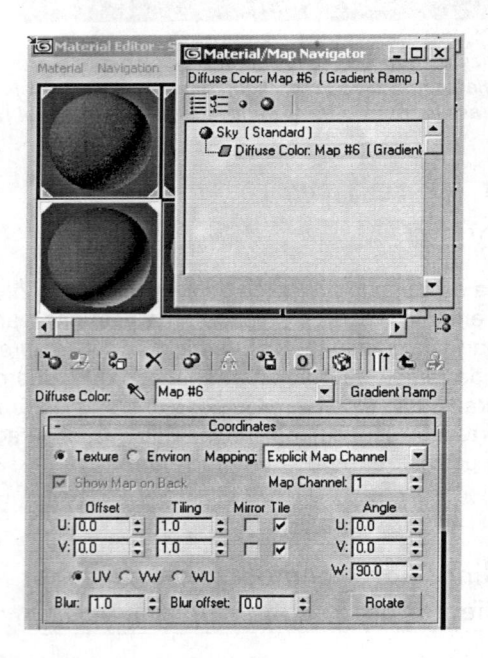

Figura 7.29 – No Material Editor, vá para a rolagem Gradient Ramp Coordinates, para o mapa Diffuse Color de material Sky.

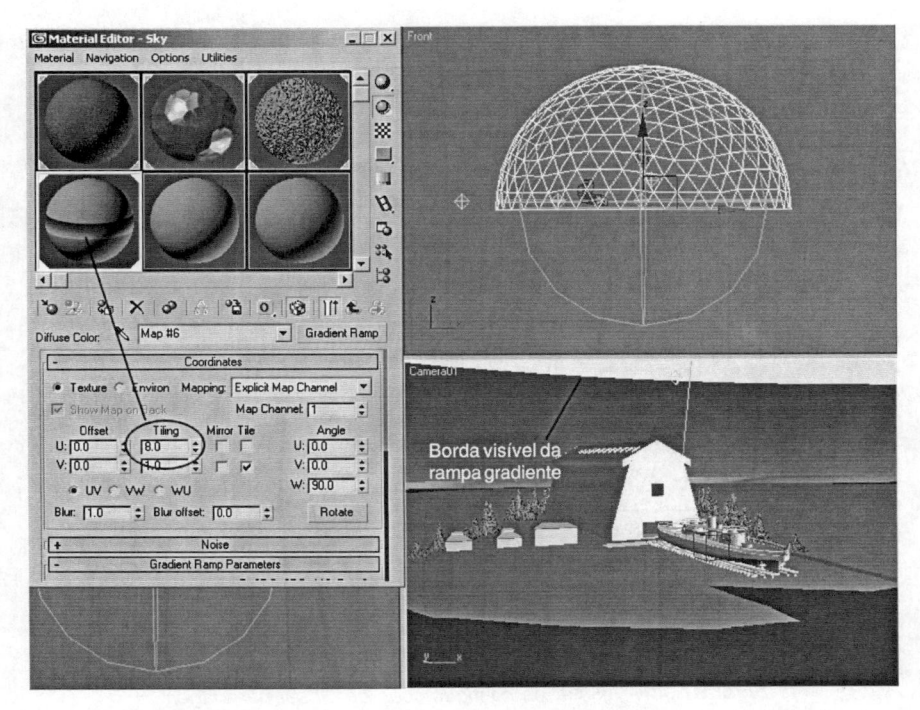

Figura 7.30 – Ajustar as configurações de Tiling na rolagem Coordinates muda o tamanho do mapa. Neste caso, você transformou em 1/8 do seu original, compactando-o para um espaço menor.

4. No campo V: Offset, entre com 0.05. Isto espaça a rampa gradiente para cima, de modo que a borda superior se move para cima, na viewport Camera01. Agora você deve ver um gradiente suave na viewport Camera01, de azul no alto para branco perto do horizonte (veja a Figura 7.31).

Dica

Tenha em mente que se quiser diferentes vistas de câmera, ou se você for animar a câmera na cena, deseja possibilitar isto no dimensionamento e colocação do gradiente na abóbada celeste.

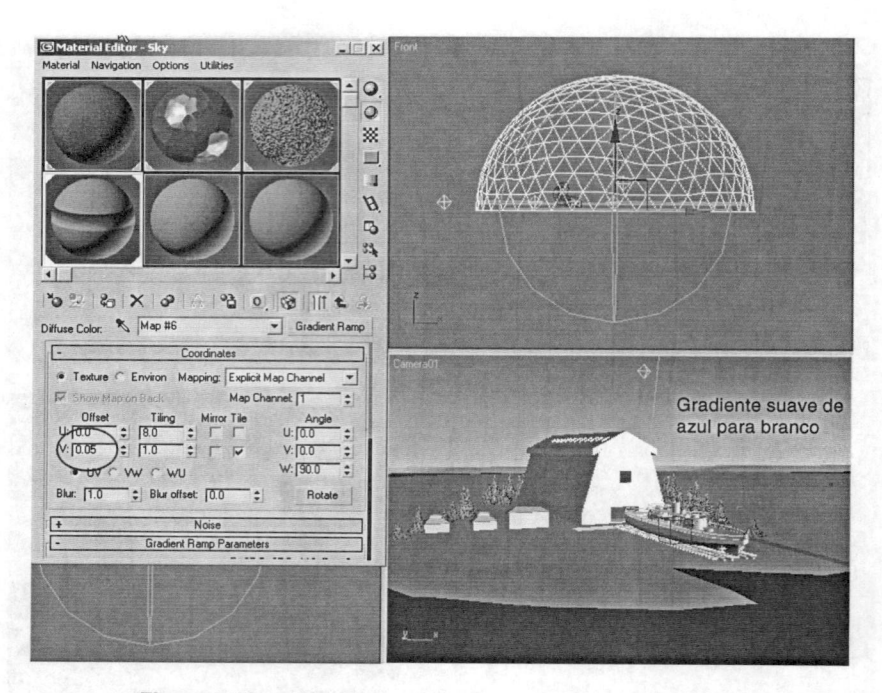

Figura 7.31 – *Ajustar as configurações de Offset na rolagem Coordinates muda a posição do mapa. Neste caso, você move para cima, de modo que as bordas não apareçam na viewport Camera01.*

5. No Material Editor, rolagem Gradient Ramp, entre com 0.1 no campo Noise Amount e selecione o botão de rádio Fractal. Isto acrescenta ruído aleatório ao limite das cores gradientes, dando a ilusão de algumas nuvens no céu (veja a Figura 7.32).

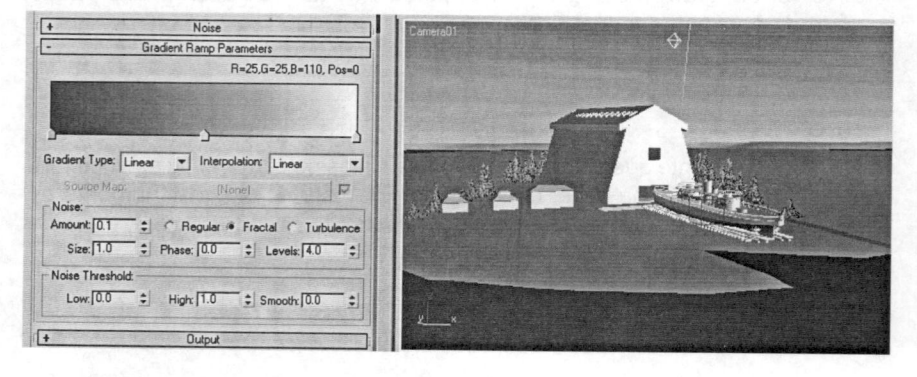

Figura 7.32 – *Na rolagem Gradient Ramp, entre com 0.1 no campo Noise Amount e selecione o botão de rádio Fractal para um aspecto nublado.*

6. Apresente a viewport Camera01 e você deve ter um céu de fundo de aspecto decente, que lhe permite girar a câmera cerca de 250 graus, sem ver quaisquer emendas no bitmap.

7. Entretanto, se modificar Camera01 para ter uma lente de 35mm mostrando a imagem, você vê um remendo de padrão cinza no alto da imagem e vê que a água está refletindo este cinza de cima. Isto porque a cor difusa ainda é padrão cinza e você dimensionou o bitmap com Tile desativada. A cor difusa deve ser igual ao azul escuro da rampa gradiente (veja a Figura 7.33). Você aprende a usar o utilitário Color Clipboard (quadro de cores) para corrigir o problema.

8. No painel Utilities, clique o botão Color Clipboard (veja a Figura 7.34). Use o Material/ Map para ir para o nível Gradient Ramp de Sky se ainda não estiver lá. Clique com o botão direito da sinalização à extrema esquerda e escolha Edit Properties. Arraste e solte uma cópia da cor em uma amostra de Clipboard (veja a Figura 7.35).

Cinza da cor Diffuse
padrão sendo exibida
e refletindo

Figura 7.33 – Quando Camera01 está ajustada para uma lente de ângulo mais amplo, a cor difusa padrão aparece acima do tamanho do mapa compactado e é refletida na água.

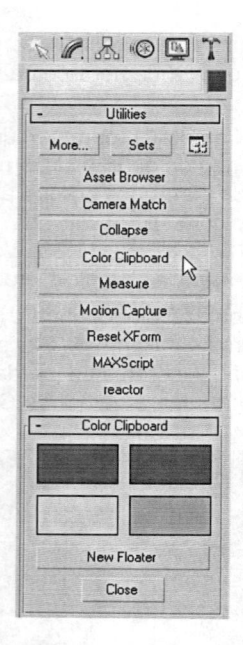

Figura 7.34 – *No painel Utilities, rolagem Utilities, clique o botão Color Clipboard para abri-lo.*

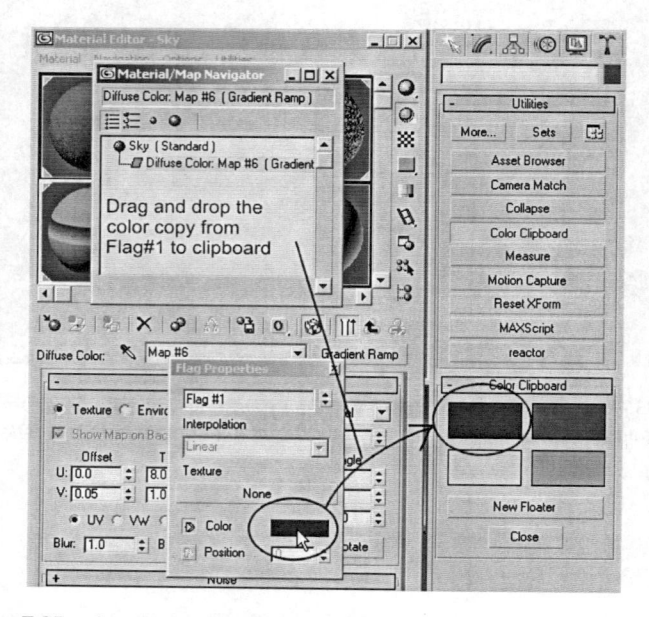

Figura 7.35 – *Arraste e solte uma cópia da amostra de cor a partir da caixa de diálogo Flag #1 Edit Properties em uma amostra no Color Clipboard.*

9. Usando Material/Map Navigator, vá para o nível superior do material Sky e arraste e solte uma cópia de azul escuro da amostra de cor a partir de Color Clipboard na amostra de cor Diffuse, na rolagem Blinn Basic Parameters (veja a Figura 7.36). Agora a esfera tem a mesma cor que a parte superior da rampa gradiente usada como cor de céu.

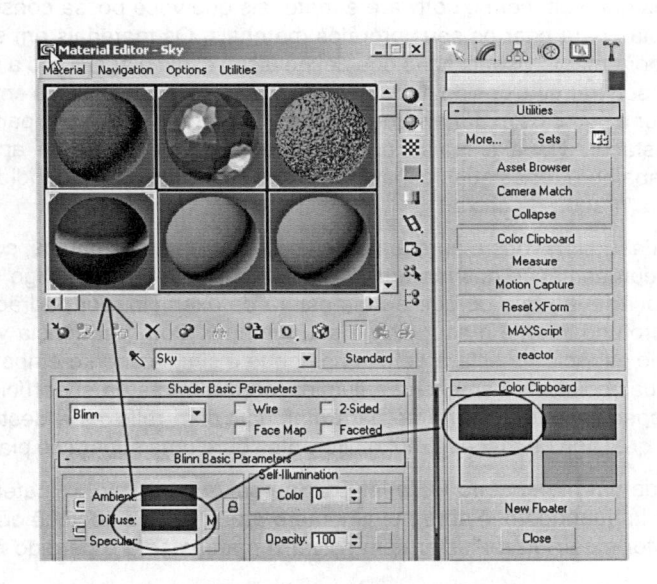

Figura 7.36 – Agora você pode arrastar e soltar uma cópia da amostra de cor do Color Clipboard da amostra Diffuse em Blinn Basic Parameters, de modo que a parte superior da rampa gradiente e a cor da esfera combinem exatamente.

10. Feche todas as janelas e caixas de diálogo e salve o arquivo. Ele já deve estar nomeado como Ch07_Intro_Mat06.max.

Bibliotecas de material para armazenar materiais

Essencialmente, em 3ds max 6 você armazena materiais em três lugares:

- **Material Editor** – Materiais podem ser mantidos nas 24 janelas de exemplo de Material Editor.
- **Cena** – Materiais podem ser aplicados e recuperados a partir de objetos na cena.
- **Biblioteca de material** – Materiais podem ser armazenados em um arquivo separado, com a extensão de arquivo .mat.

Material Editor

Com muita freqüência, você criará materiais a partir do nada, no Material Editor; de fato, eu me inclino a recomendá-lo, ainda que a curva de aprendizagem inicialmente pareça maior.

Use os materiais que vêm com o software e materiais que você possa conseguir de outras fontes, como guias para criar os seus próprios materiais. Os materiais em sua cena serão o principal componente de visualização que define o seu estilo e age como a sua assinatura, para distinguir o seu trabalho dos de outros. Gaste tempo para aprender as entradas e saídas do Material Editor e como os materiais que você cria interagem com a luz, para fazer as suas imagens se destacar. Nada é mais desencorajador do que ir a uma apresentação ou entrevista de trabalho e ter as suas cenas parecidas com a do último candidato, pois todos os materiais são "tirados da caixa."

Ao abrir o Material Editor, você é apresentado a seis janelas de exemplos, com esferas que mostram uma representação dos materiais que estão sendo criados. Digo representação, devido à iluminação e ao fato de que é uma esfera de exemplo, por padrão. A iluminação de cena afeta profundamente o aspecto de seu material. Com freqüência você obtém um material de ótimo aspecto na esfera de exemplo, que é simplesmente embaraçoso quando apresentado. Duas coisas causam isto: a iluminação e a forma da superfície. A forma das superfícies é especialmente importante para materiais com reflexos e destaques especulares, pois cada qual age de maneira muito diferente sobre uma superfície plana ou curvada.

Quando você cria um material no Material Editor e salva o arquivo, o material permanece no editor e está lá quando você abre novamente o arquivo. Mas se você criar um material em Material Editor e sair ou reajustar sem salvar o material, ele é perdido para sempre.

Materiais de cena: uma escolha melhor

Quando você cria materiais no Material Editor e os designa a objetos na cena, claro que os materiais são salvos com o arquivo. Mesmo se você limpar o Material Editor, desde que o material esteja designado a um objeto, ele não é removido da cena.

Nota

Se você substituir um material em uma janela de exemplo que não tenha sido designado a um objeto na cena, este material é perdido.

Por exemplo, suponha que você criou um material e o designou a um objeto na cena. A propósito, é possível saber se um material foi designado a um objeto na cena pelos triângulos nos cantos da janela de exemplo. Estes triângulos indicam um material "quente"; quando você muda o material no Material Editor, automaticamente ele se atualiza na cena.

Por qualquer que seja o motivo, depois você arrasta uma das janelas padrão de exemplo no alto de sua janela de exemplo de material quente. O seu material desaparece junto com os triângulos na janela de exemplo. Ele ainda está no objeto na cena, ainda que não esteja mais no Material Editor.

Dica

Se clicar duas vezes uma janela de exemplo, você pode ampliar a janela para ver melhor. Também é possível girar o exemplo, mantendo pressionada a roda do mouse e movendo o cursor sobre a janela de exemplo original (não a aumentada) ou você pode clicar com o botão direito a janela de exemplo e usar Drag/Rotate (arrastar/girar).

Mas na verdade você não acabou de editar aquele material e agora ele se foi e não é possível fazer quaisquer mudanças! Não, absolutamente, este não é o caso. É possível recuperar materiais de objetos na cena e colocá-los de volta no Material Editor, usando o botão de conta-gotas (Pick Material from Object – pegar material do objeto), que está bem à esquerda do campo de nome do material, e escolher o objeto em qualquer viewport.

Bibliotecas de material

A melhor maneira de lidar com materiais é usar bibliotecas de materiais. Estas são arquivos específicos com a extensão .mat que armazena descrições de seus materiais. A maior vantagem ao armazenar materiais em bibliotecas é que os materiais estão disponíveis a partir de qualquer cena e por todos os usuários em sua empresa. É um bom hábito colocar o seu material em uma biblioteca assim que você o criar.

Dica

Se você tiver Microsoft Access em sua máquina quando instalar max ou VIZ, a associação de arquivo Windows pode ser ajustada para arquivos .mat a partir de Access. Mudar a associação de arquivo Windows para max ou VIZ lhe permitirá usar os arquivos de biblioteca enquanto não prejudica de forma alguma Access.

As bibliotecas de material podem ser abertas a partir de qualquer cena, e o material pode ser arrastado da biblioteca para qualquer janela de exemplo no Material Editor, ou diretamente nos objetos na cena.

Ajuste as suas bibliotecas de material em agrupamentos lógicos que façam sentido ao seu ambiente de produção. As descrições de material não ocupam muito espaço em disco e podem ser duplicadas em muitas bibliotecas diferentes. Por exemplo, você deve ter uma biblioteca de material que contenha todos os materiais de cada projeto, mas também pode ter bibliotecas que contenham todos os materiais de pedra ou materiais de céu, ou uma biblioteca que contenha materiais de alta resolução. Cada uma destas bibliotecas deve conter algumas das mesmas descrições de material.

Como acessar materiais em uma cena

Agora você sabe que materiais podem ser armazenados em uma cena, mas existem diversas áreas de uma cena a partir das quais é possível ver aqueles materiais, escolhendo das opções Browse From (buscar a partir de) do Material/Map Browser. Você pode buscar a partir do seguinte:

- **Mtl Library** (biblioteca de material) – Um arquivo de biblioteca aberta.
- **Mtl Editor** (editor de material) – As 24 janelas de exemplo de material.
- **Active slot** (ranhura ativa) – Apenas a janela de exemplo selecionada no Material Editor.
- **Selected** (selecionados) – Materiais nos objetos selecionados na cena.
- **Scene** (cena) – Todos os materiais designados a objetos na cena.
- **New** (novos) – A listagem padrão de todos os tipos de materiais e mapas usados para criar novos materiais.

O Material/Map Browser também tem uma opção na área File para unir bibliotecas de materiais na biblioteca atual quando a opção Mtl Library está selecionada. Isto lhe permitiria, por exemplo, disponibilizar todos os materiais de madeira no arquivo de projeto atual.

Como salvar materiais em uma biblioteca: o processo

No Exercício 7.6, você aprende a criar uma nova biblioteca de materiais e armazenar os materiais de sua cena nela, de modo que eles estejam acessíveis a partir de outras cenas.

Exercício 7.6
Como criar e salvar uma biblioteca de material

1. Abra o arquivo chamado Ch07_Intro_Mat06.max do CD-ROM ou do exercício anterior. A partir do menu pull-down File, escolha Save As, indique para um subdiretório apropriado em seu disco rígido e use o botão de sinal de adição para salvar um novo arquivo, com o nome aumentado para Ch07_Intro_Mat07.max.

2. Abra o Material Editor. Clique o botão Get Material, na parte inferior à esquerda das janelas de exemplo. No Material/Map Browser, selecione o botão Browser From: Mtl Library. Você vê uma lista de mapas e materiais atuais a partir da biblioteca padrão atual, chamada 3dsmax.mat (veja a Figura 7.37).

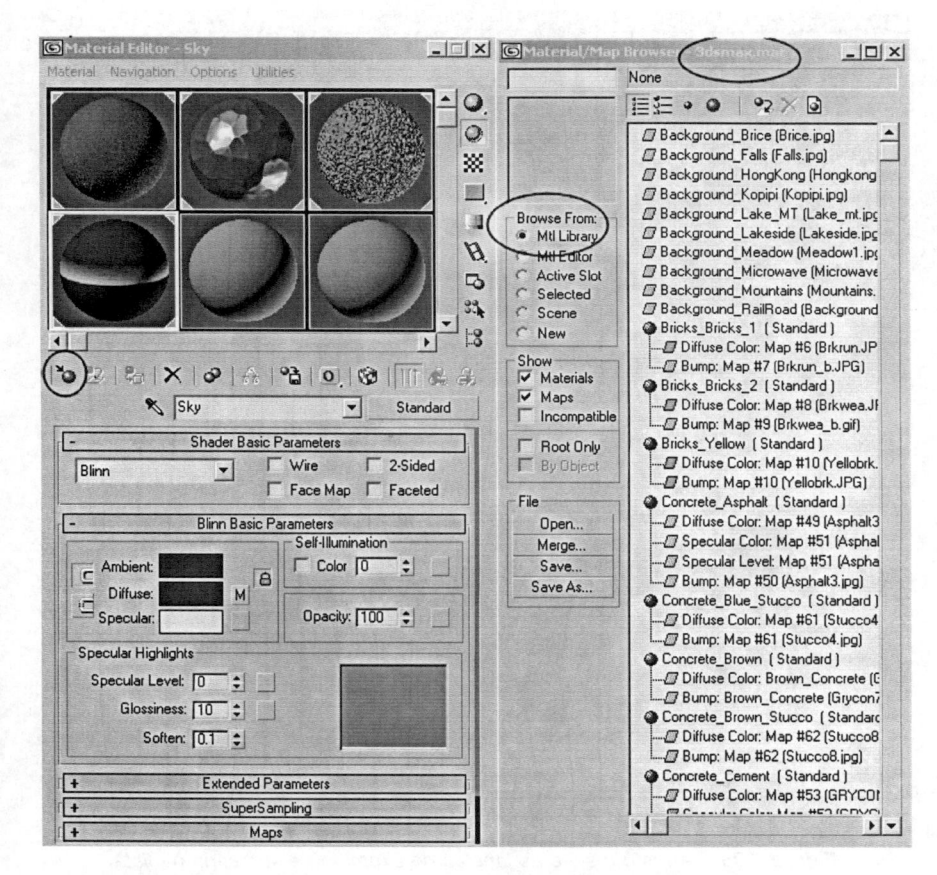

Figura 7.37 – Clique o botão Get Materials (obter materiais) no Material Editor e marque Mtl Library na área Browse From, para uma lista de mapas e materiais atuais no arquivo de biblioteca 3dsmax.mat.

3. No Material/Map Browser, no alto da lista, clique o botão à extrema direita, chamado Clear Material Library (limpar biblioteca de material). Responda Yes quando perguntado se deseja remover todos os materiais. Isto *não* apaga nada de 3dsmax.mat. Apenas limpa e lista e o nome de arquivo.

4. No Material/Map Browser, área File, clique o botão Save As, escolha uma pasta em seu disco rígido e nomeie o arquivo Shipyard. Automaticamente, ele recebe a extensão de arquivo .mat.

5. Arraste e solte as janelas de exemplo de Material Editor na área de lista em branco de Material/Map Browser para copiar os seus quatro materiais para a biblioteca (veja a Figura 7.38).

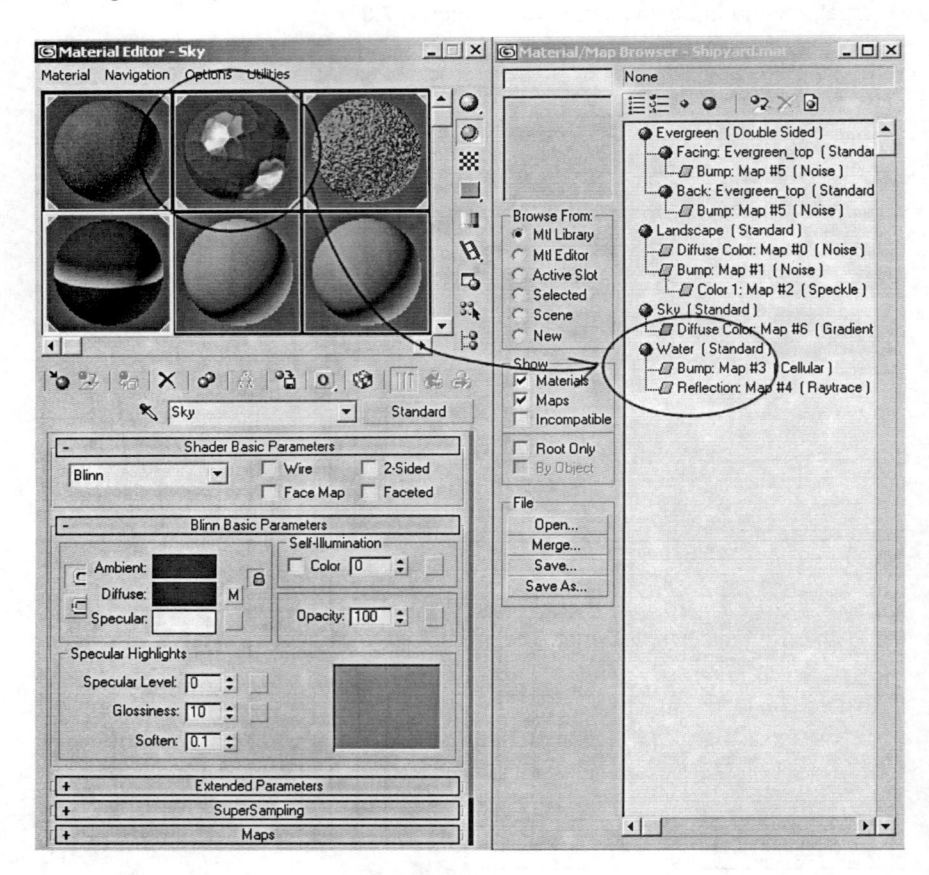

Figura 7.38 – Arraste e solte as janelas de exemplo de sua cena na lista, em Material/Map Browser, e os materiais e mapas são salvos em sua nova biblioteca, chamada Shipyard.mat, que está no disco rígido.

6. Feche todas as janelas e caixas de diálogo e salve o arquivo. Ele já deve estar nomeado como Ch07_Intro_Mat07.max.

Resumo

Alguns dos tópicos que você aprendeu neste capítulo incluem os seguintes:

- **Material Editor** – Você criou todos os seus materiais, combinando mapas e atributos no Material Editor, antes de designar o material a objetos na cena. O Material Editor é um espaço de criação e visualização, que você aprenderá a navegar.

- **Como aplicar mapas em materiais** – Você aprendeu a aplicar mapas a vários atributos de material, para gerar padrões e efeitos.

- **Simular geometria** – Aprender a simular geometria (por exemplo, padrões erguidos em uma superfície plana ou furos através de uma superfície) é um dos aspectos mais importantes sobre os materiais que você aprendeu neste capítulo.

- **Mapeamento de coordenadas** – Alguns padrões exigem informações específicas de orientação para ajustar objetos corretamente. Você aprendeu a aplicar estas coordenadas, para fazer o mapa ajustar o objeto da maneira que você queria.

- **Bibliotecas de material** – Você aprendeu a criar e salvar bibliotecas de material, para armazenar os seus materiais que depois podem ser abertos a partir de qualquer outra cena, para reutilização.

CAPÍTULO 8

Os fundamentos de apresentação em Scanline

Neste capítulo

Trabalhar com 3ds max 6 é tudo sobre produzir imagens, sejam imagens paradas ou animações. As imagens são criadas, apresentando as cenas em 3D que você criou.

Neste capítulo, você aprende a respeito de criar imagens apresentadas, usando a máquina de apresentação testada e aprovada Scanline (linha digitalizada), que tem sido o apresentador padrão em 3ds max 6 desde a versão 1.

A principal vantagem ao usar o apresentador Scanline é a velocidade. Ele calcula a apresentação através de uma passagem, de cima a baixo, de fileiras de pixels, e através do uso cuidadoso de iluminação e materiais você pode criar deslumbrantes imagens de uma maneira que vale o que custa:

- **O processo de apresentação** – Você aprende a configurar uma cena para animar uma imagem imóvel e uma seqüência de animação, usando o apresentador padrão Scanline.

- **Máquinas de apresentação** – Você aprende sobre a diferença entre máquinas de apresentação e apresentadores em 3ds max 6.

- **Resolução de imagem** – Você aprende a ajustar a resolução de imagem para diferentes cenários.

- **Tipos de arquivo** – Você aprende sobre alguns dos tipos de arquivo normalmente usados em 3ds max 6.

- **Apresentação em rede** – Você aprende sobre o processo envolvido em apresentar uma cena com múltiplos computadores.

Termos-chave

- **Renderer** (apresentador) – Em 3ds max 6, você tem disponíveis vários apresentadores que processam a modelagem, iluminação, materiais e efeitos em imagens em 2D. São eles Scanline, Radiosity (resplandecência), Light Tracer (traçador de luz) e mental ray.

- **Resolution** (resolução) – Imagens apresentadas a partir de 3ds max 6 precisam ser adequadamente dimensionadas para o seu uso pretendido. A resolução é o tamanho de imagem medido horizontal e verticalmente, pelo número de pixels ou pontos de cor de uma imagem.

- **Scanline** (linha de digitalização) – O apresentador padrão Scanline processa informações na cena e cria uma imagem em 2D de cada vez, processando de cima para baixo. É conhecido pela sua apresentação veloz.

- **Rendered Frame Window (RFW** – janela de moldura apresentada) – Quando você apresenta uma imagem em 3ds max 6, ela é exibida nas viewports com a Rendered Frame Window. Isto é independente de qualquer imagem que você pode salvar como um arquivo separado.

- **Delta compression** (compactação Delta) – Este é um método típico de criar seqüências de animação, onde a moldura é totalmente calculada e armazenada, e depois, as molduras subseqüentes são comparadas com a moldura armazenada e só os pixels alterados são armazenados. Isto torna menores os tamanhos de arquivo e torna possível a repetição mais rápida.

- **Codec** – Codec é um código de computador que diz a 3ds max 6 como processar e armazenar um formato de arquivo em especial quando apresentado. Tanto o criador quanto o cliente vendo os arquivos precisam ter o mesmo codec instalado.

- **Network rendering** (apresentação em rede) – Isto lhe permite usar múltiplos computadores para calcular imagens imóveis e seqüências de animação.

Os apresentadores

Conforme mencionado na introdução deste capítulo, 3ds max 6 oferece vários apresentadores ou máquinas de apresentação, e cada um processa objetos, materiais, luzes e efeitos de uma maneira diferente. Cada um tem as suas vantagens e desvantagens, mas ter uma ampla escolha de apresentadores aceitos pela indústria o torna, como usuário, mais produtivo e passível de comercialização.

Os apresentadores disponíveis em 3ds max 6 são os seguintes:

- **Scanline** – Este é o apresentador padrão que processa a cena nas linhas horizontais, de alto a baixo. A apresentação Scanline é uma das mais rápidas na indústria e a saída pode ser usada em uma ampla gama de necessidades de saída.

- **Iluminação avançada com Scanline** – Ainda que não um apresentador individual, as opções de Advanced Lighting (iluminação avançada) dentro do apresentador Scanline – Radiosity e Light Tracer – acrescentam o cálculo de luz retornada e controlam, fisicamente, a iluminação para a sua cena. As cenas têm um aspecto mais rico devido à luz retornada, mas podem demorar muito mais para apresentar.

Nota

Outros apresentadores disponíveis no mercado podem ser integrados em 3ds max 6 e oferecem diferentes níveis de qualidade, controle e efeitos especiais, como apresentação plana do tipo desenho animado.

Uma busca na Internet e em newsgroups de 3ds max oferecerá informações específicas mais atualizadas.

- **Mental ray** – As extensões de apresentação mental ray montadas em 3ds max 6 oferecem opções de traço a raio, que são um padrão industrial no mundo de recursos de filme. Mental ray pode trabalhar com material e luz 3ds max 6, mas também tem luzes especiais e sombreadores (materiais) para efeitos específicos, tais como corrosivos, ou o efeito de luz difusa através de vidro ou água, que são impossíveis com os outros apresentadores. O tempo de configuração e a apresentação podem ser muito maiores com mental ray.

O processo de apresentação

No Capítulo 7, "Introdução a materiais e mapeamento," você aprendeu a usar o botão Quick Render para ver uma apresentação de sua cena na Rendered Frame Window (RFW) na cena. Isto não salvou qualquer imagem que pode ser acessada no disco rígido, ainda que você tenha uma opção Show Last Rendering (exibir a última apresentação) no menu pull-down Rendering, que lhe permite ver a última imagem apresentada da sessão de trabalho atual.

Neste capítulo, você faz exercícios para apresentar uma cena em 3ds max 6 de uma imagem imóvel de alta resolução e de duas seqüências de animação, uma em um arquivo de animação de compactação delta e a outra de uma série de imagens imóveis numeradas.

O processo básico é bem simples: você ativa a viewport que deseja apresentar, normalmente uma viewport Camera e depois escolhe a resolução de imagem que deseja, o tipo de arquivo, e escolhe uma pasta no disco rígido para armazená-la. O software e o computador gerenciam o resto do trabalho para você.

A caixa de diálogo Render Scene é chamada, indo para o menu pull-down Rendering e escolhendo Render (veja a Figura 8.1). Também é possível usar a tecla de função F10 como um atalho de teclado ou o botão de bule de chá Render Scene, na barra de ferramentas principal.

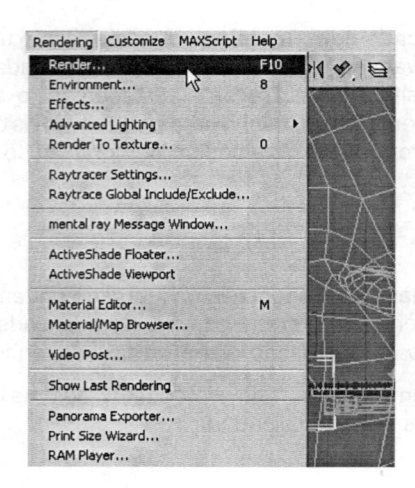

Figura 8.1 – *Escolher Render do menu pull-down Rendering ou pressionar a tecla de função F10 abre a caixa de diálogo Render Scene.*

A caixa de diálogo Render Scene tem cinco tabs (etiquetas) com uma variedade de ajustes:

- **Common** (comum) – A etiqueta Common lhe permite ajustar parâmetros como o número de molduras que você deseja apresentar, a resolução e o tipo de arquivo e localizações para salvar os arquivos. Dentro desta etiqueta, também é possível designar qual apresentação será usada.

- **Renderer** (apresentador) – Na etiqueta Renderer, você pode ajustar parâmetros específicos do apresentador atualmente ativo, tal como filtragem e movimento embaçado.

- **Render Elements** (elementos de apresentação) – A etiqueta Render Elements lhe permite dividir vários componentes de uma imagem apresentada (por exemplo, a iluminação, reflexos ou sombras) em arquivos separados para posterior processamento com outro software.

- **Raytracer** (traçado a raio) – Nesta etiqueta é possível ajustar globalmente os parâmetros de velocidade e qualidade para traçado a raio em materiais.

- **Advanced Lighting** (iluminação avançada) – Esta etiqueta tem configurações para escolher e ajustar as opções avançadas de apresentação Radiosity e Light Tracer.

Neste capítulo, você aprende a respeito dos parâmetros na etiqueta Common para configurar o processo inicial de apresentação. Aprende a ajustar a resolução para impressão e saída de vídeo e a escolher tipos de arquivo adequados àqueles usos, apresentando uma cena animada externa.

Como configurar parâmetros de saída para imprimir

Uma das suas primeiras decisões ao apresentar é o tamanho, ou resolução, da imagem apresentada que será salva no disco rígido. A resolução é o número de pontos no mosaico que, visto como um todo, cria a imagem. É necessária resolução suficiente para conter os detalhes, mas você não pode usar resolução mais alta do que a eficiente para as suas necessidades.

Mais resolução significa tamanhos maiores de arquivo, e menos eficiência, especialmente quando repetindo animações.

No Exercício 8.1, você aprende a configurar uma cena para resolução de impressão e a salvar as configurações como um pré-ajuste para recuperação posterior.

Exercício 8.1
Configuração de resolução de apresentação e pré-ajustes para imprimir

1. Abra o arquivo chamado Ch08_Iceberg01.max do CD-ROM. A partir do menu pull-down File, escolha Save As, indique para um subdiretório apropriado em seu disco rígido e use o botão de sinal de adição para salvar um novo arquivo, com o nome aumentado para Ch08_Iceberg02.max. Esta é a cena externa com o barco que tem alguns materiais aplicados e foi animada para se mover através da vista de câmera, em uma cena ártica (veja a Figura 8.2).

Figura 8.2 – *O ferro fundido desliza suavemente pela correnteza de gelo maciço.*

2. A partir do menu pull-down Rendering, escolha Render ou pressione F10. Na etiqueta Common, você verá que, na área Time Output (tempo de saída), a apresentação está ajustada para uma moldura Single (única). Esta é a moldura em que o deslizador Time, abaixo da viewport, está ajustado. Arraste o deslizador Time para a moldura 19, para uma visão inteira do barco na viewport Camera01.

Dica

Muito desta cena foi criado com técnicas que você aprendeu no Capítulo 7. Entretanto, há algumas coisas novas que podem ser investigadas, que não são cobertas como exercícios neste livro.

Uma ajuda para aprender 3ds max 6 é dissecar cenas de outros artistas, para experimentar e descobrir o que eles usaram para criação. Uma sugestão é selecionar o indivíduo no meio do grande iceberg, à esquerda e ir para o painel Motion. Tem um controlador Attachment que usa a superfície animada da água para a sua posição. O iceberg é vinculado ao indivíduo e sinais e rolagens são as ondas que o cruzam.

O outro objeto é um objeto Atmospheric Apparatus Helper (auxiliar de aparelho atmosférico) com neblina Volume, para criar nuvens pelo horizonte e camadas de névoa, para criar uma superfície enevoada de água no fundo.

Use o arquivo Help online, nos menus pull-down, para investigar estes recursos.

3. Na área Output Size (tamanho de saída), entre com 3000 no campo Width e 2400 no campo Height. Esta é a resolução da imagem que será salva no disco rígido. O Pixel Aspect (relação/aspecto de pixel) deve ser ajustado para .10 para a maioria das imagens impressas (veja a Figura 8.3). Isto significa que haverá 3.000 pixels quadrados horizontalmente e 2400 pixels quadrados verticalmente na imagem final que é escrita em disco.

4. Role a rolagem Common Parameters (parâmetros comuns) para cima e para baixo na área Render Output e clique o botão Files. Na caixa de diálogo Render Output, clique a lista Save As Type: All Formats (salvar como tipo: todos os formatos) e escolha .jpg na lista (veja a Figura 8.4). Isto define o tipo de arquivo que será salvo na pasta escolhida. No campo File Name, entre com Iceberg_still_print. Clique o botão Save. Na caixa de diálogo .jpg Image Control (controle de imagem), arraste o deslizador Quality para a direita, para 100, e clique OK.

5. Na parte de baixo da caixa de diálogo Render Scene, clique a janela à direita de Preset e escolha Save Preset (salvar pré-ajuste). Na caixa de diálogo Render Presets Save (salvar pré-ajustes de apresentação), entre com print_test como o nome de arquivo. Na caixa de diálogo Select Preset Categories (selecionar categorias de pré-ajuste), destaque Common e pressione o botão Save. As configurações recém-feitas na etiqueta Common agora estão salvas com um nome, assim, as configurações podem ser recuperadas rapidamente em qualquer ocasião. Isto possibilita apresentações consistentes, especialmente em trabalho cooperativo.

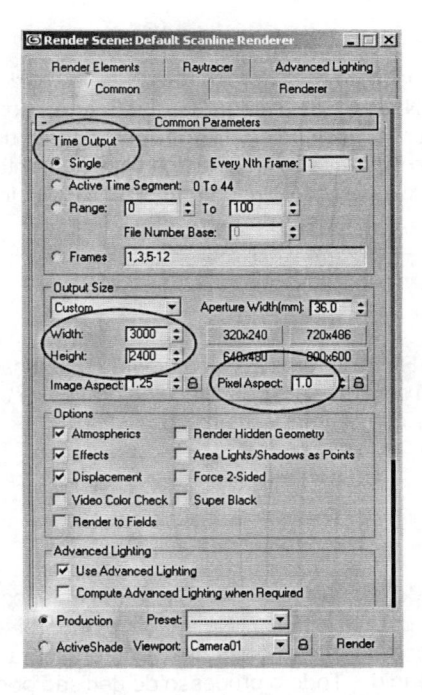

Figura 8.3 – *Para ajustar o tamanho de saída da imagem apresentada para imprimir, entre com Width e Height em pixels, para garantir que Pixel Aspect esteja ajustado para 1.0.*

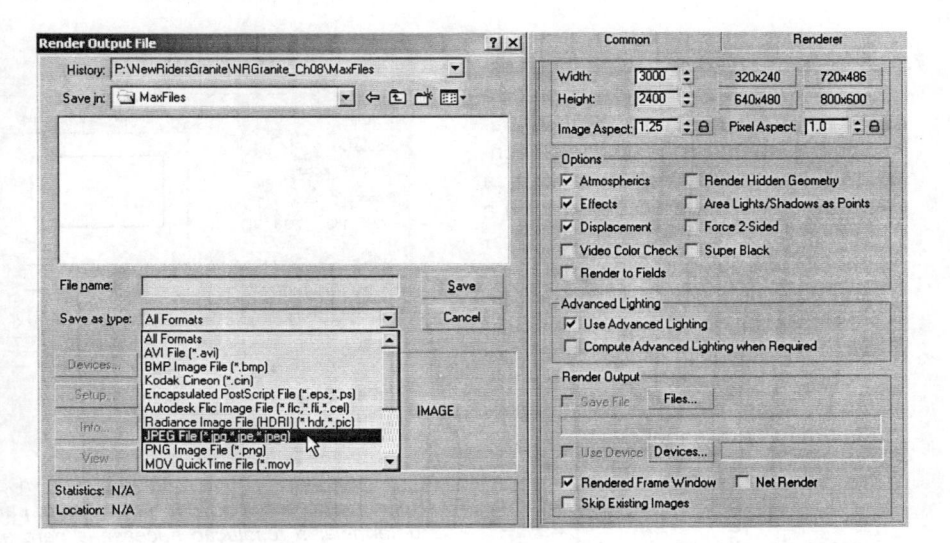

Figura 8.4 – *Ajuste o arquivo como um tipo de arquivo .jpg e entre com Iceberg_still_print como o nome, com a qualidade .jpg ajustada para 100.*

6. Verifique sempre se você está apresentando a viewport certa na janela à esquerda do botão Render. Na caixa de diálogo Render Scene, clique o botão Render no canto inferior direito. Tenha paciência; a cena irá demorar um pouco para apresentar, devido à resolução mais alta. À medida que você aumenta a resolução, os tamanhos de arquivo crescem de acordo. Por exemplo, uma única imagem de 320x240 contém 25 por cento de uma imagem de 640x480.

Dica

As imagens em RFW podem não ter a mesma resolução que você ajustou, pois elas podem ser limitadas pela placa de gráficos e tamanho de monitor. Servem apenas como uma visualização.

Nota

Qual é, você pode perguntar, o motivo por trás de escolher uma resolução de 3000x2400 para imprimir? Neste caso ela foi aleatória, mas em produção, dependerá principalmente da impressora e do tamanho da impressão pretendida. Todo o processo de decisão pode ser uma fonte de conflito e teoria. Entretanto, 3ds max 6 tem uma ferramenta que o ajuda a tomar a decisão: o Print Size Wizard (assistente de tamanho de impressão).

7. No menu pull-down Rendering, escolha Print Size Wizard. É preciso conhecer duas partes de informações: o tamanho de papel (se a configuração padrão é métrica, troque para polegadas, se necessário) e a configuração DPI (dots per inch – pontos por polegada) da impressora. Forneça-as nos campos adequados da caixa de diálogo Print Size Wizard e depois, escolha um tipo de arquivo e localização para apresentação. Neste caso, você está apresentando para papel de 10x8 polegadas, em formato de paisagem, em uma impressora ajustada para 300 dpi (veja a Figura 8.5). Não é preciso apresentar novamente esta imagem.

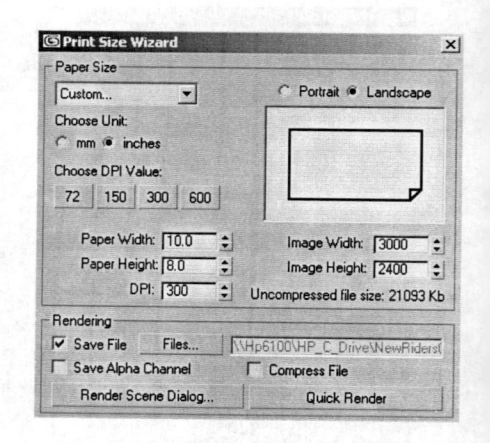

Figura 8.5 – Clique o menu pull-down Rendering e escolha Print Size Wizard, para determinar a resolução necessária para as configurações de tamanho de papel e dpi da impressora.

Dica

Isto deve ser usado como um modo empírico de ponto de partida. A impressão é uma mistura complexa de arte e ciência e você precisa experimentar com várias configurações de impressora, combinações de papel e tinta e configurações de impressão antes de comprometer uma imagem final. Sempre apresente na resolução mais baixa para a qual você deseja que a qualidade seja.

8. Feche todas as janelas e caixas de diálogo e salve o arquivo. Ele já deve estar nomeado como Ch08_Iceberg02.max.

Configuração de parâmetros de saída para vídeo

No Exercício 8.2, você determina pré-ajustes básicos para apresentação de execução típica de vídeo. Aqui, o dispositivo que gravará as imagens em fita de vídeo determina a resolução. Cada dispositivo é diferente, assim, é preciso verificar os dados do fabricante do dispositivo usado. O redimensionamento deste hardware precisa ser compensado na imagem apresentada. A relação de pixel também precisa combinar com este redimensionamento, de modo que as esferas na cena não se apresentem como ovais.

Exercício 8.2
Apresentação para fita de vídeo

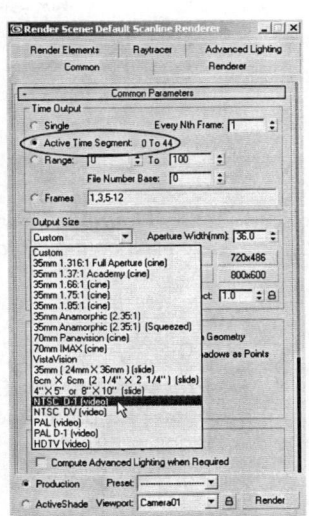

1. Abra o arquivo chamado Ch08_Iceberg02.max do CD-ROM ou do exercício anterior. A partir do menu pull-down File, escolha Save As, indique para um subdiretório apropriado em seu disco rígido e use o botão de sinal de adição para salvar um novo arquivo, com o nome aumentado para Ch08_Iceberg03.max.

2. A partir do menu pull-down Rendering, escolha Render. Na etiqueta Common da caixa de diálogo Render Scene, marque o botão de rádio na área Time Output, chamado Active Time Segment (segmento de tempo ativo): 0 para 44. Na área Output Size, clique a janela Custom (personalizar) e escolha na lista a opção NTSC D-1 (vídeo) (National Television System Committee – padrão de transmissão de televisão norte-americano). Esta é a configuração típica de formato de vídeo. Observe que é uma resolução de 720x486 com

Figura 8.6 – Você pode ajustar a apresentação para Active Time Segment e escolher a partir de uma lista de tamanhos típicos de saída, que podem combinar com o seu equipamento.

uma relação de pixel de 0.9 (veja a Figura 8.6). Novamente, sempre verifique o seu equipamento antes de fornecer estas informações.

3. Clique o campo à direita de Preset, na parte de baixo da caixa de diálogo e escolha Save Presets (salvar pré-ajustes). Nomeie este novo arquivo de video_test e escolha a opção Common na lista da caixa de diálogo.

4. No fundo da rolagem Common Parameters, clique o botão Files na área Render Output, mude o nome de arquivo para Iceberg_video, e escolha .avi na lista de tipos de arquivo, na caixa de diálogo Output File (arquivo de saída) (veja a Figura 8.7). Clique o botão Save na caixa de diálogo .avi File Compression Setup (configuração de compactação de arquivo) e clique OK para aceitar o codec Cinepack padrão. Na caixa de diálogo Render Scene, clique o botão Render.

Figura 8.7 – Na caixa de diálogo Render Output File, há uma lista de tipos de arquivo disponíveis, na lista Save As Type. Escolha .avi da lista.

Dica

Pressionar a tecla Escape, eventualmente interrompe a apresentação. Ela pode não parar imediatamente, se os processos estiverem sendo calculados no fundo.

Dica

Você pode exibir novamente a animação .avi para encontrá-la com Windows Explorer e clicar o nome de arquivo ou, no menu pull-down Rendering, escolher RAM Player e abrir a partir de lá o arquivo.

Também é possível ir para o menu pull-down File e escolher View Image File, para ver imagens ou animações.

5. A primeira moldura se apresenta e a segunda moldura (do total de 45 molduras, 0 a 44) inicia. A caixa de diálogo de progresso de apresentação lhe dá Last Frame Time (tempo de última moldura) e uma boa estimativa de tempo restante, e continua o processo até que todas as molduras tenham terminado.

6. Feche todas as janelas e caixas de diálogo e salve o arquivo. Ele já deve estar nomeado como Ch08_Iceberg03.max.

Como escolher tipos de arquivo para imóveis e animações

Até agora neste capítulo, você apresentou ambas, uma imagem imóvel e uma animação. Para a imagem imóvel você escolheu um tipo de arquivo .avi, com a qualidade mais alta como a saída de apresentação e, para a animação, escolheu um arquivo .avi com um codec Cinepack.

Aquelas foram escolhas aleatórias para ambas, a imóvel e a animação, porque você não tem um uso específico em mente para os resultados finais. Em situações de produção, a escolha de tipo de arquivo de saída pode ser um equilíbrio importante de qualidade, compactação e utilização em pós-processamento ou vista de cliente.

Nesta seção, você aprende alguns dos tipos mais comuns de arquivo em uso e alguns dos motivos pelos quais você pode escolher um ou outro.

- Para imagens imóveis, os tipos de arquivos mais usados tendem a ser .jpg, .png, .tga, .tif e .rpf.
- Para animações, os tipos de arquivo mais usados tendem a ser .avi, .mov e arquivos de seqüência de imagem.

Uma discussão sobre os vários tipos de arquivo não seria completa sem um entendimento básico de algo chamado canal alfa.

Atualmente, a maioria das imagens é criada em um nível de cor de 24 bits. Um *bit* consiste de duas partes de informações de computador que definem cores. O número de cores possível é calculado por 2 à potência de 24, ou um máximo de 16.7 milhões de cores em sua paleta.

O olho humano só pode detectar cerca de 65.000 cores diferentes, portanto, uma grande paleta significa que uma imagem complexa, com muitos gradientes de cor, de escuro a claro, não mostrará sinais de união, devido à falta de cores disponíveis.

Os monitores de computador são feitos de pontos de luz. Se uma exibição mostra uma linha diagonal através destes pontos, uma determinada quantidade de efeito de degraus de escada é apresentada. Os computadores usam antialiasing (processo para disfarçar a aparência de imagens gráficas) para misturar as cores de limite diagonal (veja a Figura 8.8).

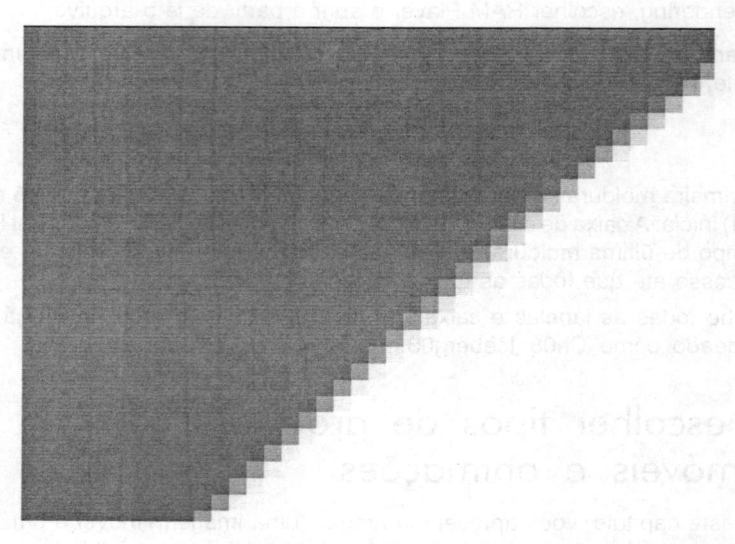

Figura 8.8 – *Em uma tomada próxima da borda inferior esquerda do iceberg, onde ele se encontra com o céu, é possível ver os efeitos de antialiasing para suavizar o efeito de degraus de escada dos pixels em uma linha diagonal.*

O computador está misturando o branco do iceberg e o azul do céu para suavizar a borda, com pixels variando de azulado para branco. Se você fosse erguer este iceberg do fundo azul e colocá-lo em um fundo vermelho, a borda pareceria terrível, devido a todos os pixels azulados.

Alguns tipos de imagem podem ser imagens de 32 bits (.tga, .tif e .png da lista anterior, por exemplo). Elas têm a mesma quantidade de cores, mas têm um adicional de 8 bits de informações de transparência, chamado de canal alfa. Ao invés de misturar as cores de borda, o canal alfa usa a transparência para suavizar o limite. Quando você coloca estas informações em uma nova cor de fundo, elas combinam perfeitamente.

Arquivos de canal alfa são usados em 3ds max 6, especificamente para mascarar e compor nos materiais e quando apresentam imagens que serão processadas com novas imagens de fundo, em software de composição, como combustão Discreet. Nos tipos de arquivo de animação, relacionados anteriormente, só os arquivos de seqüência de imagem – que, por exemplo, seriam imagens imóveis de .png ou .tga – podem ter canal alfa.

Aqui, você aprende um pouco sobre cada tipo de arquivo e alguns dos prós e contras de usá-los.

Tipos de arquivo de imagens imóveis

Embora estes não sejam os únicos tipos de arquivo disponíveis para apresentar imagens imóveis, ele são usados com mais freqüência e, geralmente, estarão disponíveis aos seus colaboradores e clientes:

- **,jpg** – Estes arquivos foram uns dos primeiros arquivos compactados disponíveis para a apresentação de imagens imóveis, o que conta para a popularidade deles. Todos podem acessá-los, e todos os softwares podem lê-los e escrevê-los. Entretanto, a compactação é chamada de "lossy" (com perda), o que significa que informações são descartadas, para tornar o arquivo menor. Isto leva a uma degradação da imagem, que pode apresentar áreas de cor, como que em bloco, especialmente em áreas de céu ou outras com grandes expansões de pixels coloridos. Não há canal alfa.

- **.tga** – Os arquivos .tga não são altamente compactados e não degradam em qualidade. Os tamanhos de arquivo podem ser bem grandes, à medida que a resolução aumenta, mas eles são usados normalmente. .tga pode ou não ter canal alfa.

- **.tif** – Estes apresentam qualidade e tamanho semelhantes a .tga, mas com freqüência, são preferidos por impressoras comerciais. Podem ou não ter canal alfa.

- **.png** – Um relativamente recém-chegado à cena, os arquivos .png têm uma qualidade tão alta quanto 48 bits de cor, com canal alfa opcional, mas são compactados para um tamanho semelhante a .jpg. Diferente de .jpg, a compactação é sem perda, sem degradação de qualidade. Atualmente, a maioria dos programas lê e escreve arquivos .png.

- **.rpf** – Este tipo de arquivo não é usado tão comumente, mas merece ser mencionado, devido à sua integração com o software de composição Discreet Combustion. Ele permite a armazenagem de informações extras, que possibilita uma imagem em 2D parecer ser 3D quando importada em Combustion. Os arquivos podem ser bem grandes.

O tipo de arquivo escolhido para o seu trabalho depende de muitos fatores relativos a como ele será usado e por quem, e você pode descobrir que outros tipos de arquivo podem ser melhores para você. De qualquer modo, o elemento comum importante a estudar mais é o canal alfa e como ele pode trabalhar para você.

Tipos de arquivo de imagem de animação

Você não precisa se preocupar apenas com o próprio tipo de arquivo na apresentação de animação, mas também precisa escolher cuidadosamente um dos codecs, ou compressores, disponíveis dentro do tipo de arquivo.

Alguns dos critérios que precisam ser incluídos em sua decisão são as quantidades de compactação, a qualidade de cor, a velocidade de exibição, resolução e compatibilidade com o computador do espectador.

A decisão de qual tipo de arquivo usar é mais complicada, pelo fato de que os codecs estão sendo modificados e desenvolvidos quase que em uma base diária.

Os codecs são conhecidos como compactadores delta. Eles salvam completamente a primeira moldura e depois apresentam e salvam apenas os pixels alterados das molduras seguintes, daí a compactação. Isto dificulta editar a animação depois de apresentar, e é impossível usufruir a vantagem da apresentação em rede interna em 3ds max 6, porque ela não pode unir partes de arquivos de pixel alterado em uma ordem certa.

De qualquer forma, é altamente recomendável que você não apresente diretamente em um codec de animação. Apresente sempre em uma série de arquivos .png ou .tga em seqüência e converta-os para arquivos de animação mais tarde, usando o RAM Player em 3ds max 6 ou outro software disponível.

Quando você resolver apresentar uma série de molduras em 3ds max 6 e escolher um tipo de arquivo de imagem imóvel, automaticamente max salva cada moldura com nomes em seqüência (por exemplo, Test0001.png, Test0002.png e assim por diante).

Isto possibilita pós-processamento mais flexível em outros software e facilita reapresentar qualquer quantidade de molduras em áreas que precisam ser corrigidas ou alteradas. Converter para arquivos de animação é sempre mais rápido do que reapresentar cenas.

Apresentação em rede

Um dos melhores recursos absolutos de 3ds max tem sido sempre a capacidade de apresentação em rede interna. Isto lhe permite distribuir molduras individuais de uma animação ou, agora em 3ds max 6, partes de uma imagem imóvel através de qualquer quantidade de computadores, para ser compilada de volta, em uma única máquina.

Atenção

Assegure-se de ter uma rede limpa, com as permissões apropriadas, de modo que cada máquina possa acessar a que está gerenciando a apresentação. Você precisa de um administrador de acesso para a configuração inicial.

As máquinas de apresentação, chamadas servidores, não precisam ser cópias licenciadas de 3ds max 6, mas só precisam de um núcleo do programa instalado na máquina, e cada máquina precisa estar em uma rede TCP/IP (Transmission Control Protocol/Internet Protocol – protocolo de controle de transmissão/protocolo de Internet).

A apresentação em rede é chamada por 3ds max 6, mas o gerenciamento de apresentação é feito pelo gravador de apoio, que está incluído no CD-ROM que vem com max 6.

Dica

A máquina de apresentação pode ser usada tanto como gerenciador quanto como servidor, iniciando cada componente. Depois que o processo de gerenciador estiver completo, o processo de servidor pode ser usado no gravador de apoio de apresentação em rede.

Os computadores servidor que fazem a apresentação precisam ter um sistema componente chamado Server (servidor) iniciado, e a máquina de apresentação precisa ter iniciado um componente chamado Manager (gerenciador).

Depois dos componentes de gerenciador e servidor tiverem iniciado, você precisa especificar uma faixa de molduras no apresentador, salvar para um formato de imagem imóvel e marcar a opção Net Render (apresentação em rede), na rolagem Common Parameters (veja a Figura 8.9).

Abrindo o componente Queue Monitor (fila de monitor) incluído no gravador de apoio, você pode gerenciar quais trabalhos são enviados a quais máquinas na rede, e pode ver o progresso da apresentação (veja a Figura 8.10).

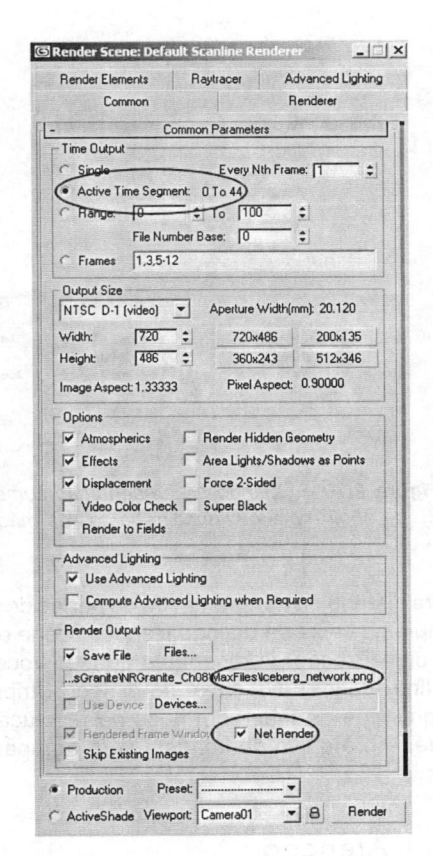

Figura 8.9 – A apresentação em rede precisa ser de tipos de arquivo de imagem imóvel, e você precisa marcar a opção Net Render na caixa de diálogo Render Scene. O gravador de apoio precisa ser instalado, e os componentes de gerenciador e de servidor precisam estar executando nas máquinas apropriadas.

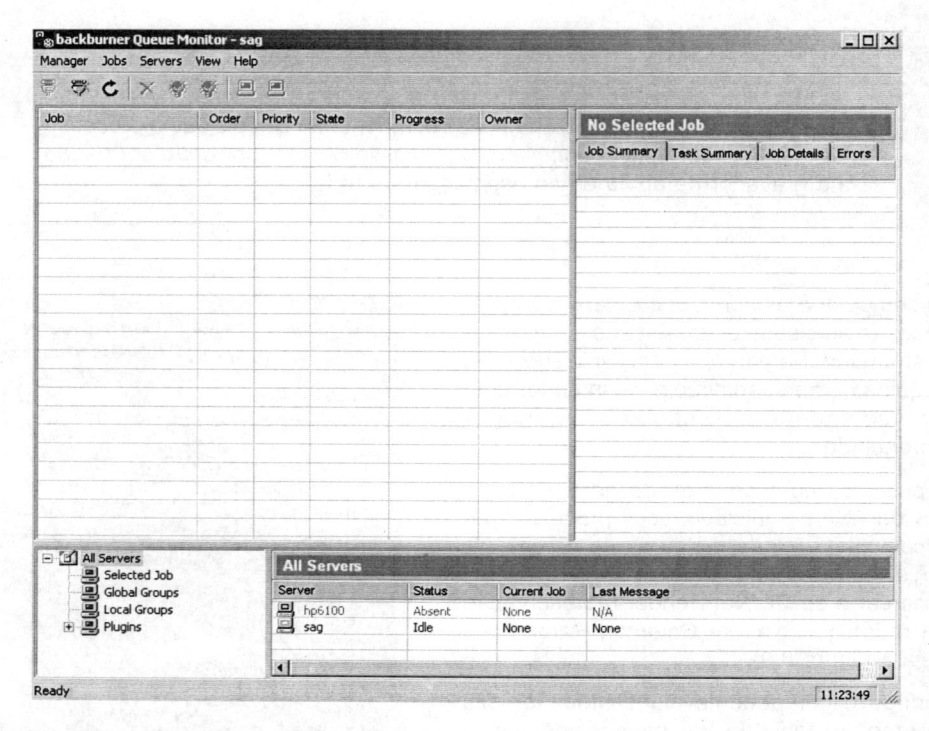

Figura 8.10 – *Quando a apresentação começar, você pode usar o Queue Monitor de gravador de apoio para designar trabalhos às máquinas e controlar o progresso da apresentação.*

Para distribuir a apresentação de partes de uma imagem imóvel pela rede, é preciso escolher Single na caixa de diálogo Render Scene e escolher a opção Split Scan Lines (dividir linhas de digitalização) apresentada quando você clica o botão Render, depois, escolher o botão Define (definir). Na caixa de diálogo Strips Setup (configuração de tiras), você escolhe a quantidade de tiras com base na resolução e na quantidade de máquinas disponíveis na rede, e o arquivo de imagem será agrupado ao término.

Atenção

A apresentação em rede não suporta diretamente a apresentação mental ray em 3ds max 6. Você precisa ter licenças para cada máquina na rede que quiser usar.

Use o arquivo Help online em 3ds max 6 para um guia mais completo de configuração e uso de capacidades de apresentação em rede, mas, assegure-se de usá-la, para aumentar a produção onde aplicável.

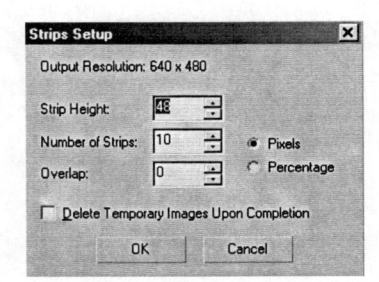

Figura 8.11 – *Quando você apresenta em rede uma única moldura com Split Scan Lines ativada, pode ajustar a distribuição com base na resolução de imagem e quantidade de máquinas disponíveis.*

Resumo

Neste capítulo, você aprendeu os fundamentos de saída de apresentação. Ainda que muitas variáveis afetarão a abordagem que você toma para apresentar, o processo é simples e se tornará uma parte normal de sua rotina. Algumas das coisas aprendidas incluem as seguintes:

- **O processo de apresentação** – Você aprendeu a configurar uma cena para animar uma imagem imóvel e uma seqüência de animação, usando o apresentador padrão Scanline.
- **Máquinas de apresentação** – Você aprendeu a respeito das diferentes máquinas de apresentação ou apresentadores em 3ds max 6.
- **Resolução de imagem** – Você aprendeu a ajustar a resolução de imagem para diferentes cenários, cenas imóveis e animadas.
- **Tipos de arquivo** – Você aprendeu a respeito de alguns dos tipos de arquivo mais usados em 3ds max 6 e alguns dos prós e contras de cada tipo.
- **Apresentação em rede** – Você aprendeu sobre o processo envolvido em apresentar uma cena com múltiplos computadores, seja ela uma animação ou uma imagem imóvel distribuída.

PARTE III

O interior da ponte do navio

Capítulo 9

Mergulho fundo em técnicas de modelagem

Neste capítulo

Até agora, através deste livro você trabalhou em uma cena externa, e então é hora de focalizar em alguns dos exercícios que lhe darão um pouco de prática com técnicas que já aprendeu e de apresentá-lo a alguns novos métodos poderosos de modelagem.

Você pode não ter percebido ainda, mas o antigo barco de meados de 1800 que você criou no Capítulo 4, "Construção naval 101: como construir um barco," é operado a partir de um centro de comando de alta tecnologia, localizado na proa. Este centro avançado é feito de paredes reforçadas em forma de favo, para resistir ao excesso de batalhas e para proteger de colisões com o gelo do ártico.

A sua tarefa é montar estas paredes e algumas do comando e sistemas de suporte que estão no coração do barco. No processo de construir esta cena, você aprende novas técnicas de modelagem, que oferecem opções que lhe dão mais controle do que outras já aprendidas. De novo, não existe maneira certa ou errada de modelar em 3ds max 6. O que você precisa fazer é aprender muitas das possibilidades e escolher o método que funciona melhor para você em qualquer situação.

Às vezes, um método de modelagem funciona melhor até certo ponto, mas depois, é preciso modificá-lo de uma forma que a técnica original não permite. As paredes internas do barco serão um destes exemplos, onde a modelagem de caixa funciona bem para o objeto básico, mas depois você aprenderá a respeito de um método que lhe permite deformar aquela parede de sistema de muitas outras formas. Isto pode ser conseguido com um modificador PathDeform de espaço mundial.

Depois, você precisa de algum equipamento no centro de comando, o qual permite mudanças posteriores no processo de design. Erguer é a resposta à tal desafio e lhe permite controlar de perto a densidade (isto é, o número de faces) na trama montada. A elevação é usada para criar um console de controle e algum trabalho de dutos de gerenciamento de ar.

Por fim, você aprende maneiras de criar superfícies suaves enquanto ainda retêm uma trama eficiente. Qualquer pessoa pode montar bordas arredondadas e superfícies suaves que aumentam a iluminação e materiais na cena, mas apenas um modelador mestre pode fazê-lo com eficiência e produtividade em mente.

Algumas das técnicas cobertas neste capítulo incluem as seguintes:

- **Modelagem de caixa** – Você aprende a usar técnicas de modelagem de caixa para criar um complexo sistema de parede em forma de favo.
- **PathDeform** – PathDeform é uma poderosa ferramenta que lhe permite deformar objetos de trama em 3D ao longo de um caminho complexo.
- **Elevação** – Você aprende a usar um dos métodos mais poderosos e flexíveis de modelagem, que converte simples forma em 2D em objetos complexos em 3D.
- **Suavização** – Você aprende os métodos de suavizar superfícies para controlar o "arredondamento" de bordas compartilhadas de polígonos.

Termos-chave

- **Modificador de espaço mundial** – Os modificadores de espaço mundial são baseados no sistema fixo de coordenadas mundiais. À medida que objetos modificados são transformados através do espaço mundial, eles "passam através" de modificações.
- **Modificador de espaço de objeto** – Os modificadores que funcionam no espaço Object usam o sistema de coordenadas do próprio objeto para definir as mudanças. À medida que o objeto se transforma pelo espaço, as modificações viajam com ele.
- **Elevação** – Elevar é o método de salientar uma ou mais formas em 2D ao longo de um único caminho 2D.
- **Caminho** – O caminho saliente na elevação.
- **Forma** – Uma forma em 2D que define a seção de cruzamento na elevação.
- **Caminho e etapas de forma** – Estas são etapas intermediárias entre os vértices de formas que definem a curvatura.
- **Suavização** – Isto descreve se uma borda compartilhada entre duas faces parece aguda ou suavizada.

Paredes em forma de favo de centro de comando

O seu barco de ferro fundido está velejando em águas perigosas e precisa de um centro de comando seguro, de alta tecnologia a partir do qual controlá-lo e protegê-lo de ambientes hostis.

A sua tarefa é construir paredes fortes, que se ajustem à forma da proa do barco, tendo sempre em mente que o escopo do projeto pode mudar em qualquer minuto e que, manter a contagem de face a um mínimo é de suma importância.

Nesta seção, você revê a técnica de modelagem de caixa para montar as paredes iniciais em forma de favo. O diretor do seu projeto especifica que você verá objetos à curta distância na cena, para exigir os detalhes que só podem ser conseguidos com a modelagem.

Depois, você deforma as paredes em forma de favo para caberem em uma forma em V rústica da proa do barco e acrescentar curvatura do chão ao teto. Esta tarefa é conseguida com o modificador PathDeform de espaço mundial.

Construção da parede em forma de favo

No Exercício 9.1 você usa a modelagem de caixa para editar uma Box (caixa) primitiva que é convertida a um polígono editável. Objetos poligonais editáveis, você se lembrará, têm algumas funções únicas de edição (como Connect e Inset) que não estão disponíveis em outras formas de modelagem de 3ds max 6. Cada painel em forma de favo terá cerca de 2 pés quadrados e 5 polegadas de profundidade, com um ligeiro chanfrado nas bordas. As bordas chanfradas acrescentam mais faces ao objeto, mas da maneira em que aqueles chanfrados irão interagir com a iluminação valerá bem a geometria extra.

Lembre-se ainda que, embora este exercício crie paredes, você pode aplicar os métodos aprendidos aqui em outros objetos, como portas de painéis, sistemas de piso de concreto, superfícies com reentrâncias ou talvez, até uma bola de golfe.

Exercício 9.1
Criação de objetos em forma de favo

1. Abra o arquivo chamado Ch09_interior01.max do CD-ROM. A partir do menu pull-down File, escolha Save As, indique para um subdiretório apropriado em seu disco rígido e use o botão de sinal de adição para salvar um novo arquivo, com o nome aumentado para Ch09_interior02.max. Esta é uma simples cena, com um piso, teto, caixa de armazenagem e várias formas em 2D que você usa para montar a geometria em 3D. A câmera também está na cena.

2. Clique com o botão direito na viewport Top para ativá-la e selecione a forma triangular em 2D, chamada wall_path. Esta forma define a parede em forma de favo em torno da sala de controle e, para montar a parede do tamanho certo, você precisa saber o comprimento do caminho. No painel Utilities, clique o botão Measure. Na área Shapes da rolagem Measure, você vê que o Length deste objeto tem 159 pés 10 3/8 polegadas (veja a Figura 9.1). Para o seu objetivo neste exercício, arredondar para 160 pés está ótimo. Este se torna o comprimento da parede.

3. No painel Create, painel Geometry, clique Box em Standard Geometry, rolagem Object Type e arraste uma caixa de qualquer tamanho na viewport Top. No painel Modify, entre com 10 no campo Length, 160 em Width e 1 no campo Height. Em Length Segments, entre com 5 e em Width Segments com 80. Isto cria polígonos de 2 pés por 2 pés. Nomeie o objeto Wall01.

4. Clique com o botão direito a etiqueta de viewport Camera01 e escolha Edge Faces do menu. A partir do menu pull-down Tools, escolha Isolate Selection (isolar seleção). Clique com o botão direito na viewport Camera01 e pressione P para trocar para a viewport Perspective. Depois, pressione U no teclado, para trocar para uma viewport User, que é não ortográfica, mas não tem perspectiva. Use a ferramenta Arc Rotate, na viewport User, para ver a parede a partir da parte superior esquerda e clique o botão Zoom Extents All, na parte inferior direita da exibição, para ver toda a caixa em todas as viewports. Ela deve se parecer com a Figura 9.2.

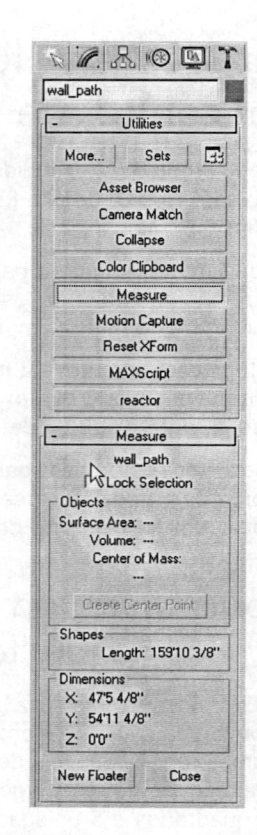

Figura 9.1 – Use a ferramenta Measure, no painel Utilities, para medir o comprimento da forma wall_path. Arredonde para o pé mais próximo e anote o número, neste caso, 160 pés.

5. Clique com o botão direito Wall01 e escolha Convert To, Convert to Editable Poly, no menu Quad. No painel Modify, vista Stack, destaque o modo Polygon de sub objeto. Na barra de ferramentas principal, assegure-se de estar no modo de janela de seleção. Na viewport Left, arraste uma janela de seleção em torno do alto de Wall01 para selecionar apenas os polígonos superiores. Na rolagem Edit Polygons, clique o botão Settings para Inset (inserir). Isto coloca 1 polegada em torno do perímetro do conjunto de seleção. Na caixa de diálogo Inset Polygons (inserir polígonos), selecione o botão de rádio By Polygon, para colocar cada polígono individualmente. Entre com 3" no campo Inset Amount e pressione Enter. Isto cria um espaço entre cada polígono selecionado (veja a Figura 9.3). Clique OK. Dê um zoom na viewport User para ver os resultados.

Dica

Em máquinas mais lentas, clicar OK pode resultar em uma pausa de alguns segundos enquanto as configurações são calculadas e aplicadas. Tenha paciência.

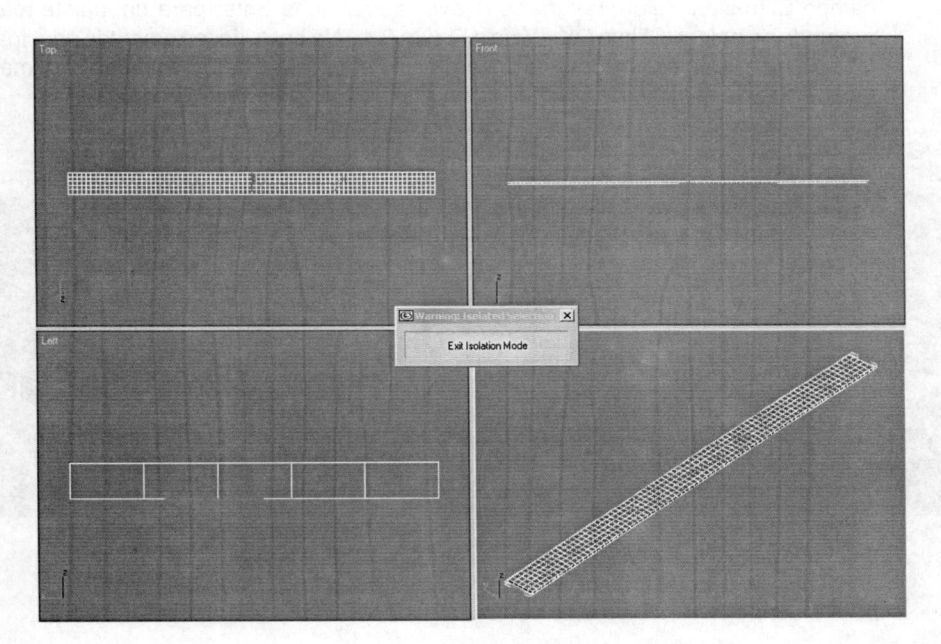

***Figura 9.2** – Troque a viewport Camera01 para a viewport Perspective, pressionando P, depois, para uma viewport User, pressionando U e faça zoom e Arc Rotate para ver o objeto Wall01, que está no modo Isolation.*

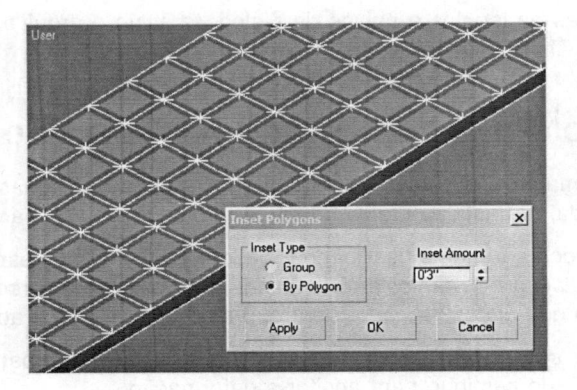

***Figura 9.3** – Usar Inset no modo By Polygon (por polígono) coloca cada polígono individualmente.*

6. Na rolagem Edit Polygons, clique o botão Settings para Bevel. Entre com –1 nos dois campos, Height e Outline Amount. O tipo de chanfrado não é importante agora, pois todos os polígonos estão separados por polígonos não selecionados, através dos quais o efeito não pode passar. Isto coloca um chanfrado de 45 graus em todas as bordas dos painéis.

7. Na rolagem Edit Polygons, clique o botão Settings em Extrude. Entre com –4 no campo Extrusion Height (altura de relevo) e pressione Enter para um ajuste mais profundo de painel. Clique OK. (Veja a Figura 9.4.) Na barra de ferramentas principal, janela Named Selection Sets, entre em painéis e pressione Enter. Isto torna mais fácil refazer a seleção de painéis se você precisar deles mais tarde.

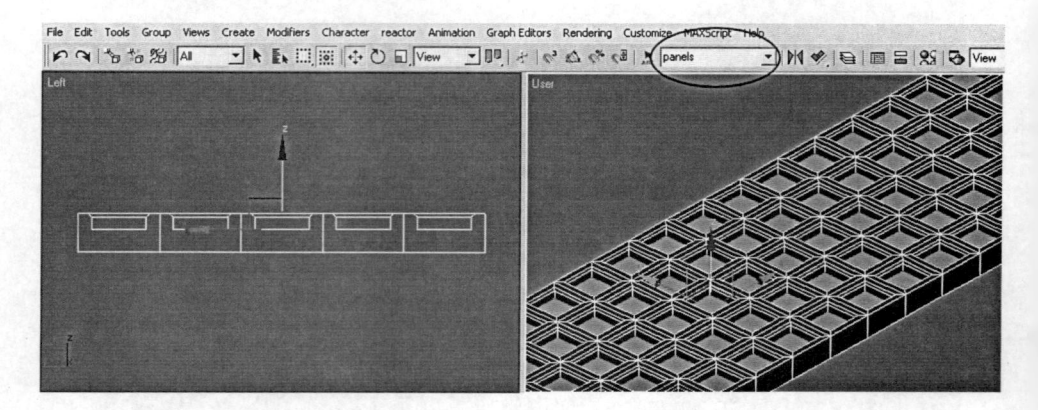

Figura 9.4 – Saliente a seleção em menos 4 polegadas e crie um conjunto de seleção nomeada dos polígonos, para uso posterior.

8. No painel Modify, vista Stack, destaque Editable Poly no alto da lista, para sair do modo de sub objeto. Nas viewports, clique o botão Exit Isolation Mode, para trazer de volta à cena todos os objetos.

9. Feche todas as janelas e caixas de diálogo e salve o arquivo. Ele já deve estar nomeado Ch09_interior02.max.

Incline, molde... deformando a parede

Agora, você tem uma parede especialmente longa, plana no chão, mas quer que ela seja uma parede curvada, futurística, que se adapte à forma da proa do barco.

No Exercício 9.2, você aprende a usar o modificador PathDeform de espaço mundial, para usar a forma triangular com os cantos arredondados como a base da parede. Também inclina a parede, de modo que ela se vire para dentro, à medida que chega ao teto.

A coisa importante sobre PathDeform é que o objeto sendo deformado tem segmentos suficientes ao longo do caminho para aceitar a deformação.

Exercício 9.2
Como deformar um objeto inclinado ao longo de um caminho

1. Abra o arquivo chamado Ch09_interior02.max do CD-ROM ou do exercício anterior. A partir do menu pull-down File, escolha Save As, indique para um subdiretório apropriado em seu disco rígido e use o botão de sinal de adição para salvar um novo arquivo, com o nome aumentado para Ch09_interior03.max.

2. Primeiro, mova o ponto pivô de Wall01 para alinhá-lo com o que se tornará a parte de baixo de sua parede. Lembre-se de que o modificador Bend usa o pivô (centro) de um objeto como o centro padrão de inclinação. Com Wall01 selecionado, no painel Hierarchy, rolagem Adjust Pivot, clique o botão Affect Pivot Only (afetar apenas pivô). Na barra de ferramentas principal, clique o botão Align. Na viewport Top, escolha Wall01. Na caixa de diálogo Align Selection, marque Y Position, Pivot Point na coluna Current Object e Maximum na coluna Target Object (veja a Figura 9.5). Clique OK. No painel Hierarchy, clique Affect Pivot Only para sair daquele modo.

Dica

Os eixos certos a usar foram pré-determinados através de alguma tentativa e erro, para fazer este exercício fluir mais suavemente. As configurações reais dependem de em quais viewports os objetos foram criados e quais sistemas de coordenadas de referência são afetados; assim, as configurações podem diferir se você mesmo recriar este exercício.

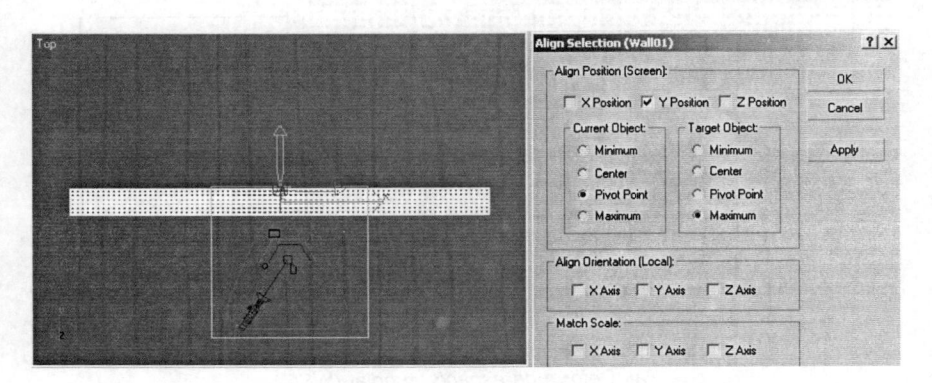

Figura 9.5 *– Na caixa de diálogo Align Selection, marque Y Position e escolha Pivot Point, na coluna Current Object, e Maximum, na coluna Target Object. Clique OK*

3. No painel Modify, Modifier List, escolha o modificador Bend. Na rolagem Parameters, entre com 25 no campo Angle, 90 no campo Direction e marque o botão de rádio Y na área Bend Axis. A sua parede recebe distorções com cada nova entrada de dados, mas ao final, ela se parece como a Figura 9.6.

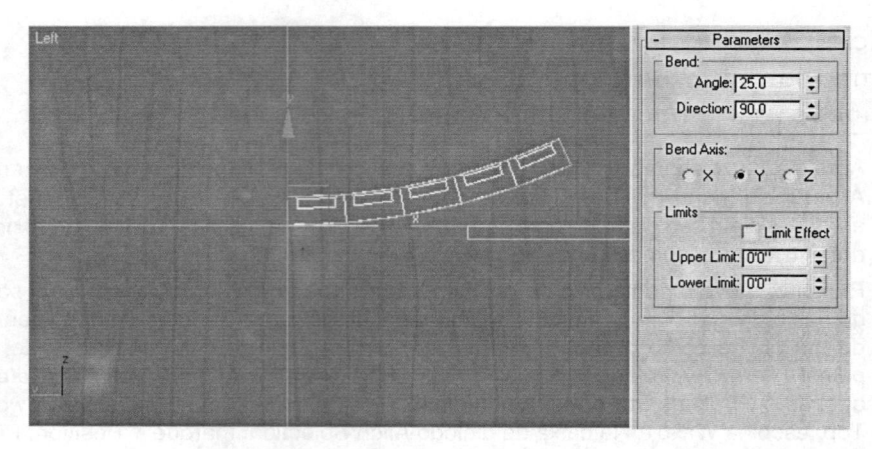

Figura 9.6 – No modo Affect Pivot Only, use Align para alinhar
o ponto pivô ao máximo para o lado do eixo Y da viewport Top.

4. Agora, deforme a parede inclinada pelo caminho. Com Wall01 selecionado, vá para
o painel Modify, Modifier List e escolha o modificador PathDeform (WSM – World
Space Modifier – modificador de espaço mundial), na lista de modificadores de
espaço mundial (veja a Figura 9.7).

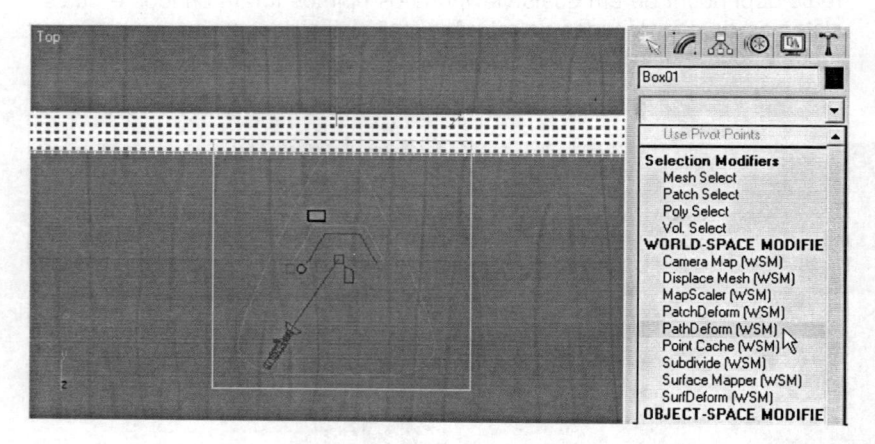

Figura 9.7 – Selecione Wall01 e aplique o modificador
PathDeform de espaço mundial (WSM).

5. Na rolagem Parameters, clique o botão Pick Path (escolher caminho) e, na viewport
Top, escolha wall_path. Wall01 deforma bem estranhamente. Na rolagem Parameters,
clique o botão Move to Path. Entre com 90 no campo Rotation e marque o botão de
rádio X PathDeform Axis (eixo X de deformação de caminho). Isto direciona a parede
corretamente no caminho (veja a Figura 9.8).

Atenção

Não escolha o objeto Patch Deform (deformar remendo) (WSM) ou o PathDeform mais abaixo na Modifier List, nos modificadores de espaço de objeto.

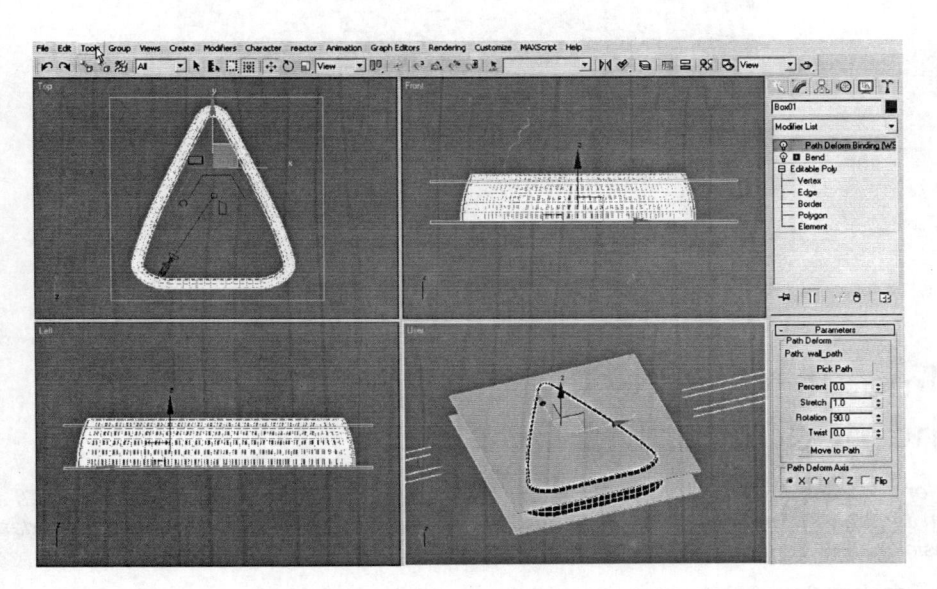

Figura 9.8 – *Na rolagem Parameters de PathDeform (WSM), clique Pick Path e escolha wall_path, clique Move to Path (mover para o caminho), entre com 90 em Rotation e marque o botão de rádio X PathDeform Axis.*

6. Clique com o botão direito na viewport User e pressione C para trocar para a viewport Camera01. Clique com o botão direito a etiqueta da viewport Camera01 e limpe a opção Edged Faces. A viewport deve se parecer com a Figura 9.9. O chanfrado nas bordas do painel pega a luz, para ampliar a aparência.

7. Feche todas as janelas e caixas de diálogo e salve o arquivo. Ele já deve estar nomeado de Ch09_interior03.max.

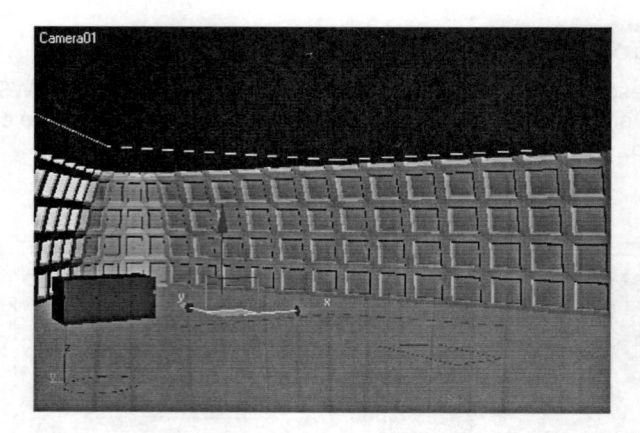

Figura 9.9 – Troque a viewport User para a viewport Camera01,
pressionando C e desative Edged Faces, clicando com o botão
direito a etiqueta da viewport e limpando-a no menu.

Uma técnica de modelagem chamada Lofting

O termo lofting *(inclinação) vem da construção naval. As vigas de um navio são feitas em seu tamanho normal no chão de um sótão no estaleiro. As vigas são então cortadas e posicionadas ao longo da quilha do navio e a pele é aplicada para criar o casco.*

Em 3ds max 6 você determina um caminho em 2D (quilha) e formas de seção cruzada em 2D. Então, 3ds max 6 aplica a pele para você, fazendo uma superfície em 3D.

A maior vantagem de inclinação é que simples formas em 2D podem gerar objetos complexos em 3D, com edição flexível e controle de densidade de face.

Só pode haver um caminho ao longo do qual qualquer quantidade de formas podem ser aplicadas. O caminho e os objetos de forma podem ser formas abertas ou fechadas. As únicas verdadeiras restrições são que cada tipo de forma ao longo do caminho precisa ter a mesma quantidade de tiras em curva e um caminho tem apenas uma tira em curva. Por exemplo, não é possível inclinar um Circle primitivo e um Donut primitivo na mesma inclinação de caminho, nem é possível inclinar uma forma ao longo de um Donut primitivo. O Circle primitivo tem uma tira em curva e o Donut primitivo tem duas.

Nesta seção, você cria dois objetos com inclinação: um console de comando e um duo de gerenciamento de ar. O console será uma única forma ao longo do caminho e o duto terá duas formas no caminho. Isto cria uma transição de uma seção cruzada de circular para retangular.

Um aspecto de inclinação especialmente importante é a posição relativa do primeiro vértice de cada forma ao longo do caminho. A superfície de trama inclinada é criado, primeiro costurando vértices e etapas de forma, para formar os segmentos da pele. Você aprende mais sobre estes termos ao longos dos exercícios.

Uma outra coisa importante a saber é que o ponto pivô de uma forma determina onde ela se anexa ao início (o primeiro vértice) do caminho. Transformar o ponto pivô da forma afeta a orientação do caminho.

Finalmente, os eixos de sistema Local de coordenada de referência da forma e do caminho afetam a orientação de uma forma no caminho. O eixo Z positivo local da forma se alinha ao longo do caminho.

Uma falta de entendimento do primeiro vértice e a orientação padrão evitam muitos usuários de usufruir as vantagens do poder de inclinação. Os fundamentos importantes neste capítulo permitem que você se beneficie totalmente da ferramenta.

Você também aprende o poder de otimização de trama que a inclinação tem de tornar os seus modelos mais eficientes ou mais detalhados, conforme você exija.

Fundamentos de Lofting

No Exercício 9.3, você aprende a inclinar uma única forma ao longo de um caminho, para montar uma console de comando para os instrumentos de controle do seu barco. O console poderia ser criado com outras técnicas, como a modelagem de caixa, mas você não teria a facilidade de editar ou a habilidade de otimizar a trama.

Exercício 9.3
Como inclinar formas em 2D
ao longo de um caminho em 2D

1. Abra o arquivo chamado Ch09_interior03.max do CD-ROM ou do exercício anterior. A partir do menu pull-down File, escolha Save As, indique para um subdiretório apropriado em seu disco rígido e use o botão de sinal de adição para salvar um novo arquivo, com o nome aumentado para Ch09_interior04.max.

2. Na viewport Camera01, usando Select by Name, selecione console_shape, um paralelogramo fechado e console_path, uma forma de U invertida. No menu pull-down Tools, escolha Isolate Selection (Alt+Q) para ocultar os outros objetos. Clique o botão Extents All. Na viewport Camera01, pressione P para trocar para uma vista Perspective e Arc Rotate, de modo que a viewport se pareça com a Figura 9.10.

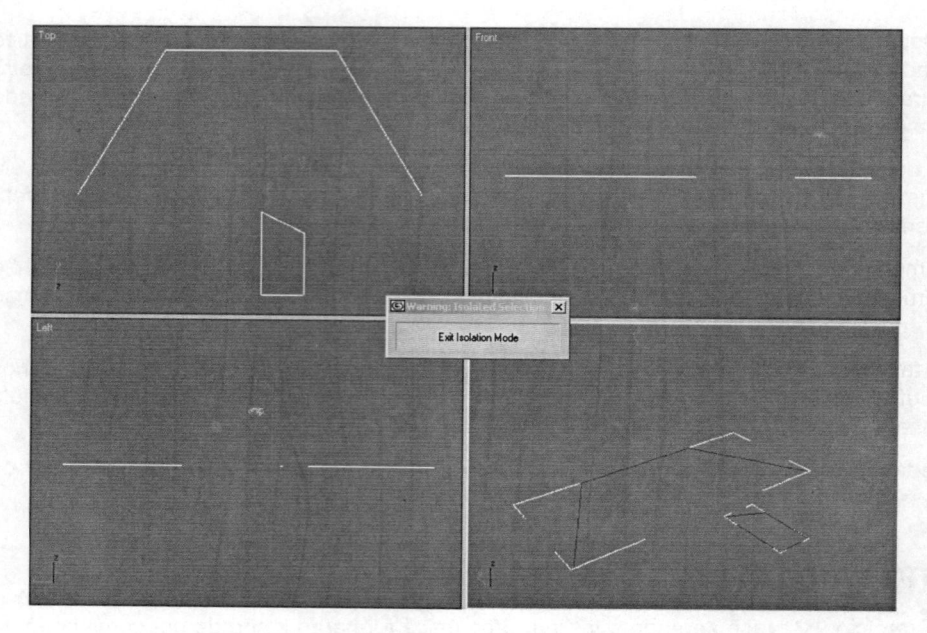

Figura 9.10 – *Selecione console_shape e console_path e isole a seleção.*
Selecione Zoom Extents All e troque a viewport Camera01 para a viewport
Perspective e Arc Rotate, para ver da parte superior à esquerda.

3. Na viewport Perspective, selecione console_path. No painel Create, painel Geometry, clique Standard Primitives e escolha Compound Objects da lista. Na rolagem Object Type, clique o botão Loft (veja a Figura 9.11).

4. Na rolagem Creation Method (método de criação), clique o botão Get Shape e, na viewport Perspective, escolha console_shape. O seu primeiro objeto inclinado se parece como na Figura 9.12. Um belo objeto, mas não o console certo para o seu barco. O objeto não ficaria no chão, mas afundaria nele.

5. Lembre-se de que o ponto pivô da forma se anexa ao primeiro vértice do caminho e a localização do ponto pivô da forma está no centro geométrico da forma. Você move o ponto pivô para o canto inferior esquerdo do console_shape, que modifica o objeto inclinado. Na barra de ferramentas principal, clique o botão Select Object. Na viewport Top, selecione console_shape. Você vê o tripé do eixo de pivô no centro da forma de retângulo modificado. No painel Hierarchy, clique o botão Affect Pivot Only. Na barra de ferramentas principal, clique o botão Align, e depois clique a borda de console_shape, na viewport Top. Na caixa de diálogo Align Selection, marque Position X e Y, marque Pivot Point na coluna Current Object e Minimum na coluna Target Object. O ponto pivô se alinha ao canto inferior esquerdo da forma, como visto na viewport Top (veja a Figura 9.13). Clique OK. No painel Hierarchy, clique Affect Pivot Only para sair daquele modo.

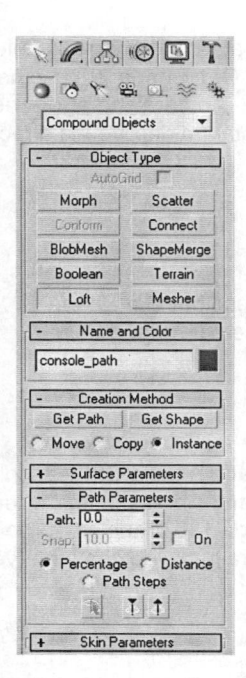

*Figura 9.11 – No painel
Create, painel Geometry,
painel Compound Objects,
marque o botão Loft na
rolagem Object Type.*

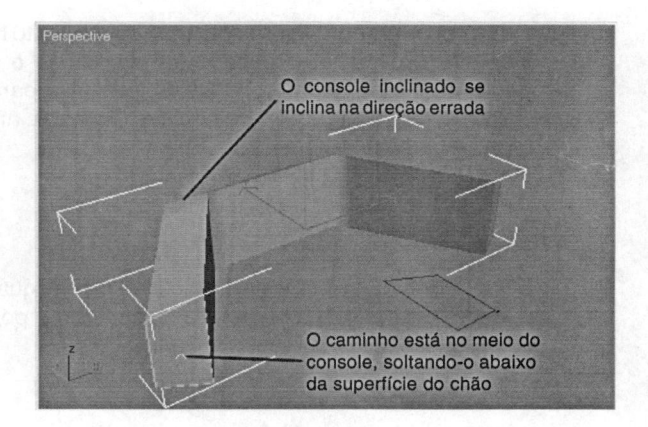

*Figura 9.12 – Na rolagem Creation Method, clique
Get Shape e escolha o objeto console_shape na viewport
Perspective. A forma é inclinada ao longo do caminho.
No entanto, o console está virado para trás e baixo
demais com relação à superfície do chão.*

Dica

em geral, você seleciona o caminho e depois
usa Get Shape para anexar um clone (cópia)
da forma ao caminho.

Se a forma já estiver posicionada corretamente na cena, porém, você precisa usar a opção
Get Path para clonar o caminho para a localização da forma.

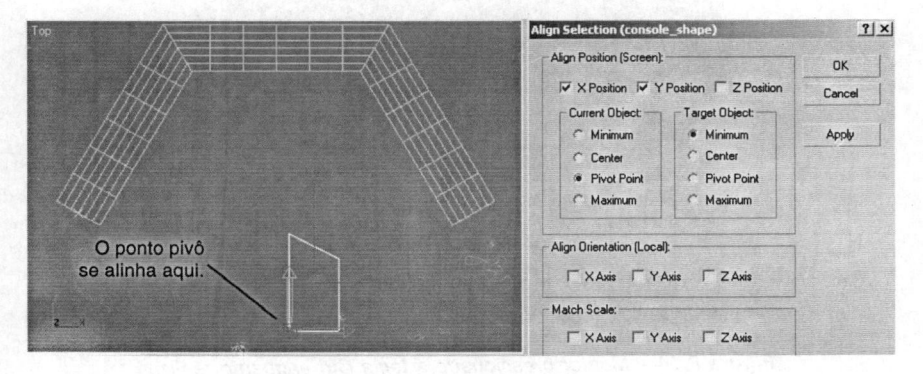

*Figura 9.13 - No painel Hierarchy, modo Affect Pivot Only, use Align
para posicionar o ponto pivô nos eixos mínimos de ambas as posições, X e Y.*

6. Na viewport Perspective, selecione o objeto Loft01. No painel Modify, renomeie-o Console01. No painel Creation Method, clique o botão Get Shape e escolha o console_shape na viewport. O Console01 pula para cima e o caminho agora está definindo o canto interior de baixo. Mas o console ainda está em declive, na direção errada.

Atenção

É importante que você esteja no painel Modify quando escolher Get Shape e escolher console_shape. Caso contrário, poderia estar criando um objeto inclinado totalmente novo.

7. Enquanto ainda no modo Get Shape, mantenha pressionada a tecla Ctrl e escolha o console_shape novamente na viewport Perspective. Manter pressionada a tecla Ctrl ao realizar uma ação de Get Shape gira a forma clonada 180 graus em torno de seu ponto pivô. O eixo Z negativo local da forma se vira para baixo do caminho (veja a Figura 9.14).

Dica

A forma é clonada ao caminho, como uma cópia, para criar o objeto. Quaisquer modificações à forma original são passadas para o clone editar o objeto inclinado. Entretanto, mover o ponto pivô não é uma modificação, mas uma transformação, e você precisa usar Get Shape para atualizar as mudanças no objeto inclinado.

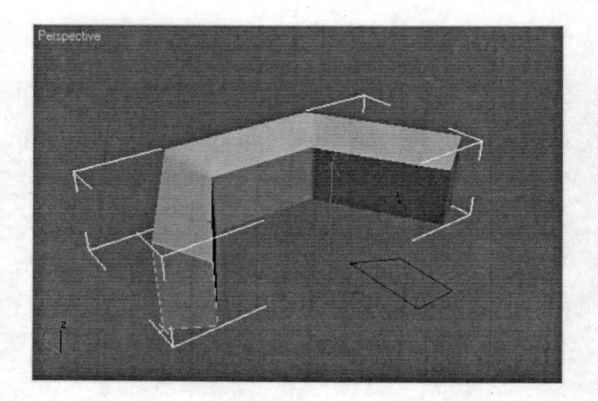

Figura 9.14 – Manter pressionada a tecla Ctrl enquanto realiza uma operação de Get Shape no painel Modify gira uma forma 180 graus e substitui a forma atual no primeiro vértice do caminho.

8. Feche todas as janelas e caixas de diálogo e salve o arquivo. Ele já deve estar nomeado como Ch09_interior04.max.

Como modificar formas para mudar a inclinação

No Exercício 9.4, você aprende a modificar a forma original de 2D inclinada, para fazer mudanças relativamente complexas no objeto 3D inclinado. Você está usufruindo as vantagens do fato de que a forma clonada no caminho é uma cópia da original, uma opção poderosa.

Você acrescenta um espaço extra na frente do console e em torno da borda aguçada, ao longo da parte superior de trás da superfície em declive.

Exercício 9.4
Como modificar a forma original
para mudar a cópia clonada no caminho

1. Abra o arquivo chamado Ch09_interior04.max do CD-ROM ou do exercício anterior. A partir do menu pull-down File, escolha Save As, indique para um subdiretório apropriado em seu disco rígido e use o botão de sinal de adição para salvar um novo arquivo, com o nome aumentado para Ch09_interior05.max.

2. Na barra de ferramentas principal, clique o botão Select Object. Na viewport, selecione console_shape. No painel Modify, vista Stack, expanda Editable Spline e destaque Segment a nível de sub objeto. Selecione o segmento vertical mais curto, do lado direito da forma. No painel Modify, perto do fundo da rolagem Geometry, entre com 2 no campo Divide e clique o botão Divide. Isto acrescenta dois novos vértices ao segmento (veja a figura 9.15).

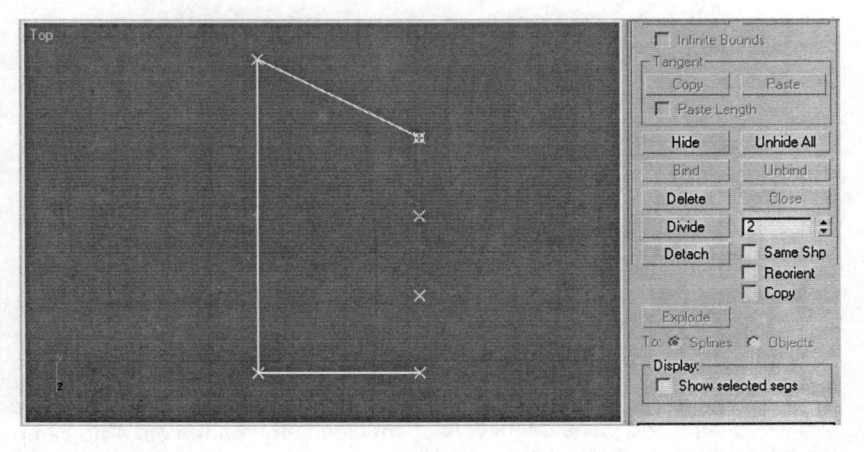

Figura 9.15 – No modo Segment de sub objeto, selecione o segmento vertical curto do console_shape. Entre com 2 no campo Divide da rolagem Geometry e clique Divide, para acrescentar dois novos vértices ao segmento.

3. No painel Modify, vista Stack, destaque Vertex a nível de sub objeto. Na barra de ferramentas principal, clique o botão Select and Move. Na viewport Top, mova os três vértices do lado direito, para se parecerem com a Figura 9.16. Nas outras viewports, você observa que as mudanças estão sendo refletidas no objeto Console01 (veja a Figura 9.17).

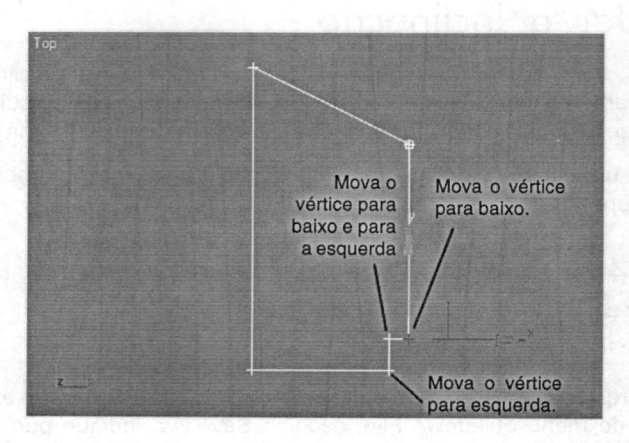

Figura 9.16 – *Mova três vértices para baixo e/ou para a esquerda, para definir um espaço extra embaixo, à direita da forma em 2D. Use o gizmo Transform, mas simplesmente adivinhe o tamanho para este exemplo.*

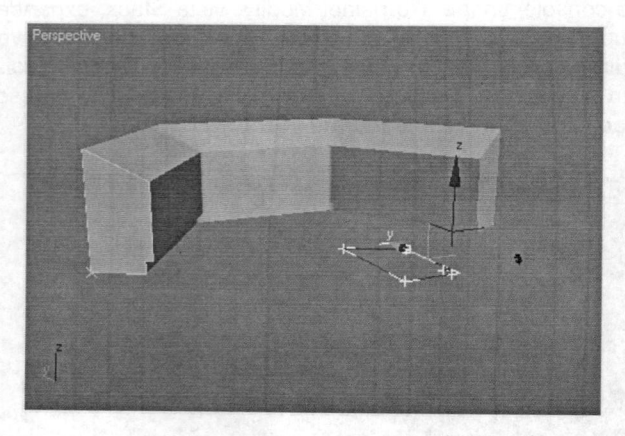

Figura 9.17 – *Um espaço extra está sendo criado na parte inferior interna de Console01 à medida que você modifica a forma em 2D.*

4. Enquanto no modo Vertex de sub objeto, selecione os dois vértices superiores de console_shape. No painel Modify, rolagem Geometry, entre com 4 no campo Fillet (filete) e pressione Enter. Isto arredonda as bordas superiores do console em toda a extensão (veja a Figura 9.18). Na vista Stack, destaque Editable Spline para sair do modo de sub objeto.

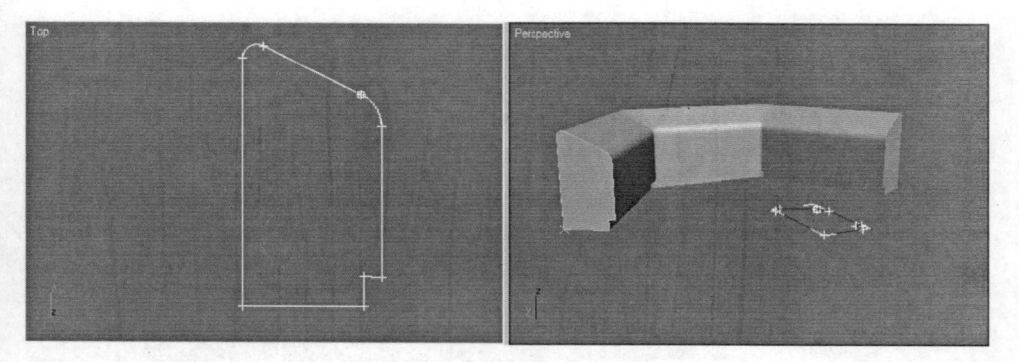

Figura 9.18 – *No modo Vertex de sub objeto, selecione os dois vértices superiores da forma e entre com 4 no campo Fillet. Pressione Enter para ver os resultados na forma e o objeto inclinado.*

5. Feche todas as janelas e caixas de diálogo e salve o arquivo. Ele já deve ser chamado de Ch09_interior05.max.

Otimizações de inclinação

Você criou um objeto inclinado, mas ele é tão eficiente quanto deveria ser? A contagem de face de objetos inclinados com curvas pode sair de controle rapidamente, assim, é importante estar alerta.

No Exercício 9.5 você verifica a contagem de face do objeto e depois usa o caminho e os controles de etapa de forma para ajustar a densidade da trama, de modo que ela retenha o aspecto, mas que seja muito mais eficiente.

Exercício 9.5
Como usar caminho e etapas
de forma para otimizar objetos inclinados

1. Abra o arquivo chamado Ch09_interior05.max do CD-ROM ou do exercício anterior. A partir do menu pull-down, escolha Save As, indique para um subdiretório apropriado em seu disco rígido e use o botão de sinal de adição para salvar um novo arquivo, com o nome aumentado para Ch09_interior06.max.

2. Na viewport Perspective, selecione Console01. Clique com o botão direito a etiqueta Perspective e marque Edged Faces no menu. Clique com o botão direito Console01 e escolha Properties no menu Quad. Você vê que o objeto tem 1.820 faces. Clique OK. Na viewport Perspective, é possível ver a segmentação causada pelos vértices, etapas de caminho e etapas de forma (veja a Figura 9.19).

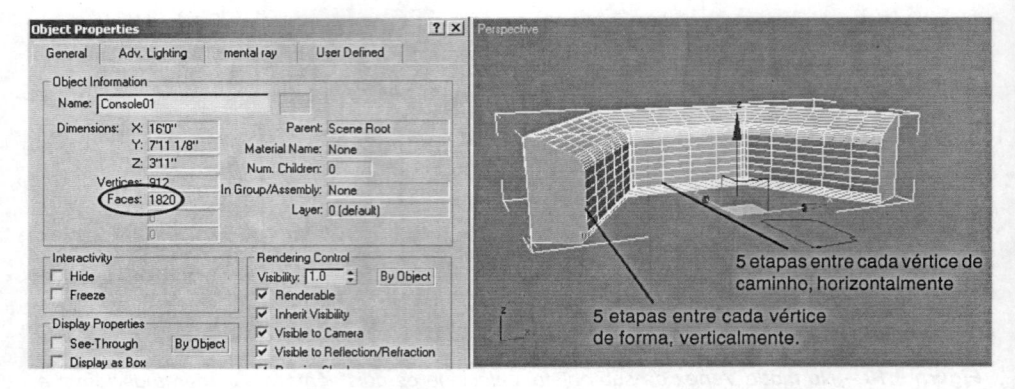

Figura 9.19 – *Por padrão, há cinco etapas de caminho e cinco etapas de forma entre cada vértice, para definir a curvatura. A segmentação mostra isto quando Edged Faces está ativada ou quando no modo Wireframe.*

Nota

Sempre existirão linhas de segmento definidas por qualquer vértice nas formas ou caminhos.

3. No painel Modify, rolagem Skin Parameters (parâmetros de pele), diminua Path Steps (etapas de caminho) em 1 até chegar a 0. Observe o Console01 em Perspective enquanto você muda cada quantidade. Quando chegar a 0, você só terá segmentos horizontais, exceto onde estão os vértices de caminho. Não há curvatura no caminho, assim, o objeto não muda. Clique com o botão direito Console01 e escolha Properties. Você vê que só há 380 faces. Clique OK para fechar a caixa de diálogo.

4. Diminua o campo Shape Steps (etapas de forma) em 1 até chegar a 0. Agora, Console01 só tem 60 faces, mas a curvatura desapareceu totalmente do objeto e ele parece horrível (veja a Figura 9.20).

5. As configurações Path Steps e Shape Steps ajustam igualmente o número de etapas entre cada vértice, assim, acrescentar etapas de forma apenas aumenta a contagem de face em lugares onde os detalhes extras não são necessários. Para repetir a definição de etapas de caminho e de forma, existem pontos entre os vértices que definem a curvatura. O caminho não tem curvaturas, portanto, 0 Path Steps está ótimo. A forma só tem curvatura nas áreas filetadas. Ao invés de ajustar etapas neste ponto, seria melhor acrescentar vértices aos segmentos curvados da forma original em 2D. Na viewport Top, selecione console_shape. No painel Modify, vista Stack, destaque Segment e selecione os dois segmentos curvados nos cantos superiores. Na rolagem Geometry, entre com 3 no campo Divide e clique o botão Divide. Isto acrescenta três novos vértices para definir a curvatura (veja a Figura 9.21). Saia do modo de sub objeto.

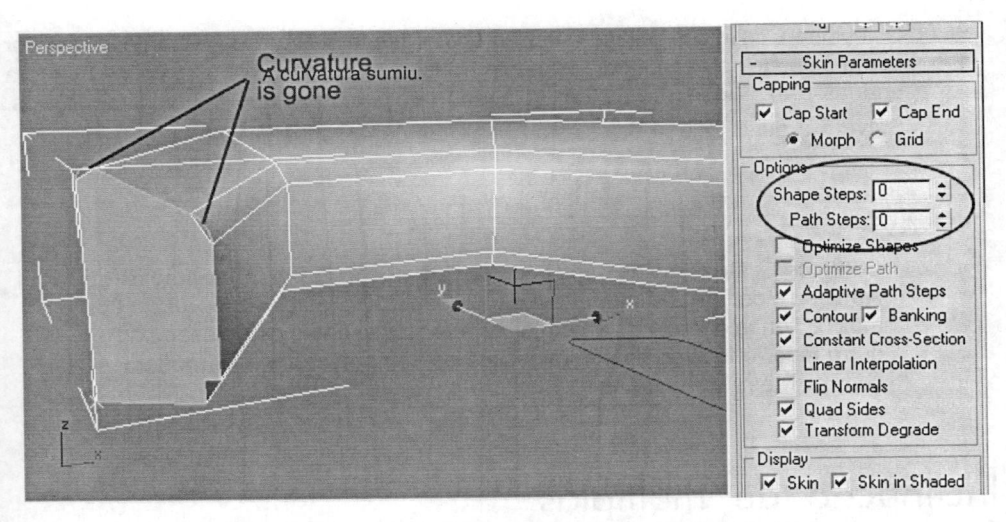

Figura 9.20 – Com Path Steps e Shape Steps ajustadas para 0, o objeto só tem 60 faces, mas não é mais visualmente aceitável.

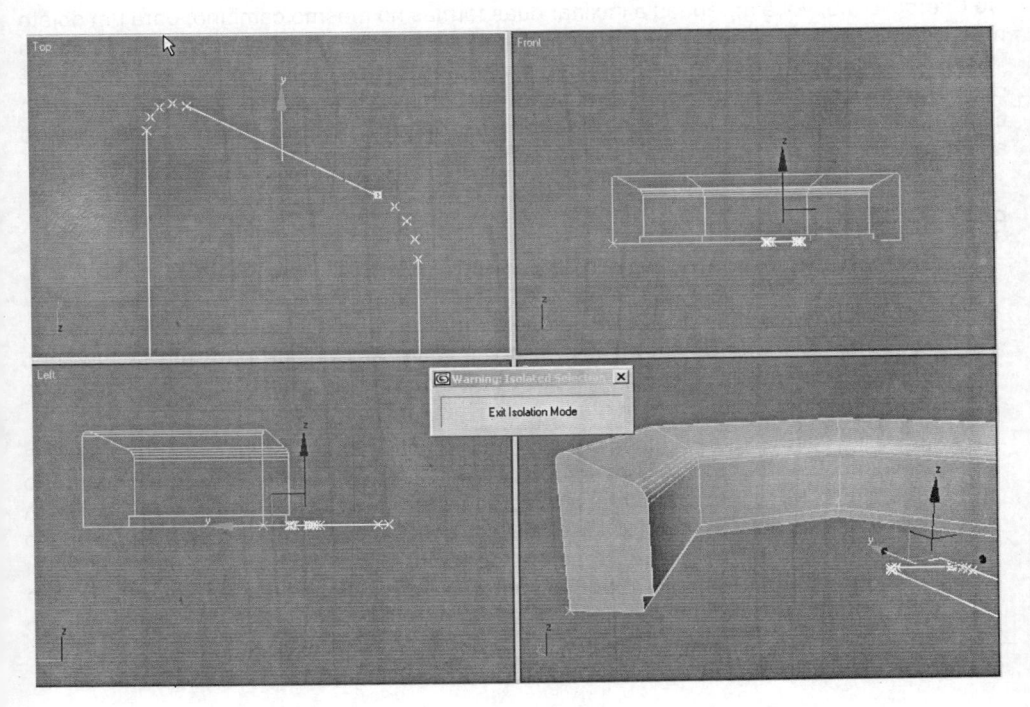

Figura 9.21 – Usar Divide para acrescentar três novos vértices a cada segmento curvado da forma original acrescenta segmentos à trama apenas onde necessário.

6. Selecione Console01, clique-o com o botão direito e escolha Properties, para ver como o objeto se parece originalmente (mas ao invés de 1.820 faces ele tem agora apenas 108). Clique o botão Exit Isolation Mode para fazer retornar todos os objetos.

7. Salve o arquivo. Ele já deve estar nomeado como Ch09_interior06.max.

Aviso

Conhecer este simples processo de inclinação de ajustar etapas de caminho e de forma é importante para modelagem rápida e flexível em 3ds max 6. Tenha certeza de entender este exercício antes de prosseguir. Por outro lado, é fácil demais dominar até os computadores mais poderosos com objetos inclinados.

Inclinação de múltiplas formas em um único caminho

No Exercício 9.6, você aprendeu a inclinar duas formas no mesmo caminho, para um objeto mais complexo. A coisa importante aprendida aqui é o efeito do primeiro vértice no objeto inclinado. Com uma única forma, o primeiro vértice não tem efeito perceptível, pois ele é constante ao longo do caminho. Porém, se os primeiros vértices de múltiplos caminhos não tiverem a mesma posição relativa, o giro ocorre ao longo do objeto inclinado. Você aprende a corrigir isto.

Exercício 9.6
Como inclinar com múltiplas formas

1. Abra o arquivo chamado Ch09_interior06.max do CD-ROM ou do exercício anterior. A partir do menu pull-down File, escolha Save As, indique para um subdiretório apropriado em seu disco rígido e use o botão de sinal de adição para salvar um novo arquivo, com o nome aumentado para Ch09_interior07.max.

2. Use Select by Name, selecione duct_path, duct_shape01 e duct_shape02. Isole a seleção. Este é um outro U invertido que será usado como o caminho, e um quadrado e um círculo, respectivamente, que serão as formas. Clique Zoom Extents All, para ver todos os objetos. Com todas as formas selecionadas, clique com o botão direito na viewport Top e escolha Properties no menu Quad. Na caixa de diálogo Object Properties, área Display Properties, marque Vertex Ticks (veja a Figura 9.22). Isto lhe permite ver os vértices das formas selecionadas, sem estar no modo de sub objeto.

3. Você vê uma caixa branca em torno de cada primeiro vértice, em cada tira em curva de cada forma. (Todas elas são formas simples.) O primeiro vértice do quadrado e do círculo estão fora da posição relativa de 45 graus. Na viewport Top, selecione duct_path. No painel Create, painel Geometry, painel Compound Objects, clique o botão Loft. Na rolagem Creation Method, clique o botão Get Shape. Na viewport Top, escolha duct_shape01 (quadrado). Agora você tem um simples duto quadrado na cena. As configurações Path Steps e Shape Steps são lembradas do exercício anterior. No painel Modify, rolagem Skin Parameters, entre com 5 em ambos os campos, Path Steps e Shape Steps. Renomeie o objeto como Path01. Você otimizará mais tarde (veja a Figura 9.23). Na rolagem Skin Parameters, limpe a caixa de verificação Transform Degrade, para que as mudanças que fizer mais tarde sejam visíveis na viewport.

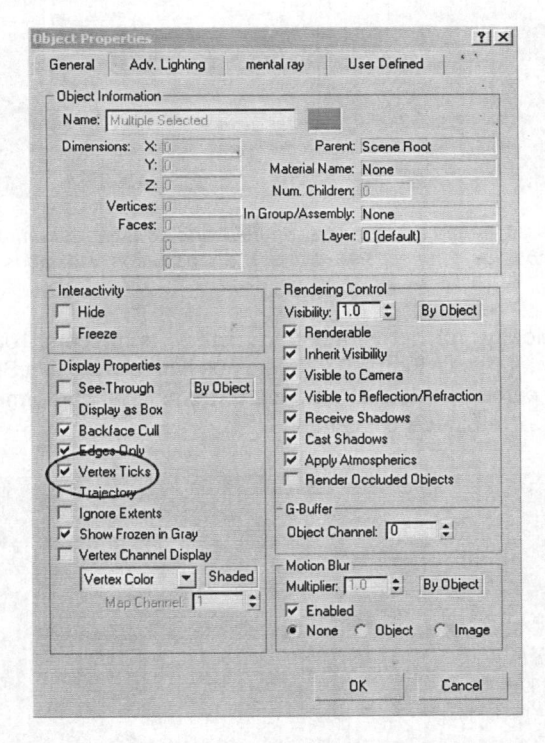

Figura 9.22 – *Ativando Vertex Ticks na caixa de diálogo Object Properties, você pode ver sinais de vértice nas viewports, sem estar no modo de sub objeto.*

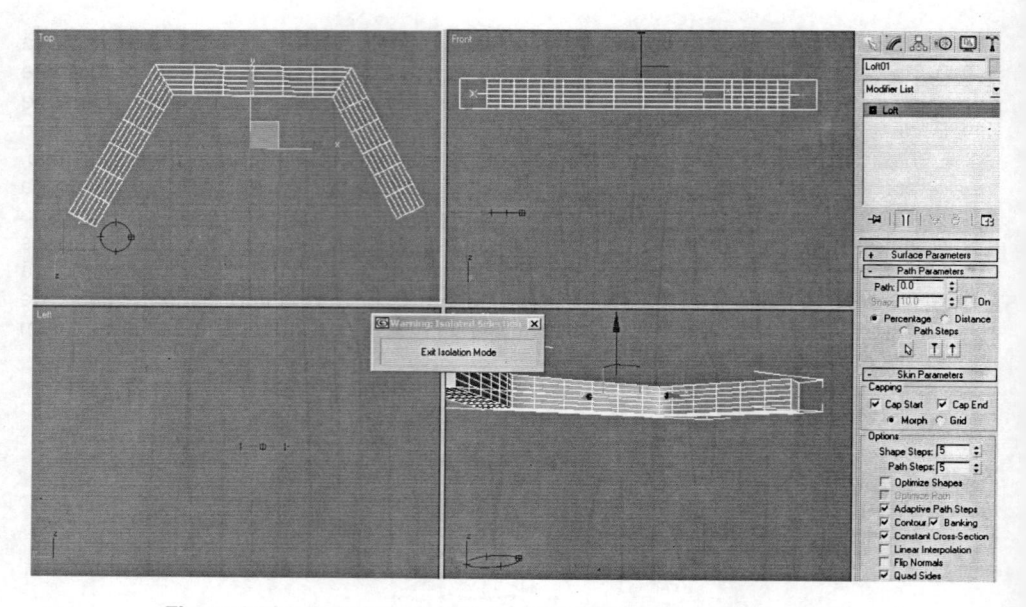

Figura 9.23 – Uma forma quadrada inclinada ao longo de um caminho, com ambos os campos, Path Steps e Shape Steps, ajustados para 5.

4. No painel Modify, rolagem Path Parameters, entre com 100 no campo Path e pressione Enter (veja a Figura 9.24). Isto põe o nível ativo Get Shape a 100 por cento ao longo do caminho – isto é, na outra extremidade, conforme indicado pelo sinal amarelo na extremidade do caminho.

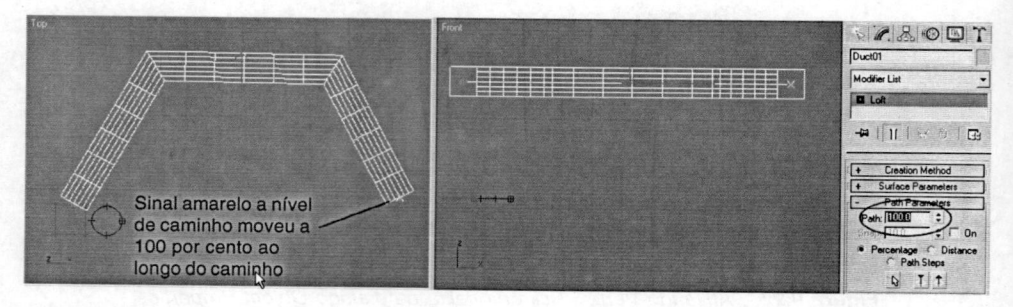

Sinal amarelo a nível de caminho moveu a 100 por cento ao longo do caminho

Figura 9.24 – Configurar Path para 100 move o nível ativo de Get Shape do início do caminho para a extremidade dele, conforme indicado pelo sinal amarelo. Caso contrário, quando você chega à próxima forma, ela simplesmente a substitui a 0 por cento ao longo do caminho.

5. Na rolagem Creation Method, clique o botão Get Shape para ativá-lo e escolha duct_shape02 (círculo) na viewport Top. Agora Duct01 inicia como um quadrado de seção cruzada à esquerda e termina como uma seção cruzada redonda à direita, com um giro de 45 graus ao longo do caminho (veja a Figura 9.25).

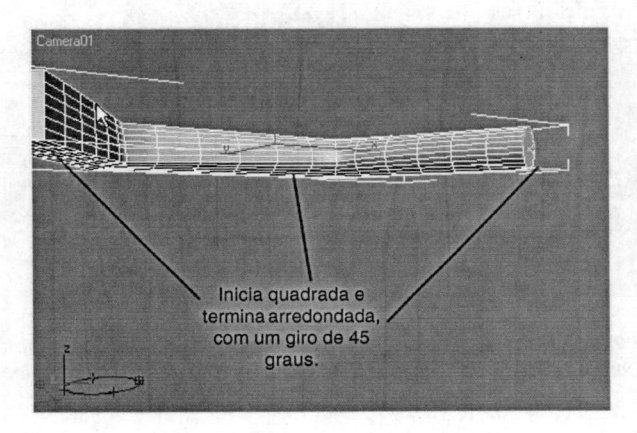

Figura 9.25 – Com uma forma quadrada no início e uma forma redonda no final, o Duct01 muda de forma, mas tem um giro indesejável através do comprimento.

6. Não há apenas um giro, o duto também não deve mudar de quadrado para círculo por todo o comprimento. Primeiro você obtém a transição em uma área menor, a meio caminho. No painel Modify, rolagem Path Parameters, entre com 45 no campo Path e pressione Enter. O nível Gel Shape ativo agora está exatamente antes do ponto da metade do caminho. Clique o botão Get Shape, se ele ainda não estiver ativo, e escolha o duct_shape01 (quadrado) na viewport Top. Então, Loft inicia, como uma seção cruzada de quadrado, mantém aquela forma até 45 por cento e depois muda de um quadrado para um círculo.

7. No caminho Path, entre com 60. Com Get Shape ativado, escolha novamente duct_shape02. Agora, a transição acontece dentro de 15 por cento do Path (entre 45 e 60), mas ainda há o giro.

8. Objetos inclinados também têm níveis de sub objeto. Na vista Stack, expanda Loft e destaque Shape na lista. Na barra de ferramentas principal, clique o botão Select Object. Na viewport Front, mova o cursor sobre o objeto loft e escolha, quando você estiver sobre o clone de cópia em 60 por cento e veja o pequeno cursor de fio de cabelo cruzado (veja a Figura 9.26). O clone de cópia fica vermelho quando selecionado.

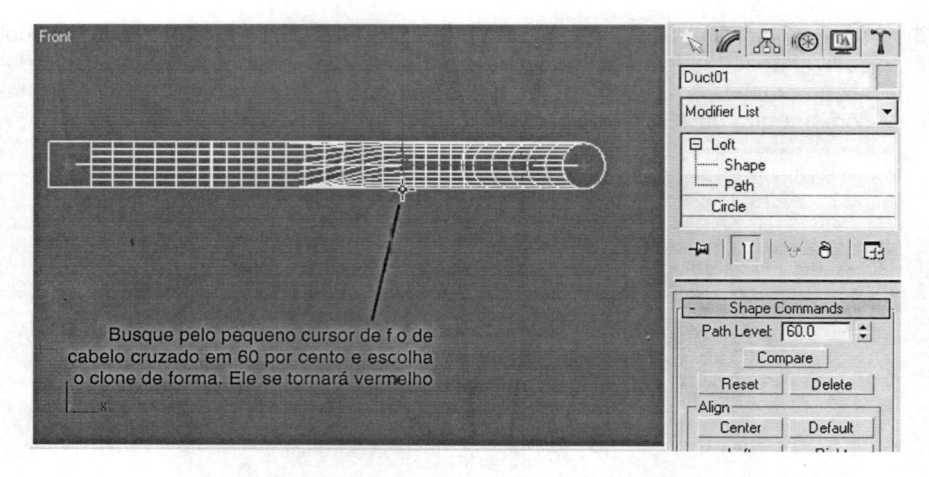

Figura 9.26 – No modo Shape de sub objeto, selecione o clone de forma em 60 por cento ao longo do caminho. Ele se torna vermelho quando selecionado.

9. Na barra de ferramentas principal, clique o botão Select and Rotate. Observe que o sistema de coordenada de referência está bloqueado em Local em cada forma. Na barra de status, na parte de baixo da exibição, alterne para o modo Offset Transform Type-In. No campo Transform Type-In eixo Z, na parte central de baixo da exibição, entre com 45 e pressione Enter (veja a Figura 9.27). Neste ponto o giro é removido.

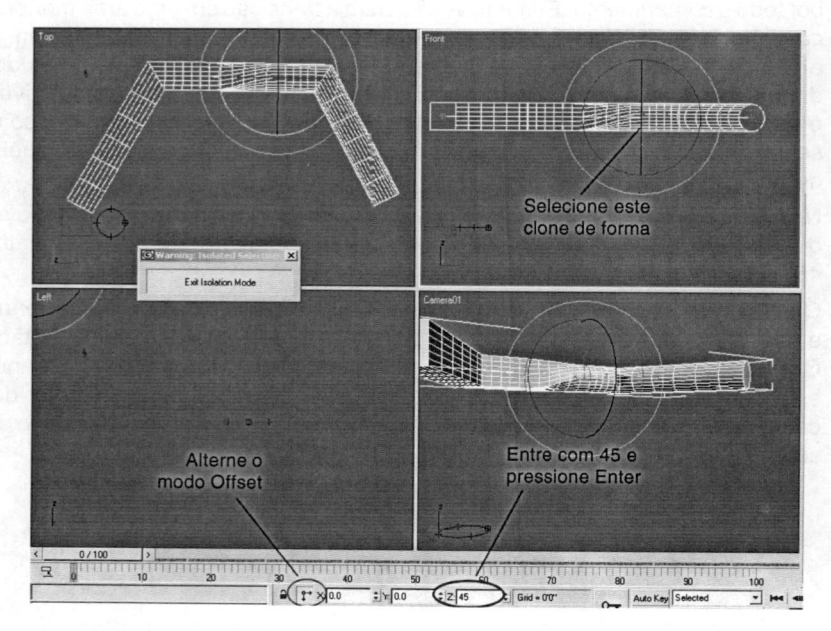

Figura 9.27 – Alterne o modo Offset Transform Type-In e entre com 45 na rotação do eixo Z. Pressione Enter. Neste ponto o giro é removido.

10. Selecione o clone de forma em 100 por cento do caminho, ao longo do caminho e gire-o 45 graus. O giro é removido de todo o objeto Loft. Na vista Stack, destaque o nível Loft para sair do modo de sub objeto. Na rolagem Skin Parameters, ajuste Shape Steps para 3 e Path Steps para 0 (veja a Figura 9.28).

Dica

Em Transform Type-In para rotação, ângulos positivos são no sentido anti-horário, porque você olha para baixo os eixos.

11. saia do modo Isolation. Agora, você tem um console e duto eficientes, mas há algum estranho sombreado (veja a Figura 9.29). Você cuida disto no Exercício 9.7.

12. Feche todas as janelas e caixas de diálogo e salve o arquivo. Ele já deve estar nomeado de Ch09_interior07.max.

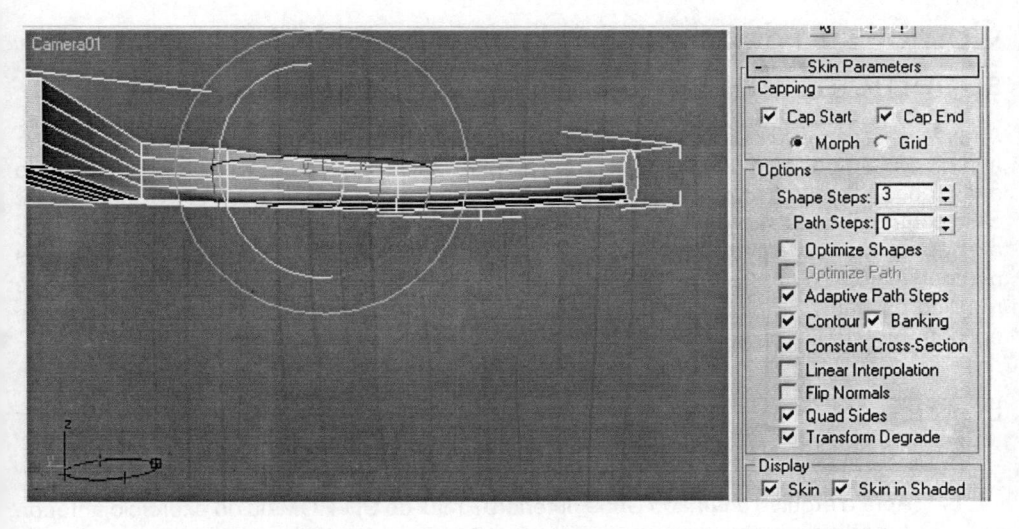

Figura 9.28 – *Girar ambas as cópias de forma círculo 45 graus remove qualquer giro, e ajustar o campo Shape Steps para 3 e o campo Path Steps para 0 é um bom compromisso entre eficiência e aceitação visual.*

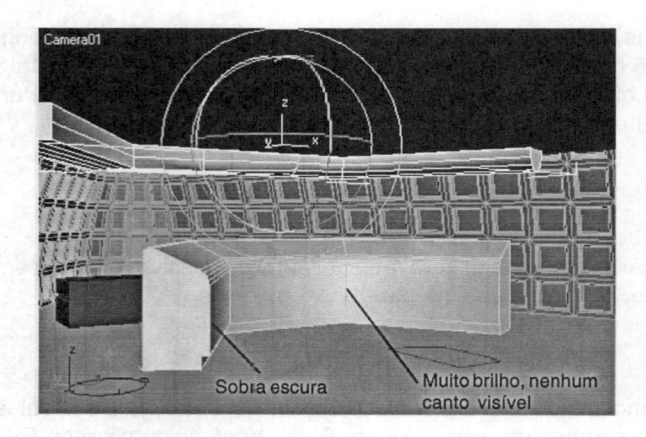

Figura 9.29 – O duto e o console estão eficientes,
mas há algum sombreado estranho nas superfícies.

Como suavizar
superfícies facetadas

Através da criação e edição de objetos inclinados, tem havido um processo que designa números chamados de números de grupo de suavização em cada face. A regra é que, se duas faces adjacentes compartilham um número comum, a borda entre elas é suavizada; caso contrário, é uma borda áspera. 3ds max 6 faz um trabalho muito bom em adivinhar, mas ele nem sempre está certo, ocasionando sombreado estranho em algumas áreas, e facetas perceptíveis em outras áreas. No Exercício 9.7, você aplica um modificador Smooth, que reaplica os números de grupo de suavização, com base no ângulo em que as faces se encontram. Isto faz os seus objetos aparecerem corretamente na cena.

Exercício 9.7
Como designar grupos de suavização com Smooth Modify

1. Abra o arquivo chamado Ch09_interior07.max do CD-ROM ou do exercício anterior. A partir do menu drop-down File, escolha Save As, indique para um subdiretório apropriado em seu disco rígido e use o botão de sinal de adição para salvar um novo arquivo, com o nome aumentado para Ch09_interior08.max.

2. Na barra de ferramentas principal, clique o botão Select Object e selecione o objeto teto. Clique o botão Select and Move e mova o objeto teto para cima, de modo que o duto apareça no cômodo (veja a Figura 9.30).

Figura 9.30 – Mova o objeto Ceiling01 para cima, para revelar todo o duto.

3. Ative a viewport Camera01 e, na barra de ferramentas principal, clique o botão Quick Render, para apresentar a cena. No menu pull-down Rendering, escolha RAM Player. Na caixa de diálogo de RAM Player, clique Open Last Rendered Imagem, no botão Channel A (bule de chá à esquerda). Clique OK na caixa de diálogo RAM Player Configuration, para aceitar os padrões. Feche Rendered Frame Windows. Minimize (não feche) a janela RAM Player.

4. Clique o botão Select Object e, na viewport Top, selecione Console01. No painel Modify, Modifier List, escolha o modificador Smooth. Na rolagem Parameters, verifique a caixa de verificação Auto Smooth. Ela está marcada para um limite de 30 graus. Se duas faces compartilham uma borda comum em 30 graus ou menos, a borda será suavizada. Caso contrário, ela terá uma borda áspera. Apresente a viewport Camera01 e não muito terá se alterado com o Console01. No campo Threshold, entre com 15.8 e pressione Enter. Apresente a viewport Camera01. Agora há um nível aceitável de suavização, para fazer o objeto parecer melhor.

5. Selecione os objetos Duct01 e Wall01 e aplique um único modificador Smooth aos dois objetos, com Auto Smooth marcado e um limite de 22.8 graus. Apresente a viewport Camera01. Maximize RAM Player e clique Open Last Rendered Image no Channel B. Clique OK. Em RAM Player, clique e mantenha pressionado na área de exibição e mova o cursor para a frente e para trás, para comparar as duas imagens (veja a Figura 9.31).

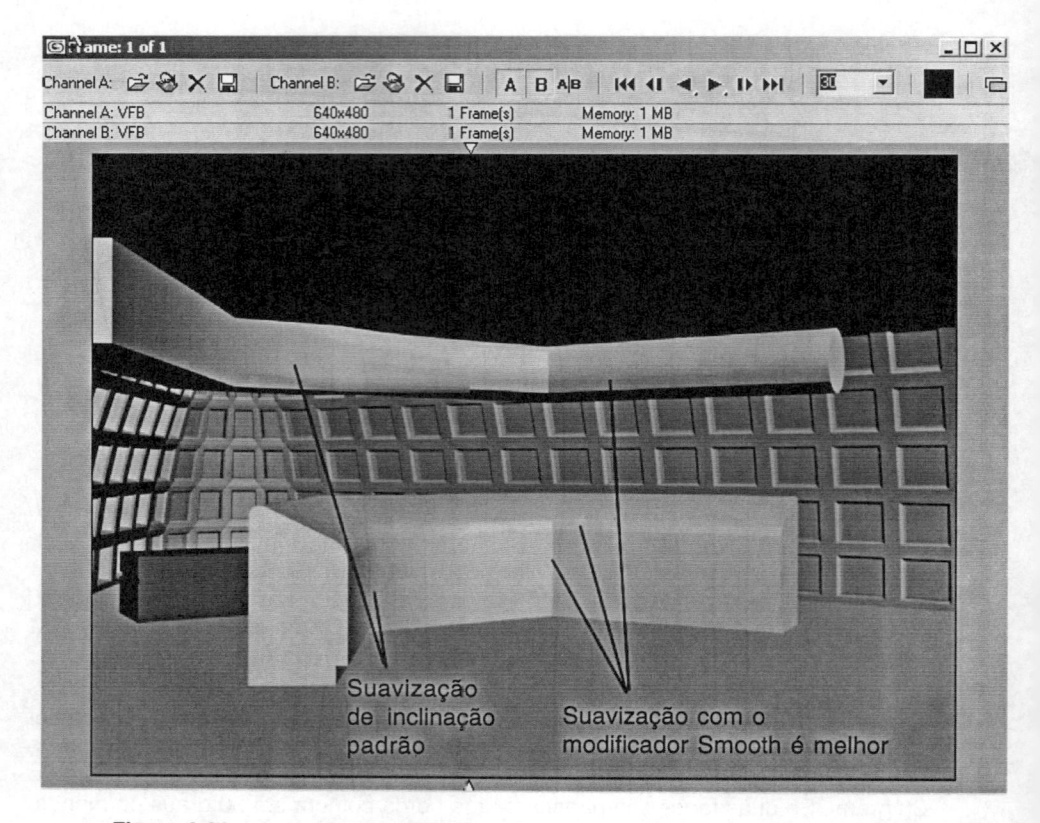

Figura 9.31 – A suavização de inclinação padrão é mostrada à esquerda, em RAM Player (Channel A) e a suavização com o modificador Smooth é mostrado à direita.

6. Feche todas as janelas e caixas de diálogo e salve o arquivo. Ele já deve estar nomeado de Ch09_interior08.max.

Resumo

Neste capítulo, você aprendeu mais sobre modelagem de caixa e sobre deformar objetos em 3D ao longo de uma forma, com o modificador PathDeform (WSM). Depois, aprendeu as etapas importantes que tornam a inclinação uma ferramenta produtiva, eficiente em 3ds max 6. Ela permite que você crie objetos muito complexos em 3D com formas simples em 2D, que são editáveis para afetar objeto de trama.

Algumas das técnicas cobertas neste capítulo incluem as seguintes:

*   **Modelagem de caixa** – Você aprendeu a usar técnicas de modelagem de caixa para criar um sistema complexo de parede em forma de favo.

- **PathDeform** – PathDeform é uma poderosa ferramenta que lhe permite deformar objetos de trama em 3D ao longo de um caminho complexo. Você aprendeu a aplicá-la, para criar uma parede complexa.

- **Inclinação** – Você aprendeu a usar um dos métodos mais poderosos e flexíveis de modelagem, que converte simples formas em 2D em complexos objetos em 3D.

- **Suavização** – Você aprendeu maneiras de suavizar superfícies para controlar o "arredondamento" em bordas compartilhadas de polígonos.

CAPÍTULO 10

Modelagem com superfícies de remendos

Neste capítulo

Até agora neste livro, você aprendeu a criar interessantes objetos em 3D, alguns iniciando com formas em 2D que, por meio de diversos modificadores e métodos de construção, como inclinação, acabaram como objetos em 3D. Você também começou com objetos primitivos em 3D e empurrou e puxou a nível de sub objeto, até que eles se pareciam com um barco, por exemplo. De qualquer modo, todos os objetos criados são classificados como objetos de trama poligonal, objetos formados por conjuntos de vértices triangulares ou quadrados, bordas e superfícies.

Neste capítulo, você aprende uma forma diferente de modelagem, em que os objetos finais são feitos de superfícies de remendos. Estas superfícies de fluxo suave podem ser manipuladas, ajustando alças Bézier em cada vértice que influencia a curvatura da superfície entre vértices adjacentes, de uma maneira pesada. A Figura 10.1 mostra uma comparação básica entre uma superfície de trama editada e uma superfície de remendos editável. Em cada uma, um vértice foi movido no eixo Z. A trama editável tem um vértice em cada cruzamento visível, enquanto o remendo editável tem apenas um total de nove vértices. As linhas brancas nesta superfície de remendos são apenas para exibição e não são todas bordas editáveis. Há uma nítida diferença nas superfícies dos dois objetos.

Este relacionamento pesado entre vértices e as alças Bézier (semelhantes a vértices Bézier em Shapes) lhe permite criar superfície suaves mais facilmente do que com objetos de trama.

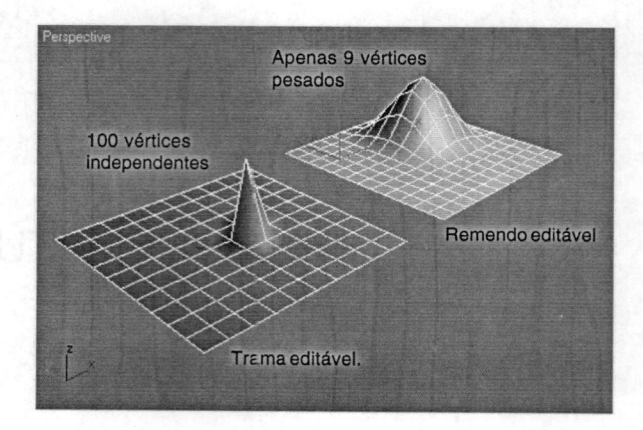

Figura 10.1 – Uma trama editável à esquerda e remendo editável à direita, cada qual movida no eixo Z.

É possível criar superfícies de remendos de três maneiras: você pode usar um objeto primitivo Patch Grid (grade de remendo), que é apenas um plano chato com atributos de remendo; pode converter outros tipos de superfícies a um remendo editável, clicando com o botão direito ou aplicando um modificador Edit Patch (editar remendo); ou pode criar uma gaiola de tira em curva e aplicar um modificador Surface (superfície) para criar uma pele sobre a gaiola.

Neste capítulo, você aprende o último método: colocar pele em uma gaiola de tiras em curva. A gaiola pode ser formada de vértices e segmentos, que formam áreas de três ou quatro lados, para descrever a superfície. É preciso haver um ou mais vértices em cada cruzamento dentro de uma tolerância específica para definir o elemento triplo ou quádruplo da gaiola.

A modelagem de remendo de uma gaiola de tira em curva é uma técnica usada por modeladores para criar personagens, móveis suaves ou rolar paisagens e campos de golfe.

Neste capítulo, você cria as curvas suaves de uma almofada de cadeira, começando com as quatro tiras em curva individuais, que você pode pensar como seções cruzadas através de metade de uma almofada.

Algumas das técnicas cobertas incluem as seguintes:

- **Modelagem de tira em curva** – Você aprende a criar uma gaiola de tira em curva que pode ser coberta com um remendo para modelagem orgânica.

Nota

Por ocasião da apresentação, todos os objetos são convertidos a triângulos de trama poligonal, com o objetivo de calcular a imagem apresentada.

- **Superfície de remendo** – Você aprende a cobrir uma tira em curva com uma superfície que tem controle Bézier da curvatura. O que é eficiente para objetos orgânicos.

- **Modificador Symmetry** – Você aprende a aplicar este modificador novamente, para transformar, rápida e facilmente, metade de um modelo em uma superfície simétrica.

- **Modificador Cap Holes** – Você aprende a acrescentar um modificador Cap Holes para fechar uma superfície aberta.

Termos-chave

- **Spline cage** (gaiola de tiras em curva) – Uma gaiola de formas em 2D que aceitará uma pele de remendos, para criar uma superfície flutuante.

- **Patch** (remendos) – Uma definição matemática de superfície que pode ser editada com controles Bézier para superfícies suaves.

- **Show End Result** (mostrar resultado final) – Esta alternância em 3ds max 6 lhe permite trabalhar a um nível de modificador mais baixo enquanto ainda vê o resultado final de toda a pilha.

Modelagem orgânica com gaiolas em tiras em curva e superfícies de remendos

Uma almofada de cadeira de escritório serve como exemplo neste capítulo, à medida que você aprende os fundamentos de modelagem com gaiolas de tiras em curva e remendos. Você aprende a anexar as formas em 2D que descrevem a superfície de almofada em uma forma composta, para modificá-las para acrescentar seções cruzadas à montagem da gaiola e depois, acrescentar uma superfície à gaiola. Você ajustará mais esta superfície com alças Bézier e, finalmente, espelhará a meia almofada e a limpará, para uma almofada inteira.

Aprenda o processo e depois experimente alguns objetos seus, que se beneficiariam de um aspecto orgânico – você pode tentar partes automotivas, rostos ou um mouse de computador, por exemplo.

O próprio processo é bem simples, mas é preciso aprender a ver em 3D para manipular as alças de controle Bézier em espaço em 3D. Com um pouco de prática, você descobrirá que esta é uma útil ferramenta de modelagem.

Como montar uma gaiola de tira em curva em 2D

A primeira etapa é montar a gaiola, que será coberta com uma superfície de remendo. A gaiola precisa ser construída com componentes de três ou quatro lados, com vértices em cada um dos cantos de cada componente, conectados por segmentos.

Tiras em curva em 2D não podem ter mais do que dois segmentos em cada vértice; assim, para montar os componentes de quatro lados da gaiola, você precisa de dois vértices em cada canto, que estejam dentro de uma tolerância específica entre eles.

A ordem na qual você anexa as formas em uma forma composta é muito importante. A superfície de pele segue a ordem; portanto, se você anexar a terceira à primeira, e depois anexar a segunda, e por fim a quarta forma, a superfície se sobrepõe.

Exercício 10
Como montar uma gaiola de tira em curva

1. Abra o arquivo chamado Ch10_Cushion01.max do CD-ROM. A partir do menu pull-down File, escolha Save As, indique para um subdiretório apropriado em seu disco rígido e use o botão de sinal de adição para salvar um novo arquivo, com o nome aumentado para Ch10_Cushion02.max. Este arquivo contém quatro tiras em curva individuais que descrevem a superfície superior de meia almofada de uma cadeira de escritório. A tira em curva mais longa está no meio da almofada.

2. As formas individuais precisam ser anexadas em uma única forma composta. Novamente, isto é preciso ser feito em ordem. Na viewport Perspective, selecione Shape01, a forma mais longa do lado superior esquerdo. Clique com o botão direito na viewport e escolha Attach, no menu Quad. Depois, escolha as outras três formas, em ordem (veja a Figura 10.2). Você vê um novo cursor com quatro círculos, para indicar formas válidas a anexar, e cada forma se torna da cor de Shape01, à medida que é anexada sucessivamente. Clique o botão Attach para sair daquele modo.

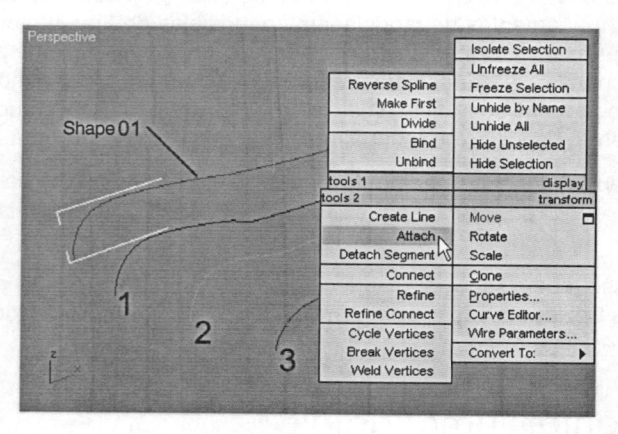

Figura 10.2 – Selecione Shape01 e clique com o botão direito para acessar o recurso Attach, no menu Quad. Escolha, na ordem, as outras três formas.

3. Agora é preciso construir a gaiola, novamente, com os componentes de três ou quatro lados. Cada tira em curva tem a mesma quantidade de vértices, assim, será fácil criar uma gaiola de quatro lados. 3ds max 6 tem até uma nova ferramenta que simplifica a tarefa, chamada Cross Section (seção cruzada). No painel Modify,

rolagem Geometry, selecione o botão de rádio Bézier, na área New Vertex Type (novo tipo de vértice) e clique o botão Cross Section. Na viewport Perspective, escolha a tira em curva longa quando vir o novo cursor (veja a Figura 10.3).

Atenção

Não use o painel Modify, botão Attach Multiple (anexar múltiplos), para anexar as formas, pois você não tem controle sobre a ordem. O botão Attach, no painel Modify, e escolhas individuais, porém, resulta no mesmo que usar Attach a partir do menu Quad.

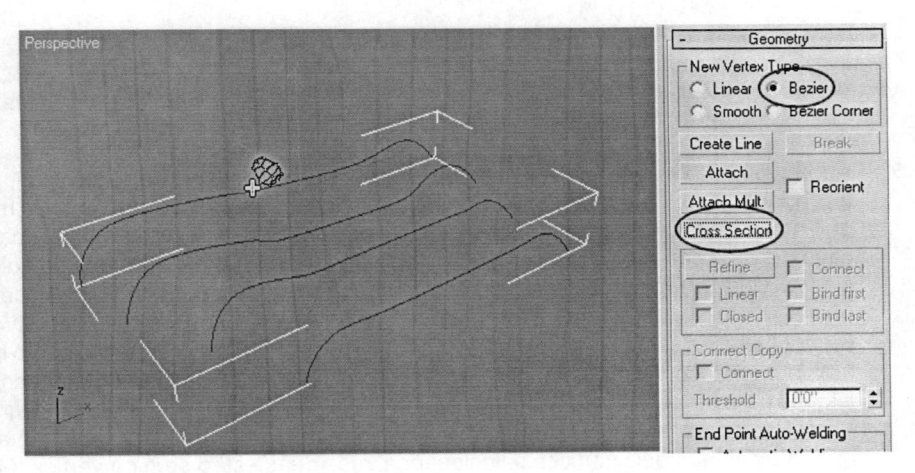

Figura 10.3 – Ajuste New Vertex Type para Bézier, clique o botão Cross Section e escolha cada tira em curva na ordem, começando na parte superior esquerda da viewport Perspective.

4. À medida que pegar as tiras em curva, você vê os segmentos de seção cruzada formando os elementos de gaiola de quatro lados ao longo dos vértices de cada tira em curva, e uma linha pontilhada de borracha, mostrando onde você está. Depois de escolher a última tira em curva (veja a Figura 10.4), clique com o botão direito para terminar a ação. Clique o botão Cross Section, no painel Modify, para sair deste modo. Nomeie o objeto de Cushion01.

Dica

Se for para o modo Vertex de sub objeto e arrastar uma janela de seleção pelo interior de um dos cruzamentos da gaiola, na rolagem Selection você vê que há dois vértices no cruzamento onde os quatro segmentos se encontram.

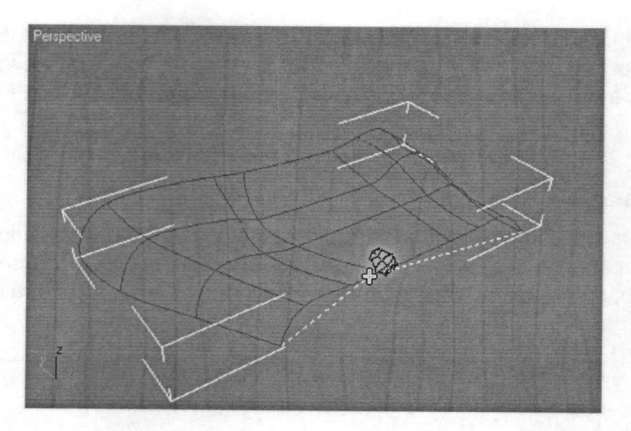

Figura 10.4 – *Clique o botão Cross Section, depois escolha as tiras em curva em ordem. Clique com o botão direito para encerrar a ação depois de escolher a última tira em curva.*

5. Agora, modifique as alças Bézier nos cantos da gaiola mais próximos de você, para arredondar a almofada para uma forma mais orgânica (veja a Figura 10.5). No menu pull-down Edit, escolha Hold, para salvar a cena em um arquivo de buffer, para o caso de você cometer erros e querer usar Fetch para voltar a este ponto de edição. Na viewport Perspective, faça um zoom no canto da gaiola mais perto de você. No painel Modify, vista Stack, destaque Vertex a nível de sub objeto. Na viewport Perspective, arraste uma janela de seleção em torno dos dois vértices no canto mais próximo de você. Com zoom, aproxime-se bem. Na barra de ferramentas principal, clique o botão Select and Move. Pressione X no teclado, para desativar o gizmo Transform, para permitir movimento livre do cursor. No momento existe um total de quatro alças nos dois vértices selecionados, mas duas estão bem no vértice. Mova cuidadosamente estas alças para longe do vértice. Mais tarde você precisará delas (veja a Figura 10.6). Repita no canto da outra extremidade da tira em curva.

Nota

Respire fundo. As Etapas de 5 a 7 exigem um pouco de paciência para conseguir, pois elas requerem algumas escolhas muito cuidadosas. Você estará sozinho. Olhe à frente no exercício, para visualizar onde vai e não se apresse. Estas etapas ilustram uma ocorrência muito comum, que pode frustrar usuários iniciantes, evitando que você usufrua a vantagem da ferramenta. Não se apresse e pense sobre o que está fazendo e porque. Se fizer uma confusão completa, um exemplo acabado está esperando por você no Exercício 10.2.

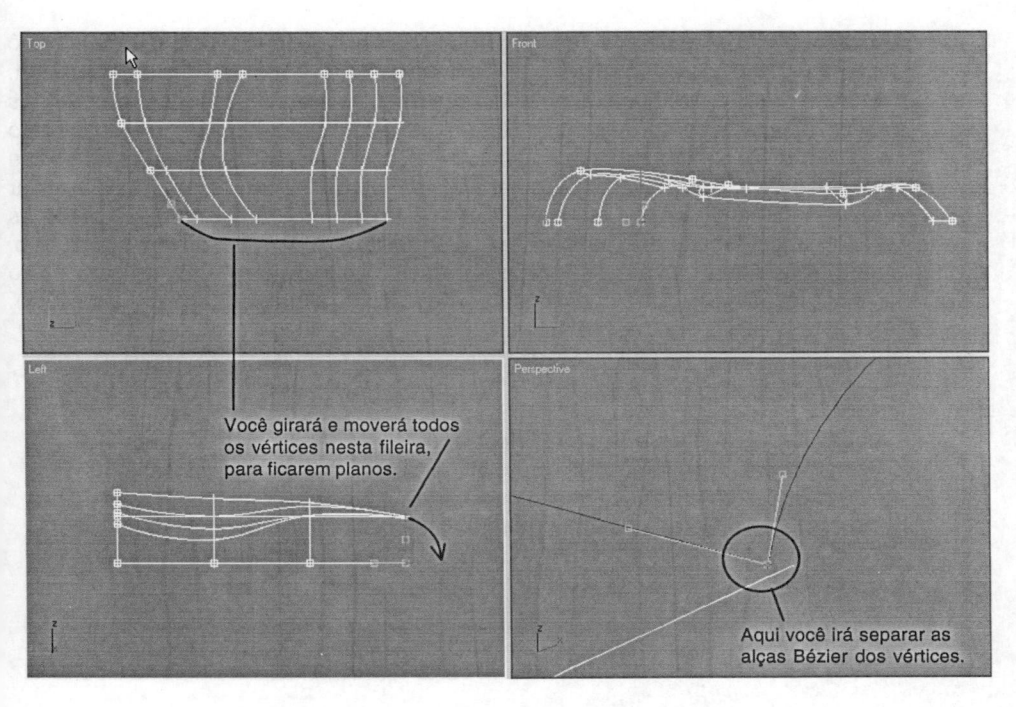

Figura 10.5 – Ajuste vértices e alças Bézier para arredondar a extremidade, para uma forma mais orgânica.

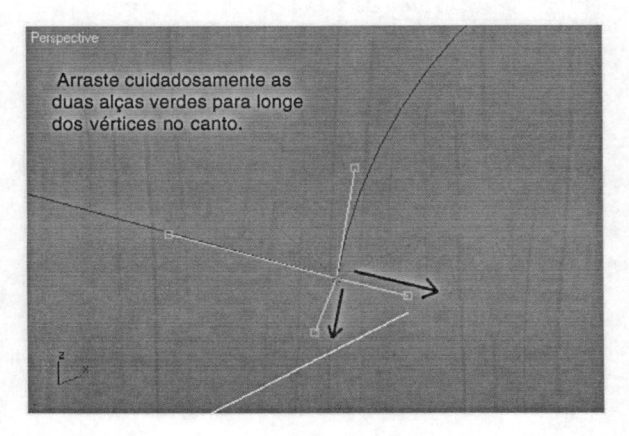

Figura 10.6 – Mova cuidadosamente as duas alças verdes para longe do vértice. Na extremidade da alça Bézier será mais fácil agarrar a caixa verde, aproximando do canto com o cursor.

6. Agora, gire todos os vértices ao longo daquela borda, em torno de um ponto pivô comum e mova-os para ficar em plano com o fundo da almofada. Na viewport Left, selecione todos os vértices da borda direita da almofada. Na barra de ferramentas principal, clique o botão Select and Rotate, clique e mantenha pressionado o botão Use Pivot Point Center à direita do campo Reference Coordinate System e escolha o botão flutuante Use Selection Center (veja a Figura 10.7). Pressione A para ativar Angle Snap. Na viewport Left, use o gizmo Transform para girar em -90 graus os vértices selecionados em torno do eixo Z. Pressione A para desativar Angle Snap. Clique Select and Move na barra de ferramentas principal e mova-os para baixo (eixo negativo Y) até que estejam no nível de baixo da almofada (veja a Figura 10.8).

Dica

Você precisa mover o cursor Select and Move perto da alça verde no vértice, para conseguir mantê-lo. Ao invés, se estiver nos vértices, você os move. Se por engano você mover os vértices, é possível clicar com o botão direito para cancelar a ação, enquanto ainda estiver mantendo pressionado o botão esquerdo do mouse. Caso contrário, é preciso usar o botão Undo para colocar os vértices de volta na posição.

Às vezes, a abordagem de alças a partir de uma direção diferente também pode facilitar a seleção.

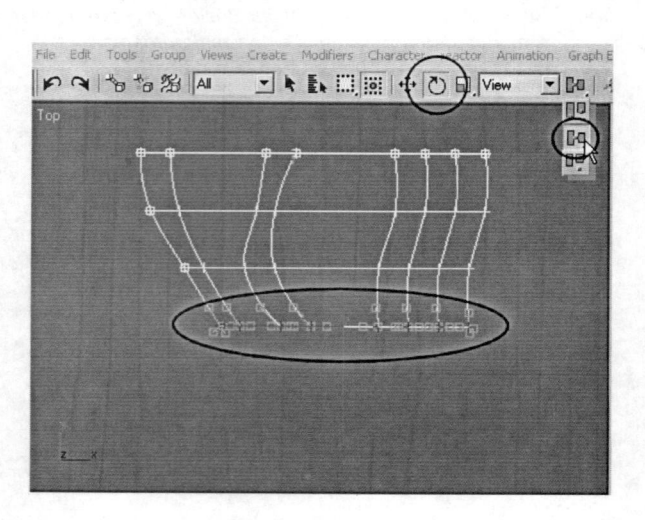

Figura 10.7 – Clique Select and Rotate para ajustar para o modo Use Selection Center.

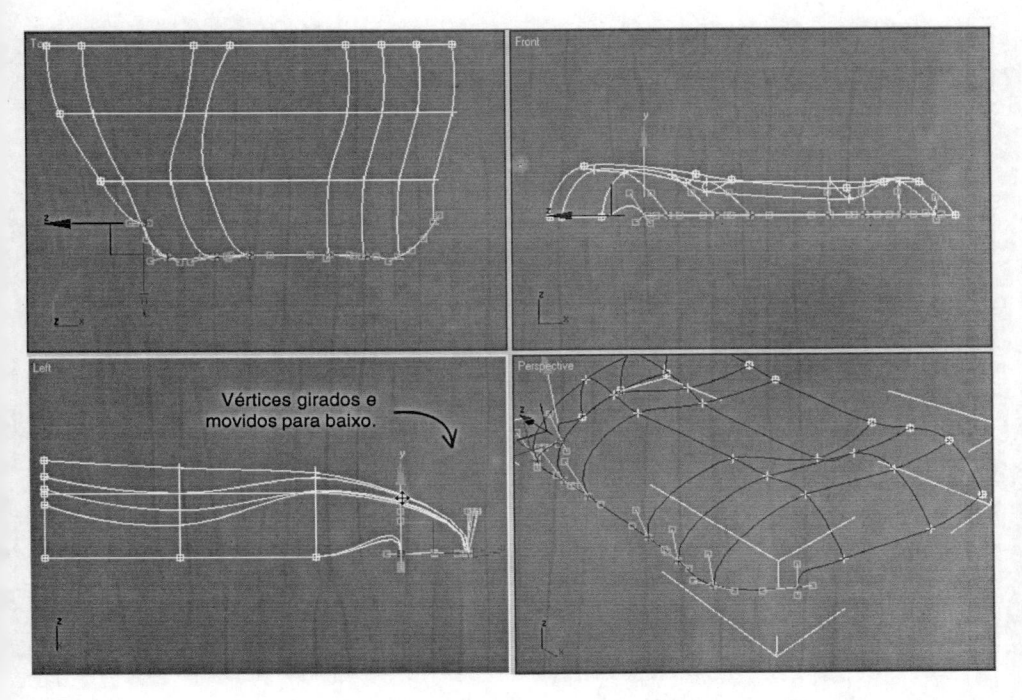

Figura 10.8 – *Com o modo Use Selection Center, e na viewport Left, gire os vértices como um grupo em –90 graus. Depois, mova-os para baixo, fluídos com a parte de baixo da almofada.*

7. Para limpar os cantos e a borda da almofada, selecione pares de vértices e ajuste as alças, até que a borda da almofada se pareça com a Figura 10.9. Você precisa trabalhar um pouco em cada viewport para ver onde está no espaço, e exatamente qual alça está manipulando.

Dica

Se o movimento de seu cursor estiver, de alguma forma, restrito para qualquer dos eixos, X ou Y, pressione X para alternar o gizmo Transform de volta e clique na caixa amarela quando o seu cursor estiver perto do ápice das setas de restrição. Isto o ajustará para se mover livremente em ambos os eixos, X e Y. Pressione X para desativar o gizmo.

8. Feche todas as janelas e caixas de diálogo e salve o arquivo. Ele já deve estar nomeado Ch09_Cushion02.max.

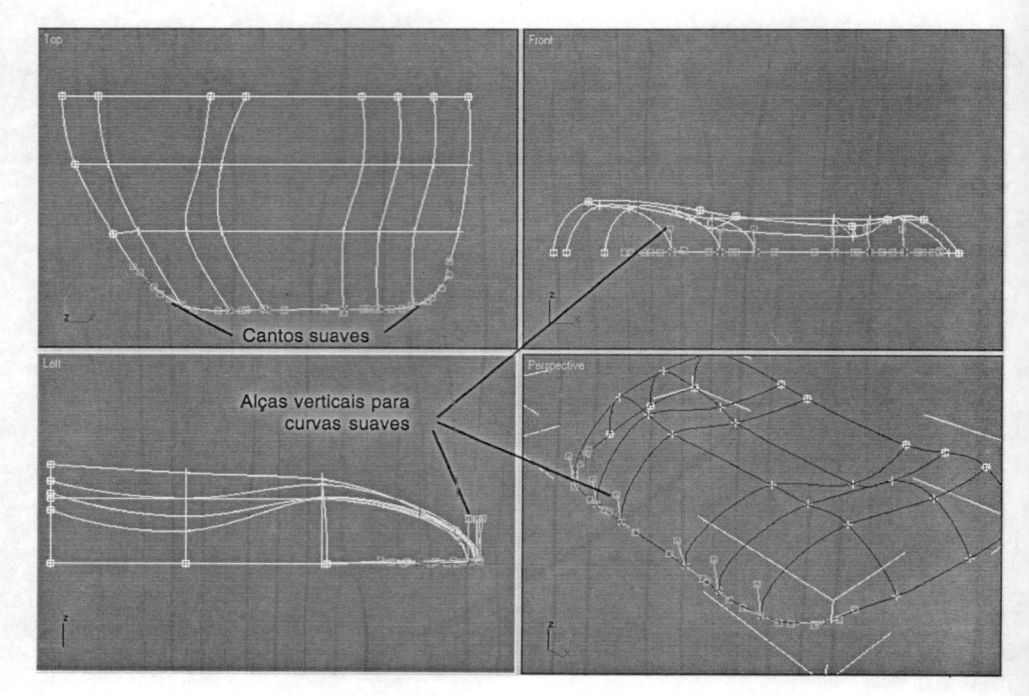

Figura 10.9 – *Selecione pares de vértices e ajuste as alças em cada viewport, para suavizar a borda da almofada.*

Como cobrir a gaiola

Ufa, o Exercício 10.1 pode ter simplesmente cobrado pedágio dos seus nervos, mas tenha certeza de que só requer um pouco de prática para conseguir o sentido de trabalhar em espaço em 3D. É inteligente começar com objetos simples, ao invés de esperar até ter um trabalho complexo esperando por você, com um prazo de entrega apertado.

Se não estiver muito satisfeito com os resultados obtidos, você será capaz de abrir uma gaiola terminada, no Exercício 10.2, para poder continuar.

Neste exercício, você aprende a usar um modificador Surface, para criar uma superfície de remendos sobre a gaiola.

Exercício 10.2
Criação de uma superfície de remendos sobre a gaiola

1. Abra o arquivo chamado Ch10_Cushion02.max do CD-ROM ou do exercício anterior. A partir do menu pull-down, escolha Save As, indique para um subdiretório apropriado em seu disco rígido e use o botão de sinal de adição para salvar um novo arquivo, com o nome aumentado para Ch10_Cushion03.max.

2. Na viewport Perspective, selecione Cushion01. No painel Modify, Modifier List, escolha Surface. A almofada, muito provavelmente, deve desaparecer na viewport Perspective, exceto por pequenas áreas. Este é o comportamento normal (veja a Figura 10.10). Isto é devido aos normais de face indicando principalmente para longe de você. No painel Modify, rolagem Parameters, marque a caixa de verificação Flip Normals. Clique com o botão direito a etiqueta Perspective e escolha Edged Faces no menu. Você deve ver uma superfície suave e as bordas da gaiola (veja a Figura 10.11).

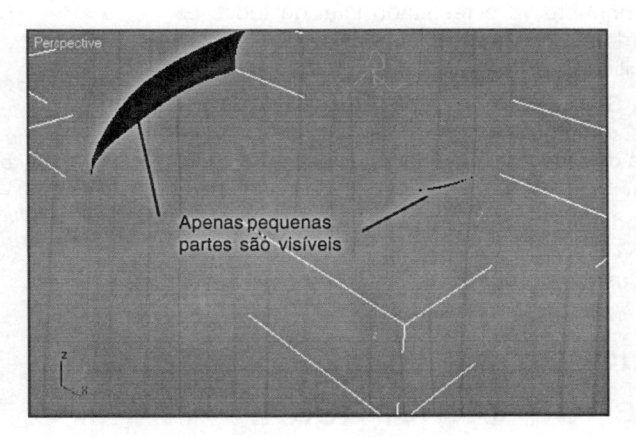

Figura 10.10 – Aplique um modificador Surface à gaiola de tira em curva, e a almofada deve desaparecer quase completamente na viewport Perspective.

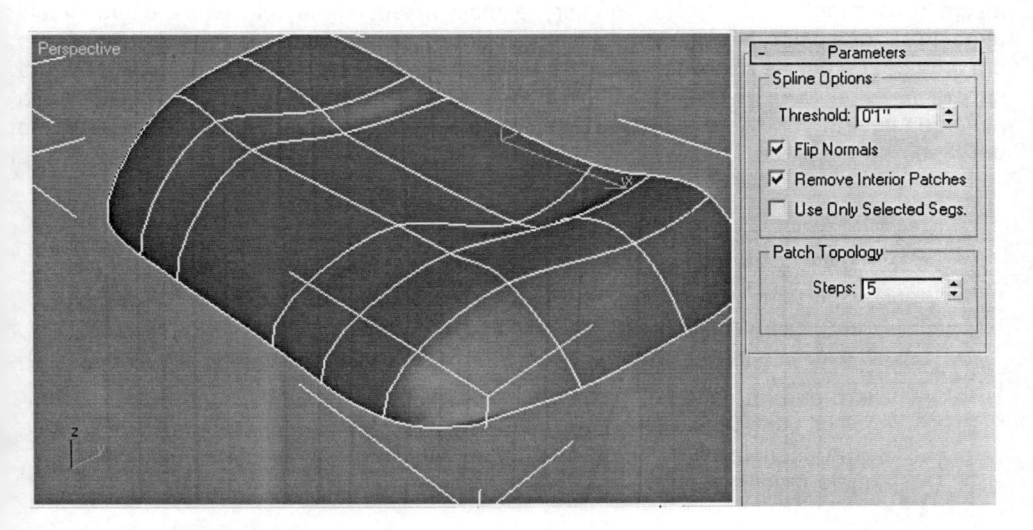

Figura 10.11 – Marque Flip Normals na rolagem Perspective e escolha Edged Faces na etiqueta Perspective no menu de clicar com o botão direito, para ver toda a superfície suave com as linhas da gaiola aparecendo.

3. No painel Modify, vista Stack, destaque o nível Vertex, sob Editable Spline. As viewports mostram novamente uma gaiola de moldura de arame.

4. Clique o botão Show End Result On/Off Toggle (alternativa ativada/desativada de exibir resultado final) bem abaixo da vista Stack (veja a Figura 10.12). É o segundo da esquerda. Isto lhe permite trabalhar a um nível de sub objeto, para ajustar a gaiola enquanto vê o resultado final de todos os modificadores, neste caso, o modificador Surface, para facilidade de edição.

5. Na vista Stack, primeiro destaque Editable Spline e depois, destaque Surface, para garantir que você está fora do modo de sub objeto, e volte para o alto da pilha.

6. Feche todas as janelas e caixas de diálogo. Salve o arquivo; ele já deve estar nomeado como Ch10_Cushion03.max.

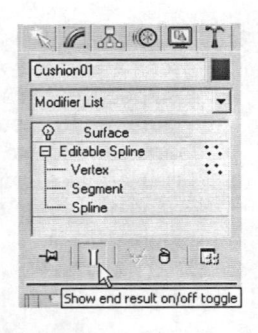

Figura 10.12 – Vá para Vertex a nível de sub objeto e alterne o botão Show End Result On/ Off Toggle, para ver ambas as seleções, a gaiola e o sub objeto, enquanto vê também a superfície.

Edição de uma superfície de remendos

Depois de aplicar o modificador Surface a uma gaiola de tiras em curva para criar uma superfície de remendos, você precisa percorrer alguns processos de edição para transformá-la em uma almofada completa. Primeiro e mais notadamente, ela ainda é uma meia almofada. Você usa o modificador Symmetry para espelhar, fatiar e unir as duas metades em uma operação. Se usar Arc Rotate na viewport Perspective, é possível ver que não há superfície embaixo na meia almofada (veja a Figura 10.13), nem haverá quando ela for uma almofada inteira. Você aprende a aplicar um modificador Cap Holes, para criar faces como um fundo de almofada.

Atenção

É importante que você saia do modo de sub objeto quando necessário, antes de ir para o alto da pilha de modificador. Caso contrário, o modificador pode estar operando apenas na última seleção e não em todo o objeto.

Claro que há exceções, como com modificadores Mesh Select, quando você irá querer permanecer no modo de sub objeto, para que o modificador acima daquele ponto opere apenas no conjunto de seleção definido por aquele modificador Mesh Select.

Modificador Symmetry e mais edição

No Exercício 10.3 você aplica um modificador Symmetry para espelhar, fatiar e unir duas metades em uma almofada inteira, só para descobrir que seria muito desconfortável sentar-se nela. Isto exige que você faça a borda ao longo da borda espelhada. Você também aprende a respeito da essência de alguns modificadores e o efeito em futura edição de superfícies de remendo.

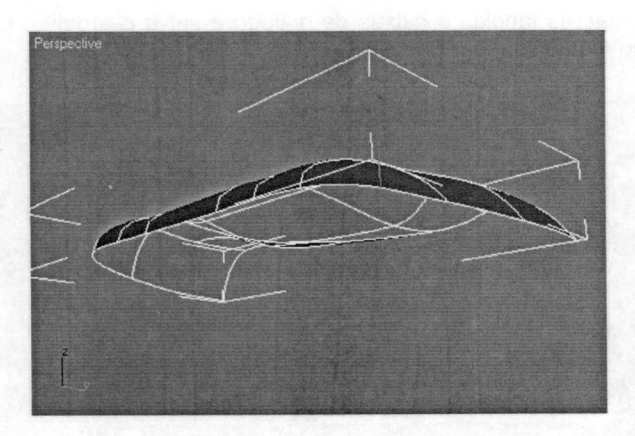

Figura 10.13 – Se usar Arc Rotate na viewport Perspective, verá que não há fundo na metade da almofada e que os normais de face fazem a maior parte da superfície desaparecer.

Exercício 10.3
O modificador Symmetry e mais edição

1. Abra o arquivo chamado Ch10_Cushion03.max do CD-ROM ou do exercício anterior. A partir do menu pull-down File, escolha Save As, indique para um subdiretório apropriado em seu disco rígido e use o botão de sinal de adição para salvar um novo arquivo, com o nome aumentado para Ch10_Cushion04.max.

2. Selecione Cushion01 na viewport Perspective. No painel Modify, Modifier List, escolha Symmetry. O objeto é espelhado, mas no eixo errado. Na rolagem Parameters, selecione o botão de rádio Z, na área Mirror Axis. Então, magicamente, você tem uma almofada inteira, mas uma emenda muito dura corre pelo meio, onde as duas metades se encontram. No painel Modify, vista Stack, destaque Vertex de sub objeto. Na viewport Top, selecione os quatro vértices de canto, na emenda do meio, para determinar onde está o problema (veja a Figura 10.14). Selecionando pares de uma vez, ajuste as alças Bézier e mova os pares, para ficarem como a Figura 10.15. Não se apresse e lembre-se de usar a tecla K para controlar Axis Constraints (restrições de eixo).

Dica

Só é possível manipular vértices do lado original. O lado criado pelo modificador Symmetry se ajusta automaticamente de acordo.

3. No painel Modify, vista Stack, saia do modo de sub objeto e depois volte para o alto da pilha.

4. Feche todas as janelas e caixas de diálogo e salve o arquivo. Ele já deve estar nomeado como Ch10_Cushion04.max.

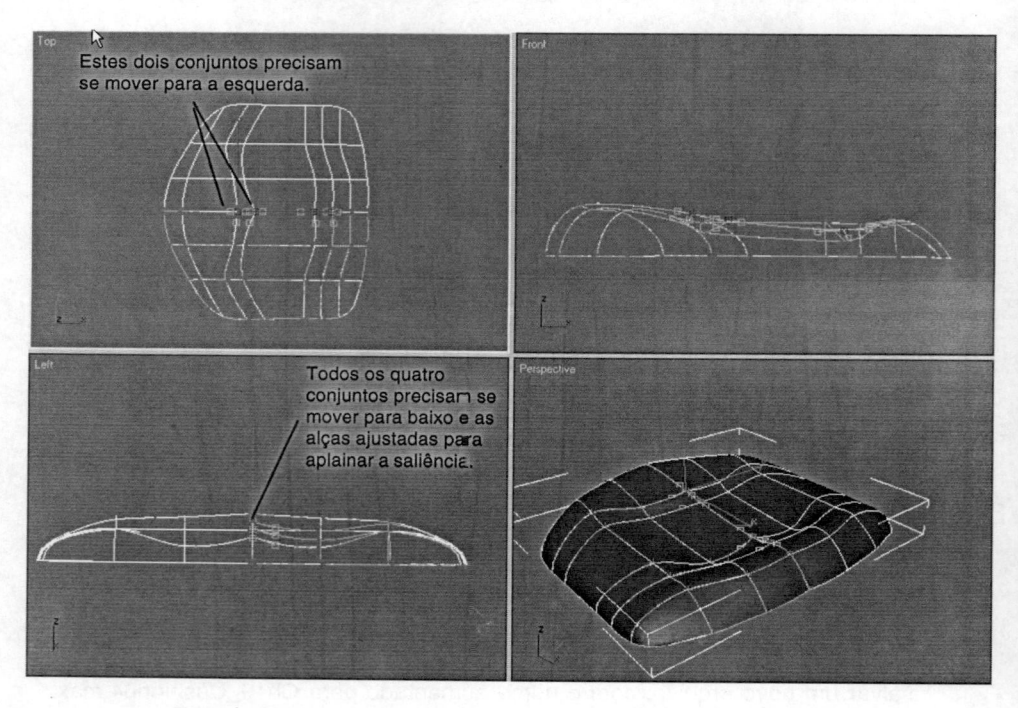

Figura 10.14 – *Selecionar os quatro conjuntos de vértices centrais no meio do assento revela uma emenda dura e uma estranha curvatura.*

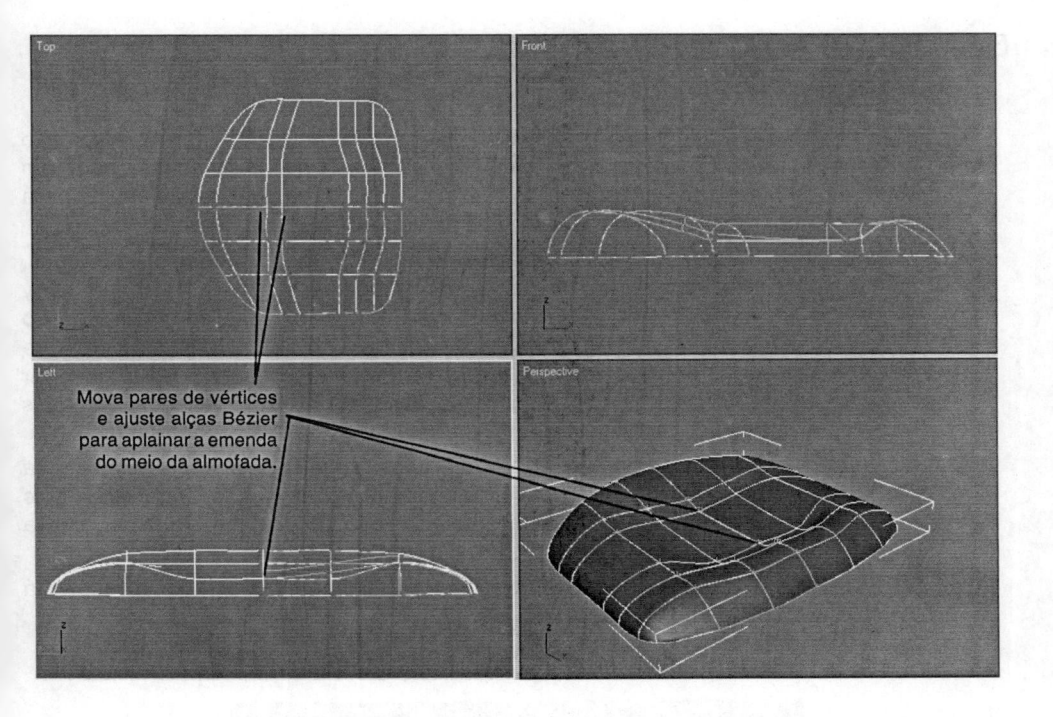

Figura 10.15 – Mova lentamente pares de vértices e ajuste alças Bézier, para remover a borda áspera do meio do objeto.

Como cobrir o fundo de um objeto fechado

No Exercício 10.4 você acrescenta um modificador Cap Holes, para colocar uma superfície através do fundo da almofada, tornando-a um objeto fechado. O modificador Cap Holes busca por bordas abertas em uma superfície e faz o melhor possível para determinar como melhor fechá-las. Se houvesse um objeto que estivesse em uma superfície aberta, com falta de faces, o modificador Cap Holes simplesmente fecharia aqueles furos e não cobriria o fundo.

Exercício 10.4
Modificador Cap Holes

1. Abra o arquivo chamado Ch10_Cushion04.max do CD-ROM ou do exercício anterior. A partir do menu pull-down File, escolha Save As, indique para um subdiretório apropriado em seu disco rígido e use o botão de sinal de adição para salvar um novo arquivo, com o nome aumentado para Ch10_Cushion05.max.

2. Na viewport Perspective, selecione Cushion01. No painel Modify, vista Stack, destaque o modificador Surface e, na rolagem Parameters, ajuste Patch Topology Steps (etapas de topologia de remendo) para 1. Isto reduz a complexidade do Cushion01. Destaque Symmetry na vista Stack, para voltar ao nível superior. Clique com o botão direito em Cushion01 e escolha Convert to Editable Patch (converter a remendo editável), no menu Quad. Isto é necessário, pois o modificador Cap Holes entrará em conflito com o modificador Symmetry, e criará uma almofada facetada.

3. No painel Modify, Modifier List, escolha Cap Holes. Você pode observar uma ligeira alteração na curvatura da superfície, ocasionada pelo modificador Cap Holes, pois novas informações de tangência precisam ser acrescentadas, para aplainar a nova superfície.

4. Use Arc Rotate na viewport Perspective, para ver a almofada de baixo, e você verá a superfície sólida (veja a Figura 10-16).

5. Salve o arquivo. Ele já deve estar nomeado como Ch10_Cushion05.max.

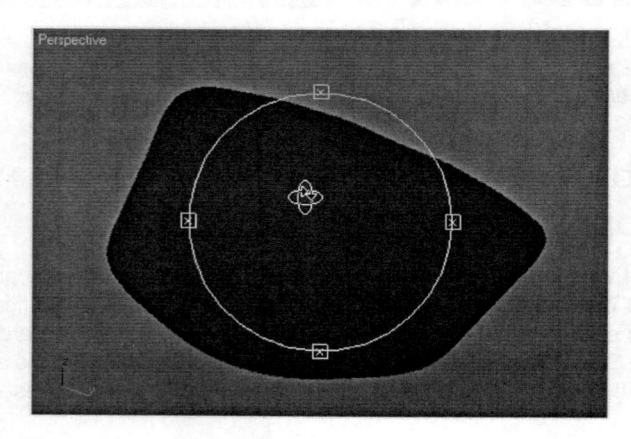

Figura 10.16 – *Usando Arc Rotate para ver o lado de baixo de Cushion01, você verá que o modificador Cap Holes criou uma nova superfície para fechar a almofada.*

Resumo

As superfícies de remendo lhe permitem criar uma superfície de fluxo suave, que de outra forma, poderia ser difícil de montar e editar, enquanto mantém a superfície suave.

Com freqüência, é mais prático manter o objeto como um verdadeiro objeto remendo, até que toda a edição esteja completa, antes de acrescentar modificadores que converterão o remendo em um objeto de trama.

Algumas das técnicas cobertas neste capítulo incluem as seguintes:

- **Modelagem de tiras em curva** – Você aprendeu a criar uma gaiola de tiras em curva que pode ser coberta com um remendo, para modelagem orgânica.

- **Superfície de remendos** – Você aprendeu a cobrir uma tira em curva com uma superfície que tem controle Bézier da curvatura. Estes são eficientes para objetos orgânicos.

- **Modificador Symmetry** – Você aprendeu a aplicar de novo este modificador, para transformar a metade de um modelo, rápida e facilmente, em uma superfície simétrica.

- **Modificador Cap Holes** – Você aprendeu a acrescentar um modificador Cap Holes para fechar uma superfície aberta.

CAPÍTULO 11

Materiais e mapeamento: uma abordagem diferente

Neste capítulo

No Capítulo 7, "Introdução a materiais e mapeamento," você aprendeu a criar e aplicar materiais fundamentais a objetos na cena, para um aspecto mais convincente. Na maioria, os materiais tinham padrões derivados de tipos de mapas, chamados *mapas de procedimentos* – padrões aleatórios gerados matematicamente por ocasião da apresentação. Você ajustava o tamanho de tais padrões até que eles parecessem "certos" na cena. Entretanto, os padrões nunca tinham qualquer base em nada no mundo real, a não ser o que você tinha pensado serem apropriados para a escala da cena.

Com mais freqüência em produção, você irá querer materiais para ter padrões que combinem especificamente com o que vê ao olhar em volta no seu ambiente. Neste capítulo, você aprende a analisar mapas, para determinar a cobertura deles de mundo real e a aplicar coordenadas de mapeamento correspondente a isto em sua cena.

Você também aprende mais sobre o uso de mapeamento de choque, para simular geometria em sua cena, para reduzir o excesso de código de geometria complexa.

Até agora, você tem aplicado um material por objeto. Se você arrastar e soltar uma nova janela de exemplo em um objeto que tenha um material designado, ela simplesmente substituirá o material existente. Porém, os objetos nem sempre são formados de um material e você aprenderá a usar o conceito de materiais de múltiplos/sub objeto e números de ID (identidade; identificação) de material para controlar quais faces de um objeto recebem os sub materiais deste material especial.

Metais e roupa são dois materiais diferentes e, neste capítulo, você aprende a ajustar reflexos e destaques especulares adequadamente a cada um, para torná-los mais convincente quando apresentados.

Com freqüência, você irá querer posicionar um logo de empresa ou outra imagem sobre um outro material. Você aprende a usar técnicas de decalque neste capítulo, para possibilitá-las em qualquer material.

Muitos objetos, como lâmpadas, monitores de computador e telas de TV são pouco afetados pelas luzes em um cômodo, pois eles desistem da luz que acontece em qualquer sombreado nos objetos. Você aprende a simular este efeito com materiais auto iluminados em 3ds max 6.

Também aprende sobre o uso de arquivos seqüencialmente numerados como mapas animados em seus materiais, e sobre um novo recurso em 3ds max 6, que lhe permite selecionar objetos em uma cena, com base em seu material de designação. Isto pode não parecer uma grande coisa para novos usuários, mas é uma nova ferramenta muito útil.

Algumas das técnicas cobertas neste capítulo incluem as seguintes:

- **Coordenadas específicas de mapeamento** – Você aprende a aplicar padrões de mapa em um material para combinar com tamanhos de mundo real (por exemplo, tijolos que têm 8 por 3 polegadas, para simular tamanhos padrão de tijolo).

- **Mapas de choque** – Você aprende novas opções para usar mapas de choque, para simular geometria com mais eficiência.

- **Mais do que um material por objeto** – Você aprende a aplicar vários materiais em um único objeto com tipo de material de múltiplo/sub objeto e números de ID de material.

- **Materiais metálicos** – Você aprende alguns dos fundamentos de simular o aspecto áspero de metal em materiais.

- **Materiais de roupa** – Você aprende outras opções de sombreador de material, para fazer com que eles pareçam suaves como roupa.

- **Materiais de decalque** – Você aprende a aplicar decalques que permitem ao material básico aparecer como um fundo.

- **Auto iluminação** – Você aprende a criar materiais que parecem brilhar de dentro.

- **Materiais animados** – Você aprende a aplicar mapas animados, para criar materiais que mudam com o tempo.

- **Select by Material** (seleção por material) – Você aprende um recurso em 3ds max 6 que lhe permite selecionar objetos com base nos materiais designados.

Termos-chave

- **Mapa UVW** – Um modificador que lhe permite aplicar coordenadas de mapeamento a tamanhos específicos.

- **Material de múltiplo/sub objeto** – Um tipo de material composto por qualquer quantidade de sub materiais, até um limite de 1.000. Isto precisa ser usado junto com números de ID de material.

- **Número de ID de material** – Um número designado a faces individuais que determina qual material é aplicado de um material de múltiplo/sub objeto.

- **Shader** (sombreador) – Um atributo de material que descreve a forma de destaques especulares em um material.

- **Decalque** – Um mapa com um fundo transparente usado dentro de um material, para revelar a cor subjacente (assim como os decalques de colar de aeromodelos e assim por diante).

- **Auto iluminação** – Um atributo de material que sobregrava a parte de ambiente sombreado de um material e o faz parecer brilhar de dentro.

- **Arquivos IFL** – Image File List (IFL – lista de arquivo de imagem); uma lista seqüencialmente numerada de imagens imóveis que funciona como uma lista animada em 3ds max 6.

Coordenadas de mapeamento de mundo real

Nesta seção, você aprende a analisar um mapa que será usado em ambas as ranhuras, de cor e de choque, de um material de azulejo de chão, para determinar quantas unidades de mundo real o padrão cobriria.

Depois de calcular a cobertura das unidades de uma única repetição do mapa, você ajusta um gizmo de modificador UVW para aquele tamanho e o padrão será do tamanho certo por toda a superfície.

Nota

Mapas em 3ds max 6 são referenciados como mapas de "azulejamento" – isto é, eles são colocados uma vez no material e repetidos seguidamente, em todas as direções.

Alguns mapas – por exemplo, uma foto – são considerados "não azulejáveis" e mostram um padrão repetido, com bordas perceptíveis. Ao contrário, mapas que podem ser azulejados, têm bordas combinando – e repetirão sem uma borda repetida aparente.

Criação e animação de um material de azulejo de chão exato

No Exercício 11.1, você usa um mapa para definir os dois padrões, de cor e de choque, dentro de um material de azulejo de chão. O foco do exercício é para você aprender como conseguir os tamanhos certos de padrões, mas também para aprender mais sobre destaques especulares e reflexos em um material.

Primeiro, você precisa determinar a partir do mapa quanta área uma repetição cobriria no mundo real. Isto exige que você saiba o tamanho de cada azulejo. Azulejos de chão podem ser de em torno de 2x2 pés (1 pé = 30,479cm) a 2x2 polegadas (1 polegada = 25,399mm) e qualquer combinação de tamanhos intermediários.

O seu chão será formado por azulejos individuais que medem 1 pé de cada lado.

Exercício 11.1
Criação de um chão de material de azulejo

1. Abra o arquivo chamado Ch11_interior01,max do CD-ROM. A partir do menu pull-down File, escolha Save As, indique para um subdiretório apropriado em seu disco rígido e use o botão de sinal de adição para salvar um novo arquivo, com o nome aumentado para Ch11_interior02.max. Este arquivo contém a cena anterior, do Capítulo 9, "Mergulho fundo em técnicas de modelagem," com um pouco mais de detalhes. O duto foi arredondado em uma extremidade, com uma opção de inclinação chamada Scale Deformation (deformação de escala), a almofada de cadeira foi transformada em uma cadeira e alguns objetos foram acrescentados ao painel de controle, juntamente com uma caixa de ferramentas, alguns abajures e uma tela grande.

2. Na viewport Camera01, selecione o objeto chamado Floor. No menu pull-down Tools, escolha Isolate Selection ou pressione Alt+Q. Na barra de ferramentas principal, clique o botão Material Editor ou pressione M. No Material Editor, destaque a primeira janela de exemplo, renomeie-a Tile_floor e arraste-a e solte-a no chão, na viewport Camera01.

3. Você ajustará a cor do material com um padrão de mapa de azulejo. No Material Editor, clique o pequeno quadrado de atalho cinza, perto da amostra de cor Diffuse. No Materials/Map Browser, clique duas vezes Tiles, na lista (veja a figura 11.1). Isto aplica um padrão cinza e preto à cor difusa do material. No Material Editor, clique o botão Show Map in Viewport, bem abaixo das janelas de exemplo, para exibir o mapa no chão, na viewport Camera01.

4. No Material Editor, mapa Tiles nível Diffuse Color, clique a rolagem Advanced Controls, para expandi-la. Clique a amostra de cor Texture: na área Tiles Setup (configuração de azulejos) e, em Color Selector, ajuste a cor para azul escuro, vermelho = 45, verde = 40 e azul = 110. Clique a amostra de cor de Texture Grout Setup (configuração de argamassa; cimento) e ajuste-a para um cinca claro, vermelho = 170, verde = 170 e azul = 170. As cores em Camera01 mudam de acordo (veja a Figura 11.2). Feche Color Selector.

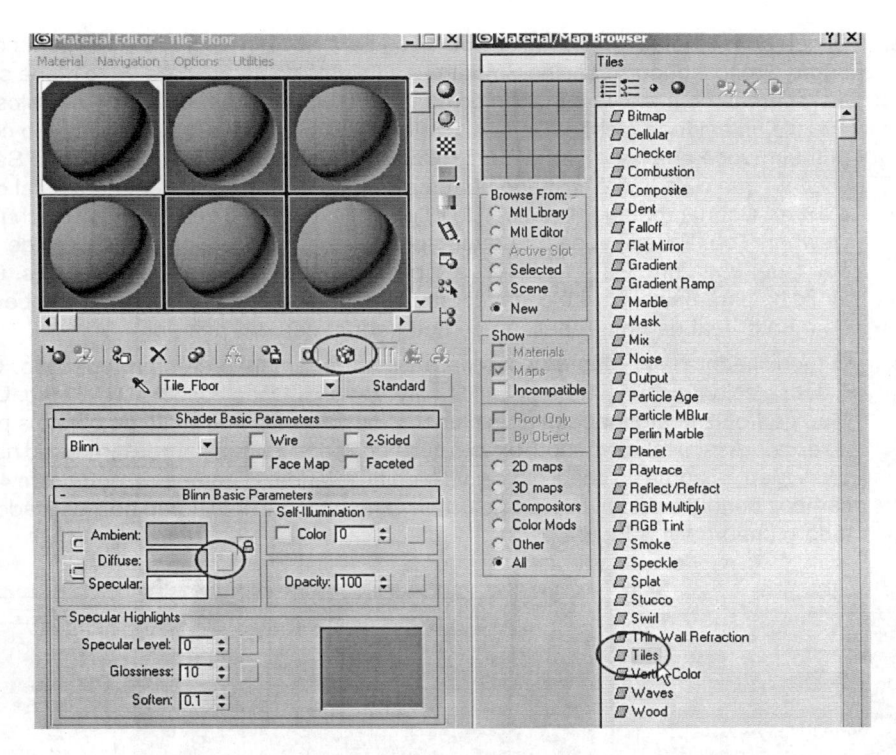

Figura 11.1 – *Designe um mapa de azulejos na ranhura Diffuse Color. Alterne Show Map in Viewport em Material Editor, para ver o mapa na superfície Floor, na viewport sombreada Camera01.*

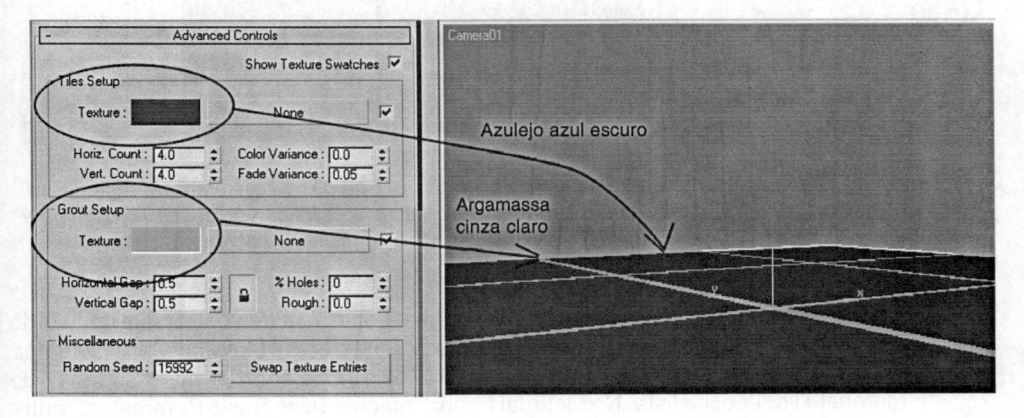

Figura 11.2 – *Na rolagem Advanced Controls do mapa de azulejos, ajuste a cor de azulejos para azul escuro e a cor de argamassa para cinza claro.*

5. Clique com o botão direito na viewport Top para ativá-la, e clique a etiqueta com o botão direito e depois escolha Smooth + Highlights do menu, para ver o mapa como ele aparece no chão. O tamanho do chão é de 60 pés, com apenas 4 azulejos por 4 azulejos em todo o chão. De fato, azulejos muito grandes. Para o tamanho certo, primeiro você analisa o padrão. Na rolagem Advanced Controls, área Tiles Setup, você vê que o padrão é formado por uma 4 Horiz Count (contagem horizontal de 4) e 4 Vert Count (contagem vertical de 4) e o reflexo do que você vê sobre o chão na viewport Top. Porém, você pré-determinou que usaria azulejos que seriam de 1 pé por 1 pé, cada um. Os 4 azulejos, a 1 pé cada, cobrem uma área de 4 pés. Os 4 azulejos para baixo, a 1 pé cada, cobrem uma área de 4 pés. Portanto, a cobertura de mundo real de uma repetição de seu padrão cobre 4 pés por 4 pés.

6. O modificador UVW Map é usado para ajustar o tamanho de uma repetição. Com Floor selecionado, vá para o painel Modify, Modifier List e escolha UVW Map. UVW Map padroniza para mapeamento planar e ajusta a caixa de limite do objeto a partir do eixo Z. Assim, nada mudou, exceto que você pode ver uma borda laranja do gizmo YVW Map na borda do chão. No painel Modify, rolagem Parameters, entre com 4 nos campos Length e Width. Pressione Enter. O resultado é um padrão de 4 esticado por todo o chão (veja a Figura 11.3).

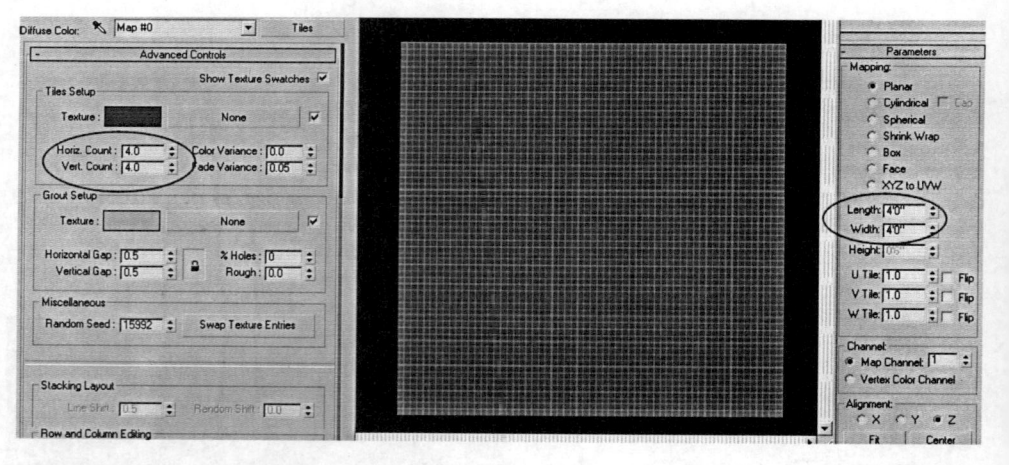

Figura 11.3 – *Se você quiser azulejos exatos que tenham 1 pé por 1 pé, centro de argamassa com centro de argamassa, multiplique o tamanho de cada azulejo pelas contagens horizontais e verticais e entre com isto como o tamanho do gizmo UVW Map.*

7. Azulejos de chão parecem ásperos e têm algum brilho, assim, você ajusta de acordo os destaques especulares. No Material Editor, clique o botão Material/Map Navigator, na parte inferior direita das janelas de exemplo. Destaque o nível superior do material Tile_floor na lista. No Material Editor, rolagem Blinn Basic Parameters, entre com 30 no campo Specular Level. Esta é a luminosidade de luz espalhada de uma superfície. A Glossiness está bem em 10. Este é o tamanho do destaque especular. A janela de exemplo parece apresentar um amplo brilho.

Nota

Ao se afastar, com zoom, na viewport Top para ver todo o chão, a placa de gráficos pode não ser capaz de exibir corretamente o padrão. Usar Quick Render na viewport Top deve apresentar os resultados adequados.

Dica

Se o mapa parecer inclinado ou distorcido nas viewports, clique com o botão direito a etiqueta de viewport e escolha Texture Correction (correção de textura) no menu.

8. Os azulejos devem parecer erguidos acima do nível da argamassa. Você faz isto com uma cópia do mapa Diffuse Color Tiles na ranhura Bump. No Material Editor, clique a rolagem Maps, para expandi-la. Na rolagem Maps, clique e arraste o mapa de azulejos na ranhura Diffuse Color para o botão None, à direita de Bump. Quando vir o cursor com a caixa e a seta, solte o mapa. Na caixa de diálogo Copy (Instance) Map, assegure-se de que o botão de rádio Copy esteja selecionado e clique OK. Agora você tem o mesmo mapa em cada ranhura (veja a Figura 11.4).

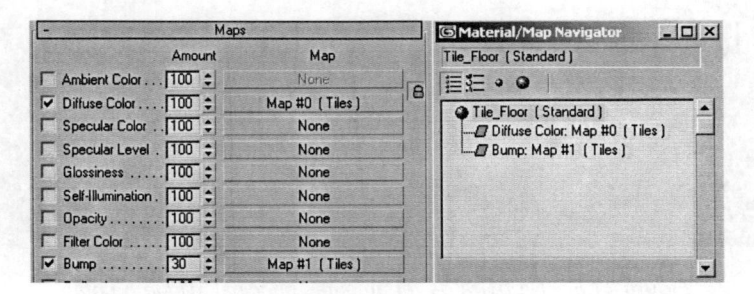

Figura 11.4 – Arraste e solte uma cópia do mapa Diffuse Color Tiles na ranhura Bump, na rolagem Maps.

9. No Material/Maps Navigator, destaque Bump [Tiles], para ir àquele nível. Na rolagem Advanced Controls, Tiles Setup, mude a textura de cor da amostra de cor de azul escuro para branco puro. Em Grout Setup, Texture, mude a amostra de cor de cinza claro para preto puro. Lembre-se de que o choque funciona nos valores de luminosidade de cores: Branco bate, preto não faz nada e sombras de cinza estão em algum lugar intermediário. Clique o botão Exit Isolation Mode nas viewports, para trazer de volta os outros objetos.

10. No Material/Map Navigator, destaque o nível superior. Este chão precisa de reflexos. Na rolagem Maps, entre com 30 no campo Reflection Amount (quantidade de reflexo). Clique o botão None à direita de Reflection e clique duas vezes Raytrace na lista Material/Map Browser. Um mapa de reflexo traçado a raio dá reflexos exatos e funciona em ambas as superfícies, plana e curvada.

11. Clique com o botão direito na viewport Camera01 e, na barra de ferramentas principal, clique o botão Quick Render. O chão deve estar com muito reflexo, de modo que é possível ver toda a parede refletida (veja a Figura 11.5). Há reflexo demais. Reflexos são raios de luz e devem obedecer a regras de física, que levam a luz a diminuir com a distância. Você usa uma forma diferente de diminuição, que oferece mais controle.

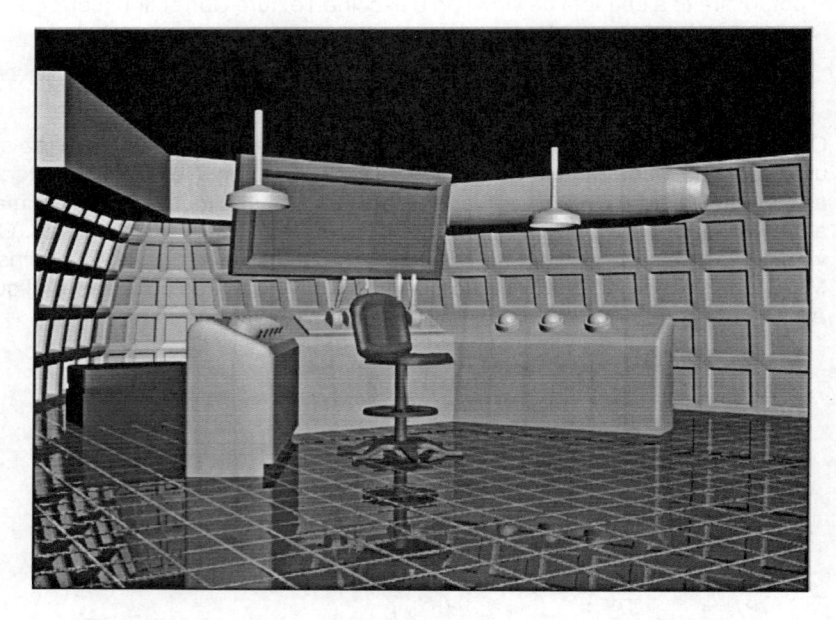

Figura 11.5 – Na barra de ferramentas principal, clique o botão Quick Render para apresentar a viewport Camera01. Você vê reflexos bem específicos, inclusive toda a parede ao teto.

12. No nível Reflection do material, clique a rolagem Attenuation, para expandi-la. Na lista Falloff Type (tipo de desvio), escolha Exponential (expoente). Em Ranges (faixas), entre com 250 no campo End. Isto significa que os reflexos irão da superfície para 250 polegadas, no máximo, com um expoente de desvio moderadamente rápido, 2.0 (veja a Figura 11.6). Números de expoente maiores reduzem os reflexos mais rapidamente. Apresente a viewport Camera01 e verá que os reflexos parecem mais naturais.

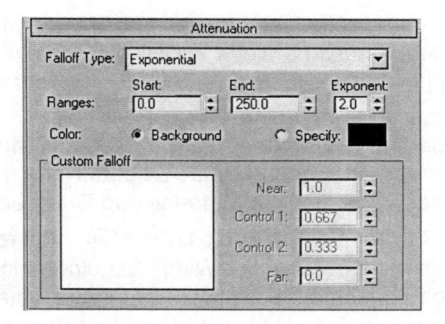

Figura 11.6 – *Na rolagem Attenuation, capacite Exponential Falloff Type (tipo de desvio de expoente) e ajuste a End Range (faixa final) para 250, para um reflexo mais convincente.*

Dica

O tipo de desvio de diminuição de reflexo mais real seria Inverse Square (quadrado invertido), mas Exponential pode ser ajustado e tende a ser mais rápido de calcular.

13. Clique com o botão direito na etiqueta de viewport Top e escolha Wireframe no menu. Feche todas as janelas e caixas de diálogo. Salve o arquivo; ele já deve estar nomeado como Ch11_interior02.max.

Painéis de teto usando mapas dentro de mapas para bumps

No Exercício 11.2 você usa o mapa Tiles como uma base para um teto de painéis, que é semelhante às paredes, e coloca painéis que têm 2x2 pés cada. Entretanto, para reduzir as contagens de face, você simula a geometria, usando mapas na ranhura Bump. O mapa principal é Tiles novamente, para colocar o espaçamento de 2 pés por 2 pés. Cada "azulejo" será um mapa de rampa gradiente, que será ajustado a uma configuração padrão de caixa, com cores em escala cinza. Lembre-se de que branco choca, preto não e sombras de cinza estão em algum lugar intermediário.

Exercício 11.2
Mapa de rampa gradiente
dentro de mapa de azulejos para o teto

1. Abra o arquivo chamado Ch11_interior02.max do CD-ROM ou do exercício anterior. A partir do menu pull-down File, escolha Save As, indique para um subdiretório apropriado em seu disco rígido e use o botão de sinal de adição para salvar um novo arquivo, com o nome aumentado para Ch11_interior03.max.

2. Na viewport Camera01, selecione o objeto teto. Abra o Material Editor, selecione a segunda janela de exemplo na fileira superior e nomeie o material Ceiling_panel. Arraste e solte a janela de exemplo no teto, na viewport Camera01.

3. No Material Editor, rolagem Blinn Basic Parameters, entre com 20 no campo Specular Level, para algum brilho. Clique a rolagem Maps, para expandi-la. Entre com 100 no campo Bump Amount, clique o botão None na ranhura de mapa Bump e clique duas vezes Tiles, na lista Material/Map Browser.

4. No painel Modify, Modifier List, clique o UVW Map e, na rolagem Parameters, entre com 8 em ambos os campos, Length e Width. Seguindo a lógica do exercício anterior, isto faz 4 azulejos horizontais por 4 verticais sobre uma área de 8x8 pés. Cada azulejo, ou neste caso, painel de teto, terá 2 pés por 2 pés. Na barra de ferramentas principal, clique o botão Quick Render, para apresentar a viewport Camera01. O teto está preto, pois a cena está usando a iluminação padrão, que está acima do teto e não atinge a superfície visível.

5. Clique com o botão direito na viewport Top, para ativá-la. No painel Create, painel Lights, rolagem Object Type, clique o botão Omni e escolha abaixo da cadeira, como visto da viewport Top. Isto ajusta a (luz) total no chão. Na barra de ferramentas principal, clique o botão Select and Move. Na viewport Left, use a seta de gizmo Transform de eixo Y restrito para mover a luz para próximo do nível da almofada de assento (veja a Figura 11.7). A viewport Camera01 apresentada deve se parecer com a Figura 11.8.

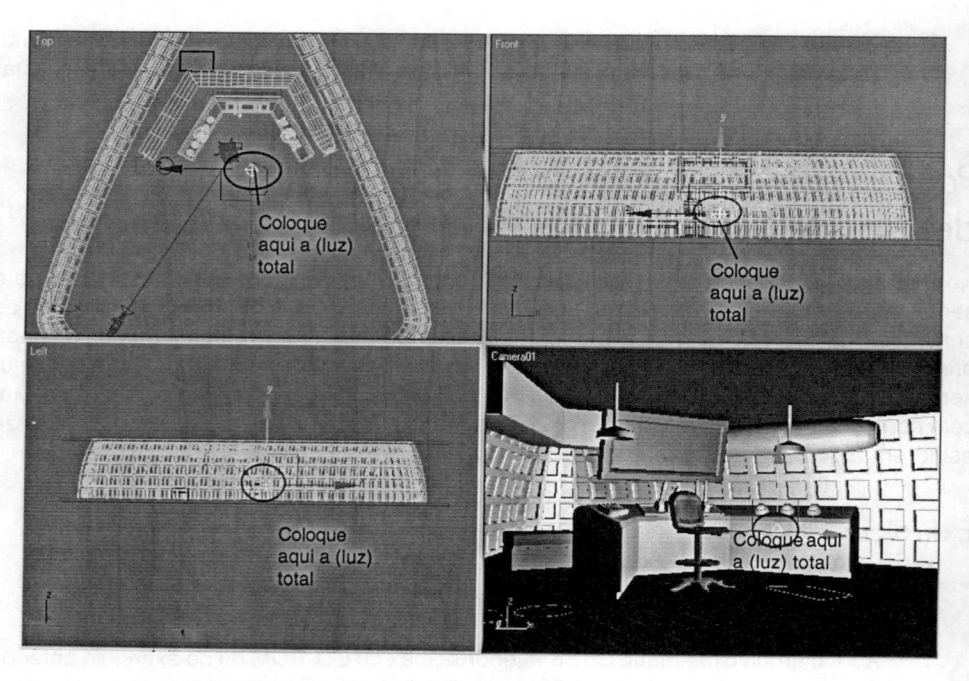

***Figura 11.7** – Coloque uma luz total na viewport Top e depois, mova-a para cima, para perto da almofada de assento.*

Figura 11.8 – *Na viewport Camera01 apresentada, o choque de teto é visível com a nova luz total.*

6. No Material Editor, expanda a rolagem Advanced Controls para o nível de mapa Tiles. Ao invés de configurar uma cor sólida para Tiles Setup Texture, use um mapa de rampa gradiente. Clique o botão None à direita da amostra de cor Tiles Setup Texture e clique duas vezes Gradient Ramp, na lista Material/Map Browser. Na rolagem Gradient Ramp Parameters, clique o campo Gradient Type Linear e escolha Box da lista (veja a Figura 11.9). Isto coloca uma caixa de padrão de rampa gradiente sobre o padrão 4x4 de azulejos. Você corrige isto com os parâmetros Tiling do padrão, e depois troca no alinhamento com os parâmetros Offset.

Dica

É possível tornar a janela de exemplo uma janela de flutuação maior, clicando-a duas vezes e arrastando os cantos para mudar o tamanho. Entretanto, note que uma janela de exemplo expandida pode tornar o desempenho lento, especialmente com materiais animados. Use o recurso apenas quando necessário para clareza.

7. Na rolagem Coordinates de Gradient Ramp, entre com 4 nos campos U e V de Tiling, para repetir este mapa, para combinar a quantidade de azulejos. A janela de exemplo agora mostra a repetição apropriada, mas o padrão ainda não se ajusta a cada azulejo. Nos dois campos U e V de Offset, entre com 0.125. Isto troca o mapa um-oitavo de mapa e o centraliza em cada azulejo (veja a Figura 11.10).

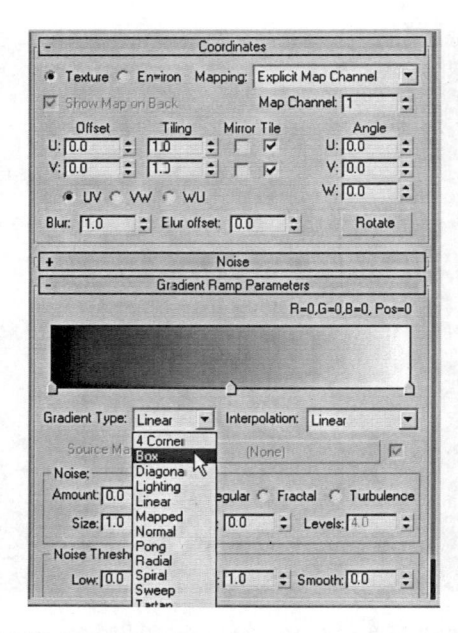

Figura 11.9 – Mude o padrão da rampa gradiente de linear para caixa, na rolagem Gradient Ramp Parameters, lista Gradient Type.

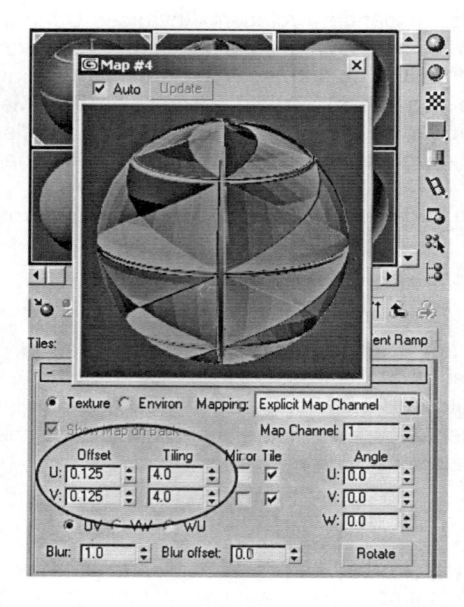

Figura 11.10 – Configurar a caixa de rampa gradiente Tiling para 4 por 4 e trocar 0.125 em cada direção o tamanho de mapa centraliza a caixa gradiente em cada um dos azulejos 4 por 4.

8. Agora, mude as sinalizações de rampa gradiente para ramp. Na rolagem Gradient Ramp Parameters, clique a sinalização do meio, clique-a com o botão direito e escolha Edit Properties. Na caixa de diálogo Flag Properties, clique a amostra de cor e ajuste-a para preto puro (veja a Figura 11.11).

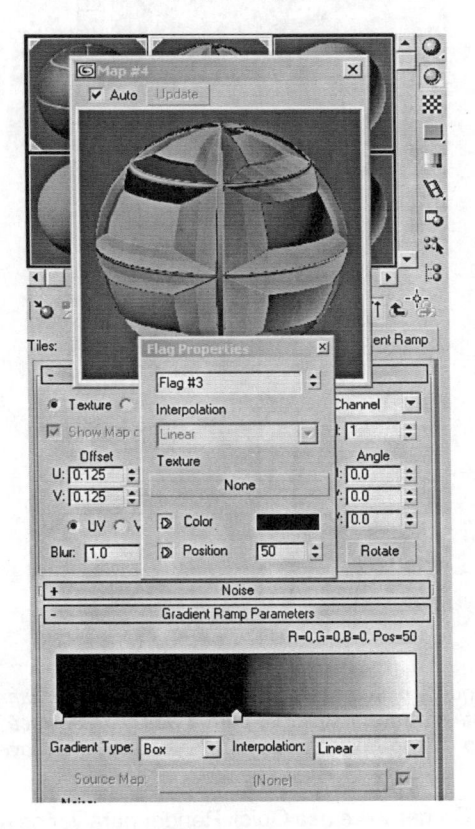

Figura 11.11 – Clique a sinalização do meio para torná-la verde e depois clique com o botão direito e escolha Edit Properties do menu. Clique e amostra de cor e ajuste-a para preto, em Color Selector.

9. Clique na área de rampa branca, logo acima da sinalização, na extrema direita, para clonar aquela cor. Clique e arraste a nova sinalização esquerda até que Pos (position – posição; posicionar) leia 75 (veja a Figura 11.12). Você também pode entrar com 75 no campo Position de Flag Properties, para mover a sinalização.

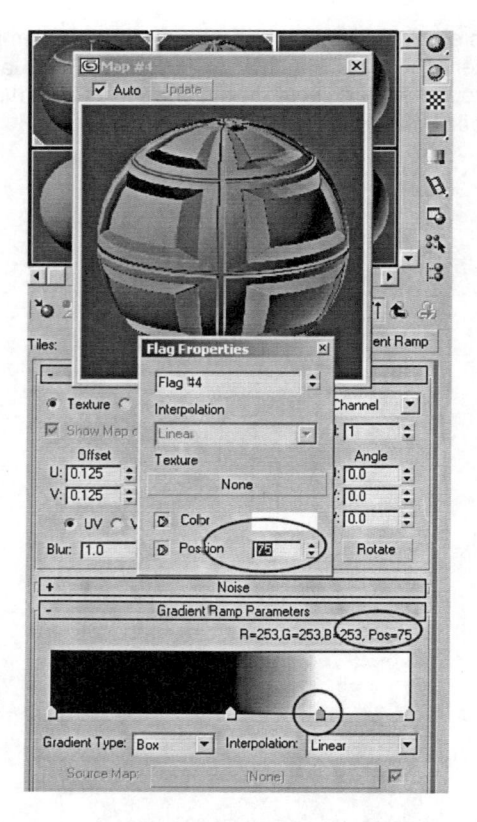

Figura 11.12 – *Clique à extrema direita da rampa para clonar uma nova sinalização branca e arraste-a para a esquerda, para a posição 75. Você também pode entrar com 75 no campo Position de Flag Properties, para mover a sinalização.*

10. Ative a viewport Camera01 e use Quick Render para ver os resultados (veja a Figura 12.13). Os painéis parecem semelhantes às paredes, mas com um declive mais gradativo, devido à configuração da rampa. Mas, tudo isto é uma ilusão, porque você não acrescentou geometria à caixa original que forma o teto.

Nota

Você precisa ser o juiz final quanto a se precisa de geometria ou se um mapa de choque será suficiente para convencer o espectador da sua intenção. Certifique-se quanto à opção e use-a quando fizer sentido.

11. Feche todas as janelas e caixas de diálogo e salve o arquivo. Ele já deve estar nomeado como Ch11_interior03.max.

Figura 11.13 – *O mapa de rampa gradiente dentro de um mapa de azulejos em uma ranhura de choque dá a ilusão de painéis, sem acrescentar geometria, reduzindo assim o excesso de código.*

Múltiplos materiais em objetos únicos

Até agora, todas as suas designações de material têm sido um material por objeto. Essencialmente, isto é tudo o que é permitido. Se você arrastar a janela de exemplo de material Ceiling_panel para dentro do objeto Floor, por exemplo, o material Tile_floor designado, agora será substituído. Você não terá dois materiais diferentes no chão.

Entretanto, muitas vezes ter dois materiais no mesmo objeto seria conveniente. Torna o gerenciamento de objetos muito mais fácil lidar com um único objeto, ao invés de com uma coleção de objetos agrupados, ou incluídos em um conjunto de seleção nomeada.

Existe um tipo especial de material, chamado material de múltiplo/sub objeto. É um material com até 1.000 sub materiais disponíveis. As faces do objeto são designadas a um número de ID de material, que corresponde ao material sub objeto. Alguns objetos, como o primitivo Box, já têm designados por padrão números de ID de material diferentes, um número para cada par de triângulos por lado da caixa.

Cada sub material pode ser qualquer tipo de material, com todas as opções e atributos disponíveis.

Você cria e designa materiais múltiplos/sub objeto ao artefato de luz, de modo que haja uma cor dentro e uma fora, e às paredes de um material na estrutura, e um outro nas áreas de preenchimento interno.

Aplique dois materiais a um único artefato de luz

Com freqüência, artefatos de luz são uma cor "da moda" no exterior e uma cor reflexiva branca clara no interior, para melhor eficiência. No Exercício 11.3, você aprende a criar e aplicar um material múltiplo/sub objeto de verniz verde e branco em seus artefatos.

Os artefatos de luz foram criados com o modificador Lathe, em uma forma em 2D. O artefato recebeu então uma espessura, com o modificador Shell. O modificador Shell lhe permite mudar os números de ID de material nas superfícies que ele criou.

Exercício 11.3
Material de múltiplo/sub objeto e números de ID de material

1. Abra o arquivo chamado Ch11_interior03.max do CD-ROM ou do exercício anterior. A partir do menu pull-down File, escolha Save As, indique para um subdiretório apropriado em seu disco rígido e use o botão de sinal de adição para salvar um novo arquivo, com o nome aumentado para Ch11_interior04.max.

2. Na viewport Camera01, selecione Light_fixture01 do lado direito. A partir do menu pull-down Tools, escolha Isolate Selection. Ative a viewport Camera01 e pressione P para trocar para a vista Perspective. Dê um Zoom e use Arc Rotate para ver o artefato de baixo (veja a Figura 11.14).

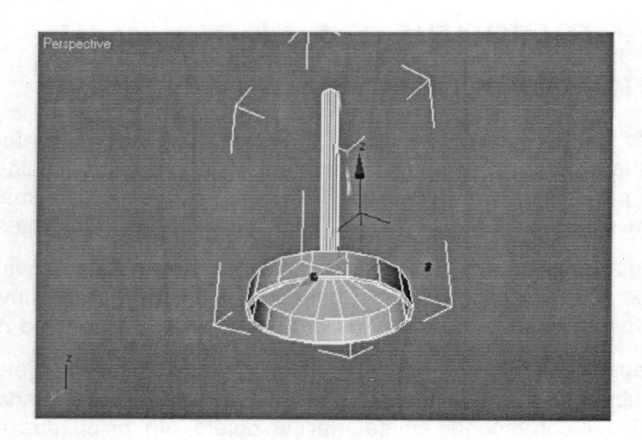

Figura 11.14 – Troque a viewport Camera01 para Perspective e dê zoom e use Arc Rotate, para ver o artefato de baixo.

3. No Material Editor, ative a janela de exemplo superior à direita. Ela é o tipo de material padrão. Clique o botão Standard embaixo e à direita das janelas de exemplo e clique duas vezes Multi/Sub-object na lista Material/Map Browser (veja a Figura 11.15). Na caixa de diálogo Replace Material (substituir material), clique OK para aceitar Keep Old Material (manter material antigo) como Sub-Material. Nomeie este material principal de Light_fixture. Arraste e solte a janela de exemplo em Light_fixture01, na viewport Perspective. O material múltiplo/sub objeto, por padrão, é formado por 10 materiais, mas você pode mudar isto em qualquer ocasião.

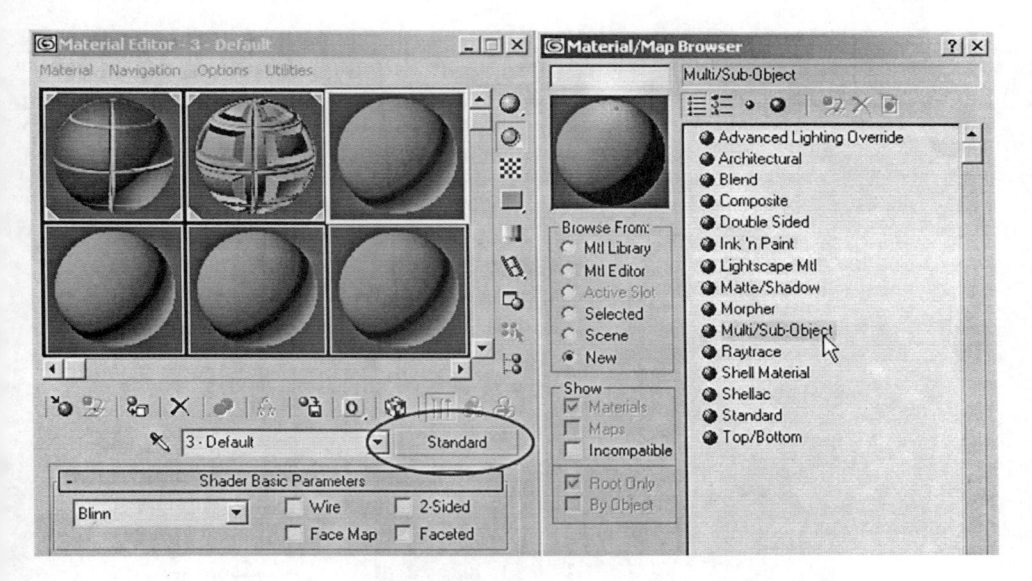

Figura 11.15 – No Material Editor, clique o botão Standard e clique duas vezes Multi/Sub-object na lista Material/Map Browser, para mudar para um novo tipo de material. No Material/Map Browser, o ícone de esfera azul representa tipos de materiais, enquanto um paralelogramo vermelho ou verde representa tipos de mapas.

4. Você só precisa de dois materiais para o artefato, assim, na rolagem Multi/Sub-Object Basic Parameters, clique o botão Set Number. Na caixa de diálogo Set Number of Materials (ajustar números de materiais), entre com 2 (veja a Figura 11.16). Clique OK.

5. Usando o Material/Map Navigator, destaque o primeiro sub material. Chame-o de Enamel_Green. Clique a amostra de cor Diffuse e, no Color Selector, ajuste-o para verde escuro, vermelho = 40, verde = 75 e azul = 40. Todo o artefato se torna verde na viewport Perspective.

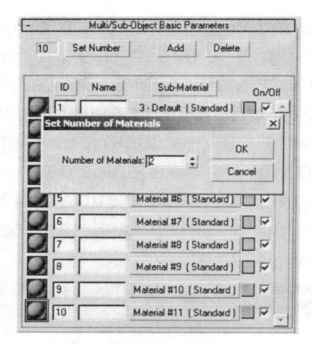

Figura 11.16 – *Na rolagem Multi/Sub-Object Basic Parameters, clique o botão Set Number e ajuste para 2 sub materiais.*

6. Destaque o segundo sub material no Material/Map Navigator e nomeie-o Enamel_white. Ajuste a amostra de cor Diffuse para branco puro e arraste e solte a amostra Diffuse na amostra Specular, e clique Copy na caixa de diálogo, para copiar a cor. Nada muda na viewport Perspective, porque todas as faces do artefato têm ID de material 1 designado a elas.

7. Com o Light_fixture01 selecionado, vá para o painel Modify, rolagem Parameters, modificador Shell. Marque a opção Outer Mat ID (ID de material externo) e ajuste-a para 2. O interior do artefato deve ficar branco (veja a Figura 11.17).

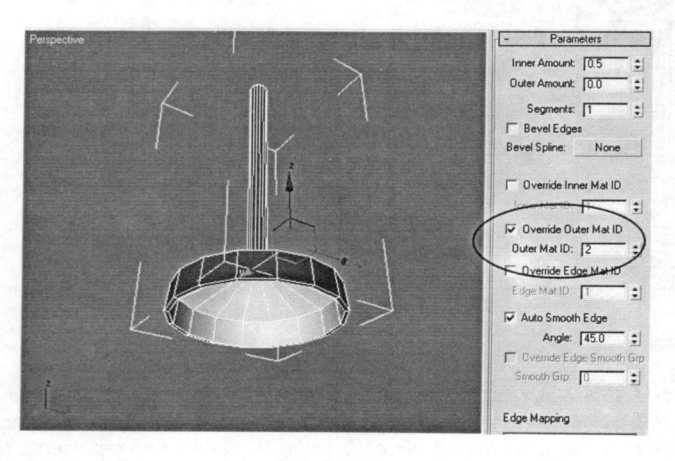

Figura 11.17 – *Mudando os números de ID de materiais das faces de artefato, você pode designar dois materiais ao abajur. Os números de ID de materiais correspondem aos sub materiais no tipo de material múltiplo/sub objeto.*

8. Na rolagem Blinn Basic Parameters de cada sub material, ajuste o Specular Level para 80 e Glossiness para 35, para fazer o material bem brilhante.

Atenção

No modificador Shell, os termos "inner" (interno) e "outer" (externo) são termos relativos e não correspondem, necessariamente ao que você pode imaginar no objeto. A viewport onde a forma original em 2D foi criada e a posição do primeiro vértice da forma original podem afetar a terminologia. Se não funcionar conforme esperado, tente outra coisa.

9. Nas viewports, clique o botão Exit Isolation Mode, para voltar os outros objetos na cena e selecione Light_fixture02 na viewport Camera01.Ela é uma cópia clone do outro artefato. A partir do Material Editor, clique o botão Assign Material to Selection, embaixo das janelas de exemplo. Ative a viewport Camera01, se ela ainda não estiver ativa, e clique Quick Render na barra de ferramentas principal; você deve ver que os dois artefatos estão verdes dentro e brancos fora.

10. Feche todas as janelas e caixas de diálogo e salve o arquivo. Ele já deve estar nomeado como Ch11_interior04.max.

Nota

Cópias clone só transferem modificações entre objetos em um vínculo de mão dupla. As transformações e designações de material não fazem parte de cópias.

Ajuste manual de números de ID de materiais

No Exercício 11.4 você aprende a ajustar os números de ID de materiais de face manualmente. É um processo simples, onde primeiro você seleciona por face, polígono ou elemento e depois, muda a ID de material no painel Modify. Desta maneira, é possível controlar explicitamente onde são designados materiais de um material de múltiplo/sub objeto.

Aqui, você aplica um material de múltiplo/sub objeto às paredes do seu centro de comando e ajusta um material diferente para as áreas de preenchimento interno dos painéis. Se você se lembra, criou um conjunto de seleção nomeada para tais polígonos quando criou a parede, no Capítulo 9. Isto ajuda a refazer a seleção, se você a desfez.

Exercício 11.4
Como modificar números de ID de materiais explícitos

1. Abra o arquivo chamado Ch11_interior04.max do CD-ROM ou do exercício anterior. A partir do menu pull-down File, escolha Save As, indique para um subdiretório apropriado em seu disco rígido e use o botão de sinal de adição para salvar um novo arquivo, com o nome aumentado para Ch11_interior05.max.

Dica

Se acidentalmente você desfizer a seleção de painéis enquanto no modo de sub objeto Polygon, é possível escolher painéis do campo Named Selection Sets na barra de ferramentas principal, para refazer a seleção deles.

2. Na viewport Camera01, selecione Wall01. No painel Modify, vista Stack, destaque o modo Polygon de sub objeto, em Editable Poly. A parede está plana e você ainda deve ver os polígonos de preenchimento interno sombreados em vermelho, para indicar que eles estão selecionados. No painel Modify, rolagem Polygon Properties, entre com 2 no campo Set ID (ajustar identidade) e pressione Enter. Isto designa 2 à ID de material, apenas aos polígonos selecionados (veja a Figura 11.18).

3. Na vista Stack, destaque Editable Poly para sair do modo de sub objeto e depois destaque Path Deform Binding, para voltar ao alto da pilha.

4. Abra o Material Editor e clique a janela de exemplo inferior à esquerda, para ativá-la. Clique o botão Standard e clique duas vezes Multi/Sub-Object na lista Material/Map Browser. Clique OK na caixa de diálogo Replace Material, para Keep Old Material como a caixa Sub-Material. Nomeie o material de Wall_panel e use o botão Set Number para ajustar o número de sub materiais para 2.

5. Usando o Material/Map Navigator, destaque o primeiro sub material. No Material Editor, renomeie-o Framing (emoldurando) e ajuste a cor difusa para amarelo escuro: vermelho = 155, verde = 155 e azul = 60 – uma bela cor militar. Na rolagem Blinn Basic Parameters, entre com 40 no campo Specular Level e com 25 no campo Glossiness.

6. No Material/Map Navigator, destaque o segundo sub material. No Material Editor, renomeie-o Panels. Este será da mesma cor verde que o verniz, no exterior de seus artefatos de luz. No Material Editor, clique o botão Get Material (obter material), bem abaixo das janelas de exemplo na extrema esquerda. Limpe a caixa de verificação Root Only (apenas raiz), na área Show. No Browser, arraste e solte (1) Enamel_Green [Standard] para o botão Standard, no Material Editor (veja a Figura 11.19). Assegure-se de que o botão de rádio Instance esteja selecionado na caixa de diálogo e clique OK. Mudar agora qualquer material afeta o outro, devido ao vínculo de cópia de duas vias. Marque New na área Browse From (buscar de) do Material/Map Browser e feche-o.

7. No Material/Map Navigator, destaque o nível superior. Arraste e solte a janela de exemplo no objeto Wall01, na viewport Camera01 e você a troca de cor de moldura e os painéis se tornarem verdes.

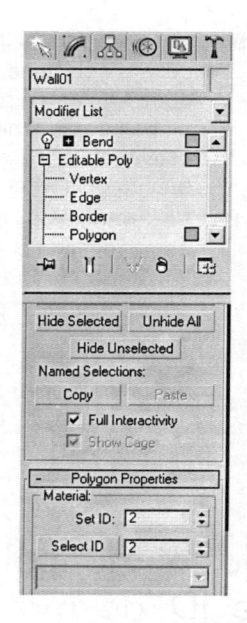

Figura 11.18 – No painel Modify, vista Stack para Wall01, destaque o modo Polygon de sub objeto. Lá já deve haver um conjunto de seleção dos painéis de preenchimento interno. Na rolagem Polygon Parameters, entre com 2 no campo Set ID e pressione Enter.

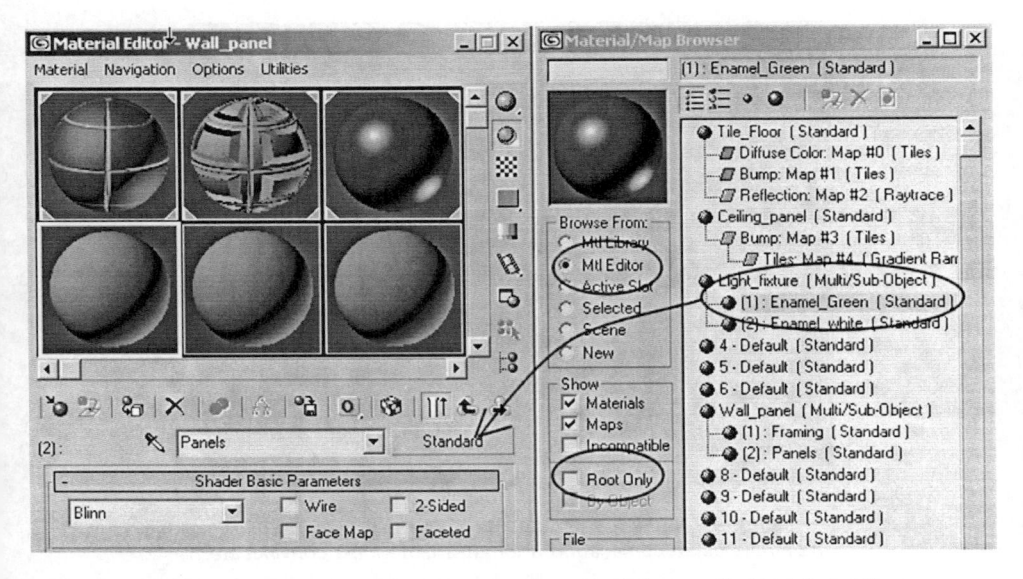

Figura 11.19 – *Você pode arrastar e soltar materiais a partir do Material/Map Browser no botão Standard, no Material Editor, e fazer deles cópia ou cópias clones.*

8. Clique com o botão direito na viewport Camera01 e clique Quick Render, na barra de ferramentas principal. A cena está começando a tomar forma com as paredes multicoloridas (veja a Figura 11.20).

Dica

A designação de números de ID de materiais pode ser feita com uma série de modificadores, para manter uma história de mudanças, para facilitar a edição em situações complexas.

Você pode aplicar um modificador Mesh Select, selecionar as faces desejadas e depois aplicar um modificador Material e ajustar a ID, aplicar uma outra combinação Mesh Select/Material sobre aquilo e assim por diante. Cada caixa também poderia ter um modificador UVW Map no alto, para mapeamento diferente dos sub materiais.

Experimente em um simples objeto, que você cria em uma nova cena e, rapidamente, verá as vantagens.

Figura 11.20 – As paredes multicoloridas com outros materiais estão começando a tornar a cena mais convincente.

9. Feche todas as janelas e caixas de diálogo e salve o arquivo. Ele já deve estar nomeado como Ch11_interior05.max.

Como trabalhar com sombreadores para controlar destaques especulares

Você tem aumentado o nível especular para controlar o brilho de destaques especulares e o valor de lustro para controlar o tamanho dos destaques especulares, para fazer os materiais parecerem mais duros e brilhantes.

Entretanto, os materiais que você tem feito neste capítulo têm tido coberturas de verniz ou azulejos distribuídos no chão, materiais com uma maquilagem molecular normal. Os destaques especulares criados pelo sombreador Blinn padrão funcionam bem para este tipo de material, assim como para a maioria de plásticos e pintura.

Nesta seção, você cria dois novos materiais, que serão mais convincentes com destaques especulares diferentemente moldados.

Os metais tendem a ter destaques especulares alongados, pois metais salientes ou enrolados desenvolvem um granulado molecular semelhante àquele de madeira, espalhando luz por toda a direção do granulado.

Na outra ponta do espectro, tecidos e outros materiais porosos suaves tendem a absorver e espalhar a luz amplamente, a partir da superfície.

Você completa dois exercício que se focalizam na mudança de forma dos destaques especulares, usando o sombreador Anisotropic e o sombreador Oren-Nayar-Blinn para tecido.

Materiais metálicos e sombreadores

No Exercício 11.5, você cria um tipo de aço inoxidável de material para o console de comando na cena. O tipo de material será um material traçado a raio, o que tem os reflexos internos, de modo que eles são afetados pelos atributos de outro material, ao invés de serem aplicados sobre o material, como com mapas padrão e traçados a raio.

O material usará um sombreador Anisotropic para simular luz espalhada a partir da superfície, sendo alongado pelo granulado do metal.

Exercício 11.5
Material metálico

1. Abra o arquivo chamado Ch11_interior05.max do CD-ROM ou do exercício anterior. A partir do menu pull-down File, escolha Save As, indique para um subdiretório apropriado em seu disco rígido e use o botão de sinal de adição para salvar um novo arquivo, com o nome aumentado para Ch11_interior06.max.

2. Na viewport Camera01, selecione Console01. No painel Modify, Modifier List, escolha UVW Map. Na rolagem Parameters, área Mapping, selecione o botão de rádio Face. Isto aplica os mapas a cada face, individualmente.

Atenção

Se não vir Raytrace na lista, você pode não ter selecionado o botão de rádio New na área Browse From da caixa de diálogo Material/Map Browser, conforme orientado no final do exercício anterior.

---

3. Abra o Material Editor e escolha a janela de exemplo do meio, na fileira de baixo. Clique o botão Standard, para mudar o tipo de material, e clique duas vezes o tipo de material Raytrace na lista Material/Map Browser. Renomeie este material Stainless (aço inoxidável).

4. O material de traço a raio tem um layout e controles diferentes dos materiais padrão que você tem usado até agora. Na rolagem Raytrace Basic Parameters (parâmetros básicos de traço a raio), ajuste a cor difusa para cinza claro, entre com 190 nos campos Vermelho, Verde e Azul.

5. No campo Shading, clique Phong e escolha Anisotropic da lista. Este é um novo sombreados no material de traço a raio e abre novos campos na área Specular Highlight, para mais controle sobre a forma e ângulo (veja a Figura 11.21). Na janela de exemplo, você vê que o destaque especular é alongado, ao invés de arredondado, como nas outras janelas de exemplo.

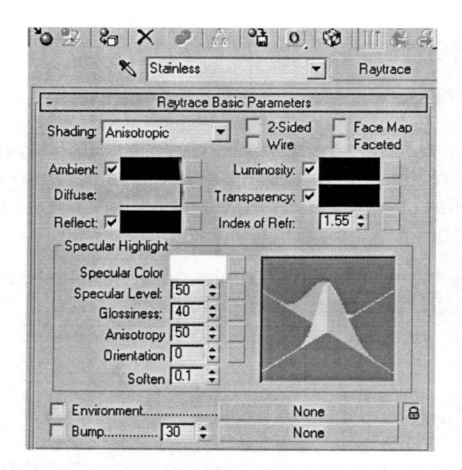

Figura 11.21 – *Trocando para o novo sombreado Anisotropic, para material de traço a raio, você abre novos controles para forma de destaque especular.*

6. Para aumentar o brilho, ajuste o Specular Level para 100; para um destaque melhor, ajuste Glossiness para 60; e para mudar o ângulo de difusão, entre com 45 no campo Orientation; depois, pressione Enter.

7. Normalmente, o aço inoxidável tem uma superfície arranhada que você simula com um mapa de choque. No Material Editor, clique a rolagem Maps, para expandi-la. Na rolagem Maps, clique None, à direita de Bump e clique duas vezes Noise na lista Material/Map Browser.

Dica

Você pode ajustar a escala cinza no Color Selector, arrastando na rampa Value e fornecendo um número no campo numérico.

---

8. O padrão de ruído deve ser muito menor e mais apertado, com uma forma alongada. Na rolagem Noise Parameters, entre com 0.6 no campo High Noise Threshold e com 0.4 no campo Low, para aumentar o contraste das bordas. No campo Size, entre com 0.03 para um padrão bem pequeno. Para alongar o padrão e usar as coordenadas de UVW Map, vá para a rolagem Coordinates e ajuste Source para Explicit Map Channel (canal explícito de mapa) e entre com 4 no campo V Tiling (veja a Figura 11.22).

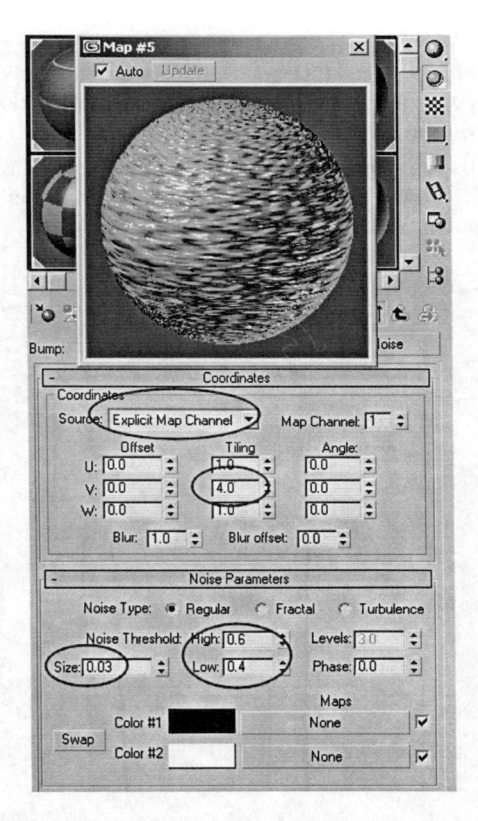

Figura 11.22 – Um pequeno mapa de ruído, alongado, simula arranhões na superfície de aço inoxidável.

9. Bump Amount é ajustado para o padrão 30, que é extremo demais, mas pode facilitar o ajuste na janela de exemplo. Use o Material/Map Navigator para subir um nível do material e ajuste o Bump Amount para 1. Clique o botão Assign Material to Selection (designar material à seleção), abaixo das janelas de exemplo, para colocar o material dentro de Console01.

Nota

Quando estiver desenvolvendo materiais, lembre-se de que eles trabalham lado a lado com a iluminação. Você só tem uma luz total em sua cena, assim, os materiais podem precisar de ajuste quando você colocar a iluminação final, no Capítulo 12, "Iluminação fotométrica: cálculo de retorno de luz."

10. Os reflexos de traço a raio são internos neste material, mas precisam ser ajustados para aparecer. Na rolagem Raytrace Basic Parameters, clique a amostra de cor de Reflect e ajuste vermelho, verde e azul, cada uma, para 60. Preto não tem reflexo, branco é reflexo puro.

11. Selecione Duct01 e designe a ele o material Stainless. Ative a viewport Camera01 e clique o botão Quick Render na barra de ferramentas principal. A cena deve parecer até mais convincente (veja a Figura 11.23).

Figura 11.23 – Designe o material Stainless a Console01 e Duct01 para um aspecto ainda mais convincente.

12. Feche todas as janelas e caixas de diálogo. Salve o arquivo; ele já deve estar nomeado como Ch11_interior06.max.

Material de tecido com sombreador Oren-Nayar-Blinn

No Exercício 11.6 você aprende a usar um outro sombreador, chamado Oren-Nayar-Blinn, para criar destaques especulares suaves, amplos, para representar materiais porosos, como tecido ou vinil em almofadas de cadeira. Você faz este novo material um múltiplo/sub objeto e clona Stainless para o suporta de cadeira.

Exercício 11.6
Destaques especulares suaves
com o sombreador Oren-Nayar-Blinn

1. Abra o arquivo chamado Ch11_interior06.max do CD-ROM ou do exercício anterior. A partir do menu pull-down File, escolha Save As, indique para um subdiretório apropriado em seu disco rígido e use o botão de sinal de adição para salvar um novo arquivo, com o nome aumentado para Ch11_interior07.max.

2. Na viewport Camera01, selecione Chair01. É um objeto formado por almofada e elementos de suporte que terá diferentes materiais. Abra o Material Editor e ative a janela de exemplo inferior à direita. Mude-a do tipo de material padrão para múltiplo/sub objeto, clicando o botão Standard e clicando duas vezes Multi/Sub-Object no Material/Map Browser. Você pode Keep Old Material como sub material e ajustar o número de sub materiais para 2. Renomeie o material para Chair e arraste e solte a janela de exemplo dentro de Chair01, na viewport Camera01.

3. Clique e arraste a janela de exemplo Stainless e solte-a no primeiro botão de material, na rolagem Multi/Sub-Object Basic Parameters. Escolha Instance na caixa de diálogo (veja a Figura 11.24).

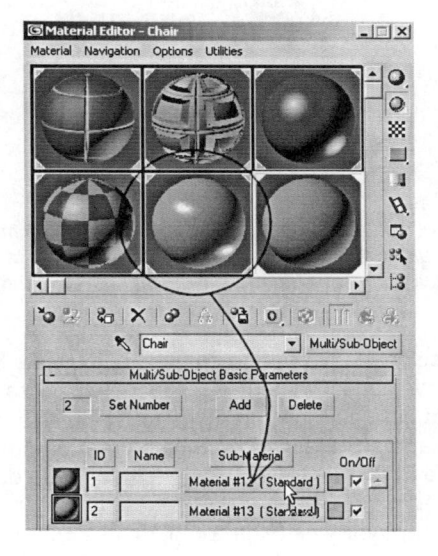

*Figura 11.24 – Clique e arraste a janela de exemplo Stainless
e solte-a no primeiro botão de material de Chair. Clone-a como uma cópia.*

4. Usando o Material/Map Navigator, destaque o segundo material no múltiplo/sub objeto. Renomeie-o Cushion. Na rolagem Shader Basic Parameters, clique Blinn e escolha Oren-Nayar-Blinn na lista. Clique a amostra de cor Diffuse e, no Color Selector, ajuste para marrom: vermelho = 115, verde = 15 e azul = 15.

5. Na rolagem Oren-Nayar-Blinn Basic Parameters, área Specular Highlights, entre com 25 em Specular Level e deixe o padrão 10 em Glossiness, e pressione Enter. O resultado é um destaque especular suave, amplo, que escurece entre o destaque e a borda da esfera de exemplo (veja a Figura 11.25).

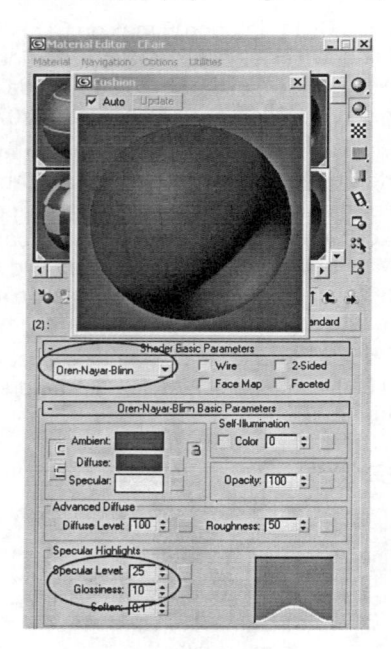

Figura 11.25 – Usar o sombreador Oren-Nayar-Blinn com configurações de Specular Level e Glossiness bem baixas resulta em um aspecto poroso, suave, nos destaques especulares.

6. Com Chair01 selecionado, vá para o painel Modify, vista Stack e expanda Editable Mesh. Destaque o modo Element de sub objeto e as duas almofadas devem sombrear em vermelho na viewport Camera01. Se não, selecione-as na viewport Camera01. Na rolagem Surfaces Properties, área Material, entre com 2 no campo Set ID e pressione Enter. Na vista Stack, saia do modo de sub objeto. Apresente a viewport Camera01 e você deve ver luzes atenuadas nas almofadas da cadeira, como veria com roupa ou vinil (veja a Figura 11.26).

Nota

A minha interpretação de configurações de material pode não convencê-lo totalmente. Materiais e iluminação são um tópico subjetivo, assim, fique à vontade para experimentar configurações para encontrar o seu próprio estilo, usando estas lições como guias.

Figura 11.26 – *O novo material nas almofadas tem um aspecto suave, com destaques especulares atenuados, amplos.*

7. Feche todas as janelas e caixas de diálogo. Salve o arquivo. Ele já deve estar nomeado como Ch11_interior07.max.

Outros atributos produtivos de material

Nesta seção, você aprende alguns atributos úteis de material, que lhe permitem aplicar imagens de decalque em superfícies, criar efeitos de auto iluminação, aplicar mapas animados e finalmente, um novo recurso, que lhe permite selecionar objetos por seus materiais.

Materiais de decalque são semelhantes aos decalques adesivos para aeromodelos ou carros, ou, como as tatuagens de molhar-e-colar que vê por aí. Um componente muito importante é o das informações de transparência do canal alfa, que permite ao material de fundo aparecer atrás do decalque.

Lâmpadas e telas de computador não tomam luz e, portanto, não são afetadas pela maioria das luzes ou sombras na cena. Você aprende a simular este efeito. Entretanto, na verdade o material não acrescenta luz à cena neste exemplo.

Você também aprende a usar imagens animadas ou em seqüência em materiais que serão repetidas em sua cena. Por exemplo, você aplica uma série de imagens na tela grande da cena, que avançará, moldura por moldura, à medida que você move o deslizador Time ou apresenta uma animação.

Um novo recurso que tem estado na lista de desejos por algum tempo, é a habilidade de selecionar objetos pela sua designação de material. Ainda que pareça como uma ferramenta bem simples, pode se mostrar muito produtiva, na maioria dos projetos.

Materiais de decalque

Você deseja colocar um logo na caixa de ferramentas na cena. O logo é texto branco em um fundo preto. Geralmente, se isto fosse usado como um mapa difuso, o resultado seria um material preto com texto branco. Porém, a imagem é um arquivo PNG, com informações de canal alfa, e o preto será tratado como transparência, permitindo à cor subjacente do material aparecer através de todo o lugar, exceto onde ele é branco. Depois, você aprenderá a incapacitar o azulejamento do mapa e a redimensioná-lo e posicioná-lo na caixa de ferramentas.

Exemplo 11.7
Mapas de decalque e canal alfa

1. Abra o arquivo chamado Ch11_interior07.max do CD-ROM ou do exercício anterior. A partir do menu pull-down File, escolha Save As, indique para um subdiretório apropriado em seu disco rígido e use o botão de sinal de adição para salvar um novo arquivo, com o nome aumentado para Ch11_interior08.max.

2. Na viewport Camera01, selecione Storage_Box01 à esquerda do console. Clique Tools, na barra de ferramentas principal, e escolha Isolate Selection. Pressione P, para trocar Camera01 para uma viewport Perspective e dê zoom na caixa. Use Arc Rotate para ver a caixa do alto, à esquerda (veja a Figura 11.27).

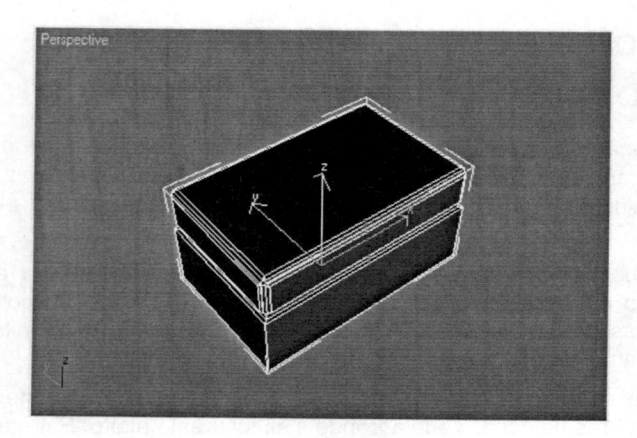

Figura 11.27 – Selecione e isole Storage_Box01, troque da Camera01 para Perspective e use Arc Rotate para ver de cima, à esquerda.

3. No Material Editor, coloque o cursor entre as janelas de exemplo e clique e arraste à esquerda, quando vir o cursor de mão revelar janelas de exemplo não utilizadas. Destaque a próxima disponível.

4. Clique a amostra de cor Diffuse e ajuste-a para um vermelho-alaranjado claro: vermelho = 210, verde = 45 e azul = 30. Clique o quadrado cinza de atalho de mapa, à direita da amostra de cor Diffuse, e clique duas vezes Bitmap, na lista Material/Map Browser. Na caixa de diálogo Select Bitmap Image File, ajuste o campo File As Type para All Formats (todos os formatos) e localize Toolbox_Text.png no CD-ROM, e clique-o duas vezes na lista, para carregá-lo (veja a Figura 11.28). Normalmente, esta imagem preta com texto branco sobregrava a configuração de cor Diffuse e transforma a janela de exemplo em preto, exceto pelo texto branco.

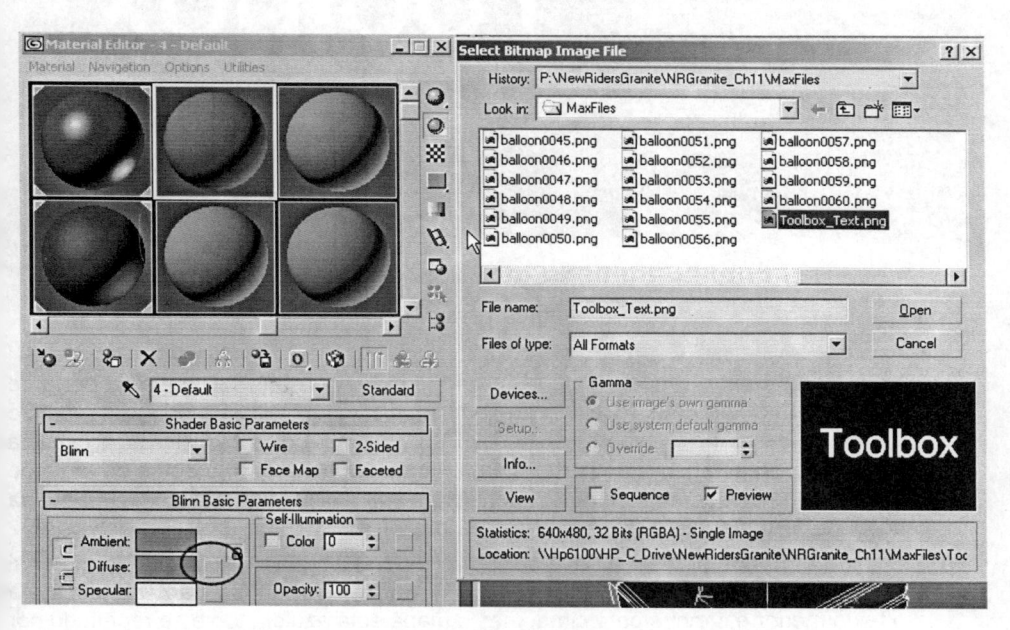

Figura 11.28 – Use o atalho de mapa Diffuse Color para carregar um bitmap chamado Toolbox_Text.png na ranhura de mapa Diffuse Color.

5. Na rolagem Bitmap Parameters, área Alpha Source, você vê o botão de rádio Image Alpha selecionado. Porque esta imagem PNG foi criada com canal alfa, automaticamente ela é aplicada e o preto da imagem se torna transparente, permitindo ver através da cor básica difusa. Clique o botão View Image, na área Cropping/ Placement (cortando/importando), para ver o bitmap (veja a Figura 11.29). Feche a caixa de diálogo Specify Cropping/Placement (especificar apara/colocação).

Figura 11.29 – Clique a caixa de diálogo View Image na área Cropping/Placement. A imagem é transparente onde o canal alfa é preto e opaca onde ele é branco.

6. No Material Editor, clique o botão Show Map in Viewport (exibir mapa na porta de visão), bem abaixo das janelas de exemplo. Arraste e solte a janela de exemplo dentro da caixa, na viewport Perspective. No painel Modify, Modifier List, escolha UVW Map. Na rolagem Parameters, área Alignment, selecione o botão de rádio de eixo Y. Clique o botão Fit, para redimensionar o gizmo. O texto aparece na frente da caixa de ferramentas (veja a Figura 11.30).

7. O texto é grande demais e deve ser posicionado na frente da tampa. No Material Editor, rolagem Coordinates, ajuste Tiling U e V para 2 e o V Offset para 0.3. Isto torna o texto menor e o move para cima, mas o mapa está azulejando e se repetindo por toda a caixa. Limpe as caixas de verificação Tile U e V e você fica apenas com a imagem original, como um decalque em seu material básico. Apresente a viewport Perspective, para ver o material resultante na caixa (veja a Figura 11.31). Vá para o nível superior do material e renomeie-o Toolbox. Feche todas as caixas de diálogo e janelas.

Dica

O arquivo de imagem foi criado em 3ds max 6. Era um texto em 2D convertido para uma trama editável, com um branco puro, com material totalmente auto iluminado aplicado. A imagem foi apresentada e salva como um tipo de arquivo PNG, com a opção de canal Alpha marcada.

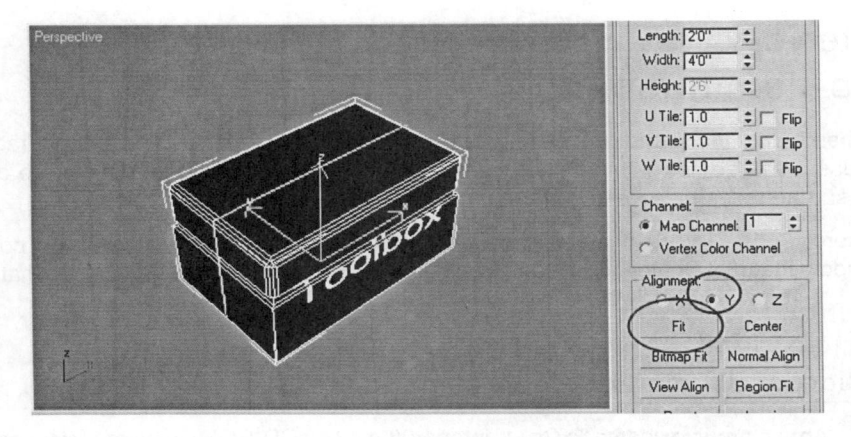

Figura 11.30 – *Aplique um modificador UVW Map à caixa e use o alinhamento de eixo Y. Clique Fit para redimensionar o gizmo.*

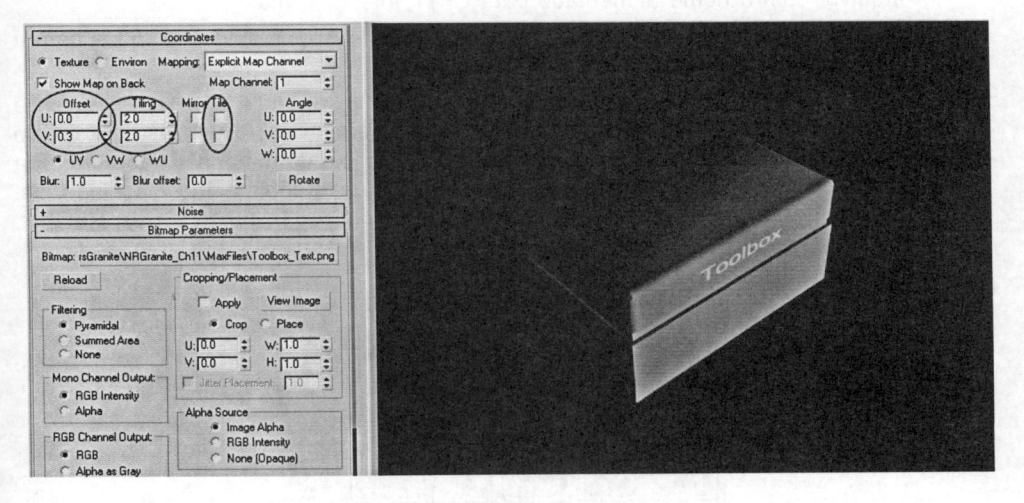

Figura 11.31 – *Ajuste Tiling para 2 em cada eixo, para tornar a imagem menor, entre com 0.3 em V Offset para movê-la para cima e limpe as caixas de verificação Tile, para evitar a repetição por toda a caixa.*

8. Clique o botão Exit Isolation Mode, para fazer voltar os outros objetos na cena, e apresente a viewport Camera01 para ver a nova caixa de ferramentas na cena.

9. Salve o arquivo; ele já deve estar nomeado como Ch11_interior08.max.

Materiais auto-iluminados

Novamente, materiais auto iluminados, de fato não distribuem luz na cena, por padrão, mas têm suas áreas de cor ambiente sobregravadas, de modo que pareçam brilhar de dentro, e não são afetadas pela luz e sombra na cena.

No Exercício 11.8, você cria um material múltiplo/subobjeto, para as luzes no console, copiando o material Chair e mudando os níveis de Self-Illumination de um dos sub materiais.

Exercício 11.8
Criação de material auto-iluminado

1. Abra o arquivo chamado Ch11_interior08.max do CD-ROM ou do exercício anterior. A partir do menu pull-down File, escolha Save As, indique para um subdiretório apropriado em seu disco rígido e use o botão de sinal de adição para salvar um novo arquivo, com o nome aumentado para Ch11_interior09.max.

2. Na viewport Camera01, selecione FlashingLight01. Isole a seleção, troque para a viewport Perspective e dê um zoom no objeto.

3. Abra o Material Editor, clique com o botão direito na janela de exemplo ativa e escolha 5x3 Sample Windows no menu. Isto lhe permite ver 15 janelas de exemplo menores, das 24. Arraste e solte a janela de exemplo de material Chair dentro da janela de exemplo superior direita e renomeie a nova cópia como Flashing Light (veja a Figura 11.32). Se você obtiver a caixa de diálogo Instance (Copy) Material, escolha Copy, de modo que o novo material possa ser mudado sem afetar o original.

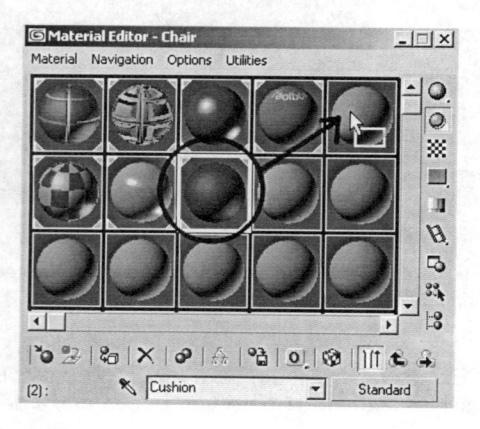

Figura 11.32 – Arraste e solte o material Chair na janela de exemplo superior direita. Renomeie-o Flashing Light.

4. Na janela de exemplo Flashing Light, use o Material/Map Navigator para destacar Cushion e renomeá-lo Light Bulb. Mude a cor difusa para vermelho vivo e ajuste o tipo de sombreador para Blinn, a partir de Oren-Nayar-Blinn. A janela de exemplo mostra áreas iluminadas e sombreadas.

5. Na rolagem Blinn Basic Parameters, área Self-Illumination, marque a caixa de verificação Color. Arraste a amostra de cor Diffuse para a amostra de cor de Self-Illumination e escolha Copy na caixa de diálogo (veja a Figura 11.33). A janela de exemplo parece brilhar.

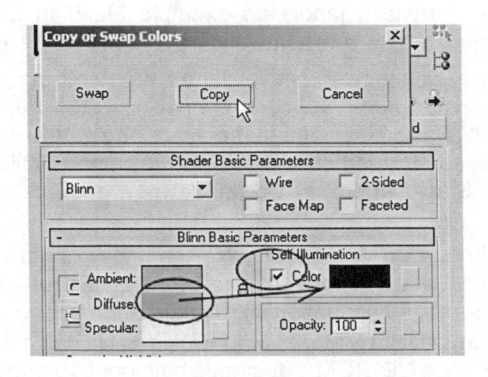

Figura 11.33 – Trocar Self-Illumination para a opção Color e arrastar a amostra de cor Diffuse para a amostra de cor de Self-Illumination como uma cópia, faz o material parecer vermelho brilhante.

6. No Material/Map Navigator, vá para o nível superior do material na lista. Arraste e solte Sample Windows dentro do objeto de luz na cena. Os números de ID de material já foram designados aos elementos. Saia do modo de isolamento.

7. Arraste e solte a janela de exemplo dentro dos dois objetos restantes de flashing light (clarão de luz) no console e apresente a viewport Camera01, para ver a ilusão de brilho de dentro das lâmpadas.

8. Feche todas as janelas e caixas de diálogo e salve o arquivo. Ele já deve estar nomeado Ch11_interior09.max.

Mapas animados em materiais

No Exercício 11.9, você aprende a aplicar uma série de imagens imóveis de um balão voando de uma paisagem para a tela do grande monitor acima do console. De novo, é um material de múltiplo/sub objeto. A própria tela é animada e auto iluminada, para um aspecto convincente de uma tela de plasma.

Exercício 11.9
Material animado e auto-iluminado

1. Abra o arquivo chamado Ch11_interior09.max do CD-ROM ou do exercício anterior. A partir do menu pull-down File, escolha Save As, indique para um subdiretório apropriado em seu disco rígido e use o botão de sinal de adição para salvar um novo arquivo, com o nome aumentaco para Ch11_interior10.max.

2. Na viewport Camera01, selecione Plasma_display01 e isole o objeto. Abra o Material Editor. Arraste a janela de exemplo Flashing Light para baixo, para a ranhura bem abaixo dela e renomeie o novo material de Plasma Display.

3. Arraste e solte a janela de exemplo dentro do objeto na viewport Camera01. No painel Modify, vista Stack, vá para o nível Polygon de subobjeto e escolha a superfície de tela, para selecioná-la, se ainda não estiver destacada em vermelho. Na rolagem Polygon Properties, entre com 2 no campo Set ID. Saia do modo de subobjeto na vista Stack. Agora, a tela na viewport aparece vermelha e a moldura é prateada.

4. No Material Editor, use o Material/Map Navigator para ir para o nível de material Light Bulb (luz de lâmpada) e renomeie-o de tela Plasma. Clique o quadrado prata à direita da amostra de cor Self-Illumination na rolagem Blinn Basic Parameters e clique duas vezes em Bitmap, na lista Material/Map Browser. Na caixa de diálogo Select Bitmap Image File, vá para o CD-ROM e destaque balloon0010.png na lista. Marque a caixa de verificação Sequence, na parte inferior esquerda da caixa de diálogo (veja a Figura 11.34).

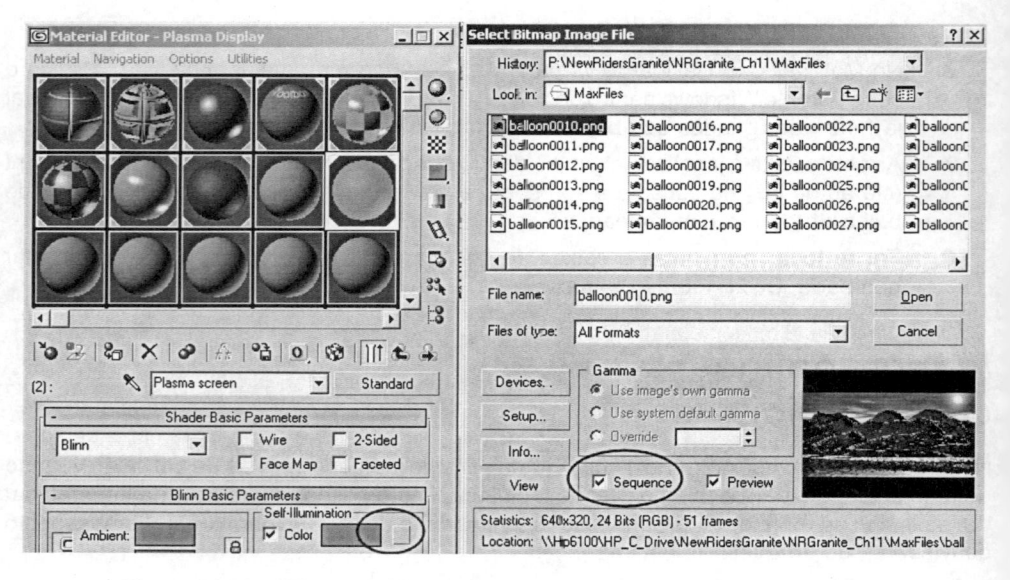

Figura 11.34 – Clique o botão de atalho de mapa, à direita da amostra de cor Self-Illumination. Destaque balloon0010.png no CD-ROM e marque a opção Sequence.

5. Clique o botão Open na caixa de diálogo e depois clique OK na caixa de diálogo Image File List Control (lista de controle de arquivo de imagem), para carregar todas as imagens na seqüência e gerar um novo arquivo chamado balloon0037.ifl (o número pode ser diferente) e colocá-lo na ranhura de Self-Illumination. Este é um arquivo ASCII, que pode ser editado com qualquer editor de texto e simplesmente lista todas as imagens na seqüência em ordem. Quando a cena for apresentada, usará uma imagem por moldura de animação. Este arquivo só tem 50 imagens de comprimento, portanto, repita duas vezes se você apresentar todas as 100 molduras atuais.

Dica

O M maiúsculo no botão de atalho indica um mapa que está ativo. Um m minúsculo indica que um mapa está inativo.

6. No Material/Map Navigator, suba um nível para a tela Plasma. Arraste o botão de atalho com o M do Self-Illumination para o botão de atalho Diffuse Color (veja a Figura 11.35), escolha Instance e clique OK.

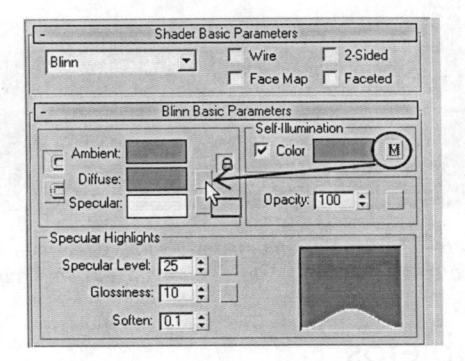

Figura 11.35 – Arraste e solte o botão de atalho com o mapa de Self-Illumination como uma cópia, para dentro do atalho de Diffuse Color.

7. Saia do modo de isolamento. Na viewport Camera01, use Quick Render para apresentar a moldura 0, depois a moldura 25 e depois a moldura 45, ajustando o deslizador Time para a moldura apropriada e clicando o botão Quick Render em cada uma das três molduras. Você vê o balão atravessar a cena em cada moldura (veja a Figura 11.36).

8. Feche todas as janelas e caixas de diálogo. Salve o arquivo; ele já deve estar nomeado como Ch11_interior10.max.

Dica

Observe que a opção Color está marcada à esquerda da amostra de cor Self-Illumination. Isto leva as cores atuais do mapa a tonalizar Self-Illumination, assim como a usar os valores de pixels de luminosidade para a intensidade de Self-Illumination. Se você limpar a caixa de verificação Color, o efeito é mais subjugado e menos convincente.

Figura 11.36 – Apresentar algumas molduras diferentes de sua cena mostra que o balão é animado através da imagem em uma grande tela.

Seleção de objetos por material

Conforme mencionado, à medida que surgem recursos, a habilidade de selecionar objetos pelo material designado a eles pode não parecer tão excitante, mas ajuda a conseguir que o seu trabalho seja feito mais rapidamente, e este é o principal ponto de todo este livro.

No Exercício 11.10, você aplica o material Stainless aos outros objetos na cena, que não têm materiais. Depois, você aprende a usar a opção Select by Material, no Material Editor, para encontrá-los novamente.

Exercício 11.10
Select by Material

1. Abra o arquivo chamado Ch11_interior10.max do CD-ROM ou do exercício anterior. A partir do menu pull-down File, escolha Save As, indique para um subdiretório apropriado em seu disco rígido e use o botão de sinal de adição para salvar um novo arquivo, com o nome aumentado para Ch11_interior11.max.

2. Na viewport Top, selecione os objetos que ainda não tiveram materiais designados a eles: cinco escalas, quatro alças e uma moldura no console. Você pode usar Select by Name para selecionar Gauge01-Gauge05, Handle01-Handle04 e Instrument_panel01.

3. Abra o Material Editor e destaque a janela de exemplo Stainless. Clique o botão Assign Material to Selection, na parte de baixo das janelas de exemplo. Na viewport Top, clique no espaço vazio para desfazer a seleção de todos os objetos.

4. No alto do Material Editor, clique o menu pull-down Utilities e escolha Select Object by Material (veja a Figura 11.37). Todos os objetos que têm o material Stainless designados são selecionados quando você clica Select na caixa de diálogo.

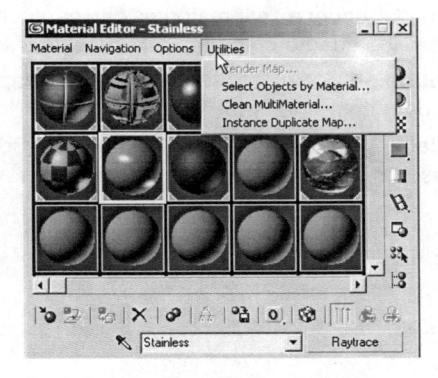

Figura 11.37 – Usar o novo utilitário Select by Material no Material Editor lhe permite selecionar todos os objetos que têm o atual material ativo designado.

5. Feche todas as janelas e caixas de diálogo e salve o arquivo. Ele já deve estar denominado Ch11_interior11.max.

Resumo

Os materiais são um dos aspectos mais importantes de 3ds max 6 para você administrar, para criar, rápida e eficientemente, cenas que podem ser vendidas ao seu cliente ou representar o seu trabalho de arte.

Algumas das técnicas fundamentais de material cobertas neste capítulo incluíram as seguintes:

- **Coordenadas específicas de mapeamento** – Você aprendeu a aplicar padrões de mapa em um material, para combinar com tamanhos de mundo real (por exemplo, tijolos de 8 por 3 polegadas para simular os tamanhos padrão de tijolos).

- **Mapas de bump** – Você aprendeu novas opções para usar mapas de bump, para simular geometria com mais eficiência, reduzindo assim o excesso de código de cena.

- **Mais do que um material por objeto** – Você aprendeu a aplicar vários materiais a um único objeto com o tipo de material de múltiplo/subobjeto e os números de ID de material.

- **Materiais metálicos** – Você aprendeu alguns dos fundamentos de simular o aspecto áspero de metal através de materiais.

- **Materiais de roupa** – Fazer materiais parecerem suaves como roupa exigiu que você aprendesse outras opções de sombreador de material.

- **Materiais de decalque** – Aplicar decalques que permitem ao material básico aparecer como um fundo foi o tópico do Exercício 11.7.

- **Self-Illumination** – Aprender a criar materiais que parecem brilhar de dentro foi uma lição útil, tanto com luz quanto com uma tela de exibição plasma.

- **Materiais animados** – Você aprendeu a aplicar mapas animados para criar materiais que mudam com o tempo.

- **Select by Material** – Você aprendeu um recurso em 3ds max 6 que lhe permite selecionar objetos com base em materiais designados.

CAPÍTULO 12

Iluminação fotométrica: cálculo de retorno de luz

Neste capítulo

No Capítulo 6, "Iluminação externa fundamental com luzes padrão", você aprendeu sobre a iluminação de uma cena externa com tipos de luz padrão, especificamente, luz solar e luzes totais. As luzes totais foram necessárias porque as luzes padrão apresentadas com o apresentador padrão Scanline não calculam o efeito de luz retornando de superfícies. Portanto, as luzes totais agiram como luzes de preenchimento, para evitar que as áreas sombreadas na cena ficassem completamente pretas. A vantagem de usar luzes padrão em qualquer cena é que elas podem apresentar rapidamente.

A Figura 12.1 mostra o interior do centro de comando, com duas luzes totais padrão nos artefatos superiores. As sombras foram ativadas e a cena foi apresentada com o apresentador padrão Scanline. Por padrão, as luzes padrão não atenuam ou diminuem em força com a distância, assim, a cena é bem clara.

O brilho da luz caindo em qualquer superfície é uma função da força de luz e do ângulo de incidência da luz na superfície. Superfícies que são paralelas à direção do facho de luz são pretas, como são as áreas nas sombras distribuídas pelas duas luzes.

Figura 12.1 – O interior do centro de comando apresentado com o apresentador Scanline. Duas luzes totais padrão estão nos artefatos superiores, com Shadow Casting (distribuição de sombra) ativada.

Neste capítulo, você aprende a usar luzes fotométricas, junto com o apresentador Radiosity (resplandecência).

As luzes fotométricas são baseadas na física real e de acordo com as leis que regulam o comportamento de luzes verdadeiras, inclusive atenuação. A atenuação é baseada na lei do quadrado inverso, que declara que a força da luz diminui pela fórmula de um sobre a distância da fonte ao quadrado. Por exemplo, se uma luz medir 100 lux (unidade de luz) na fonte, a 4 pés de distância, ela tem a força 1 sobre 4 ao quadrado, ou 1/16 avos.

Neste capítulo, você aprende algumas das diferenças em qualidade de luz a partir de quatro luzes fotométricas básicas – Point (ponto), Linear (linear), Area (área) e Daylight (luz do dia) – e aprende sobre as opções que tem para controlar a distribuição de luz a partir de fontes de luz, para simular iluminação do mundo real.

A principal vantagem de luz fotométrica e do apresentador Radiosity é a maneira pela qual eles funcionam com materiais, para calcular a luz retornada de superfícies de objeto, de volta no espaço. Isto pode ajudar tremendamente a convencer os seus clientes que você é um mestre em 3ds max 6.

Dois fatores pesam muito na qualidade e a efetividade de custo do apresentador de resplandecência: trama e materiais.

Todas as informações de iluminação são armazenadas nos vértices e faces de seu modelo, e se a integridade do modelo não for suficiente – isto é, se objetos adjacentes não tiverem vértices que sejam próximos uns dos outros – a iluminação precisa ser interpolada através de grandes áreas e a qualidade sofrerá. Um processo chamado *meshing* (de trama) é necessário para a resplandecência apresentar; a trama cria cópias de seus objetos, com vértices espaçados em uma distância que você especifica. Normalmente, quanto mais próximos os vértices, melhor a qualidade; mas, quanto mais vértices, mais lento o cálculo e o desempenho de apresentação.

Neste capítulo, você também aprende a controlar a trama, em ambos os níveis, global e local, e técnicas de modelagem que lhe permitirão usar trama para desempenho otimizado.

A qualidade de apresentação de resplandecência também é afetada pelas configurações de Exposure Control (controle de exposição). O processo é assim como fotografia: se o filme receber luz demais, ele é sobre exposto; e se receber de menos, ele fica muito escuro. Você precisa ajustar Exposure Control em iluminação fotométrica de 3ds max 6, assim como mudaria o f-stop em uma câmera, para controlar a quantidade de luz que chega ao filme.

Alguns dos tópicos abordados neste capítulo incluem os seguintes:

- **Iluminação fotométrica** – A iluminação fotométrica usa luzes com base nas leis da física para calcular a luz direta e retornada, dentro do apresentador Radiosity.
- **Como fazer trama para fotometria** – Você aprende a respeito de trama, que lhe permite acrescentar vértices e faces a uma trama de resplandecência, que é um clone de sua cena, para armazenagem e interpolação da solução de resplandecência. Tramas menores dão melhores resultados, mas a um custo de perda de eficiência.
- **Modelagem para fotometria** – A localização relativa de vértices em objetos adjacentes pode afetar, significativamente, a eficiência da solução de resplandecência. Você aprende algumas técnicas de modelagem que aumentarão a produtividade.
- **Aspectos de destaque especular** – Você aprende que soluções de resplandecência não criam destaques especulares abruptos, devido à essência da luz retornada. Algumas notas lhe darão opções para corrigir isto.

Termos-chave

- **Fotométrica** – Fontes de luz fisicamente certas, que interagem com superfícies em apresentação de resplandecência.
- **IES File** – Um padrão matemático de luz a partir de uma fonte. IES é acrônimo de Illuminating Engineering Society (sociedade de engenharia de iluminação), o grupo que define padrões de iluminação.
- **Meshing** (de trama) – Acrescentar vértices e faces ao seu modelo para armazenar, especificamente, informações de iluminação fotométrica.
- **Apresentador Scanline** – A apresentação de Scanline usa luzes padrão.
- **Apresentador Radiosity** – A apresentação de Radiosity usa luzes fotométricas.

Luzes fotométricas

Nesta seção, você aprende sobre os tipos fundamentais de luzes fotométricas em 3ds max 6:

- **Point** – Por padrão, pontos de luz distribuem luz em todas as direções, mas podem ter a sua distribuição padrão mudada, para fazê-las agir como spotlights (refletores; holofotes).

- **Linear** – Luzes lineares são semelhantes ao artefato de luz fluorescente, com múltiplas lâmpadas. A luz é focalizada para baixo e para os lados do artefato.

- **Area** – Luzes de área são semelhantes a artefatos quadrados ou retangulares, com múltiplas lâmpadas. Os refletores e difusores focalizam a luz para baixo e para os lados e suavizam a luz.

Luzes de ponto e o apresentador Radiosity

No Exercício 12.1, você aprende a configurar uma cena que é iluminada por duas luzes de ponto fotométricas, dentro de artefatos pendentes, na cena de centro de comando.

Você aprende a mudar o apresentador do padrão Scanline para o apresentador Radiosity, exigido para calcular a luz retornada das luzes fotométricas, e a usar o fundamental Exposure Control. Você aprende a ajustar o brilho das luzes e a calcular a solução de resplandecência, de modo que ela pode ser reapresentada corretamente.

Exercício 12.1

Como usar luzes de ponto em uma cena

1. Abra o arquivo chamado Ch12_Photometric01.max do CD-ROM. A partir do menu pull-down File, escolha Save As, indique para um subdiretório apropriado em seu disco rígido e use o botão de sinal de adição para salvar um novo arquivo, com o nome aumentado para Ch12_Photometric02.max.

2. Ative e apresente a viewport Camera01 com Quick Render na barra de ferramentas principal. A imagem parece semelhante à Figura 12.2. Se houver qualquer coisa, a cena é muito mais escura do que as luzes totais padrão e o apresentador Scanline mostram na introdução deste capítulo. A única diferença é que luzes totais, que distribuem luz em todas as direções, são substituídas por luzes de ponto que também distribuem luz em todas as direções. Entretanto, a cena é mais escura, porque os pontos de luz fotométricas obedecem às leis da física e atenuam, ou perdem força, com base na lei do quadrado inverso. Porém, as luzes fotométricas precisam usar o apresentador Radiosity para serem eficazes.

Figura 12.2 – *Interior do centro de comando apresentado com o apresentador Scanline. Dois pontos de luz fotométrica estão nos artefatos superiores, com Shadow Casting ativada.*

3. No menu pull-down Rendering, escolha Advanced Lighting, Radiosity dos menus (veja a Figura 12.3). Você vê uma caixa de diálogo de Radiosity, que pergunta se você deseja usar Camera Exposure Control (controle de exposição de câmera); responda sempre Sim.

4. Se apresentar a viewport Camera01, você vê um aumento de luz em sua cena, mas ela ainda não está muito convincente (veja a Figura 12.4). A apresentação de Radiosity exige que você calcule o efeito de luz retornada antes de apresentar.

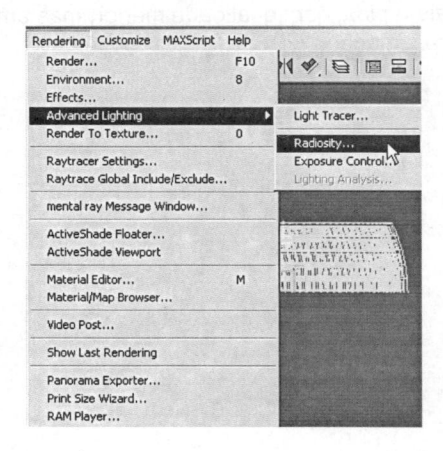

Figura 12.3 – *É possível usar o apresentador Radiosity indo para o menu pull-down Rendering, Advanced Lighting, Radiosity.*

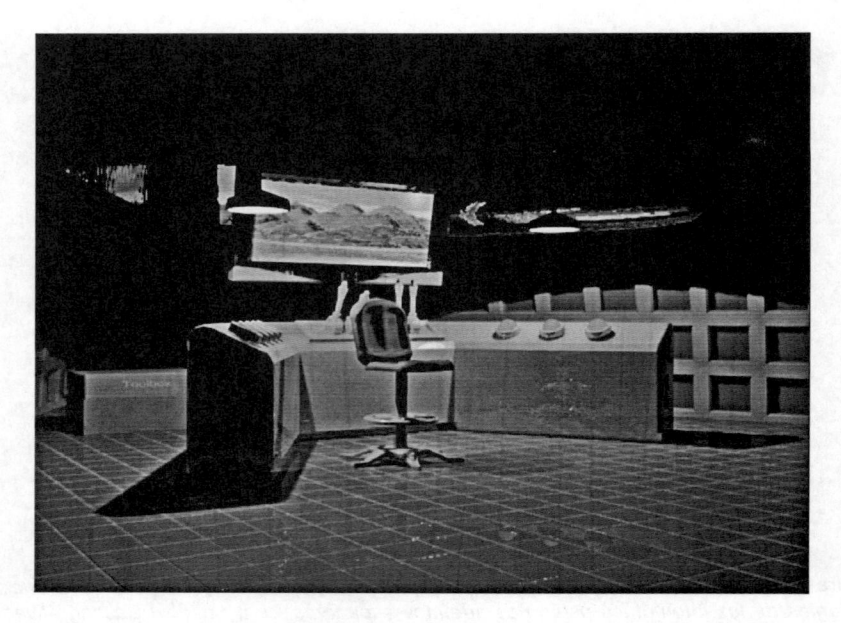

Figura 12.4 – *Ativar o apresentador Radiosity e capacitar Camera Exposure Control resulta em uma imagem melhor, mas nenhuma luz de retorno foi calculada.*

5. Na caixa de diálogo Render Scene, tab Advanced Lighting, Radiosity Processing Parameters (parâmetros de processamento de resplandecência), entre com 35 no campo Initial Quality (qualidade inicial) e depois clique o botão Start, para iniciar o processamento (veja a Figura 12.5). A qualidade inicial refere-se à porcentagem de cálculos de uma solução completa de resplandecência que será feita antes de você poder ver alguns resultados de retorno de luz. Reduzir o número resulta em apresentação mais rápida, com qualidade menor, mas uma qualidade menor é boa para testar a apresentação.

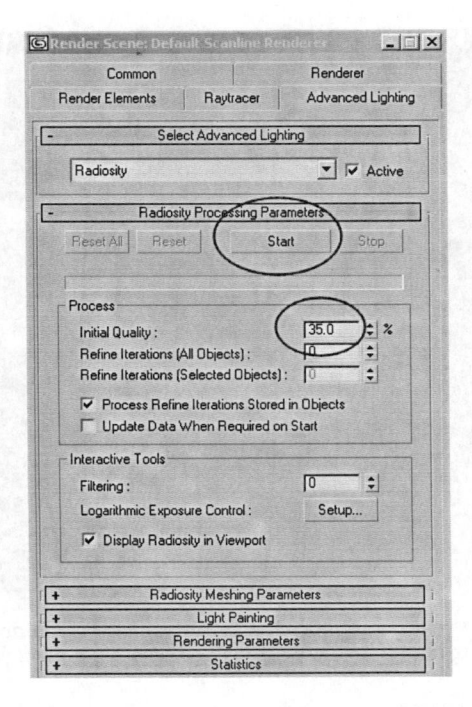

Figura 12.5 – *Entre com 35 no campo Initial Quality para cálculos mais rápidos, com qualidade menor, e clique o botão Start para iniciar o processo.*

6. Apresente a viewport Camera01 e verá os feitos de retorno de luz nas paredes e em detalhes que estão começando a aparecer no teto. O brilho extra da luz no console e no chão resulta da luz retornando no interior branco brilhante dos artefatos de luz. Lembre-se, luzes de ponto distribuem luz em todas as direções. No entanto, você também verá artefatos, especialmente nas almofadas da cadeira e no canto da parede, atrás do console (veja a Figura 12.6).

Figura 12.6 – *Depois de calcular o processo de resplandecência e apresentar a imagem, é possível ver que a luz retornada preenche as sombras e até começa a iluminar o teto.*

7. Na barra de ferramentas principal, use Select by Name, para selecionar o ponto de luz fotométrica FPoint01. No painel Modify, rolagem Intensity/Color/Distribution (intensidade, cor, distribuição), área Intensity, entre com 3.000 no campo numérico. Isto é em candelas (unidade de intensidade luminosa), uma medida de padrão norte-americano de intensidade de luz. Os dois pontos de luz na cena são clones cópias, assim, alterar um afeta o outro. Na Render Scene, caixa de diálogo Advanced Lighting, você vê uma observação sob o botão Reset All, que a solução atual de resplandecência é inválida (veja a Figura 12.7). Você mudou a intensidade das luzes, mas as informações armazenadas nos vértices de trama contêm as configurações antigas. Clique o botão Reset All e responda Sim à caixa de diálogo de aviso, para remover as informações antigas e depois, clique Start, para processar as novas intensidades de luz e armazenar aquelas informações. Apresente a viewport Camera01, para ver que toda cena está muito mais clara, mas os artefatos permanecem.

Nota

O arquivo irá demorar um pouco mais para salvar e é um arquivo maior. Ele precisa salvar a nova trama, que é criada para armazenar os cálculos de resplandecência nos vértices e faces.

8. Feche todas as janelas e caixas de diálogo. Salve o arquivo; ele já deve estar nomeado como Ch12_Photometric02.max.

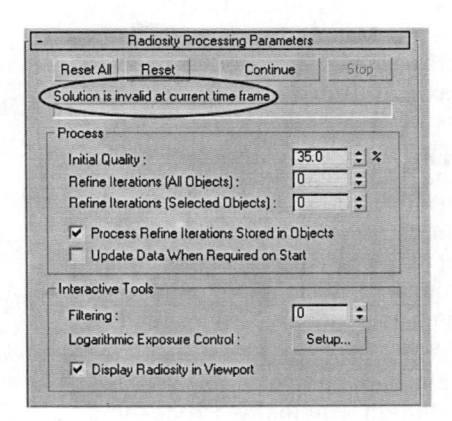

Figura 12.7 – Mudar a intensidade de luz na cena tornou inválidos os cálculos atuais de resplandecência armazenados na trama de vértices. Você precisa reajustar e iniciar os cálculos, para ver os novos resultados na próxima apresentação.

Padrões de distribuição de luz

Conforme mencionado, por padrão os pontos de luz distribuem luz em todas as direções. No Exercício 12.2, você muda a distribuição padrão para refletor e depois, para aquela especificada por um arquivo IES.

Cientificamente, cada fabricante de iluminação determina os padrões de distribuição de luz de suas lâmpadas e artefatos, e disponibiliza arquivos que podem ser carregados nas luzes fotométricas em 3ds max 6 para simular mais exatamente o artefato específico.

Estes padrões de distribuição de iluminação são especialmente importantes para fotógrafos e cineastas, para iluminação adequada. Claro que isto é importante para arquitetos e designers de iluminação, mas também é útil para aqueles de vocês não interessados especialmente na física de tudo, mas que querem dar um aspecto mais convincente às suas apresentações.

Exercício 12.2
Como mudar padrões de distribuição de luz

1. Abra o arquivo chamado Ch12_Photometric02.max do CD-ROM ou do exercício anterior. A partir do menu pull-down File, escolha Save As, indique para um subdiretório apropriado em seu disco rígido e use o botão de sinal de adição para salvar um novo arquivo, com o nome aumentado para Ch12_Photometric03.max.

2. Os pontos de luz padrão nos artefatos estão irradiando luz em todas as direções e a luz está retornando do interior branco brilhante dos artefatos, para inundar o chão de luz. Mas às vezes você deseja mais controle sobre a direção e a cobertura da fonte de luz. Em 3ds max 6, é possível mudar o padrão de distribuição de pontos de luz para refletores, distribuição de luz em um cone padrão. Selecione FPoint01 na cena. No painel Modify, rolagem Intensity/Color/Distribution, clique o campo Distribution: Isotropic (distribuição isotrópica) e escolha Spotlight da lista (veja a Figura 12.8). Observe que a forma do ícone de luz mudou na viewport, e você tem dois cones azuis mostrando a cobertura da luz selecionada.

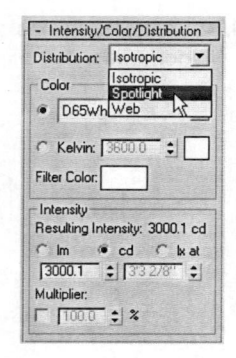

Figura 12.8 – Com FPoint01 selecionado na cena, é possível mudar o padrão de distribuição no painel Modify, rolagem Intensity/Color/Distribution, para refletor.

3. Pressione 9 para chamar a caixa de diálogo Render Scene e, na rolagem Radiosity Processing Parameters, clique o botão Reset All, marque a opção na caixa de aviso para não mostrar o aviso novamente, se você estiver continuando do Exercício 12.1 e depois, clique o botão Start, para processar e armazenar a nova solução na trama. Quando a solução estiver terminada, ative a viewport Camera01 e clique Quick Render, na barra de ferramentas principal. A quantidade de luz na cena é muito diminuída, ainda que as luzes ainda sejam da mesma intensidade. Porque a luz está focalizada em dois cones estreitos no console e no chão, muito menos luz é retornada na cena.

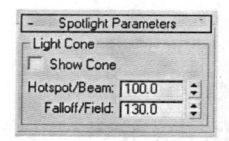

Figura 12.9 – O cone área de tensão/facho é de luz de intensidade total. A força de luz diminui lateralmente de uma maneira linear de Hotspot/Beam para desvio/campo, criando uma borda áspera ou suave para a luz. Fora do cone de desvio, não há luz.

4. Na rolagem Spotlight Parameters, entre com 100 no campo Hotspot/Beam e 130 no campo Falloff/Field (veja a Figura 12.9). Na caixa de diálogo Render Scene, clique Reset All e depois, clique Start. Use Quick Render para ver as mudanças. Observe que os dois cones são maiores na luz selecionada na viewport. A área de tensão é o cone de luz de intensidade total, enquanto o desvio é a área onde a luz diminui até desaparecer. Quanto mais próximos os diâmetros dos cones são entre si, mais áspera a borda da luz na cena. Agora, há consideravelmente mais luz na cena, tanto em termos de luz direta dentro dos cones maiores quanto na luz extra retornada resultante.

5. Uma outra opção para o padrão de distribuição de luzes é o uso de arquivos de distribuição na web. Estes são cálculos matemáticos de fabricantes de iluminação, que simulam os padrões de artefatos específicos de iluminação. Na rolagem Intensity/Color/Distribution, clique a janela Distribution: Spotlight e escolha Web na lista. Na rolagem Web Parameters (parâmetros da web), clique o botão Web File: None (arquivo da web – nenhum) (veja a Figura 12.10). Na caixa de diálogo Open

a Photometric Web, vá para o CD-ROM e clique duas vezes o arquivo ERCO_81628.023T4_75W-120V_MINI_CAN.ies. Observe a forma da luz no artefato, na viewport sombreada. Na caixa de diálogo Render Scene, reajuste e reinicie a solução de resplandecência e depois, apresente a viewport Camera01. Tente o mesmo com ERCO_22138.023+ CFM_42W_GX24Q.ies para um padrão de distribuição diferente. Os arquivos IES também afetam a intensidade e a cor da luz, para combinar com o artefato verdadeiro.

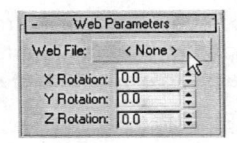

Figura 12.10 – Depois de configurar Distribution to Web, na rolagem Web Parameters, clique o botão Web File: None, para abrir um arquivo IES do fabricante.

Nota

Estes dois arquivos IES são da empresa ERCO, alemã, de iluminação e estão disponíveis para download em http://www.erco.com, na área Download.

Todo o artefato de luz em 3D pode ter o seu download feito na cena, a partir da ERCO e também de outros fabricantes.

6. Na rolagem Intensity/Color/Distribution, clique a janela Distribution: Web e escolha Isotropic e, no campo Intensity, entre com 3.000 para voltar as luzes à sua posição original.

7. Feche todas as janelas e caixas de diálogo e salve o arquivo. Ele já deve estar nomeado Ch12_Photometric03.max.

Luzes lineares e luzes de área

A luz emanando de um ponto fonte, seja ele em todas as direções ou focalizado, não vai cobrir todas as suas necessidades de iluminação. Duas das fontes de luz mais encontradas são artefatos longos, estreitos ou artefatos retangulares, que têm uma ou mais lâmpadas neles.

Os tipos de luz linear em 3ds max 6 pretendem simular a luz que seria distribuída por um artefato fluorescente, com uma ou duas lâmpadas. Geralmente eles têm 3 ou 4 pés de comprimento. A luz das lâmpadas é focalizada pelo refletor para baixo e para fora, dos lados.

Atenção

Fazer o download e usar objetos em 3D pode não ser tão eficiente quanto parece a princípio. Muitos objetos de fabricantes – luzes, móveis, equipamento mecânico e assim por diante – são traduzidos diretamente dos arquivos de engenharia para formato de 3ds max 6 e podem ser terrivelmente ineficientes.

Luzes de área, por outro lado, tendem a ser artefatos retangulares, com duas a quatro lâmpadas, e uma cobertura plástica de difusão no artefato. Estes artefatos distribuem luz para baixo e para fora, de uma maneira mais difusa, com um efeito de borda suave na cena.

No Exercício 12.3 você muda os tipos de luz nos artefatos, de luzes lineares para de área, de modo a ver o efeito que as mudanças causam na cena. Os dois tipos também têm arquivos IES apropriados designados, para simular artefatos reais.

Exercício 12.3
Mudando de tipos de luz de ponto para linear e de área

1. Abra o arquivo chamado Ch12_Photometric03.max do CD-ROM ou do exercício anterior. A partir do menu pull-down File, escolha Save As, indique para um subdiretório apropriado em seu disco rígido e use o botão de sinal de adição para salvar um novo arquivo, com o nome aumentado para Ch12_Photometric04.max.

2. Pressione 9 e, na caixa de diálogo Render Scene, tab Advanced Lighting, clique o botão Reset, se você estiver continuando do Exercício 12.2 e depois, clique Start, para recalcular a resplandecência com os pontos de luz originais. Use Quick Render para apresentar a viewport Camera01. Esta será uma imagem base para ver as mudanças feitas em seguida.

3. Selecione FPoint01 na viewport Camera01. No painel Modify, rolagem General Parameters, área Light Type, clique Point e escolha Linear na lista (veja a Figura 12.11). O ícone nas viewports muda para um símbolo com uma linha através dele, para indicar a direção e o comprimento da fonte de luz.

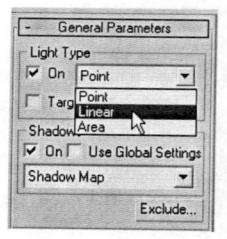

4. Na caixa de diálogo Render Scene, tab (etiqueta) Advanced Lighting, clique Reset e depois, clique Start. Apresente a viewport Camera01. A fonte de luz linear distribui muita iluminação e sombras diferentes. Porque ela não ajusta a forma do artefato de luz, você também vê algumas novas áreas verdes de luz retornada, que vêem de fora do artefato. A luz se projeta para baixo e para fora e distribui pouca luz para cima, nas áreas brancas do artefato.

Figura 12.11 – No painel Modify, rolagem General Parameters, clique Point e escolha Linear na lista. O ícone na viewport muda, para indicar o comprimento e a direção da fonte de luz.

5. No painel Modify, rolagem General Parameters, área Light Type, troque o tipo de luz de Linear para Area. Em Render Scene, etiqueta Advanced Lighting, clique Reset e depois, clique Start e apresente a viewport Camera01 quando os cálculos estiverem terminados. Luzes de área são projetados a partir de uma fonte padrão quadrada, de um metro por um metro e, como as luzes lineares, muito pouca luz se projeta para cima.

Atenção

O comprimento padrão de uma luz linear é de 3'3 2/8" (ou 1 metro). Evite a tentação de mudar este número para mais do que 18" ou de qualquer outra forma; caso contrário, você pode introduzir distorção. Se precisar de uma corrente de luzes, use múltiplas luzes, colocadas de extremidade a extremidade.

6. As sombras são importantes quando calcular luzes, e os artefatos de luz de área verdadeira tendem a ter sombras mais suaves. Na rolagem General Parameters, área Shadows, clique Shadow Map e escolha o tipo de sombra Advanced Ray Traced na lista. É possível apresentar a viewport Camera01 sem reconfigurar, e iniciar a resplandecência para ver as alterações. Este tipo de sombra é muito mais suave, mas demora cinco vezes mais para apresentar nesta cena (veja a Figura 12.12).

Dica

Para comparar melhor a nova iluminação com a imagem apresentada anteriormente, você poderia usar RAM Player do menu pull-down Rendering. Carregue a apresentação de ponto de luz no Channel A e, quando apresentá-lo, coloque a luz linear no Channel B.

Figura 12.12 – *Um suave efeito convincente de luz e sombra resulta das luzes de área combinadas com sombras avançadas traçadas a raio.*

7. No painel Modify, rolagem General Parameters, ajuste o tipo de sombra de volta para Shadow Map e o tipo de luz de volta para Point.

Atenção

Ao experimentar combinações de tipos de luz e de sombras, evite usar luzes de área com áreas de sombra. Os tempos de apresentação não são produtivos para a qualidade de saída.

8. Feche todas as janelas e caixas de diálogo. Salve o arquivo; ele já deve estar nomeado como Ch12_Photometric04.max.

Parâmetros em trama para uma melhor solução de resplandecência

Os cálculos de resplandecência são armazenados nos vértices e nas faces de um objeto especial de trama, que basicamente, é uma réplica exata de sua trama, feita até agora durante a apresentação de resplandecência neste livro.

Entretanto, raramente isto é suficiente para conseguir uma boa solução para os cálculos. Por exemplo, o console está no chão que foi criado a partir de um primitivo Box. Os únicos vértices do chão são os oito nos cantes distantes. Os vértices não estão próximos dos vértices nos cantos de baixo do console, e as informações de iluminação não são boas para serem calculadas entre os dois objetos.

Os parâmetros em trama lhe permitem ajustar a densidade de trama de resplandecência, especificando uma distância máxima entre vértices de objetos.

Essencialmente, há duas maneiras de ajustar os parâmetros de trama: globalmente e localmente. Nesta seção, você ajusta os parâmetros usando os dois métodos e compara a qualidade e o tempo de processamento das imagens apresentadas.

Parâmetros em trama global

Com os parâmetros em trama global, é possível ajustar um tamanho de trama para cada objeto na cena. Isto é útil, principalmente quando todos os objetos têm aproximadamente o mesmo tamanho e contribuem igualmente para a solução de resplandecência.

Por exemplo, se você tiver um cômodo com quatro paredes, um chão, e um teto, a trama global pode ser perfeita. No entanto, se você acrescentar algumas mesas e cadeiras, o excesso de código de trama destes objetos menores em um tamanho pequeno o suficiente para fazer uma diferença na cena, pode fazer a sua produtividade cair muito.

No Exercício 12.4, você usa configurações de parâmetros em trama global para refinar a solução de resplandecência para a sua cena. Você também aprende a refinar iterações e a filtragem usada junto com uma qualidade inicial mais alta (você a ajusta baixa para velocidade no Exercício 12.1), para aumentar mais a qualidade da apresentação).

Exercício 12.4
Configurações de parâmetro em trama global

1. Abra o arquivo chamado Ch12_Photometric04.max do CD-ROM ou do exercício anterior. A partir do menu pull-down File, escolha Save As, indique para um subdiretório apropriado em seu disco rígido e use o botão de sinal de adição para salvar um novo arquivo, com o nome aumentado para Ch12_Photometric05.max. Esta cena deve ter os pontos de luz com sombras Shadow Map.

2. Pressione 9 e, na caixa de diálogo Render Scene, etiqueta Advanced Lighting, clique o botão Reset All, se estiver continuando do Exercício 12.3 e depois, clique o botão Start. Use Quick Render a partir da barra de ferramentas Main para apresentar a viewport Camera01. Na parte central de baixo da linha de status, anote o tempo de apresentação. O número também pode ser encontrado no menu pull-down File, caixa de diálogo Summary Info. No menu pull-down Rendering, escolha RAM Player. Na caixa de diálogo RAM Player, clique Open Last Rendered Image em Channel A e clique OK para aceitar as configurações padrão. Minimize o RAM Player, mas não o feche. Na minha máquina de teste, o tempo de apresentação foi de 54 segundos e os cálculos de resplandecência foram de 51 segundos, como visto na rolagem Statistics (estatística) da etiqueta Advanced Lighting.

3. Na caixa de diálogo Render Scene, etiqueta Advanced Lighting, expanda a rolagem Radiosity Meshing Parameters e marque Enabled (capacitado) na área Global Subdivision Settings (configurações de sub divisão global). Por padrão, ela está ajustada para 3'3 2/8" (veja a Figura 12.13). Marque Reset All e clique Start e depois, apresente a viewport Camera01. Maximize RAM Player e carregue esta imagem no Channel B. Ela está muito mais clara em cima e tem algumas faces extremamente claras espalhadas por toda a cena. Isto porque há mais vértices para armazenar as informações de iluminação.

4. Clique com o botão direito a etiqueta de viewport Camera01 e escolha Edged Faces no menu. Isto mostra a nova trama na viewport. Nenhum vértice está mais distante do que 1 metro de qualquer outro (veja a Figura 12.14). O tempo de apresentação é de 1:01, e os cálculos demoraram 0.50 segundos.

5. Na rolagem Radiosity Meshing Parameters, entre com 1 no campo Global Subdivision Settings Meshing e pressione Enter. Reajuste a solução com Reset All e clique Start. Quando terminar, apresente a viewport Camera01. Observe que, quando você clicar Reset All, a solução anterior de trama é descartada e a trama se parece de novo com a original. A trama é densa e demorou 1:27 para calcular e 1:11 para apresentar. A cena é muito mais clara, mas ainda salpicada com pontos claros em torno dela (veja a Figura 12.15). Você aprende a corrigir isto à medida que prossegue nos exercícios.

Figura 12.13 – Na caixa de diálogo Render Scene, etiqueta Advanced Lighting, marque Enabled, na rolagem Radiosity Meshing Parameters.

Figura 12.14 – Ativar Edged Faces na viewport sombreada exibe o novo objeto de trama.

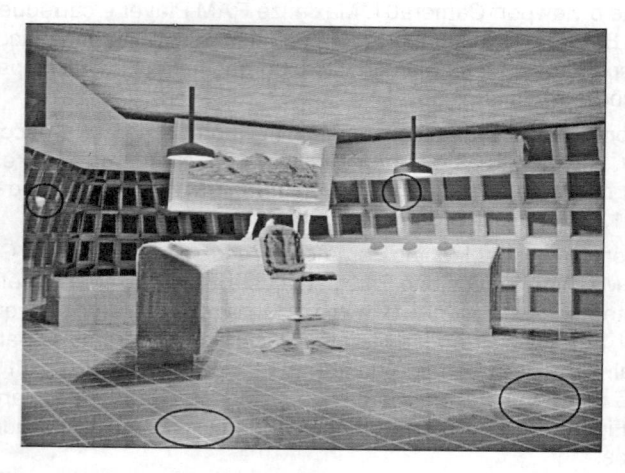

Figura 12.15 – Com pequenos tamanhos de trama global, a solução de resplandecência demora mais, porém a cena é mais clara, devido aos vértices e faces extras para armazenar informações.

6. Feche todas as janelas e caixas de diálogo. Salve o arquivo; ele já deve estar nomeado Ch12_Photometric05.max.

Parâmetros em trama local

No Exercício 12.5 você aprende uma maneira geralmente mais eficaz de objeto em trama, que é especialmente adequada quando os objetos em sua cena variam em tamanho e a quantidade em que eles contribuem com a solução de resplandecência.

No exemplo mencionado na introdução do Exercício 12.4, um cômodo com algumas mesas e cadeiras, estas podem não influenciar o efeito de resplandecência geral o suficiente para garantir serem feitos em trama. Se por exemplo, uma mesa fosse vermelho claro, ela poderia influenciar o teto o bastante para exibir uma distribuição de vermelho, mas se a mesa fosse cinza neutro, o efeito não seria perceptível.

Você aprende como ativar e ajustar trama local em uma base por objeto, mudando as propriedades do objeto.

Exercício 12.5
Configurações de parâmetro em trama local

1. Não continue a partir do exercício anterior, mas abra o arquivo chamado Ch12_Photometric05.max do CD-ROM. A partir do menu pull-down File, escolha Save As, indique para um subdiretório apropriado em seu disco rígido e use o botão de sinal de adição para salvar um novo arquivo, com o nome aumentado para Ch12_Photometric06.max. Este arquivo é o mesmo salvo no exercício anterior, mas com Reset All feito, para descartar a solução de resplandecência anterior.

2. Pressione 9 para abrir a caixa de diálogo Render Scene e, na etiqueta Advanced Lighting, rolagem Radiosity Meshing Parameters, limpe a caixa de verificação Enabled na área Global Subdivision Settings.

3. Na viewport Camera01, ou da lista Select by Name, selecione Flor, Ceiling e Wall01 na cena. Entre com pequena trama no campo Named Selection Sets, na barra de ferramentas principal e pressione Enter. Clique na viewport com o botão direito e escolha Properties no menu Quad. Na caixa de diálogo Object Properties, etiqueta Advanced Lighting, área Radiosity-Only Properties (apenas-resplandecência- propriedades), limpe a caixa de verificação Use Global Subdivision Settings, para desativá-la e entre com 1 no campo Meshing Size (veja a Figura 11.16). Clique OK.

Dica

Quando você arquiva arquivos ou os envia a clientes ou colaboradores que têm uma cópia compatível de 3ds max, pode ser útil fazer Reset All e salvar o arquivo, para reduzir significativamente o tamanho de arquivo.

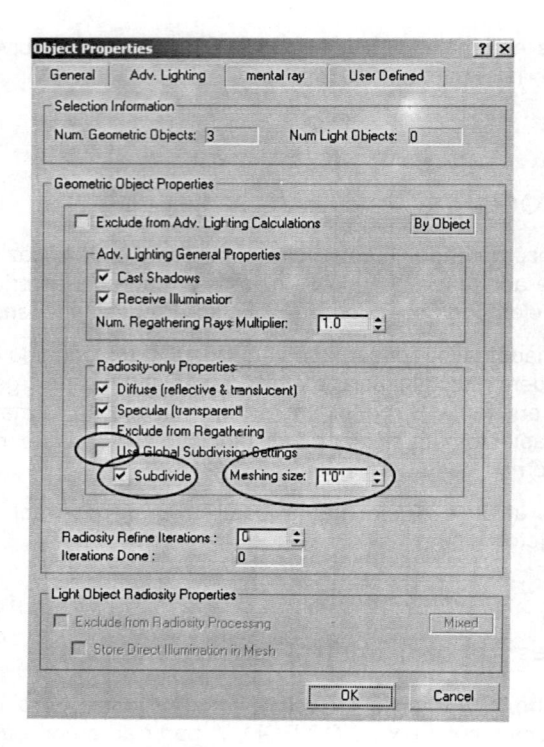

Figura 12.16 – *Selecionando objetos e clicando com o botão direito na viewport, você pode usar a caixa de diálogo Object Properties, etiqueta Advanced Lighting para incapacitar Use Global Subdivision Settings e ajustar Local Meshing Size (tamanho de trama local) apenas para os objetos selecionados.*

4. Na caixa de diálogo Render Scene, etiqueta Advanced Lighting, rolagem Radiosity Processing Parameters, clique o botão Start. Quando os cálculos estiverem terminados, use Quick Render na barra de ferramentas principal, para apresentar a viewport Camera01. O tempo de processamento de resplandecência é de 1:09 na máquina de teste e o tempo de apresentação de 1:01. Isto foi cerca de 10 por cento mais rápido quando a trama global estava ajustada para 1 pé, no exercício anterior.

Nota

Enquanto a economia de tempo de alguns segundos pode parecer sem conseqüência, lembre-se de que esta é uma cena muito pequena, com poucos objetos. A porcentagem de economia é importante, e alguns poucos pontos de porcentagem em uma cena típica podem fazer a diferença para conseguir um projeto feito em tempo e dentro do orçamento, ou não.

5. Na viewport Camera01, selecione Console01 e Duct01, crie um conjunto de seleção selecionada, chamado med mesh e pressione Enter. Clique com o botão direito na viewport e escolha Properties, no menu Quad. Na caixa de diálogo Object Properties, etiqueta Advanced Lighting, área Radiosity-Only Properties, limpe a caixa de verificação Use Global Subdivision Settings and entre com 2 no campo Meshing Size.

6. Na caixa de diálogo Render Scene, etiqueta Advanced Lighting, rolagem Radiosity Processing, clique o botão Reset All, depois o botão Start. Quando os cálculos estiverem terminados, use Quick Render na barra de ferramentas principal, para apresentar a viewport Camera01. O tempo de processamento de resplandecência é de 1:15 na máquina de teste e o tempo de apresentação é de 1:09.

Dica

Objetos podem ser colocados em camadas em 3ds max 6 e propriedades de objetos, inclusive parâmetros de trama, podem ser ajustados em uma base por camada. Os resultados seriam os mesmos em uma configuração por objeto; é apenas uma outra opção de gerenciamento que você mesmo pode investigar.

7. Feche todas as janelas e caixas de diálogo e salve o arquivo. Ele já deve estar nomeado como Ch12_Photometric06.max.

Como refinar os resultados de resplandecência

Provavelmente, você está desapontado com os resultados vistos na apresentação de resplandecência até agora. As imagens têm ficado muito claras, lavadas, manchadas e inconsistentes. No Exercício 12.6 você realiza várias etapas que refinam a sua cena, para apresentações mais convincentes.

A primeira coisa é o Exposure Control. Você deve se lembrar que quando trocou da apresentação Scanline para a Radiosity, Camera Exposure Control foi ativado. Ele age como a abertura de uma câmera para controlar quanta luz atinge o filme ou, neste caso, o apresentador.

No seguinte exercício, você ajusta Refine Iterations (refinar iterações). Isto refaz a análise da solução de resplandecência, para refinar a transferência de informações de iluminação, de vértice para vértice, através de faces da solução de trama.

Depois, você usa filtragem para suavizar as bordas ásperas finais da solução. Esta é essencialmente uma função de embaçamento, onde há informações de pixels contrastantes na imagem apresentada. Devido a isto, é preciso ter cuidado de não ajustar a filtragem tão alta que ela embaça as suas pequenas áreas de sombra.

Exercício 12.6
Exposure Control, Refine Iterations, filtragem e luz de pintura

1. Abra o arquivo chamado Cd12_Photometric06.max do CD-ROM. A partir do menu pull-down File, escolha Save As, indique para um subdiretório apropriado em seu disco rígido e use o botão de sinal de adição para salvar um novo arquivo, com o nome aumentado para Ch12_Photometric07.max. Este arquivo é o mesmo salvo no exercício anterior, mas com Reset All feito, para descartar a solução de resplandecência anterior.

2. Pressione 9 para abrir a caixa de diálogo Render Scene e, na etiqueta Advanced Lighting, rolagem Radiosity Processing Parameters, entre com 85 no campo Initial Quality. Você reduziu este número para apressar o processamento, ao custo de qualidade, mas agora está pronto para aumentar a qualidade da apresentação. Clique o botão Start para processar a resplandecência e depois apresente a viewport Camera01. Salve esta imagem no Channel A do RAM Player. O espaço de tempo entre o processamento, como visto na rolagem Statistics, é muito mais alto, mas o tempo de apresentação permanece o mesmo.

Dica

Logarithmic Exposure Control (controle de exposição logarítmica) tende a ser o melhor para imagens imóveis, pois ajusta a cena diferentemente em áreas de tom baixo, meio tom e tom alto, e lhe permite controlar mais facilmente o contraste.

3. Na rolagem Radiosity Processing Parameters, área Interactive Tools, clique o botão Setup para o Logarithmic Exposure Control (veja a Figura 12.17). Entre com 55 no campo Brightness e apresente a viewport Camera01. Este é um pós-processo, assim, não é preciso recalcular a resplandecência. O resultado é uma imagem menos "sobre exposta." Você pode carregar esta apresentação no Channel B do RAM Player, para comparação.

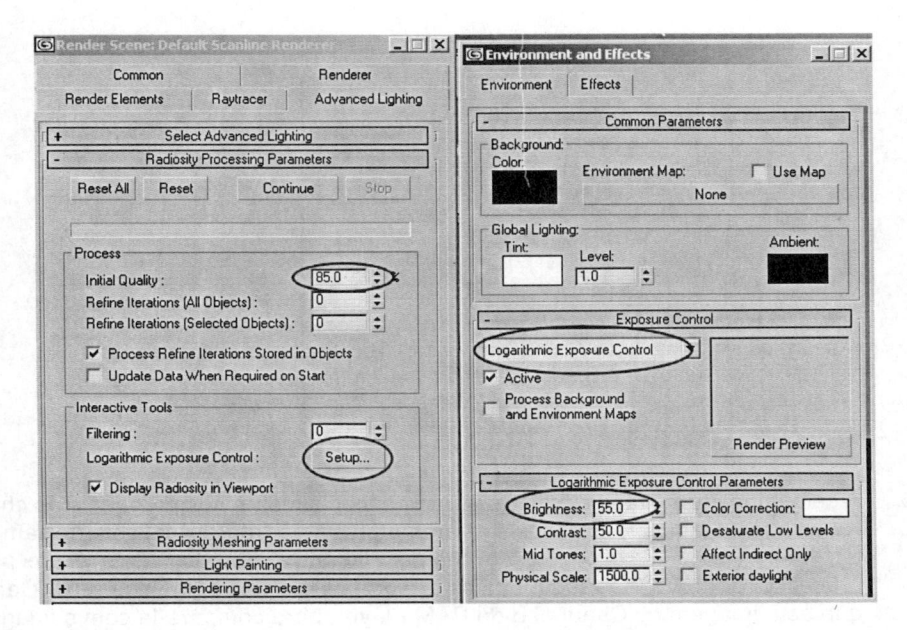

***Figura 12.17** – Indo para a caixa de diálogo Environment and Effects (ambiente e efeitos) e diminuindo o Brightness na rolagem Logarithmic Exposure Control Parameters, você está reduzindo a quantidade de luz que chega ao apresentador, tornando a imagem mais agradável.*

4. A próxima configuração que você mudará, Refine Iterations, usa a solução de qualidade inicial e faz uma série de passagens de refinamento para limpar o que percebe como diferenças na solução. Na caixa de diálogo Render Scene, rolagem Radiosity Processing Parameters, área Process, entre com 10 no campo Refine Iterations (All Objects) (veja a Figura 12.18). Clique Reset All e depois, clique Start, antes de apresentar a viewport Camera01. Você deve ver manchas mais bem definidas, principalmente nas paredes e no chão.

Nota

Geralmente, Refine Iterations são ajustadas de 3 a 20, ou algo assim. Aumente a qualidade inicial em alguns pontos percentuais, ao invés de ir mais alto em Refine Iterations.

Dica

Refine Iterations pode ser ajustado para operar apenas nos objetos atualmente selecionados na cena, ou em uma base por objeto, na caixa de diálogo Object Properties.

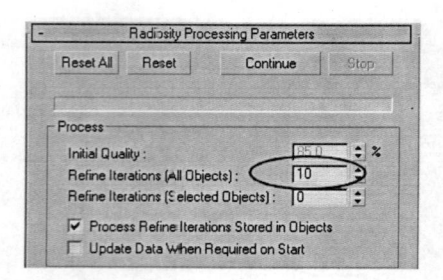

Figura 12.18 – *Na rolagem Radiosity Processing Parameters, entre com 10 no campo Refine Iterations (All Objects). Isto faz a passagem de refinamento 10 refinar a quantidade de informações passadas entre os vértices. Você precisa recalcular a solução de resplandecência para ver os resultados em uma nova apresentação.*

5. A cena ainda tem áreas claras e escuras, especialmente nas paredes e no chão. Na rolagem Radiosity Processing Parameters, área Interative Tools (ferramentas interativas), entre com 2 no campo Filtering (filtrando). Este é um pós-processo, portanto, não requer cálculo. Apresente a viewport Camera01. Carregue esta imagem no Channel B do RAM Player, para compará-la com a imagem da etapa 2 (veja a Figura 12.19). Você aprendeu as ferramentas fundamentas com as quais irá trabalhar para conseguir a qualidade de apresentações que precisa. É preciso chegar a um comprometimento entre as configurações aumentadas, o processamento e os tempos de apresentação. Cada cena será diferente, e as mudanças de iluminação e material afetarão o resultado de qualquer solução.

Nota

Estas etapas serão suficientes para muito de suas necessidades de resplandecência; no entanto, existem ferramentas mais avançadas para o processamento de resplandecência – como um processo conhecido como *regathering* (reagrupando) e ferramentas de luz em pintura, para tocar a imagem final, iluminando ou escurecendo os vértices.

Figura 12.19 – *No RAM Player, compare os resultados das imagens da etapa 2 e da etapa 5. O chão, teto e paredes estão mais limpas e a resplandecência distribuída mais igualmente. A etapa 5 demorou consideravelmente mais para processar a resplandecência, mas cerca do mesmo tempo para apresentar.*

6. Algumas áreas teimosas da solução de resplandecência ainda estão ocasionando áreas mais claras e mais escuras na cena. Você poderia aumentar a trama, refinamento ou filtragem em tais objetos, até se livrar das áreas com problemas. Também pode usar a luz de pintura. Na viewport Camera01, selecione Wall01. Clique com o botão direito a etiqueta de viewport e limpe a opção Edged Faces. Clique novamente a etiqueta de viewport e escolha Configure no menu. Na caixa de diálogo Viewport Configuration, área Rendering Options, limpe Display Selected com Edged Faces (veja a Figura 12.20). Clique OK.

Atenção

A pintura em vértices é progressiva. Se você for sobre os mesmos vértices, o efeito adiciona ou subtrai do passo anterior, com base nas configurações de Intensity e Pressure (pressão).

Um botão Clear (limpar) remove toda a luz de pintura atual da cena.

7. Na caixa de diálogo Render Scene, etiqueta Advanced Lighting, expanda a rolagem Light Painting. É importante que o objeto que você deseja pintar esteja selecionado. Primeiro, você ilumina uma área que parece escura demais. No campo Intensity, entre com 1.000 e entre com 50 no campo Pressure. Clique o botão Add Illumination to a Surface (adicionar iluminação a uma superfície). Na viewport Camera01, mova o ponto do cursor de pintura para os vértices de canto do painel verde escuro, bem à direita do fundo do Console01 e clique e mantenha pressionado o botão esquerdo do mouse, e mova-o para pintar sobre pixels existentes (veja a Figura 12.21). Clique o botão Subtract Illumination from a Surface (subtrair iluminação de uma superfície) e pinte os vértices de algumas áreas de luz na parede atrás e à esquerda do Console01.

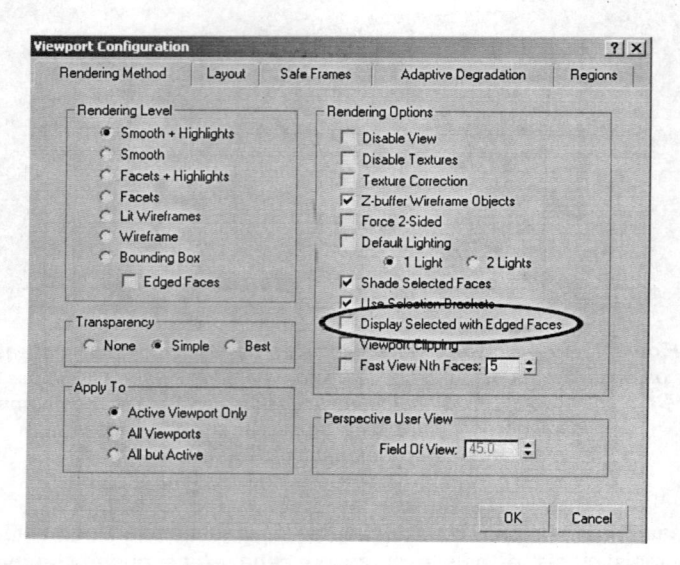

Figura 12.20 – Clique com o botão direito a etiqueta de viewport e incapacite Edged Faces de todos os objetos e depois clique com o botão direito novamente a etiqueta e escolha Configure. Limpe Display Selected com a opção Edged Faces na caixa de diálogo.

Figura 12.21 – *"Borrife" tinta nos vértices dos cantos do painel verde escuro, na parte inferior direita de Console01, para clarear o painel, para combinar com os painéis vizinhos.*

8. Feche todas as janelas e caixas de diálogo e salve o arquivo. Ele já deve estar nomeado como Ch12_Photometric07.max.

Aspectos de modelagem com apresentações Radiosity

Modelar especificamente com apresentação de resplandecência em mente pode tornar o processo mais eficiente. Você faz trama global ou local para garantir que os vértices estejam próximos o bastante, para passar informações suficientes para a qualidade de apresentação que você exige.

Quase sempre é válido um tempo extra em modelagem para garantir que você tem vértices em objetos adjacentes, que estão próximos dos vértices dos objetos vizinhos, para reduzir a necessidade de tamanhos pequenos de trama.

Da mesma forma, objetos que são abertos – por exemplo, um plano chato, em oposição a uma caixa – não são bons para calcular soluções de resplandecência.

A Figura 12.22 mostra um simples banheiro, que é iluminado apenas pela corrente de luz do sol, através de uma pequena janela. Praticamente toda a luz no cômodo é luz retornada do chão e das paredes. A imagem apresentada mostra diversas áreas de problemas, ainda que a trama para o objeto mais importante esteja ajustada para 1 pé e Refine Iteration e Filtering estejam ativadas.

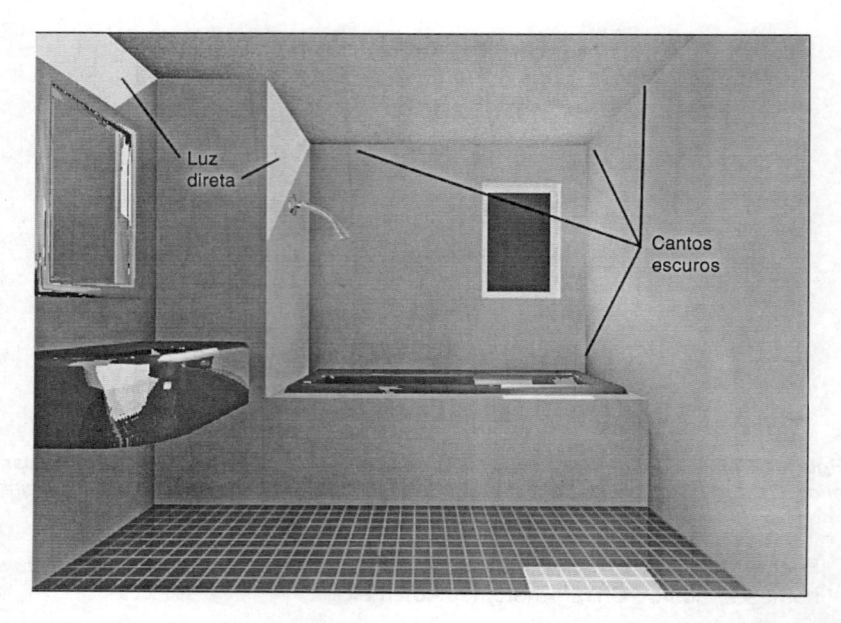

Figura 12.22 – Um pequeno banheiro iluminado pela luz do sol, através de uma janela. A trama local para paredes, chão e teto está ajustada para 1 pé e as Refine Iterations estão em 5 e Filtering em 2. No entanto, áreas claras e escuras ainda precisam ser encaminhadas.

Nesta seção, você ajusta as posições de vértice de objetos no modelo, para torná-los mais próximos entre si em objetos adjacentes, e converte o chão e teto de planos chatos, para ver o efeito de objetos abertos versus fechados, na solução de resplandecência.

Colocação de vértice para soluções eficientes de resplandecência

No Exercício 12.7, você ajusta a colocação de vértice do objeto na cena de banheiro, para afetar a solução de resplandecência da luz retornada da luz do sol, através de uma pequena janela.

É mais fácil se acostumar a modelar com colocações de vértice, que aperfeiçoará o processo, do que é editar o modelo mais tarde. Os parâmetros em trama se destinam a fazer a ponte nas áreas de espaço onde a modelagem eficiente para resplandecência simplesmente não faz sentido, e não deve ser usada para "forçar" o modelo à submissão.

Exercício 12.7
Modelagem em resplandecência

1. Abra o arquivo chamado Ch12_Modeling01.max do CD-ROM. A partir do menu pull-down File, escolha Save As, indique para um subdiretório apropriado em seu disco rígido e use o botão de sinal de adição para salvar um novo arquivo, com o nome aumentado para Ch12_Modeling02.max. Esta cena é um pequeno banheiro com luz atravessando a janela na parede afastada e retornando do chão e das paredes para iluminar o cômodo. As paredes são caixas que correm entre si nos cantos, e o chão e teto são planos chatos, com cantos nos cantos externos das paredes (como ilustrado em uma vista User de moldura de arame na Figura 12.23).

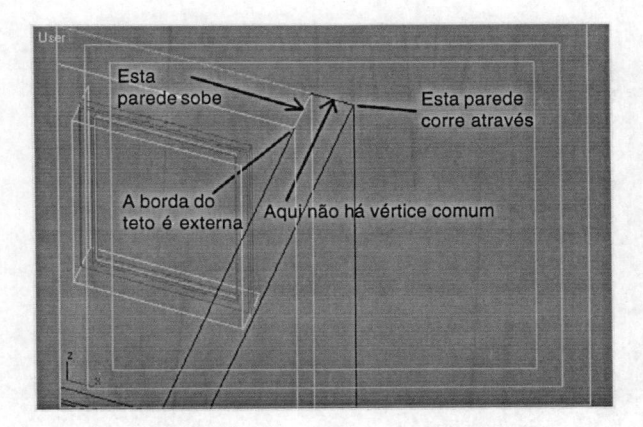

Figura 12.23 – *Em um canto típico, uma parede corre pela outra e o chão e teto se estendem na borda externa.*

2. Pressione 9 para abrir a caixa de diálogo Render Scene. Na rolagem Radiosity Processing Parameters, clique Start. Quando os cálculos estiverem terminados, apresente a viewport Camera01. Abra o RAM Player e Open the Last Rendered Image no Channel A.

Nota

Os seus resultados apresentados podem não ser exatamente iguais às imagens mostradas, e o problema de correção em uma área altera os resultados em outras áreas da cena.

---

3. Selecione Wall_right da lista Select by Name. No painel Modify, rolagem Parameters, entre com 11 no campo Width. Isto encurta as duas longas paredes (cópias de clones) do cômodo em 6 polegadas, em qualquer direção, fazendo-as combinar o canto interno das paredes finais de 6 polegadas de espessura.

4. Selecione Ceiling, na lista Select by Name e, no painel Modify, rolagem Parameters, entre com 11 no campo Length e 9 no campo Width. Agora, o canto do teto combina os vértices das paredes.

5. Na etiqueta Advanced Lighting, rolagem Radiosity Processing Parameters, clique o botão Reset All e depois clique Start. Apresente a viewport Camera01 quando o processamento tiver terminado. A qualidade nos cantos onde agora os vértices se encontram está muito aperfeiçoada (veja a Figura 12.24). A cena também está um pouco mais clara, devido ao retorno de luz mais apurado. Abra esta imagem em Channel B do RAM Player, para ver a diferença que esta simples mudança de edição pode fazer.

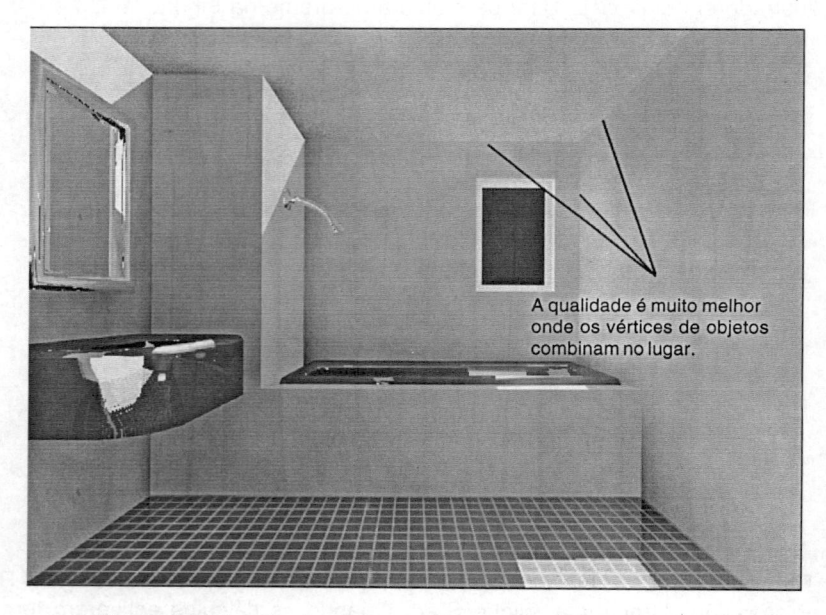

Figura 12.24 – Simplesmente editando as paredes e o teto para que os seus vértices combinem no canto superior do cômodo, você aperfeiçoa muito a solução de resplandecência, todo o resto sendo igual.

6. Feche todas as janelas e caixas de diálogo. Salve o arquivo; ele já deve estar nomeado Ch12_Modeling02.max.

Objetos de trama aberta versus objetos de trama fechada

O problema mais perceptível com uma trama aberta na cena de banheiro é que devido aos normais de face, o plano de teto não bloqueia a luz solar – isto é, não distribui uma sombra. A luz clara no alto à esquerda do banheiro está errada e está contribuindo pesadamente para a solução de resplandecência.

No Exercício 12.8 você edita o plano de teto para transformá-lo em um objeto como caixa. Depois, você compara a cena apresentada que resulta do objeto de teto fechado.

Exercício 12.8
Como usar objetos fechados em soluções de resplandecência

1. Abra o arquivo chamado Ch12_Modeling02.max do CD-ROM ou do exercício anterior. A partir do menu pull-down, escolha Save As, indique para um subdiretório apropriado em seu disco rígido e use o botão de sinal de adição para salvar um novo arquivo, com o nome aumentado para Ch12_Modeling03.max.

2. Na viewport Camera01, selecione Ceiling da lista Select by Name e pressione Delete, para apagar o objeto. No painel Display, rolagem Hide (ocultar), clique Unhide by Name (exibir por nome). Clique duas vezes Box_Ceiling na caixa de diálogo Unhide Objects (veja a Figura 12.25). Esta é uma caixa do tamanho do teto, abrindo com um material designado e com trama ajustada para 6 polegadas, na caixa de diálogo Object Properties.

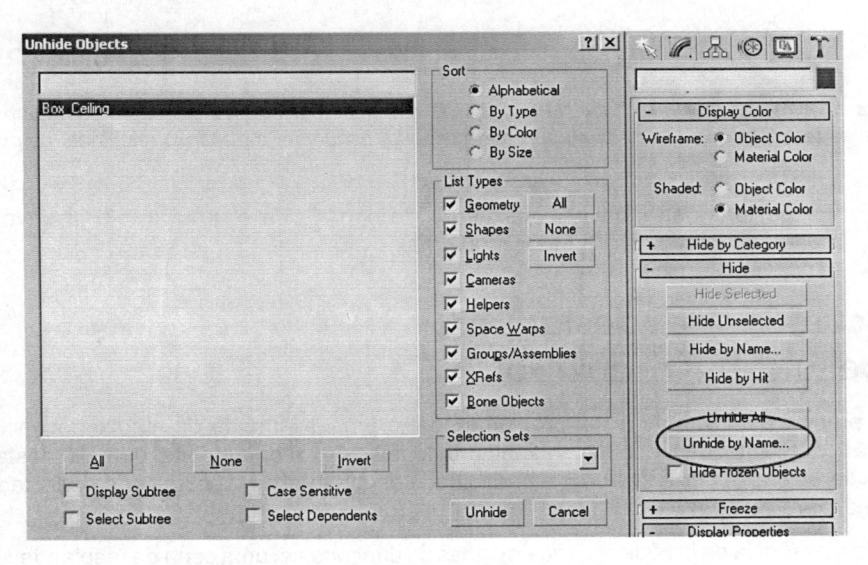

Figura 12.25 – *Selecione Box_Ceiling e clique o botão Unhide by Name, no painel Display, rolagem Hide.*

3. Na caixa de diálogo Render Scene, etiqueta Advanced Lighting, clique Reset All, se estiver continuando a partir do Exercício 12.7 e depois, clique Start para executar a solução de resplandecência. Apresente a viewport Camera01. As áreas claras na parte superior esquerda sumiram, como o reflexo resultante do canto da pia, e as bordas da parede e do teto estão mais limpas (veja a Figura 12.26).

Figura 12.26 – Um objeto fechado de teto resulta em uma solução melhor nas bordas das paredes e do teto e bloqueia a luz direta, na parte superior esquerda, e o reflexo resultante na pia.

4. Feche todas as janelas e caixas de diálogo. Salve o arquivo, ele já deve estar nomeado como Ch12_Modeling03.max.

Discussão de destaques especulares reduzidos

Você precisa estar atento a um problema com o processamento de resplandecência e a redução de destaques especulares em materiais. O autor acredita que os destaques especulares são importantes para a capacidade do material em convencer o espectador do que é áspero ou suave.

Devido à essência de luz que retorna em todas as direções em uma cena de resplandecência, os destaques especulares são sobre expostos e lavados.

Uma solução é acrescentar luzes poderosas à cena, que contribui apenas para o componente especular de iluminação. Elas não clareiam a iluminação difusa ou direta, nem contribuem para a solução de resplandecência.

Você também deve incluir apenas objetos específicos, de modo que os destaques especulares só sejam acrescentados àqueles objetos aos quais deseja chamar a atenção do espectador.

A troca Specular Only (apenas especular) é encontrada no painel Modify, rolagem Advanced Effects. É preciso limpar a caixa de verificação de componente Diffuse (veja a Figura 12.27).

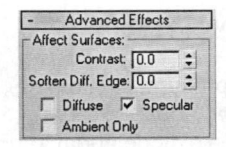

Clicando com o botão direito uma luz na cena e abrindo Object Properties, área Light Object Radiosity Properties, você pode Exclude (excluir) de Radiosity Processing (processamento de resplandecência), para que a luz só contribua com luz direta à cena (veja a Figura 12.28).

Figura 12.27 – É possível ajustar luzes no painel Modify, rolagem Advanced Effects, para afetar apenas os destaques especulares.

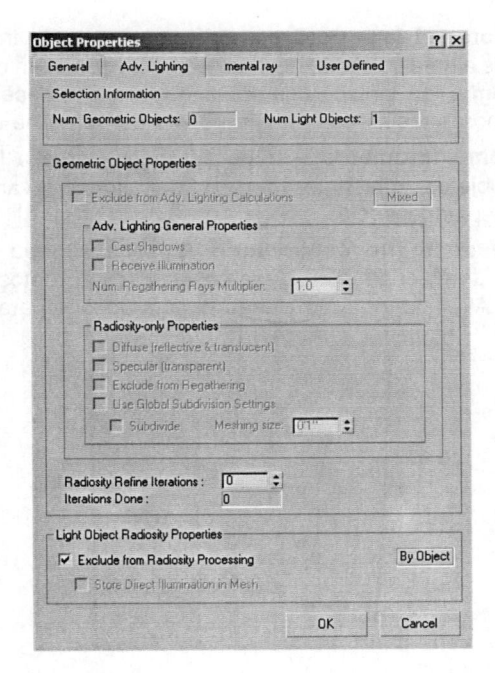

Figura 12.28 – É possível incapacitar a capacidade de uma luz contribuir para o processamento de resplandecência na caixa de diálogo Object Properties, etiqueta Advanced Lighting.

Você pode incluir ou excluir objetos específicos de todos os aspectos da luz com o botão Exclude, encontrado no painel Modify, rolagem General Parameters. A intensidade, que é controlada pelo valor Multiplier da luz, pode ser encontrada na rolagem Intensity/Color/Distribution e pode ser ajustada tão alta quanto você precisa para conseguir os destaques especulares que deseja em sua cena.

Este processo é um "truque" e não segue as leis de física das luzes fotométricas; mas como com luzes padrão, geralmente você não está buscando por realismo, mas pela percepção de realismo, o que é mais importante para uma boa imagem.

Resumo

A apresentação de resplandecência pode tornar as cenas muito mais convincentes ao espectador. Entretanto, se você não seguir algumas regras fundamentais sobre iluminação, trama e modelagem, rapidamente o processo pode se tornar ineficiente e custar o seu valioso tempo de produção.

Alguns dos tópicos cobertos neste capítulo incluíram os seguintes:

- **Iluminação fotométrica** – Você aprendeu que a iluminação fotométrica usa luzes com base nas leis da física para calcular luz direta e retornada dentro do apresentador Radiosity.

- **Trama para fotometria** – Você aprendeu que a trama lhe permite acrescentar vértices e faces a uma trama de resplandecência, que é um clone de sua cena, para a armazenagem e interpolação da solução de resplandecência. Tramas menores oferecem melhores resultados, mas ao custo de perda de eficiência.

- **Modelagem para fotometria** – Você aprendeu como a localização relativa de vértices em objetos adjacentes pode afetar significativamente a eficiência da solução de resplandecência.

- **Aspectos de destaque especular** – Você aprendeu que as soluções de resplandecência não criam destaques especulares abruptos, devido à essência de luz retornada. Algumas notas o ajudaram com opções para corrigir tal falha.

CAPÍTULO 13

Apresentação de resplandecência: controle de material

Neste capítulo

Neste capítulo você aprende a respeito de um novo tipo de material, que lhe permite manipular seus materiais para melhores resultados, quando usando a apresentação de resplandecência e para usar alguns dos recursos de Exposure Control, que podem aperfeiçoar as suas imagens, como um efeito de pós-processamento:

- **Advanced Lighting Override** (sobreposição de iluminação avançada) – Você aprende a usar este tipo de material sobre os materiais existentes, para controle de reflexo, vazamento de cor ou alguns efeitos especiais.

- **Exposure Control** – Você aprende a processar as suas imagens depois de cálculos de resplandecência, para melhores faixas de contraste.

Em geral, os materiais funcionam simplesmente muito bem com resplandecência. Quando um material tem efeitos demais em um objeto à volta, entretanto, você pode ir para a amostra de cor e escurecer a cor, para fazer com que menos luz retorne do material. No caso de materiais que captam cor de mapas, é possível ir para a rolagem Output ou acrescentar um tipo de mapa de Output e ajustar a quantidade de saída. Porém, os materiais na janela de exemplo Material Editor podem ficar tão escuros que é difícil ajustar os outros parâmetros.

O material Advanced Lighting Override fica sobre o seu material normal e super impõe mudanças no material de base subjacente. Isto lhe permite mudar não apenas a quantidade de luz retornada (reflexo), mas também a cor vazada e se, de fato, o material pode contribuir com luz à cena, como se fosse uma luz fotométrica.

Termos-chave

- **Reflectance** (reflexo) – A intensidade de luz retornada de superfícies de materiais em apresentação de resplandecência.
- **Color bleed** (vazamento de cor) – A quantidade de cor transferida de uma superfície para outra, com a luz retornada em apresentação de resplandecência.
- **Luminance scale** (escala de luminosidade) – Um atributo de Advanced Lighting Override que ajusta a intensidade de materiais auto iluminados, que age como luzes fotométricas em uma apresentação de resplandecência.

Resultados de material com apresentação Radiosity

A cena de banheiro parece muito melhor do que quando você começou, mas ainda existem uns dois problemas perceptíveis. O brilho geral do cômodo está alto demais, e a chão azul e os artefatos vermelhos têm influência demais nas cores das paredes e do teto.

Nesta seção você aprende a controlar tais aspectos de materiais usados em resplandecência, chamados de *reflectance* e de color *bleed*. Reflectance (ou reflexo; coeficiente de reflexo) é a intensidade da luz retornada dos materiais, e color bleed (vazamento de cor) é a quantidade de cor que a cor retornada transfere para outros objetos.

Faixas publicadas para reflexo de muitos materiais variam muito, como mostrado a seguir no pequeno exemplo do arquivo Help online.

Material	Mínimo	Máximo
Cerâmica	20%	70%
Tecido	20%	70%
Alvenaria	20%	50%
Plástico	20%	80%
Madeira	20%	50%

Como é possível ver, a escolha é bem subjetiva, o que possibilita ajuste e lhe permite obter o aspecto que você acredita ser convincente.

Há um tipo especial de material, chamado Advanced Lighting Override, que você aprenderá a usar para controlar ambos, reflexo e vazamento de cor.

Material Reflectance

3ds max 6 tem iluminação fotométrica que segue exatamente as leis da física. Um elemento subjetivo, entretanto, ainda existe, devido às amplas variações nos valores de reflexo e vazamento de cor das superfícies (questões de cada iluminação de cenário).

Ainda que os fabricantes publiquem tabelas que relacionam faixas de valor de reflexo para diferentes tipos de materiais, as faixas são amplas o bastante para oferecer uma grande escolha do que você acredita parecer melhor.

No Exercício 13.1, você aprende a capacitar a exibição Reflectance and Color Bleed no Material Editor e aprende a aplicar o tipo de material Advanced Lighting Override em seus materiais existentes, para controlar os valores de reflexo, para escurecer a sua cena de banheiro.

Exercício 13.1
Como aplicar o material Advanced Lighting Override ao controle Reflectance de um material

1. Abra o arquivo chamado Ch13_Materials01.max do CD-ROM. A partir do menu pull-down File, escolha Save As, indique para um subdiretório apropriado em seu disco rígido e use o botão de sinal de adição para salvar um novo arquivo, com o nome aumentado para Ch13_Materials02.max.

2. No menu pull-down Customize, escolha Preferences. Na caixa de diálogo Preference Settings, etiqueta Radiosity, área Material Editor, marque Display Reflectance & Transmittance Information (exibir informações de coeficiente de reflexo e de trans-missão) (veja a Figura 13.1). Clique OK. Abra o Material Editor e é possível ver os valores exibidos abaixo das janelas de exemplo (veja a Figura 13.2).

Nota

O valor Transmittance controla quanta luz passa através de materiais transparentes.

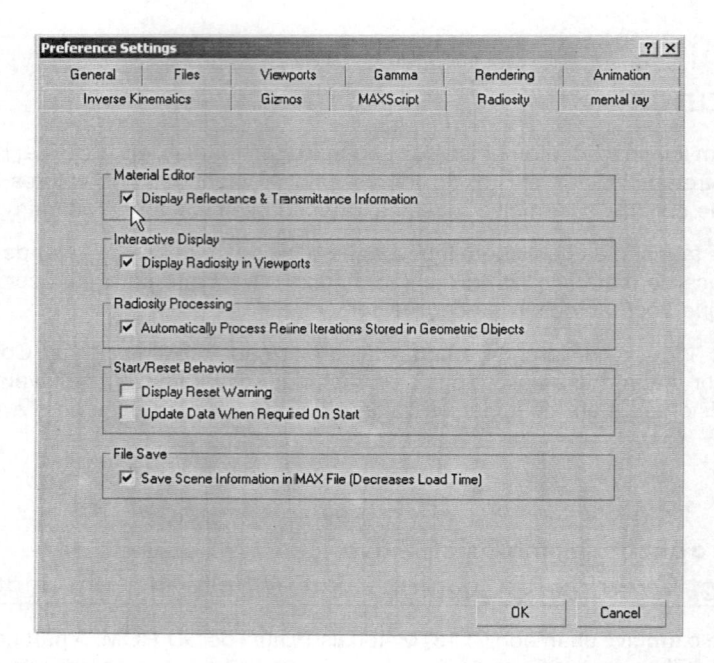

Figura 13.1 – *Em Customize, Preferences, etiqueta Radiosity, marque Display Reflectance & Transmittance Information.*

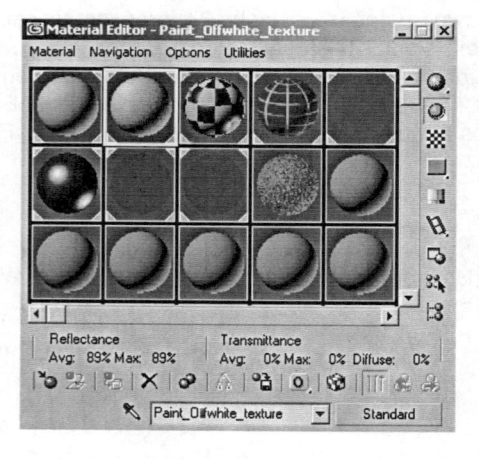

Figura 13.2 – *Agora, Reflectance & Transmittance Information aparece bem abaixo das janelas de exemplo no Material Editor.*

3. Ative a janela de exemplo Tile_floor e você vê que Average Reflectance (reflexo médio) está em 41 por cento e as áreas mais claras refletem um máximo de 83 por cento da luz atingindo a superfície. Você designa um novo material sobre a parte de cima do material de azulejo de chão, para ter controle sobre as configurações. No Material Editor, clique o botão Standard, próximo ao campo de nome Tile_floor. No Material/Map Browser, clique duas vezes o tipo d material Advanced Lighting Override. Escolha Keep Old Material as Sub-Material e clique OK. Este material está correndo sobre Tile_foot, o material de base (veja a Figura 13.3).

4. Na caixa de diálogo Render Scene, etiqueta Advanced Lighting, clique o botão Start. Apresente Camera01 e coloque a última imagem apresentada no Channel A do RAM Player.

5. No Material Editor, rolagem Advanced Lighting Override Material, área Override Material Physical Properties, entre com 0.5 no campo Reflectance Scale e pressione Enter. Clique Reset All e inicie os cálculos de resplandecência, apresente a viewport Camera01 e carregue a nova imagem no Channel B do RAM Player. Uma comparação mostra que a nova imagem é perceptivelmente mais escura (porque o reflexo é a metade do que era antes, mas as paredes mais baixas têm cerca da mesma quantidade de azul).

Nota

Você pode perceber mudanças aleatórias em torno da banheira. Elas são o resultado de vértices da unidade de banheira que não têm vértices correspondentes nas paredes, chão ou teto. Isto poderia ser ajustado com os objetos de trama ou configurando o tamanho de trama para um número menor.

6. Feche todas as janelas e caixas de diálogo e salve o arquivo. Ele já deve estar nomeado como Ch13_Materials02.max.

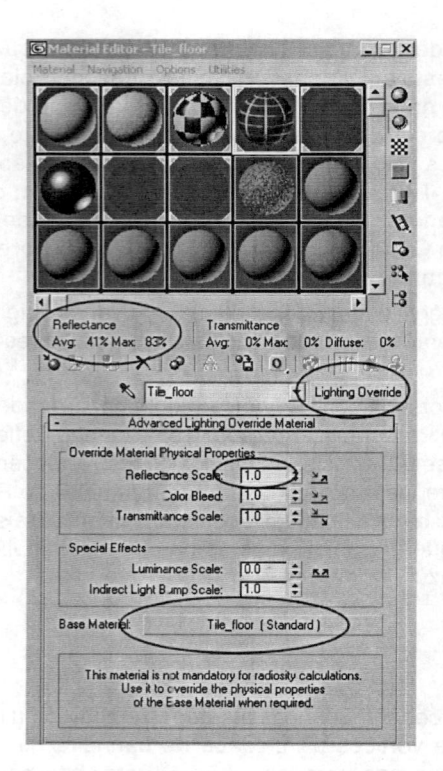

Figura 13.3 *– O material Advanced Lighting Override fica
sobre o seu material de base, para acrescentar controle
extra a reflexo, vazamento de cor e outros atributos.*

Material Color Bleed

O vazamento de cor refere-se à luz refletida transmitindo cor de uma superfície para
superfícies à volta. Vazamento de cor exagerado parece artificial, enquanto pouco demais
reduz a eficácia da apresentação de resplandecência para fazer uma cena convincente. No
Exercício 13.2, você aprende a ajustar o vazamento de cor de materiais.

Exercício 13.2
Como ajustar Color Bleed com
o material Advanced Lighting Override

1. Abra o arquivo chamado Ch13_Materials02.max do CD-ROM ou do exercício
   anterior. A partir do menu pull-down File, escolha Save As, indique para um
   subdiretório apropriado em seu disco rígido e use o botão de sinal de adição para
   salvar um novo arquivo, com o nome aumentado para Ch13_Materials03.max.

2. Reajuste qualquer solução de resplandecência atual e inicie uma nova solução. Apresente a viewport Camera01 e carregue a imagem no Channel A do RAM Player.

3. No Material Editor, rolagem Advanced Lighting Override Material, área Override Material Physical Properties, entre com 0.5 no campo Color Bleed e pressione Enter. Clique Reset All e inicie os cálculos de resplandecência, apresente a viewport Camera01 e carregue a nova imagem no Channel B do RAM Player. As paredes mais baixas estão consideravelmente menos matizadas com Azul, e as cores neutras estão aparecendo mais adequadamente.

4. No Material Editor, ative a janela de exemplo Paint_Tub para a esquerda da janela de exemplo Tile_floor. Use o Material/Map Navigator para ir para o nível de material Top. Clique o botão Standard e clique duas vezes Advanced Lighting Override na lista Browser. Mantenha o antigo material como um sub material. Na rolagem Advanced Lighting Override, entre com 0.5 no campo Color Bleed e pressione Enter.

5. Arraste o botão de tipo de material Lighting Override do Paint_Tub para dentro da janela de exemplo Tub (banheira) e feche Instance, e clique OK (veja a Figura 13.4). Isto coloca o mesmo material dentro da pia, com Color Bleed ajustado para 0.5.

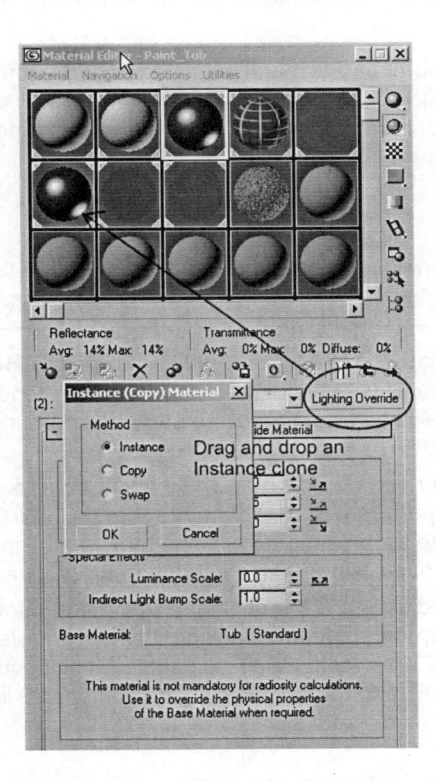

Figura 13.4 – Arraste e solte o material Advanced Lighting Override para a janela de exemplo Tub, como uma cópia clone. Isto mantém o material de banheira e de pia igual.

6. Clique Reset All e inicie os cálculos de resplandecência e apresente a viewport Camera01. Carregue a imagem no Channel B do RAM Player. O vazamento de cor vermelha reduzida dá à imagem um aspecto mais natural.

7. Feche todas as janelas e caixas de diálogo. Salve o arquivo; ele já deve estar nomeado como Ch13_Materials03.max.

Materiais como fontes de luz fotométrica

Nesta seção, você abre um novo arquivo e aprende a ajustar o material Advanced Lighting Override, para levar os materiais auto-iluminados a, de fato, emitir luz em uma cena (assim como acrescentar uma nova luz fotométrica).

No Capítulo 12, "Iluminação fotométrica: cálculo de luz retornada," você aprendeu a capacitar a auto-iluminação em materiais, o que leva o material a parecer brilhar de dentro, superexpondo a área de luz ambiente – isto é, o material em áreas escurecidas ou sombreadas.

No Exercício 13.3, você abre um novo arquivo, que tem um artefato de luz sobre a pia. É o mesmo artefato que fica no console, na cena de interior, exceto que a cor Self-Illumination foi mudada de vermelho para amarelo e um material Advanced Lighting Override foi acrescentado ao material de lâmpada.

Exercício 13.5
Como transformar materiais auto iluminados em fontes de luz fotométrica

1. Abra o arquivo chamado Ch13_AdvLight01.max do CD-ROM. A partir do menu pull-down File, escolha Save As, indique para um subdiretório apropriado em seu disco rígido e use o botão de sinal de adição para salvar um novo arquivo, com o nome aumentado para Ch13_AdvLight02.max.

2. Reajuste qualquer solução de resplandecência atual e inicie uma nova solução. Apresente a viewport Camera01 e carregue a imagem no Channel A do RAM Player. O novo artefato de luz próximo ao espelho tem uma lâmpada, que brilha com auto-iluminação, mas não afeta a iluminação na cena (veja a Figura 13.5).

3. Abra o Material Editor e use Material/Map Navigator, para ir para o nível Light Bulb (luz de lâmpada) do material Flashing Light. Na rolagem Advanced Lighting Override Material, entre com 3.500 no campo Luminance Scale e pressione Enter (veja a Figura 13.6). Isto torna a intensidade do material igual a uma luz com lux de 3.500 na cena.

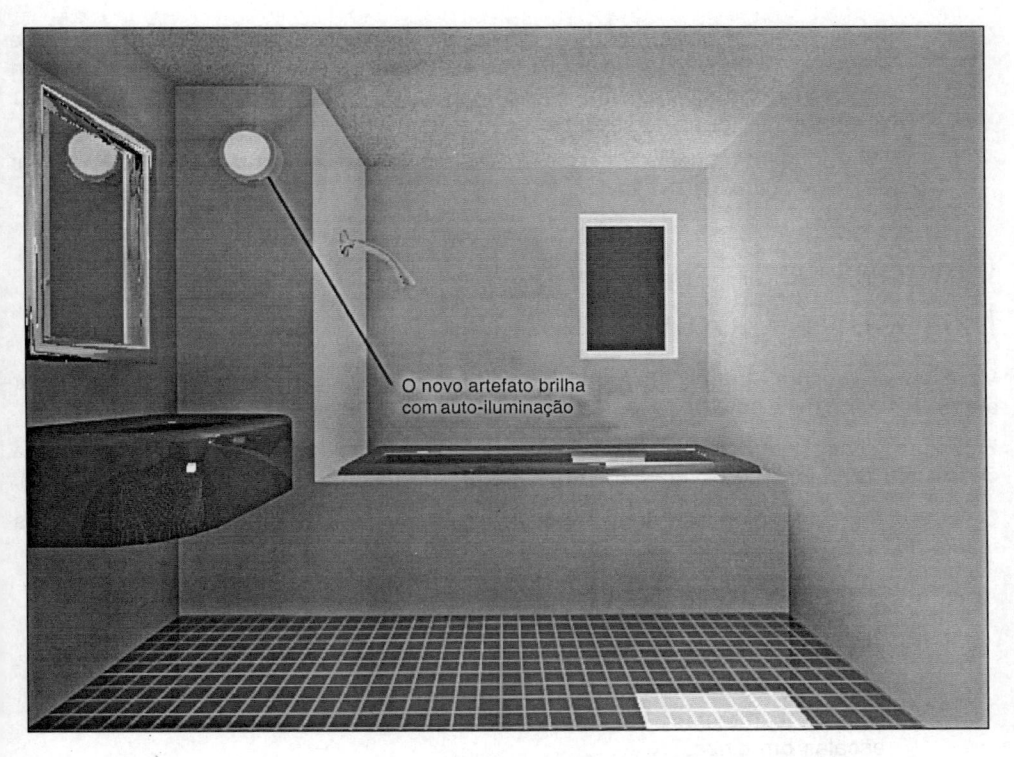

Figura 13.5 *– Um novo artefato de luz na cena tem um material auto-iluminado que brilha. Também há um material Advanced Lighting Override no material auto-iluminado.*

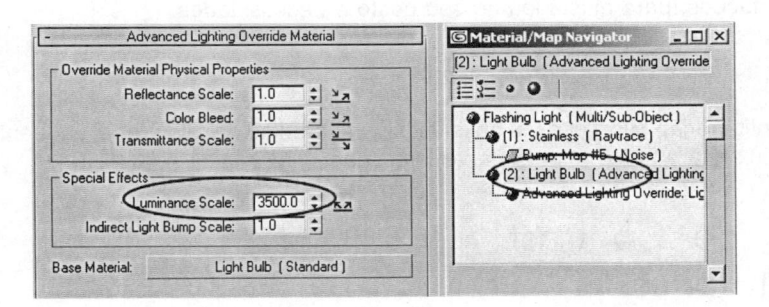

Figura 13.6 *– Use o Material/Map Navigator para is para o nível Light Bulb do material Flashing Light e, no Material Editor, rolagem Advanced Lighting Override Material, área Special Effects, entre com 3.500 no campo Luminance Scale.*

4. Na caixa de diálogo Render Scene, etiqueta Advanced Lighting, clique Reset All e depois, clique Start. Quando os cálculos estiverem terminados, apresente a viewport Camera01 e carregue a imagem no Channel B do RAM Player. Você pode ver a luz extra no canto da unidade de banheira e na parede e espelho.

5. Feche todas as janelas e caixas de diálogo e salve o arquivo. Ele já deve estar nomeado como Ch13_AdvLight02.max.

Opções de Exposure Control

Você usou Exposure Control para mudar o brilho geral de uma cena; entretanto, para refinar a apresentação para uma imagem mais convincente, às vezes é útil ajustar o contraste.

Exposure Control oferece duas ferramentas que podem aperfeiçoar o contraste de uma cena: uma configuração Contrast (contraste) e uma configuração Mid Tones (meios tons).

O ajuste Contrast tende a clarear as áreas de luz, escurecer áreas escuras e deixar a faixa média de pixel de brilho relativamente igual.

Nota

Estes ajustes são subjetivos. Por acaso eu gosto de cenas com uma boa faixa de contraste, de escuro para claro, através de uma variedade de escalas em cinza.

Esta cena não tem trama em alguns dos objetos e nem boas sombras para criar áreas escuras. Aprenda as lições aqui e aplique-as em suas apresentações, para ajustá-las ao seu gosto e necessidades.

Com a configuração Mid Tones, é possível ajustar o brilho de tais áreas, enquanto deixa as áreas de luz alta e baixa relativamente intocadas.

Ajuste de Contrast e Mid Tones

No Exercício 13.4, você ajusta o Contrast e os Mid Tones de uma apresentação, primeiro a extremos, para ver as diferenças, e depois para uma configuração que se mostra útil a esta imagem em especial.

Exercício 13.4
Como ajustar Exposure Control
Contrast e configurações de Mid Tones

1. Abra o arquivo chamado Ch13_AdvLight02.max do CD-ROM. A partir do menu pull-down File, escolha Save As, indique para um subdiretório apropriado em seu disco rígido e use o botão de sinal de adição para salvar um novo arquivo, com o nome aumentado para Ch13_AdvLight03.max.

2. Reajuste qualquer solução de resplandecência atual e inicie uma nova solução. Apresente a viewport Camera01 e carregue a imagem no ChannelA do RAM Player.

3. Na caixa de diálogo Render Scene, etiqueta Advanced Lighting, rolagem Radiosity Processing Parameters, área Interactive Tools, clique o botão Setup ou pressione 8, para abrir a caixa de diálogo Environment and Effects. Na rolagem Logarithmic Exposure Control, entre com 100 no campo Contrast e apresente a viewport Camera01 (veja a Figura 13.7).

Nota

Alterações em Exposure Control ocorrem durante o pós-processamento e não exigem um reajuste e recálculo da solução de resplandecência.

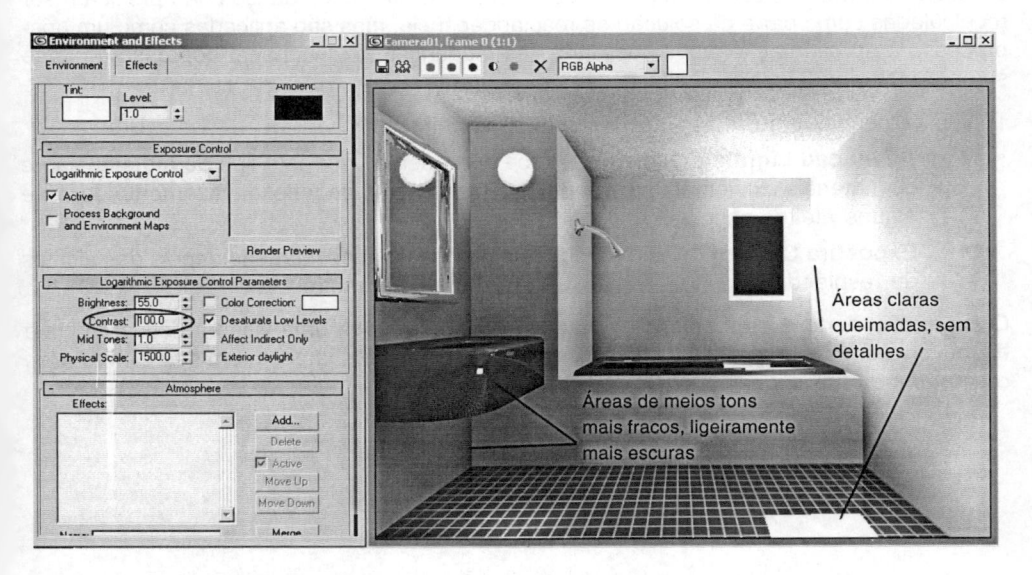

Figura 13.7 *– Configurar Contrast para 100 queima o detalhe das áreas claras, enquanto escurece ligeiramente os tons mais baixos desta cena.*

4. Ajuste o Contrast para 10 e apresente a viewport Camera01. A cena é plana e não contém detalhes. Entre com 70 no campo Contrast e apresente de novo. A cena tem alguns detalhes nas áreas claras, que são especialmente perceptíveis no azulejo do chão.

5. Na rolagem Logarithmic Exposure Control Parameters, entre com 2 no campo Mid Tones e apresente a viewport Camera01. Porque esta cena contém poucas áreas escuras, parece como se tudo fosse mais claro. Observe que as áreas mais claras ainda contêm detalhes, enquanto a pia se torna muito mais clara. Isto não é igual a ajustar a quantidade de Brightness, que muda todos os pixels igualmente.

6. Ajuste Mid Tones para 0.1 e apresente a viewport Camera01. Novamente, o detalhe no chão claro é quase igual, enquanto a pia está muito mais escura. Ajuste Mid Tomes para 0.8 e apresente a viewport Camera01.

7. Carregue a última imagem apresentada no Channel B do RAM Player e compare as duas imagens. A imagem ajustada tem mais profundidade aparente e nitidez do que a original.

8. Feche todas as janelas e caixas de diálogo e salve o arquivo. Ele já deve estar nomeado como Ch13_AdvLight03.max.

Resumo

Refinar as configurações de Exposure Control de Contrast e Mid Tones pode acrescentar um toque extra e "aspecto em 3D" às suas cenas. Porque as mudanças não precisam ser recalculadas como parte da solução de resplandecência, mas são aplicadas como um pós-processo à apresentação, você pode fazer as mudanças relativamente depressa e quase sempre elas aperfeiçoam significativamente a sua imagem.

Tópicos aprendidos neste capítulo incluem os seguintes:

- **Advanced Lighting Override** – Você aprendeu a usar este tipo de material sobre os materiais existentes, para controlar o coeficiente de reflexo, vazamento de cor e alguns efeitos especiais.

- **Exposure Control** – Você aprendeu a processar suas imagens depois de cálculos de resplandecência, para melhores faixas de contraste.

O material coberto neste capítulo exige que você desenvolva uma visão artística de luz e desenvolva em sua mente qual tipo de imagem causará mais impacto em seu cliente. Use o seu tempo para experimentar.

PARTE IV

Coisas a configurar em movimento

CAPÍTULO 14

Ajuste de chave de animação

Neste capítulo

Você modelou algumas cenas, designou materiais e colocou luzes; agora, é hora de aprender algumas técnicas fundamentais de animação.

Neste capítulo, você aprende alguns métodos importantes de animação, que serão usados com freqüência em seus futuros projetos:

- **Set Key animation** (ajuste chave de animação) – Com este método de animação, você ajusta chaves na hora em que registra a posição de objetos ou ações realizadas.

- **Chaves de edição e clonagem -** Chaves de animação que gravam eventos na hora podem ser editadas ou clonadas para mudar a posição de sua animação.

- **Objetos substitutos** – Objetos auxiliares, na forma de um cubo ou ponto de fio de cabelo cruzado, que ajudam no controle de animação e nunca aparecem na cena.

- **Vínculo hierárquico** – Vínculo hierárquico ajusta relacionamentos pai-filho entre objetos, para controle de animação.

3ds max 6 usa uma forma de animação amplamente referenciada como *key frame animation* (moldura chave de animação). O termo vem da tradicional animação de célula, usado em desenhos animados desenhados à mão. Por exemplo, suponha que uma equipe é composta de um animador principal e animadores juniores. O animador principal desenha as poseschave da ação, para ajustar a linha de história. Depois, os animadores juniores desenham no filme, para ajustar as etapas intermediárias entre as molduras-chave, que trazem vida à cena, quando exibida a uma determinada velocidade.

Em 3ds max 6, você é o administrador principal. Você ajusta chaves em pontos no tempo, quando uma ação começa e termina, e então, o programa age como o animador júnior, para preencher as molduras intermediárias

O método Set Key de animação lhe dá o controle para gravar apenas a(s) parte(s) que você precisa – por exemplo, mudanças de posição ou rotação – mantendo assim o controle e edição das chaves o mais simples possível.

Como as chaves de animação são criadas neste capítulo, elas aparecem como retângulos na barra de controle, na parte de baixo da tela de exibição. A barra de controle padrão mostra molduras de 0 a 100.

É possível pensar na barra de controle como um tipo de agenda de compromissos. Cada chave representa um evento que acortecerá no tempo. Você pode mover as chaves no tempo, na barra de controle, para ajustar a velocidade com que os eventos se relacionam entre si; chaves mais próximas entre si representam ação mais rápida, e chaves mais distantes são ações mais lentas. Neste capítulo, você aprende a ajustar a temporização, movendo e clonando chaves.

Nos exercícios deste capítulo você trabalha em uma cena que representa a sala de máquinas do barco dos exercícios anteriores. Ainda que o barco seja de meados de 1800 e a sala de comando seja dos dias mais atuais, a sala de máquinas pode cair em alguma época intermediária. Há água no porão do navio, que reflete luz de volta para a sala, distribuindo sombras sinuosas da própria máquina e de outros equipamentos. Nesta fase dos projetos, o seu trabalho é iniciar o eixo da hélice e o mecanismo de transmissão girando e fazer a máquina fazer ruídos de descarga, e depois, iniciar um sistema de bombeamento primitivo, para manter o barco flutuando.

Termos-chave

- **Chave** – Um indicador usado para gravar ação no tempo.
- **Dummy** (substituto) – Um objeto auxiliar não apresentável para ajudar a animação.
- **Vínculo hierárquico** – Para configurar um relacionamento pai-filho entre objetos.

Set Key de animação para rotação

No Exercício 14.1 você aprende a animar a rotação do eixo da hélice do barco, usando duas formas de Set Key de animação – uma que só funciona com as transformações em 3ds max 6: Move (mover), Rotate (rotacionar) e Scale (escalonar). Uma outra forma usa um botão Set Keys para criar chaves para vários aspectos da animação.

A hélice não deve girar desde o início de sua animação; ao invés, ela deve ficar parada até a passagem de algumas molduras, e depois, deve girar 270 graus pelo restante do tempo.

Depois, você o ajustará para girar a totais 360 graus pelo mesmo tempo, editando uma chave individualmente, e então, mudará a velocidade daquela rotação, movendo chaves no tempo.

Nota

Existe uma forma de animação, chamada Auto Key. Quando você capacita o modo Auto Key e está em qualquer moldura, que não a moldura 0, a maioria das edições se torna animada, sendo ou não a sua intenção. Auto Key também tende a criar chaves de muitos aspectos, independente se elas são animadas, o que resulta em alguma confusão no gerenciamento e edição de chaves.

A coisa importante com a animação de Set Key é que você só está criando chaves quando precisa delas.

Exercício 14.1
Configuração e ajuste de chaves de animação de transformação de objeto

1. Abra o arquivo chamado Ch14_SetKey01.max do CD-ROM. A partir do menu pull-down File, escolha Save As, indique para um subdiretório apropriado em seu disco rígido e use o botão de sinal de adição para salvar um novo arquivo, com o nome aumentado para Ch14_SetKey02.max. Você está na sala de máquinas do seu barco, olhando na direção da máquina, à direita e um sistema de bombeamento à esquerda. Há duas luzes acima (luzes totais padrão) brilhando para baixo, a partir de artefatos. Há também uma luz de preenchimento atrás da câmera e à esquerda, com uma cor azulada, para dar à máquina um aspecto mais frio. Uma luz abaixo da popa simula luz retornando da água no porão e distribuindo sombras da máquina e gradeando no teto.

2. Na viewport Camera01, selecione o objeto Shaft_Gear, na parte de trás da máquina, que está mais próxima de você na cena. A sua animação terá 100 molduras de comprimento, mas a hélice não deve começar a girar até a moldura 10, e deve terminar em 270 graus de rotação na moldura 100. Primeiro você ajusta uma chave de rotação na moldura 10, que grava a rotação atual da hélice da moldura 0 à moldura 10 – isto é, nenhuma rotação. Para criar a chave, você usa um método de animação de Set Key. Assegure-se de que o deslizador Time esteja ajustado para a moldura 0 (veja a Figura 14.1).

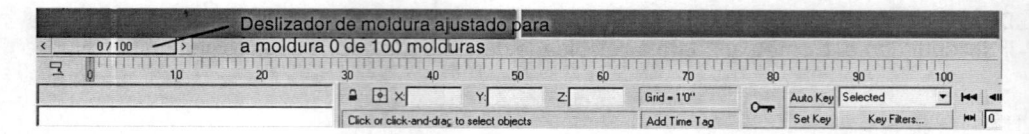

Figura 14.1 – *Arraste o deslizador Time para a esquerda da barra de controle, para garantir que ele esteja na moldura 0, de 100 molduras.*

3. Clique com o botão direito o deslizador Time. Na caixa de diálogo Create Key, entre com 10 no campo Destination Time (tempo de destino) e limpe as caixas de verificação Position e Scale (veja a Figura 14.2). Clique OK. Isto lê a quantidade de rotação na moldura 0 e copia tais informações para a nova chave, na moldura 10.

Dica

Se nenhuma chave for criada na moldura 10 para gravar a rotação da moldura 0, automaticamente a próxima ação inicia na moldura 0. Você não deseja rotação da moldura 0 até a moldura 10.

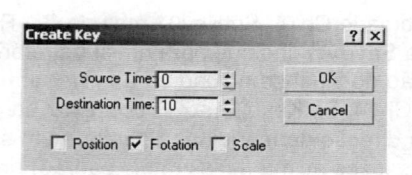

Figura 14.2 – *Clique com o botão direito o deslizador Time e ajuste Destination Time para 10. Limpe as caixas de verificação Position e Scale, para que chaves desnecessárias não sejam gravadas para tais ações. Esta forma de animação de Set Key só pode gravar chaves para as transformações: Move, Rotate e Scale.*

4. Arraste o deslizador Time para a direita, para a moldura 100. Agora, você usará uma outra forma de animação de Set Key, válida para muitos tipos de animação. Na barra de status, clique o botão Key Filters (filtros-chave) e limpe todos, exceto Rotation, na caixa de diálogo Set Key Filters (veja a Figura 14.3). Feche a caixa de diálogo.

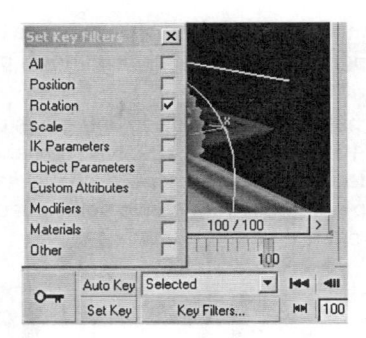

Figura 14.3 – *Na barra de status, clique o botão Key Filters e limpe tudo,
exceto Rotation, na caixa de diálogo Set Key Filters. Você só
gravará chaves de rotação, não os outros aspectos de animação.*

5. Na barra de status, clique a alternância Set Key Mode. Ela, a barra de deslizador Time e a moldura de viewport ativa se tornam vermelhas, para indicar que você está no modo de Set Key. Na barra de ferramentas principal, clique o botão Select and Rotate (selecionar e rotacionar). Na barra de ferramentas principal, clique Angle Snap Toggle (alternar ângulo de alinhamento). O padrão é uma rotação de alinhamento de 5 graus.

6. Na viewport Camera01, escolha e arraste no círculo verde de restrição do eixo Y do gizmo Transform e gire Shaft_Gear 270 graus. Você vê um ângulo de rotação na barra de status e no próprio gizmo Transform (veja a Figura 14.4). Clique o grande botão Set Keys (com o símbolo de chave), para ajustar a tecla de animação na moldura 100. Clique a alternância Set Key Mode para sair daquele modo.

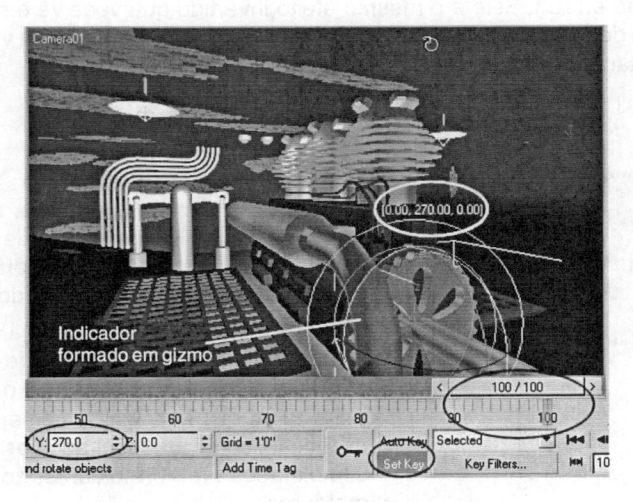

Figura 14.4 – *Com Angle Snap alternado, na
moldura 100, gire o Shaft_Gear 270 graus no eixo Y.*

7. Clique o botão Play Animation (executar animação) na barra de status, para executar a animação (veja a Figura 14.5). A hélice fica imóvel por 10 molduras e depois gira pelo resto do tempo. Pare a exibição.

8. Você percebe que a hélice deve ter girado 360 graus completos (ou qualquer outro número) da moldura 10 até a moldura 100. Não há necessidade de girar novamente a hélice. Na barra de controle, selecione a chave na moldura 100. Ela se torna branca. Clique com o botão direito a chave selecionada e destaque Shaft_Gear: Y Rotation no menu (veja a Figura 14.6).

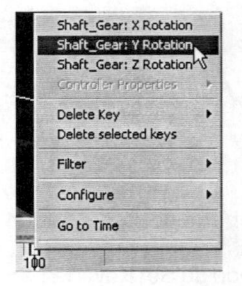

Figura 14.5 – Clique o botão Play Animation na barra de status, para exibir a animação na viewport Camera01 ativa.

Figura 14.6 – Selecione a chave na moldura 100 para torná-la branca e depois clique-a com o botão direito e destaque Shaft_Gear: Y Rotation no menu.

Dica

À medida que você exibe, pode parecer que a hélice está girando na direção errada. Este é o mesmo efeito invertido que você vê em todas as rodas de trem em filmes de faroeste, por exemplo, baseado na velocidade de rotação e taxa de exibição.

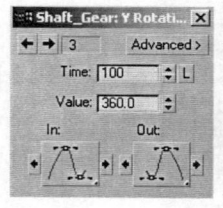

Figura 14.7 – Entre com 360 no campo Value da caixa de diálogo Shaft_Gear: Y Rotation, para editar a quantidade de graus armazenada na chave, na moldura 100.

9. Na caixa de diálogo Shaft_Gear: Y Rotation, entre com 360 no campo Value (veja a Figura 14.7) e pressione Enter. Feche a caixa de diálogo e execute a animação na viewport Camera01; a hélice gira 90 graus mais no mesmo período de tempo.

10. Então, você percebe que deseja que a animação espere até a moldura 30 antes de começar. Pegue e arraste a chave na moldura 10 para a moldura 30 (veja a Figura 14.8). A rotação será mais rápida na execução, como um resultado dos 360 graus sendo completados em 70 molduras, ao invés de em 90 molduras.

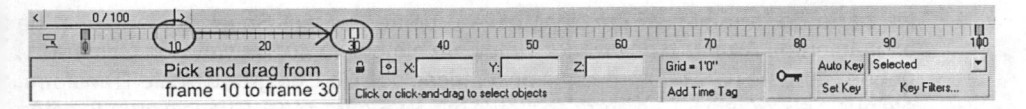

Figura 14.8 – Pegue e arraste a tecla de rotação em Y da moldura 10 para a moldura 30. O ângulo de rotação é igual, mas agora é completado em 20 molduras a menos; portanto, a rotação é mais rápida.

11. Feche todas as janelas e caixas de diálogo. Salve o arquivo; ele já deve estar nomeado como Ch14_SetKey02.mac.

Animação de Set Key em modificadores

Você usará a animação de Set Key no Exercício 14.2, para dar um aspecto cômico aos cilindros providos de barbatanas, no alto da máquina. Os cilindros parecerão explodir, para cima e para baixo pela animação – algo que nunca fariam, mas que acrescentará um elemento cômico à sua animação.

Um modificador XForm foi acrescentado a um dos três cilindros e, porque eles são cópias de clones, o modificador afetará todos os três da mesma maneira. O sub objeto Center do XForm foi alinhado para a parte de baixo do cilindro, e você animará a escala do gizmo, com o tempo, no eixo mundial Z.

Depois, você usará um método de clonagem de chaves, para repetir a ação pelo comprimento da animação, para conseguir este efeito de explosão ou rajada.

Exercício 14.2
Como usar Set Key com modificadores

1. Abra o arquivo chamado Ch14_SetKey02.mac do CD-ROM ou do exercício anterior. A partir do menu pull-down File, escolha Save As, indique para um subdiretório apropriado em seu disco rígido e use o botão de sinal de adição para salvar um novo arquivo, com o nome aumentado para Ch14_SetKey03.max.

2. Os três cilindros na parte superior da máquina são cópias de clones uns dos outros, assim, escolher qualquer um afetará todos os três. No painel Modify, vista Stack, expanda o modificador XForm e destaque o sub objeto Gizmo. Na barra de ferramentas principal, clique e mantenha pressionado o botão Select and Uniform Scale e escolha Select and Non-uniform Scale, o segundo, de baixo.

3. Na barra de status, clique o botão Key Filters e limpe todos, exceto Modifiers no menu. Feche o menu. Assegure-se de que o deslizador Time esteja na moldura 0. Na barra de status, clique a alternância Set Key Mode, para destacá-lo e a barra de deslizador em vermelho. Arraste o deslizador Time para a moldura 20 e clique o grande botão Set Keys (com o símbolo de chave). Isto cria uma chave na moldura 20, gravando a posição atual do modificador.

4. Na barra de ferramentas principal, ative o botão Percent Snap (porcentagem de alinhamento). Arraste o deslizador Time para a moldura 40. Na viewport Camera01, pegue e arraste para baixo, na seta de restrição do eixo Z do gizmo Scale Transform, até que o eixo Z leia 80, na barra de status (veja a Figura 14.9). Clique o grande botão Set Keys para gravar o escalonamento de 80 por cento na moldura 40. Clique Set Key para desativar aquele modo.

5. No painel Modify, vista Stack, destaque XForm, para sair do modo de sub objeto. Execute a animação na viewport Camera01; os cilindros compactam uma vez entre as molduras 20 e 40. Mas você deseja que isto aconteça mais do que uma vez através da animação.

6. Na barra de controle, selecione a chave na moldura 20, para torná-la branca. Mantenha pressionada a tecla Shift e arraste a chave da moldura 20 para a moldura 60. É possível arrastá-la direto para a chave na moldura 40. Lembre-se de que a chave na moldura 20 gravou a posição não compactada. Execute a animação e agora, você vê que o cilindro compacta entre as molduras 20 e 40 e descompacta entre as molduras 40 e 60.

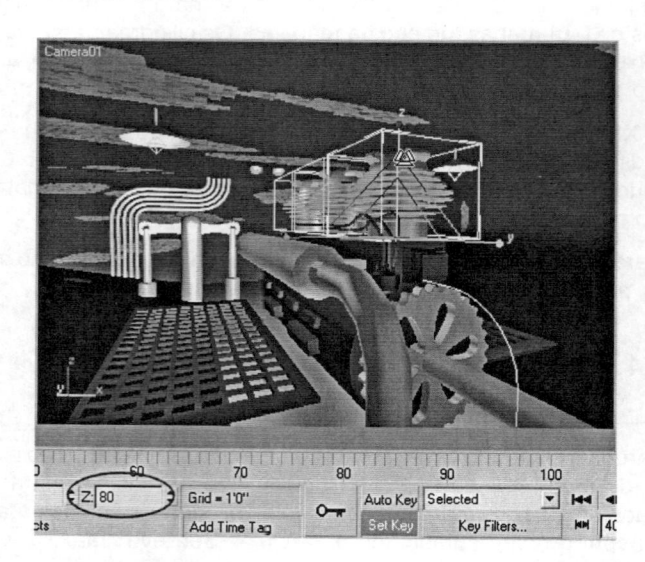

Figura 14.9 – Pegue e arraste a seta de restrição de escalonamento do eixo Z até que ele leia 80 na barra de status. Clique Set Keys, para gravar aquele escalonamento na moldura 40.

7. Clone a chave com Shift-Move a partir da moldura 40 para a moldura 80 e a chave da moldura 20 para a 100. Agora as chaves não se apresentam compactadas nas molduras 0, 20, 60 e 100, enquanto você tem chaves compactadas nas molduras 40 e 80. Então, quando executar novamente a viewport Camera01, parece como se uma ação vinda dos cilindros estivesse iniciando a rotação do eixo de hélice.

8. Feche todas as janelas e caixas de diálogo. Salve o arquivo; ele já deve estar nomeado como Ch14_SetKey03.max.

Vínculo hierárquico e objetos substitutos

Outros tópicos importantes cobertos neste capítulo são vínculos hierárquicos e objetos substitutos. Com o vínculo hierárquico, você configura ancestrais entre objetos. Um filho é vinculado a um pai, o pai a um avô, o avô a um bisavô e assim por diante. O princípio básico é que o filho precisa sempre acompanhar o seu pai, mas pode ter as suas próprias ações. Um exemplo poderia ser um trem com caixas de carro. Todas as caixas de carro seguem a locomotiva, mas cada caixa de carros se choca e arredonda as curvas por si mesma. Um outro exemplo é uma mão, antebraço e parte superior do braço. A ação age por si própria, mas nunca deixa o antebraço, que está sempre anexado à parte superior do braço.

Ainda que objetos possam ser, certamente, vinculados entre si, o uso de objetos substitutos oferece mais flexibilidade e controle. Um objeto substituto é um cubo não apresentável, que pode funcionar como uma alça de controle ou ponto pivô secundário, dentro de uma hierarquia. Um exemplo disto pode ser um sistema de planeta e lua, onde a lua está vinculada a um substituto, no centro do planeta. À medida que o substituto gira, a lua orbita o planeta, mas a lua pode ter movimento independente da rotação que a move mais perto do planeta, em determinados pontos na órbita. Cada ação é completamente independente da outra e, portanto, mais gerenciável.

O processo de vinculação é simples: você clica no botão Select and Link e depois arrasta do objeto filho até o objeto pai para estabelecer o vínculo.

Criação de objetos substitutos

No Exercício 14.3, você abre um arquivo que é semelhante à cena do exercício anterior. A diferença é que o choque de braço para a esquerda da máquina foi animado, para bater para a frente e para trás.

Você acrescentará dois objetos substitutos – um sobre cada um dos objetos Pump_piston – que agirá como pinos conectores ao Pump_arm. Depois, você os ligará, para que eles animem com a ação de batida.

Neste exercício, você aprende a fazer ajustes ao vínculo, que lhe permitirão controlar qual eixo herda a rotação, neste exemplo, de seu objeto pai.

Exercício 14.3
Como acrescentar e vincular objetos substitutos

1. Abra o arquivo chamado Ch14_Linking01.max do CD-ROM. A partir do menu pull-down File, escolha Save As, indique para um subdiretório apropriado em seu disco rígido e use o botão de sinal de adição para salvar um novo arquivo, com o nome aumentado para Ch14_Linking02.max.

Dica

Se você selecionar o objeto Pump_arm e olhar para a barra de controle, você vê as chaves de rotação de eixo Y entre as molduras 5 e 20; se executar a animação, entretanto, a ação de endurecimento se repete através da seqüência de animação de 100 molduras.

Use o arquivo Help online para buscar pelo Graph Editor, Dope Sheet e Out-of-Range sob Controllers, para descobrir como isto foi conseguido.

Em cenas de engenharia inversa, você pode aprender muito sobre como funciona 3ds max 6.

2. Assegure-se de estar na moldura 0 no deslizador Time. Na viewport Front, selecione Pump_arm, o endurecedor horizontal do choque e use Zoom Extents Selected para preencher a viewport com o objeto. Você criará objetos substitutos auxiliares e os alinhará na parte superior dos dois objetos Pump_arm. No painel Create, painel Helpers, rolagem Object Type, clique o botão Dummy. Na viewport Front, pegue e arraste, para criar um substituto que pareça semelhante à Figura 14.10.

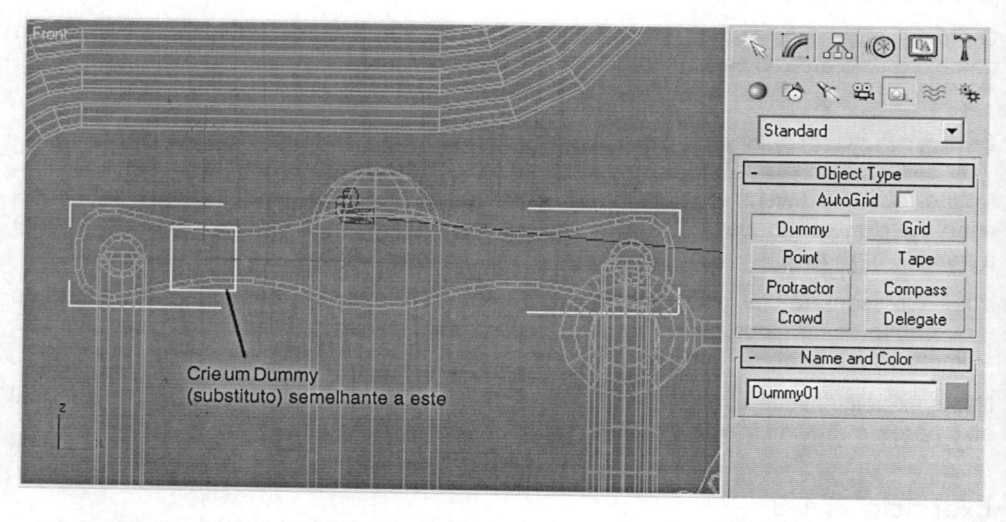

Figura 14.10 – No painel Create, painel Helpers, rolagem Object Type, clique o botão Dummy e clique e arraste um substituto perto do centro, à esquerda, de Pump_arm.

3. Na barra de ferramentas principal, clique o botão Align e pegue Pump_piston01, a hélice vertical na extremidade esquerda do Pump_arm. Na caixa de diálogo Align Selection, marque Position e Z Position. Selecione o botão de rádio Center nas duas colunas, Current e Target Object. Clique Apply para ajustar a posição e limpar as caixas de verificação. Marque Y Position e Center, na coluna Current Object, e Maximum, na coluna Target Object. Clique OK. Isto alinha o centro do cubo substituto para o centro superior do pistão.

4. Na barra de ferramentas principal, clique Select and Move para ativá-lo. Mantenha pressionada a tecla Shift e arraste Dummy01 para a direita, usando a seta de restrição do eixo X, do gizmo Transform. Escolha Copy na caixa de diálogo Clone Options e clique OK. Na barra de ferramentas principal, clique Align e escolha Pump_piston02, a hélice à direita. Na caixa de diálogo Align Selection, marque X Position. Nas colunas Current e Target, marque o botão de rádio Center. Clique OK. Os dois substitutos são alinhados no centro superior dos dois pistões.

5. Na barra de ferramentas principal, clique o botão Select and Link (selecionar e vincular). Na viewport Front, clique Dummy01 e arraste para o centro à esquerda de Piston_arm. Você vê uma linha de borracha pontilhada do centro de Dummy01 e o cursor de vínculo ao fim de um objeto apropriado (veja a Figura 14.11). Libere quando vir o cursor, e o Pump_arm faisca rapidamente em branco, para indicar que o vínculo foi estabelecido.

Dica

Se você vincular um filho ao pai errado, selecione o objeto filho e, na barra de ferramentas principal, clique o botão Unlink Selection.

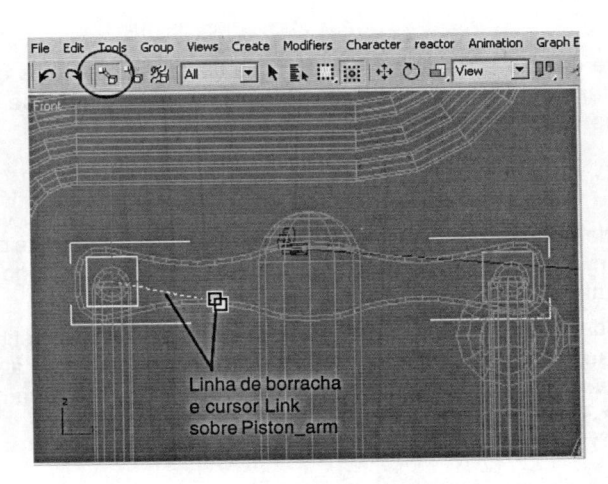

Figura 14.11 – Na barra de ferramentas principal, clique o botão Select and Link. Clique e arraste a partir do objeto filho (Dummy01) para o objeto pai (Piston_arm) e libere o botão esquerdo do mouse. Piston_arm faisca rapidamente em branco.

6. Para confirmar que o vínculo foi feito corretamente, clique o botão Select Object, para sair do modo de vínculo, e depois, clique o botão Select by Name, na barra de ferramentas principal. O objeto filho é recuado de seu pai (veja a Figura 14.12). Clique o botão Cancel para liberar a caixa de diálogo.

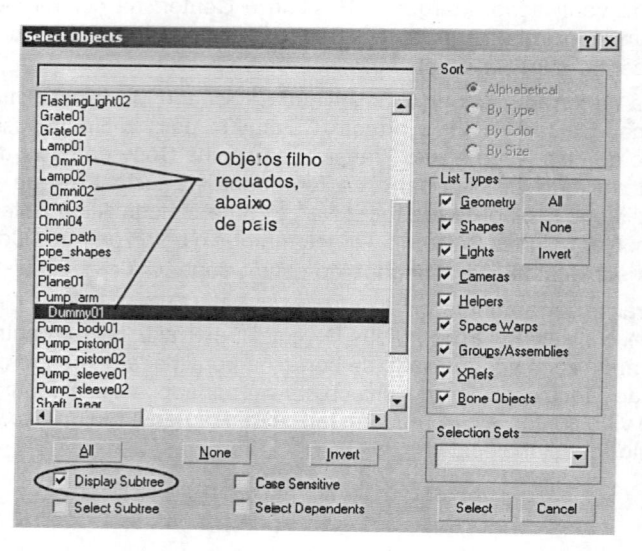

Figura 14.12 – *Na caixa de diálogo Select Objects, marcar a opção Display Subtree (exibir sub árvore), recua objetos filho abaixo de seus objetos pai.*

Nota

Observe que as luzes totais já estão vinculadas aos objetos abajur. Isto facilita ter certeza de que as luzes fiquem com os abajures, se eles forem movidos.

7. Na barra de ferramentas principal, clique Select and Link e arraste do Dummy02 para Piston_arm, para vinculá-los também. Marque a caixa de diálogo Select by Name, para garantir que o vínculo foi feito.

8. Arraste o deslizador Time lentamente e observe os objetos substitutos girando com o Pump_arm. Note especialmente a rotação dos substitutos, à medida que eles mantêm os seus direcionamentos para o braço (veja a Figura 14.13). Arraste o deslizador Time para a moldura 0.

Atenção

Você precisa se lembrar de clicar o botão Select Object ou fazer alguma outra ação que o tire do modo Select and Link. Caso contrário, você vê a caixa de diálogo Select Parent e não a caixa de diálogo Select by Name.

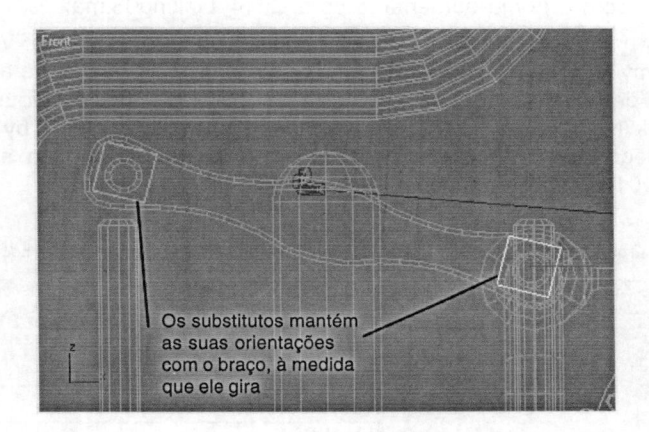

Os substitutos mantêm as suas orientações com o braço, à medida que ele gira

Figura 14.13 – Arraste o deslizador Time e observe que os substitutos mantêm suas orientações à medida que giram com o braço.

9. Feche todas as janelas e caixas de diálogo. Salve o arquivo; ele já deve estar nomeado como Ch14_Linking02.max.

Controle de herança de vínculo

No Exercício 14.4, você vincula os pistões aos objetos substitutos e observa que a animação não está exatamente como você deseja. Devido à posição dos pontos pivô do pistão e, devido à orientação dos objetos substitutos, pois eles herdam a rotação de seus objetos pai, os pistões se comportam um pouco estranhamente, talvez corrigindo a configuração, mas não como você gostaria.

Você mudará o eixo de herança de rotação dos objetos substitutos para a ação certa para cima e para baixo dos pistões.

Exercício 14.4
Edição de herança de vínculo

1. Abra o arquivo chamado Ch14_Linking02.max do CD-ROM ou do exercício anterior. A partir do menu pull-down File, escolha Save As, indique para um subdiretório apropriado em seu disco rígido e use o botão de sinal de adição para salvar um novo arquivo, com o nome aumentado para Ch14_Linking03.max.

2. Na viewport Front, selecione Pump_piston01 do lado esquerdo. Você vincula isto a Dummy01, mas usa Select Parent (selecionar pai) ao invés de arrastar, para ter certeza de fazer isto certo. Na barra de ferramentas principal, clique o botão Select and Link. Na barra de ferramentas principal, clique o botão Select by Name. Na caixa de diálogo Select Parent, clique duas vezes Dummy01 (veja a Figura 14.14). Dummy01 faísca em branco.

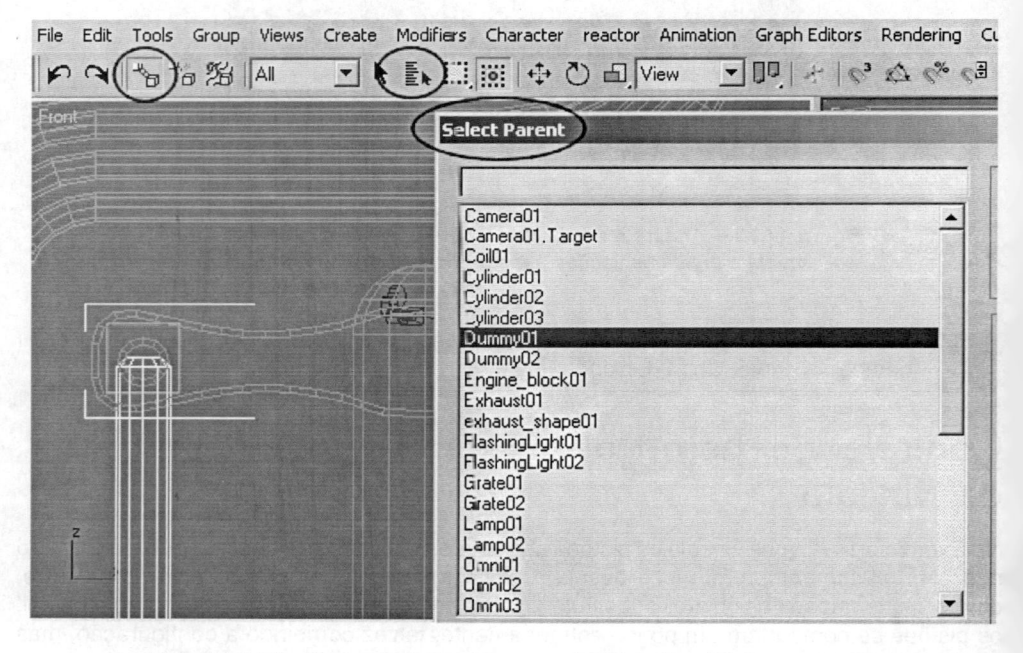

Figura 14.14 – Na barra de ferramentas principal, clique Select e escolha Pump_puston01. Clique Select and Link na barra de ferramentas principal. Clique Select by Name e clique duas vezes Dummy01 na caixa de diálogo Select Parent.

3. Repita a etapa 2 em Pump_piston02 para vincular Dummy02. Arraste o deslizado Time e você vê que os pistões ondulam para a frente e para trás – porque os pistões e seus pais, os substitutos, herdam todos os valores de rotação do avô Pump_arm Arraste o deslizador Time para a moldura 0.

4. Você deseja que os pistões girem com o braço, mas não no eixo mundial Y, neste exemplo. Você dirá aos substitutos para não herdar a rotação do eixo Y do pai. Na barra de ferramentas principal, clique o botão Select Object. Na viewport Front, selecione Dummy01, do lado esquerdo. No painel Hierarchy, clique o botão Link Info (informações de link [vínculo]). Na rolagem Inherit (herdar), limpe a caixa de verificação Rotate Y (veja a Figura 14.15).

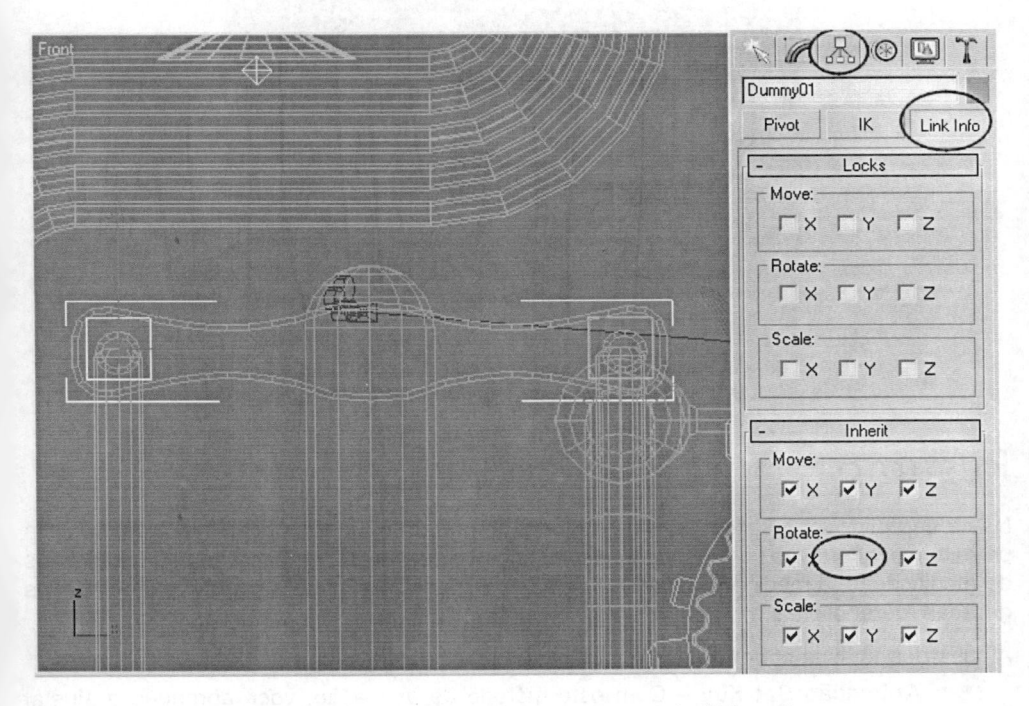

Figura 14.15 – Selecione Dummy01 e, no painel Hierarchy, clique Link Info e limpe a caixa de verificação Rotate Y.

5. Arraste o deslizador Time e observe o pistão esquerdo agir como você pretendia, pois o seu Dummy01 não herda mais a rotação no eixo mundial X do braço.

6. Repita a etapa 5 para Dummy02. Arraste o deslizador Time e os dois pistões batem para cima e para baixo com a ação do braço (veja a Figura 14.16).

Nota

Há um pouco de movimento de lado a lado, porque a rotação do braço descreve um arco nos centros dos substitutos. Este poderia ser o caso em uma situação verdadeira como esta.

7. Feche todas as janelas e caixas de diálogo e salve o arquivo. Ele já deve estar nomeado Ch14_Linking03.max.

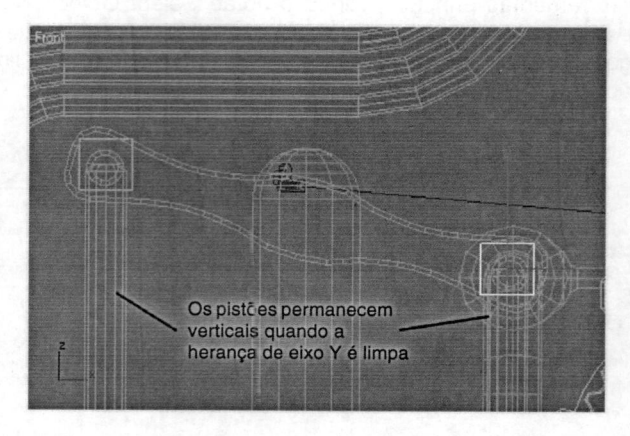

Os pistões permanecem verticais quando a herança de eixo Y é limpa

Figura 14.16 – *Quando você limpa a herança do eixo mundial Y da rotação do braço em cada substituto, os pistões não giram em torno daquele eixo; ao invés, eles retêm a sua orientação original e mantêm os pistões verticais.*

Resumo

Neste capítulo, você aprendeu dois métodos importantes de animação Set Key, que lhe permitem criar chaves para aspectos específicos de sua cena, como rotação ou parâmetros de modificação, à medida que precisa delas. Isto mantém mínima a quantidade de chaves geradas gerenciáveis.

Alguns dos tópicos cobertos neste capítulo incluem os seguintes:

- **Animação Set Key** – Com este método de animação, você aprendeu a ajustar chaves na hora que grava a posição de objetos e ações realizadas.

- **Chaves de edição e clonagem** – Você aprendeu que as chaves de animação que gravam eventos em tempo podem ser editadas e clonadas, para mudar a posição de sua animação.

- **Objetos substitutos** – Você aprendeu que objetos auxiliares, na forma de um cubo ou ponto de fio de cabeço cruzado, que ajudam no controle de animação e nunca se apresentam na cena, podem ser criados, para tornar a animação mais fácil.

- **Vínculo hierárquico** – Você aprendeu que o vínculo hierárquico configura relacionamentos pai-filho entre objetos, para controle de animação.

CAPÍTULO 15

Controladores/restrições

Neste capítulo

Neste capítulo, você aprende a mudar o tipo de animação ou restrição de animação, que determina parâmetros de movimento de objetos:

- **Time Configuration** (configuração de tempo) – Com Time Configuration, você muda a quantidade de molduras, para controlar a duração da animação.

- **Controlador de animação** – Todos os aspectos de animação são gerenciados pelos controladores designados a transformações de objeto ou parâmetros de objeto.

- **Restrições de animação** – Restrições de animação são semelhantes a controladores, exceto que elas usam outros objetos, como tiras em curva, no caso de uma restrição Path (caminho) para definir o movimento.

- **Restrição Attachment** (anexo) – Esta restrição é usada para controlar o movimento de um objeto, com base na posição e orientação de uma face específica de uma trama de objeto.

- **Controlador LookAt** – Esta restrição é aplicada à rotação de um objeto, para controlar a direção para a qual o eixo do objeto indica.

- **Lista de controlador** – Os controladores e restrições podem ser empilhados dentro de uma lista de controlador, para combinações de controle de movimento.

O cenário para este capítulo é um ambiente ártico, com o barco de ferro fundido. Você designa novas restrições e controladores de animação para navegar o barco ao longo de um caminho, em torno de um grande iceberg.

A superfície de água já está animada, com um modificador Wave (onda) e uma linha de objeto na cena, que tem o mesmo modificador Wave aplicado, para levá-la a ondular, junto com a água. A própria linha tem um modificador Normalize Spline (normalizar tira em curva) para colocar vértices extras ao longo da linha, para dar à ela flexibilidade suficiente para acompanhar a onda da água.

Você aprende a determinar e ajustar uma série de molduras, exigidas para que o barco viaje em torno do iceberg, a uma velocidade específica. O barco fica na superfície da água, pois a linha usada como um caminho tem a mesma freqüência de onda que a água, mas você usa outros controladores de animação para dar ao barco um movimento de prumo secundário, à medida que ele corta as ondas.

Você também acrescenta um controlador a um objeto auxiliar substituto, que é o pai do iceberg, para levá-lo a ser afetado pela ação de onda.

Termos-chave

- **NTSC** – National Television System Committee (comitê de sistema nacional de televisão) é o organismo oficial nos Estados Unidos, que determina os padrões para televisão. O importante para este capítulo é que a taxa de animação usada é de 29,97 molduras por segundo, geralmente arredondada para 30 molduras por segundo.

- **Upnode** (nó para cima) – Este elemento de controle, dentro de uma restrição LookAt, define qual direção é definida como "up" (para cima).

Time Configuration

Uma das primeiras etapas para produzir uma animação é configurar a temporização de objetos animados, para representar velocidades reais e realísticas, à medida que eles se movem pela cena.

Nesta seção, você aprende a ajustar a quantidade de molduras na animação, para simular o barco de ferro fundido se movendo a uma velocidade constante de 5 milhas (1 milha náutica = 1.853m) por hora, enquanto ele contorna o iceberg.

Para este exercício, a velocidade e a temporização são baseadas nos padrões norte-americanos para execução em televisão, ajustados pelo órgão regulador, conhecido como o National Television Systems Committee (NTSC). No início do desenvolvimento de televisão nos Estados Unidos, uma taxa de exibição de cerca de 30 molduras por segundo, foi escolhida e continua a ser a taxa comum para animação em computador atualmente. O Japão também usa o padrão NTSC.

Nota

Outras partes do mundo e as indústrias usam diferentes taxas de padrão de execução de animação. PAL (Phase Alteration Line – linha de alteração de fase), o padrão na maior parte da Europa, é de 25 molduras por segundo, enquanto um filme é gravado em 24 molduras por segundo.

A contagem padrão de moldura em 3ds max 6 é de 100 molduras, ou 3.3 segundos de animação.

Você precisa fazer um pouco de cálculo para determinar o número de molduras exigido para você animar o barco a uma velocidade específica, usando esta fórmula: Velocidade=Distância+Tempo. Depois, você ajusta o número de molduras, multiplicando 30 vezes o número de segundos.

Os fatores conhecidos na equação são a velocidade do barco, em 5 milhas por hora e a distância percorrida, que você determina no Exercício 15.1, selecionando o caminho e usando a ferramenta Utilities, Measure.

Primeiro, é preciso traduzir 15 milhas por hora para pés por segundo. Há 5.280 pés em 1 milha, assim, 15x5280 = 79.200 pés por hora. 79.200 pés/hora dividido por 60 min/hora dividido por 60 seg/min = 22 pés/segundo.

Estas informações são usadas na caixa de diálogo Time Configuration, para ajustar o número total de molduras para a sua animação.

Exercício 15.1
Time Configuration

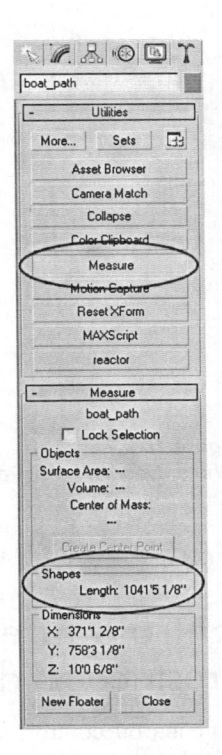

1. Abra o arquivo chamado Ch15_TimeConfig01.max do CD-ROM. A partir do menu pull-down File, escolha Save As, indique para um subdiretório apropriado em seu disco rígido e use o botão de sinal de adição para salvar um novo arquivo, com o nome aumentado para Ch15_TimeConfig02.max. Você determinou, na seção de abertura do Capítulo 15, que o barco irá viajar a 15 milhas por hora, ou 22 pés por segundo. O número total de molduras exigido para a execução certa será a distância viajada dividida pela velocidade do barco, vezes 30.

2. Para determinar o comprimento de um caminho, use a ferramenta Measure, no painel Utilities. Na viewport Top, selecione a tira em curva chamada boat_path. No painel Utilities, rolagem Utilities, clique o botão Measure. Você pode ler na área Shapes que o caminho tem 1.040 pés, como arredondado para a medida mais próxima (veja a Figura 15.1). Os 1.040 pés divididos por 22 pés por segundo são iguais a cerca de 48 segundos para cobrir a distância. A 30 molduras por segundo vezes 48 segundos, o número total de molduras precisa ser de 1.440.

3. Na barra de status, clique o botão Time Configuration, bem à esquerda dos botões de navegação de viewport, na parte inferior direita da exibição (veja a Figura 15.2). Esta cena já tem um modificador

Figura 15.1 – Selecione a forma boat_path e use Utilities, Measure, para determinar o comprimento da forma.

Wave animado na superfície de água. Se você apenas encompridar o número de molduras, a água pára de animar na moldura 100, como faz atualmente. É preciso ajustar esta animação existente para se adequar ao novo número total de molduras. Na caixa de diálogo Time Configuration, área Animation, clique o botão Re-scale Time (reescalonar tempo). Na caixa de diálogo Re-scale Time, entre com 1.440 no campo Frame Count (contagem de moldura) (veja a Figura 15.3). Clique

Figura 15.2 – Clicar o botão Time Configuration e entrar com as informações na caixa de diálogo permite que você ajuste o número total de molduras de uma animação.

OK e depois, clique novamente OK, para ver na barra de controle e no deslizador Time, que o número total de molduras mudou de 100 para 1.439. O número total de molduras é 1.440, incluindo a moldura 0.

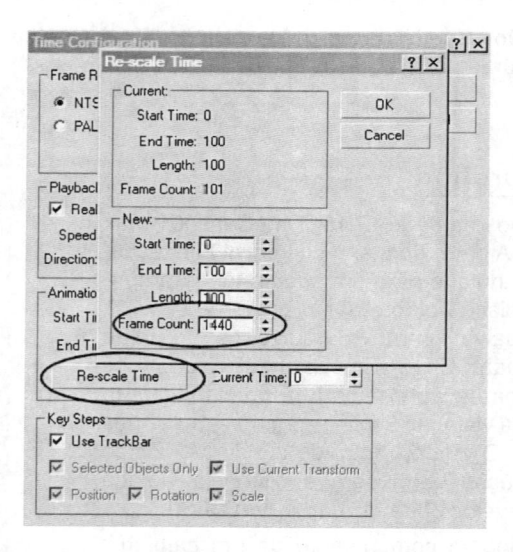

Figura 15.3 – Na caixa de diálogo Time Configuration, área Animation, clique o botão Re-scale Time. Depois, na caixa de diálogo Re-scale Time, entre com 1.440 no campo Frame Count.

4. Salve o arquivo; ele já deve estar nomeado como Ch15_TimeConfig02.max.

Controladores e restrições de animação

Restrições ou controladores de animação designados aos vários aspectos de objetos e ambientes que podem ser animados determinam os parâmetros de animação em 3ds max 6. Mudando o tipo de restrição ou controlador, você pode usar uma variedade de parâmetros de animação para ajustar coisas, como transformações, alterações de cor e a visibilidade de objetos, só para citar alguns exemplos.

Em 3ds max 6, é possível designar restrições e controladores de animação em dois lugares: no painel Motion (movimento) e nos editores de gráficos. O painel Motion só aceita restrições e controladores para a transformação de objetos, enquanto os editores de gráfico aceitam mudanças em todos os aspectos de animação.

No Exercício 15.2, você muda o controlador padrão no objeto Dummy_Master, chamado de um controlador de Position XYZ, para uma restrição chamada de Path Constraint (restrição de caminho). Isto lhe permite usar uma forma na cena, para determinar a viagem do objeto Dummy_Master, que puxará o barco pela água.

Exercício 15.2
Como designar restrições e controladores de animação

1. Abra o arquivo chamado Ch15_Constraint01.max do CD-ROM. A partir do menu pull-down File, escolha Save As, indique para um subdiretório apropriado em seu disco rígido e use o botão de sinal de adição para salvar um novo arquivo, com o nome aumentado para Ch15_Constraint02.max.

2. As partes individuais do barco estão vinculadas a um objeto pai, chamado Dummy_Master. É este objeto auxiliar Dummy que você anima, designando uma nova restrição de animação. Por sua vez, ele puxa o barco ao longo do caminho. Na viewport Top, selecione Dummy_Master. No painel Modify, expanda a rolagem Assign Controller (designar controlador) e destaque Position: Position XYZ. Clique o botão Assign Controller, para abrir a caixa de diálogo Assign Position Controller, e clique duas vezes Path Constraint na lista (veja a Figura 15.4).

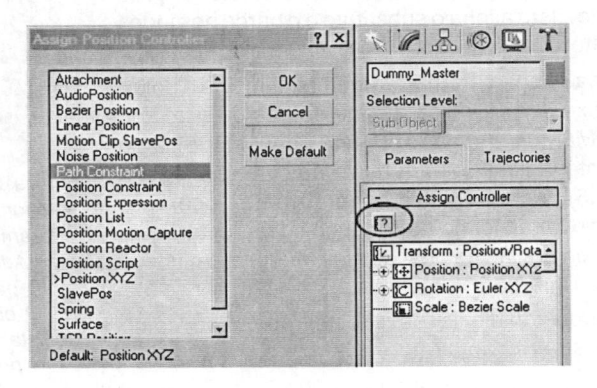

Figura 15.4 – No painel Motion, destaque Position: Position XYZ e clique Assign Controller. Clique duas vezes Path Constraint, na caixa de diálogo Assign Position Controller.

3. No painel Motion, rolagem Path Parameters, clique o botão Add Path (acrescentar caminho). Na viewport Top, escolha a forma boat_path (veja a Figura 15.5). O objeto substituto pula para o primeiro vértice do caminho. Clique o botão Add Path para sair daquele modo. Se você arrastar o deslizador Time, vê que o substituto puxa o barco para baixo no caminho. O substituto e o barco mantêm suas orientações originais. Ajuste o deslizador Time para a moldura 0.

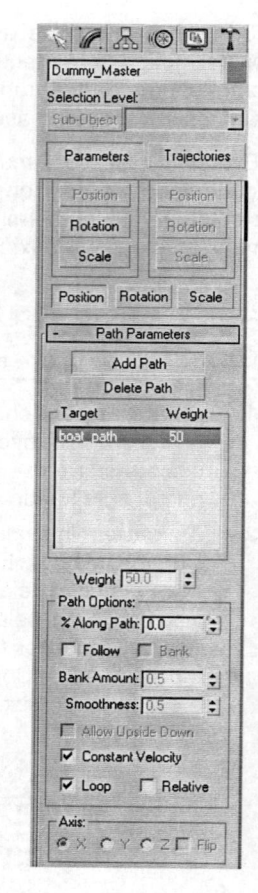

Dica

É possível designar múltiplos caminhos a uma única restrição Path, cada qual com um valor de peso. Os números nada significam, mas mostram um peso relativo. Dois caminhos com um peso de 50 são iguais a um com peso de 1, e o objeto será igualmente espaçado entre os caminhos.

Nota

Quando você designou a restrição Path à posição do objeto substituto, o controlador padrão Position XYZ foi removido e substituído pelo novo controlador. Tal processo é importante para você no Exercício 15.3.

4. Você pode querer que o barco viaje mais além no caminho. No painel Motion, rolagem Path Parameters, marque Follow (seguir) na área Path Options (opções de caminho). Isto alinha o substituto e o barco nos lados do caminho.

5. Embaixo na rolagem Path Parameters, escolha o botão de rádio eixo Y. Isto indica a parte de trás do barco no caminho. Marque a opção Flip para direcionar o barco com a frente indicando para baixo no caminho (veja a Figura 15.6). Arraste o deslizador Time e você vê o barco se mover ao longo do caminho curvado, atravessando as ondas à medida que se adianta. Ajuste o deslizador Time para a moldura 0.

6. Salve o arquivo; ele já deve estar nomeado como Ch15_Constraint02.max.

Figura 15.5 – No painel Motion, rolagem Path Parameters, clique o botão Add Path e escolha boat_path na viewport Top. O boat_path aparece na lista Target, com um peso de 50.

Nota

Se você trocar para o sistema de coordenadas de referência Local na barra de ferramentas principal, vê qual eixo de Dummy_Master está de frente para o caminho.

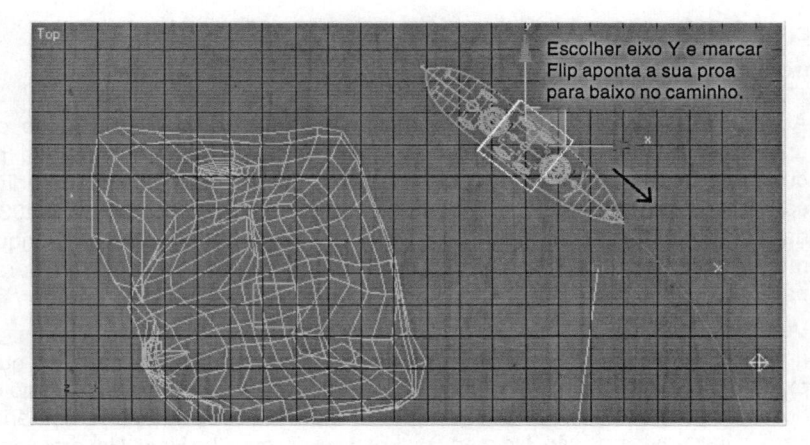

Figura 15.6 – Escolhendo o botão de rádio de eixo Y e marcando a opção Flip na rolagem Path Parameters, você pode refazer a orientação de Dummy_Master no caminho, para levar o barco a se mover para a frente, ao longo do caminho.

Lista de controladores

No Exercício 15.2, você mudou o controlador padrão Position XYZ em um objeto auxiliar Dummy para uma restrição Path, que usa uma ou mais tiras em curva para restringir a posição do objeto com o tempo.

Conforme observado no exercício, ao designar a restrição Path o controlador original foi substituído e os seus parâmetros de animação não ficaram mais disponíveis para você. Em muitas situações, você pode querer uma combinação de capacidades de restrição ou controlador em um único objeto, mas isto não é possível apenas designando uma nova restrição ou controlador no lugar um do outro.

Um dos controladores de animação mais importantes incluído com 3ds max 6 é o controlador List. Pense nele como um contentor, que pode conter qualquer quantidade de outras restrições e controladores que são aplicados ao mesmo parâmetro de animação – Position, Rotation, Color, por exemplo – para combinar os efeitos que cada um oferece.

No Exercício 15.3, você faz uma experiência para ilustrar a eficácia de um controlador List, substituindo uma restrição Path por um controlador Noise. Isto dá resultados indesejáveis, assim, antes de começar, você usará a opção Hold, do menu pull-down Edit, para capacitar uma recuperação segura da experiência. Este é um bom hábito para fazer muito do seu trabalho, especialmente enquanto for novo em 3ds max 6.

Quando vir que os resultados não são os esperados, você usa o comando Fetch para recuperar, e aplica o controlador List para corrigir a situação.

Exercício 15.3
Como designar o controlador List

1. Abra o arquivo chamado Ch15_Constraint02.max do CD-ROM ou do exercício anterior. A partir do menu pull-down File, escolha Save As, indique para um subdiretório apropriado em seu disco rígido e use o botão de sinal de adição para salvar um novo arquivo, com o nome aumentado para Ch15_Constraint03.max. O barco viaja em volta do iceberg e rola gentilmente sobre as ondas, enquanto se move. Você deseja acrescentar ao barco um movimento secundário, para cima e para baixo, que simularia o impulso do prumo do barco a partir da ação de onda.

2. Você acrescentará um controlador Noise à transformação Position do Dummy_Master, que aplica mudanças aleatórias de posição, mas não tem certeza de que isto é exatamente o que deseja. A primeira coisa a fazer é salvar o arquivo, como ele está, no buffer Hold, assim, se as coisas não funcionarem, você pode usar o comando Fetch para voltar à esta posição. No menu pull-down Edit, escolha Hold. Um arquivo é escrito no disco, que conterá toda a sua cena até ser sobregravada com uma nova ação Hold.

3. Na viewport Top, selecione Dummy_Master perto do centro do barco, se ainda não estiver selecionado. No painel Motion, rolagem Assign Controller, você vê que o substituto tem a restrição Path designada no Exercício 15.2. Expanda a rolagem Assign Controller, destaque Position: Path Constraint e clique o botão Assign Controller. Clique duas vezes Noite Position (posicionar ruído) na lista Assign Position Controller. O substituto e o barco se movem para perto da posição de coordenada mundial 0,0,0 e a caixa de diálogo Noite Controller exibe (veja a Figura 15.7).

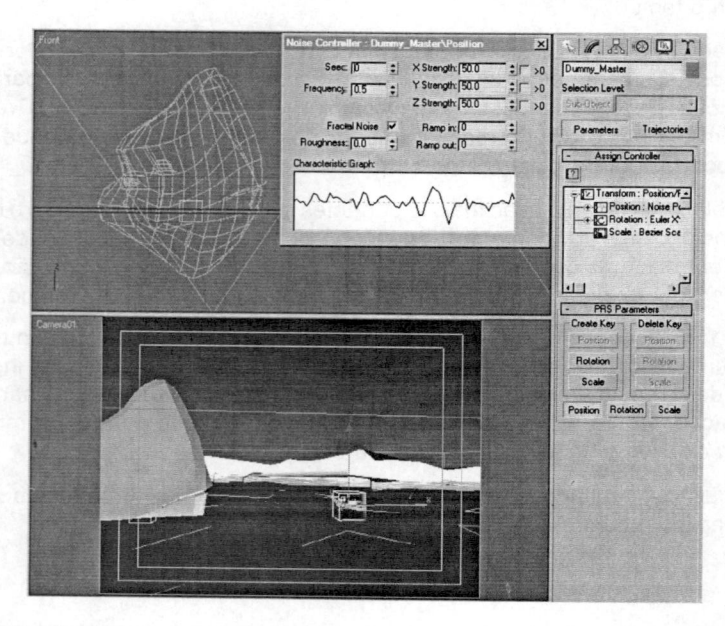

Figura 15.7 – *Designar um controlador Noise Position a Position de Dummy_Master, substitui a restrição Path, levando o substituto a se mover perto da coordenada mundial 0,0,0.*

4. Clique com o botão direito na viewport Camera01, para ativá-la, e clique o botão Play Animation. O substituto e o barco parecerão se agitar rapidamente no lugar e não viajar pelo caminho. Você substituiu uma restrição por um outro controlador. No menu pull-down Edit, escolha Fetch. Clique Sim na caixa de diálogo About to Fetch, OK?

5. Na viewport Top, selecione Dummy_Master. No painel Motion, rolagem Assign Controller, destaque Position: Path Constraint. Clique o botão Assign Controller e clique duas vezes Position List na lista. Arraste o deslizador Time e verá que o substituto e o barco ainda se movem ao longo do caminho.

6. Na rolagem Assign Controller, clique o botão de sinal de adição à esquerda de Position: Position List, para expandi-la. O controlador Position List contém a restrição Path e uma ranhura Available (disponível) (veja a Figura 15.8).

7. Salve o arquivo, ele já deve estar nomeado Ch15_Constraint03.max.

Como acrescentar o controlador Noise ao controlador List

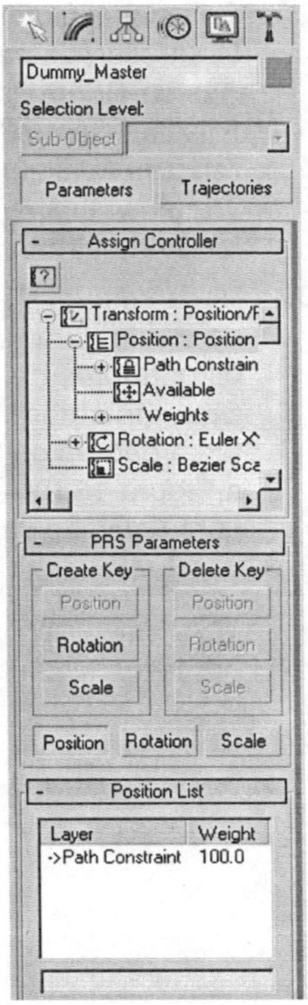

Figura 15.8 – Designar uma lista de posição à restrição Path rebaixa a restrição Path na lista e cria uma nova ranhura, Available, dentro do controlador Position List.

Agora você aprendeu a acrescentar um novo controlador Position List a uma restrição Path existente, sem substituir a restrição Path, para torná-lo um sub conjunto do controlador Position List, retendo seus parâmetros de animação.

No Exercício 15.4, você acrescenta o controlador Noise à ranhura disponível no controlador Position List, para começar a empilhar novos parâmetros de animação dentro de parâmetros existentes.

No entanto, é preciso ajustar o controlador Noise, a partir de um movimento de agitação aleatório em todos os três eixos, para uma ação aleatória mais suave, que afete apenas o eixo mundial Z, à medida que o substituto e o barco se movem ao longo do caminho.

Exercício 15.4

Como acrescentar e ajustar um controlador Noise

1. Abra o arquivo chamado Ch15_Constraint03.max do CD-ROM ou do exercício anterior. A partir do menu pull-down File, escolha Save As, indique para um subdiretório apropriado em seu disco rígido e use o botão de sinal de adição para salvar um novo arquivo, com o nome aumentado para Ch15_Constraint04.max.

2. Selecione Dummy_Master na viewport Top. No painel Motion, rolagem Assign Controller, destaque a ranhura Available no controlador Position List. Clique o botão Assign Controller e clique duas vezes Noise Position, na caixa de diálogo Assign Position Controller. Noise Position aparece embaixo de Path Constraint e uma outra ranhura Available aparece abaixo de Noise Position. Arraste lentamente o deslizador Time e você vê uma agitação aleatória acontecer à medida que o barco se move ao longo do caminho. Isto é mais fácil de ver na viewport Camera01.

3. Você só quer o movimento aleatório para cima e para baixo, não de lado a lado ou da frente para trás. Na caixa de diálogo Noise Controller, clique com o botão direito os giradores de X Strength e Y Strength, para ajustar ambos para 0. A quantidade Strength determina o valor máximo usado na geração aleatória de número. Com a força padrão de 50, números aleatórios são gerados entre unidades –25 e +25 (veja a Figura 15.9) – neste caso, polegadas – movendo o Dummy_Master para cima e para baixo do caminho. Para um barco deste tamanho, dificilmente isto é percebido.

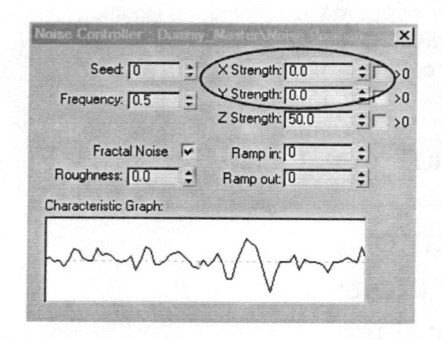

Figura 15.9 – Na caixa de diálogo Noise Controller, clique com o botão direito os giradores à direita dos campos numéricos X Strength e Y Strength, para ajustar a quantidade para 0.

4. Na caixa de diálogo Noise Controller, entre com 200 no campo Z Strength. Arraste o deslizador Time e você vê que o movimento do barco, para cima e para baixo, aumenta, mas que é muito áspero e rápido para ser eficiente. Limpe a caixa de verificação Fractal Noise, para suavizar Characteristic Graph (gráfico de característica) na caixa de diálogo e o movimento resultante.

5. Entre com 0.02 no campo Frequency (freqüência) para suavizar a ação para um movimento secundário mais convincente, à medida que o barco viajar pelas ondas (veja a Figura 15.10). Feche a caixa de diálogo Noise Controle e exiba a animação na viewport Camera01. O barco se eleva e afunda ligeiramente, independente da ação de onda.

6. Feche todas as caixas de diálogo e salve o arquivo. Ele já deve estar nomeado como Ch15_Constrait04.max.

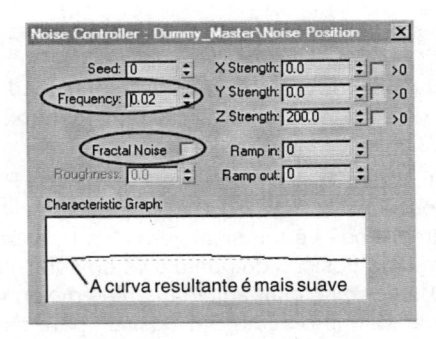

Figura 15.10 – Uma configuração menor de Frequency no controlador Noise, suaviza a ação, para torná-la mais convincente.

Restrição Attachment

Quando objetos são animados, na verdade, é o ponto pivô que controla a animação. Ao usar vínculo hierárquico, à medida que você vincula as partes do barco ao objeto Dummy_Master, é o ponto pivô relativo de animação de cada objeto que leva o objeto filho a imitar o movimento do objeto pai.

A superfície da água é animada usando um modificador Wave, que não transforma o ponto pivô, mas apenas deforma a superfície. Se você quiser que o iceberg se mova de acordo com o ondular da água, vincular o iceberg não seria a solução, pois o ponto pivô do pai (água) não se move.

A restrição Attachment resolve o problema, anexando o ponto pivô de um objeto de frente para um outro objeto, independente de seu ponto pivô.

O objeto Iceberg01 na cena, está vinculado como um objeto filho a Iceberg_Dummy01. No Exercício 15.5, você designa uma restrição Attachment ao Iceberg_Dummy01 e escolhe uma face no objeto Water para posicionar o substituto e fazê-lo seguir o seu movimento. Então, Iceberg01 erguerá, cairá e girará, para permanecer perpendicular à face escolhida, à medida que se mover.

Exercício 15.5

Como usar uma restrição Attachment para controlar o movimento de iceberg

1. Abra o arquivo chamado Ch15_Constraint04,max do CD-ROM ou do exercício anterior. A partir do menu pull-down File, escolha Save As, indique para um subdiretório apropriado em seu disco rígido e use o botão de sinal de adição para salvar um novo arquivo, com o nome aumentado para Ch15_Constraint05.max.

2. Na viewport Top, selecione Iceberg_Dummy01, perto do centro de Iceberg01. No painel Motion, rolagem Assign Controller, destaque Position: Bézier Position, o tipo de controlador padrão para objetos substitutos. Clique o botão Assign Controller e clique duas vezes Attachment, na lista de caixa de diálogo Assign Position Controller. O Iceberg_Dummy01 e seu filho Iceberg01 se movem para a coordenada mundial 0,0,0.

3. No painel Motion, rolagem Attachment Parameters (parâmetros de anexo), clique o botão Pick Object (veja a Figura 15.11). Na viewport Top, escolha o objeto Water. Arraste o deslizador Time e você não vê nada acontecendo ainda, porque ainda não especificou uma face no objeto de água para controlar o substituto. Ajuste o deslizador Time para a moldura 0.

4. No painel Motion, rolagem Attachment Parameters, área Position, clique o botão Set Position (ajustar posição). Na viewport Top, clique e arraste o cursor no objeto Water, à esquerda do barco. Você vê um sinal vermelho no triângulo Set Position, sob o cursor, representando a posição do ponto pivô do substituto na face (veja a Figura 15.12). O Iceberg01 pode girar mais agitadamente à medida que o Iceberg_Dummy01 se reorienta na face. Clique o botão Set Position para sair daquele modo. Arraste o deslizador Time para ver que o Iceberg01 bate e rola com o movimento de onda. Ajuste o deslizador Time para a moldura 0.

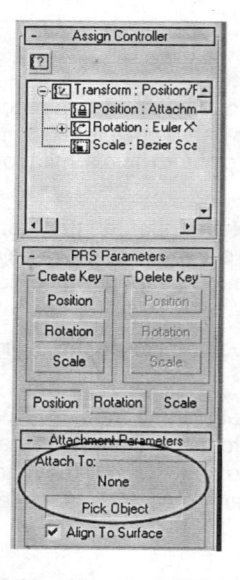

Figura 15.11 – No painel Motion, rolagem Attachment Parameters, você precisa clicar o botão Pick Object e escolher o objeto Water na cena, como a superfície controlando.

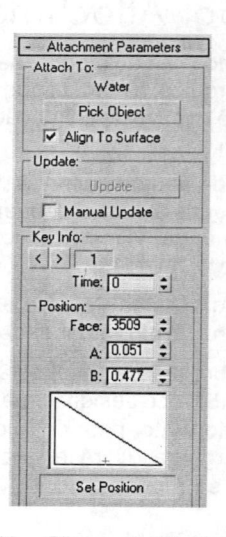

Figura 15.12 – Clique o botão Set Position e clique, mantenha pressionado e mova o cursor na face à qual deseja anexar o objeto.

Nota

Designar a restrição Attachment ao Iceberg_Dummy01 lhe permite ajustar a posição, ou rotação, de seu filho, Iceberg01, na superfície da água.

5. O Iceberg_Dummy01 fica parado, e perpendicular à face que você escolheu, levando Iceberg01 a girar demais para um objeto tão pesado flutuando. Você acrescenta uma restrição LookAt à rotação do Iceberg01 para levar o seu Upnode a ficar alinhado ao eixo mundial Z, para parar a rotação. Selecione Iceberg01 e, no painel Motion, rolagem Assign Controller, destaque Rotation: Euler XYZ. Clique o botão Assign Controller e clique duas vezes LookAt Constraint, na lista de caixa de diálogo Assign Rotation Controller.

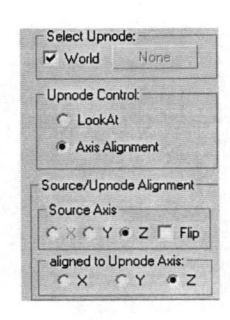

Figura 15.13 – Designar uma restrição LookAt a Iceberg01 mantém o seu eixo Z alinhado ao eixo mundial Z, enquanto o seu pai Iceberg_Dummy01 ainda gira, para ficar perpendicular à face à qual ele está anexado.

6. Arraste o deslizador Time e você vê o Iceberg01 se mover para cima e para baixo com as ondas, mas, não girar mais com o seu pai, Iceberg_Dummy01. Na rolagem LookAt Constraint, veja que o Upnode Control está ajustado para Axis Alignment (alinhamento de eixo) e ambos, Souce e Upnode, estão ajustados para o eixo Z, mantendo o objeto vertical na cena (veja a Figura 15.13).

7. Salve o arquivo; ele já deve estar nomeado como Ch15_Constraint05.max.

Resumo

Neste capítulo, você aprendeu os seguintes tópicos:

- **Time Configuration** – Você aprendeu a usar Time Configuration para mudar o número de molduras, para controlar a duração da animação.

- **Controlador de animação** – Você aprendeu que todos os aspectos da animação são gerenciados por controladores designados a objetos ou parâmetros de objeto.

- **Restrições de animação** – Você aprendeu a designar restrições Animation, que são semelhantes a controladores, exceto que elas usam outros objetos, como tiras em curva, no caso de uma restrição Path, para definir movimento.

- **Restrição Attachment** – Você aprendeu a usar esta restrição para controlar o movimento de um objeto, com base na posição e orientação de uma face específica de um outro objeto de trama.

- **Restrição LookAt** – Você aprendeu a designar esta restrição à rotação de um objeto, para controlar a direção para a qual os eixos do objeto indicam.

- **Controlador List** – Você aprendeu a respeito da mais importante das restrições, que permite a outros controladores e restrições serem empilhadas dentro de um controlador List, para combinações de controle de movimento.

CAPÍTULO 16

Editores gráficos

Neste capítulo

Neste capítulo, você aprende a usar editores gráficos, o Dope Sheet e o Curve Editor, em 3ds max 6, para refinar animações e aplicar a facilidade de curvas para influenciar a animação existente:

- **Dope Sheet** – Este editor de gráfico apresenta as chaves de animação em um formato como planilha, permitindo uma visão ampla dos relacionamentos de animação que depois podem ser animados.

- **Curve Editor** – O Curve Editor exibe a animação com curvas de função, mostradas em um gráfico, para tornar a edição mais fácil de visualizar.

- **Facilidade de curvas** – Estas curvas de função são sobre colocadas no alto da animação existente, para refinar o movimento. A facilidade de curvas pode ser facilmente removida, sem afetar a animação subjacente, se as alterações não forem as que você deseja.

No capítulo, você volta à sala de máquinas do barco, para descobrir que as coisas não vão tão bem. O braço de choque potente que você animou no Capítulo 14, "Ajuste de chave de animação," não tem ação suave. É como se ele estivesse acertando em algo quando bate. Alguém também deixou uma pequena lata de óleo na exaustão, que cai na grade e um inseto está voando em torno de uma das luzes que pende do teto.

Não é tão ruim que estas coisas aconteçam na animação, mas é que não são o que você gostaria que fossem. Neste capítulo, você aprende a usar os editores de gráfico para um método mais visual de editar parâmetros de animação na cena.

Primeiro, você aprende a usar Track View – Dope Sheet, para tornar o óleo caindo da lata mais convincente quando chega à grade dura. Por ora, ele simplesmente passa pela grade e pára. Você animará vértices, para fazer parecer como se a lata de óleo se comprime ao entrar em contato com a grade.

Depois, você aprende a usar o Track View – Curve Editor, para investigar porque o choque parece ter uma pegada na ação, e o corrige, para produzir um movimento suave, à medida que o braço se choca para a frente e para trás.

Finalmente, o inseto que está voando em torno da luz de teto tem um padrão de vôo que é regular e consistente demais. Você aprende a aplicar uma facilidade de curva no Curve Editor, para sobrepor um movimento maior de interrupção, quando o inseto se aproxima da luz.

Termos-chave

- **Curvas de função** – Estas exibem o controlador ou restrição de animação em forma gráfica com o tempo.
- **Dope Sheet** – O termo se origina de uma animação tradicional de célula, mostrando pontos, ou chaves, em um gráfico, para representar ação com o tempo.
- **Tangent** (tangente) – A quantidade de curvatura em qualquer lado de uma chave de animação, que descreve a mudança de velocidade se aproximando ou afastando da chave.

Editores gráficos

Os editores gráficos lhe permitem mostrar informações semelhantes de duas maneiras diferentes: Track View (vista de controle) – Curve Editor, mostra a animação como um conjunto de função de curvas em um gráfico; Track View – Dope Sheet mostra as chaves de animação em um gráfico.

Cada editor de gráfico permite que você designe novas restrições e controladores de animação a qualquer componente de uma cena, que pode ser animada, ou mudar os parâmetros de animação de animações existentes; além disto, é possível ver os relacionamentos de múltiplos objetos selecionados, para comparar a animação deles.

Nota

No Capítulo 15, "Controladores/restrições," você designou restrições e controladores de animação às transformações de objeto no painel Motion. Parâmetros animados para materiais ou luzes, por exemplo, só podem ser feitos nos editores gráficos.

Familiarize-se com os fundamentos de ambos os editores gráficos, para poder escolher a maneira mais adequada de ajustar qualquer cena especial animada.

A Figura 16.1 mostra o menu pull-down Graph Editors, a partir do qual você pode escolher um ou o outro tipo de editor.

Vistas de controle podem ser salvas a partir deste menu pull-down, para agilizar à volta ao mesmo local, bem dentro da hierarquia de editor gráfico quando editando repetidamente os mesmos parâmetros, e aqueles editores gráficos salvos podem ser apagados, quando não mais necessários.

Figura 16.1 – *A partir do menu pull-down Graph Editors, é possível escolher Track View – Curve Editor ou Track View – Dope Sheet.*

Track View – Dope Sheet

No Exercício 16.1 você abre uma cena da sala de máquina de seu barco, que tem a animação acrescida de uma lata de óleo caindo e um inseto voando, assim como o braço de chocando animado, do Capítulo 14.

Porém, quando a lata de óleo chega à grade, ela continua através dela e parece ficar parada na metade do caminho na grade. Isto não é provável de acontecer (a menos, é claro, que você queira ... você é o animador), mas ao invés, a lata de óleo deve voltar ou esparramar quando for atingida.

Você aprende a fazê-la parecer bater contra a grade, quando a atingir, amarrotando a lata de óleo e achatando uma extremidade. Não é exatamente a grade que faz a lata de óleo parecer bater, mas você usa um objeto auxiliar de grade, que foi colocado no alto da superfície da grade, e anima o alinhamento dos vértices da lata de óleo que se movem além da superfície, para aquele plano de grade.

No entanto, os vértices animados parecem começar a bater no início da moldura 0 e a ficar completamente amarrotado na moldura 45. Você usa Track View – Dope Sheet para ajustar o tempo de início dos vértices animados para a moldura 36, quando a lata de óleo faz contato aparente com a superfície de grade.

Exercício 16.1
Como amassar uma lata de óleo
e ajustar a animação em Track View – Dope Sheet

1. Abra o arquivo chamado Ch16_DopeSheet01.max do CD-ROM. A partir do menu pull-down File, escolha Save As, indique para um subdiretório apropriado em seu disco rígido e use o botão de sinal de adição para salvar um novo arquivo, com o nome aumentado para Ch16_DopeSheet02.max.

2. Selecione o objeto Oil_Can, que está no alto da exaustão da máquina. Arraste o deslizador Time para a moldura 38 e faça um zoom para aproximar no Oil_Can e Grate01, na viewport Front. O Oil_Can está muito próximo de atingir Grate01 nesta moldura (veja a Figura 16.2). Arraste o deslizador Time para a moldura 45 e o Oil_Can para meio caminho de Grate01.

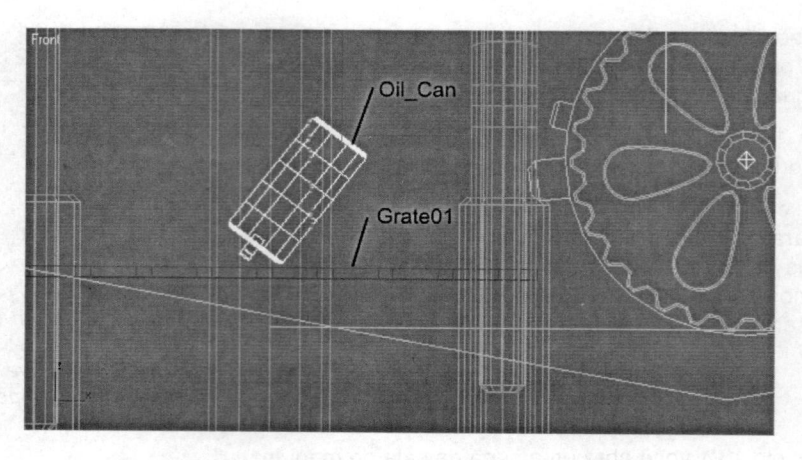

Figura 16.2 – Avançar o deslizador Time para a moldura 38 mostra o Oil_Can muito próximo da superfície superior de Grate01.

3. Na barra de ferramentas principal, clique Select by Name e clique duas vezes Crush_Grid, na lista, para selecioná-lo. Na viewport Front, mova o cursor sobre a borda superior de Grate01, onde o objeto grade está e clique com o botão direito. Escolha Activate Grid (ativar grade) no menu Quad. Você usará esta grade como uma ferramenta de alinhamento para os vértices da lata.

4. Na viewport Front, selecione Oil_Can na barra de status, clique o botão Auto Key para ativar aquele modo de animação. O destaque de botão, a barra de deslizador e a borda da viewport se tornam vermelhos. No painel Modify, vista Stack, expanda Editable Mesh e destaque o modo Vertex de sub objeto. Arraste uma janela de seleção em torno de todos os vértices de Oil_Can abaixo da borda superior de Grade01. Você deve ver 176 vértices selecionados na parte de baixo da rolagem Selection (veja a Figura 16.3). Embaixo da rolagem Edit Geometry, clique o botão Grid Align (alinhar grade). Clique Auto Key para incapacitá-la, saia de Vertex de sub objeto na vista Stack, clicando Editable Mesh e clique o modificador UVW Mapping para voltar ao início da pilha.

5. Arraste o deslizador Time e você vê, na viewport Camera01, que o Oil_Can começa a se distorcer, antes de começar a cair da exaustão, e está toda amassada ao atingir o Grate01. Arraste o deslizador Time para a moldura 0.

6. Salve o arquivo; ele já deve estar nomeado como Ch16_DopeSheet02.max.

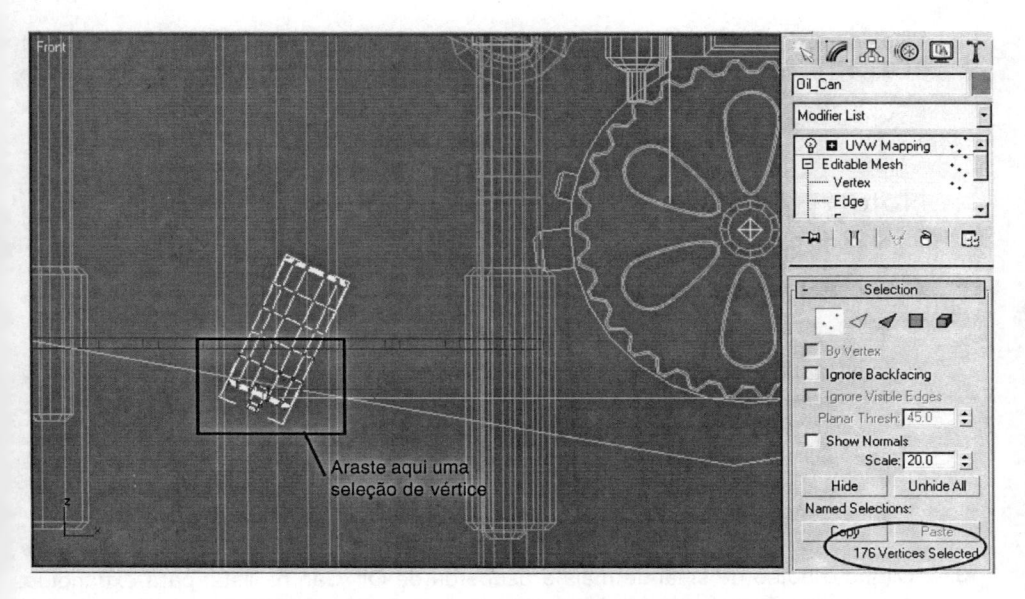

Figura 16.3 – *Na moldura 45, com o modo de animação Auto Key ativado e, no modo Vertex de sub objeto, arraste uma janela de seleção em torno de todos os vértices de Oil_Can abaixo da superfície superior de Grate01.*

Como ajustar a animação em Track View – Dope Sheet

No Exercício 16.2, você usa o editor gráfico chamado Track View – Dope Sheet para ajustar chaves de animação no tempo, para corrigir o fato de que os vértices de Oil_Can, que você alinhou para Crash_Grid começam a se mover a partir da moldura 0, caiam apenas do tubo de exaustão para a grade abaixo.

Se estiver ajustando as mudanças de posição animadas da própria lata, você pode ser capaz de usar apenas a barra de controle para mover chaves no tempo. Mas como há apenas um subconjunto de 176 vértices que são animados, um editor de gráfico é o único método para acessar aquele nível das chaves.

Exercício 16.2
Como usar Track View – Dope Sheet para editar Oil_Can

1. Abra o arquivo chamado Ch16_DopeSheet02.max do CD-ROM ou do exercício anterior. A partir do menu pull-down File, escolha Save As, indique para um subdiretório apropriado em seu disco rígido e use o botão de sinal de adição para salvar um novo arquivo, com o nome aumentado para Ch16_DopeSheet03.max. Arraste o deslizador Time e observe, na viewport Camera01, que o alto do Oil_Can inicia a sua animação quase que imediatamente. Ele não deve começar a amassar até fazer contato com a superfície superior de Grate01.

2. Na viewport Camera01, selecione Oil_Can. A partir do menu pull-down Graph Editors, escolha Track View – Dope Sheet (veja a Figura 16.4). O objeto selecionado, Oil_Can, aparece no alto da lista, no painel à esquerda.

Nota

O cubo cinza à esquerda do nome do objeto é destacado em amarelo quando o objeto é selecionado. Você pode selecionar outros objetos na cena, clicando seus cubos cinza.

Destacar apenas o nome de outros objetos ou níveis na lista não seleciona o objeto na cena; você precisa destacar o próprio cubo cinza.

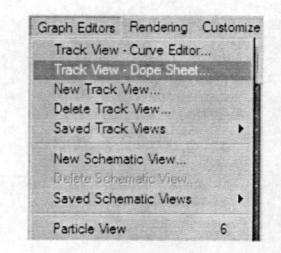

Figura 16.4 – É possível acessar Track View – Dope Sheet a partir do menu pull-down Graph Editors.

3. Clique o botão de sinal de mais à esquerda de Oil_Can na lista, para expandi-lo, para exibir Transform, Modifiec Object e materiais Oil_Can na lista. Expanda Modified Object. Expanda Editable Mesh (Expandir Object Editável) e Master Point Controller. Isto revela a lista de vértices animados abaixo do Master Point Controller (ponto principal de controlador) e suas chaves, nas molduras 0 e 45, no painel de gráfico (veja a Figura 16.5).

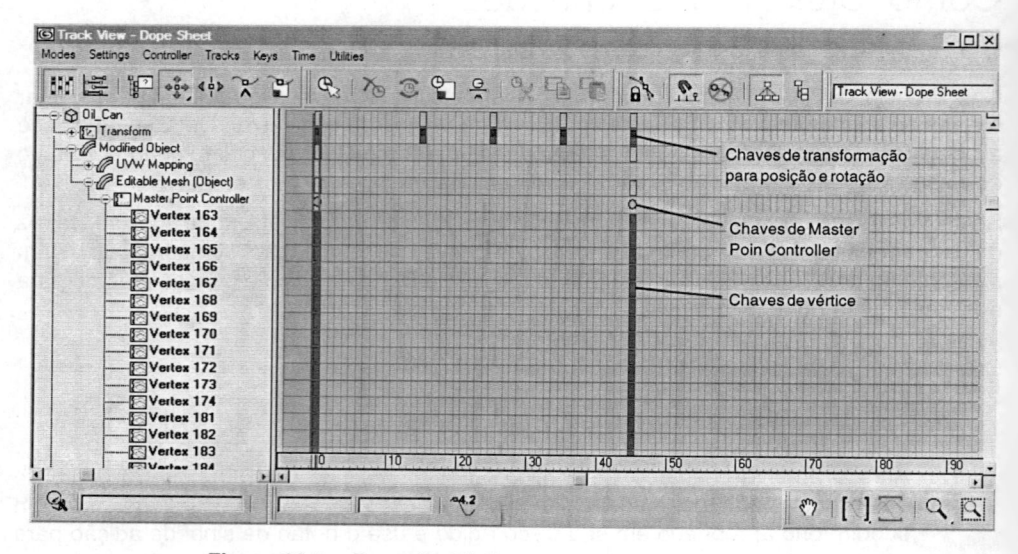

Figura 16.5 – Expandir Oil_Can no painel à esquerda revela chaves de animação dos vértices no painel de gráfico à direita.

4. No painel de gráfico, à direita de Master Point Controller na lista, selecione a chave verde na moldura 0 e arraste a chave para a direita, até que a etiqueta leia Time:36 Offset:36, para indicar que você deseja que os vértices comecem a se mover na moldura 36 (veja a Figura 16.6).

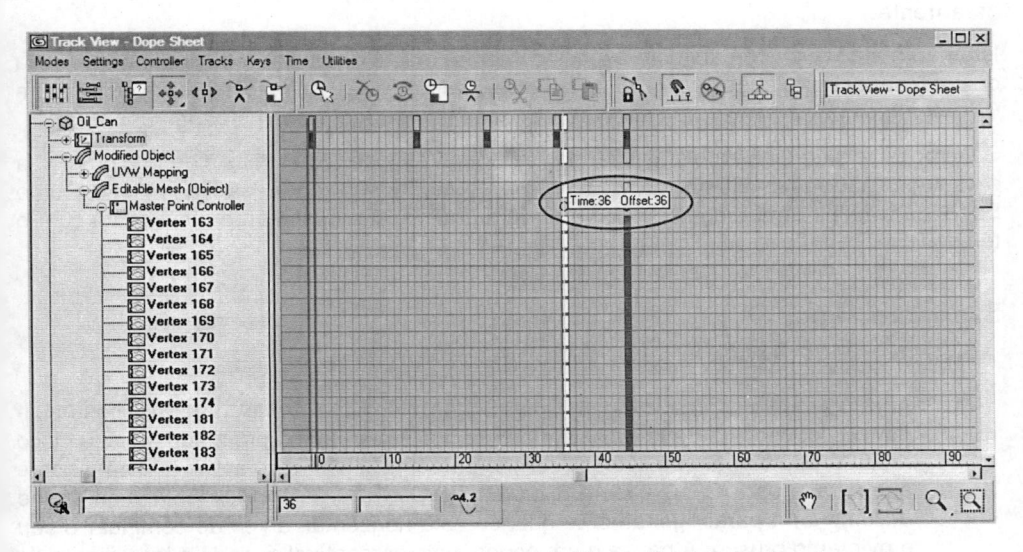

Figura 16.6 – Pegue e arraste a chave verde Master Point Controller da moldura 0 para a moldura 36. Agora os vértices começam a se mover na moldura 36.

5. Feche Track View – Dope Sheet e arraste o deslizador Time para ver as mudanças resultantes na animação. O Oil_Can mantém a sua forma até fazer contato com o Grate01 e bate na moldura 45, onde aquela parte da animação acaba.

Atenção

Deixar objetos auxiliares de grade como grade ativa pode ser confuso, quando você tentar trabalhar em espaço em 3D. Ative sempre a grade Home assim que tiver terminado com quaisquer objetos personalizados de grade.

---

6. Na viewport Camera01, selecione Crash_Grid na superfície superior de Grate01. Clique com o botão direito na viewport e escolha Activate HomeGrid no menu Quad.

7. Salve o arquivo; ele já deve estar nomeado como Ch16_DopeSheet03.max.

Track View – Curve Editor

No Exercício 16.3, você usa um tipo diferente de editor gráfico, o Track View – Curve Editor, para remover uma ligeira pegada na ação do Pump_arm, quando ele balança para trás e para frente.

Isto não é algo que você animou, especificamente, mas é o resultado do tipo de tangência de controlador de rotação padrão nas chaves e o fato de que a animação básica da moldura 0 para a moldura 20 está circulando sobre todas as 100 molduras na cena.

Seria possível corrigir o problema usando Track View – Dope Sheet, mas o próprio problema e a solução não seriam tão óbvios, visualmente, como é quando você usa Track View – Curve Editor para exibir uma função de curva em um gráfico, que descreve o movimento com o tempo.

Exercício 16.3
Como usar Track View – Curve Editor

1. Abra o arquivo chamado Ch16_CurveEditor01 do CD-ROM. A partir do menu pull-down File, escolha Save As, indique para um subdiretório apropriado em seu disco rígido e use o botão de sinal de adição para salvar um novo arquivo, com o nome aumentado para Ch16_CurveEditor02.max. Clique o botão Play Animation e olhe o Pump_arm parar ligeiramente quando está horizontal, antes de continuar o seu movimento brusco. A pausa é um pouco mais perceptível quando o lado direito do Pump_arm está viajando para baixo. Pare a animação e arraste o deslizador Time para a moldura 0.

2. Na viewport Front, selecione Pump_arm. Na barra de controle, você vê chaves de rotação que foram ajustadas usando o método de animação Set Key, aprendido no Capítulo 14, Exercício 14.2. As chaves são da moldura 0 à moldura 20, mas a animação prossegue para a moldura 100. Isto também foi feito em Track View – Curve Editor, como você verá. No menu pull-down Graph Editors, escolha Track View – Curve Editor.

3. Os três eixos de rotação são destacados no painel esquerdo, para o Pump_arm selecionado, e as curvas de função para cada eixo exibem no painel de gráfico, à direita. A única animação está no eixo Y Rotation, assim, pegue-a no painel esquerdo, para destacar apenas ela e exibir a curva de função verde no painel de gráfico. O ligeiro choque na curva verde na linha cinza a zero grau indica uma mudança de velocidade, o que ocasiona a pausa (veja a Figura 16.7). A curva sólida verde é a animação atual em chave, a curva verde pontilhada é criada no menu pull-down Controller de Track View – Curve Editor, ajustando os Out-of-Range Types (tipos fora de faixa) para Cycle (ciclo) no lado de saída da animação existente (veja a Figura 16.8).

Dica

As janelas de Graph Editor têm suas próprias ferramentas de zoom e balanço na parte inferior esquerda da janela, que podem ajudar ao trabalhar em conjuntos de curvas ou chaves.

Usar Track View – Curve Editor Zoom Region pode ajustar a ajustar as tangentes.

Você também pode usar a roda do mouse quando o Graph Editor estiver ativo.

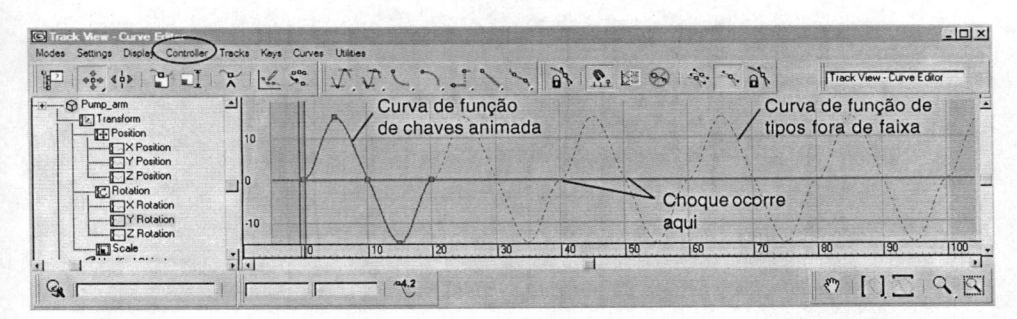

Figura 16.7 – Com Pump_arm selecionado, Track View – Curve Editor mostra curvas de função em verde para o eixo Y Rotation. A curva sólida é a animação atual em chave e a curva pontilhada é ajustada no menu pull-down Controller, opções Out-of-Range Types.

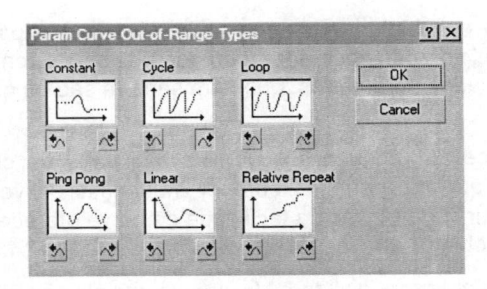

Figura 16.8 – O Param (parâmetro) Curve Out-of-Range Types foi ajustado para Cycle, para prosseguir a animação por toda a faixa de molduras na cena.

4. No painel de gráfico de Track View – Curve Editor, arraste uma janela de seleção em torno de três chaves, na linha a 0 grau. Você vê alças azuis de tangência que foram ajustadas com o padrão de tangência Auto, quando as chaves foram criadas. Na barra de ferramentas Track View – Curve Editor, clique o botão Set Tangents to Custom (ajustar tangentes para personalizada). As alças de tangência se tornam

pretas. Pegue o ponto de controle na extremidade de cada alça e posicione-o sobre a linha verde, para suavizar a curva (veja a Figura 16.9). Feche Track View – Curve Editor e execute a animação, para ver os resultados.

5. Salve o arquivo; ele já deve estar nomeado como Ch16_CurveEditor02.max.

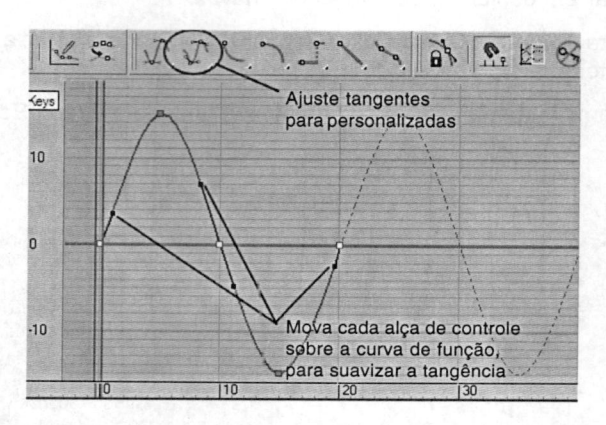

Figura 16.9 – *Usando Set Tangents to Custom e ajustando as alças de controle de tangência, você pode remover a pausa de animação, criada pela curvatura indesejável na curva de função.*

Facilidade de curvas e controle de velocidade

Controlar a velocidade de objetos animados pode ser muito importante para resultados convincentes. No Exercício 16.3, você aprendeu que 3ds max 6 tem configurações padrão que assumem determinados parâmetros, que nem sempre são os que você deseja em sua animação.

No Exercício 16.4, você aprendeu a aplicar uma facilidade de curva a uma animação existente, um método que lhe permite sobrepor mudanças de velocidade na animação básica. A exibição de curva de função da facilidade de curva oferece recuperação visual na velocidade relativa do objeto, através da animação.

A principal vantagem de aplicar a facilidade de curva é que ela não altera a animação básica e pode ser removida em qualquer ocasião, ou você pode empilhar a facilidade de curva em facilidade de curva, para ter níveis subseqüentes de refinamento ao seu movimento. A facilidade de curva não é um novo tipo de controlador, assim, não substitui a animação atual. A facilidade de curva precisa ser aplicada em Track View – Curve Editor.

A sua cena de sala de máquina animada tem um inseto voando, a uma velocidade estável, perto dos artefatos de luz no teto. Um objeto chamado Bug_Dummy é animado com uma restrição de caminho que foi ajustada para Constant Velocity (velocidade constante). Bug_Dummy tem um par de asas batendo, ligadas como as crianças fazem.

No Exercício 16.4, a sua tarefa é ajustar a velocidade do Bug_Dummy, para que ele fique lento e faça uma pausa na luz à esquerda, conforme visto na viewport Camera01, e depois, continue no seu caminho de vôo.

Exercício 16.4
Como aplicar uma Ease Curve para controle de velocidade

1. Abra o arquivo chamado Ch16_EaseCurve01.max do CD-ROM. A partir do menu pull-down File, escolha Save As, indique para um subdiretório apropriado em seu disco rígido e use o botão de sinal de adição para salvar um novo arquivo, com o nome aumentado para Ch16_EaseCurve02.max. Clique o botão Play Animation e você vê o Bug_Dummy puxar as asas a uma velocidade estável em torno da luz pendente. Pare a animação e arraste o deslizador Time para a moldura 0.

2. Na viewport Front, selecione Bug_Dummy. No menu pull-down Graph Editors, escolha Track View – Curve Editor. Isto exibe uma linha reta no painel de gráfico à direita, representando a velocidade constante do campo Path Constraint Percent (porcentagem de restrição de caminho).

3. No menu pull-down Curves de Track View – Curve Editor, escolha Apply – Ease Curve. Você não vê qualquer mudança aparente no Curve Editor. Porém, observando mais de perto, pode observar um sinal de adição à esquerda de Percent no painel à esquerda. Clique o sinal de adição para expandir Percent. Destaque Ease Curve na lista, para mostrar a linha direta de curva, reproduzindo a porcentagem de curva original (veja a Figura 16.10).

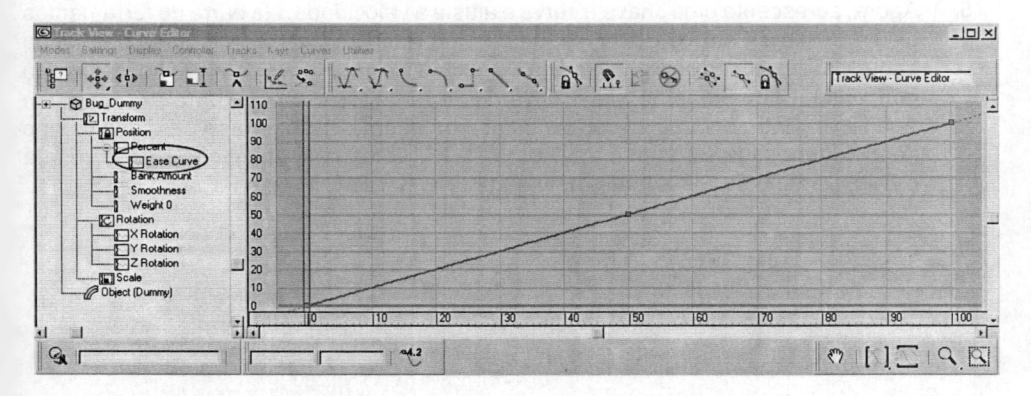

Figura 16.10 – Aplicar uma facilidade de curva à porcentagem de uma restrição de caminho e destacar Ease Curve no painel à esquerda, mostra uma cópia da função de curva subjacente, com uma chave de controle extra, no meio da curva.

4. No painel gráfico Track View – Curve Editor, selecione a chave de controle no meio da curva. No campo Value, do lado direito, na parte de baixo à esquerda do painel de gráfico, entre com 25 e pressione Enter (veja a Figura 16.11). Na moldura 50, o objeto será 25 por cento ao longo do caminho e a curva de função será plana, à esquerda, e caminhará na direção da direita. Execute a animação e você vê que Bug_Dummy é parado onde a curva é horizontal e aumenta a velocidade quando a curva começa a caminhar.

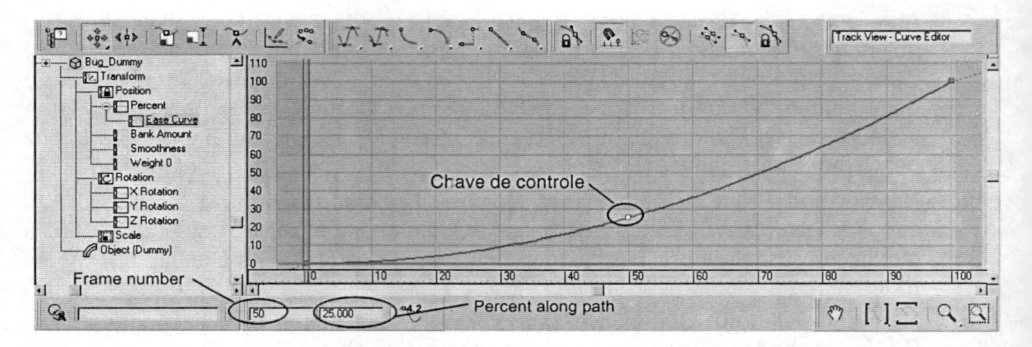

Figura 16.11 – Selecione a chave no meio da curva de função e entre com 25 no campo Value, na parte inferior à esquerda. Execute a animação para ver a mudança na velocidade de Bug_Dummy.

5. Agora, acrescente uma chave à curva e ajuste a velocidade. Na barra de ferramentas de Track View – Curve Editor, clique o botão Add Keys e clique a curva de função onde ela cruza com a linha vertical, próxima da moldura 60, na linha de tempo horizontal. Clique o botão Move Keys na barra de ferramentas, para sair do modo Add Keys. Entre com 28 no campo de porcentagem e assegure-se de que o campo de moldura esteja em 60 (veja a Figura 16.12). Execute a animação e você vê que o Bug_Dummy se torna lento, quase até uma parada, atrás da luz.

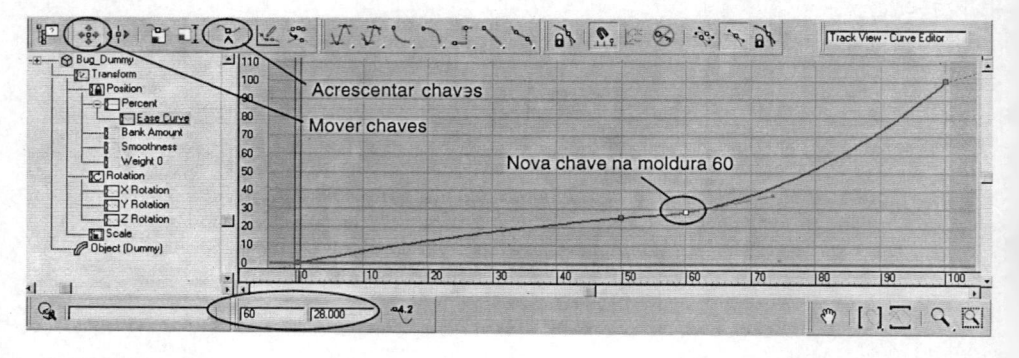

Figura 16.12 – Acrescentando uma nova chave à curva de função e ajustando a porcentagem para 28, é possível tornar Bug_Dummy lento ao longo do caminho de animação.

6. Selecione a chave de controle à moldura 50 e entre com 30 no campo Frame e com 40 no campo Percent. Execute a animação e você vê que a curva faz um decline para baixo, à direita, o Bug_Dummy vai para trás no caminho. Pare a animação.

7. Selecione a chave de controle na moldura 60 e entre com 50 no campo Frame e com 40 no campo Percent. Execute a animação e, ainda que as duas chaves estejam ajustadas para 40 por cento, a curva não está plana e o Bug_Dummy não pára, mas ainda tem um ligeiro movimento para trás entre as molduras 30 a 50. Pare a animação.

8. Clique com o botão direito a chave de controle na moldura 50. Na caixa de diálogo Bug_Dummy\Ease Curve, clique e mantenha pressionado o botão In Tangency (em tangência) e escolha o botão Linear, dos menus flutuantes (veja a Figura 16.13).

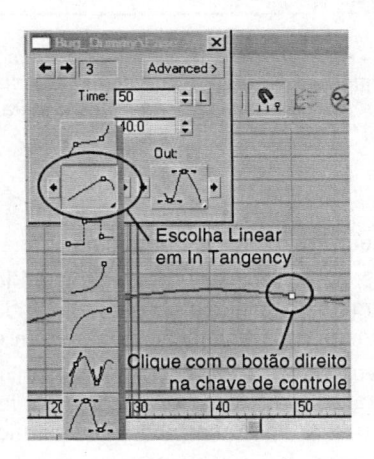

Figura 16.13 – Selecione a chave de controle na moldura 50 e clique-a com o botão direito. Clique e mantenha pressionado o botão In Tangency e escolha Linear a partir dos menus flutuantes.

9. Na caixa de diálogo Bug_Dummy\Ease Curve, clique a seta preta à esquerda do botão In Tangency, para copiar a tangência linear para fora da tangência da chave de controle na moldura 30. Isto aplaina a curva entre a chave, na moldura 30, e a chave, na moldura 50 (veja a Figura 16.14). Execute a animação e você vê que o Bug_Dummy para completamente entre as molduras 30 e 50, e depois continua a voar no caminho. Pare a animação.

10. Feche todas as caixas de diálogo e salve o arquivo. Ele já deve estar nomeado como Ch16_EaseCurve02.max.

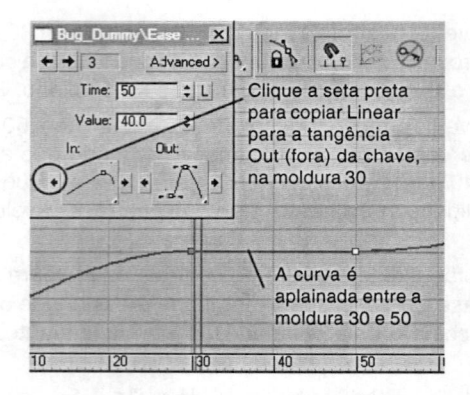

Clique a seta preta para copiar Linear para a tangência Out (fora) da chave, na moldura 30

A curva é aplainada entre a moldura 30 e 50

Figura 16.14 – *Copiar a tangência linear do lado In da chave de controle na moldura 50 para o lado de fora da chave de controle na moldura 30 resulta em uma curva aplainada, para parar o objeto.*

Resumo

Neste capítulo, você aprendeu a respeito destes recursos:

- **Dope Sheet** – Você aprendeu que este editor gráfico apresenta as chaves de animação em um formato do tipo de planilha, permitindo que você tenha uma ampla visão dos relacionamentos de animação que podem então ser editados.

- **Curve Editor** – O Track View – Curve Editor exibe a animação com curvas de função, mostradas em um gráfico, para tornar a edição mais fácil de visualizar (como você fez quando aprendeu a corrigir uma pausa na animação de Pump_arm).

- **Facilidade de curvas** – Você aprendeu que estas curvas de função são sobrepostas em cima de animação existente, para refinar o movimento. Ease Curves pode ser facilmente removida se as alterações não forem as que você deseja, sem afetar a animação subjacente.

PARTE V

Efeitos especiais

Capítulo 17

Reator

Neste capítulo

Neste capítulo, você aprende alguns dos fundamentos de configuração de cena e cálculo, usando o recurso reator de 3ds max 6, onde objetos interagem entre si e com fatores ambientais, tal como gravidade e vento:

- **Coleções de corpo rígido** – Você aprende a configurar coleções de corpo rígido, para calcular os efeitos de objeto colidindo.
- **Modificador e coleção Cloth** – Algumas detecções de reator de colisão exigem que objetos tenham modificadores especiais aplicados, antes de serem incluídos em uma coleção para processamento. Você aprende a aplicar um reator Cloth (roupa) para simular uma bandeira balançando.
- **Forças externas** – Você aprende a aplicar forças externas, como vento simulado, para afetar o movimento de objetos em uma cena.
- **Como 'cozinhar' dados de colisão** – Você aprende a usar o reator de detecção de colisão como uma ferramenta de modelagem, usando a ferramenta Snapshot para "congelar" cópias de objetos deformados no tempo.

Termos-chave

- **Corpo rígido** – Em 3ds max 6, objetos de corpo rígido são definidos como não tendo deformação de superfície durante colisões.
- **Cloth** – Cloth é uma trama de borda aberta, com um modificador especial que imita superfícies suaves, flexíveis, deformadas por eventos naturais simulados, ou colisões com outros objetos.

- **Gravidade** – Por padrão, a gravidade existe em todas as cenas em que soluções de reator de colisão são calculadas.
- **Vento** – Uma força usada em cálculos de reator para simular vento.
- **Snapshot** (instantâneo) – Uma ferramenta em 3ds max 6 que cria cópias de objetos animados, inclusive objetos deformados, congelados no tempo.

Reator

O plug-in reator incluído com 3ds max 6 lhe permite configurar diversos tipos de reações físicas complexas entre objetos, ou entre objetos e forças simuladas.

Uma primeira etapa importante para usar o reator é designar objetos a coleções de reator, com base nas propriedades físicas que você deseja que os objetos simulem. Neste capítulo, por exemplo, você usa coleções de objetos de corpo rígido e objetos roupa.

Os objetos de corpo rígido só precisam ser incluídos em uma coleção para serem incluídos nos cálculos, mas outros tipos de simulações, como roupa e corda, precisam primeiro ter um modificador aplicado, para serem reconhecidos pela coleção em especial que você precisa para acrescentá-los a ela.

Neste capítulo, você aprende a animar o objeto Oil_Can na cena de sala de máquina, com o reator para simular um movimento mais natural, que seria possível criar à mão em uma quantidade de tempo produtiva. Neste caso, a lata não amassará quando atingir a grade, mas será um objeto rígido que bate naturalmente, quando detectar a superfície do Grate01.

O movimento inicial do Oil_Can é ocasionado pela gravidade, uma força que está presente, por padrão, em todas as simulações de reator. O Oil_Can foi posicionado ligeiramente acima do tubo de exaustão e a gravidade o leva a cair no tubo redondo e rolar para um lado.

Você também encontra uma bandeira pendendo na sala de máquina, que será fixada no lugar, em seus cantos, e poderá dobrar naturalmente, em uma reação a um empuxo da gravidade.

Forças externas podem ser acrescentadas a uma cena de reator para mais interação entre objetos. Você aprende a aplicar e a ajustar uma força de vento, para criar movimento extra na bandeira.

Ainda que o reator deva ser para animação, também é uma boa opção de modelagem quando usado com a ferramenta Snapshot. Você aprende a fazer cópias da bandeira balançando, que foi congelada no tempo, à medida que o vento a deforma. Você poderia usar técnicas semelhantes para fazer colchas e toalhas de mesa ou cortinas, para cenas de arquitetura que não exigem animação, mas para as quais você deseja uma aparência natural e aleatória.

Enquanto trabalha com o reator, você usa muito os comandos Hold e Fetch, no menu pull-down Edit. Os cálculos de reator criam chaves de animação em cada moldura para os objetos na simulação, e que não podem ser desfeitos facilmente. Hold e Fetch lhe dão a liberdade de experimentar e voltar à posição inicial na cena muito mais facilmente.

Configuração de um reator de colisão de corpo rígido

No Exercício 17.1 você abre uma cena da sala de máquina de seu barco, que tem uma versão do Oil_Can (que não baterá) e uma nova bandeira, suspensa no espaço, perto da parede de trás.

Você simula o Oil_Can caindo do tubo de exaustão para a grade abaixo, voltando naturalmente, com base nos parâmetros físicos ajustados para definir a colusão de objetos.

O empuxo da gravidade é uma força padrão dentro de qualquer cálculo de reator, mas você precisa designar propriedades específicas a objetos, como massa ou peso, valores de elasticidade e se eles podem ou não se mover ou ser fixos no espaço.

Antes de quaisquer cálculos poderem ser feitos, designe objetos a coleções em especial, para definir suas propriedades totais. Neste exemplo, todos os objetos colidindo precisam pertencer a uma coleção de corpo rígido.

Exercício 17.1
Coleções de corpo rígido e propriedades de objeto

1. Abra o arquivo chamado Ch17_Reactor01.max do CD-ROM. A partir do menu pulldown File, escolha Save As, indique para um subdiretório apropriado em seu disco rígido e use o botão de sinal de adição para salvar um novo arquivo, com o nome aumentado para Ch17_Reactor02.max. Esta cena é semelhante àquela vista no Capítulo 16, "Editores gráficos," com a animação removida do Oil_Can no tubo de exaustão.

Nota

A barra de ferramentas de reator, por padrão, está em 3ds max 6, mas foi incapacitada e salva no arquivo maxstart.max, sobre o qual você aprendeu no Capítulo 2, "Conceitos fundamentais importantes em 3ds max 6."

2. Clique com o botão direito na barra de ferramentas principal em um espaço entre ou abaixo de botões e escolha reator do menu (veja a Figura 17.1). Isto ativa uma nova barra de ferramentas, do lado esquerdo da exibição, com botões de reator.

3. Na viewport Camera01, selecione os objetos Oil_Can, Exhaust01 e Grate01. Na barra de ferramentas de reator, clique o botão Create Rigid Body Collection (criar coleção de corpo rígido). Um novo símbolo, não apresentável, aparece nas viewports, e o painel Modify é ativado, para exibir os três objetos definidos como Rigid Bodies (corpos rígidos) (veja a Figura 17.2).

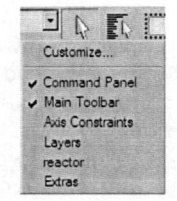

Figura 17.1 – Clique com o botão direito a barra de ferramentas principal, no espaço vazio entre ou abaixo dos botões e escolha reator do menu.

4. Na viewport Camera01, selecione apenas Exhaust01. No painel Utilities, clique o botão de reator. No painel de reator que aparece, expanda a rolagem Properties. Na área Physical Properties (propriedades físicas), marque Unyielding (inflexível; firme) (veja a Figura 17.3). Isto diz ao objeto para ser incluído no cálculo de reator como um corpo rígido, mas não ser influenciado pela gravidade. Caso contrário, o tubo de exaustão cairia na simulação.

Figura 17.2 – Selecionar objetos e clicar o botão Create Rigid Body Collection coloca um símbolo nas viewports e acrescenta os objetos selecionados a uma lista, no painel Modify, rolagem Rigid Body Collection Properties.

Figura 17.3 – Selecione Exhaust01 e, no painel Utilities, painel reator, ajuste o objeto para Unyielding, na rolagem Properties.

5. Na viewport Camera01, selecione Grate01. No painel de reator, rolagem Properties, ajusta Elasticity (elasticidade) para 0.5 e marque Unyielding na área Physical Properties. Na área Simulation Geometry (simulação de geometria), escolha o botão de rádio Use Bounding Box (usar caixa de limitação) (veja a Figura 17.4). A configuração aumentada de elasticidade faz os objetos que colidem com a grade bater mais. A opção Use Bounding Box Simulation Geometry (usar caixa de limitação para simulação de geometria) simplifica o trabalho que o simulador precisa calcular, ignorando todos os furos na superfície da grade.

Dica

Seria possível marcar Use Bounding Box se o cálculo de velocidade fosse importante, mas a alça no alto da lata poderia ser ignorada e ela poderia não bater naturalmente. Esta cena é simples o bastante até para o mais lento dos computadores calcular em um tempo razoável.

6. Na viewport Camera01, selecione Oil_Can. Na rolagem Properties, ajuste Mass (massa) para 3kg e Elasticity para 0.5. Este objeto não é inflexível, porque você quer que ele caia quando a gravidade for calculada.

7. No painel de reator, rolagem World, entre com 1.5" no campo Col. Tolerance (tolerância de colisão) (veja a Figura 17.5). Este número de tolerância de colisão é quão próximo um objeto precisa estar de um outro antes do início dos cálculos de colisão. Números mais altos fazem os objetos flutuar sobre outros objetos, ou parecer não colidir antes de reagir. Números menores demoram mais para calcular.

8. Salve o arquivo; ele já deve estar nomeado como Ch17_Reactor02.max.

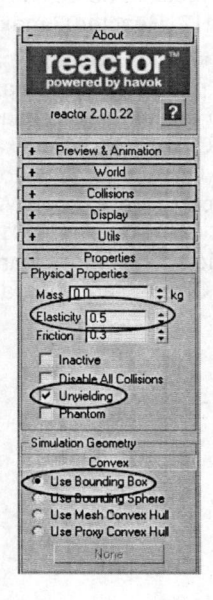

Figura 17.4 – Ajuste Grate01 para um valor de Elasticity de 0.5, torne-o Unyielding e escolha Use Bounding Box como o tipo Simulation Geometry.

Atenção

As configurações de Col. Tolerance menores de 1/40° do calor da World Scale (escala mundial) (padrão 1 metro = 3'3 2/8") pode causar comportamento errado. Se você precisar de valores menores em Col. Tolerance, pode precisar reduzir o valor de World Scale para compensar.

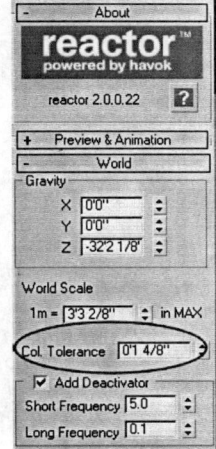

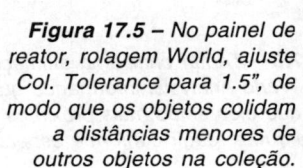

Figura 17.5 – No painel de reator, rolagem World, ajuste Col. Tolerance para 1.5", de modo que os objetos colidam a distâncias menores de outros objetos na coleção.

Cálculo de solução de reator

No Exercício 17.2, você calcula a solução de reator para descobrir que precisa mover a lata ligeiramente para cima, partir do alto do tubo de exaustão em que ela está. Se experimentar uma solução de reator antes de fazer isto, a lata cai direto pelo tubo quando a gravidade começar a ser calculada. Isto é pelo fato da lata estar mais perto do que os 1.5" de Col. Tolerance ajustados no Exercício 17.1.

Depois, você processa o cálculo da solução atual de reator que foi configurada. De novo, isto cria chaves de animação em cada moldura, para cada objeto animado na cena, e que não podem ser desfeitas. Você usará Edit, Hold para salvar a posição atual da cena em um arquivo de buffer, de modo a poder usar Fetch, se a simulação precisar de modificação.

Exercício 17.2
Criação de uma animação de reator

1. Abra o arquivo chamado Ch17_Reactor02.max do CD-ROM ou do exercício anterior. A partir do menu pull-down File, escolha Save As, indique para um subdiretório apropriado em seu disco rígido e use o botão de sinal de adição para salvar um novo arquivo, com o nome aumentado para Ch17_Reactor03.max.

2. No painel Utilities, painel de reator, rolagem Preview & Animation (visualização e animação), marque a opção Update Viewports. No menu pull-down Edit, marque Hold para salvar a posição atual da cena em um arquivo de buffer. Na rolagem Preview & Animation, clique o botão Create Animation. Clique OK na caixa de diálogo de reator no aviso que inclui This Action Cannot Be Undone (esta ação não pode ser desfeita). Depois, você é apresentado a uma caixa de diálogo World Analysis (análise mundial), indicando que há penetrações entre o Exhaust01 e o Oil_Can (veja a Figura 17.6). Isto não significa que eles estão se tocando fisicamente, mas que estão dentro da configuração Col. Tolerance. Clique Cancel para sair da caixa de diálogo sem processar.

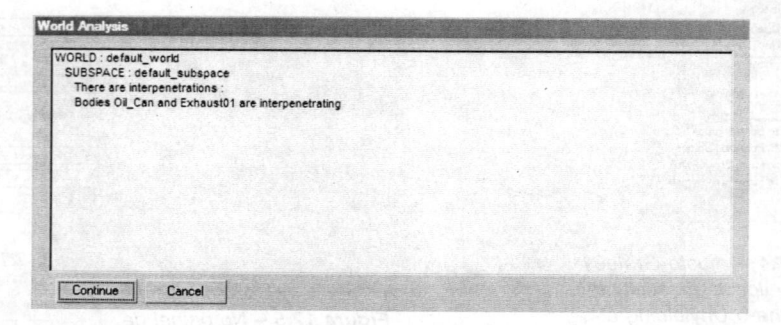

Figura 17.6 *– Tentar criar uma animação neste ponto retorna uma caixa de diálogo World Analysis, informando que dois objetos estão se penetrando. Isto significa que eles estão mais próximos do que a configuração Col. Tolerance e que podem não reagir conforme esperado. Eles podem cair pela exaustão.*

3. Na barra de ferramentas principal, clique o botão Select e escolha Oil_Can, depois, clique o botão Select and Move. Na barra de status, alterne de Absolute Mode Transform Type-In para Offset Mode Transform Type-In. No campo de digitar transformação do eixo Z, entre com 1.5" e pressione Enter. O Oil_Can se move para cima, fora de Exhaust01.

4. No menu pull-down Edit, escolha Hold para salvar as novas informações no arquivo de buffer e sobregravar o arquivo anterior.

5. No painel de reator, rolagem Preview & Animation, clique o botão Create Animation. Clique OK na caixa de diálogo de reator. A solução de reator é processada e, nas viewports, você vê o Oil_Can cair para o Exhaust01, rolar para fora e bater no Grate01, antes de repousar. Clique o botão Play Animation, para ver o movimento convincente. Pare a animação.

6. Salve o arquivo; ele já deve estar nomeado como Ch17_Reactor03.mac.

Roupa em reator

Conforme mencionado anteriormente neste capítulo, simular o efeito de um objeto fazendo pregas, como roupa, exige uma abordagem ligeiramente diferente para o processo. Antes de poder acrescentar objetos a uma coleção de roupa em reator, o objeto de trama precisa ter o modificador Cloth aplicado. É no modificador Cloth de reator que você ajusta os parâmetros específicos, como por exemplo, massa e firmeza.

Objetos com o modificador Cloth de reator precisam ser de borda aberta – um objeto Plane primitivo é um bom exemplo – e ter uma quantidade suficiente de vértices, para capacitar a deformação. Você pode acrescentar outros modificadores, como MeshSmooth ou Tessallate, acima do modificador Cloth de reator, para deformações mais detalhadas, sem acrescentar excesso de código ao cálculo de reator.

No Exercício 17.3 você inclui o plano chato, chamado Flag01, suspenso no espaço, na extremidade distante do motor, em um reator de simulação de roupa. Mas primeiro é precisa corrigir parte de Flag01 no espaço, ou ele simplesmente cairá através do casco do barco quando a gravidade for calculada.

Isto é conseguido no modo Vertex de sub objeto do modificador Cloth de reator, selecionando os vértices e declarando-os como fixos no espaço. Depois a gravidade leva Flag01 a se dobrar naturalmente, como se pendurado pelos seus cantos. Depois você aprende a acrescentar um modificador MeshSmooth para um objeto de roupa de aspecto mais suave.

Dica

Objetos de bordas fechadas (uma caixa, por exemplo) também poderiam ser deformados da mesma maneira que reações de roupa, mas é preciso usar modificadores SoftBody e coleções de reator.

Exercício 17.3
Como fazer uma bandeira dobrar naturalmente

1. Abra o arquivo chamado Ch17_Cloth01.max do CD-ROM. A partir do menu pull-down File, escolha Save As, indique para um subdiretório apropriado em seu disco rígido e use o botão de sinal de adição para salvar um novo arquivo, com o nome aumentado para Ch17_Cloth02.max.

2. Selecione Flag02 na viewport Camera01. Na barra de ferramentas de reator, clique o botão Create Cloth Collection (criar coleção de roupa). Nada acontece porque o objeto selecionado não tem ainda um modificador Cloth de reator designado.

3. Com Flag01 ainda selecionado, clique o botão Apply Cloth Modifier (aplicar modificador de roupa) na barra de ferramentas de reator. O painel Modify exibe o Flag01 na vista de pilha, como um plano com um modificador Cloth de reator e uma rolagem Properties exibe os parâmetros para roupa (veja a Figura 17.7). Você usa os parâmetros atuais.

4. Na barra de ferramentas de reator, clique o botão Create Cloth Collection. Um novo símbolo de coleção de roupa aparece na exibição, e Flag01 é listado em Cloth Entities (entidades de roupa), na rolagem Properties, no painel Modify.

5. No menu pull-down Edit, escolha Hold, para salvar a cena existente no arquivo de buffer. No painel Utilities, painel de reator, rolagem Preview & Animation, clique o botão Create Animation. Clique OK na caixa de diálogo de reator. O Flag01 cai, porque ele não está anexado a nada e não há outros objetos em coleções válidas de reator com os quais ele colidir. No menu pull-down Edit, escolha Fetch. Clique Sim na caixa de diálogo de 3ds max para recuperar o arquivo do buffer Hold.

6. Selecione o Flag01 na viewport Camera01. No painel Modify, vista Stack, expanda o reator Cloth e destaque Vertex (veja a Figura 17.8).

7. Na viewport Camera01, selecione o vértice no canto superior esquerdo de Flag01, e depois, mantenha Ctrl pressionada e selecione o vértice no canto superior direito, para acrescentá-lo ao conjunto de seleção. No painel Modify, rolagem Constraints, clique o botão Fix Vertices (fixar vértices). A lista mostra a mensagem Constrain to World (restringir a mundo), para indicar que os vértices não podem se mover (veja a Figura 17.9).

Figura 17.7 – Acrescentar um modificador Cloth de reator a Flag01 mostra a rolagem Properties no painel Modify. Você usará as propriedades padrão.

Figura 17.8 – *No painel Modify, vista Stack, expanda o reator Cloth e destaque Vertex. Isto lhe permite selecionar os vértices de Flag01 para serem fixados no espaço.*

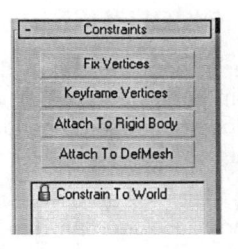

Figura 17.9 – *Selecione os vértices do canto superior de Flag01 e clique Fix Vertices no painel Modify, rolagem Constraints. Agora os vértices são fixados no espaço, e não se movem.*

8. No menu pull-down Edit, clique Hold. No painel Utilities, painel de reator, rolagem Preview & Animation, clique o botão Create Animation. Clique OK na caixa de diálogo de reator. Quando os cálculos estiverem terminados, clique o botão Play Animation e você vê que a gravidade puxa o Flag01 e ele bate e se move, com os seus cantos fixos no espaço.

9. A partir do menu pull-down Edit, escolha Fetch e clique Sim na caixa de diálogo de 3ds max. Flag01 parece um pouco como uma folha de borracha rígida. Você faz alguns ajustes para suavizá-lo. Selecione Flag01 e, no painel Modify, Modifier List, escolha MeshSmooth. Na rolagem Subdivision Amount, entre com 2 no campo Iterations. Isto acrescenta vértices ao produto final, depois dos cálculos iniciais. Na rolagem Local Control (controle local), limpe a caixa de verificação Isoline Display, para ver a nova trama (veja a Figura 17.10).

10. No menu pull-down Edit, escolha Hold. No painel de reator, rolagem Preview & Animation, clique Create Animation. Clique OK na caixa de diálogo de reator. Clique o botão Play Animation e veja que o Flag01 tem mais flexibilidade e que se move e bate.

11. Salve o arquivo; ele já deve estar nomeado como Ch17_Cloth02.max.

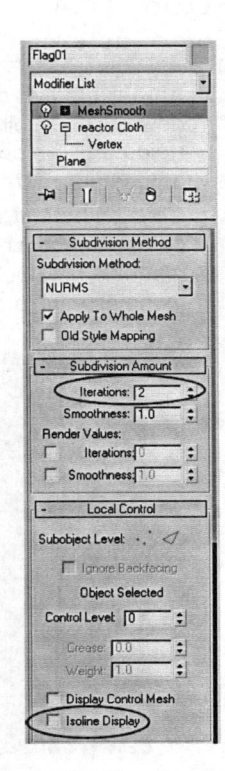

Figura 17.10 – *Acrescente um modificador MeshSmooth a Flag01 e aumente as iterações para 2, para um objeto mais complexo. O objeto original ainda é usado nos cálculos para velocidade.*

Forças externas — vento

A força externa padrão de gravidade é aplicada automaticamente em cálculos de reator. Você também pode acrescentar vento como uma força, para influenciar objetos na cena. Corpos rígidos podem ser impelidos pela cena ou, como você aprenderá, Flag01 pendente pode ser transportado se houver sopro de ar na sala de máquina, a partir dos cilindros.

No Exercício 17.4 você abre a cena com o Flag01 ajustado como roupa, mas com a animação anterior removida. Algumas das propriedades foram alteradas no modificador Cloth de reator, para fazê-lo parecer mais leve.

A localização do símbolo de vento não afeta as suas forças, mas a direção à qual ele indica é importante. O símbolo se parece com um cata-vento, para permitir que você o identifique.

Exercício 17.4

Como acrescentar vento como uma força

1. Abra o arquivo chamado Ch17_Wind01.max do CD-ROM. A partir do menu pull-down File, escolha Save As, indique para um subdiretório apropriado em seu disco rígido e use o botão de sinal de adição para salvar um novo arquivo, com o nome aumentado para Ch17_Wind02.mx.

2. Clique o botão Create Wind (criar vento) na barra de ferramentas de reator. Ele se parece com um galo em um cata-vento. Na viewport Front, escolha o lado direito da máquina para colocar o símbolo. O vento sopra da esquerda para a direita do eixo mundial X (veja a Figura 17.11).

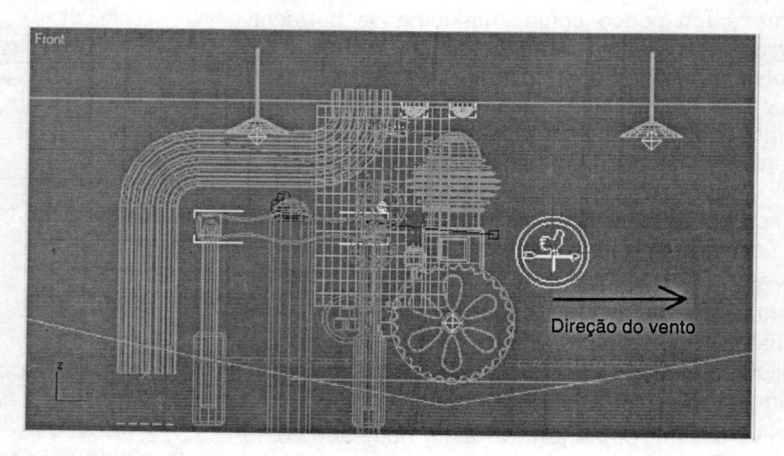

Figura 17.11 – *Acrescente o símbolo de vento de reator à direita da máquina, na viewport Front. A direção do vento é da esquerda para a direita na viewport, como visto pelo cata-vento.*

Dica

Em 3ds max 6, o vento foi aperfeiçoado, para permitir que parâmetros, tal como a força de vento, sejam animados.

3. Na barra de ferramentas principal, clique o botão Select and Rotate. Na barra de status, entre com 135 no campo Transform Type-In do eixo Y. Agora, o vento sopra da máquina na direção da bandeira a um ângulo de 45 graus de sua superfície.

4. No painel Modify, rolagem Properties, entre com 4' no campo Wind Speed (velocidade de vento) e pressione Enter. No menu pull-down Edit, escolha Hold.

5. No painel Utilities, painel de reator, rolagem Preview & Animation, clique o botão Create Animation. Clique OK na caixa de diálogo de reator.

6. Clique o botão Play Animation e veja que Flag01 não apenas paira e se move, mas sobra na direção da parede de trás da sala de máquina, e bate com a força do vento.

7. Salve o arquivo; ele já deve estar nomeado Ch17_Wind02.max.

Como usar Snapshot para copiar deformações no tempo

No Exercício 17.5 você usa a ferramenta Snapshot para criar várias cópias de Flag01, para captar objetos de trama que são congelados no tempo, durante a animação criada no Exercício 17.4.

Os objetos de Snapshot não são mais animação, nem fazem parte dos cálculos de modificador Cloth do reator, mas são objetos de trama editáveis em que seria difícil criar modificações à mão.

Exercício 17.5
Snapshot e reator Cloth

1. Abra o arquivo chamado Ch17_Snapshot01.max do CD-ROM. A partir do menu pull-down Edit, escolha Save As, indique para um subdiretório apropriado em seu disco rígido e use o botão de sinal de adição para salvar um novo arquivo, com o nome aumentado para Ch17_Snapshot02.max.

2. Na viewport Front, selecione Flag01. No menu pull-down Tools, clique Snapshot. Na caixa de diálogo de Snapshot, escolha o botão de rádio Range na área Snapshot. Isto lhe permite ajustar a faixa de molduras a partir das quais você deseja congelar cópias do objeto animado.

3. Entre com 20 no campo From e 3 no campo Copies (veja a Figura 17.12). Isto cria três cópias, uma na moldura 20, uma na moldura 100 e uma a meio caminho. Clique OK na caixa de diálogo Snapshot.

Nota

Não há muito movimento na bandeira, da moldura 0 à moldura 20 e a cópia na moldura 0 seria um plano chato.

Atenção

Deixe o botão de rádio Clone Method ajustado para Mesh. Caso contrário, você terá cópias de Flag01 com todos os modificadores e animação incluídos.

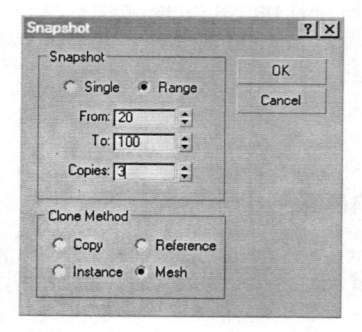

Figura 17.12 – *Na caixa de diálogo Snapshot, escolha o botão de rádio Range e entre com 20 no campo From e com 3 no campo Copies, para fazer as cópias de trama de Snapshot.*

4. Use Select by Name e Select and Move a partir da barra de ferramentas principal para mover Flag02, Flag03 e Flag04 para um lado (veja a Figura 17.13). Arraste o deslizador Time e você vê que apenas Flag01 é animado.

5. Salve o arquivo; ele já deve estar nomeado como Ch17_ Snapshot02.max.

Figura 17.13 – *Use Select by Name e Select and Move para mover as três novas cópias afastadas para um lado.*

Resumo

Neste capítulo, você aprendeu a respeito do seguinte:

- **Coleções de corpo rígido** – Você aprendeu a configurar coleções de corpo rígido, para calcular os efeitos de objetos colidindo.

- **Modificador e coleção Cloth** – Você aprendeu a aplicar um modificador Cloth de reator e a acrescentar o objeto a uma coleção de roupa, para simular uma bandeira balançando.

- **Forças externas** – Você aprendeu a aplicar vento como uma força externa para influenciar o movimento de objetos na cena.

- **Como 'cozinhar' dados de colisão** – Você aprendeu a usar colisões de reator como uma ferramenta de modelagem, usando a ferramenta Snapshot para "congelar" cópias de objetos deformados no tempo.

CAPÍTULO 18

PFlow

Neste capítulo

Neste capítulo, você aprende alguns dos fundamentos ao usar sistemas de partícula, especificamente o novo sistema Particle Flow (PFlow – fluxo de partícula) em 3ds max 6, para criar a ilusão de fumaça ou vapor e óleo derramando da lata, à medida que ela cai na grade, na cena da sala de máquina. Alguns dos tópicos cobertos são como a seguir:

- **Fonte de PFlow** – Você aprende a criar um objeto fonte básico Particle Flow e a posicioná-lo em sua cena.
- **Particle View** (vista de partícula) – Você aprende a abrir Particle View e a editar o evento padrão, para mudar parâmetros e temporização de partícula.
- **Materiais e efeitos** – Você aprende a acrescentar um material a partículas e a disparar efeitos especiais.
- **Decisão de ramificação** – Você aprende a configurar decisão de ramificação nas partículas, para ocasionar uma nova reação, com base na idade da partícula.
- **Forças externas** – Você aprende a aplicar forças externas, como gravidade simulada e defletores, para afetar o movimento de partículas em uma cena.
- **BlobMesh** – Você aprende a converter e ajustar partículas individuais, para formar uma massa de movimento contínuo.

Termos-chave

- **Particle View** – Esta nova caixa de diálogo lhe permite criar e editar sistemas complexos hierárquicos de partícula com regeneração visual.

- **Eventos** – Operações de partícula que podem ser amarradas juntas, para formar um sistema de partícula.

- **Efeitos** – Um processo de pós-apresentação para criar efeitos visuais especiais – neste caso, efeitos Glow (brilho).

- **Forças** – Uma opção de Particle View para incluir influências externas (por exemplo, gravidade) em um evento de partícula.

- **Espaço de urdidura** – Um tipo de objeto que pode ser colocado em uma cena como uma força externa (gravidade e defletores, por exemplo).

PFlow – o poderoso novo sistema de partícula

3ds max 6 inclui o novo sistema Particle Flow, que pode ser usado para animar a sala de máquina de seu barco, com fumaça escapando de um cilindro superior e óleo espesso escorrendo da lata quando ela atinge a grade depois de cair.

Com Particle Flow, você é capaz de manipular visualmente eventos em uma caixa de diálogo especial, chamada Particle View, arrastando e soltando operadores e amarrando-os em um sistema complexo, descrevendo o comportamento das partículas na cena. Eventos são grupos de operadores que definem o comportamento das partículas.

A fumaça sairá da base do cilindro, à medida que ela compacta e depois começa a se erguer mais lentamente, enquanto as antigas partículas esfriam e expandem.

Com fumaça e vapor, as partículas são tão pequenas que não podem ser vistas como objetos individuais a olho nu. Você simula isto com a apresentação de efeitos e materiais, tornando as próprias partículas invisíveis, mas levando-as a brilhar, como uma nuvem vaporosa, na cena.

Depois você vincula um novo sistema de partícula ao objeto Oil-Can e ajusta a sua temporização para borrifar partículas depois dele atingir o Grate01 abaixo. Você precisa de forças externas de gravidade e de um defletor para representar um líquido espesso que se espalha lentamente sobre o Grate01, em uma massa espessa. Isto é conseguido usando o novo objeto composto BlobMesh, que conecta partículas individuais em uma massa fluída, onde é possível ajustar a viscosidade e afinidade de partículas vizinhas.

Como simular um cabeçote de cilindro vazando

No Exercício 18.1 você coloca um objeto fonte Particle Flow na parte de baixo do cilindro central da máquina. Depois, você abre Particle View e ajusta os parâmetros das partículas, para levá-los a jorrar horizontalmente em uma ocasião e a dar a velocidade que é adequada.

Exercício 18.1
Criação e ajuste de um sistema Particle Flow

1. Abra o arquivo chamado Ch18_Smoke01.max do CD-ROM. A partir do menu pull-down File, escolha Save As, indique para um subdiretório apropriado em seu disco rígido e use o botão de sinal de adição para salvar um novo arquivo, com o nome aumentado para Ch18_Smoke02.max.

2. Na viewport Top, selecione Cylinder02, o cilindro superior refinado central, no alto da máquina. No menu pull-down Tools, escolha Isolate Selection, para ocultar todos os outros objetos na cena. No painel Create, painel Geometry, clique Standard Primitives e escolha Particle Systems na lista. Na rolagem Object Type, clique o botão PF Source (fonte de fluxo de partícula). Na viewport Top, clique e arraste um ícone de fonte de PF (veja a Figura 18.1).

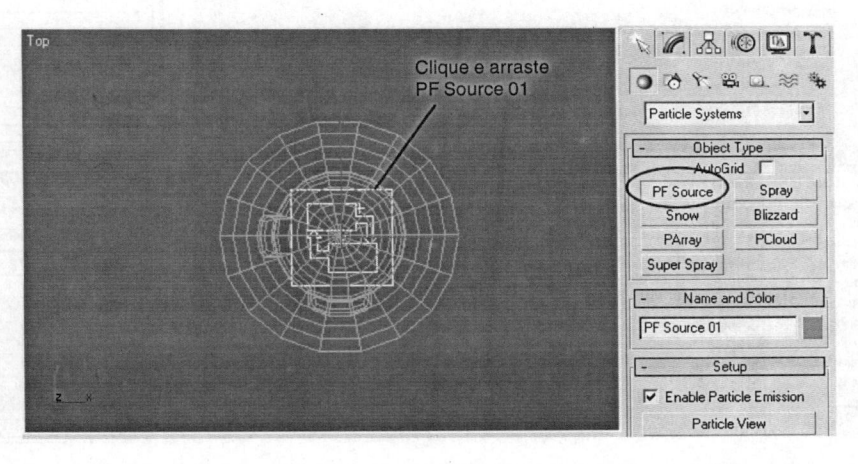

Figura 18.1 – No painel Create, painel Geometry, Compound Objects, clique o botão PF Source e clique e arraste PF Source 01 na viewport Top.

3. Na barra de ferramentas principal, clique o botão Align e escolha Cylinder02 na viewport Top. Na caixa de diálogo Align Selection, clique X Position e Y Position na área Align Position. Os botões de rádio Current Object e Target Object Center devem estar selecionados, por padrão. Clique o botão Apply para limpar as opções e colocar o objeto. Escolha o botão de rádio Pivot Point na coluna Current Object e Minimum na coluna Target Object. Marque a Z Position, na área Align Position, para colocar o ícone de PF Source 01 no centro da parte de baixo do Cylinder02. Clique OK para terminar o alinhamento.

4. Arraste o deslizador Time. As partículas borrifam para baixo, a partir do ícone emissor, iniciando na moldura 0 e a parada sendo emitida na moldura 30. Ajuste o deslizador Time para a moldura 0.

5. No painel Modify, rolagem Setup, clique o botão Particle View. Depois de uma ligeira pausa, a caixa de diálogo de Particle View aparece, com uma janela exibindo o evento padrão PF Source 01 amarrado a Event 01, que descreve as características das partículas. Em um painel abaixo da janela de evento, você vê uma lista de operadores disponíveis ao sistema de partícula (veja a Figura 18.2).

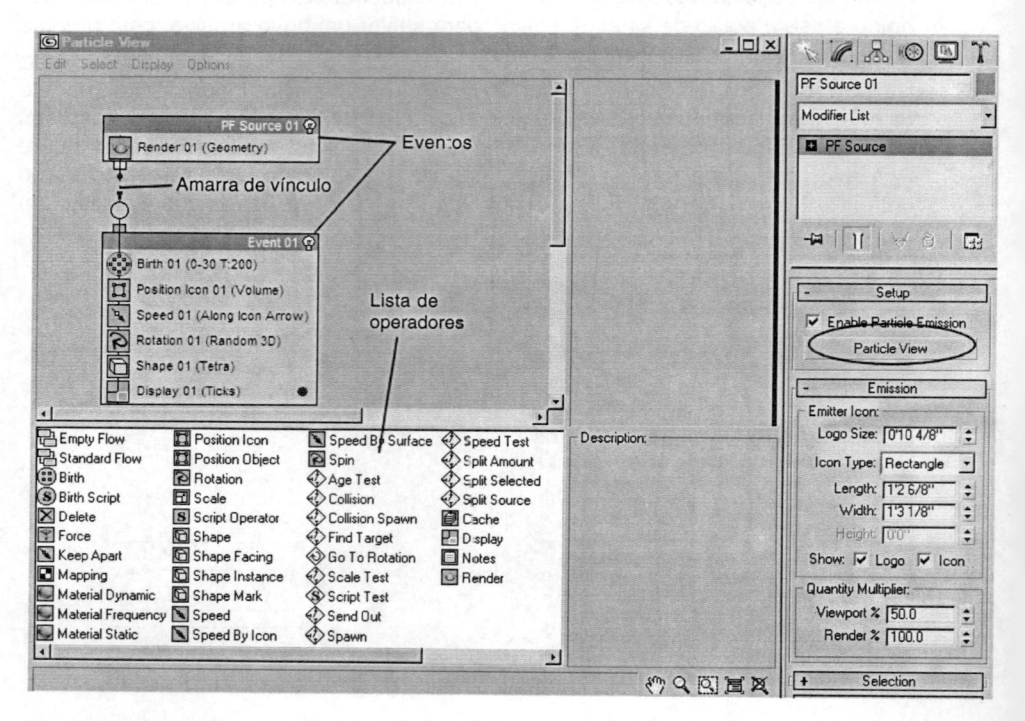

Figura 18.2 – Escolher o botão Particle View no painel Modify traz para a frente a caixa de diálogo de Particle View, com uma fonte padrão, eventos e uma lista de operadores disponíveis.

6. As partículas são emitidas na moldura 0 e você não deseja que elas apareçam até a moldura 20, quando o Cylinder02 inicia a sua compactação. Em Particle View, clique o operador Birth (nascimento) 01 em Event 01. Na rolagem Birth01, à direita, entre com 20 no campo Emit Start (emitir início) e com 40 no campo Emit Stop (emitir parada) (veja a Figura 18.3). Duzentas partículas são emitidas pelas 20 molduras.

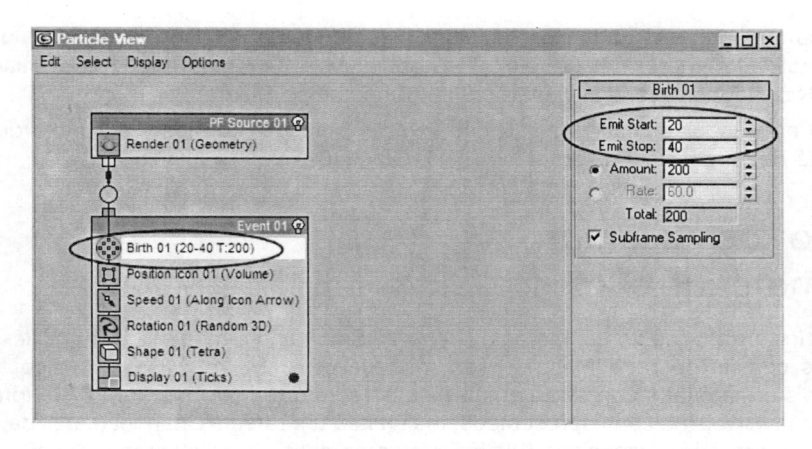

Figura 18.3 – *Em Particle View, destaque o operador Birth 01 em Event 01 e ajusta Emit Start para 20 e Emit Stop para 40.*

7. Para ajustar a velocidade e a direção das partículas, destaque Speed 01 no Event 01. Na rolagem Speed 01, entre com 5'0" no campo Speed (5 pés por segundo). Clique o ícone de seta Along e escolha da lista Random Horizontal (horizontal aleatório). Arraste o deslizador Time e você vê as partículas atirarem mais lentamente para os lados, a partir do Cylinder02 (veja a Figura 18.4).

Nota

Configurar o tamanho de partícula em Shape 01 não afeta a exibição das partículas nas viewports, mas só o tamanho da partícula apresentada. O operador Display 01 no Event 01 é ajustado para exibir Ticks (sinais) nas viewports, para eficiência.

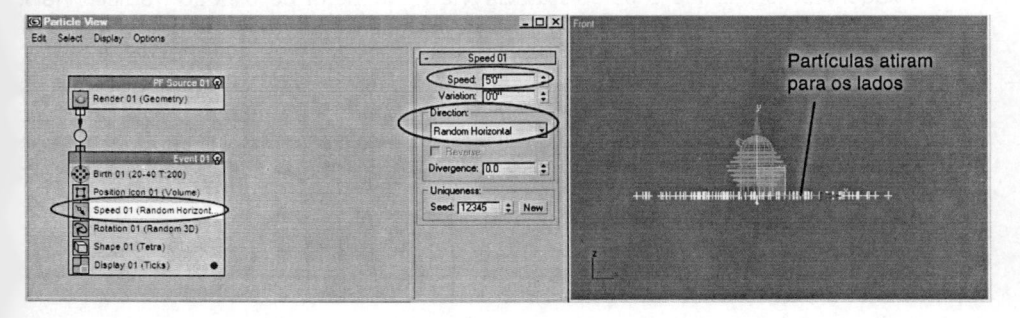

Figura 18.4 – *Ajustando a velocidade e direção de partícula no operador Speed 01, você torna as partículas lentas e as faz viajar horizontalmente a partir do ícone emissor.*

8. O tamanho das partículas deve ser bem pequeno para um efeito Glow, que será aplicado no próximo exercício. Destaque Shape 01 em Event 01 de Particle View. Na rolagem Shape 01, entre com 0.5" no campo Size.

9. Feche todas as caixas de diálogo, exceto Exit Isolation Mode. Salve o arquivo; ele já deve estar nomeado como Ch18_Smoke02.max.

Como acrescentar um material e efeito Glow

No Exercício 18.2 você vê um material chamado Smoke no Material Editor e o designa às partículas, com um operador Material Static (material estático). Você usa o operador Material Static, pois o material é constante e não mudará com o tempo. Entretanto, ele tornará as partículas invisíveis na cena apresentada, mas usará um Effects Channel (canal de efeitos) para sugerir um efeito especial de brilho que se processa imediatamente depois da cena ser apresentada e aplicada à imagem.

Exercício 18.2
Aplicação de um material estático para sugerir um efeito de brilho

1. Abra o arquivo chamado Ch18_Smole02.max do CD-ROM ou do exercício anterior. A partir do menu pull-down File, escolha Save As, indique para um subdiretório apropriado em seu disco rígido e use o botão de sinal de adição para salvar um novo arquivo, com o nome aumentado para Ch18_Smoke03.max.

2. Na barra de ferramentas principal, clique o botão Material Editor. A janela de exemplo destacada contém material Smoke, que tem a opacidade ajustada para 0, para torná-la invisível. O Material Effects Channel está ajustado para 1 (veja a Figura 18.5) e irá sugerir um Render Effects Glow (apresentar efeitos de brilho) em uma etapa de pós-processamento de uma cena apresentada.

3. Assegure-se de que PF Source 01 seja o objeto selecionado. No painel Modify, rolagem Setup, clique o botão Particle View. Na caixa de diálogo Particle View, arraste o operador Material Static da lista, para bem abaixo do operador Shape 01 em Event 01. Você vê uma linha azul, para indicar que é possível soltar o operador. Destaque Material Static 01 em Event 01 e arraste e solte o material Smoke do Material Editor para o botão None, em Assign Material da rolagem Material Static 01. Assegure-se de que o botão de rádio Instance seja escolhido na caixa de diálogo Instance (Copy) Material e clique OK. Isto designa o material às partículas (veja a Figura 18.6).

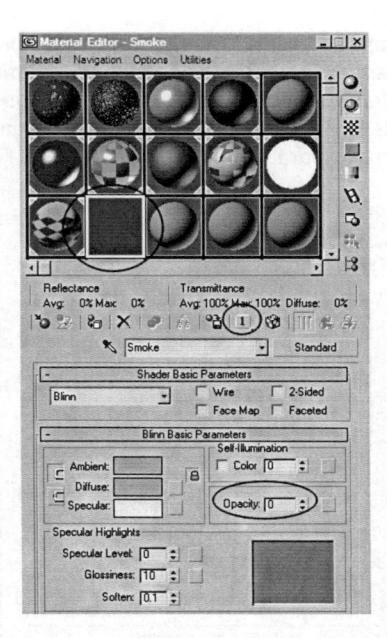

Figura 18.5 – *Smoke é um material invisível com Opacity ajustada para 0 e Material Effects Channel ajustado para 1, para sugerir um efeito Glow no pós-processamento.*

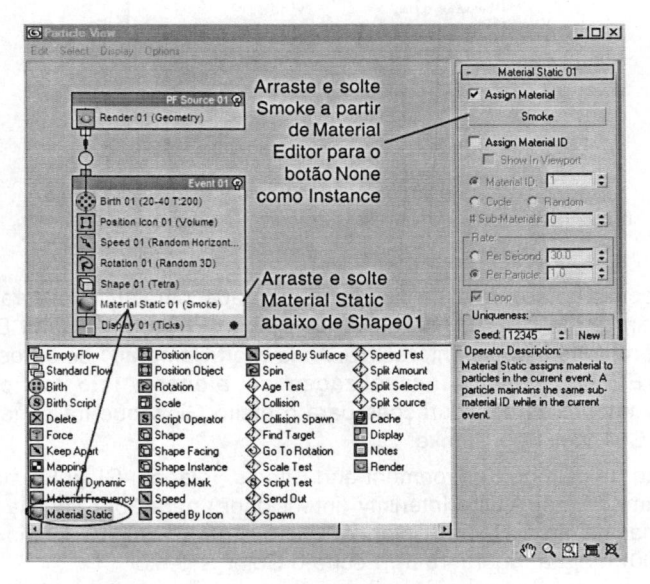

Figura 18.6 – *Arraste e solte o operador Material Static embaixo de Shape 01 em Event 01 e arraste e solte o material Smoke como um clone de cópia no botão None, na rolagem Material Static 01.*

4. Agora, aplique o efeito especial Glow no material Smoke. Na barra de ferramentas principal, clique Rendering e escolha Effects no menu. Na caixa de diálogo Environment and Effects, destaque Lens Effects (efeitos de lente) na lista Effects. Na rolagem Lens Effects Parameters, destaque Glow no painel esquerdo e use o botão de seta para empurrá-lo para o painel direito (veja a Figura 18.7).

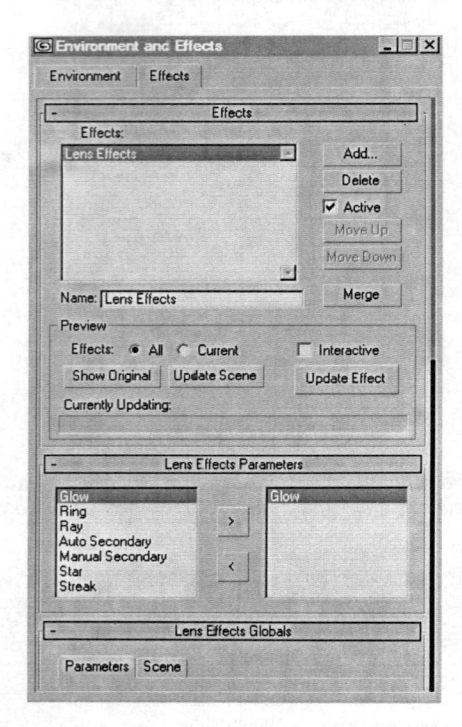

Figura 18.7 – Destaque Glow no painel esquerdo e clique o botão de seta à direita, para empurrá-lo para o painel direito.

5. Clique com o botão direito na viewport Camera01, para ativá-la. Arraste o deslizador Time para a moldura 55. Na caixa de diálogo Environment and Effects, rolagem Effects, marque a opção Interactive. A viewport Camera01 se apresenta e exibe na janela Effects Preview (visualização de efeitos). Isto lhe permite ajustar interativamente as configurações para o efeito Glow que irá sugerir, em Material Effects Channel 1 de Smoke.

6. Na caixa de diálogo Environment and Effects, rolagem Glow Elements, entre com 1 no campo Size. Ajuste Intensity (intensidade) para 20. Clique a amostra de cor vermelha, na área Radial Color, e ajuste-a para azul (vermelho=5, verde=20 e azul=100) (veja a Figura 18.8). Feche o Color Selector.

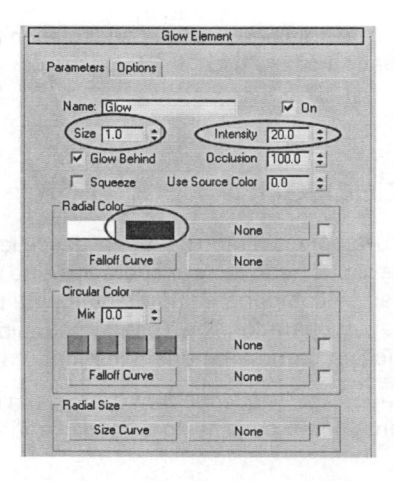

Figura 18.8 – *Na rolagem Glow Element (elemento de brilho), ajuste Size para 1, Intensity para 20 e mude a amostra Radial Color de vermelho para azul.*

7. Nada está acontecendo em Effects Preview, pois o efeito Glow não sabe o que usar como uma sugestão para aplicá-lo na cena. Na rolagem Glow Element, clique a etiqueta Options. Marque Image Centers na área Apply Element To (aplicar elemento a). Isto leva a janela Effects Preview a restaurar. Na área Image Sources, marque Effects ID 1 (identidade de efeitos). Isto causa uma outra restauração e, depois de um rápido cálculo, exibe o efeito Glow nas partículas invisíveis (veja a Figura 18.9).

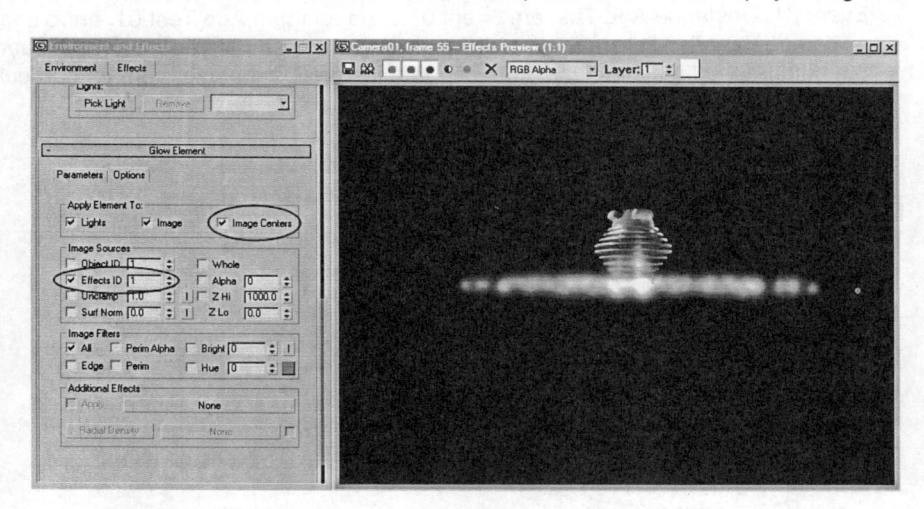

Figura 18.9 – *O material Smoke de Effect Channel 1 sugere um Lens Effec Glow em todos os objetos com aquele material na cena. A janela interativa Effects Preview mostra os resultados, depois de um rápido cálculo.*

8. Feche todas as caixas de diálogo, exceto Exit Isolation Mode e salve o arquivo. Ele já deve estar nomeado como Ch18_Smoke03.max.

Operadores de teste baseados em decisão

Em geral, quando fumaça, ou vapor é liberado no ar, ele desce lentamente e expande, o que o faz subir no ar. PFlow tem a capacidade de usar operadores de teste baseados em decisão, para fazer algumas partículas se comportarem diferentemente de outras, de várias maneiras. Nesta cena, você aplica um operador Age Test (teste de idade) à lista Event 01, para disponibilizar todas as partículas de uma determinada idade a outros operadores.

Depois, você amarra o operador Age Test em Event 01 com um novo Event 02, que contém operadores para levá-los lentamente para baixo e mudar a direção deles.

Exercício 18.3
Como fazer a fumaça subir

1. Abra o arquivo chamado Ch18_Smoke03.max do CD-ROM ou do exercício anterior. A partir do menu pull-down File, escolha Save As, indique para um subdiretório apropriado em seu disco rígido e use o botão de sinal de adição para salvar um novo arquivo, com o nome aumentado para Ch18_Smoke04.max.

2. No painel Modify, rolagem Setup, clique o botão Particle View. Na caixa de diálogo Particle View, arraste o operador Age Test para bem abaixo de Material Static 01 em Event 01. Destaque Age Test em Event 01 e, na rolagem Age Test 01, entre com 0 no campo Variation. Isto faz o teste de idade em partículas que são tão antigas quanto 30 molduras, ou mais antigas, mas não tem instruções do fazer com as partículas mais antigas (veja a Figura 18.10).

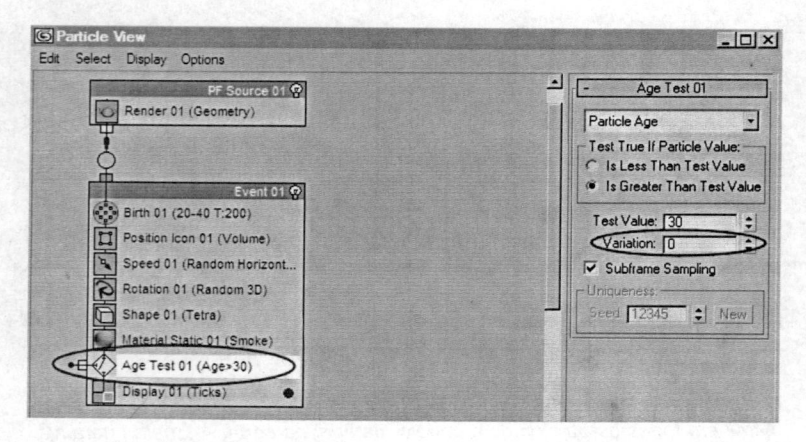

Figura 18.10 – *Arraste e solte um operador Age Test abaixo de Material Static 01 em Event 01, e ajuste Variation para 0.*

3. Arraste um operador Speed a partir da lista no espaço vazio de painel, bem abaixo de Event 01. Isto cria um novo Event 02, com o operador Speed e um novo operador Display. Mas ele não sabe em quais partículas agir. Destaque o operador Speed 02 no Event 02 e, na rolagem Speed 02, entre com 1'0" no campo Speed e marque a operação Reverse, para fazer as partículas viajaram na direção oposta da configuração de Along Icon Arrow (ícone de seta ao longo) (para baixo na cena) (veja a Figura 18.11).

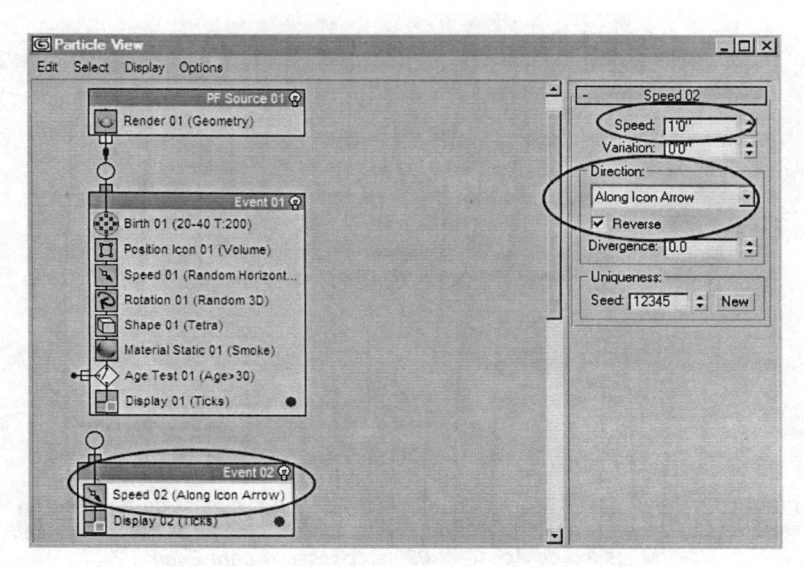

Figura 18.11 – *Um novo Event 02 contém o operador Speed 02, com a velocidade ajustada para 1'0" e a direção invertida.*

4. As partículas ainda não estão afetadas pelo novo evento, pois o teste de idade não foi instruído para passar os resultados a Event 02. À esquerda do operador Age Test 01 em Event 01 há um ponto azul. Mova o cursor sobre o ponto azul, para ver o cursor de seta de quatro pontas. Arraste o grande círculo no alto de Event 021 para amarrar os dois juntos e passar o teste de idade de partículas para Event 02 (veja a Figura 18.12).

5. Esfregue o deslizador Time e observe as partículas evaporarem horizontalmente do emissor, até terem 30 molduras de idade e depois, erguer lentamente, na direção do teto. Clique Exit Isolation Mode para fechá-lo.

6. O operador Material Static é específico de evento. Destaque Material Static 01 em Event 01, clique com o botão direito e escolha Copy. Destaque Event 02 e escolha Paste no menu, para inserir um operador Material Static 02 depois de Speed 02.

Nota

A cena se apresente como de hábito, mas você precisa esperar antes dos cálculos de Glow serem feitos e aplicados à imagem. Em máquinas mais lentas, isto pode demorar vários minutos.

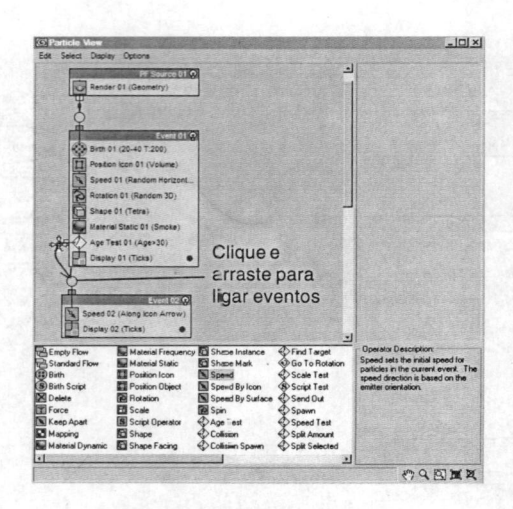

Figura 18.12 – *Clique e arraste do ponto azul para a esquerda de Age Test 01 em Event 01 para o círculo no alto de Event 02, para amarar os eventos juntos. Os resultados de Age Test 02 são passados para Event 02.*

7. Ajuste o deslizador Time na moldura 90 e apresente a viewport Camera01 para ver a partícula de fumaça (veja a Figura 18.13).

Figura 18.13 – *Apresentar a viewport Camera01 na moldura 90 mostra que as partículas começaram a erguer na direção do teto.*

8. Feche todas as janelas e caixas de diálogo. Salve o arquivo; ele já deve estar nomeado como Ch18_Smoke04.max.

Criação de um sistema líquido PFlow

No Exercício 18.4 você inicie um novo objeto fonte PFlow, que simula um líquido espesso, viscoso, fluindo do Oil_Can, que cai em Grate01, na sala de máquina.

Você aprende a respeito de novos operadores, que lhe permitem selecionar forças externas na cena, para mudar o comportamento das partículas. O operador Force (força) que você acrescenta a um evento levará a uma urdidura de espaço Gravity a puxar as partículas para baixo, como se elas emergissem de Oil_Can.

Exercício 18.4
Configuração de uma nova fonte de PFlow

1. Abra o arquivo chamado Ch18_Splash01.max do CD-ROM. A partir do menu pull-down File, escolha Save As, indique para um subdiretório apropriado em seu disco rígido e use o botão de sinal de adição para salvar um novo arquivo, com o nome aumentado para Ch18_Splash02.max.

2. Na viewport Top, selecione os objetos Oil_Can e Grate01 e, no menu pull-down Tools, escolha Isolate Selecion. No painel Create, painel Geometry, rolagem Object Type, clique PF Source. Clique e arraste na viewport Top para criar PF Source 02.

3. No painel Modify, rolagem Emission (emissão), ajuste Logo Size (tamanho de logotipo), Length e Width para 2". Na viewport Top, use Align e Select and Move a partir da barra de ferramentas principal para alinhar o ícone de PF Source 02 com o alto do Oil_Can, no canto inferior esquerdo, como visto a partir de viewport Top. Gire PF Source 02 180 graus no eixo X para indicar para o ícone de seta para cima (veja a Figura 18.14).

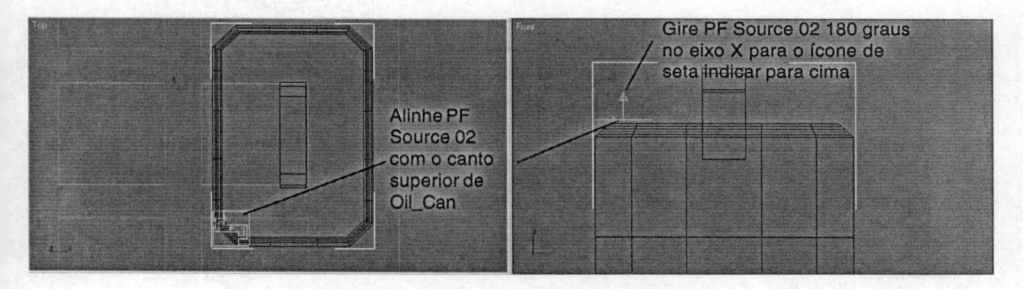

Figura 18.14 – Alinhe PF Source 02 ao alto de Oil_Can, no canto inferior esquerdo, como visto na viewport Top. Gire PF Source 02 180 graus no eixo X.

4. Na barra de ferramentas principal, clique Select and Link. Escolha e arraste de PF Source 02 para Oil_Can (veja a Figura 18.15), libere para vincular o ícone como um filho ao pai Oil_Can. Você verá o Oil_Can faiscar rapidamente em branco, para indicar que houve o vínculo. Se esfregar o deslizador Time, o ícone se moverá com a lata animada.

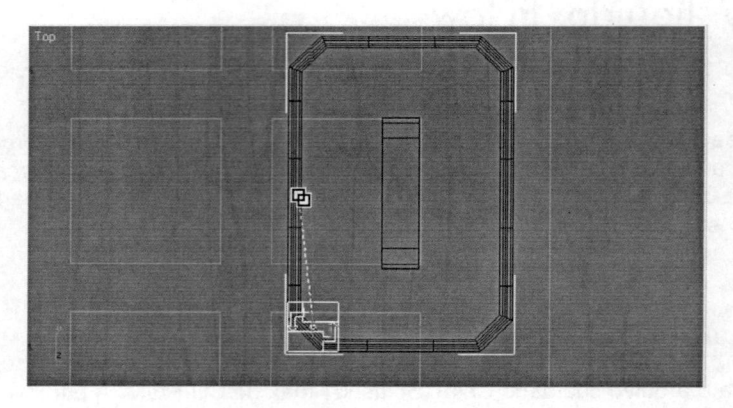

Figura 18.15 – Use Select and Link para arrastar do PF Source 02 para Oil_Can. Libere quando vir o cursor de vínculo.

5. Arraste o deslizador Time para a moldura 45. No painel Modify, rolagem Setup, clique Particle View. PF Source 02 aparece na caixa de diálogo Particle View com um padrão Birth Event 03 (evento de nascimento 03). Destaque Birth 02 e, na rolagem Birth 02, ajuste Emit Start para 45 e Emit Stop para 100 (veja a Figura 18.16).

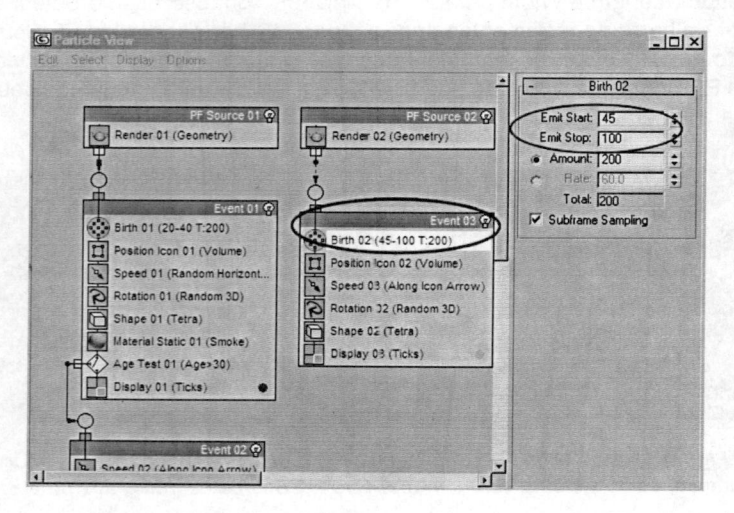

Figura 18.16 – Destaque Birth 02 em Event 03 e entre com 45 em Emit Start e com 100 em Emit Stop, na rolagem Birth 02.

6. Em Event 03, destaque Speed 03. Na rolagem Speed 03, entre com 1'0" no campo Speed e com 20 em Divergence (divergência). Isto faz um borrifo de movimento lento com uma divergência de 20 graus quando sair do ícone. Arraste o deslizador Time para a moldura 95.

Nota

O verdadeiro tamanho e a localização do ícone Gravity01 não tem significado; entretanto, a direção da seta no ícone indica a direção de empuxo gravitacional, neste caso, para baixo, como visto da viewport Top.

7. As partículas vão direto para fora da lata, mas você quer que elas caiam em Grate01. É preciso que a gravidade as puxe para baixo. No painel Create, painel Space Warps (espaço de urdiduras), Forces, rolagem Object Type, clique o botão Gravity. Na viewport Top, clique e arraste Gravity01 perto de Oil_Can (veja a Figura 18.17).

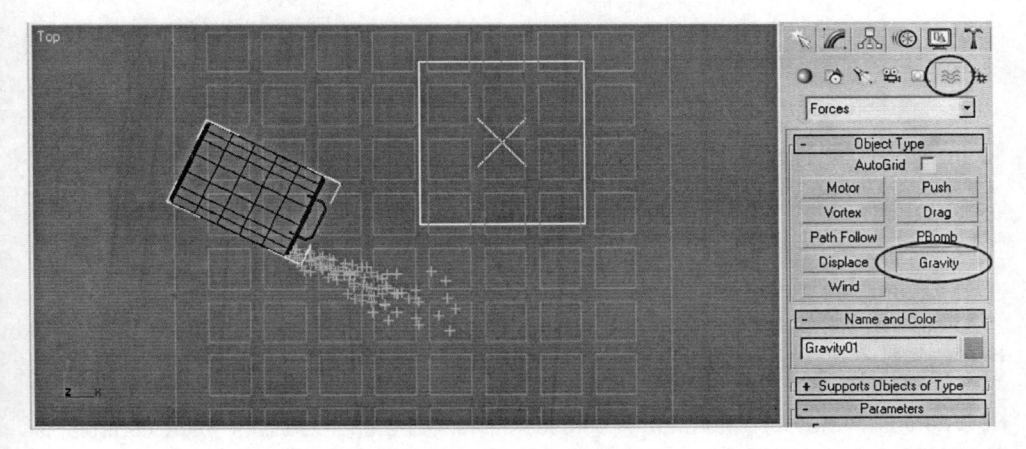

Figura 18.17 – A partir do painel Create, painel Space Warps, clique Gravity e arraste, perto de Oil_Can.

8. Na caixa de diálogo de Particle View, arraste um operador Force da lista, para baixo de Speed 03 em Event 03. Destaque Force01 em Event 03 e, na rolagem Force 01, clique By List (pela lista). Clique Gravity01 duas vezes na caixa de diálogo de Select Force Space Warps, para que ela afete as partículas (veja a Figura 18.18). Arraste o deslizador Time, e agora você ajusta para as partículas caírem por Grate01.

9. Feche todas as caixas de diálogo, exceto Exit Isolation Mode. Salve o arquivo; ele já deve estar nomeado como Ch18_Splash02.max.

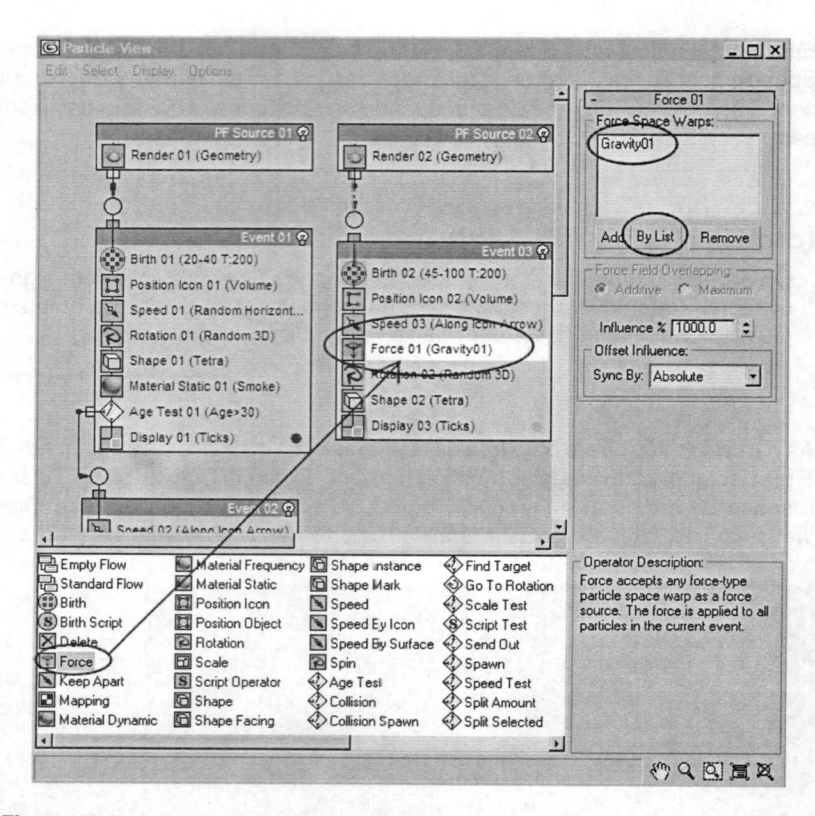

Figura 18.18 – *Arraste e solte um operador Force da lista para baixo de Speed 03 em Event 03. Na rolagem Force 01, clique By List e clique duas vezes Gravity01.*

Detecção de colisão

No Exercício 18.5 você aprende a acrescentar um operador Collision para controlar as partículas, à medida que elas fazem contato com um espaço de urdidura Deflector, que evita que elas caiam pelos furos em Grate01. Um operador Send Out (enviar para fora) então adianta as partículas para o evento seguinte, sem fazer quaisquer testes, e você ajusta o comportamento das partículas no espaço de urdidura Deflector.

Exercício 18.5
Detecção de colisão

1. Abra o arquivo chamado Ch18_Splash02.max do CD-ROM ou do exercício anterior. A partir do menu pull-down File, escolha Save As, indique para um subdiretório apropriado em seu disco rígido e use o botão de sinal de adição para salvar um novo arquivo, com o nome aumentado para Ch18_Splash03.max.

2. Ajuste o deslizador Time para a moldura 100. No painel Create, painel Space Warps, clique Forces e escolha Deflectors da lista. Na rolagem Object Type, clique o botão Deflector e, na viewport Top, arraste Deflector01 para fora. No painel Modify, torne o tamanho grande o bastante para Oil_Can e partículas, com algum espaço de sobra, cerca de 7'6" de largura e 6'0" de comprimento deve estar bom. Na viewport Top, use a ferramenta Align para alinhar o defletor à superfície superior de Grate01 (veja a Figura 18.19).

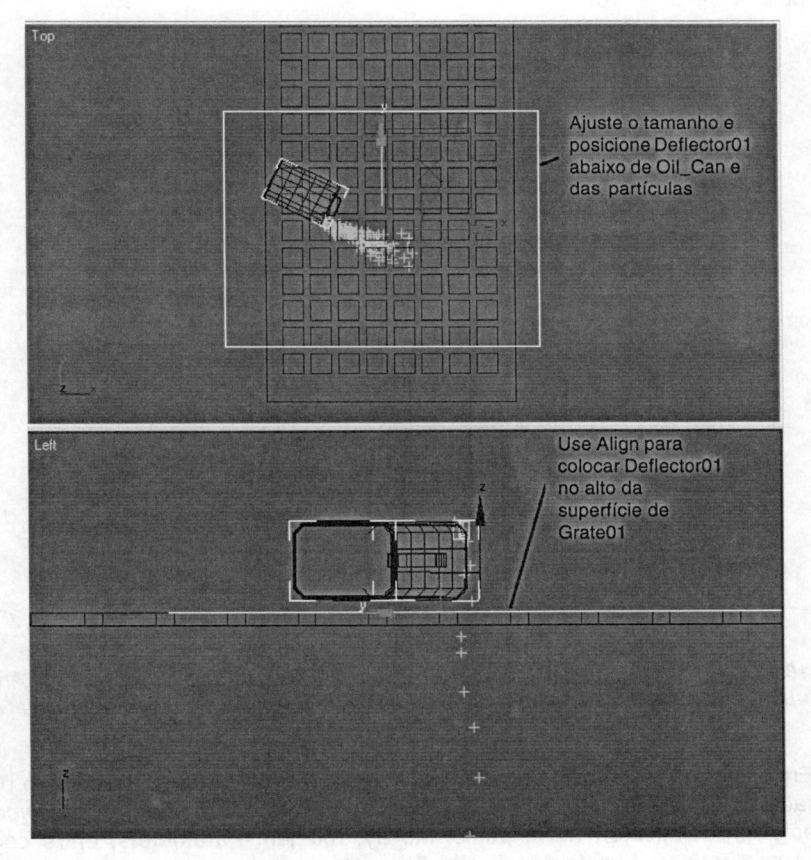

Figura 18.19 – *No painel Modify, ajuste o tamanho de Deflector01 para cobrir o Oil_Can e as partículas. Depois, use Align para posicioná-lo no alto da superfície de Grate01.*

3. Para que o defletor trabalhe com as partículas, selecione o PF Source 02 e, no painel Modify, rolagem Setup, clique Particle View. Na caixa de diálogo de Particle View, arraste o operador Collision da lista para espaço vazio abaixo de Event 03. Isto cria o Event 04, com um Collision e um novo operador Display. Destaque o operador Collision 01 e o Event 04 e, na rolagem Collision 01, clique By List. Clique duas vezes Deflector01 na caixa de diálogo de Select Deflectors (selecionar defletores).

4. O operador Collision 01 não tem efeito, pois ele não está amarrado a Event 03. Porém, não há nada em Event 03 para passar as informações adiante. A partir da lista Operators na caixa de diálogo de Particle View, arraste e solte um operador Send Out para baixo de Display 03 em Event 03. Arraste do ponto azul para o círculo, no alto de Event 04, para conectá-los e passar todas as partículas para o Event 04 (veja a Figura 18.20). Arraste o deslizador Time e agora as partículas balançam a partir do deflector, ao invés de cair através. Ajuste o deslizador Time para a moldura 100.

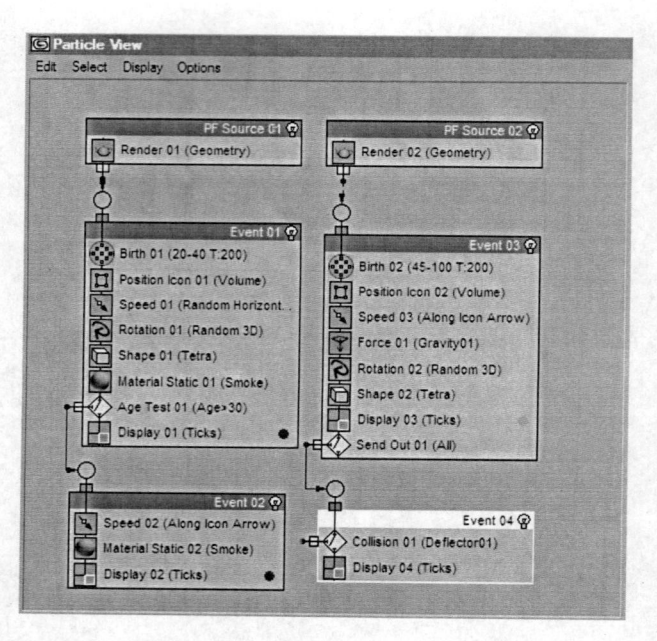

Figura 18.20 – Arraste e solte um operador Collision da lista, para baixo de Event 03. Arraste e solte um operador Send Out para a parte de baixo de Event 03 e conecte com Event 04.

5. Em Event 04, destaque Collision 01. Na rolagem Collision 01, escolha o botão de rádio Is Slow After Collision(s) (é lento depois de colisão/ões). Na viewport Top, selecione Deflector01. No painel Modify, rolagem Parameters, entre com 0 no campo Bounce. Arraste o deslizador Time. Quase todas, mas não todas as partículas caem para o Grate01, e deslizam lentamente. Você quer que todas elas caiam.

6. Na caixa de diálogo de Particle View, destaque Force 01 e arraste a partir de Event 03 para Event 04, bem acima de Collision 01 (veja a Figura 18.21). Agora a Force Gravity age em todas as partículas enviadas para Collision em Event 04. Arraste o deslizador Time e todas as partículas deslizam lentamente por Grate01. Ajuste o deslizador Time para a moldura 100.

7. Feche todas as caixas de diálogo, exceto Exit Isolation Mode. Salve o arquivo; ele já deve estar nomeado como Ch18_Splash03.max.

BlobMesh

Você ajusta o tamanho das partículas, mas não importa o que fizer, partículas pequenas, individuais, não fazem um líquido fluir convincentemente. No Exercício 18.6 você aprende a acrescentar um objeto composto BlobMesh à cena para que ele aja com as partículas, para fazer uma massa coerente, com afinidade ajustável em torno das partículas.

Exercício 18.6
Objeto composto BlobMesh

1. Abra o arquivo chamado Ch18_Splash03.max do CD-ROM ou do exercício anterior. A partir do menu pull-down File, escolha Save As, indique para um subdiretório apropriado em seu disco rígido e use o botão de sinal de adição para salvar um novo arquivo, com o nome aumentado para Ch18_Splash04.max.

2. Clique com o botão direito na viewport Camera01, para ativá-la, assegure-se de que o deslizador Time está ajustado para a moldura 100 e, na barra de ferramentas principal, clique o botão Quick Render. As partículas parecem como grandes cristais escapando da lata (veja a Figura 18.22). Feche a janela Rendered Frame.

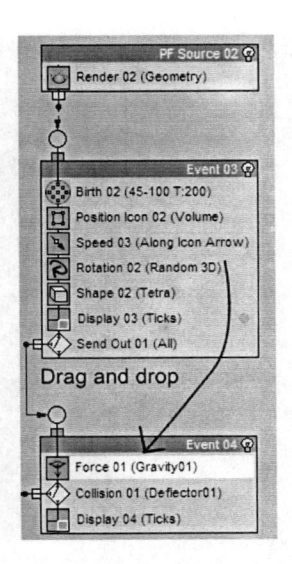

Figura 18.21 – *Arraste e solte o operador Force 01 do Event 03 para o alto de Event 04, para agir em todas as partículas.*

3. Na viewport Top, selecione PF Source02. No painel Modify, rolagem Setup, clique o botão Particle View. Na caixa de diálogo de Particle View, destaque Shape 02 em Event 03. Na rolagem Shape 02, ajuste Size para 1". Apresente a viewport Camera01. As partículas são muito menores, mas ainda se parecem com cristais. Feche todas as caixas de diálogo, exceto Exit Isolation Mode.

4. No painel Create, painel Geometry, clique Particle Systems e escolha Compound Objects da lista. Na rolagem Object Type, clique o botão BlobMesh. Pegue na viewport Top, para criar um objeto BlobMesh. A localização não importa; ele desaparece da vista quando uma bolha é acrescentada.

5. No painel Modify, rolagem Parameters, ajuste Size para 1". Ajuste Tension (tensão) para 0.01, para levar as bolhas a se grudarem e formar uma massa única. Marque Off em Viewport.

Figura 18.22 – Apresentar a viewport Camera01 mostra partículas que se parecem com grandes cristais.

6. Na área Blob Objects (objetos bolha), clique o botão Add e clique duas vezes PF Source 02 na caixa de diálogo Add Blobs (acrescentar bolhas) (veja a Figura 18.23). Na rolagem Particle Flow Parameters, All Particle Flow Events (todos os eventos de fluxo de partículas) é marcado, para garantir que todas as partículas são afetadas.

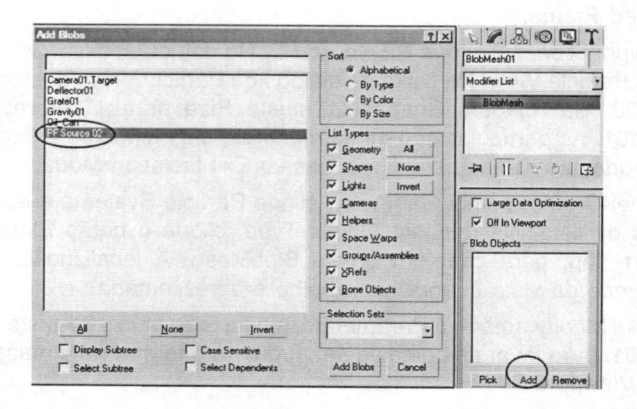

Figura 18.23 – Na área Blob Objects, clique Add e clique duas vezes PF Source 02, na caixa de diálogo de Add Blobs.

7. Clique Exit Isolation Mode, para trazer de volta todos os objetos em sua cena. Clique com o botão direito na viewport Camera01, para ativá-la, e clique o botão Quick Render na barra de ferramentas principal. O Oil_Can parece estar liberando um líquido espesso, viscoso (veja a Figura 18.24).

Figura 18.24 – *As partículas apresentadas (sem materiais) se parecem com um líquido espesso, viscoso, devido ao objeto composto BlobMesh.*

8. Salve o arquivo; ele já deve estar nomeado como Ch18_Splash04.max.

Resumo

No capítulo, você aprendeu a respeito do seguinte:

- **Fonte PFlow** – Você aprendeu a criar um objeto fonte básico Particle Flow e a posicioná-lo em sua cena.

- **Particle View** – Você aprendeu a abrir a caixa de diálogo Particle View e a editar o evento padrão, para mudar os parâmetros e a temporização de partícula.

- **Materiais e efeitos** – Você aprendeu a acrescentar um material a partículas e a disparar efeitos especiais, chamados Lens Effect Glow.

- **Decisão de ramificação** – Você aprendeu a configurar decisão de ramificação nas partículas, testando a idade de partícula, para causar uma nova reação com base na idade da partícula.

- **Forças externas** – Você aprendeu a aplicar forças externas, tais como gravidade simulada e defletores, para afetar o movimento de partículas em uma cena.

- **BlobMesh** – Você aprendeu a converter e ajustar partículas individuais para formar uma massa contínua se movendo.

ÍNDICE

Impressão e acabamento
Gráfica da Editora Ciência Moderna Ltda.
Tel: (21) 2201-6662